D1930137

Kohlhammer

Die Religionen der Menschheit

Begründet von
Christel Matthias Schröder

Fortgeführt und herausgegeben von
Peter Antes, Manfred Hutter, Jörg Rüpke und Bettina Schmidt

Band 7,1

Mark Münzel (Hrsg.)

Indigene Religionen Südamerikas

Verlag W. Kohlhammer

Dieses Werk einschließlich aller seiner Teile ist urheberrechtlich geschützt. Jede Verwendung außerhalb der engen Grenzen des Urheberrechts ist ohne Zustimmung des Verlags unzulässig und strafbar. Das gilt insbesondere für Vervielfältigungen, Übersetzungen, Mikroverfilmungen und für die Einspeicherung und Verarbeitung in elektronischen Systemen.

Umschlagbild: Hocker, doppelköpfiger Vogel, geschnitzt und bemalt von Herrn Takumã und seinen Frauen, Kamayurá, Brasilien. Foto Wolfgang Günzel. Sammlung Weltkulturen Museum, Frankfurt a.M.

1. Auflage 2021

Alle Rechte vorbehalten
© W. Kohlhammer GmbH, Stuttgart
Gesamtherstellung: W. Kohlhammer GmbH, Stuttgart

Print:
ISBN 978-3-17-034948-3

E-Book-Formate:
pdf: ISBN 978-3-17-034949-0
epub: ISBN 978-3-17-034950-6

Für den Inhalt abgedruckter oder verlinkter Websites ist ausschließlich der jeweilige Betreiber verantwortlich. Die W. Kohlhammer GmbH hat keinen Einfluss auf die verknüpften Seiten und übernimmt hierfür keinerlei Haftung.

Inhalt

Einleitung: Die unendliche Vielfalt der Religionen

Mark Münzel

»Wer diese Religion [nämlich das Christentum und seine Geschichte] nicht kennt, kennt keine, und wer sie sammt ihrer Geschichte kennt, kennt alle«, sagte der Kirchengeschichtler Adolf von Harnack 1901, gegen den Satz des vergleichenden Sprachwissenschaftlers Max Müller: »Wer eine kennt, kennt keine«.[1] Das waren Eckpfosten einer religionsgeschichtlichen Kontroverse des 19. Jahrhunderts, in der es nicht um Südamerika ging, aber die Sätze gelten in ihrer Gegensätzlichkeit auch hier: Kennt man eine der in Südamerika entstandenen Religionen, so weiß man schon viel über die meisten anderen, wobei in allen auch der fünfhundertjährige Einfluss des Christentums wirkt. Auf der anderen Seite jedoch wartet jede einzelne unter diesen Religionen mit so viel Besonderem auf, dass man eben auch sagen muss: Kennt man eine, kennt man keine.

1 Vielfalt der Sprachen

Max Müller ging von der Vielfalt der Sprachen aus und hatte dabei einen Goethe-Satz im Kopf, vermutlich diesen: »Wer fremde Sprachen nicht kennt, weiß nichts von seiner eigenen.«[2] Das übertrug er dann auf die Religionen. Auch auf Sprachen bezogen, passt sein Satz auf Südamerika. Schier unendlich ist die Vielfalt der hier schon vor der europäischen Konquista heimischen Sprachen, sogar heute noch, nachdem viele ausgestorben sind. Es existiert keine gemeinsame südamerikanisch-indianische Sprachfamilie, und selbst innerhalb einer einzelnen der vielen Sprachfamilien finden sich bisweilen ganz verschiedene Grammatiken. So umfasst die Tupí-Guaraní-Sprachfamilie mehrheitlich Sprachen des synthetischen (mit zahlreichen Affixen arbeitenden) Sprachtypus, daneben aber auch das Aché, das typologisch, fast ohne Affixe, dem isolierenden (oder analytischen) Typus etwa des Chinesischen nähersteht.

Die überwiegende Mehrzahl der südamerikanischen Sprachen voreuropäischen Ursprungs wird jeweils nur von kleinen und kleinsten Gruppen gesprochen, manchmal von nicht mehr als 50 Menschen. Nur drei haben mehr als 100.000 Sprecher:

---

1 Harnack 1906:168, Müller 1876:14.

2 Müller nannte seinen Satz ein Zitat nach Goethe, bei dem ich ihn aber nicht wortgenau finde. Stolz (2004:290, Anm. 11) vermutet, Müller habe obigen Satz (nachgedruckt u. a. in Goethe 2013:17) gemeint.

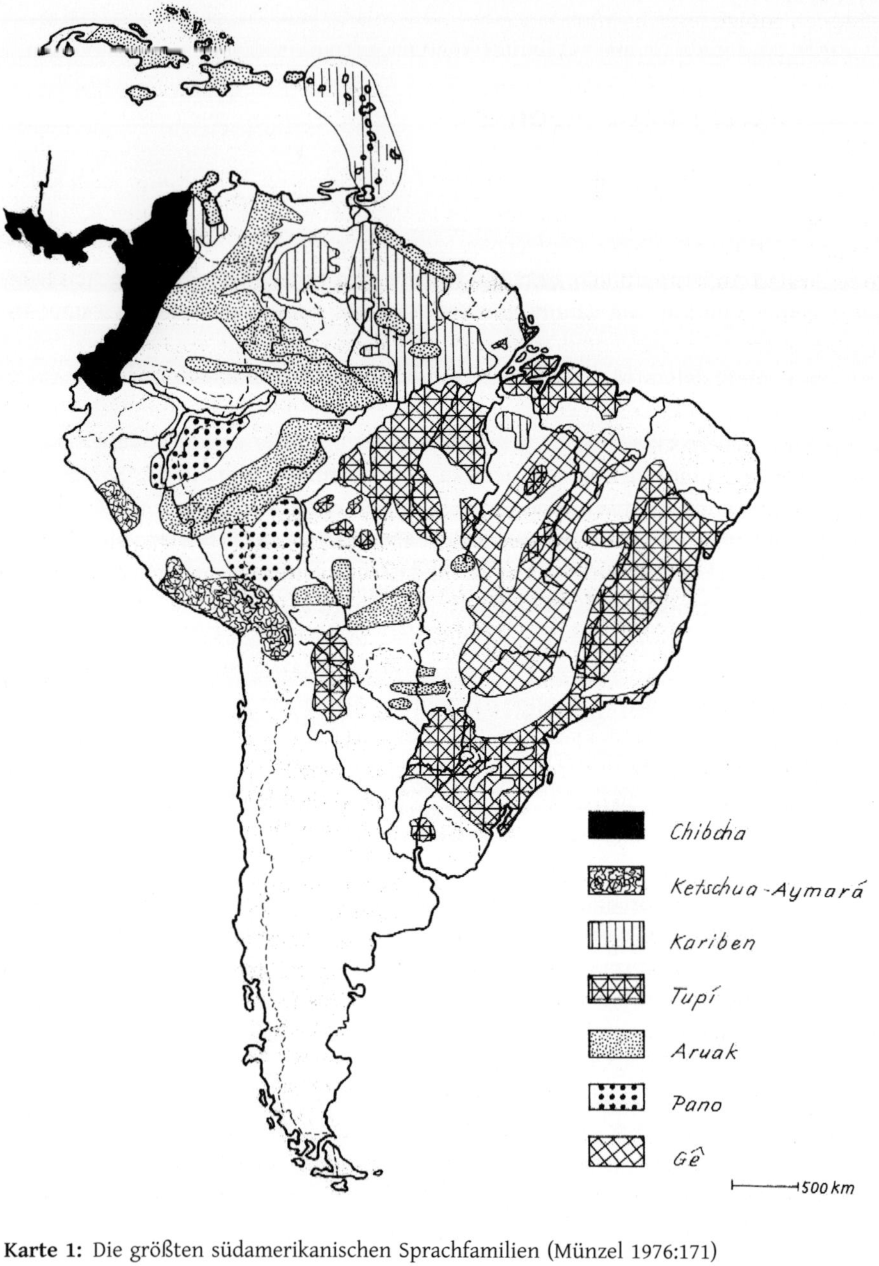

Karte 1: Die größten südamerikanischen Sprachfamilien (Münzel 1976:171)

Quechua, Aymara und Guaraní (in seiner paraguayischen Variante, *Guaraní paraguayo*). Dabei ist aber Guaraní insofern ein Sonderfall, als es die Umgangssprache nicht allein indigener Guaraní ist, sondern auch eines Großteils der nicht-indigenen Paraguayer. Nur so erklärt sich die große Anzahl seiner Sprecher. Muttersprache von Millionen Indigenen sind nur Quechua und Aymara, beide in den Zentralanden.

2 Zwei Hauptregionen

Die Zentralanden sind, ähnlich wie in sprachlicher Hinsicht, überhaupt auch kulturell relativ einheitlich, zumindest im Vergleich zu dem vielfältigen Kaleidoskop der Kulturen östlich der Anden. Das erklärt sich historisch durch Vereinheitlichungen im zentralen Andenraum, die getragen wurden von großen Reichen wie dem Inkareich oder zumindest von überregionalen politisch-ökonomischen Zusammenhängen schon Jahrhunderte vor den Inka.

In der Ethnologie ist die Grobunterscheidung zwischen andinen und extra-andinen Kulturen üblich, auch wenn solche schematische Gliederungen im Einzelnen selten ganz zu stimmen pflegen. Immerhin gab es auch östlich der Anden in voreuropäischer Zeit intensive überregionale Querkontakte, wie sich aus der Verbreitung von Keramikstilen archäologisch ablesen lässt. Auf der anderen Seite war die kulturelle Vereinheitlichung des zentralandinen Raumes nie vollständig, und zerfallen auch die Großsprachen Quechua und Aymara in zahlreiche regionale Varianten. Aber für die Orientierung ist das Schema nützlich: In den Zentralanden zwei schon voreuropäisch weit verbreitete Landessprachen und eine gewisse kulturelle Einheit; östlich davon selten eine politische Einheit über das Dorf hinaus, allenfalls gelegentliche Bündnisse mehrerer Dörfer. In den Nordanden (vor allem Kolumbien) lassen sich politische Gebilde historisch nachweisen, die zwar nicht Reichweite und Zentralisierungsgrad des Inkareiches besaßen, aber immerhin so etwas wie Regionalfürstentümer darstellten. In den Südanden (Chile, östlich daran angrenzende andine Teile Argentiniens) haben die Mapuche zwar kein Reich oder Fürstentum gebildet, aber Zusammenschlüsse in Kriegszeiten.

Gemeinsam ist allen heutigen südamerikanischen Religionen voreuropäischen Ursprungs, dass sie keine zentralen Instanzen besitzen, keine Kirchenorganisation, die eine religiöse Vereinheitlichung durchsetzen könnte. In voreuropäischer Zeit gab es zumindest Ansätze religiöser Zentralgewalt im Zentralandenraum, der ja auch politisch einer Vereinheitlichung unterworfen war, doch hat die europäische Konquista diese eigenständige Zentralisierung durch einen christlichen Zentralismus europäischer Herkunft ersetzt, der die indigenen Eigenentwicklungen nur überdacht und beeinflusst, aber nicht ersetzt. Heute gilt für die Religionen voreuropäischen Ursprungs, ob in den Anden oder östlich davon, dass individuelle Weiterentwicklungen nicht von einer Kirche kontrolliert werden, sondern von der jeweiligen kleinen Gemeinschaft.

3 Das Christentum

Die meisten heutigen Nachkommen der Ureinwohner Südamerikas sind Christen. Ihr Christentum ist allerdings vielfach von ihren vorchristlichen Wurzeln mitgeprägt.

Sie sind darum keineswegs »Heiden« im Sinne einer Religion neben dem Christentum, aber europäische Christen sind sie auch nicht. So hat etwa eine der Autorinnen dieses Sammelbandes, Graciela Chamorro, die hier über die traditionelle Religion der Guaraní schreibt, an anderer Stelle (2016) die Herausbildung pfingstkirchlicher Religiosität bei den Guaraní beschrieben. Im Gran Chaco, dessen Ureinwohner heute allesamt Christen sind, findet José Braunstein zahlreiche eigenständige, aus der nicht-christlichen Vergangenheit weiterlebende Elemente (in diesem Sammelband, und etwa auch in Braunstein 2004), vor allem in evangelikalen und pfingstkirchlichen Gemeinden. Der christliche Prediger ist gleichsam auch ein Schamane.

Galten Süd- und Mittelamerika einschließlich Mexiko bis weit ins 20. Jahrhundert als *der* katholische Weltteil, so wird die einst vorherrschende Position der katholischen Kirche seit der Mitte des 20. Jahrhunderts nicht allein von dem schon seit dem 19. Jahrhundert mächtigen Laizismus erschüttert, sondern auch von religiösen Strömungen aus dem Protestantismus (überwiegend aus seinen nordamerikanischen Varianten), der Pfingstbewegung und spiritistischem Glauben (hauptsächlich dem Kardecismus). In Regionen mit hohem Bevölkerungsanteil afrikanischer Herkunft, am stärksten in Brasilien haben afrikanische Religionen sich mit dem Katholizismus verbunden, im 20. Jahrhundert auch vielfach mit dem Kardecismus. All diese Einflüsse blieben nicht ohne Wirkung auf die zuvor auf dem Kontinent heimischen Religionen. Doch sind Christentum und Spiritismus nicht das Thema dieses Bandes, wenn sie auch nicht völlig ausgeklammert werden – für diese sei nur, etwa, auf einen Sammelband zu Religionen in Brasilien verwiesen (Schmidt/Engler Hrsg. 2016), der vom Katholizismus über den Buddhismus, Islam, Pfingstkirchentum usw. bis hin zur Neureligion Santo Daime den ganzen Fächer religiöser Vielfalt ausbreitet. Oder man lese in diesem Sammelband hier den Aufsatz über die Religionen im Gran Chaco, die überwiegend eigenständige Weiterentwicklungen des Protestantismus bilden.

Diese religiöse Vielfalt erlaubt es oft kaum noch, einzelne Einflüsse in den aus voreuropäischer Zeit erhaltenen Religionen auseinander zu definieren. Für christliche Einflüsse lassen sich in einem jahrhundertelang christianisierten Kontinent gute Argumente finden. Der Erzähler Rigasedye vom Volk der Witoto, der dem Ethnologen Konrad Theodor Preuss schon 1914 berichtete, die Welt sei aus Illusion entstanden, hatte zuvor auf einer Missionsstation gelebt – hat er dort die christliche oder platonische Lehre von der Erde als Illusion aufgenommen? Ähnliche Gedanken finden sich auch bei anderen Erzählern seines Volkes, bei denen man ebenso wenig christlichen Einfluss ausschließen kann. Nur ist es nicht sehr wahrscheinlich, dass auf einer christlichen Missionsstation Anfang des 20. Jahrhunderts antike Philosophie gelehrt wurde. Die Bedeutung des Wortes als eines Grundprinzips der Welt (in diesem Sammelband von Chamorro/Combès für die Religionen der Guaraní beschrieben) ließe sich als Echo des Anfangs des Johannes-Evangeliums interpretieren: »Am Anfang war das Wort«. Doch ist im Einzelnen sehr genau darauf zu achten, in welchem Zusammenhang der gesamten Religion solche Ähnlichkeiten stehen. Wenn ein Schamane gen Himmel fährt, wäre zu untersuchen, ob diese Reise die gleiche wie die Himmelfahrt Jesu oder Mohammeds ist, oder ob sie zu ganz anderen Zielen und Bewusstseinszuständen führt. Und auch wenn die Vorstellung einer Himmelfahrt christlich sein könnte, so ist die Praxis doch eine ganz andere. In schamanischen Religionen ist die Himmelfahrt des Schamanen nicht alltäglich, aber doch so häufig, dass sie niemanden mehr verwundert; im Christentum und im Islam hingegen ist sie ein einmaliges, besonderes Ereignis. Eine Rückführung der schamanischen Reise auf die christliche oder islamische Himmelfahrt würde diese Unterschiede verkennen und letztlich wenig zum Verständnis des Schamanismus beitragen.

4 Indianer, Indios, Indigene, Ureinwohner, Aborigene?

Während die nordamerikanischen »Indianer« (*Indians*) meist kein Problem haben, sich so zu nennen, ist das entsprechende Wort (*indio*) ist in Hispanoamerika problematisch. In der jahrhundertelangen Geschichte von Diskriminierung bekam es einen verächtlichen Beiklang, ja wurde vielfach ein Schimpfwort (während andererseits *indiano,* keineswegs verächtlich, einen in Amerika reichgewordenen Spanier meint). So hat sich die auf Spanisch nicht als diskriminierend geltende Bezeichnung *indígena* eingebürgert, die freilich, ins Deutsche übersetzt (»Eingeborener«) merkwürdig klingt. In Ermangelung einer besseren Lösung folge ich hier diesem in politisch engagierten Kreisen bei uns seit den 1970er Jahren eingebürgertem Hispanizismus, auch wenn ich misstraue, dass damit zunächst vor allem Fremdsprachenkenntnis demonstriert werden sollte, um sich von der breiten Masse abzusetzen, die bis dahin »Indianer« sagte.

In Brasilien hat die portugiesische Wortvariante *índio* bis heute nur dann einen verächtlichen Klang, wenn ohnehin, mit welcher Bezeichnung auch immer, verächtlich von den Ureinwohnen gesprochen wird. Die so Bezeichneten verwendeten das Wort *índio* die meiste Zeit durchaus selbstbewusst als den zusammenfassenden Gesamtnamen ihrer vielen verschiedenen Völker. Erst in den letzten Jahren bürgert sich die (früher seltene) Bezeichnung *indígena* ein.

Überhaupt nicht einheitlich ist, wer in den verschiedenen Staaten als »indigen« klassifiziert wird. Würden in Paraguay die gleichen Kriterien wie in Bolivien angelegt, wo die indianische Sprache ein wichtiges Kriterium ist, so gäbe es in Paraguay prozentual wohl bald ebenso viele Indigene wie in Bolivien, nach paraguayischen Kriterien aber sind es viel weniger. Wir folgen den Kriterien des jeweiligen Staates, die immerhin insoweit gemeinsam sind, als diejenigen als Indigene angesehen werden, die in Gemeinschaften leben, die sich auf vorkolumbische Kulturen zurückführen lassen. Wichtig ist dabei außerhalb der Zentralanden der Begriff »Gemeinschaft«. Einzelpersonen, die nicht mehr in ihrer indigenen Dorfgemeinschaft (oder »Clan«, »Stamm« o. ä.) leben, sondern unter Nicht-Indigenen, fallen meist heraus. Diese Menschen nehmen gewöhnlich auch nicht mehr intensiv am religiösen Leben ihrer Herkunftsgemeinschaft teil, sondern orientieren sich eher in Richtung des Christentums (ob katholisch, protestantisch oder pfingstkirchlich) der Nicht-Indigenen, oder der neu entstanden Religionen teils indigenen, teils afrikanischen, teils europäischen (z. B. spiritistischen) Ursprungs. Auch die Baha'i-Religion findet Anhänger. Gerade die nicht-indigenen Neureligionen sind ein hochinteressantes Phänomen, das aber in diesem Sammelband nicht auch noch berücksichtigt werden kann.[3]

Das Beispiel dieser Namen zeigt, dass unsere Begriffe in ihrer Anwendung auf südamerikanische Kulturen nicht unschuldig im freien Raum schweben. Sie haben eine europäische Geschichte.

5 Keine Vereinheitlichung, schon gar nicht eine einheitliche Theorie

Die einzelnen Beiträge des Sammelbandes können keinem einheitlichen Schema folgen – zu unterschiedlich sind Sprachen und Kulturen. Es lässt sich auch nicht vermeiden, ja ist sogar interessant, dass verschiedene Autoren verschiedene Perspektiven haben. Rein äußerlich zeigt sich die Vielfalt schon in den unterschiedlichen Schreibweisen der Namen indigener Völker. Den Autoren gemeinsam ist aber, dass sie nüchtern auf die ethnographische, durch Feldforschung ermittelte Realität schauen und nicht auf die berauschende Entfaltung irgendwelcher Theorien. Natürlich lassen sich Fakten nicht ohne ein auf theoretischen Prämissen beruhendes Schema ordnen, natürlich kommen wir nicht ohne einen theoretischen Hintergrund aus, und natürlich müssen wir uns unserer Prägung durch verschiedene Schulrichtungen der Wissenschaft bewusst sein. Doch was wir nicht müssen, ist, unsere Theoriekenntnis so beweisen wie der Streber in einem Oberseminar, der zuerst mit einem theoretischen Überbau beginnt.

So folgen wir lieber dem Programm, das Francisco Gil in diesem Sammelband als Gewohnheit von Menschen in den Anden beschreibt:

> Wenn die andinen Bevölkerungen (und ganz allgemein die indigenen Völker der Amerikas) Gedanken über ihre religiösen Praktiken äußern, so tun sie das meist mehr erzählend als aus Konzepten deduzierend.

Ebenso wenig empfanden wir bei der Ordnung unserer Fakten den erstsemestrigen Druck, die gerade allerneuesten theoretischen Ansätze nachzubeten. Wir scheuen uns nicht, Arbeiten zu nennen, die vor über fünf Jahren geschrieben wurden. Autoren wie Alfred Métraux (gestorben 1963), Pierre Clastres (gestorben 1977) oder Otto Zerries (gestorben 1999) sind für uns weiterhin Autoritäten, auch wenn sie noch nicht an neuesten Turns teilhatten, mit denen sie ohnehin schon bald wieder überholt wären. In meinem Aufsatz greife ich etwa auf die mich noch immer faszinierenden Begriffe von Nathan Söderblom (gestorben 1931) und Konrad Theodor Preuss (gestorben 1938) zurück. Das heißt nicht, dass wir den Großen Alten Wort für Wort folgen wollen, wohl aber, dass wir sie immer noch lesen. Und wir beziehen aus

---

3 Zu den nicht-indigenen Neureligionen verweise ich etwa auf Schmidt 2016 und auf die einschlägigen Beiträge in Schmidt/Engler (Hrsg.) 2016. Meist handelt es sich um Religionen, in denen Trance eine zentrale Rolle spielt, insofern ähnlich wie indigene Religionen im Gran Chaco, die José Braunstein hier in diesem Sammelband beschreibt.

ihnen nicht nur Fakten, die sie gesammelt haben, sondern auch, bis heute, theoretische und begriffliche Anregungen.

6 Die Beiträge: Steinchen aus einem Kaleidoskop

Ein Vorgängerband zu dem vorliegenden war, in der gleichen Reihe 1961 als Band 7 erschienen, »Die Religionen des alten Amerika« (von Krickeberg et al.). Dieses Werk wurde in den 1960er Jahren zum Standardwerk. Seine vier Teile waren von damals besonders angesehenen Experten[4] verfasst, die heute als große Gründerfiguren gelten. Diese Teile waren: Religionen der Kulturvölker Mesoamerikas; der Völkerschaften des südlichen Mittelamerika und des nördlichen und mittleren Andenraumes; der Indianervölker Nordamerikas, der Naturvölker Südamerikas und Westindiens.

Jedoch ist inzwischen ein Problem nicht nur, dass ein halbes Jahrhundert nach seinem Erscheinen ein solches Werk nicht mehr auf dem aktuellen Stand sein kann. Unser Wissen über die Religionen präkolumbischer Herkunft in Amerika ist seit damals sehr angewachsen, vor allem sind weitere, früher religionsethnologisch kaum beachtete Regionen in den Blick gekommen, und haben sich von dort her ganz neue Erkenntnisse ergeben. Den Andenraum, aus dem im damaligen Band nur archäologische Erkenntnisse über prähispanische Religionen wiedergegeben wurden, kennen wir heute als ein Gebiet sehr lebendiger Religionen teils präkolumbischer Herkunft.

Will man neuere Forschungsstände berücksichtigen und einigermaßen in die Tiefe gehen, empfiehlt sich heute bei der großen Datenmenge eine geographische Einschränkung, von ganz Amerika auf einen Teilkontinent. Die in den Benennungen der Teilgebiete erkennbare Trennung in »Kulturvölker« und »Naturvölker« ist in der heutigen Forschung nicht mehr üblich.

Im Südamerika-Teil war damals eine Tendenz übermächtig, indianische Religionen als Phänomene der Vergangenheit zu behandeln, analog zur damaligen Erwartung dass die Gläubigen dieser Religionen zu einem gewichtigen Teil im Aussterben oder im Verschwinden in einer neuen Mischkultur begriffen seien – was sich nicht bewahrheitet hat.[5] Bezeichnenderweise überwog in jenem Band die Archäologie des präkolumbischen Amerika (deren neuesten Stand er damals zeigte), während lebendige Religiosität der Gegenwart größerenteils ausgeklammert wurde. In dem Abschnitt über Südamerika östlich der Anden wurden zwar damals aktuelle Religionen vorgestellt, jedoch wie aus der Zeit gefallen. Die neuen indianischen Religionen, die sich unter christlichem Einfluss, aber nicht als christliche Denominationen ent-

---

4 Einzig Werner Müller war damals bei einigen Kollegen umstritten. In den 1970er Jahren wurde er zum Kultautor einer indianerbegeisterten New Age-Szene, gewann aber auch in einigen Kollegenkreisen noch an Ansehen.

5 Gleiches gilt für die Tendenz des Mittelamerika-Teiles, jedoch weniger für den von Werner Müller verfassten Nordamerika-Teil, der schon damals auch sehr auf aktuelle Religionen schaute.

wickelt haben, waren damals zwar schon teilweise bekannt, fanden sich aber in dem Band noch nicht.

Die große Vielfalt der Kulturen und ihrer Religionen in Südamerika macht es mittlerweile völlig unmöglich, alle Religionen auch nur eines einzigen Teilgebietes wie etwa des Amazonasgebietes in einem Buch zu erfassen, das einigermaßen handlich bleiben soll. Die verschiedenen Aufsätze decken keineswegs alle Räume und Religionen des Subkontinents ab. In den Literaturverzeichnissen finden sich Hinweise auf weitere Werke. Die Bibliographien sollen in ihrer Ausführlichkeit die Möglichkeit an die Hand geben, Werke auszusuchen.

Das soll keine durchstrukturierte Gesamtdarstellung einer vermeintlichen allindioamerikanischen Kultur ergeben. Josef Drexler hat unter dem Titel »Die Vielstimmige Widersprüchlichkeit Indioamerikas« besonders nachdrücklich gefordert und vorgeführt, »weniger ›Ähnlichkeiten‹ und indianische ›präkolumbische‹ Kontinuitäten, als vielmehr Differenzen und Brüche der indioamerikanischen ›Kulturgrammatiken‹ zu untersuchen« und gegen »lieb gewordene Kontinuitätsprämissen, vorschnelle Generalisierungen und Homogenisierungen indioamerikanischer Interpretations- und Handlungsmodelle zu dem ›indioamerikanischen Weltbild‹« Einzelstudien gesetzt.[6]

Die Aufsätze von Ulrike Bieker und mir wurden auf Deutsch verfasst, die übrigen auf Spanisch, diese habe ich übersetzt. Ich danke allen, die mit mir an diesem Projekt gearbeitet haben: den geduldigen Autorinnen und Autoren, die ihre Aufsätze alle termingerecht abgegeben haben (was in geisteswissenschaftlichen Publikationen nicht selbstverständlich ist), dem souverän unsere Eigenarten ertragenden und seine Tradition fortsetzenden Verlag, besonders den Kollegen Wünsch, Weigert und Kollegin Schüle; Christine Münzel, die Tipp- und Denkfehler gefunden hat; schließlich Frank Münzel, der meine Arbeit kritisch mit vielen nützlichen Vorschlägen begleitete und ihr Erscheinen leider nicht mehr miterlebt.

Literatur

Braunstein, José 2004, »Indios« and »cristianos«: religious movements among the eastern Wichí. In: *Acta Americana*, Vol. 11(2):19–42. Uppsala University Press.

Chamorro, Graciela 2016, Religion among Guaraní-Speaking Groups in Brazil. In: Bettina E. Schmidt/Steven Engler (Hg.): *Handbook of Contemporary Religions in Brazil.* (Brill Handbooks on Contemporary Religion, 13) Leiden/Boston: Brill: 47–59.

Drexler, Josef 2009, *Öko-Kosmologie – die vielstimmige Widersprüchlichkeit Indioamerikas: Resourcenkrisenmanagement am Beispiel der Nasa (Páez) von Tierradentro, Kolumbien.* (Ethnologische Studien, Bd. 40) Berlin: LIT Verlag Dr. W. Hopf. XII,314 S.

Goethe, Johann Wolfgang von 2013, *Maximen und Reflexionen.* (Hrsg. Michael Holzinger) North Charleston, USA: CreateSpace Indpendent Publishing Platform. 168 S. http://www.zeno.org/Lesesaal/N/9781482500448?page=0 et sequ (gesehen 12.9.2020).

6 2009:16,15.

Harnack, Adolf von 1906, [1903] Die Aufgabe der theologischen Fakultäten und die allgemeine Religionsgeschichte. In: *Reden und Aufsätze von Adolf von Harnack*, Zweiter Band. Gieszen: J. Ricker'sche Verlagsbuchhandlung (Alfred Töpelmann): 159–178.

Krickeberg, Walter/Hermann Trimborn/Werner Müller/Otto Zerries 1961, *Die Religionen des alten Amerika.* (Die Religionen der Menschheit, Bd. 7) Stuttgart: W. Kohlhammer Verlag. XII,397 S.

Müller, Max 1876, [1874] *Einleitung in die Vergleichende Religionswissenschaft: vier Vorlesungen im Jahre MDCCCLXX an der Royal Institution in London gehalten, nebst zwei Essays »Ueber falsche Analogien« und »Ueber Philosophie der Mythologie«.* Strassburg: K. J. Trübner. VIII,353 S.

Münzel, Mark 1976 *Mittel und Südamerika.* (Wolfgang Lindig/Mark Münzel: Die Indianer, Teil II) München: Fink Verlag 167–345.

Schmidt, Bettina E. 2016, *Spirits and Trance in Brazil: An Anthropology of Religious Experience.* Bloomsbury Advances in Religious Studies) London usw.: Bloomsbury. 226 S.

Schmidt, Bettina E./Steven Engler (Hrsg.) 2016, *Handbook of Contemporary Religions in Brazil.* (Brill Handbooks on Contemporary Religion, 13) Leiden/Boston: Brill. XVI,550 S.

Stolz, Fritz 2004, Der Gott der Theologie und die Götter der Religionswissenschaft. In: Anna-Katharina Höpflinger et al. (Hrsg.): *Fritz Stolz: Religion und Rekonstruktion. Ausgewählte Aufsätze.* Göttingen: Vandenhoeck & Ruprecht: 287–304.

Der Nabel der Welt – Religion, Mythen und Berichte eines Volkes in Amazonien

María Vutova

> Und die sieben Engel mit den sieben Posaunen rüsteten sich zu blasen. Und der erste blies seine Posaune; und es kam Hagel und Feuer, mit Blut vermengt, und wurde auf die Erde geschleudert; und der dritte Teil der Erde verbrannte, und der dritte Teil der Bäume verbrannte, und alles grüne Gras verbrannte.
> (Offenbarung des Johannes, 8.6–7).[1]

1 Region und Völker

Nordwest-Amazonien umfasst den Nordwesten Brasiliens, den Südosten Kolumbiens und den Südwesten Venezuelas mit den Flussbecken und Quellflüssen des Rio Negro und des Guainía. Im Folgenden ist vom Flussbecken des Rio Atabapo die Rede, das geographisch nicht mehr zu Nordwest-Amazonien gerechnet wird, doch dessen einheimische Völker[2] von dort stammen, sich teils sogar erst dort ethnogenetisch[3] herausgebildet haben, und besonders mit dem Guainía-Rio Negro-Gebiet verbunden sind.

In dieser Region leben mehr als zwanzig Völker der drei Sprachfamilien der Maipure-Arawak, der Südlichen Arawak und der Makú. Trotz ihrer sehr unterschiedlichen Sprachen haben sie kulturelle Patterns[4] gemeinsam, dazu materielle und immaterielle Aspekte wie ihre Mythologie. Sie gründen im »gemeinsamen Arawak-Sediment«.[5] Ihr gemeinsamer Ursprung wird im brasilianischen Nordwest-Amazonien vermutet, im Gebiet der Quellflüsse des Rio Içana, am Rio Ayari (einem

---

1 Alle Bibelzitate i.F. nach Lutherbibel revidiert 2017, Stuttgart: Deutsche Bibelgesellschaft 2016.

2 Hinweis: Die Ethnonyme in diesem Aufsatz sind in die Liste der Ethnonyme im nachfolgenden Aufsatz »Vom Nichts zum Traum« im dortigen Abschnitt 8 eingelistet.

3 »Ethnogenese« meint hier, im ethnologischen Sinn des Wortes, die Herausbildung einer Ethnie als politisch-kultureller Einheit und hat nichts mit dem »Ethnopluralismus« einiger Theorien zu tun. So war etwa das historische Zusammenwachsen der Schweizer zu einer mehrsprachigen (und nicht »genetischen«) Nation eine Ethnogenese.

4 Anm. des Übers.: »Kulturelles Pattern« (spanisch *patrón cultural*) ist ein ethnologischer Fachterminus, der ein System ähnlicher Werte und Institutionen innerhalb einer Kulturgemeinschaft bezeichnet.

5 González Ñáñez 1968; 2007:187

Zufluss des Rio Içana) und im Gebiet der Stromschnellen von Hipana (am Ayari). Dieses ganze Gebiet ist als »Nabel der Welt« bekannt.[6]

In diesem Gebiet der Stromschnellen und Felsen soll nach einer (schwer belegbaren) Forschungshypothese die Ethnogenese nicht nur der Maipure-Gesellschaften, sondern auch anderer Völker begonnen haben: der Tukano, Kariben, Witoto, Tupí, Nukak-Makú, und weiterer, die keiner der großen Sprachfamilien angehören. Zu den Maipure-Arawak, die ihren Ursprung aus Hipana herleiten, zählen die Kurripako, Baniwa, Warekena, Tariana, Baré, Yavitero, Piapoko und andere. Nach der Darstellung von Omar González Ñáñez, der archäologisch-sprachliche Erkenntnisse der Mythologie der Maipure-Arawak gegenüberstellt,

> [...] mögen diese Gesellschaften auch das Becken des Rio Negro in einer vorherigen Wanderung erreicht haben, die vom Atlantischen Ozean durch das Amazonasbecken und schließlich den Rio Negro und seine Nebenflüsse hinauf geführt hat (wie man aus der Archäologie der Insel Marajó nahe Belém do Pará schließt), so wurde diese große Expansion der Maipure doch vom Becken des Rio Negro aus vom Schöpfer angeführt und führte dann, gemäß den mythisch-historischen Berichten, auf verschiedenen Wegen weiter.[7]

2 Der Nabel der Welt

Seit jenen alten Zeiten vor der Zeit finden sich um Hipana zahlreiche Felsblöcke und Krater, die auch Kochtöpfe genannt werden, aus denen der Schöpfer Napiruli (von den Kurripako Iñapirríkuli genannt) alle Menschen an den Haaren herauszog, auch die *criollos* (Nicht-Indigene, Weiße). Die Felsblöcke des Nabels der Welt erinnern auch an die Geschichte der Geburt von Kuwai (so sein Name bei den Arawak. In der Literatur ist er unter dem Namen Yuruparí bekannter, weshalb ich im Folgenden zur besseren Verständlichkeit diesen Namen zu dem von den Arawak verwendeten hinzufüge). Der Schöpfer Iñapirríkuli schickte sein Wissen in den »verschlossenen«, das heißt geschlechtslosen Körper von Ámarru und schwängerte sie, sodass sie Kuwai (andernorts Yuruparí genannt) gebar. Dies geschah, indem er sein »Wissen« in sie hineinsandte.[8] Manche sagen auch, dass er sie durch den Mund schwängerte.

Heute noch erhebt sich in Hipana der große, runde Krater, aus dem einst, bevor es die Zeit gab, die ursprüngliche Sonne erstmals zum Himmel emporstieg. Die ursprüngliche Welt – vor der Zeit, vor dem Licht, vor der Dunkelheit, als es nur schreckliche Finsternis und Wasser gab, vor dem Wechsel von Tag und Nacht, vor der Zeit – war klein, abgeschlossen, eingekapselt. Der Schöpfer Napiruli wohnte und bewegte sich hin und her innerhalb seines Felsens im Strom in Hipana, um ihn herum nur Einsamkeit und Finsternis (berichten Baniwa).[9] Mir erzählte im

6 González Ñáñez 2005 a, b, Hill 2009, Wright 1998.
7 González Ñáñez 2007:28.
8 Wright 2015:126.
9 laut González Ñáñez 2007.

Abb. 1: Ausgemalte Felsritzung am Rio Atabapo (Foto Vutova)

Jahre 2010 der Schamane Reymundo González (mit bürgerlichem Namen Reymundo González Da Silva), ein Nheengatú[10]-sprachiger Zuwanderer vom Rio Negro, dass es anfangs praktisch nur Wasser gab. Zwar gab es auch Erde, aber man sah sie nicht, da sie in der Tiefe unter dem Wasser lag. Dann wurde jener geboren, den er *Diablo* (Teufel) nennt, der es als einziger verstand, die Welt zu vergrößern.

»Teufel« ist nur einer der vielen Namen, unter denen dieses Wesen in Nordwest-Amazonien bekannt ist: Bei den Tukano der Vaupés-Region heißt es: He oder

---

10 Nheengatú (spanisch Ñeengatú oder Ñengatú), auch Língua Geral (das heißt *lingua franca*) oder Yeral: Sprache der Tupí-Sprachfamilie, in Nordwest-Amazonien als *lingua franca* verbreitet. In Venezuela benennen manche, die diese Sprache sprechen, ihre Ethnie danach: »Wir sind Ñengatú« oder auch »Yeral«.

Wãx-ti; auf Nheengatú: Yuruparí; bei den Arawak (Kurripako-Wakuenai, Hohodene): Kuwai; während die Warekena es Wamudana nennen. Bei allen ist es auch unter dem Namen *Diablo* (»Teufel«) bekannt. So übersetzten Bewohner der Vaupés-Region den Namen, als sie die Ähnlichkeit zwischen Kuwai/Yuruparí und den ikonischen Formen des Teufels im Christentum bemerkten.[11] Doch ist dies ganz und gar keine inhaltliche Aussage: Dieser »Teufel« ist den Menschen eher wohlgesonnen.

Zu Zeiten der Geburt dieses Wesens (informierte mich Don Reymundo González also) lag die Erde ganz unten, darüber gab es nur Wasser. Der »Teufel« beschloss deshalb, ins Wasser einzutauchen, damit die Menschen Licht sehen könnten. Er grub unter Wasser und holte Erde heraus, die er oben zusammenhäufte, sie zusammenklopfend und ausdehnend »wie eine kleine Röstplatte«[12] (wie Don Reymundo[13] formulierte). So schürfend, öffnete der Teufel sich einen Ausgang aus der anderen Welt und gelangte an den Ort, der Naciente (»Ort der Geburt«, »Osten«) heißt, auf diese unsere Welt. Um mir das besser verständlich zu machen, nannte Don Reymundo mir das Beispiel der Japaner: Sie leben in einer anderen Welt, denn wenn für uns die Dunkelheit hereinbricht, geht für sie die Sonne auf, da wir auf der anderen Seite der Erde leben.

Sonnenuntergang und Sonnenaufgang (Westen und Osten), Iñapirríkuli und sein Bruder Dzuli, die ersten Schamanen, saßen (so gibt uns Filintro Rojas die Erzählung wieder) auf dem erwähnten Felsen im Strom in Hipana und rauchten Tabak, um die ersten Menschen zu erschaffen. Sie erschufen zunächst einen Tontopf, der auf beiden Seiten je ein Loch hatte, (Sonnen-) Aufgang und Untergang [das heißt, Osten und Westen]. In diesen Topf warfen sie bestimmte Pflanzen hinein und brachten sie zum Kochen. Darin kochten sie dann die ersten Lebewesen, bis deren wahres Gesicht erscheinen sollte. Nach mehreren Versuchen gelangen ihnen schließlich nur Zwischenwesen: schlafwandlerisch, mit doppeltem Gesicht, geschwänzt, Mensch-Tier. Um das wahre Gesicht dieser Wesen zu enthüllen, warf Dzuli (Sonnenaufgang) sie vom Loch »Sonnenuntergang« in den Topf mit kochendem Wasser, während sein Bruder Iñapirríkuli (Sonnenuntergang) sie am Loch »Sonnenaufgang« erwartete, wo sie nach langer Reise durch den kochenden Topf morgens auftauchten. Dort holte er sie aus dem kochenden Wasserloch (dem Topf) mit ihrem endgültigen Gesicht.[14] Iñapirríkuli wird auch »*Dios*« (spanisch für »Gott«) genannt, der erste Mensch im Topf »Teufel«, demnach ist der Teufel eine Schöpfung Gottes (was ja auch der christlichen Theologie nicht widerspricht, doch quält der südvenezolanische Teufel die Menschen nicht).

---

11 Karadimas 2007, 2012.

12 kleine Röstplatte, »*un budarecito*«: *budare* ist eine kreisrunde, leicht konkave Platte aus Ton oder Metall, auf der vor allem Maniok, aber auch etwa Mais oder Kaffee geröstet wird.

13 Anmerkung des Übersetzers: »Don« bzw. »Doña« vor dem Vornamen ist eine höfliche spanische Anrede.

14 nach Rojas Ms.

In einer Version, die González Ñáñez bei den Kurripako[15] aufnahm, saß Iñapirríkuli auf einem Felsen im Strom in Hipana und gab den Völkern, die dort aus den Löchern im Strom geholt wurden, Namen. Die zwei Frauen, die er erschaffen und aus dem Stein von Ámarru geholt hatte, der in Hipana steht, holten die Menschen an den Haaren aus dem Strom und setzten sie auf den Felsen. Dzuli blies rituell Tabak auf die Nabel der Menschen auf dem Felsen, während Iñapirríkuli sie mit Namen belegte. Filintro Rojas liefert ein interessantes Detail: In der Kurripako-Sprache bedeutet der Name des Felsens Hipana, *eje*, nicht nur »Nabel«, sondern auch »Vulva«. So wird das Bild vom Nabel der Welt erweitert: Es ist auch ein Ort der Geburt.

Zwar nahmen alle Völker ihren gemeinsamen Anfang auf jenem Felsen, als man sie aus dem Nabel der Welt herausholte, doch nicht alle blieben auf der Erde wohnen. Don Reymundo erklärte mir, dass Iñapirríkuli, den er in seinen Berichten »unseren Gott« nennt, einige Menschen wieder ins Wasser warf, damit sie dort ihre Häuser bauten, und dass diese Leute zu Wasserschlangen wurden. Dieses Volk, das nun die Unterwasserwelt bewohnt, die *encantos* (»Verzauberungen«, Geister) oder *máwari*, ist dem menschlichen Volk der Maipure-Arawak durchaus gleich, bewohnt Dörfer und Städte wie die Menschen, überall, im Quellgebiet des Orinoco und in allen Flüssen. Ihre Unterwasserhauptstadt, Temendawi, wird mit der Überwasserhauptstadt Caracas vergleichen. Die Máwari sehen aus wie die Menschen im eigentlichen Sinn des Wortes, nur dass sie keinen Bauchnabel haben. Die Ähnlichkeit ist so groß, dass eine Unterscheidung beim bloßen Anblick manchmal unmöglich ist. Die Bewohner der Unterwasserwelt wohnen so etwa zwanzig Meter unter der Erde in einem Land, das meine Gastgeber häufig »andere Welt« oder sogar *otro planeta* (»anderen Planeten«) nennen.

Vielfältige andere Welten strukturieren das Universum der Arawak. Sie sind vertikal angeordnet wie verschiedene Stockwerke, und man kann manchmal durch Löcher hinauf- oder hinuntersteigen. Das unterste Geschoss stellt eine Spiegelung des obersten dar, denn die Sonne, die ganz oben wohnt, spiegelt sich in dem Fluss, der die unterirdische Welt durchströmt. Robin Wright berichtet, dass der Schamane Mandú für ihn eine Zeichnung des Kosmos anfertigte und am Schluss die zwei Blätter so nach oben faltete,

> dass sie eine konkave Form ergaben, wobei der höchste Teil des Universums, wo sich die Sonne befindet, deutlich mit dem untersten Teil verbunden gesehen werden konnte, wo sie sich spiegelt – als ob, sagte Mandu, die Sonne sich in dem Fluss spiegele, der durch die Unterwelt fließt.[16]

Jeder Himmel wird von je anderen Wesen bewohnt, und die Fähigkeit, sich zwischen den verschiedenen Stockwerken hin und her zu bewegen und mit ihren Bewohnern zu kommunizieren, ist den Schamanen eigen. Doch die Seelen der Menschen sind

15 González Ñáñez 2007:57. Die Kurripako und die sprachlich engstverwandten Baniwa gehören zur Maipure-Arawak-Sprachfamilie, die ihrerseits ein Zweig der größeren Arawak-Familie ist.

16 Wright 1968:65.

neugierig, und manche lassen sie sich von Bewohnern anderer Stockwerke verführen und einfangen, oder sie entkommen und entscheiden sich dafür, herumzuirren. Manchmal verlaufen sie sich, manchmal werden sie von den Einwohnern irgendeines anderen Himmels entführt, die dann die Zugangstüren verriegeln und verrammeln und sich weigern, die Seele wieder freizulassen. Dann hat der Schamane die Aufgabe, sich auf eine Reise durch die Stockwerke zu machen und deren Bewohner zu überzeugen, die arme Seele wieder freizulassen. Manchmal muss man die Seele auch herbeischreien, wie wenn man ein verirrtes Kind sucht. Aber es kommt auch vor, dass die Seele gar nicht zurück, sondern in ihrem neuen Stockwerk bleiben will, zumal ihre Gastgeber sie gewöhnlich gut behandeln.

So erging es dem kleinen Keivin, einem Jungen von den Kurripako, dessen Seele von den Leuten ohne Nabel in deren Welt unter den Wassern entführt wurde. Sein Körper verblieb auf der Erde bei seiner Familie, aber krank und bewusstlos. Der Schamane Don Reymundo, der mir die Geschichte erzählt hat, betete und betete in einem fort und suchte das Kind in den verschiedenen Himmeln, bis er ihn schließlich in der Unterwasser-Welt fand, wohin die Leute ohne Nabel es entführt hatten, die wegen ihrer großen Verführungskunst, die sie auf die Menschen anwenden, eben auch *encantos* (»Verzauberungen«) genannt werden. Don Reymundo rettete die Seele von Keivin, die wieder zur Erde emportauchte, indem sie die zwanzig Meter, die Erde und Unterwasser-Welt trennen, durchschwamm.

In Hipana beendete die schon erwähnte Geburt von Kuwai/Yuruparí, dem Sohn von Iñapirríkuli und Ámarru, die Welt von Iñapirríkuli, wie sie bis dahin gewesen war: klein in ihren Ausmaßen und chaotisch in ihrer Organisation (Wright 1998). So begann eine neue Welt, weit und organisiert, heute bewohnt von den menschlichen Wesen. Kuwai/Yuruparí ist der Herr allen Wissens, seine Stimme ist der Donner, und mit ihr dehnt er das Firmament weiter aus. Er ist auch selbst das Firmament, die Farbe des Himmels und der Gestalter der Leere (Rojas Ms.). Seine Macht erstreckt sich über alle Völker, und er ist der Herr aller Himmel. Kuwai/Yuruparí ist einer und viele, alle Lebewesen haben Teil an ihm, wie ein alter Schamane der Hohodene es (laut Wright 2015) formulierte: »Ich bin Kuwai [Yuruparí]. Du bist Kuwai. Wir alle sind Kuwai«. Durifá da Silva, ein Yeral[17] vom Rio Atabapo, sagte mir: »Yuruparí ist eine Person wie wir.« Kuwai/Yuruparí lehrte die Menschen erstmals, Initiationsriten durchzuführen, gab ihnen die Kenntnisse für Bodenbau, Fischfang und Jagd. Er ist mächtig und weise, Herr aller Kräfte und aller Elemente. Zerstören konnte ihn nur das Feuer.

Er starb, als er während des ersten Initiationsrituals um einen brennenden Scheiterhaufen tanzte und sein Vater Iñapirríkuli ihn betrunken machte und in die Flammen stieß. Kuwai/Yuruparí verbrannte, und die Welt, die er mit seiner Geburt geöffnet hatte, schloss sich wieder. Aus seiner Asche entstanden alle Tiere, deren Biss Gift injiziert, und alle beim Schadenszauber verwendeten Giftpflanzen. Auch die Paxiuba-Palme (oder Stelzenpalme, *Iriartea exorrhiza* Mart.) entstand so. Aus deren Holz werden die heiligen Flöten gefertigt, auf denen die Männer bei den

17 das heißt, dessen Muttersprache Ñeengatú ist, s. Erläuterung in Fußnote 8.

männlichen Initiationsriten spielen, und deren Anblick den Frauen strikt verboten ist. Ámarru, die Mutter von Kuwai (Yuruparí) bemächtigte sich mit ihrer Frauentruppe der Flöten, ihrer »Adoptivkinder«, die sie den Männern raubte. Die Frauen rannten durch Bäche[18] und Flüsse, verfolgt von den Horden des Iñapirríkuli, die sich die heiligen Flöten zurückholen wollten. Die Petroglyphen, die sich auf Felsen in den Flussbetten finden, stellen diese Ur-Reise dar. Am Anfang der Welt, so erzählt man, waren die Steine rein weiß wie der Sand, deshalb schrieben sich die Spuren der Flucht in sie ein.[19] Mir erzählte man, dass die Frauen auf der Flucht unterwegs überall »Ziehkinder«, Flöten oder Knochen von Kuwai/Yuruparí zurückließen, und dass sich jedes Mal, wenn sie ein Ziehkind verließen, Gravuren auf den Felsen bildeten, in denen man bis heute die Spuren der fliehenden Frauen erkennen kann. Schließlich konnten die Männer die »Ziehkinder« wieder einfangen, und die Welt erhielt ihr heutiges Gesicht.

Kuwai/Yuruparí wurde mit einem Körper voller dunkler überzogener Löcher geboren, die nur ein feiner Pelz bedeckte, und die gleichzeitig offen und geschlossen sein konnten. Aus ihnen erklangen melodische Klänge und die Geräusche des gesamten Universums. Sein Aussehen war so hässlich und grotesk, dass sein Vater Iñapirríkuli und er selbst sich dafür schämten.[20] In einer bei den Baniwa aufgenommenen Version[21] hatte das Kind keinen Mund und konnte daher weder sprechen noch essen. Ernährt wurde es mit Tabakrauch. Iñapirríkuli fragte es, ob es Kuwai (Yuruparí) sei, und als er ein bejahendes Kopfnicken zur Antwort bekam, entschloss er sich, dem Kind den Mund zu öffnen. Aus der Mundhöhle kam nunmehr ein Murmeln, das die Welt erfüllte.

Gleich nach der Geburt verhielt sich Kuwai/Yuruparí (in einer bei den Wakuenai für Jonathan Hill erzählten Version) äußerst merkwürdig und gewalttätig. Im Mund zeigte er Jaguarzähne (andere sagen, dass sein Mund von Ohr zu Ohr offen stand, andere, dass er gar keinen Mund hatte). Sein Durst nach Milch war unbeherrscht, unersättlich, und er saugte die Brust seiner Amme, des Faultiers (*Folivora*) völlig trocken. Iñapirríkuli beschloss, Kuwai/Yuruparí vor dessen Mutter Ámarru und vor allen Frauen zu verstecken. Er zeigte der Mutter eine Plazenta, die auf dem Felsen lag, auf dem sie geboren hatte, als wäre die Plazenta gerade erst aus ihr heraus gekommen, und sagte ihr, dass dies ihr Sohn war. So wollte er die Geburt des wahren Sohnes verheimlichen und dessen Mutter und alle Frauen mit Blindheit schlagen. Ein Kind sollte geraubt und durch einen Fake ersetzt werden. Aber die Mutter ließ sich nicht täuschen, da sie ihren Sohn schon bei der Geburt als ganzen Menschen gefühlt hatte. So warf Iñapirríkuli die Plazenta in den Fluss, wo sie sich

---

18 Anmerkung des Übersetzers: »Bach« (venezolanisches Spanisch: *caño*, Amazonas-Portugiesisch: *igarapé*, d. h. mit einem Kanu befahrbarer Weg) meint hier einen für die Verhältnisse des Amazonasgebietes schmalen Wasserweg, der freilich in Europa oft schon als Fluss gelten würde.

19 González Ñáñez 2007:65–66.

20 Wright 2015:127.

21 Orjuela 1983:84.

in einen Rochen verwandelte.[22] Der Körper von Kuwai/Yuruparí mit seinen vielen Löchern mochte in der Tat eine gewisse Ähnlichkeit mit den Flecken auf dem Gewebe der Placenta zeigen, die sich heute, nach der Verwandlung in den Rochen, sehr deutlich auf dessen Haut zeigen.

Die täuschende, *maskierende* Rolle der Plazenta kommt besonders klar bei den Miraña zum Ausdruck, bei denen die Plazenta als »Maske« oder als » das wilde Gesicht« des Fötus bezeichnet wird, oder auch als »der Schatten des Kindes«. Umgekehrt werden die Tiermasken, die bei den Fruchternteritualen, zu denen die (Geister-)Tierherren eingeladen werden, ihrerseits als »Plazentas« begriffen.[23] Kuwai/ Yuruparí wird auf einem astronomischem Diskussionsniveau mit der Sonne assoziiert (s. Karadimas, Hugh-Jones, Orjuela), und der Mythos von KuwaiYuruparí ist letztlich ein Sonnen-Mythos; so lässt sich der Rochen als die Plazenta der Sonne verstehen, als dessen Double (Sonne ist männlich), und entspricht Orion.[24] Double oder Plazenta der Sonne: erinnern wir uns an die Spiegelung der über allem stehenden Sonne, die der Schamane Mandú auf dem Grund seiner Blätter zeigte, die den Kosmos darstellten: Das untere stellte letztlich wohl die Plazenta der Sonne dar, ihr Double, mit der Sonne verbunden durch die Nabelschnur, die sich durch alle Stockwerke der Welt zieht.

Um den Sohn vor der Mutter zu verstecken, schickte Iñapirríkuli ihn ins unterste Himmelsgeschoss, wo er sich ganz fest versteckte und eine Ewigkeit ohne irgendeinen Kontakt zur Außenwelt ausharrte. Lange danach vergnügten sich vier Jungen, indem sie Bienen in ein Tongefäß sperrten, auf dass sie darin summten. So bauten sie sich Musikinstrumente und nannten sie Kuwai (=Yuruparí). In der von González Ñáñez (1968) aufgenommenen Version binden spielende Jungen eine Zikade fest, damit sie wie Kuwai/Yuruparí töne, und verstecken sie in einem Tonkrug, damit Iñapirríkuli nicht merkt, was sie spielen. Ich habe am Rio Atabapo eine ähnliche Behandlung der Zikaden beobachtet, bei denen der durchdringend, klirrende Ton auffällt, den sie tagsüber und abends hören lassen. Meine Gastgeber benutzen die Zikade dazu, das Kind früher zum Sprechen zu bringen. Es heißt, wenn ein Baby die Zikade in den Mund bekommt, fängt es zu sprechen an. Vielleicht wird so bekräftigt, dass Kuwai/Yuruparí tatsächlich in allen Wesen lebt: Einerseits in der Zikade, und wenn diese andererseits in den Mund des Babys gesteckt wird, bekommt es die Stimme des Universums eingefügt. Das menschliche Wesen wird mit der Stimme *implantiert.* So essen die Kinder am Amazonas das Wort ihres Gottes, nicht unähnlich dem biblischen Hesekiel.[25]

Es heißt auch,[26] dass die Jungen die Zikade in einem kleinen Napf einschlossen, und dass das Insekt beim Hin- und Herfliegen darin ein »hee hee hee« hören ließ,

---

22 Hill 2009:117–118.

23 Karadimas 2003:185.

24 Karadimas 2003:181–190.

25 Hesekiel 3:3–4, wo es freilich nicht direkt die gesprochenen Worte sind, die gegessen werden, sondern eine von Gott gegebene Schriftrolle, sicherlich mit seinen Worten.

26 in der von Jonathan Hill (2009:118) aufgenommenen Version.

worauf die Jungen sagten. das sei »unser Kuwai.« In allen Versionen der Geschichte hörte der wahre Kuwai/Yuruparí es und kam herbei, um sich zu erkennen zu geben: »Ich bin eben derjenige Kuwai, den ihr sehen wollt«. »Ich bin gefährlich, sagte er. Ihr werdet hören, wie ich mit meinem ganzen Körper spreche, sagte er«.[27] Doch um seine Musik zu hören, müssen sie eingesperrt werden und fasten. Kuwai/Yuruparí sagte ihnen, sie sollten die Zikade freilassen, und ging fort, während aus seinem Körper alle Arten von Geistern herauskamen, die zu den Schatten (oder Schattenseelen) der Menschen werden sollten: Jaguar, glatter Felsen, Hokkohuhn (*Crax alector*), Sterne usw.[28] Als Iñapirríkuli erfuhr, dass die Jungen Kuwai/Yuruparí gesehen hatten, begann er dessen Empfang vorzubereiten, sollte er doch bald vom Himmel herabkommen, und damit auch den Abschluss der Fastenperiode der Jungen und ihrer Initiation vorzubereiten. Doch die fastenden Jungen setzten sich über das Verbot hinweg, mit der Schale der Frucht des Uacú (*Monopteryx uaucu Spruce*) zu spielen, und bemalten sie. Da erhob sich ein Sturm mit Wolkenbruch und Donner, und Kuwai/Yuruparí riet den Jungen, sich in eine Höhle im Felsen zu retten. Das taten sie, aber diese Höhle war der Mund des Kuwai, der sich über ihnen schloss. Kuwai fraß sie auf. In einer Version der Baniwa nahm Kuwai (Yuruparí) die Jungen nach Hipana mit, um Uacú-Früchte zu pflücken. Er kletterte auf den Baum und warf ihnen von oben die Früchte zu. Die Jungen waren drauf und dran, ihr Fasten zu brechen, und rösteten die Früchte. Der Rauch des Röstfeuers ließ Kuwai/Yuruparí erblinden und brachte ihm den »Tod«,[29] das meint wohl, dass der Rauch des Feuers ihn schwindlig, durcheinander und wütend werden ließ, sodass er die Jungen auffraß.

Sein ganzer Körper brüllte tosend auf, aus seinen Körperöffnungen flossen Ströme von Speichel, die sich in Schlingpflanzen verwandelten, die es bis heute gibt und die in der Jahreszeit der Plejaden blühen.[30] Nachdem er einige der Jungen, die an dem Initiationsritual teilgenommen hatten, verzehrt hatte, stieg Kuwai/Yuruparí erneut in die Höhe und schloss sich wieder im letzten Himmelsstockwerk ein. Iñapirríkuli und die anderen Schamanen, die Väter der Jungen, schnitzten Figuren aus Malouetia,[31] um die fehlenden Jungen zu ersetzen. Die Schnitzereien gelangen so gut, mit Mund, Nase, Ohren und allem, dass sie wie lebendig aussahen. Unterdessen begann Dzuli, Iñapirríkulis Bruder, auf eine Larve zu blasen (das heißt, Zauber auf sie auszuüben), damit sie fett werde. Sie hatten den Plan ausgeheckt, Kuwai/Yuruparí die Larve zu schicken, damit er durch ihren Verzehr verführt werde, wieder herabzusteigen und das Initiationsritual abzuschließen, damit die Jungen ihr Fasten beenden könnten. Sie schickten die Wespe, die mit der Larve im Mund nach oben flog. Je näher sie dem obersten Stockwerk kam, desto lauter wurde ein donnerndes Brüllen:

27 In der Reihenfolge der zwei Zitate: González Ñáñez 2007:43; Hill 2009:118.

28 González Ñáñez 2007:43.

29 In manchen südamerikanischen Sprachen wird das Wort für »Tod« im übertragenen Sinn auch für »Ohnmacht«, »Bewusstseinsverlust« verwendet.

30 Wright 1998:137; Hill 2009:120; Wright 2015:131.

31 *Malouetia sp.*, eine Oleandergemüse-Art.

Abb. 2: Felsbild vom Rio Ayarí (Koch-Grünberg 1907: Tafel 5), vielleicht Darstellung von Yuruparí.

Das war Kuwai/Yuruparí. Die Wespe überredete ihn, die Tür zu öffnen und reichte ihm die Larve durch den Türspalt, doch Kuwai/Yuruparí schlug die Tür heftig wieder zu, sodass die Wespe eingeklemmt wurde – daher hat sie ihre Wespentaille. Kuwai/Yuruparí versprach, am kommenden Tag herunterzukommen und erteilte Anweisungen, wie alles für die Fortführung des Rituals vorbereitet werden solle. Dzuli und Iñapirríkuli aber nahmen sich vor, ihn betrunken zu machen und zu töten, sobald er seine Kenntnisse und Ratschläge übermittelt haben würde. Zur verabredeten Mittagsstunde, kam Kuwai herab (erzählte mir Durifá da Silva), harten und starken Klangs wie ein Flugzeug. Er erbrach die Jungen wieder und blies bis zum Abend und dann die ganze Nacht auf deren Essen (das heißt, verzauberte ihr Essen). Doch während Kuwai/Yuruparí auf das Essen der Jungen blies, blies Dzuli auf seine Augen, damit sie sich mit Augenbutter füllten und er nichts mehr sehen solle.

Kuwai/Yuruparí verkündete, er werde um Mitternacht dreimal schreien, und wer als erster antworten würde, müsse nie mehr sterben und werde sich nie mehr auf der Erde verirren. Wir sind nun am Beginn der neuen Ordnung des Universums, die Kuwai festsetzte, wobei er jedem Wesen eine Rolle zuwies. Dazu gehörten die *principios* (Prinzipien, Gesetze), das *principio* der Menschen, das *principio* der Tiere, das *principio* der Steine und das *principio* der Pflanzen. Kuwai schärfte den anwesenden Menschen ein, ja nicht gleich einzuschlafen, damit sie die ersten wären, die auf seinen Schrei antworteten. Aber um Mitternacht, als er das erste Mal schrie, waren die Menschen schon eingeschlafen, sodass es die Steine waren, die als erste antworteten; auf den zweiten Schrei antworteten die Tiere, und erst beim dritten Schrei endlich die Menschen. Die Pflanzen, die als allerletzte antworteten, vertrocknen deshalb; die Menschen sterben und ihre Zähne faulen schon vorher; auch die Tiere sterben, behalten aber ihre Zähne länger; nur die Steine sterben nie, noch trocknen sie aus, noch verbrennen sie, noch verfaulen sie. Hätten wir auf den ersten Schrei geantwortet (fährt der Erzähler Don Durifá fort), müssten wir nicht sterben: Im Alter von achtzig oder hundert Jahren würden wir uns in einem Zimmer mit einer guten Tür und festen Wänden einschließen, um dann wieder jung, vielleicht zehn oder zwölf Jahre alt, herauszukommen. Wir müssten dann nur noch unsere alte Haut abstreifen, so wie die Eidechse sich häutet, wenn ihre Haut sich abschält. Doch die Menschen schliefen und verloren ihre Unsterblichkeit.

Unterdessen blies Kuwai/Yuruparí weiter auf das Essen der Jungen und gab ihnen weitere Ratschläge fürs Leben: Sie sollten das Feld bearbeiten, alle Arbeiten lernen, Schreinerei und so weiter. Seine Augen hatten sich schon geschlossen, er sah nichts mehr. Die alten Leute häuften viel Brennholz um ihn herum zu einem Scheiterhaufen, den sie anzündeten. Um sieben Uhr früh stießen sie ihn ins Feuer und ließen ihn verbrennen. Sein Geist flog davon, so wie es auch mit Jesus Christus geschah (fügte der Erzähler an) und kehrte in den Himmel zurück, während auf der Erde nur noch seine Asche zurückblieb.

Die Welt ist instabil und unbeständig, jederzeit kann sie an ihr Ende kommen, völlig in den Fluten versinken oder in einem riesigen Flammenmeer verbrennen. Das Feuer, in dem Kuwai/Yuruparí starb, nachdem sein Vater ihn hineingestoßen hatte, kehrt in vielen Erzählungen der Maipure-Arawak wieder, bei denen ich gewohnt habe. Don Durifá da Silva erzählte mir die Geschichte, die er von seinem mittlerweile verstorbenen Großvater vom Volk der Kurripako gehört hatte, dem sie seinerseits sein Großvater erzählt hatte: Nach der Sintflut verbrannte vor vielen Jahren die Welt. Zuerst kam die Sintflut und ertränkte alles, darauf trocknete die Erde aus, und es kam das Feuer, das alles verbrannte. Nur Afrika und ein Stückchen Land von Brasilien blieben übrig, Mato Grosso, was, erklärte der Großvater, »dicker Holzstamm« bedeutet.[32] Denn dort ist alles dick und riesig, der Affe hat die Größe eines Orang-Utan, die Schnecke ist so groß wie ein Wildschwein, der Tausendfüßler ist größer als die Anaconda-Schlange, und die Anaconda ist zehn Tonnen groß und schwer. Dort gibt es nichts Kleines, der Goldhase hat die Größe eines Tapirs, und der Tapir ist wie ein Elefant. Denn es war eine von riesigen Tieren bevölkerte Riesenwelt, bevor sie verbrannte. Während Don Durifá erzählte, unterbrach seine Frau, Doña María vom Volk der Kurripako immer wieder, um Kommentare einzufügen. So erfuhr ich, dass zwar die ganze Welt im großen Feuer zugrunde gegangen war, einige Menschen sich aber vor den Flammen hatten retten können, indem sie sich in die Tiefen der Erde in Löcher eingruben, in denen sie sich versteckten. Dort überlebten sie, betreut von einer alten Frau, die ihnen Wasser brachte und die Löcher zum Schutz vor den Flammen sorgfältig verschloss.

---

32 Brasilianischer Bundesstaat am Südrand und südlich des Amazonasgebietes. Anmerkung des Übersetzers: Der portugiesische Name bedeutet auf deutsch »Dichter Wald«, doch lässt er sich aus dem Indianerportugiesisch Nordwestbrasiliens auch mit »dicker Holzstamm« übersetzen.

Eine ähnliche Szene bekam Ettore Biocca 1963 in Iaureté in der brasilianischen Uaupés Region von einem sehr angesehenen Schamanen vom Volk der Tukano erzählt und von dessen Sohn, Don Grasiliano Mendes (der durch seine Mutter zum Volk der Tariana gehörte) übersetzt. Die drei Donner, welche die Herren des Hauses waren, gruben Löcher in die Erde, füllten sie mit Proviant und wiesen die Frauen an, sich dort zu verstecken, da das Ende nahe sei. Dann machten sie Yuruparí (so heißt Kuwai in dieser Version) betrunken und stießen ihn in die Flammen, das Feuer breitete sich aus, und die gesamte Erde verbrannte. Die Menschen sprangen mit all ihrer Habe in die Höhlen, aber selbst dort noch stießen sie auf viel Asche. Sie blieben eine lange Zeit unter der Erde.[33]

Der Bericht, den ich bei den Maipure-Arawak hörte, handelte zwar hauptsächlich vom alles vernichtenden Weltenbrand, enthielt aber auch zahlreiche Hinweise auf eine der anderen Endzeitkatastrophen, die über die Welt gekommen sind: die Sintflut. Die Erzähler verglichen die in den Löchern unter der brennenden Erde versteckten Menschen mit jenen anderen, die den Prophezeiungen des *carajo de Noé* (»verdammter, toller Noah«), wie sie ihn nannten, glaubten und ihm auf seine Arche folgten, um sich dort einzuschließen. Noah wusste, dass die Welt untergehen würde, weil ein Engel ihn gewarnt hatte, so erzählten sie, und fügten hinzu, dass er also durchaus Don Reymundo ähnelte (dem Schamanen der Gemeinschaft, die mich aufgenommen hatte), der bekannt dafür war, dass er sich mit den Bewohnern des Himmels unterhalten konnte, darunter einige Heilige und Heilige Jungfrauen neben Kuwai/Yuruparí und Iñapirríkuli. Die erwähnte Sintflut fand kurz vor dem großen Feuer statt. Erzählungen der Kurripako[34] geben als Zeitpunkt den Moment an, bevor Iñapirrikuli die ersten Menschen erschuf. Damals wurde die Welt von großen Raubtieren und bösen Geistern beherrscht, und es gab zu viel Schadenszauber, Schaden und Gift, sodass Iñapirrikuli beschloss, das alles zu säubern: Zuerst ertränkte er die Welt in einer Überschwemmungskatastrophe, schuf die Nacht und ließ die Tiere in tiefster Dunkelheit im Fluss ertrinken, dann schickte er ein riesiges Feuer, das alles niederbrannte. Dann erst, als er das Universum von den Bedrohungen, die auf der Lauer lagen, befreit hatte, widmete sich Iñapirrikuli der Erschaffung der ersten Menschen.

Ich muss dazu sagen, dass ich dem Bericht von Don Durifá und Doña María in Gesellschaft von Don Francisco (einem Mann aus dem Volk der Baré), Don Rafael (vom Volk der Baniwa) und weiteren Anwesenden aus der örtlichen Gemeinschaft zuhörte, während wir nachts im Haus von Durifá ums Feuer saßen, Kaffee tranken und geröstete Ameisen aßen. Dabei wurde viel gelacht und gescherzt. Denn mochte es sich auch um Berichte über katastrophale Zerstörungen der früheren Welten der Maipure-Arawak handeln, so ließen meine Gastgeber doch keine Gelegenheit für einen Witz und scherzhafte Kommentare aus, die allgemeines Gelächter hervorriefen. Einer der Scherze, der alle zu spontanem Gelächter hinriss, ging so:

33 Biocca 1965:279–280, in Kurzform wiedergegeben bei Hugh-Jones 1979:307.

34 Wright 1998:45

Durifá: »Stell' dir vor, heutzutage gibt es Millionen und Abermillionen Menschen, genauso auch Tiere, alles gibt es ... Und plötzlich wird er [der Schöpfer] böse und kommt erneut, um hier sauberzumachen [Gelächter], denn schau mal, wie heutzutage wieder alles voller Sünde ist ...« Rafael Dupa: »Es ist wieder an der Zeit für ein neues Flammenmeer« [Gelächter].

Verschiedene Male hörte ich von meinen Gastgebern in ähnlicher Weise mit einer guten Dosis Gelächter gepfefferte Erzählungen von den Erlebnissen des jungen Schöpfers Iñapirríkuli, der als einziger eine andere zerstörerische Katastrophe überlebt hatte. Seine Abenteuer bilden einen Mythenzyklus, der zeitlich vor dem des Kuwai/Yuruparí kommt und die große Macht und unendliche Weisheit jenes ersten Helden zeigt. Er führt gleichzeitig vor Augen, dass die Welt der Arawak immer wieder Wandel und Verwandlungen durchmacht, äußerst instabil ist und zu den verschiedensten Gelegenheiten zerstört wird, um sich danach erneut zu verwandeln und von dem xten Kataklysmus wiederzuerstehen. Und zwar begannen meine Gastgeber jedesmal, wenn sie mir eine Geschichte von Iñapirikuli erzählten, mit einer Szene, die ich post-apokalyptisch nennen würde: Etwa ein Stück Knochen, das im Wasser schwimmt (der Name Iñapirikuli bedeutet »aus einem Knochen geboren«), einziges Überbleibsel einer vorherigen Welt, die von Raubtieren gewaltsam zerstört wurde. Eine kinderlose alte Frau barg die Knochen aus dem Fluss, nahm sie zu sich nachhause mit, bewahrte sie dort in einem Tontopf auf und fütterte regelmäßig die (aus den Knochen entstandenen) drei Grillen in dessen Bauch, die dort größer wurden. Sie zirpten, wenn sie ihre Mutter (die alte Frau) erkannten. Der Stiefvater (der Mann der alten Frau) versuchte wiederholt, die Jungen zu töten. Er zerquetschte sie auf dem Boden, aber die Frau sammelte sie wieder auf und flickte sie mit Nadel und Faden wieder zusammen. Deshalb hat die Grille Löcher im Körper, das sind die Spuren der Nadel. Unter aufmerksamer Fürsorge, Schutz und Erziehung der Alten wuchsen die drei Jungen heran, als ihre Söhne.

Der Tontopf, in den die alte Frau die (wieder zusammengeflickten) Grillen setzte, lässt an einen Uterus denken (aus Ton, wie bei einer Puppe), ein abgeschlossenes, warmes Plätzchen, an dem die Jungen gleichsam gekocht werden, wachsen und sich entwickeln. Das Bild des Kochens findet sich auch in den Initiationsriten der zu Erwachsenen heranwachsenden Jugendlichen von der Ethnie der Kurripako, die in dunklen, vom Rest der Welt sorgfältig isolierten Räumen eingeschlossen werden (Seklusion) und dort ihre Reifung durchmachen, während der sie sich von dem Zustand des Rohen allmählich entfernen, in dem sie sich während des rituellen Fastens befanden (Hill 1984: 535). Eine ähnliche Beziehung zwischen dem Augenblick, in dem die Brüder aus dem Inneren des Tonkrugs herauskommen, und dem Schritt ins Erwachsenenleben finden wir bei den Baniwa. Nach Wright (1998: 38) werden in deren spezifischer Mythensprache solche Behälter benannt, um die Idee von Verwandlung und Wachstum auszudrücken. Die Vorstellung eines irdenen Ur-Uterus findet sich auch im mythischen Denken der Miraña im kolumbianischen Amazonasgebiet, wo die ersten Menschen aus einem vom Schöpfer erdachten Regenwurm entstehen, der in der Erde in der ersten irdischen Gebärmutter heranwächst (Karadimas 2008 online: 13).

Die Menschen würden heute noch in einem Tontopf aufwachsen, hätten Adam und Eva nicht die Sünde begangen, die verbotene Frucht aus dem Wald zu essen.

Don Durifá da Silva erzählte mir, dass Adam und Eva im Garten Eden nackt lebten und sich doch nicht schämten, sie lebten in Frieden und sorglos und konnten mit allen Tieren sprechen, mit denen sie sich den Garten teilten,[35] wie mit dem Jaguar und dem Reh. Adam hatte keine Furcht vor ihnen, und sie achteten auf das, was er zu ihnen sagte, da er ihr Freund war. Diese Freundschaft zwischen Menschen und Tieren, die einander verstehen, da sie die gleiche Sprache sprechen, kann als Hinweis darauf interpretiert werden, dass sie in der Urzeit nicht wesenhaft (»ontologisch«) verschieden waren, so erwähnt Aparecida Vilaça, dass die von ihr besuchten Wari im westlichen Amazonasgebiet niemals die Sprache als Hindernis bei den Begegnungen mit vermenschlichten Tieren erwähnen.[36]

Doch laut Durifá da Silva führte der Teufel in Gestalt der Schlange Eva in Versuchung, sodass sie eine verbotene Frucht aß. Zur Strafe mussten die schwangeren Frauen sich nun vor der Geburt ihres Kindes an den Rand eines Grabes stellen: Beim Gebären ihres Kindes fielen sie entweder hinein oder daneben. Hätten sie nicht von dieser Frucht gegessen, wäre die Geburt leicht: Die Kinder würden in einer Fruchtschale wachsen. Die Männer würden die Kinder aus Ton erschaffen, würden sie in einen Topf legen, diesen sorgfältig verschließen und dann neun Monate warten, bis das Kind zu sprechen beginnen würde. Dann würde der Mann es aus dem Topf herausholen und es der Frau übergeben, die keine Schmerzen und nichts erleiden müsste.

In dieser Erzählung, in der sich Arawak-Mythologie und christliche Elemente verbinden, legte der Erzähler auf eines besonderen Wert: Es ist der Mann, der die Tonfiguren formt, das Kind unter die Tonschale legt und sich in den neun Monaten um es kümmert, während es sich herausbildet, entwickelt und verwandelt, bis es zu sprechen beginnt. Erst dann übergibt er es der Frau. Das erinnert an ein für bestimmte Hautflügler typisches parasitäres Fortpflanzungsverhalten, bei dem die Eier in Species-fremde Wirte gelegt werden, wo sich dann die Larven entwickeln. Ein solches Reproduktionsverhalten schreiben die Miraña einem Wesen zu, das sie »Herr der Tiere« nennen. Dimitri Karadimas sieht hier die Basis einer *metamorphotischen Prädation* oder *prädatorischen Metamorphose*. Karadimas sieht auch eine Verbindung zwischen Yuruparí (dem Kuwai der Arawak) und den Bienen und Wespen in der Ikonographie der Tukano und Arawak, bei einigen Masken, die Yuruparí darstellen und in den Initiationsriten der Jungen auftreten. Zudem gibt es eine sprachliche Verbindung von Yuruparí und den Bienen in einigen Tukano-Sprachen, und auch der Name von Kuwai ist laut Jonathan Hill in der Kurripako-Sprache mit der Biene verbunden. Yuruparí (folgert Karadimas), ist ein Wesen, das seinen Namen von einem Insekt bezieht, genauer, von einer Wespe mit parasitärem Verhalten, deren Metamorphosen-Zyklus und Reproduktionsverhalten in Yuruparí personalisiert

35 Das ist natürlich im Prinzip die biblische Paradies-Geschichte, in der es aber nicht ausdrücklich heißt, dass der Mensch mit den Tieren sprechen konnte.

36 Vilaça 2016:60. Aparecida Vilaça ist eine bekannte Vertreterin der »perspektivistischen« Ethnologie, die nach »ontologischen« Mensch-Tier-Gemeinsamkeiten/Unterschieden in indigenen Mythologien sucht.

wird.[37] Der gesamte Mythos könnte also, möchte ich einmal schließen, den Metamorphose-Zyklus eines Insekts darstellen.

Aber kehren wir zu den Grillen zurück, die gerade aus ihrer tönernen Fruchtschale herausgekommen sind und sich in Jungen verwandelt haben. Der Stiefvater ist sich ihrer großen Macht und ihres unermesslichen Wissens bewusst, beneidet sie sehr und setzt seine Versuche fort, sie zu töten. Einmal nahm er sie in den Wald mit, um ein Stück für die Anlage einer Pflanzung zu roden, und zündete einen Kreis um sie herum an (das bezieht sich auf die übliche sogenannte Brandrodung vor der Anlage einer neuen Pflanzung), sodass sie in die Mitte des Feuers gerieten. Aber sie waren vorbereitet, da sie alles wussten, so auch, dass der Stiefvater sie töten wollte. Sie flogen über den Feuerkreis heraus – an dieser Stelle verglich der Erzähler sie mit Jesus Christus – hinterließen aber in der Mitte der Rodung Holzpfähle, die beim Abbrennen auseinandersprangen, sodass ihr Stiefvater zunächst meinte, die Jungen seien im Feuer geplatzt. Doch auch danach ließ er nicht von seiner Absicht ab, sie zu töten. Eines Tages zogen sie aus, ein Gürteltier (*Dasipodida*) zu fangen, und alle drei drangen tief in sein Erdloch ein. Der erste grub sich voran und schaufelte den anderen die Erde zu. Als der Stiefvater den Eindruck gewonnen hatte, dass sie tief genug drinnen steckten, stieß er einen Stock hinein, um sie daran aufzuspießen und zu töten. Sie aber, dank ihres Wissens, waren wohlvorbereitet, bemalten den Stab mit rotem *Achiote*[38] und ließen den Mordlustigen glauben, das wäre ihr Blut. Und als er nachhause zurückkehrte, warteten sie schon wieder lachend und fröhlich auf ihn.

Den mythischen Erzählungen von ständigen Verwandlungen (oder Verkleidungen) liegt die implizite, manchmal auch explizite Auffassung zugrunde, dass die Welt von einem Tag auf den anderen zugrunde gehen kann, je nach der Laune ihres Schöpfers. Erinnern wir uns an den Satz von Durifá, »Und plötzlich wird er böse und kommt erneut, um hier sauberzumachen.« Im Leben ändert und verwandelt sich alles immer wieder: das Universum und alle seine Bewohner, auch die Menschen. Die Mythen der Arawak erzählen von immer erneuten apokalyptischen Weltenenden, in dem alles zerstört und ausradiert wird, nur damit danach alles wieder neu anfängt. Der neue Anfang wird in verschiedenen Bildern beschrieben: Etwa wird Leben in Kapseln eingeschlossen, aus denen es gerettet und in die neue Welt übertragen werden kann. Die Behälter, die gewöhnlich das Leben bewahren, zerbrechen aber auch, werden immer wieder zerschlagen, seien es ein Knochen, ein Tontopf oder etwa auch Höhlen. Die Mythologien des Amazonasgebietes im Allgemeinen, und eben auch die der Maipure-Arawak, berichten von Bewegungen und Metamorphosen. Das deutet einerseits auf ein Denken in permanenten Veränderungen, andererseits auf ein gleichsam apokalyptisches Bild der Zeit: Man weiß, dass früher oder später das Ende der Welt kommt. Oftmals wird damit sogar in einer

37 Karadimas 2008, 2005b, 2012:79, Hill 2009:173.

38 *Urukú*, *Onoto*, roter Farbstoff aus den Samen des Anattostrauchs, *Bixa orellana*, ein im tropischen Südamerika vielgebrauchtes Färbemittel, mit dem einstmals bei uns die Rinde des Edamer Käses rotgefärbt wurde.

Art Galgenhumor gescherzt. Das entspricht der Auffassung brasilianischer Indigener von »der Unbeständigkeit der sich immer erneut wandelnden Welt.«[39]

Hier liegt vermutlich einer der Gründe für den Erfolg chiliastischer Bewegungen, nicht so sehr, weil sie eine glänzende Zukunft versprechen, sondern weil sie die Logik einer Auffassung von einer Welt ausdrücken, die zu Ende geht. Damit jene glänzende Zukunft kommen kann, muss erst die Gegenwart verschwinden ...

3 Der Prophet

Das gesamte Amazonasgebiet wird abbrennen. So lauteten die Worte des Propheten Venancio vielleicht nicht wörtlich, aber das war in großen Zügen der Sinn seiner Prophezeiungen: Die ganze Welt wird in einem ungeheuren Feuer zugrunde gehen, und Gott wird auf die Erde herabsteigen für das Jüngste Gericht. Nur wer seinem Rat folgt, wird sich retten können. Venancio, Prophet und Messias, nannte sich schließlich Christus, und mehrere Autoren vergleichen ihn mit Iñapirríkuli (Wright/Hill 1986). Seine Geschichte erinnert an so viele Geschichten von chiliastischen Religionen rund um die Welt, so etwa an die Cargo-Kulte in Melanesien (s. z. B. Jebens 2004).

Venancio Aniseto Kamiko[40] kam aus dem Volk der Baniwa. Er wurde um die Mitte des 19. Jahrhunderts in Tsipinapi geboren, einem kleinen Dorf am unteren Guainía zwischen Maroa und San Carlos del Río Negro. Don Armao, ein alter Herr teils indianischer, teils afrikanischer Herkunft, der als Prediger in San Carlos einigen Ruhm genoss und deshalb Pater Arnaoud genannt wurde, zog ihn auf (Wright/Hill 1986: 35). Wie so viele andere damals, arbeitete Venancio als Holzfäller. Es war die Zeit des Systems der permanenten Verschuldung: die Beschäftigten bezahlte man in Sachwerten im Voraus, daraus erwuchsen ihnen Schulden, und die Patrone achteten darauf, dass diese immer hoch blieben oder noch höher wurden. In der zweiten Hälfte des 19. Jahrhunderts bis weit ins zwanzigste ist daraus in weiten Teilen der Region praktisch eine Schuldknechtschaft der indigenen und mestizischen Arbeiter geworden, die völlig von ihren Patronen abhängig waren (Wright/Hill 1986; Meira 1996). Es war in der Zeit der Schuldknechtschaft, dass Venancio ein Kruzifix in die Hand nahm und in Predigten die christlichen Lehren des Pater Arnao zu verbreiten begann (Uruburu Gilède 1996/97).

Eine schwere Krankheit, die ihn fast sein Leben gekostet hätte, überlebte Venancio wie durch ein Wunder, das er göttliche Berufung nannte: Tod und Wiedergeburt, ein Initiationserlebnis, das ihm übernatürliche Kräfte verlieh. Die Wiederauferstehung bestätigte, dass er ein mächtiger Mensch war. Wie er berichtete, war er in den Himmel gereist und hatte mit Gott gesprochen. Dieser trug ihm auf, zu verkünden,

39 Zitat Münzel 2017:34.

40 Meine Darstellung seines Lebens beruht auf folgenden Arbeiten: Wright/Hill 1986, Wright 1998, 1981, Hill/Wright 1988, Uruburu Gilède 1996/97, Iribertegui 1987, Wright 1983, Tavera Acosta 1927, Vidal/Whitehead 2004, Wright 2004, Hill 1993.

niemand mehr solle als Holzfäller arbeiten. Außerdem, fügte Gott hinzu, sollten die Halter von Hühnern und Schweinen diese Venancio übergeben. Auch war Letzterer von Gott beauftragt, all denen, die ihm überließen, was er von ihnen verlangte, ihre Schulden bei den Patronen zu erlassen. So zu Gottes Beauftragtem für die Vergebung der Sünden und für den Schutz der Armen geworden, nannte Venancio sich bald *Santo* (Heiliger) und schließlich *Christu* (Christus). Auch schrieb man ihm ebenso viel Macht zu wie den Jaguar-Schamanen (Wright/Hill 1986: 36): das sind Schamanen, die sich in Jaguare verwandeln können und die Macht besitzen, wie Jesus Christus oder Venancio die Welt vor den überall lauernden Gefahren durch Macht und Weisheit zu retten und Schmerz und Übel zu beseitigen.

Folgendes berichtet Tavera Acosta (1927: 146): Venancio kannte die Heilkräfte vieler Pflanzen und heilte Indigene wie Nicht-Indigene der amazonensischen Landbevölkerung. In den 1850er Jahren predigte er vor allem in den Dörfern am Rio Içana, aber der Ruf seiner wundersamen Kräfte verbreitete sich rasch über die Flüsse Rio Negro, Guainía und Vaupés. Allmählich bekamen seine treuesten Jünger ihre eigenen Titel, so hieß seine Predigerin Nazaria Josefa nun Santa María, sein Prediger Narciso José wurde San Lorenzo, sein Prediger Venancio José Futardo wurde Padre Santo (Heiliger Vater). Diese drei waren schon ältere Herrschaften.

Sie riefen zu Versammlungen, auf denen sie verschiedene Zeremonien wie Hochzeiten und Scheidungen durchführten. Die Zusammenkünfte endeten festlich mit Tänzen, Gesängen, Speise und Trank. Um diese Zeit aber begann Venancio auch das baldige Ende der Welt zu prophezeien. Er sagte voraus, dass am Johannistag (nah an der Sommersonnenwende), am 24. Juni 1858 die Welt in einem gewaltigen Feuer zugrunde gehen werde. Gott werde auf die Erde herabsteigen und das Jüngste Gericht abhalten. Der Rio Içana aber werde vom Feuer verschont bleiben, und alle, die Venancio folgen und mit ihm im Kreis tanzen und »Reiher, Reiher!« rufen würden.

Der Silberreiher (*Ardea alba Linn.*) ist der Namensgeber des ersten Flötenpaares, das aus den ersten Fingern der Hand von Kuwai/Yuruparí gemacht wurde, als er im Flammenmeer verbrannt und danach die Paxiuba-Palme erschienen war. Der Knochen des Silberreihers ist ein Werkzeug des Schamanen und stellt die Wirbelsäule des Universums dar. Diese ist wichtig für eine doppelte Himmelfahrt: Einerseits steigt das »Pulver des Wissens« (Rojas Ms.), eine psychotropische Substanz durch sie zum Himmel auf, andererseits auch der Schamane, der diese Substanz einnimmt. Zu »Reiher, Reiher!«-Rufen im Kreis tanzen soll vielleicht dazu verhelfen, eine Trance oder ein Schwindelgefühl zu erreichen, das als eine Art Himmelfahrt verstanden wird und eine Flucht aus dem Weltenbrand ermöglicht. Um errettet zu werden, musste man ferner strikt fasten und gesellschaftliche und wirtschaftliche Beziehungen zum Militär vermeiden (Wright 1981, Wright/Hill 1986).

Ferner musste man bei Heiraten, Taufen und Beichten einen finanziellen Beitrag leisten, wobei die Freigebigsten am schnellsten in den Genuss von Himmelfahrt und ewiger Errettung kommen würden. Venancio schuf ein neues Vertrauen der Indianer in die eigene religiöse Autorität und Macht, waren sie doch nun fähig, ihre eigenen Taufen zu feiern und brauchten dafür nicht mehr die katholischen Missionare (ibid.). Bald jedoch reiste ein Missionar von Pfarramt von São Gabriel da Cachoeira und Marabitanas zu Venancio und forderte diesen auf, seine religiöse Lehre zu beenden und sofort nach Venezuela auszureisen, andernfalls die Polizei ihn ausweisen würde. Im Anschluss daran wurden Soldaten an den unteren Içana geschickt. Sie kamen, etwa zwanzig Bootsladungen stark, lösten ein Tanzfest gewaltsam auf, plünderten das Gemeinschaftshaus, schlachteten die Hühner und Schweine, die als Bezahlung verwendet worden waren, stahlen handgefertigte Wertsachen und verschleppten den Heiligen Vater, den Hl. Lorenzo und die Hl. Maria (die drei Anführer) als Gefangene. Daraufhin flohen etwa 400 indigene Gläubige nach Venezuela. Venancio floh nach San Carlos, wo einer seiner Gläubiger dann ihn und einige weitere Anführer ins Gefängnis von San Fernande de Atabapo gebracht zu haben scheint. Venancio entkam schließlich, aber angesichts der militärischen Repression sahen er und seine Gefolgsleute sich gezwungen, in schwer zugängliche Gebiete zu fliehen. Venancio flüchtete ins Tal des Aki (Acque), wo er begraben liegt.

Manche Leute sollen ihn gehasst und versucht haben, ihn umzubringen. Das soll beispielsweise auch Tomás Funes versucht haben. Funes (1855–1921) war ein venezolanischer Soldat, der in die Kautschukgewinnung eingestiegen war. Er war als »der Schrecken des Amazonas« bekannt. Mit einer Bande Bewaffneter ermordete er 1913 den Gouverneur des venezolanischen Territoriums Amazonas, dessen Gattin und weitere Menschen und schwang sich zum Gouverneur auf. Seine Zeit endete 1921, als eine Militärexpedition ihn aufspürte und hinrichtete. Während seines Schreckensregiments sollen er und seine Spießgesellen etwa 420 Menschen ermordet haben, doch sind in dieser Zahl »Indigene und Neger« nicht mitgezählt (Jiménez 2016), die er bei ihrem erzwungenen Kautschuksammeln ermordete. Der kolumbianische Schriftsteller José Eustasio Rivera hat ihm in seinem Roman *La vorágine* (»Der Strudel« Erstausgabe 1924) ein grausiges Denkmal gesetzt:

> ... und glaub' doch nicht, dass ich mit »Funes« nur eine einzige Person benannt habe. Funes ist ein System, ein Seelenzustand, es ist der Durst nach Gold, es ist die schäbige Gier. Viele sind Funes, mag auch nur einer den unseligen Namen tragen. Die Gewohnheit, illusorischen Reichtümern nachzujagen, auf Kosten der Indianer und der Bäume[41]

Zwar wirkte Venancio Kamiko etwa 1850–1860, also lange vor Funes, aber in vielen späteren Berichten wird er als dessen Zeitgenosse erwähnt. Offenbar hat das Gedächtnis des Volkes ihn zeitlich in eine der härtesten Epochen der amazonensischen Geschichte umgesetzt. Das unterstreicht seine Bedeutung in den sozialen Auseinandersetzungen, in denen man sich seiner als Prophet und Befreier der Indianer von der Unterdrückung durch ihre Patrone erinnert.[42]

> Man erzählt, dass jemand, der wusste, dass Venancio ein Heiliger war, Tomás Funes von ihm berichtete. Daraufhin schickte Funes Soldaten zu Venancios Haus im Tal des Aki, die ihn in San Fernando de Atabapo im Haus von Funes zum Verhör vorführten. Venancio leugnete, ein Heiliger zu sein, denn die Heiligen äßen ja weder Brot noch Fleisch. Funes

41 Rivera 1971:227.

42 Die folgende legendenhafte Erzählung übernehme ich von Wright/Hill 1986 und Hill/Wright 1988.

fragte ihn, ob es stimme, dass er viele Gefolgsleute habe, die ihm Opfer brächten, weil er sie geheilt hätte. Auch das leugnete Venancio.

Darauf befahl Funes, ihn in einem Sarg einzunageln und Stricke darum zu schlingen, an die man einen großen Stein hängte. Den Sarg warfen sie in den Orinoco und ließen ihn dort eine Stunde lang, bis sie ihn wieder herausholten und zu Funes brachten. Als man den Sarg wieder öffnete, war er leer. Die Soldaten meinten, er sei entkommen, weil die Stricke nicht stark genug und die Nägel nicht genügend tief hineingetrieben waren. So holten sie Venancio erneut aus seinem Haus im Aki-Tal und zerrten ihn erneut nach Atabapo vor Funes. Diesmal zogen sie dickere und haltbarere Stricke um den Sarg und schlugen die Nägel so dicht ein, dass nur zwei Fingerbreit dazwischen blieben. Sie warfen den Sarg erneut in den Fluss, an eine ganz tiefe Stelle, doch Venancio entkam erneut, und die Soldaten standen vor dem leeren Sarg.

Beim dritten Mal nagelten sie die Nägel so dicht beieinander, dass nur noch ein Finger Zwischenraum blieb, und umbanden den Sarg mit einem Lederstrang. Nach einer Stunde holten sie den Sarg wieder aus dem Wasser und nahmen den Stein ab, an dem sie ihn aufgehängt hatten. Diesesmal spürten sie ein großes Gewicht und waren deshalb sicher, dass sie Venancio endlich getötet hatten. Doch als sie den Sarg öffneten, sahen sie sich in dessen Inneren einer riesen Anaconda gegenüber.

Nun endlich gab sich Funes geschlagen, sah ein, dass Venancio wirklich ein Heiliger war, den er niemals töten könnte, so sehr er das auch versuchen mochte. Einige Monate später ließ Funes ihn erneut durch Soldaten aus dem Aki-Tal holen, diesmal aber, um ihn um Entschuldigung zu bitten. Doch Venancio prophezeite ihm, dass er eines Tages bei einer Rebellion seiner eigenen Soldaten von deren Hand getötet werden würde. Von da an lebte Funes in Angst bis zum Ende seiner Tage.

Venancio ist wie Kuwai/Yuruparí so mächtig, dass keines der Elemente, mittels derer die Soldaten ihn töten wollen, ihm etwas anhaben kann. Robin Wright und Jonathan Hill sehen eine Parallele in Venancios Fähigkeit, den Kräften des Holzes (des Sarges), des Metalls (der Nägel), der Lianen (des Stricks), des Wassers (des Flusses) und des Steins zu widerstehen, so wie Yuruparí einzig durch das Feuer besiegt werden konnte. Venancio, der mittels seiner schamanischen Verwandlungskünste entkommt, ist insofern wie der Schöpfer Iñapirríkuli ist, nämlich unsterblich, aber auch wie dessen Sohn Yuruparí, der in seinem Körper alle Elemente der Welt vereint.[43]

Aus Legenden und realen Ereignissen gestrickt, wird hier von der chiliastischen Bewegung unter Venancios Führung erzählt, der sich tatsächlich viele Indigene des nordwestlichen Amazonasgebietes anschlossen. Auch wenn manche Elemente aus dem Christentum stammten, beruhten die Grundstrukturen des religiösen Denkens auf indigenen Mythen-Konzepten. Wir können nicht eigentlich von Synkretismus sprechen, sondern von einer Selektion christlicher Symbole und Aktivitäten, die in indigenen Augen einen Sinn in eigenen Zusammenhängen ergaben.[44]

Noch heute pilgert man zu Venancios Grab im Aki-Tal, um Gelübde an seinem Grab abzulegen. Im Jahre 2010 lernte ich in Maroa (Venezuela) einen Einheimischen (aber nicht Indigenen) kennen, der sagte, er könne mit den Pflanzen sprechen. Indigene aus den benachbarten Dörfern kamen oft zu seinem Haus, um Heilpflanzen

43 Wright/Hill 1986:47

44 s. Wright/Hill 1986, Gutiérrez Estévez 2014, Karadimas 2007, González Ñáñez.

und andere Heilmittel zu bekommen. Er ließ sich Portuga nennen, da er in Portugal geboren war, lebte aber schon seit über vierzig Jahren im Amazonasgebiet. Er erzählte mir im Vertrauen, dass er in einem anderen Leben Venancio gewesen war, und dass dessen Grab im Aki-Tal sein eigenes ist. Er besuchte regelmäßig dieses, sein eigenes, Grab, um es zu pflegen. Venancio sei ein mächtiger Zauberer gewesen, habe unter Wasser laufen können, habe viele Menschen geheilt und sogar Tote wiedererwecken können. Manche hassten ihn und versuchten ihn zu ertränken.

Bei der Wallfahrt zum Grab des Venancio im Tal des Aki in Kolumbien richten sich die Gelübde heute meist an seine das Tal erfüllende Seele (*ánima*). Die Leute, bei denen ich wohnte, erzählten mir, wie es mit dieser Seele angefangen hat.

> Als sein einziger Sohn starb, versank Venancio in tiefe Trauer. Er konnte nur noch an seinen Sohn denken, er aß nicht und trank weder Wasser noch das Maniokgetränk. Das einzige, was er noch wollte, war sterben, um nicht mehr zu leiden. Eines Tages auf der Kirchweih erschien ihm eine junge Frau in einem langen, weißen Kleid. Es war die Heilige Jungfrau. Sie kam, um Venancio zu verkünden, dass sein Sohn nicht gestorben war. Tatsächlich war das Kind bei ihr und versteckte sich in ihren Rockfalten. Sie erklärte Venancio, wenn er seinen Sohn wieder in die Arme schließen wolle, müsse er drei Tage lang beten, um sich von allen Sünden zu reinigen.
>
> Sie war zur Erde an einem Seil heruntergeklettert, und während der drei Tage, an denen Venancio fastete und immer nur betete, sollte er versuchen, an dem Seil emporzuklettern, um zu prüfen, ob es ihm gelänge, sich in die Luft zu erheben. Da seine Sünden noch auf ihm lasteten, schaffte er zunächst nicht mehr als einen Meter in die Höhe. Doch als er die Sünden abgelegt hatte, war er leicht genug, und die Jungfrau erteilte ihm die Erlaubnis, emporzuklettern.
>
> Ein feiner Faden trug ihn an die Pforten des Himmels, wo er eine erste Prüfung bestehen musste: erraten, wo sich Jesus Christus aufhielt. Denn es gab deren zwei, von denen nur eine der wahre war, der andere hingegen seine Spiegelung.
>
> Venancio wandte sich nach links, sah das Bild von Jesus Christus und bat ihn um seinen Segen, doch die Jungfrau sagte ihm, dass das der falsche war, nur seine Fotografie, seine Spiegelung, während der wahre Jesus Christus sich dort befand, wo die Sonne aufgeht. Der Spiegel war nur dazu da, die Menschen zu verwirren. Als Venancio sich umdrehte, sah er den wahren Jesus Christus in der Ferne, auf der höchsten Stufe einer breiten Freitreppe, deren Besteigung (wie die Jungfrau ihm erklärte) einen Monat dauern würde. Der Himmel war voller Wohlgerüche, und die Jungfrau verbot Venancio, auf den Boden zu spucken, da es heiliger Grund sei.
>
> Nach einem Monat, in dem er mit Fasten und Beten die Stufen der Treppe eine nach der anderen hochgestiegen war, hatte er mehr Macht erlangt. Er konnte sehen, wo es Wildschweine gab, und wies seinen Leuten den Weg dort, sodass sie die Wildschweine jagen und essen konnten. Er erkannte, wenn schlechte Menschen sich näherten, und weigerte sich, mit ihnen zu sprechen. Umgekehrt sprach er mit guten Menschen, die zu ihm kamen, um seine Hilfe zu erbitten. Die Regierung erfuhr, dass er Wunder vollbrachte, und steckte ihn ins Gefängnis, an Füßen und Händen gefesselt, doch er entkam immer wieder, mochte man ihn auch mit Stricken und Handschellen noch so sehr festgebunden haben.
>
> Eines Tages sagte er seiner Frau, dass er eine Art Engel war und sich in einen Heiligen verwandeln würde. Er würde sterben, aber sein Herz würde warm bleiben, und am dritten Tag würde er es so wie Jesus Christus machen, und sein Geist würde wiederkehren. Deshalb sollte man ausharren und ihn nicht begraben. Doch seine Frau konnte nicht ausharren und begrub ihn am zweiten Tag. So starb Venancio wirklich, doch später kehrte sein Geist in Gestalt eines Silberreihers zurück. So erschien seine Seele.

So erklärt sich Venancio also selbst zu Christus, und gleichzeitig verfügt er über die Macht und die Kenntnisse der Gestalten des Schöpfungsmythos der Maipure-Arawak, deren Abenteuer er selbst erneut durchlebt.

Venancio ist nicht der einzige Prophet in der Region gewesen. Noch während der Abgesandte des Vikariats von São Gabriel und Marabitanas auf der Reise zu Venancio war, dem er dann, wie erwähnt, mit der Polizei drohte (und aus dem Pfarramt kam dann wohl auch der Wink ans Militär), hörte der Vikar von einer weiteren Bewegung, die sich um das kleine Dorf Povoação da Guia am Flüsschen (*igarapé*) Piraiauara entwickelte. Diesmal war der Anführer ein Indianer aus Brasilien, ebenfalls Venancio mit Namen, der sich »Heiliger Vater, Gesandter Christi« nannte und öffentliche Beichten, Ehescheidungen und daran anknüpfende neue Eheschließungen organisierte. Auf diese Sakramente folgte weltliche Fröhlichkeit mit Tänzen, Essen und Trinken. Die religiöse Doktrin des selbsternannten Christus breitete sich bis zum Rio Cuiary aus, und auch dort schrieb man dem Abgesandten Christi Wunder zu. 1859 berichtete der Vikar von noch einer ketzerischen Erregung, diesmal in Juquira – rapecuma am Rio Vaupés. Dort hatten sich, wie er meldete, Indianer aus verschiedenen Stämmen zusammengerottet

> und noch einen anderen Christus verehrt, der sich dort vorgestellt hatte und das gleiche praktizierte, was schon am Igarapé Piaraiauara geschehen war, das heißt, taufte, verheiratete usw., und dass diese Versammlung über eintausend mit Feuerwaffen und Curare-Pfeilen bewaffnete Menschen umfasste, die bereit waren, den Einsatztruppen, falls diese dorthin kämen, Widerstand zu leisten, wie es schon am Içana geschehen war, und dass sie vor Ort auf die Weißen warten wollten.

Der Emissär des Vikariats wurde feindselig empfangen und konnte nur unter Lebensgefahr entkommen. Der Bericht des Vikars fährt fort:

> Es ist gesichert, dass der Christus ein gewisser Indianer ist, der vom Rio Uaupés stammt und im Bezirk von Marabitanas wohnte und dort allgemein bekannt war, und Alexandre hieß. Im Gefolge des Christus befinden sich über zehn gefangene Makú [die Makú sind eine damals oft in Abhängigkeit von anderen Gruppen lebende Völkergruppe], deren sie sich wie Sklaven bedienen, ja die sie sogar im Austausch für ein Gewehr, Macheten, Äxte und was ihnen sonst noch einfällt, verkaufen.[45]

Es gab eine ganze Reihe von Propheten, die sich Christus nannten. So trat auch

> ein Deserteur [also ein Soldat und vermutlich kein Indigener] auf, des Namens Bazilio Melqueiro, der sich einen neuen Christus nannte und die Scenen des Venancio erneuerte. Die Indianer ließen die Arbeit liegen und ergaben sich einem zügellosen Faulenzerleben.[46]

Dem Abgesandten des Vikariats gelang es, sie in einem Dorf zu geregelter Arbeit zusammenzuführen, doch nur allzu bald »vereinigten sie sich auf den Igarapés [kleinen Nebenflüssen und Kanälen] und gaben sich dort verborgen dem Trunke, Ausschwei-

---

45 Vikar Pater Romualdo in Bericht aus Cunury am Rio Vaupés v. 12.4.1859, zit. Silva 1962:320.

46 Bericht des Hauptmanns der Artillerie, Joaquim Firmino Xavier, verfasst in Cucuty am 31.12.1858, zitiert von Avé-Lallemant 1860:160.

fungen und wilden Tänzen hin«. Eine Militärexpedition führte sie an ihre früheren Wohnorte zurück, doch der kommandierende Hauptmann berichtete später:

> [...] und sie wären auch in denselben geblieben, wenn nicht Bazilio, jener Deserteur, sie wieder nach Sta.-Anna versammelt hätte zu denselben Tänzen wie Venancio. Ich nahm ihnen die Kreuze ab und trieb sie auseinander. Einige flüchteten sich nach Venezuela, andere zum Rio Vaupez, sodaß heute wenige Einwohner daselbst existiren.[47]

Im Folgenden gebe ich einige Episoden aus dem Leben des angesehenen Schamanen Don Reymundo wieder, die dieser mir berichtet hat, und die ihrerseits (wie wir sehen werden) Erlebnisse von Iñapirrikuli, Kuwai (Yuruparí) und Venancio aus einer anderen Zeit und in anderen Himmeln wiederholen. Aber Don Reymundo kann obendrein die Stimmen des gesamten Universums hören (und wird deshalb auch *Loquiño*, »kleiner Verrückter« genannt) und verbindet die Welt der Mythen mit seiner alltäglichen Umgebung, wobei er sowohl Gesprächspartner der Himmelswelt als auch aktiver Teilnehmer der Unterwasserwelt ist, wo die Menschen ohne Nabel wohnen.

Den Mythos im eigenen Leben erneut leben ... Ist das es nicht, wovon Lévi-Strauss spricht, wenn er schreibt, dass es nicht die Menschen sind, welche die Mythen erzählen, sondern dass die Mythen sich der Menschen bedienen, um sich durch diese untereinander zu erhalten? Pierre Grimal ruft Karoly Kerényis Formulierung »ein Leben in Zitaten« in Erinnerung, die dieser von Thomas Mann übernommen habe. Tatsächlich schreibt Mann:

> Das zitathafte Leben, das Leben im Mythos, ist eine Art von Zelebration, indem es Vergegenwärtigung ist [...] Alexander ging in den Spuren des Miltiades, und von Cäsar waren seine antiken Bibliographen zu Recht oder zu Unrecht überzeugt, er wolle den Alexander nachahmen. Dies »Nachahmen« aber ist weit mehr, als heute in dem Worte liegt; es ist die mythische Identifikation, die der Antike besonders vertraut war, aber weit in die neue Zeit hineinspielt und seelisch jederzeit möglich bleibt. Das antike Gepräge der Gestalt Napoleons ist oft betont worden.
>
> [... Daß] er sich, zur Zeit seines orientalischen Unternehmens, wenigstens mit Alexander mythisch verwechselt hat, braucht man nicht zu bezweifeln, und später, als er sich fürs Abendland entschieden hatte, erklärte er: »Ich bin Karl der Große.« Wohl gemerkt – nicht etwa: »Ich erinnere an ihn«; nicht: »Meine Stellung ist der seinen ähnlich«. Auch nicht: »Ich bin wie er«; sondern einfach: »Ich bin's«. Das ist die Formel des Mythos.[48]

In Nordwest-Amazonien werden die Propheten Venancio und Don Reymundo-Loquiño von den Mythen *eingesetzt* (würde man anti-eheumeristisch sagen), damit diese weiterleben, damit ihre mythischen Figuren in heutigen Menschen wiederkehren, weiter sprechen, sich unterhalten, mit uns zusammenleben. »Anti-euhemeristisch« nenne ich hier, nach Julio Caro Baroja das Gegenteil des Euhemerismus. Während der griechische Philosoph Euhemeros in den Mythen verzerrte Wiedergaben realer Ereignisse sah, sieht Caro Baroja (1992: 238) gerade umgekehrt, dass Menschen häufig nach Mythen leben, so dass diese nicht sterben. Manchem Menschen schreibt man mythische, legendenhafte oder (bei weniger großartigen Charakteren) märchenhafte Ereignisse und Taten zu, oder er schreibt sie sich selbst zu.

---

47 in vorheriger Fußnote genannter Hauptmann der Artillerie in Avé-Lallemant 1860:163.

48 Mann 1936:271, 270.

Ähnlich analysiert Gary Gossen *Vida y muerte de Miguel Kashlán: héroe Chamula* (1988, »Leben und Tod von Miguel Kashlan, Held in Chamula«) als ein Miniaturbild der Geschichte Mexikos im 20. Jahrhundert. Miguel Kashlan ist ein Außenseiter zwischen den sozialen Rängen, und gerade das lässt ihn in einem mystischen Licht erscheinen, so wie manche Götter, Ungeheuer, führende Politiker und Heilige. Etwas Ähnliches gilt für Don Reymundo-Loquiño, den »Kleinen Verrückten«. Wie wir gleich sehen werden, gehört er als Schamane ebenfalls verschiedenen Rängen an, ja, er lebt in verschiedenen Welten. Das verleiht ihm die Macht und Fähigkeit, aus jeder Welt und von deren Bewohnern Elemente und Geschichten zu übernehmen und zu seinen eigenen Geschichten in seinem eigenen Leben zu machen. Wie Miguel Kashlan erlebt Don Reymundo Mythen am eigenen Leib, und zudem lässt er die Mythen durch sich hindurch sprechen, seine Stimme ist Empfänger von Mythen und des Universums, deren Figuren zu ihm und durch ihn zur Welt sprechen.

So wiederholen Lebensläufe mythische Modelle. Die Mythen werden zur lebendigen Biographie, neue Menschen machen jene Wesen unsterblich, deren Leben sie immer wieder leben. Don Reymundo erlebt Ereignisse aus dem Leben von Venancio neu, sodass letzterer nie gestorben ist. So verlängert sich die Kette, an der übernommene Leben aufgereiht werden: Venancio glaubte das Leben Christi zu leben, Don Reymundo erlebt das Leben von Venancio, und so immer weiter. Die mythischen und heutigen Biographien haben die Erschaffung der Welt gemeinsam. Die Struktur des Mythos wird wiederholt. Die Entwicklung des Individuums ist die Entwicklung der ganzen Welt. Indem Don Reymundo mir sein Leben erzählt, erzählt er mir das Leben seines Volkes.

Dieses sich Hineinversetzen in das Leben und die Abenteuer früherer Anderer, das Erzählen in der ersten Person, folgt, so meine ich, der mythischen Logik. Nachdem ich immer wieder Geschichten aus den verschiedenen Mythenzyklen und Himmeln gehört oder gelesen habe, scheint mir jeder Zyklus einen anderen mehr oder weniger zu wiederholen, der früher (oder in der Gegenwart, aber in einem anderen Himmel) abgelaufen ist. Der Mythos wiederholt sich in unterschiedlichen Episoden und Figuren, in unterschiedlicher Sprechweise; auf den verschiedenen »Stockwerken« oder »Himmeln« geschieht immer wieder Gleiches, doch mit unterschiedlichen Figuren, die in Wahrheit die selben sind. Alle leben aller Leben als das eigene. Stephen Hugh-Jones meint, eine umfassendere Analyse der Mythen der Barasana (einer insbesondere hinsichtlich des Yuruparí-Kultes kulturell verwandten Ethnie der Tukâno-Sprachfamilie in der nahegelegenen kolumbianischen Vaupés-Region) würde zeigen,

> dass die verschiedenen mythischen Zyklen Transformationen von einem zum anderen darstellen, und dass die Hauptfiguren in jedem Zyklus analytisch als zueinander »die gleiche« gezeigt werden könnte, in stärkerem oder geringerem Maße.[49]

Es hat den Anschein, dass der Mythos selbst seine Haut wechselt und sich selbst auf neue Form erzählt, wobei er in jedem Himmel eine andere symbolische Sprache verwendet, um eine Geschichte zu erzählen, die sich in dem Wort *Metamorphose* zusammenfassen lässt.

---

49 1979:168–169.

Don Reymundo wurde in der Rio Negro-Region in Brasilien geboren. Als Söhne eines Jaguar-Schamanen wurden er und sein älterer Bruder Lebrando in die Fähigkeit des Zauberns initiiert. Reymundo lernte dabei unter Einsatz der psychoaktiven Mittel *Yopo* (*Anadenanthera peregrina*) und *Caapi* (*Banisteriopsis caapi*), mit den kleinen Jaguaren leben, die aus einem Loch in seinem Kopf heraussprangen, und denen er, während sie mit ihm erzogen wurden und heranwuchsen, befahl, mit seinen Feinden zu kämpfen. Später holte sich das Wesen, das er »unseren Gott« nennt, die Jaguare mit ihren Körpern zu sich in den Himmel, weshalb sie nun, als Reymundo mir diese Geschichte erzählte, schon nicht mehr bei ihm waren. Ein andermal erzählte er mir, dass die kleinen Jaguare, als er sie anwies, seinen Kopf zu verlassen, wie Katzen spielten und auf einmal groß waren. Später wurden sie zu Menschen und verließen ihn.

Doch Don Reymundo wurde Opfer einer Verhexung und erkrankte schwer, sodass er sein Studium der Zauberei bei seinem Vater nicht abschließen konnte. Sein Vater holte aus seinem Körper das Gift heraus, das Schadenszauberer ihm hineingesandt hatten und womit sie ihn fast umgebracht hätten: Es war ein Gift namens *Camajai*, oft auch *Pelo de mono* (»Affenhaar«), *Pelo de diablo* (»Teufelshaar«) oder *Leche de piedra* (»Milch des Steins«) genannt, das ich nicht identifizieren konnte. Das ist ein mächtiges Gift, wie alle anderen Gifte aus der Asche des Feuers hervorgekommen, in dem Kuwai/Yuruparí verbrannt wurde. In praktisch allen Familien gibt es Erzählungen von Todesfällen durch dieses Gift.

Doch zurück zum Jaguar-Schamanen. Es ist dies eine besonders mächtige Klasse der Schamanen, ihr Name sagt es schon: sie können sich in Jaguare verwandeln. Diese Verwandlung wird als ein Wechsel des Umhangs formuliert. Man zieht die Weste, das Hemd oder die Haut des Jaguars über und wird zum Jaguar. Die damit verbundene körperliche Metamorphose ist das Privileg nur weniger mächtiger Männer und Frauen. Robin Wright nennt folgende Hauptkennzeichen des Jaguar-Schamanen:

- Er fühlt die Berufung nach einer schweren Krankheit oder in einem Traumerlebnis.
- Zu seiner Ausbildung gehören das Fasten, die Einnahme halluzinogener Substanzen, ein »Todes« und »Wiedergeburts«-Erlebnis, die »Heirat« mit vogelgestaltigen Hilfsgeistern.
- Er erlernt den spirituellen Flug, den direkten Kontakt mit Geistern und Gottheiten in allen Stockwerken des Universums und die Verwandlung in einen Jaguargeist (*transformation into jaguar spirit*), der zerstören und beschützen kann (*predator and protector functions*).
- Er übernimmt das Kommando über zahlreiche tiergestaltige Avatare (*and numerous other animal avatars*) und holt sich den »Körper« des Geistes des Jaguars (*acquires »body« of jaguar spirit*).
- Er kann die Naturkräfte beherrschen und somit Stürme und Gewitter bewirken.
- Er ist ein Psychopomp, geleitet die Toten in die Anderwelt.[50]

50 Wright 2013:7–8.

Laut Wright ererbt er seine Macht in genealogischer Erbfolge, die zurück bis zu den Schöpfungsmächten der Welt reicht, besonders zu Dzuliferi, dem ersten Schamanen. Der Jaguar-Schamane ist ein wahrer *payé* (Zauberer, Schamane), weiß alles über die Welt, kann einen Platz gerade neben dem Platz des Schöpfers Iñapirríkuli einnehmen; gilt als der einzige, der fähig ist, die Opfer eines Vergiftungszaubers zu heilen. Wie Kuwai/Yuruparí kann er seine Gestalt ändern und auf seiner Reise in die Anderwelt verschiedenste Formen und Körper annehmen. Doch gibt es noch mächtigere Schamanen als die Jaguar-Schamanen, und das sind jene, die gleichzeitig Propheten sind. Laut Wright wird ihnen deshalb größere Macht größer als den Jaguar-Schamanen zugeschrieben, weil aus ihnen die lebendige Stimme der Götter ertönt und sie einen Kommunikationskanal mit dem Schöpfer offenhalten.[51]

Viele dieser Merkmale finden wir bei Don Reymundo wieder, der sogar auch einen Kommunikationskanal mit dem Himmel offen hat. So hört er die Stimme dessen, den er »unseren Gott« nennt, und auch die Stimmen von dessen Begleitern, den Heiligen und heiligen Jungfrauen. Es mag uns merkwürdig anmuten, dass es gerade »Unser Gott« gewesen sein soll, der Don Reymundos Jaguare in den Himmel holte. Hier ließe sich an eine Bekehrung zum Christentum denken: Die Macht des Schamanen (seine Jaguare) wird entführt von »Unserem Gott«, in dem wir den Christengott sehen könnten. Doch diese Annahme gerät mir dadurch ins Wanken, dass die Menschen, bei denen ich wohnte, einen sehr weiten Begriff von »Unserem Gott« haben: Dazu gehören verschiedene Persönlichkeiten, neben Jesus Christus auch etwa Iñapirríkuli und Kuwai/Yuruparí. Wenn wir aber dennoch glauben möchten, dass Don Reymundo an Jesus Christus oder eine andere Person denkt, die nicht aus der Mythologie der Arawak stammt, sondern aus dem christlichen Glauben, dann bedeutet darum die Himmelsreise der zwei Jaguare des Don Reymundo noch lange nichts grundsätzlich Neues oder Anderes gegenüber den Himmelsreisen, die aus der mythischen Vorzeit und bis heute als Tatsachen bezeugt werden: Es sind nicht nur die Schamanen, die reisen, sondern auch ihre Gehilfen (und das wären in dem Fall die beiden Jaguare), die ja ohnehin aus dem Himmel stammen. Eine solche Reise, an oder in der Hand eines Gottes, der »unserer« ist, stellt eine Normalität im Leben des Schamanen dar. Zu den amazonensischen Kulturen gehört essenziell ein dichtes Netz untereinander verknüpfter Erzählungen von Metamorphosen, mit Reisen hinauf und hinab durch die verschiedenen Stockwerke oder Himmel des Universums, mit immer neuer Figuren, die in diese Erzählungen eingewoben werden. Es sind die Schamanen, die »Herren, die wissen«, die diese Erzählgewebe verfassen, verknüpfen und eine ganze Kohorte von Schamenengehilfen einbeziehen. Dabei kommen sie selten ohne Werkzeuge ihrer Macht aus. Zu den Werkzeugen früherer Zauberer kommen heutzutage kleine Jesusfigürchen, ein Kruzifix oder das Bild der Jungfrau. So umschloss die Faust des Bruders von Don Reymundo, des Schamanen Lebrando bei therapeutischen Sitzungen stets fest ein kleines Kruzifix.

Dass Schamanen sich in Jaguare verwandeln, ist kein großes Wunder. Die Menschen, bei denen ich wohnte, kennen lustige Geschichten wie diese, die Don Durifá

---

51 ibd. 16.

da Silva lachend seinem Freund Rafael Dupa erzählte, als ich das Glück hatte, zuhören zu dürfen: Sein verstorbener Onkel, Schamane und Scherzbold, hatte die Angewohnheit, sich in einen Jaguar zu verwandeln. Dafür musste er eine bestimmte Pflanze kleinreiben und trinken, dann kletterte er einen Baum hoch und sprang wieder herab, nun schon als Jaguar. Ein weiteres Zaubermittel verhalf ihm wieder zu seiner menschlichen Gestalt. Einmal verwandelte er sich in einen Jaguar und folgte heimlich sechs Frauen aus seiner Gemeinschaft, unter ihnen seine eigene Schwester, die aufs Feld gingen, um Abiu-Früchte (*Pouteria caimito*) zu holen. Er wartete in einem Versteck, bis sie nicht nur alle Pflanzen und Früchte, derentwegen sie gekommen waren, geerntet, sondern auch noch fast alles in ihre Körbe geladen hatten. Da hörten sie ihn vom Feldrand her brüllen. »Aaaaaayyyy, der Jaguar! Uns wird der Jaguar auffressen!«, schrien die Frauen voller Angst, und stoben auseinander, ohne ihre Ernte mitzunehmen. Als sie fort waren, setzte der Jaguar sich ruhig mitten ins Feld, füllte die noch nicht vom Boden aufgesammelten Früchte in die Körbe und schleppte diese ins Haus seiner Mutter im Dorf. Bald darauf zogen die Frauen, nun in Begleitung ihrer Männer, wieder aufs Feld, um den Jaguar zu erlegen. Aber sie fanden ihn nicht, und die Ernte war auch weg.

Freilich sind nicht alle Verwandlungen des Jaguars in einen Schamanen zum Lachen. Gewöhnlich dienen sie den Schamanen für Heilzwecke oder um sich über Anderweltliches zu informieren. Man erzählte mir aber auch den Fall zweier junger Leute, die Kautschuk sammeln gegangen waren. Ein Jaguar kam und tötete den jungen Mann, während die junge Frau sich versteckte. Sie sah, wie der Jaguar ein Zaubermittel hervorholte und sich damit über den Bauch strich, als wenn er ein Hemd öffnen würde, so sein Jaguarjackett mitsamt Kopf, Reißzähnen und allem auszog, es an einen Baum hing und in menschlicher Gestalt in den Fluss zum Schwimmen sprang, weil er schwitzte. Die junge Frau nutzte die Gelegenheit und zog sich das Jaguarfell über, um sich zu rächen. Das Fell knurrte, aber sie sagte zu ihm: »Ich bin deine Herrin«. Es gelang ihr schließlich, das Fell anzulegen, und sie verwandelte sich in einen Jaguar und tötete den Jaguarmenschen, der im Fluss badete. Wie aber nun das Jackett wieder ablegen? Sie hatte gesehen, dass man ein Zaubermittel hervorziehen muss, aber: Wie? Woher? Um das herauszufinden, schloss sie sich der Jaguarhorde an, verbrachte die Nacht mit ihr, sah, wie die Jaguare ihr Jackett ablegen, und rannte noch in der gleichen Nacht nachhause zurück. Die Jaguar-Verwandlung wird immer als das Anlegen oder Ablegen eines Jacketts oder Hemdes beschrieben, das an einem Baum hängt, so lange es nicht gebraucht wird (wie mir unter anderen Don Rafael Dupa versicherte). Wright[52] weist darauf hin, dass diese Praxis der Verwandlung in verschiedenste mächtige Tiere (vor allem in den Jaguar) als »sich das Jackett anziehen«, *dzaui maka* bezeichnet wird – das Jackett des Jaguars. Die für die Verwandlungen in Jaguargestalt und zurück zur menschlichen Gestalt benötigten Zaubermittel sind nur wenigen bekannt.

52 2013:53–54.

Don Reymundo hat nicht nur eine Zeitlang seine zwei Jaguare in seiner Macht gehabt, sondern er verfügt auch über weitere Macht, kann sich etwa vor Kugeln schützen. Er kennt ein »Gebet gegen das Gewehr«, das ihm einmal das Leben gerettet hat. Auf der Kirchweih begegnete er zwei Polizisten, die ihn um seine Macht beneideten und deshalb mit ihren Gewehren auf ihn schießen wollten. Don Reymundo forderte sie heraus, und während sie schon ihre Gewehre luden, bekreuzigte er sich und begann zu beten. Er hatte sechs Wörter gebetet, als der eine Polizist den Hahn des Gewehrs zog, doch der Schuss ging nicht los, das Gewehr blieb stumm. Der Polizist versuchte es noch einmal, wieder das gleiche Ergebnis. Da sagten die Polizisten zueinander: »Das ist ein mächtiger Mann.« Ein andermal sperrten die Polizisten ihn in die Arrestzelle von San Fernando de Atabaco und verrammelten die Tür ganz fest. Doch Don Reymundo kannte auch ein Gebet, um aus der Zelle freizukommen. Er betete und griff gleichzeitig fest auf die Tür zu, stieß sie auf, tat einen Sprung, und draußen war er. Deshalb, berichtet er, nennen die Polizisten ihn den Mächtigen.

Dreimal in der Zeit von März bis April 2010 berichtete mir Don Reymundo die Geschichte seiner Liebe zu Cecilia. Da dies praktisch die einzige Episode aus seinem Leben ist, die er mir mehr als einmal erzählt hat, meine ich, dass sie ihm besonders wichtig war. Cecilia war eine *máwari*, ein Mädchen ohne Nabel, das unter dem Wasser lebte, ein Delphin. Der Süßwasserdelphin (*Inia geoffrensis humboldtiana*) wird auch *delfín rosado* (rosa Delphin) genannt. Bei der Geburt ist er zwar dunkelgrau gefärbt, aber mit fortschreitendem Alter wird seine Haut so dünn, dass das darunter fließende Blut durchschimmert, und er rosafarbirg erscheint. Cecilia lebte mit Vater und zwei Geschwistern, Urbino und Marlene in Conubo, einem Verwaltungsbezirk der Unterwasserwelt, der an der Fluss-Oberfläche als spitz zulaufender Felsen zu sehen ist. In Menschengestalt erschien sie als ein Mädchen mit weißer Haut und gelocktem Haar, das Gegenteil eines indianischen Mädchens, und Don Reymundo erzählte, dass er völlig verliebt in sie war. Sie lernten sich kennen, als er in der Mündung des Flusstals in der Gegend des Felsens Conuba in seinem Kanu saß und fischte. Er war allein, während Cecilia von zwei anderen Mädchen begleitet wurde. Alle drei Mädchen zeigten menschliche Gestalt. Von nun an besuchte sie ihn Nacht für Nacht in seinen Träumen. Eines Tages saß sie auf seinem Boot, während er fischte, und zeigte auf ihren Vater in der Ferne, aber Reymundo konnte ihn nicht sehen. Doch eines Nachts kam es zum ersten Körperkontakt zwischen Cecila und Reymundo. Er wachte auf und fühlte ihre Wärme neben sich, wie sie ihn in seiner Hängematte umarmte. Sie verbrachten die Nacht zusammen, bis sie aufstand und ihm sagte, dass sie nachhause zurück müsse, da ihre Mama auf sie warte, und verschwand. Er blieb in der Hängematte liegen und spürte noch die Wärme des Körpers seiner Geliebten. Mehrere Nächte lang teilten sie sich die gleiche Hängematte, bis Cecilia plötzlich verschwand. Eines Tages, als Reymundo nahe bei dem Conuba-Felsen fischte. sah er einen Delphin, der auf den Wellen des Flusses herumsprang: Das war Urbino, Cecilias Bruder, der eben erst aus Temendawí zurückgekehrt war, der in Brasilien gelegenen Hauptstadt der *máwari*. Er erzählte Reymundo, dass es dort unten viele Mädchen gab, doch Reymundo fragte nur nach Cecilia. Da erzählte Urbano ihm, dass Petacostal (von dem ich gleich noch berichten werde), der Sohn des Teufels, sie in das oberste Himmelsgeschoss entführt hatte, in die Hölle, und sie dort geschwängert habe, und sie sei mit einem runden Bauch aus der Hölle zurückgekehrt, um ihr Kind zu gebären. Aber das kleine Söhnlein kam völlig behaart auf die Welt, wie ein Affe, es sah nicht wie ein Junge aus, sondern wie eine Beutelratte. Raymundo hat Cecilia nie mehr wiedergesehen. Wäre der Teufel nicht gewesen, so klagte er mir sein Leid, wäre Cecilia heute seine Ehegattin.

Dass der sogenannte Sohn des Teufels aus dem Himmel herunterkam, der am weitesten oben liegt, könnte uns an Kuwai/Yuruparí denken lassen, der auch oft »Teufel« genannt wird. Er zog sich aus unserer Welt zurück, um im obersten Himmelsstockwerk, seiner speziellen Hölle, zu leben, von wo er wieder herabzukommen gezwungen wurde, als er gleichsam schwanger mit den Jungen ging, die er aufgefressen hatte und dann erbrach. Cecilia reiste ebenfalls auf der vertikalen Achse des Universums: Zuerst nach oben, um später mit rundem Bauch wieder herunterzukommen. In Cecilias Gestalt werden die verschiedenen Himmelsgeschosse verbunden: Als Mädchen von ganz unten, aus dem Wasser gelangt sie nach ganz oben, in die Hölle und kehrt wieder zurück nach unten, wo sie einen Sohn gebärt, ein behaartes Tier, das Reymundo mit einem Affen vergleicht – und der Affe ist einer der tierischen Gehilfen des Kuwai/Yuruparí. Ich stelle hier einen Zusammenhang her, der zwar spekulativ, aber nicht weit hergeholt ist. Der Sohn der Cecilia und Kuwai/Yuruparí, der Sohn der Ámarru, werden beide behaart und hässlich geboren und wie Affen angesehen. Die Körper der beiden Mütter hässlicher, behaarter Söhne sind *verschlossen*: Ámarru hat keine Vagina, Cecilia hat keinen Nabel, was nach Filintro Rojas in der Symbolik der Kurripako (einer der Maipure-Gruppen) gleichbedeutend damit ist, keine Vagina zu haben.

In anderen Erzählungen, die ich zu hören bekam, ist Beutelratte der Enkel von Iñapirríkuli.

> Napiruli [Iñapirríkuli] war ein ganz einsamer Herr, deshalb sagte er zu Beutelratte [*zarigüeya, Didelphis marsupialis*], der sein Enkel war: »Schau, Enkel, mach mir eine Puppe in Gestalt einer Frau«. – »Na, gut.« Und nun machte Beutelratte das, er machte es hübsch: »Hier ist es, Großvater«. Doch was noch fehlte, waren die weiblichen Teile. Und was machen wir jetzt? Napiruli [Iñapirríkuli] dachte bei sich, gut, da muss der weibliche Teil eingelocht werden. Da packten sie die Frau, steckten ihr ein Rohr hinein, und öffneten sie also. [...] Sie hatten den Hechtbuntbarsch,[53] der nun, der ist einigermaßen hineingekommen und hat ihr ein Loch gebohrt. Deshalb ist der Hechtbuntbarsch heute blutrot. Gut, fertig! Napiruli hatte jetzt seine Frau.[54]

Um die Parallele zwischen Ámarru und Cecilia als Müttern behaarter Söhne in einen größeren Zusammenhang zu stellen, hören wir in die Kantate von Lévi-Strauss hinein,[55] genauer, in die von ihm verwendete Erzählung, die Ermano de

53 *mataguaro*, hier vermutlich *Crenicichla lugubris Atabapo red*, ein intensiv rot gefärbter Fisch mit Säge-artiger Rückenflosse.

54 So berichtete es mir der aus dem Volk der Baniwa stammende Herr Rafael Dupa.

55 Lévi-Strauss hat seine vierbändigen *Mythologiques* nach dem Vorbild von Richard Wagners *Ring der Nibelungen* aufgebaut, wobei die Mythen gleichsam Kantaten, Intermezzos usw. bilden. Die bei Stradelli entlehnte Mythe gibt er wieder in 1976:296.

Stradelli 1890 publiziert hat: Sonne (ein Mann) war zornig über die Verhältnisse, in denen die Frauen herrschten, und sorgte deshalb dafür, dass die Jungfrau Ceucy geschwängert wurde und Yurupary gebar, der den Frauen die Macht entreißen und den Männern übergeben sollte. Das erste Opfer seiner Revolution war seine eigene Mutter Ceucy, die er an einem geheimen Ort versteckte. Yuruparís Mission war zudem, eine vollkommene Frau für (den männlichen) Sonne zu finden. Jedoch:

> »welche Vollkommenheit sucht Sonne?« – »Dass die Frau geduldig sei, dass sie ein Geheimnis bewahren könne, und dass sie nicht neugierig sei«. – »Keine Frau, die heute auf Erden existiert, vereint in sich diese Qualitäten: wenn eine geduldig ist, kann sie Geheimnisse nicht bewahren; wenn sie Geheimnisse bewahren kann, ist sie nicht geduldig, und alle sind neugierig, wollen alles wissen und ausprobieren.« Und bis heute ist die Frau noch nicht erschienen, die Sonne gerne besitzen würde.[56]

Diese Geschichte klingt wieder in der vom Beutelrattenbock, der eine Gattin für Iñapirríkuli herstellt. Letzterer wird mit der Sonne identifiziert. Der Name von Ceucy ihrerseits, auf deren Verschwinden in der obigen Erzählung die Suche nach der unauffindbaren idealen Gattin folgt, bedeutet bei den Tupí-Guaraní dreierlei:

> 1. eine Wespe mit giftigem Honig, der zu Erbrechen führt; 2. das Sternbild der Plejaden unter ihrem weiblichen, unfruchtbaren, schuldigen, wenn nicht gar tödlichen Aspekt; 3. eine der Ehe entzogene Jungfrau, die entweder auf wunderbare Weise befruchtet oder in einen Stern verwandelt wird, damit sie sich nicht verheiraten kann.[57]

Von den Tupí-Guaraní auf unseren Fall übertragen, der mir ganz ähnlich zu sein scheint: Was ist Cecilia, deren Name ähnlich wie Ceucy klingt, anderes als Ceucy in der von Don Reymundo in sein eigenes Leben übertragenen Version? Auch sie ist hier ein Mädchen, das auf geheimnisvolle Weise durch ein vom Himmel gekommenes Wesen geschwängert wurde und so nicht mehr die Gattin von Don Reymundo werden konnte.

Der Bericht von Don Reymundo geht weiter. Lange Zeit später erschien ihm Cecilias Schwester Marlene als Schmetterling und flatterte um ihn herum. Da ihm das Insekt keine Ruhe ließ wurde Don Reymundo ungeduldig und erschlug es mit einer Machete. Dem Insekt quollen die »Eingeweide« heraus, und es starb.[58] Diese Episode erinnert an jene, in welcher der Stiefvater die sich in Jungen verwandelnden Grillen im »Bauch« des Tontopfes der alten Frau zu töten versuchte, indem er sie aus diesem Bauch riss. Indem Don Reymundo die »Eingeweide« herausquellen ließ, wiederholte er einen Akt des Mythos und eröffnete gleichsam einen neuen mythischen Zyklus, zu dem in der mythischen Erinnerung große und kleine Apoka-

---

56 Stradelli 1890:835. S. auch Lévi-Strauss 1976:296. Stradelli übernahm den Text aus einem Manuskript in Nheengatú, das der indigene Sammler mythischer Texte Maximiniano José Roberto niedergeschrieben hatte. Dieser, Sohn eines Vaters aus dem Volk der (heute verschwundenen) Manao und einer Mutter aus dem Volk der Tariana, hatte die Erzählung vonseiten der Tariana erhalten (Sá 2004:176).

57 Zusammenfassung bei Lévi-Strauss 1976:297–298.

58 Tatsächlich waren das wohl nicht die Eingeweide eines Insekts, sondern der menschengestaltigen Wassernymphe.

lypsen gehörten (und nun vielleicht wieder gehören werden), das Ende einer Etappe und die Eröffnung einer neuen.

Wenden wir uns nun jenem Wesen zu, das Cecilia entführt hat, und das, vorsichtig gesagt, eine seltsame Rolle spielt, vor allem, indem es, um Don Reymundos Braut zu rauben, vom Himmel herabkommt und *Petacostal* heißt (offenbar abgeleitet von spanisch *pentecostal*, pfingstlich).

3.1 Exkurs in eine andere Mythen- und Märchenwelt

Hier sei mir ein kurzer Ausflug in die slawische Mythen- und Märchenwelt gestattet, wo wir eine interessante Beziehung zwischen Pfingsten und Wassernymphen wiederfinden. Die *rusalkas* sind Wasserfrauen, die mit ihren Reizen einsame Fischer (wie ja auch Don Reymundo einer war) verführen. Nach Max Vasmer bezog sich der Name einst auf die Tänze junger Leute während der Pfingstfesttage. Die Vokabel *rusalka* leitet Vasmer vom altgriechischen ῥουσάλια ab, und mit dem entsprechenden lateinischen Wort *rosalia* wurde urspünglich ein Rosenfest benannt, später die Pfingstwoche.[59] Nicht alle akzeptieren den altgriechischen Ursprung des Namens, das ist »eine altehrwürdige Kontroverse der Balkanlinguistik«,[60] auf die ich hier aber nicht näher eingehen muss. Jedenfalls verliert Don Reymundo Cecilia, seine sozusagen individuelle *rusalka*, als diese von einer teuflischen Figur entführt wird, die vom Himmel herabsteigt und Petacostal heißt.

3.2 Zurück zum Heiligen Geist in Venezuela

Vom Himmel herab kam bekanntlich der Heilige Geist und erschien den Jüngern Jesu zu Pfingsten (spanisch *Pentecostés*). In der Apostelgeschichte des Lukas (2.2–4)

> [...] geschah plötzlich ein Brausen vom Himmel wie eines gewaltigen Windes und erfüllte das ganze Haus, da sie sassen. Und es erschienen ihnen Zungen, zerteilt, wie von Feuer; und er setzte sich auf einen jeglichen unter ihnen, und sie wurden alle voll des heiligen Geistes und fingen an zu predigen in andern Zungen, wie der Geist ihnen gab auszusprechen.

Das lärmende, brausende, flammenumhüllte Erscheinen des Heiligen Geistes bringt eine Gabe: das Verstehen und Sprechen fremder Sprachen. Und genau diese Gabe erhielt Don Reymundo, und genau deshalb nennt man ihn auch Loquiño, den kleinen Verrückten, da er scheinbar Selbstgespräche führt, während er aber tatsächlich mit den Heiligen und Jungfrauen des Himmels spricht, seit sein individueller Heiliger Geist, sein Petacostal herabgekommen ist. Früher wusste Don Reymundo-Loquiño die Klänge des Universums nicht zu deuten. Doch eines Tages spürte er, wie ein Wassertropfen hinter sein Ohr tropfte, das war genau der Moment, als man ihm

---

59 Vasmer 1987:520.

60 Puchner 2009:68. Zur *rusalka* in ihren verschiedenen Erscheinungsformen gründlich zusammenfassend Müller Ms. [2008].

(so umschreibt er es) ein Mikrophon einpflanzte, durch das alle Bewohner des Höchsten Himmelsstockwerks Unterhaltungen mit ihm beginnen konnten. Ja, mehr noch: der Hl. Petrus, die Jungfrau María, der Hl. Joseph, sie alle sprachen zu ihm, und er konnte sie alle verstehen. Zuvor, wenn Gott zu ihm durch die Donnerschläge sprach, meinte er, das seien einfach Donnerschläge, aber seit er das Mikrophon bekam, fing er an, alles zu verstehen.

Aus den auf einem visuellen Code aufgebauten Beziehungen von Don Reymundo zu den Menschen im Wasser werden akustische Beziehungen des Kleinen Verrückten Don Reymundo-Loquiño zu den Bewohnern des Himmels. Das auf Wunsch *Unseres Herrn* hinter seinem Ohr eingepflanzte Mikrophon, das er auch mit dem Bild des Telefonhörers beschreibt, stellt sein neues Machtinstrument dar, mittels dessen er Zugang zu einer ganzen Reihe weiterer Gehilfen erhält – so wie ein mächtiger Chef am Telefon hängt und mit seinen Leuten spricht. Dank der Informationen, die er so erhält – wer von ihm schlecht denkt oder spricht, usw. – wächst seine Macht. Information ist Macht, und der Kleine Verrückte hat davon so viel Information wie er will. Jetzt kann niemand mehr schlecht von ihm sprechen oder denken, ohne dass er alles hört. Aber es geht nicht um einfaches Hören, Don Reymundo-Loquiños wahre Macht liegt darin, dass er die Klänge des Universums zu interpretieren weiß. Sein »Mikrophon« hat nicht nur eine einfache Wiedergabe-Funktion für ferne Klänge und Stimmen, sondern ist auch gleichsam ein Übersetzungsroboter, er kann damit auch die Worte übersetzen, die niemand sonst zu verstehen weiß. Im Angesicht von Kuwai/Yurupaí, der aus seinem durchlöcherten und lärmenden Körper alle Klänge des Universums sendet, versteht Don Reymundo alle Wörter und Klänge, er ist der Gesprächspartner des Universums.

Doch kurz bevor er seine Gabe erhielt, traf Don Reymundo auf Petacostal, der vorgab, er sei »*Unser Herr*«. Doch Don Reymundo durchschaute den Trug und verprügelte den Betrüger mit einem Besen, den er in seiner Hütte liegen hatte. Man sieht also, dass Don Reymundo sogar noch mächtiger ist als Venancio, der ja (wir hörten es) nicht erkannte, welches das richtige Gesicht Gottes war und beinahe die Spiegelung, das Foto, das falsche Gesicht um den Segen gebeten hätte, vor welchem Irrtum ihn nur das Eingreifen der Hl. Jungfrau gerettet hat. Don Reymundo hingegen lässt sich nicht täuschen, er ist ein mächtiger Mann.

Mehrmals war ich während der Unterhaltung von Don Reymundo mit seinen himmlischen Gesprächspartnern anwesend. Er lauschte schweigend, den Blick auf irgendeinen Punkt auf dem Boden oder an der Wand fixiert. Dann antwortete er auf Spanisch, nur mit einem »ja« oder »alles klar« und einem kurzen, freudigen Lachen. Er ist ein Mensch, der andere an seinen Erfolgen gerne teilhaben lässt, und ich glaube, meine Anwesenheit störte ihn nicht, sondern es machte ihn ein bisschen stolz, mir seine Fähigkeiten zur Kommunikation mit anderen Welten zu demonstrieren. So übersetzte er mir Auszüge aus seinen gerade laufenden Gesprächen oder fasste mir einige Absätze zusammen. Einmal informierte ihn Unsere Liebe Frau vom Berge Karmel, dass jene Alte aus Guarinuma, die mit ihm gezankt und ihn, während er seinen Rausch ausschlief, getreten hatte, woran ihn später blaue Flecken an den Rippen erinnerten, jetzt aus der Ferne ihres Dorfes schlecht von ihm sprach. Ein andermal erinnerte Unsere Liebe Frau ihn daran, dass am Abend Früchte für das Patronatsfest geholt werden sollten. Das waren ganz normale, alltägliche Unterhaltungen und Situationen, die eine typische Routine langjähriger Ehepaare zeigten: Vergiss die Zitronen nicht! Manchmal ärgerte sich die Hl. Jungfrau über ihn und schimpfte ihn aus, und ich kann mir vorstellen, dass er dann manchmal den Hörer nicht mehr abnahm. Andere Male erzählte *Unser Gott* ihm alle möglichen Probleme, und Don Reymundo konnte nicht schlafen, bis der Mann am anderen Ende des Gesprächskanals sich nach einer langen, durchredeten Nacht beruhigt hatte. Am häufigsten sprach er mit Unserer Lieben Frau vom Berge Karmel, mit dem Hl. Petrus, dem Hl. Antonius und Petacostal.

Man glaube nicht, dass Don Reymundo den Beinamen Loquinho (der kleine Verrückte) erhalten hat, weil man ihn nicht ernst genommen hätte. Es war ein Witz seiner Freunde: Schamane, ja, aber gleichzeitig ein bisschen verrückt und ein Trinker. Obwohl er selbst betonte, im Alter schon viel von seiner Kraft verloren zu haben, bat man ihn immer noch um Hilfe: Er sollte Gebete sprechen, einfachere Heilungen durchführen, der Fußballmannschaft zum Sieg verhelfen, über das erste Essen der Babys blasen, u. ä. m.

Zu der Zeit, als er mir von seinen Gesprächen mit Himmelsbewohnern erzählte, hatte Don Reymundo schon eine neue Braut, Ninse María, die Tochter des Hl. Petrus, mit der er dank seines »Mikrophons« den ganzen Tag lang sprechen konnte, trotz der Entfernung von fünf Kilometern zwischen ihnen. Sie verbrachten den Tag angenehm plaudernd, wobei sie sich gegenseitig alles Mögliche fragten. Einmal erzählte Don Reymundo mir, dass seine Braut gerne vom Himmel herunterkäme, um mit ihm zusammenzuleben, doch dass das nicht ging, da sie die Erde nicht betreten konnte. So fragte sie ihm immer wieder, wann er denn endlich gedenke, hinauf in den Himmel zu kommen, und warum das so lange dauerte, bis er das endlich machen würde.

Die neue Braut ersetzte die verschwundene Cecilia, und wie seine neuen Gefährten und Gesprächspartner, die Heiligen, die zu ihm durchs Mikrophon sprachen, gehört auch sie zur Himmelswelt. Den Platz eines Mädchens aus dem Wasser, Tochter eines alten *máwari* (Wassergeist), nahm also nun ein anderes Mädchen ein, Tochter des Herrn des Himmels. Man könnte auch sagen, dass Cecilia durch diese Liebesbeziehung mit Don Reymundo selbst zu den Himmelswesen aufsteigt, da ihre Rolle als Geliebte des Schamanen jetzt von einem anderen Mädchen übernommen wurde, das, wenn wir Don Reymundo glauben können, ihr auch physisch sehr ähnelt: sie ist blond, grünäugig, mit heller Haut und lockigem Haar. Auf sehr individuelle Weise, durch Don Reymundos Lebensweg, fährt Cecilia (oder ist es nicht Ámarru?) zum Himmel empor und füllt die Rolle aus, die ihr verschiedene Mythen des Amazonasgebietes zuweisen: die Rolle eines Sterns.

Doch dieser Aufstieg des Mädchens aus den Wassern und seine Verwandlung in ein himmlisches Mädchen finden wir vielleicht noch deutlicher in der Figur der Ninse María. Sie hatte, berichtete Don Reymundo, nicht immer die Rolle der Tochter des Hl. Petrus, sondern war zunächst ein Mächen aus dem Wasser, eine *máwari*, geradeso wie Cecilia eine war. Sie lebte auf einem recht großen Felsen in einem Bach nicht weit von hier, und ihr Vater war eine alte Schlange, der Herr aller Fische. Diesen Vater hat Don Reymundo bei verschiedenen Gelegenheiten gesehen, er war sehr hässlich, sein ganzer Körper war wie der des Kuwai/Yuruparí, durchlöchert. Das Mädchen war eine Freundin von Don Reymundo und unterhielt sich oft mit ihm, bis es sich eines Tages in einem Fischernetz verfing und starb. Einige Zeit danach war Ninse María der Name der neuen Braut von Don Reymundo, und nun war sie Tochter des Herrn nicht mehr des Wassers, sondern des Himmels.

In Begleitung des Aufstiegs von Don Reymundos Wasserbraut zum Himmel (sei sie nun Cecilia oder Ninse María) wird seinem nun schon alten Körper ein gleichzeitig zum Wasser wie zum Himmel gehörendes Instrument eingepflanzt: Ein Wassertropfen, von Gott gesandt, von seinem individuellen Petacostal, seinem Heiligen Geist, der hernieder gefahren ist, um ihm die Gaben und das Wissen zu schenken. Don Reymundo verbindet also in sich die antithetischen Kräfte des Universums, Unten und Oben, Wasser und Feuer, und diese Vereinigung der Elemente ermöglicht ihm die Kommunikation mit den verschiedenen Stockwerken des Universums – eines Universums, das dem Körper des Teufels (oder Kuwai/Yuruparí) nachgebildet ist, der nie aufhört, durch die Löcher in seinem Körper zu tönen. Dieser tönende Körper des Universums findet im runzligen Körper von Don Reymundo einen Gesprächspartner – endlich versteht einer den Sinn der Donnerschläge und kann ihnen zuhören. Robin Wright schreibt, dass nur wenige Schamanen die Fähigkeit besitzen, in direkten Dialog mit Gott zu treten und so zwischen den Menschen und Gott zu vermitteln, und dass diese Schamanen noch mächtiger als die Jaguar-Schamanen sind.[61]

Andererseits ist der Donner aus dem Reich Gottes auch ein sehr biblisches Bild. »Wer will aber den Donner seiner Macht verstehen?«, fragt Hiob. Hesekiel hörte die Engel Gottes: »wenn sie gingen, hörte ich ihre Flügel rauschen, wie große Wasser, wie die Stimme des Allmächtigen, ein Getöse wie in einem Heerlager. Wenn sie aber stillstanden [...], donnerte [es] im Himmel über ihnen.« Und Johannes, dem geoffenbart wurde, berichtet, wie er vor den Thron Gottes trat:

> Und siehe, eine Tür war aufgetan im Himmel, und die erste Stimme, die ich gehört hatte mit mir reden wie eine Posaune, die sprach: Steig herauf [...] und von dem Thron gingen aus Blitze, Stimmen und Donner.[62]

Don Reymundo, dieser amazonensische Hesekiel hört die donnernde Stimme, aber angepasst an die technische Entwicklung, kleidet er das in das Bild eines in seinen Kopf eingepflanzten Mikrophons. Da er nun mit der Tochter des Himmelsherrn verlobt ist, denkt er daran, zum Himmel emporzusteigen und dort mit ihr zusammenzuleben. »Ich gehe fort, dorthin, wo mein Schwiegervater der Hl. Petrus wohnt, und werde seine Tochter Ninse María heiraten«, sagte er mir mehr als einmal. Auf meine dumme Frage, wie er das bewerkstelligen wolle, antwortete er mir geduldig, dass er mithilfe seiner zwei Flügelchen nach oben gelangen würde, die Gott ihm, dem zukünftigen Schwiegersohn des Hl. Petrus, an den Schulterblättern befestigt hatte, ohne dass er etwas merkte. Im Traum hatte er schon versucht, emporzuflie-

---

61 Wright 2013:16.

62 Hiob 26.14; Hesekiel 1.24–25; Offenbarung des Johannes 4.1 und 5.

gen, aber er hatte nur etwa 50 Meter geschafft, und Gott war ihm im Traum erschienen und hatte zu ihm gesprochen: »Nein, du kannst hier nicht hoch kommen, du bist zu schwer, runter mit dir, du trägst noch zu viele Sünden auf dem Buckel.« Von der Erde aus bemerkte Don Reymundo die Ungeduld seiner Braut: »Ich hol dich! Ich will, dass du hier zu uns hinauf kommst. Noch bist du sehr schwer. Wenn du deine Sünde überwunden hast, kannst du hierher fliegen. Warum kommst du denn noch nicht?«, fragte die Tochter des Hl. Petrus, die auf ihn wartete, um ihm die Tür zu öffnen. Manchmal war ich zugegen, als er mit dem Mädchen sprach. Lachend erklärte er mir, dass seine Braut ihn ausschimpfte. Und während er ihre Vorwürfe anhörte, versuchte er einen anderen Traum zu entziffern, den er mir freundlicherweise erzählte: Er war wie ein Rabengeier[63] weit hinauf über die Erde aufgestiegen, sodann aber wie eine Taube wieder hinabgeflogen und gelandet. »Was soll der Unsinn?« fragte er sich selbst.

Die neue Braut in dem Himmel, aus dem sie nicht herunterfliegen kann, ist das Spiegelbild ihrer Schicksalsschwester, der Tochter des Herrn der Flüsse, die sich in den Netzen im Fluss verfing und starb. Zwei Welten spiegeln sich die eine in der anderen, und zwischen ihnen kann Don Reymundo dank seiner großen Macht hin und her reisen. Um das zu können, macht er Metamorphosen und körperliche Verwandlungen durch. Und auch seine Braut verwandelt sich ja, der Flußdelphin, der im Fischernetz ertrinkt, steigt zum Himmel empor. Die ihre Gewässer nicht verlassen konnte, kann nun nicht mehr vom Himmel herabsteigen. Und Don Reymundo wird fliegen, um seinen Stern zu erreichen.

Wie er sich auf den Flug nach oben vorbereitet, erinnert an den Aufstieg des Propheten Venancio zum Himmel. Beide waren zunächst schwer von viel Sünde. Don Reymundo wird nicht dünner wie Venancio, doch auch sein Körper macht eine Metamorphose durch. Mit seinen neuen Flügelchen wird er wie ein Schmetterling oder eine Wespe langsam, schwerfällig fliegen und das oberste Stockwerk der Welt erreichen. Mit dem neuen Gerät, das ihm die Türen zu einer neuen Welt öffnet, träumt er initiatorische Träume, die ihn auf den Flug vorbereiten. Er landet wie eine Taube – das ist der Heilige Geist. Und das ist die wahre Niederkunft von Petacostal auf die Erde: Er löst ihn von seiner Bindung an die Wasserwelt und an Cecilia und hebt ihn in ein anderes Stockwerk, in einen anderen Himmel.

Don Reymundo, ein mächtiger Schamane, durchstreift sein ganzes Leben lang – und wird nach seinem irdischen Tod durchstreifen – die verschiedenen Stockwerke des Universums und landet schließlich im obersten Himmel, in den nur die mächtigsten Schamanen gelangen, die sich in Wespen verwandelt haben. So vollzieht er den gleichen Weg der Metamorphose wie Yuruparí/Kuwai selbst. Von den Kurripako (Maipure-Arawak wie meine Gastgeber) berichtet Rojas (Ms.) den Fall eines siebzig Jahre zuvor verschwundenen Schamanen, der »so weit kam, dass er sich auf der Erde in Fisch, Jaguar und Blitz verwandelte. Er kam bis in den dritten Himmel und wurde ein Insekt«. So ist also der Tod auch unter den Kurripako eine Transmutation, zuerst des Körpers, dann des Lebens, eine Reise in ein anderes Stockwerk,

63 Coragyps atratus.

aus dem die Schamanen zurückkehren können. Was Filintro Rojas von Schamanen der Kurripako berichtet, denen es gelang, sich in andere Wesen zu verwandeln, ist ein typisches Beispiel für etwas, woran in einem Großteil der amazonensischen Gesellschaften geglaubt wird: Die Fähigkeit, ein anderer zu werden.

Halten wir einen Augenblick inne inmitten all dieser Veränderungen, Bewegungen und Verwandlungen. Ein Leitmotiv, auf das wir immer wieder in den mythischen und individuell heutigen Erzählungen getroffen sind, war die Gefahr des Betrugs, der Täuschung, des Tricks, der Täuschung. Fast niemand und nichts ist, wie es scheint, fast alle möchten für etwas anderes gehalten werden und das wahre Gesicht verbergen. Das Universum der Arawak leidet unter der Plage der Betrügereien und optischen Illusionen. Puppen ersetzen Personen, eine Plazenta soll der echte Yuruparí/Kuwai sein, Spiegel und Spiegelungen dienen der Verwirrung. Der größte aller Spiegel ist die Wasseroberfläche, und darunter, wie ein Widerschein der Welt hier oben, liegt die Welt der *máwari*, der Leute ohne Nabel, von denen die Leute, bei denen ich wohnte, sagen, dass sie »Leute wie wir« sind.

4 Durch den Spiegel

Erinnern wir uns: die Welt der *máwari* unter der spiegelnden Oberfläche der Gewässer Nordwest-Amazoniens entstand, als der Schöpfer Iñapirríkuli beschloss, einen Teil der Menschen, die er aus Löchern im Felsen im Fluss gezogen hatte, dem Fluss zurückzugeben. Die *máwari* spielen eine Hauptrolle im sozialen und Gefühlsleben der Menschen, bei denen ich lebte. Man unterhält zu ihnen Beziehungen auf verschiedenen Ebenen dessen, was man für Realität hält: Im Wachzustand, aber auch im Traum oder während einer Ohnmacht; in der Dunkelheit und Einsamkeit der Nacht, aber auch tagsüber; mitten auf dem Fluss oder im Wald. Diese Kontakte sind nicht den Spezialisten (den Schamanen) vorbehalten, sondern alle können sie erleben, vom der Neugeborenen bis zum Greis (und der Greisin). Alle haben so etwas erlebt, wenn nicht selbst, dann als Zeugen, wenn ein Verwandter oder Freund die Begegnung mit einem oder einer *máwari* spürte. Sie sind überall, aber selten kann man sie sehen. Man spürt ihre Gegenwart in einem Windhauch oder einem plötzlich losbrechenden Sturm; in den dicken Tropfen eines Regengusses oder im Tosen eines Windes; im eigenen Körper als Schmerz, Fieber oder innere Anspannung; als Schwellung auf der Haut. Man fürchtet sie, wenn man auf die Jagd geht, denn sie sind die Herren aller Tiere, gerade so, wie der Mensch der Herr seiner Hühner ist.

Gerade so wie die Menschen leben die *máwari* in Dörfern und Städten, sie besitzen Häuser, Kanus und Motorboote, Bootslandestellen und Pflanzungen. Doch ihre Welt liegt unter dem Wasser, etwa zwanzig Meter tief. Die Unterwasserflüsse sind Autostraßen, die nach Temendawí, der Hauptstadt der Welt der *máwari* im Becken des Rio Negro in Brasilien führen. Temendawí ähnelt Caracas mit seinen Häusern und vielen Straßen, und der dichte Autoverkehr ist gefährlich. Wenn sich die Fischer aus der Welt über dem Wasser Temendawí nähern, sehen sie nichts, nur Flussstrände, die Stadt bleibt unsichtbar. Nur ganz seltene Male erkennt man Spuren von Tieren oder Kindern im Sand. Doch wenn man dort am Strand übernachtet, kann man beim Erwachen im ersten Morgengrauen von unten Hundegebell und das Krähen von Hähnen hören. Temendawi ist voller Frauen und Musik – wie eine Großstadt. Wenn man dann nachhause zurückkehrt, ist man eine Weile in sich gekehrt, versunken in die Erinnerung an all die Vergnügungen der Stadt und die Sehnsucht nach der Musik.

Ihrerseits kommen die *máwari* nach oben an Land auf der Suche nach Vergnügungen, Tanz und Musik. Der *máwari* ist ein großer Nachtschwärmer, der nicht gerne ein Fest auslässt, auf dem er abtanzen kann. Dann erkennen wir ihn nicht, denn er sieht genau wie ein gewöhnlicher Mensch aus, nur dass er eben keinen Nabel hat. Wenn er dann die ganze Nacht durchgetanzt hat, holt er sich beim ersten Sonnenstrahl wieder seinen Delphin- oder Anaconda-Körper und verschwindet im Wasser. Manchmal kann man sogar hören, wie er in den Fluss platscht. Die Alkoholleichen, die den ganzen Tag am Festplatz liegen bleiben, sind zweifellos *máwari*, die zu lange gezecht haben und nicht rechtzeitig zurückkehren konnten.

Ein üblicher Weg zum Besuch in der Welt der Leute ohne Nabel und allgemeiner zur Kontaktaufnahme zu ihnen führt über den Traum. Auch nach Temendawí reist man meist im Traum. Man muss sich also überhaupt nicht unbedingt körperlich dorthin bewegen, um sagen zu könne, dass man dort war. Ich möchte erwähnen, dass meine Gastgeber gewöhnlich sehr genau angaben, in welcher Form sie die Welt der *máwari* besucht hatten: Ob »heil und gesund«, das heißt körperlich, oder im Traum, oder in einem Zustand der Bewusstlosigkeit oder Ohnmacht.

Doch wird diese klare Unterscheidung zwischen Wachen und Traum dann nicht immer gemacht, wenn von anderen Erfahrungen und Ereignissen berichtet wird, zum Beispiel von der Begegnung mit anderen Personen in der Einsamkeit des Waldes oder des Flusses, und der unerfahrene Zuhörer hat es dann manchmal schwer, zu verstehen, in welcher Realität etwas geschehen ist. Einmal unternahm Don Reymundo im Traum eine Kurzreise nach Temendawí, während sein Körper am Bootsanlegeplatz seiner Gemeinschaft am Rio Atabapo saß und sich von einer Sauferei mit seinem Freund Gonzalo erholte. Im Traum erwachte er und bemerkte, dass er sich am Ufer des Rio Negro in Temendawí befand, und sagte sich: »Also hat die Verzauberung mich fortgeholt.« Doch nach einer Weile hörte er neben sich die Stimme von Angelina, einer Frau aus seiner Gemeinschaft, und fragte sie, wo sie seien. »Hier am Anlegeplatz, wo sonst?« antwortete sie, und Reymundo erwachte mit einem Lächeln: »Jejeje, und ich dachte, ich wäre schon in Temendawí«, sagte er.

Obwohl er in keinem Moment dieser Reise einem *máwari* begegnet ist, wusste er, dass diese Leute ihn entführt hatten, und dass er sich in ihrer Hauptstadt befand. Ihre Anwesenheit war die Ursache seiner Reise: Die Verzauberung hat mich geholt – hinter seiner scheinbar passiven Rolle steckt letztlich eine lange im Zaum gehaltene Sehnsucht, die endlich erfüllt wird. Sein Kommentar zum Aufwachen klingt fast enttäuscht: »und ich dachte, ich wäre schon in Temendawí«, und dabei lachte er, nachdem er sich vergewissert hatte, dass sein Körper noch zuhause am Bootsanlegeplatz saß. Hinter dem »schon« steckt nicht nur die wenn auch kurze Erfüllung eines Traums, sondern auch und vor allem die Vorstellung von etwas, was früher oder später kommen wird, die Ungeduld des Reisenden, der müde von der langen Strecke ist und endlich ankommen will. Das Reiseziel liegt vor uns, aber wieder einmal wurde es in die Ferne gerückt. Die Stimme von Angelina, die am Anlegeplatz Wäsche wäscht, holt Don Reymundo an den sehr irdischen, nur allzu gut bekannten Platz voller Seifenschaum und nasser Wäsche zurück, wo er an seinem Kater leidet. Nur wenige Sekunden des Zweifels bleiben ihm und seinem Körper im Nirgendwo der Bewusstlosigkeit vor dem endgültigen Erwachen und der Erkenntnis, dass »hier am Anlegeplatz« seine Reise in die Welt der *máwari* zu Ende ist. Um hinzukommen, brauchte es einen *máwari*, und sei es auch nur seine erratene Anwesenheit, und ebenso brauchte es die eigene Person, um zurückzukehren. Reise und Rückkehr beweisen deine Identität, und anstatt eines Stempels im Reisepass bekommst du den Blick eines anderen, der sich auf deinen Körper legt.

Die häufigsten Traumbegegnungen mit den *máwari* laufen folgendermaßen ab: Der oder die *máwari* (sie erscheinen gewöhnlich als verführerische Wesen des jeweils anderen Geschlechts) gibt sich den Anschein, jemand zu sein, den du kennst, lädt dich zu einem Spaziergang ein, und ehe du es dich versiehst, hat er (oder sie) dich schon in seine Welt entführt. Aber bei diesen ersten Begegnungen machen die *máwari* meist nicht mehr, als dass sie dich spazierenführen, dir die Stadt zeigen, dich zu einer Musikaufführung mitnehmen, wobei sie dich aber keinen Moment alleinlassen. Sie kümmern sich um dich, kaufen dir Ohrringe und ein schönes Kleid. Und danach begleiten sie dich zurück nachhause. Ein erstes, gut bürgerlich-anständiges Date, könnte man sagen. Ein aufmerksamer, liebenswürdiger *máwari*, ein guter Gastgeber, der alles tut, damit du dich in seiner Stadt wohlfühlst. Er führt dich durch seine Heimat spazieren in einer Art Pauschalreise *all included*. Und am Ende hat es dir so sehr gefallen, dass du wiederkommen möchtest. Und das gelingt vielen.

Herr Valentin, ein Angehöriger der Warekena-Untergruppe der Maipure-Arawak, träumte in drei aufeinanderfolgenden Nächten von einer Delphin-Frau im Fluss, in Wahrheit einer máwari. Nachts kam sie in seine Träume, um ihn zu lieben, am Tag erwartete sie ihn am Fluss, um ihn auf Fischfang zu begleiten. Eines Tages, als er auf seinem Stuhl mitten in seiner Familie saß, entführte das *máwari*-Mädchen seinen Geist. Er saß weiterhin auf seinem Stuhl, aber nur noch als geistlose Körperhülle, die bald tot auf den Boden fiel. Das Mädchen hatte seinen Geist durch ein zwanzig Meter tiefes Loch in einem großen Felsbrocken in Puerto Ayacucho geholt. Beim Abstieg zur Unterwasserwelt bekommt man da drinnen kaum noch Luft. Herr Valentin kam auf der anderen Seite, in dem anderen Stockwerk bewusstlos und ohne Atmung an. Sie erweckten ihn mit einem Zaubermittel wieder, und bis heute lebt er dort unten bei seiner Geliebten.

Herr Evaristo, ein Angehöriger der Kurripako-Gruppe in der Dorfgemeinschaft Chaquita, träumte jede Nacht von einer Frau, bis sie ihm eines Tages, als er Palmfasern sammelte, auch bei Tageslicht erschien. Als er sie ansah, meinte er zuerst, das sei die Frau seines Bruders Lelo, aber nein, es war ein Delphin. Sie beichtete ihm, dass sie ihm gefolgt war, näherte sich ihm und blieb neben ihm stehen. Evaristo hob ihr Kleid hoch und erschrak: Sie war keine *richtige* Frau, denn sie hatte keinen Bauchnabel. Von diesem Tag an suchte sie ihn immer wieder heim, machte ihn krank, verursachte ihm Fieber, immer mehr Fieber ... Sie brachte ihn zum Hinken, der Körper schmerzte ihn auf der einen Seite, er konnte nicht mehr laufen, war gelähmt. So ließ sie ihn sterben, weil sie ihn ehelichen wollte, und nahm ihn mit zu sich nachhause in die Nähe von Conuba. Als ich diese Geschichte im Jahre 2010 hörte, lebte der verstorbene Evaristo noch immer da unten, auf einem anderen Planeten mit seiner neuen Gattin und den drei Söhnen, die die beiden bekamen. Der mir das berichtete, erklärte mir, dass es so mit der Verzauberung läuft: wenn jemand einen entführen will, fängt man an, jede Nacht von einer Frau zu träumen, davon wird man krank, und schließlich holt einen die Verzauberung. In dieser Welt hier stirbt er, aber er geht ganz unversehrt in das Haus und das Dorf von denen. Hier bei uns ist er tot und begraben, aber sein Geist ist mit der Verzauberung gegangen.

Die *máwari* haben keinen Bauchnabel, daran erkennt man, wenn man bei einem Mädchen ist, dass es aus der Unterwasserwelt kommt. Interessanterweise ist der Bauchnabel, den die Menschen als Kennzeichen ihrer Menschlichkeit besitzen, für die *máwari* ein weibliches Geschlechtsteil. So können die *máwari* eine Frau immer dann schwängern, wenn sie ihre Menstruation hat, und zwar durch den Bauchnabel. So wird es in unzähligen Geschichten berichtet. Das fließende Blut zeigt an, dass der Körper sich geöffnet hat, und so ist es seit jenen mythischen Zeiten, als der Blutfluss von Ámarru die Geburt von Yuruparí/Kuwai ermöglichte, bis heute. Ich erfuhr, dass die Tage der Menstruation die einzigen sind, an denen die Frau schwanger werden kann (ob von einem Menschen oder einem *máwari*), da ihr Körper sich gerade dann öffnet. Ihr Menstruationsblut muss sorgfältig geschützt werden, denn der *máwari* interessiert sich dafür. Es lockt ihn an, er spürt es, riecht es, wird wild beim Blut. Deshalb darf die Frau nicht im Fluss baden solange sie blutet, denn das Schlimmste wären nicht die Schmerzen, sondern eine Schwangerschaft durch einen *máwari*. Die käme durch ihren Bauchnabel. Um dem zu begegnen, verschließen die Frauen ihren Bauchnabel mit einem Baumharz (*Icica carana Kunth*) mit starkem Mentholgeruch, das überhaupt gerne zur Abwehr der *máwari* verwendet wird.

Aber nicht immer reicht dieser Schutz aus. Man erzählte mir den Fall eines Mädchens vom Rio Abapo, das von einem *máwari* schwanger wurde. Ihr Vater dachte, sie hätte Sex mit Männern gehabt, und brachte sie zum Arzt, aber der stellte fest, dass sie noch Jungfrau war. Der Großvater des Mädchens, ein Schamane, sagte, ein máwari habe sie geschwängert, als sie ihren Nabel während der Menstruation im Fluss badete. Er gab ihr Heilpflanzen und andere Heilmittel, um das Kind aus dem Leib zu holen. Doch geboren wurde eine Schnecke in einer Kristallkugel. Alle Leute sind hingegangen, um das zu sehen.

Es ist schwierig, einen *máwari* sogleich als solchen zu erkennen. Die können irgendeine Gestalt annehmen, sogar die eines Verwandten. Sie begegnen uns wie ganz normale Menschen, sagte man mir, und so überwinden sie die Distanz, die uns eigentlich von diesen ganz Anderen trennt. Der schärfste Blick hilft nichts angesichts dieser trügerischen Körper, und doch ist der genaue Blick das einzige Hilfsmittel, das wir bei der ersten Begegnung haben. Auf den ersten Blick verrät nichts uns, dass wir nicht-menschliche Körper vor uns haben. Sie kommen aus einer gewöhnlich unsichtbaren Welt unter dem Spiegel, der das Wasser ist, und bewahren unter uns die Unsichtbarkeit ihrer wahren Erscheinungen unter doppeldeutigen Bildern. Auf uns Menschen üben sie sie eine ganz starke Anziehungskraft aus, die nur durch unsere ständig wache Furcht im Zaum gehalten wird, dass uns jemand, der nicht ist, was er zu sein scheint, mit seinem Pfeil trifft, verzaubert, entführt. Denn das Aussehen kann täuschen, nie können wir völlig sicher sein, was für einer Art Lebewesen wir begegnen, mag es auch der eigene Ehemann zu sein scheinen. Oft ist es jemand, der aussieht, wie einer, den wir vermissen.

So erging es beispielsweise einem alten Mütterchen vom Rio Atabapo, Doña Julia, deren Mann nachts fischen gegangen war, während sie allein zuhause zurückblieb und auf ihn wartete. Bald kam er zurück, mit seinem Gewehr, seiner Laterne und seiner Machete. Er bat Doña Julia, zu ihr in die Hängematte kommen zu dürfen, um sich zu wärmen, setzte sich auf den Rand der Hängematte neben der Kerze und wärmte sich. Doña Julia ahnte nichts Böses, da es ja ihr Ehemann war. Doch der *máwari* spürt von weitem, wenn jemand kommt, spürte so auch den heimkehrenden Ehemann, erhob sich, sagte, der Alten, er wolle urinieren gehen, und verschwand. Gleich darauf erschien der echte Ehemann mit seinem Gewehr, seinem Kanu-Paddel, der Laterne und allem. Die Frau sah ihn eintreten, wie er eben vom Fischfang kam, und fragte ihn, ob er schon zuvor zurückgekommen sei. »Nein«, antwortete der Ehemann. »Und wer war das dann, der vorhin gekommen ist mit deinem Gewehr, deiner Machete und allem?« Das war ein Delphin. Der Alte lief hinter ihm her, aber das einzige, was er noch mitbekam, war, wie der Delphin ins Wasser des Flusses klatschte.

Zahlreich sind die Geschichten von Begegnungen mit den *máwaris*, sie alle erzählen würde (sagte man mir) drei Thermosflaschen Kaffee lang dauern ... mindestens! Doch zusammenfassend will ich hier nur die Fähigkeit des *máwari* hervorheben, ein vertrautes Ansehen bis ins letzte Detail, bis hin zu Machete und Gewehr, zu kopieren, um sich in den verschiedensten Täuschungen mühelos durch unsere irdische Welt zu bewegen.

Im Dorf der *máwari* soll es ein großes Haus geben, das sie »Universität« nennen. Ich weiß nicht, ob bei dieser Benennung an hispanoamerikanische Universitäten gedacht wurde, die in Zeiten der Unruhe gegen das Eindringen der Polizei bewacht werden, und aus der die Jugendlichen zurückkehren, nachdem sie ausgebildet, also gleichsam initiiert wurden. Jedenfalls erinnert die Beschreibung des großen Hauses der *máwari* an die abgeschlossenen Bereiche, in denen die Jugendlichen von der Umgebung abgesondert werden und Initiationsriten durchmachen, um danach als neugeborene Erwachsene in die Welt zurückzukehren. In dem Unterwasserhaus treffen sich alle *máwari*, groß und klein, jung und alt, täglich um Punkt zwölf Uhr und verwandeln sich in Wasserschlangen. Das Versammlungshaus ist so riesig, dass die größten Wassersschlangen dort wie wimmelnde Würmer wirken. Dort bleiben sie eine Stunde lang, und dann nehmen sie wieder menschliches Aussehen an und gehen fort. Ob diese tägliche Periodizität der Verwandlung der wegen ihres Hautwechsels mancherorts mythisch für unsterblich gehaltenen Schlangen ähnlich wie die weibliche Periodizität gesehen werden könnte? Den Barasana »gilt die Menstruation als ein Prozess des Hautwechsels«, und auf einer mythischen oder metaphorischen Ebene »verleiht Hautwechsel ganz allgemein Unsterblichkeit, und [...] die

Indianer sagen, dass die Menstruation die Frauen befähigt, länger zu leben als die Männer«.[64] Zudem lässt mich das abgeschlossene Haus an die abgeschlossenen Räume denken, in die man die Jugendlichen bei Initiationsriten einschließt, aus denen sie dann wie Neugeborene in die Welt zurückkehren. Erinnern wir uns auch daran, dass die Häutung wie die eines Reptils eigentlich die normale Fortpflanzungsweise, genauer die Bewahrung der Unsterblichkeit gewesen wäre, wenn das Tonsignal von Kuwai/Jurupary nicht zunächst überhört worden wäre. Ich finde die Parallele mit der Szene des Schlangentreffens unter Wasser in Temendawí interessant. Auch die Schlangen häuten sich ja, und in Temendawí schließen sie sich in einem Raum ein, aus dem sie nach einer Stunde wieder in Menschengestalt herauskommen.

Das geschieht zu der Stunde, zu der die Sonne im Zenit steht und ihr Glanz die gesamte Achse des Universums entlang fährt und dessen Stockwerke durchdringt, um sich schließlich im Wasser-Spiegel zu spiegeln. An beiden Enden des Universums der Arawak, oben und unten, finden Metamorphosen statt, die sich eine in der anderen spiegeln: Im obersten Himmel eine behaarte Hummel oder ein Schmetterling, deren Lebenszyklus Anlass zum Nachdenken über die Verwandlungen im Universum verhilft; ganz unten in den Wassertiefen die Versammlung der Wasserschlangen, die sich häuten und in Menschen verwandeln, was Anlass zum Nachdenken über den Übergang vom Leben zum Tod und zur Unsterblichkeit gibt. Wir können hier einen Blick auf das Menschenbild der Maipure-Arawak erhaschen.

Und mitten im Universum, zwischen der Sonne und ihrer Plazenta, an den Ufern der Flüsse, in ihren Sonnenstrahlen und im Funkeln ihrer im Wasser-Spiegel reflektierten Lichtblitze badend, erzählen die Maipure-Arawak immer wieder ihre Geschichten.

Literatur

Avé-Lallemant, Robert 1860, *Reise durch Nordbrasilien im Jahre 1859*. Zweiter Theil. Leipzig: F. A. Brockhaus. VI, 369 S.

Biocca, Ettore 1965, *Viaggi tra gli Indi: Alto Rio Negro – Alto Orinoco. Appunti di un biologo. Volume primo: Tukâno – Tariana – Baniwa – Makú.* Roma: Consiglio Nazionale delle Ricerche. XXI,553 S.

Caro Baroja, Julio 1992, [1967] *Vidas mágicas e Inquisición*, I. (Fundamentos, vol. 121) Madrid: Istmo. 456 S.

González Ñáñez, Omar 1968, La mitología baniva reflejada en su literatura oral. In: *Economía y ciencias sociales*, X(3):87–96.

—2005 a, Lenguas y nombres de lenguas usados para designar a los pueblos Maipure Arawakos de la Región del Alto Río Negro, Suramérica. In: *Boletín de Lingüística*, 23:106–116.

—2005 b, *Los Warekena: indígenas arawakos del Guainía-Río Negro: mitología y vida cotidiana.* Mérida: Universidad de Los Andes. 211 S.

—2007, *Las literaturas indígenas Maipure-Arawak de los pueblos kurripako, warekena y baniva del estado Amazonas.* Caracas: Fundación Editorial el perro y la rana. 194 S.

64 Hugh-Jones, Christine 1977:189.

—Ms., *Los Warekena (Guarequena)*. (Aborígenes de Venezuela, Etnología contemporánea, Vol 5) Caracas: Fundación La Salle de Ciencias Naturales/Instituto Caribe de Antropología y Sociología.

Gossen, Gary H. 1988 Vida y muerte de Miguel Kashlán: héroe Chamula. In: Manuel Gutiérrez Estévez (Hrsg.): *Biografías y confesiones de los indios de América*. (Arbor, 131) Madrid: Consejo de Investigaciones Científicas: 125–144.

Grimal, Pierre 1963, L'homme et le mythe. In: Ders. (Hrsg.): *Mythologies: de la Méditerranée au Gange*. (collection in quarto) Paris: Larousse: 415.

Gutiérrez Estévez, Manuel 2014, Otra vez sobre sincretismo. In: *ENDOXA*, Series filosóficas, 33:119–141.

Hill, Jonathan D. 1984, Social Equality and Ritual Hierarchy: The Arawakan Wakuenai of Venezuela. In: *American Ethnologist*, 11(3):528–544.

—1993, *Keepers of the sacred chants: the poetics of ritual in an Amazonian society*. Tucson, Arizona: The University of Arizona Press. 245 S.

—2009, *Made-from-Bone. Trickster Myths, Music, and History from the Amazon*. (Interpretations of culture in the new millennium, 5) Urbana and Chicago: University of Illinois Press. XXII,195 S.

Hill, Jonathan D./Robin M. Wright 1988, Time, Narrative and Ritual: Historical Interpretations from an Amazonian Society. In: Jonathan D. Hill (Hrsg.): *Rethinking History and Myth: Indigenous South American Perspectives on the Past*. Urbana: University of Illinois Press: 78–105.

Hugh-Jones, Christine 1977, Skin and soul: the round and the straight. Social time and social space in Pirá-Paraná society. In: *Actes du XLIIe Congrès International des Américanistes* (Paris: Société des Américanistes), vol. II:185–215.

Hugh-Jones, Stephen 1979, *The Palm and the Pleiades: Initiation and cosmology in northwest Amazonia*. (Cambridge Studies in Social Anthropology, 24) Cambridge [etc.]: Cambridge University Press. XVI,332 S.

Iribertegui Alvarez, Ramón 1987, *El hombre y el caucho*. (Monografía, No. 4) Caracas: Ediciones del Vicariato Apostólico de Puerto Ayacucho. 357 S.

Jebens, Holger (Hrsg.) 2004, *Cargo, Cult & Culture Critique*. Honolulu: University of Hawaii Press. 304 S.

Jiménez, G. J. 2016, *Funes, la pesadilla del Amazonas*. Hechos Criollos, abril 9, 2016. https://www.hechoscriollos.com.ve/2016/04/09/funes-la-pesadilla-del-amazonas/ (gesehen 4.10.2019).

Karadimas, Dimitri 2003 a, Dans le corps de mon ennemi: l'hôte parasité chez les insectes comme un modèle de reproduction chez les Miraña d'Amazonie colombienne. In: Elisabeth Motte-Florac/Jacqueline M.C. Thomas (Hrsg.): *Les »insectes« dans la tradition orale – »Insects« in oral literature and traditions* (SELAF, Vol. 407; Ethnoscienes, 11). Paris-Louvain: Peeters-SELAF: 487–506.

—2003 b Le masque de la raie: Étude ethno-astronomique de l'iconographie d'un masque rituel miraña. In: *L'Homme*, 165 (Image et Anthropologie): 173–204.

—2007, Yurupari ou les figures du diable: Le quiproquo des regards croisés. In: *Gradiva*, 6: 44–57. http://gradhiva.revues.org/986 (gesehen 26.9.2019).

—2008, La métamorphose de Yurupari: flûtes, trompes et reproduction rituelle dans le Nord-Ouest amazonien. In: *Journal de la société des américanistes*, 94,1:127–169. http://journals.openedition.org/jsa/9253 (gesehen 2.10.2019).

—2010, Cuerpo de los Dueños, dueños de los cuerpos entre los miraña de la Amazonia colombiana. In: Jaime Humberto Borja Gómez/María Alicia Uribe Villegas/Carolina Romero Patiño/José Alejandro Restrepo: *Cuerpos amerindios: arte y cultura de las modificaciones corporales*. Bogotá: Banco de la República: 57–75.

—2012, Historias de diablos, mitos de avispas: acercamiento iconográfico a una unificación regional. In: François Correa Rubio/Jean-Pierre Chaumeil/Roberto Pineda Camacho (Hrsg.): *El aliento de la Memoria. Antropología e Historia en la Amazonía Andina*. Bogotá: Universidad Nacional de Colombia/ IFEA/ CNRS: 69–88.

—2014, Las Alas del Tigre. Acercamiento iconográfico a una mitología común entre los Andes prehispánicos y la Amazonía contemporánea. In: Stéphen Rostain (Hrsg.): *Amazonía. Memorias de las Conferencias Magistrales del 3er Encuentro Internacional de Arqueología Amazónica.* Quito: EIAA: 203–223.

Koch-Grünberg, Theodor 1907, *Südamerikanische Felszeichnungen.* Berlin: Ernst Wasmuth. 92 S.

Lévi-Strauss, Claude 1976, [1966] *Mythologica II: Vom Honig zur Asche.* (suhrkamp taschenbuch Wissenschaft, 168) Frankfurt am Main: Suhrkamp Taschenbuch Verlag. 566 S.

Mann, Thomas 1936, Freud und die Zukunft. In: *Imago, Zeitschrift für Psychoanalytische Psychologie, ihre Grenzgebiete und Anwendungen* (Wien), XXII. Band, Heft 3:257–274.

Meira, Márcio 1996, O Tempo dos patrões: Extrativismo, comerciantes e história indígena no noroeste da Amazônia. In: *Lusotopie,* 1996:173–187 http://www.lusotopie.sciencespobordeaux.fr/meira96.pdf (gesehen 3.10.2019).

Müller, Christina, Ms., [2008] Rusalka. Eine deskriptive Abhandlung der mythologischen dämonologischen Gestalt im Volksglauben der Urslaven und ihre Verarbeitung in den unterschiedlichen Bereichen der slavischen Kultur. Seminarreferat, Universität Potsdam. https://www.uni-potsdam.de/u/slavistik/wsw/seminararbeiten/mueller3.doc (gesehen 13.10.2019).

Münzel, Mark 2017, Common Traits of Brazilian Indigenous Religions. In: Bettina E. Schmidt/Steven Engler (Hrsg.): *Handbooks of Contemporary Religions in Brazil.* (Brill Handbooks on Contemporary Religion, 13) Leiden/Boston: Brill: 33–46.

Orjuela, Héctor H. 1983, *Yuruparí: Mito, Leyenda y Epopeya del Vaupés.* (Publicaciones del Instituto Caro y Cuervo, LXIV) Bogotá. 276 S.

Puchner, Walter 2009, *Studien zur Volkskunde Südosteuropas und des mediterranen Raums.* Wien/Köln/Weimar: Böhlau. 738 S.

Rivera, José Eustasio 1971, [1924] *La vorágine.* (Biblioteca clásica y contemporánea, 94) Buenos Aires: Losada. 266 S.

Rojas, Filintro, Ms., [1994] *Sentir y vivir curripaco. Mundos, caminos y saberes curripacos con Filintro Antonio Rojas.* San Fernando de Atabapo.

Sá, Lúcia 2004, *Rain Forest Literatures: Amazonian Texts and Latin American Culture.* (Cultural Studies of the Americas, vol. 16) Minneapolis/London: University of Minnesota Press. XXVIII 325 S.

Silva SDB, P. Alcionilio Brüzzi Alves da 1962, *A Civilização Indígena do Uaupés.* (Série do »Centro de Pesquisas de Iauareté«, Amazonas – Brasil) São Paulo: Linográfica Editôra. 496 S.

Stradelli, Ermano de 1890, Leggenda dell'Jurupary. In: *Bollettino della Società Geografica Italiana* (Roma), serie III, vol. III:659–835.

Tavera Acosta, Bartolomé 1927, *Rionegro: Reseña Etnográfica, Histórica y Geográfica del Territorio Amazonas.* Maracay: Estado Aragua. 186 S.

Uruburu Gilède, Sonia, 1996/97, Manifestaciones mesiánicas entre los indígenas del Río Guainía-Río Negro. In: *Revista Colombiana de Antropología,* XXXIII:135–163.

Vasmer, Max, 1987, [1958] *Russisches etymologisches Wörterbuch.* Bd. III. Москва: Прогрес. 827 S.

Vidal, Silvia/Neal L. Whitehead 2004, Dark Shamans and the Shamanic State: Sorcery and Witchcraft as Political Process in Guayana and the Venezuelan Amazon. In: Neil Whitehead/Robin Wright (Hrsg.): *In Darkness and Secrecy. The Anthropology of Assault and Witchcraft in Amazonia.* Durham/London: Duke University Press: 51–181.

Vilaça, Aparecida 2016, [2015] *Praying and Preying: Christianity in Indigenous Amazonia.* (The Anthropology of Christianity, vol. 19) Oakland, California: University of California Press. 316 S.

Wright, Robin Michael 1983, Lucha y supervivencia en el Noroeste de la Amazonia. In: *América Indígena,* XLIII,3: 537–554.

—1998, *Cosmos, Self, and History in Baniwa Religion: For Those Unborn.* Austin: University of Texas Press. XX,314 S.

—2004, The Wicked and the Wise Men: Witches and Prophets in the History of the Northwest Amazon. In: Neil L. Whitehead/Robin Wright (Hrsg.): *In Darkness and Secrecy. The Anthropolo-*

gy of Assault Sorcery and Witchcraft in Amazonia. Durham & London: Duke University Press: 82–108.

—2013, *Mysteries of the Jaguar Shamans of the Northwest Amazon*. Lincoln, USA: University of Nebraska Press. 408 S.

—2015, Musical Body of the Universe: The One and Many in an Amazonian Cosmology. In: *Arteriais. Revista do ppgartes*, 1:124–146.

Wright, Robin/Jonathan Hill 1986, History, Ritual, and Myth: Nineteenth-Century Millenarian Movements in the Northwest Amazon. In: *Ethnohistory*, 33(1):31–54.

Vom Nichts zum Traum – Streiflichter auf Religionen im tropisch-subtropischen Südamerika östlich der Anden

Mark Münzel

In diesem Aufsatz stelle ich Daten über Religionen, Welt- und Menschenbilder im Amazonasgebiet, in Guayana und im Orinoco-Gebiet zusammen, also in dem Raum, der im relativen Vergleich zur Andenkordillere »Tiefland« genannt wird[1]. Doch ist die religiöse Vielfalt dort so groß, dass ich ehrlicherweise nicht die ganze Vielfalt abbilden, sondern bloß ein Kaleidoskop verschiedenster Ansichten und einige große Linien herausarbeiten kann. Es gibt mehr Ausnahmen als Gewissheiten, und das entspricht indigenen Auffassungen: Wenn ich eines in indigenene Kulturen gelernt habe, dann dies, dass es weniger allgemeine Regeln als verschiedenste Sonderfälle gibt, und dass Gewissheit eine Illusion ist. Damit sind indigene Mythenerzähler und Schamanen Brüder im Geiste der modernen Wissenschaft, deren Wissen nie endgültig ist.

1 Mythen

> Der Schöpfer gab keine Ratschläge. Er erzählte nur Geschichten. (Félix Kuégajima, Clan Nogonï, Volk Witoto, 1974)[2]

Die wichtigsten Quellen unserer Kenntnis über Religionen des tropisch-subtropischen Südamerika sind Mythen.[3] Sie zeigen besonders deutlich die für diese Religionen typische Verbindung von Alltäglichem und Überirdischem. Eingangs soll hier ein Beispiel die Vielschichtigkeit mythischer Bezüge illustrieren, aber auch, wie eine Erzählung je nach der Person, die sie auf ihre eigene Weise versteht, anderes bedeuten kann. Und das gilt keineswegs nur für den westlichen Forscher, sondern auch für indigene Erzähler und Zuhörer – und für ihre Religion.

---

1 Hinweis: Zu im Text vorkommenden Namen von Ethnien gibt Abschnitt 8 dieses Kapitels jeweils die ungefähre Lokalisierung und die Sprachfamilie an.

2 *apud* Urbina 2010:58. Alle deutschen Übersetzungen in diesem Aufsatz von mir, wenn nicht anders angegeben.

3 Generell zu Mythen und ihrer Interpretation, mit Schwerpunkt auf Mittel- und Südamerika: Mader 2008. Es gibt unendlich viele Mythensammlungen aus dem Tiefland Südamerikas. Eine kleine Auswahl gibt Abschnitt 9.

1.1 Ein Beispiel: Schildkröte und Tapir

> Die Schildkröte,[4] das sind gute Leute, es sind keine schlechten Leute. Sie sammelte Früchte unter dem Baum der Balsampflaume. Doch der Tapir Juruparí kam und sagte zu ihr »Hau ab hier, sonst stampfe ich dich in die Erde.« »Stampf doch, mal sehen ob du die Kraft dazu hast!« Und der Tapir stampfte die Schildkröte in die Erde und rannte davon. »Warte nur, Juruparí, wenn die Regenzeit kommt, gehe ich deiner Spur nach. Ich werde es dir heimzahlen, dass du mich begraben hast.« In der Regenzeit krabbelte die Schildkröte wieder ans Tageslicht und verfolgte den Tapir, indem sie seine Spuren befragte. Sie fragte den kleinen Fluss: »Fluss, wo ist dein Herr?« – Fluss: »Weiß ich nicht. Ich weiß, was mein Vater dir angetan hat. Lass ihn in Ruhe schlafen.« Die Schildkröte fand schließlich den schlafenden Tapir und sprach: »Es heißt, dass Feuer verschlingt alles.« Dann zog sie heftig am Skrotum des Tapirs. Der floh, und nach zwei Tagen war er tot. Schildkröte: »Habe ich dich jetzt getötet oder etwa nicht? Jetzt werde ich meine Verwandten holen, damit sie dich aufessen.«[5]

Diese Erzählung ist aus dem Amazonasbecken in zahlreichen, immer wieder etwas abweichenden Varianten bis in neueste Zeit überliefert. Unsere Version hier stammt aus dem brasilianischen Nordwest-Amazonien und wurde 1876 von dem Offizier José Vieira Couto de Magalhães auf Nheengatú (einer damals dort weit verbreiteten *lingua franca*) und in portugiesischer Übersetzung publiziert. 1927 veröffentlichte der Missionar Pater Constantin Tastevin den gleichen Nheengatú-Text nochmals, übersetzte ihn aber neu, und hinter feinen Unterschieden der Übersetzung scheinen verschiedene Interpretationen durch.

So ist es eine nur scheinbar unwichtige Frage des Stils der Übersetzung, wenn Magalhães den Eingangssatz über die Schildkröte übersetzt mit »das sind gute Leute, es sind keine schlechten Leute«, während Tastevin ganz leicht anders überträgt: »sie haben keinerlei Schlechtigkeit«.[6] Die missionarische Übersetzung ist einen Tick moralisierender und lässt an unschuldige Wilde vor dem Sündenfall denken. Der Originaltext hingegen enthält eine für Mythen aus dem Amazonasgebiet charakteristische, rhetorische Gegenüberstellung von Gegensätzen: Einerseits, andererseits. Auch durch den weiteren Text ziehen sich solche Gegenüberstellungen. Wenn wir hören, dass die Schildkröte gut ist, können wir erwarten, dass bald jemand auftaucht, der schlecht ist. Doch ist das meist kein moralisches Gegenüber von Gut und Böse, sondern das Wechselspiel zweier Prinzipien, die beide notwendig sind. Damit die Schildkröten aus ihren Eiern im Boden schlüpfen können, müssen sie erst einmal gut in den Boden eingestampft werden, und das erledigt hier der Tapir. In amazonensischen Weltbildern ist mit dem »Vorhandensein zweier gegensätzlicher Prinzipien« selten der erst durch das Christentum hineingetragene Gegensatz des »reinen ›Gut‹ und ›Böse‹« gemeint.[7] Eine fromme Moral finden wir in diesen

---

4 Arrau-Schildkröte, *Podocnemis expansa.*

5 Magalhães 1975 [1876]:Faksimile I:176–182, meine zusammenfassende Übersetzung aus dem Portugiesischen. Das Geschlecht der Schildkröte ist, anders als in der deutschen Übersetzung, im Original nicht festgelegt.

6 Magalhães 1975:115, Tastevin 1927:389.

7 schreibt María Susana Cipolletti (2019:41) in ihrem Standardwerk.

Mythen ebenso wenig wie in der antiken Mythologie. Die rollenden Köpfe in Mythen der Witoto beispielsweise sollen nicht heißen, dass man Köpfe abhacken soll. Sie wurden manchmal als am Himmel rollender Mond gedeutet, können aber ebenso auch die historische Erinnerung an die sogenannten Kautschukgräuel um die vorige Jahrhundertwende bewahren, bei denen Witoto (und andere Indigene), die nicht genügend Kautschuk ablieferten, massenhaft ernordet wurden.

In der Erzählung lassen sich mindestens drei verschiedene Bezüge erkennen: 1. zum Himmel mit seinen Gestirnen; 2. zu den Jahreszeiten und damit zur Landwirtschaft; 3. zur Gesellschaftsordnung.

Zu 1. dem Himmel: Bisweilen werden die Schildkröten mit dem Sternbild der Plejaden assoziiert. Tatsächlich sind es meist mehrere Schildkröten,[8] die am Himmel einen Haufen bilden. Die Assoziation ist jedoch nicht allgemein – im östlichen Südamerika finden wir keinen einheitlichen Code von Tieren und Gestirnen. In manchen Erzählungen steigen die Schildkröten nach ihrer Tat zum Himmel empor und werden zu den Plejaden, manchmal freilich auch zu einem anderen, benachbarten Sternbild.[9] In weiten Teilen Amazoniens künden die Plejaden die Zeit an, in der gepflanzt wird. Wenn sie wieder verschwinden, bedeutet dies dann »Überfluß an Nahrung. Mit dem Steigen der Gewässer gehen dichte Züge von Fischen die Nebenflüsse aufwärts [...]. So können wir geradezu von einem ›Plejadenjahr‹ [...] reden«[10].

Charles Frederick Hartt, der 1875 eine andere Version der gleichen Geschichte veröffentlichte, sah einen Bezug auf Gestirne: Der Tapir ist die Sonne, die Schildkröte der Mond. Die aufgehende Sonne (und »Sonne« meint wohl auch die Zeit, in der die Sonne heftiger brennt, also die Trockenzeit, zu deren Beginn, wie wir sahen, die Schildkröten in den Boden gestampft werden) löscht den Mond (die Schildkröte) aus und begräbt sie, doch nach etlicher Zeit geht der neue Mond auf und beginnt die Verfolgung der Sonne. Oder ist nicht umgekehrt die Sonne die Schildkröte?[11] Die westliche Spekulation verheddert sich hier, wohl auch weil Trocken- und Regenzeit im Amazonasgebiet unterschiedliche Termine haben. Aber jedenfalls drücken weitere Versionen der Geschichte einen klaren Bezug zu Gestirnen aus.

Zu 2. den Jahreszeiten: Couto de Magalhães, Kenner der Region und ihrer Tierwelt, sah eine Tierfabel mit genauer Naturbeobachtung.[12] Schildkröte und Tapir mögen wenig gemein haben, doch eines fiel ihm auf: beide Tiere lieben die gleiche

---

8 vielleicht auch in Teilen der Version von 1876, nur wird im Nheengatú die Pluralendung oft weggelassen, wenn sie sich von selbst versteht.

9 Erzählung der Kamaiurá in Münzel 1973:187–190 (dass es sich um die Plejaden handelt, habe ich erst später gesehen). Lévi-Strauss 1976a/b bringt verstreut durch sein Werk Hinweise auf den Plejaden-Bezug, so 1976a:289,298 (etwas unklar); 1976b:119,120 (zum Widder),236–237 (ähnliche Erzählung, aber anstatt Schildkröten Froschgestaltige, die heute gemeinsam mit dem Tapir am Himmel stehen), 287–300 (allgemeiner zu Plejaden).

10 Koch-Grünberg 1923:281–282.

11 Hartt 1875:43. Auch diese Erzählung, vermutlich aus dem Raum Santarém, wurde auf Nheengatú erzählt.

12 Magalhães 1975 [1876]:Faksimile I:175–176.

Frucht, die Balsampflaume (*Spondias spec.*). So erklärt er sich, warum sie sich in der Fabel in die Quere kommen. Die Frucht reift zu Beginn der Trockenzeit, zu dieser Zeit also wäre die Schildkröte in den Boden gestampft worden. Ihre Zeit unter der Erde (in etwa die Trockenzeit) ist die Periode, in der die Schildkröte sich verkriecht. Sie kommt erst zu Beginn oder kurz vor der Regenzeit wieder aus der Erde hervor, und etwa um diese Zeit schlüpfen auch die Jungen aus den Eiern.

Einen möglichen Hinweis auf die amazonensische Landwirtschaft erwähnen beide Interpreten nicht: Die Schildkröte, die den Tapir an den Hoden zieht, sagt im Originaltext auf Nheengatú (meine Übersetzung): »Das Feuer, sagt man, brennt überall.« Couto de Magalhães übersetzte leicht abweichend: »Das Feuer, sagt man, verschlingt alles«, und merkte dazu an, es handele sich um die indigene Variante von »Der Teufel soll alles holen.« Der Missionar Pater Tastevin übersetzte 1927 mit »Das Feuer hat keinen Respekt vor nichts«, und das fügte sich bei ihm zu dem Satz, mit dem der Tapir um Gnade bittet, und den der Missionar so übersetzte: »Um der Liebe Gottes willen ...« 1876 hatte der weniger fromme Offizier Magalhães genauer (ohne die christliche Liebe) übersetzt: »Um des guten Gottes willen ...«.[13] Feuer ist aber im Amazonasgebiet auch ein jahreszeitliches Phänomen, und zwar kurz vor der Regenzeit: Dann brennen indigene und nicht-indigene Kleinbauern im traditionellen System der Brandrodung Wald ab, um neue Felder anzulegen (allerdings zu regional unterschiedlichen Monaten, da Trocken- und Regenzeit in verschiedenen Teilen des Amazonasgebietes unterschiedlich einsetzen). Je nach der Region wird doch just genau zu dem Zeitpunkt, zu dem die jungen Schildkröten aus den Eiern geschlüpft sind, über weite Strecken Wald abgebrannt. Vielleicht dachte der Erzähler hier also weder an den Teufel noch an christlichen Respekt, sondern an die Jahreszeit, zu der Schildkröten geschlüpft sind, und zu der das landwirtschaftliche Jahr umbricht.

Zu 3. der Gesellschaft mit ihren Ritualen: In einigen amazonensischen Gesellschaften ist die Initiation der Jugendlichen in den Kreis der Erwachsenen mit dem Gedanken der Revolte gegen die Erwachsenen verbunden: Der junge Mensch (Mann oder Frau) rebelliert in der Pubertät gegen die Alten und wird Repressalien unterworfen, etwa muss er fasten und wird in einer dunklen Ecke festgehalten, die er nur nachts verlassen darf. Am Ende aber kommt er wieder ans Tageslicht und ist nun erwachsen. Manchmal feiert ein junges Paar, das sich offiziell jeglichen Kontakts enthalten musste, seinen Sieg über die Alten in einem öffentlichen Tanz, bei dem unausgesprochen klar wird, dass es das Verbot schon längst übertreten hat. Im Alto Xingu-Gebiet im südöstlichen Amazonasgebiet treten während der Initiationsphase ältere, schon initiierte Jugendliche auf und schießen auf eine Strohpuppe, wobei sie Ältere benennen, denen die Pfeile eigentlich gelten. Hier wird auch die Schildkröten-Erzählung mit dem Sieg der Jungen (der kleinen Schildkröten) über die Alten (den dicken Tapir) assoziiert.[14]

---

13 Magalhães 1975:116, Tastevin 1927:390.

14 Münzel 1973:187, zur Initiation s. besonders Menezes 2013. Da ich im Alto Xingu geforscht habe, beziehe ich mich öfter auf dieses Gebiet, doch ähnliche Beispiele ließen sich auch andernorts finden.

In unserer Version trägt der Tapir den Namen *Juruparí*. Der Missionar Tastevin übersetzt das mit *diabo* (Teufel), der Offizier Magalhães lässt den indigenen Namen stehen, fügt aber eine Fußnote an, das entspreche »mehr oder weniger unserem jüdischen Dämon, ohne so pervers wie dieser zu sein«.[15] Jedenfalls erkannten beide Autoren, dass da kein gewöhnlicher Tapir die Schildkröten einstampft. Tatsächlich ist *Juruparí* in der Region, aus der unsere Version stammt, ein Waldgeist und gleichzeitig eine heilige Flöte, aus der heraus dieser Geist singt. In dem Aufsatz von Vutova in diesem Sammelband spielt er bei Menschen aus teils der gleichen, teils einer benachbarten Region eine Hauptrolle unter dem Namen *Yuruparí/Kuwai*. Durch seinen Körper voller Klanglöcher ertönt (lesen wir dort) »die Stimme des Universums«. *Juruparí* ist eine ganz wichtige Figur bei der Initiation der männlichen Jugendlichen, die ihn im Lauf der Initiationswochen immer mehr zu sehen bekommen.[16] Wieder die Initiation also, und vielleicht auch wieder der Aufstieg der jugendlichen Initianden, die dem Tapir/*Juruparí* Paroli bieten können. Was sich in diesen verschiedenen Erklärungen verknüpft, ist auch in der indigenen Lebenswelt verflochten: Der Wechsel von Trocken- und Regenzeit, Anpflanzen und Roden, Initiationsriten, der (gerne in Ritualen theatralisierte) Konflikt der Generationen, astronomische Beobachtungen.

In solchen Erzählungen stecken oft Anspielungen, die uns nur allzuleicht entgehen. So kann der Tapir, fett und in sexueller Erregung mit beachtlich großem Penis, für einen unpassenden Liebhaber stehen. In einer solchen Erzählung verrät seine Geliebte ihn am Ende, stellt ihm eine tödliche Falle und verzehrt ihn dann gemeinsam mit ihrer Familie. Auch in unserer Erzählung hier kündigt sie an, dass sie ihre Verwandten holen wird, »damit sie dich aufessen.« Bei den Tupinambá lebte (wenn wir den Berichten Glauben schenken wollen) ein Gefangener mit einer Geliebten, bis deren Leute ihn am Ende erschlugen und auffraßen .[17] Doch lassen sich solche mögliche Bezüge nicht mehr sicher feststellen, wenn wir nicht mehr mit der Erzählerin sprechen können.

1.2 Die flexible Wahrheit des Mythos

Der Titel dieses Abschnitts spielt auf einen Aufsatz von Raffaele Pettazzoni (1950) namens »Die Wahrheit des Mythos« an, der für die damalige Religionswissenschaft und kulturhistorisch orientierte Ethnologie zentrale Bedeutung bekam. Pettazzoni unterschied zwischen Geschichten, die einfach nur so aus Erzahlfreude erzählt werden, und heiligen Mythen, die den Gläubigen Wahres sagen. Oft wird angenommen, dass Mythen, zumindest die wichtigsten, etwa die vom Ursprung der Welt, in ihren jeweiligen Gesellschaften als absolute Wahrheit gelten. Jedoch kann Erzählen auch »eine Rechtfertigung für Parteibildung und sozialen Wandel« sein, wie Edmund Leach schon 1964 am Beispiel der Kachin (im heutigen Myanmar) gegen die Tendenz schrieb, Mythen für eine Rechtfertigung vorgegebener Sozialsysteme zu halten:

---

15 Tastevin 1927:391, Magalhães 1975:115.

16 S. z. B. Hugh-Jones 1979.

17 Erzählung vom Tapir bei Münzel 1973:344–346 mit Bezug auf das anthropophage Ritual der Tupinambá. Zum Verzehr des Gefangenen der Tupinambá u. a. Münzel 2019:80–88.

> Es gibt keine »authentische Version« der Kachina-Tradition, mit der alle Kachina übereinstimmen würden, es gibt lediglich eine Reihe von Erzählungen, die mehr oder weniger das gleiche Ensemble mythischer Figuren betreffen, und die gleiche Art strukturellen Symbolismus verwendet (z. B. die Heirat eines Mannes mit der Tochter eines Nat-Geists), sich aber von einander in entscheidenden Details je nach dem unterscheiden, wer die Geschichte erzählt.[18]

Mythen sind nicht immer eine ewige Wahrheit, sondern auch ein momentanes Argument, und das nicht nur in Südostasien. Wo alles eine Illusion sein mag, müssen Gewissheiten nicht ewig dauern, sondern ist es sinnvoll, sie immer wieder neu zu interpretieren, so wie ja auch die Welt in ständigem Fluss und stets vom totalen Umbruch bedroht ist – das ist ein Grundzug des Denkens in vielen indigenen Kulturen. Mythen wandeln sich oft rasch, wie die zahlreichen Beispiele von Anpassungen an neue Verhältnisse und von Einflüssen aus der Moderne zeigen.[19] Das liegt teils, aber keineswegs nur daran, dass sie in mündlichen Kulturen selten wörtlich fixiert waren. In Südamerika ist ein weiterer Grund, dass in Mythen oft die Möglichkeit der Relativierung eingebaut ist. In den großen monotheistischen Religionen gelten die fundamentalen Texte als möglichst unveränderbar, auch wenn man sie im Laufe der Zeit unterschiedlich interpretieren kann. Man stelle sich aber nun vor, die Weihnachtsgeschichte würde in der Kirche so vorgelesen:

> Und es soll sich begeben haben, sagen sie, aber ich war nicht dabei, dass ein Gebot, so sagen sie, von dem ausging, der Hörensagen zufolge Kaiser Augustus hieß .... Und eine Frau, die ich nicht persönlich kenne, sodass ich nicht sicher sagen kann, dass sie Maria hieß, aber das dürfte wohl stimmen, soll ihren Sohn geboren haben, und es heißt, es sei ihr erster gewesen, ob das nun stimmt oder nicht.

So aber wird oft in indigenen Gesellschaften erzählt, »vollgepackt mit jenen Ausdrücken, die selbst der sorgfältigste Übersetzer nicht jedesmal erneut wiedergibt – »er sagt«, »er erzählt«, »man hat das gesagt«, »man sagt, dass er sagt«, »es scheint, dass««.[20] Viele indianische Sprachen unterscheiden genau zwischen unterschiedlich sicheren Ursprüngen der Information. Wenn ich etwas selbst miterlebt, gesehen oder gehört habe, gilt es mir als sicher. Wenn ich es von jemand anderem gehört

---

18 Leach 1968:186. Es handelt sich um einen längst klassisch gewordenen, nachgedruckten, vielfach zitierten Aufsatz, dennoch ist es wohl nicht überflüssig, dass Geger Riyanto (2018), in dessen Umfeld Leachs Sicht offenbar noch nicht bekannt ist, einen ganzen Aufsatz schreibt, um ihn bekannt zu machen. Leider unterstellt Riyanto ihm dabei, später von seinen Ansichten abgekommen und sich enthusiastisch zum Strukturalismus gewendet zu haben. Das verwechselt eingehende, freundliche Befassung mit kritikloser Begeisterung. Sätze von Leach zum Strukturalismus wie »Eine großartige Konzeption, über deren Brauchbarkeit man freilich geteilter Meinung sein kann« oder »sicherlich sehr gescheite Spekulationen; ob sie aber mehr als das sind, bleibt abzuwarten« (Leach1971:58,59) können höchstens im Schnelllesekurs missverstanden werden. Und übrigens ist es gerade die strukturalistische Mytheninterpretation, die besonders deutlich die Anpassung von Mythen an je neue Umgebungen gezeigt hat.

19 Gerhards 1981 zum Wandel indigener Mythologien in Südamerika östlich der Anden unter westlichem Einfluss.

20 Monod-Becquelin 1979:201. Dieses Zitat habe ich in Scharlau/Münzel 1986:198 ausführlich kommentiert.

habe, ist es weniger sicher – als wär's in einem jener US-amerikanischen Strafprozesse, in denen strikt zwischen des Zeugen eigener Wahrnehmung und *hearsay* unterschieden wird. Wenn aber ein Ereignis aus allgemeiner Überlieferung, insbesondere aus Mythen berichtet wird, ist der sprachlich ausgedrückte Wahrheitsgehalt wieder etwas anders: Der Sprecher hält es für wahr, kann sich aber nicht völlig sicher sein, da er ja weder dabei war noch jemanden kennt, der dabei war.

Der Ethnolinguist Aisanain Páltu Kamaiwrá zeigt an mythischen Texten aus seiner Muttersprache, dem Kamaiurá, wie am Ende fast jeden Satzes jeweils die »Quelle der Information, so wie der jeweilige Grad der Gewissheit hinsichtlich des berichteten Inhalts« durch spezifische Partikel benannt wird, durch die der Mythenerzähler auszudrücken pflegt, dass er das Ereignis zwar für einen Fakt hält, sich darauf aber nicht festlegen kann, da er nicht dabei war. In der Pirahã-Sprache muss beim Verb durch »Evidentialitäts-Suffixe« unterschieden werden, ob eine Handlung zum Beispiel »eine persönliche beobachtete, eine aus den Umständen erschlossene oder eine nur vom Hörensagen bekannte« ist. Als ein Missionar einer Gruppe von Pirahã den Anfang des Markus-Evangeliums vorspielte, den ein anderer Pirahã in ihrer Sprache auf Tonträger gesprochenen hatte, wandten die Hörer ein, dass sie den Sprecher kannten und daher wussten, dass er Unsinn erzähle, da er Jesum ja nie gesehen habe. Offenbar hatte der Übersetzer das Evangelium in den Modus gebracht, in den durch heutige Augenzeugen beobachtete Ereignisse gehören. In der Trumai-Sprache wird eine Hörensagen-Partikel angehängt, um (vor allem in mythischen Texten) anzuzeigen, dass ein Verb sich auf etwas bezieht, was der Sprecher »nicht beobachtet hat und wofür es keinen direkten Nachweis gibt«, sondern was von jemand anderem berichtet wurde.[21] Und mit den Mythen können auch die religiösen Inhalte relativiert werden. Hierfür wurde der Begriff »undogmatische Religionen« gefunden.[22] Es soll uns nicht verwundern, dass religiöse Glaubenssätze zwar in bestimmten Grundideen festliegen, im Einzelnen aber immer wieder anders vorgestellt werden.

»Von Homer vollends haben sich Zeus und die übrigen Götter gar nicht mehr erholt«, schrieb Jacob Burckhardt einst und führte das, was er für eine Verzerrung ursprünglicher Ehrfurcht hielt, auf die dichterische Freiheit der altgriechischen Sänger zurück. Zuvor, meinte er, müsse es respektvollere Kunde gegeben haben, Zeus müsse mächtiger gewesen sein.[23] Paradoxerweise wird auf diese Weise oft aus dem Charakter der Mythen das Gegenteil abgeleitet: Da wir den Mythos nur aus individuellen, variablen Versionen kennen, muss er kollektiv und invariabel gewesen sein, seine Veränderung wäre spätere Zutat.[24] Jedoch finden sich auch in scheinbar so urtümlichen Mythologien wie denen der südamerikanischen Urein-

---

21 Kamaiurá: Páltu 2010:36 (Zitat),43,58,5.2:Conclusão. Pirahã: Kausen 2010:1095 (wohl im Anschluss an Everett), Everett 2010:290,393 (Everett, dessen Interpretation sich gewandelt hat, erzählt die Episode nun freilich im Sinne seiner neuen These, dass die Pirahã nur in der Gegenwart leben). Trumai: Guiradello 1999:225.

22 *Undogmatic religion* bei Schmidt bspw. 2008a:43,52.

23 Burckhardt, Zweiter Band, Dritter Abschnitt, II: Die Griechen und ihre Götter.

24 Vorstehenden Satz übernehme ich fast wörtlich aus einer früheren Publikation von mir.

wohner immer wieder nur Varianten, die immer wieder neu der Erzählfreude der Mythenerzähler entspringen, dabei freilich bestimmte Grundgedanken, ein Gerüst der Erzählung bewahren. Eine Version kann einer anderen mehr oder weniger entsprechen, manchmal aber auch widersprechen.

Jacob Burckhardts Hinweis auf die Phantasie eines jeden Mythensängers kann ergänzt werden durch die Beachtung des Mediums der Erzählung. In vielen Kulturen wird Religion öfter erzählt als in Glaubenssätzen formuliert. Für diese Form der Glaubensübermittlung hat sich die Bezeichnung »narrative Theologie« eingebürgert.[25] Narrativ ist beispielsweise eine Form der Straßenmission der Heilsarmee, wenn ein Bekehrter erzählt, wie er früher zu viel getrunken und seine Frau verprügelt hat, bis er Jesum fand und nun in Harmonie mit seiner Familie lebt und beruflichen Erfolg hat. In mündlichen Kulturen werden in exemplarischen Geschichten gerne Vorfälle aus mythischer Zeit erzählt. Etwas ähnlich wie die Bekehrungsgeschichte des einstigen Trinkers enthalten sie Argumente, die auch für heute gelten sollen. Doch in Mythen kommt nicht nur ein einziges Argument, nicht nur eine einzige Erzählung zu Gehör. Und anders als das geradlinige Bekenntnis jenes Straßenpredigers, der endlich zu einem gottgefälligen Leben gelangt ist, widersprechen sie sich nicht nur, sie sind auch meist vieldeutig, unterschiedlich auslegbar je nach dem Zusammenhang, in dem sie erzählt werden. Sie dienen nicht zur Bekehrung, sondern zur Beleuchtung des Nachwirkens der Urzeit in unsere Zeit hinein, manchmal auch zur programmatischen Zusammenfassung des Wesentlichen einer Kultur gegenüber Außenstehenden.

Die in der Forschung aufgenommenen Mythen wurden gewöhnlich nicht an einem Lagerfeuer erzählt, das ein Forscher unbemerkt belauschte, sondern im Rahmen einer Forschung für den Forscher, viel seltener beispielsweise von einem Mythenerzähler für seine eigenen Leute – auch das ist zwar eine häufige Erzählsituation, die aber seltener dokumentiert wird. Manuel Gutiérrez Estévez vergleicht das Erzählen von Mythen mit unserem Gebrauch eines Zitatenschatzes, aus dem wir das für die jeweilige Situation Passende auswählen. Dabei kommt es nicht auf eine hypothetische Urform des Mythos an, sondern auf seine Bedeutung im jeweiligen Dialog,[26] in den meisten Fällen mit dem Forscher. Natürlich werden Mythen selten *ad hoc* für den Forscher erfunden (dazu werden sie als Berichte von der Urzeit doch zu ernst genommen), sondern kommen aus dem großen Gesamtzusammenhang einer Mythologie, aber sie erhalten ihre jeweilige Form erst in dem Augenblick, in dem sie erzählt und eventuell aufgezeichnet werden. Gerade deshalb sind sie für die Ethnologie interessant, denn sie sind das, was der Ethnologe von einer Kultur erfahren soll.

Von Fall zu Fall werden Erzählungen an aktuelle Diskussionen angepasst: das bedeutet auch, dass sie vom jeweiligen Erzähler und Zuhörer abhängig sind – oder von der jeweiligen ErzählerIN und ZuhörerIN. Die traditionellen indigenen Gesellschaften sind konsequent arbeitsteilig organisiert, und wenn die heutige Zubereitung eines

---

25 Begriff wohl erstmals bei Weinrich 1973, Lob des Erzählens gleichzeitig bei Metz 1973, bei beiden auf christliche Theologie bezogen. Zu Entsprechendem in jüdischer Theologie Ben-Chorin 1985.

26 Gutiérrez 2001:360–362.

Grundnahrungsmittels Sache der Frauen ist, dann werden wohl eher Frauen sich für Mythen interessieren, die berichten, seit wann diese Nahrung auf eine bestimmte Weise zubereitet wurde. Im Abschnitt 3.6 fasse ich zwei Erzählungen zusammen, in denen eine Herrin der Nutzpflanzen bzw. des Maniok sich mit den Frauen versteht, aber von Jungen geärgert wird, bzw. von ihrem Mann nicht genügend gegen eine Konkurrentin in Schutz genommen wird. Die erstgenannte Mythe wird überwiegend von Frauen erzählt, die zweite überhaupt nur von Frauen. Als ich diese zweite Mythe von einer Frau erzählt bekam, versuchten Männer das durch Gelächter und Grimassen zu sabotieren (gaben aber später zu, dass diese Frau eine exzellente Mythenerzählerin war, wohl auch deshalb, weil sie sich nicht von den Männern beirren ließ).[27]

Bis weit ins 20. Jahrhundert hinein waren die Forscher, die Mythen aufnahmen, Männer, erst recht natürlich die Missionare, denen wir eine große Anzahl von Mythen und sonstigen Informationen über die Kulturen verdanken. Erst seit Mitte des 20. Jahrhunderts sind immer mehr EthnologINNen zu Mythenerzählern und schließlich auch zu ErzählerINNEn gekommen. Die uns bekannten Mythen spiegeln in ihrer Mehrzahl bis heute die männliche Sicht.[28] Weibliche Mythen scheinen (ohne dass ich einen statistischen Gesamtüberblick besäße) die Sexualiät mehr und den Schamanismus weniger zu betonen.

Auch in einer auf einen einzigen Diskussionspunkt hin erzählten einzelnen mythischen Episode schwingt der Zusammenhang des gesamten Mythos mit. Die Verbindung einer Summe von Wissen und Erzählungen, die einen Mythos bilden, und konkreter Anschauung, wie eine Episode sie bietet, nannte Konrad Theodor Preuß eine »komplexe« (entsprechend der in neuerer Psychologie so genannten »ganzheitlichen«) im Unterschied zu einer »analytischen« Anschauung:[29] Dinge werden in in einen Gesamtzusammenhang gestellt, Götter, Geister und Menschen zusammengesehen, gleichzeitig aber auch auf jeweils Aktuelles, oft ganz Alltägliches bezogen. Überhaupt ist es für die Religiosität dieses Raumes typisch, dass viele Glaubensvorstellungen und -praktiken ebenso wie Mythen gleichzeitig ganz verschiedene Verstehenshorizonte abdecken, vom Frühstück bis zu jenseitsbezogener Seinsphilosophie. Das hängt sicherlich auch mit der traditionell und teils bis heute relativ geringen sozialen Schichtung zusammen: Auch der tiefgründigste Seinsphilosoph, auch der immer wieder in andere Welten abhebende Schamane, sie alle sind meist Bauern wie alle anderen, Schamanismus pflegt nur ein Nebenberuf neben der Landwirtschaft zu sein.

1.3 Neue Mythensammlungen und neue Mythen

Die große Bedeutung und Anzahl von Mythen, die in der Forschung zusammengetragen wurde, erklärt sich freilich zu einem Gutteil auch daraus, dass Erzählungen leich-

27 Dazu ausführlicher Münzel 2015b.

28 Bewusst dagegen ist die Mythenrezeption Espírito Santo 2014 konzipiert, die eine auf Mythentexten aus unterschiedlichen Quellen beruhende Sammlung poetisch zu einer weiblichen Gesamtmythe verknüpft.

29 Preuß 1914:11.

ter aufzuzeichnen sind als abstraktere Glaubensinhalte. Letztere sind für den Forscher viel schwieriger erfassbar, schon allein aus sprachlichen Gründen: Oft reichen schon Anfangsgründe der jeweiligen indigenen Sprache, um einer manchmal gar für Kinder erzählten Geschichte zu folgen, während der Austausch abstrakter Inhalte eine viel tiefergehende Sprachbeherrschung voraussetzt. Der Weise, der die tiefsten Inhalte seiner Religion kennt, wird diese oft lieber in Form einer einfachen Erzählung dem nur mäßig sprachkundigen Forscher übermitteln als sich vergeblich daran abzumühen, Abstraktes jemandem zu erklären, der dem kaum gewachsen ist. Mythen sind daher nicht selten relativ einfache Geschichten (wenn auch mit viel Hintersinn) für einen einfachen Verständnishorizont. Allerdings werden mittlerweile religiöse Vorstellungen, vor allem aber Mythen oft von Angehörigen der jeweiligen Sprachgruppe selbst erforscht und publiziert. In den letzten Jahrzehnten hat sich ein neues Literaturgenre von indigenen Mythen entwickelt, die nun nicht mehr mündlich von Indigenen erzählt und schriftlich von nicht-indigenene Forschern aufgezeichnet, sondern schriftlich von Indigenen publiziert werden. Dieses Genre hat schon seit den 1980er Jahren ein beachtliches Volumen erreicht,[30] wurde aber lange kaum beachtet. Der Unterschied zu früheren, ethnologischen Mythensammlungen besteht oft allenfalls darin, dass der erklärende Apparat fehlt. Hinzu kommt eine lebendige Literatur von indigenen Schriftstellern, die teilweise auf mythische Erzählungen zurückgreifen.[31]

Etwas[32] ähnlich wie in Europa, wo Märchen zunächst oft Literatur für Erwachsene waren und dann zur Kinderlektüre wurden (man denke etwa an Rotkäppchen, im 17. Jahrhundert eine Verführungsgeschichte für Erwachsene zwischen Adligem und Mädchen aus dem Volke), werden indigene Mythen heute oft so publiziert, dass sie auch Kinder ansprechen. Das war allerdings auch schon bei einigen alten Mythensammlungen der Fall, so erschien die Mythensammlung von Koch-Grünberg (1920) in einer Sammlung »Die Märchen der Weltliteratur«, die Kinder und Erwachsene gleichermaßen ansprechen sollte. Kommerziell zahlen sich indigene Mythen wohl eher in Kinderbüchern aus, sodass auch Autoren mit Botschaften für Erwachsene unter dem Druck stehen, kindgerecht zu publizieren. Das gilt etwa für Kaká Werá Jecupé, der hauptsächlich Erzählungen aus der Überlieferung von Tupí-Guaraní neu erzählt, aber für Erwachsene unter anderem auch eine poetische portugiesische Teilübersetzung aus dem guaranitischen Ayvu Rapyta publiziert hat (zu der von León Cadogan publizierten guaranitisch-spanischen Erstversion dieser Sammlung von Mythen und heiligen Gesängen mehr im Aufsatz von Chamorro und Combès in diesem Sammel-

30 S. beispielsweise, neben vielen anderen, Armato 1988, Lagório (Hrsg.) 1983. Neuere Publikationen u. a.: Munduruku (2001 und 2014), Dorrico et al. (Hrsg.) 2018 (Analysen).

31 z. B. für Brasilien: Negro (Hrsg.) 2019.

32 Hinweis: In diesem Abschnitt nenne ich eine Reihe von Internetquellen, die oft die einzigen für ein größeres Publikum zugänglichen Stellen sind, an denen manche indigene Autoren gelesen werden können. Die Internetlinks verschwinden allerdings oft rasch wieder. Diese rasch auftauchende Form der Literatur verflüchtigt sich auch rasch wieder. Meist kann aber eine Suche nach den hier angebenenen Namen doch ein Ergebnis bringen. In gewisser Weise wiederholt sich da die Stärke mündlicher Überlieferungen: Das einzelne Wort verschwindet, sobald es in Erscheinung tritt, aber die Gesamterinnerung bleibt lange Zeit.

band).[33] Er hat auch Gedichte auf Guaraní veröffentlicht.[34] Ein typisches Beispiel für Literatur für Kinder, die traditionelle religiöse Inhalte mit aktuellen Themen verknüpft ist ein YouTube-Zeichenkurzfilm des indigenen Schriftstellers Daniel Munduruku, in dem er zur Beachtung der Hygiene-Regeln in der Covid-19-Krise aufruft, das Virus mit Räubern des indigenen Landes gleichsetzt und gleichzeitig erzählt, dass Höhere Wesen seiner indigenen Religion sowohl gegen das Virus als auch gegen Landraub geschützt haben (wobei »indigene« Religion nicht ausschließt, dass auch die Göttin Iara aus afrobrasilianischer Überlieferung in Gestalt einer gütigen Fee auftritt – es geht hier nicht um irgendeine kulturelle Reinheit).[35]

Man könnte gegen dieses Genre einwenden, dass es nicht mehr aus der kollektiven Mitte eines Volks käme, sondern von herausragenden Einzelindividuen. Doch galt dies auch schon für die alten Mythenpublikationen: Nie hat jeder im indigenen Dorf Mythen erzählt, stets waren es nur Einzelne, und stets haben sie ihre eigene Fabulierlust und eigene religiöse Akzente in ihre Texte eingearbeitet. Dass dies für Mythen charakteristisch ist, zeigen die neuen Publikationen nur erneut und deutlicher. Das Ergebnis sind neben gefälligen Geschichten auch atemberaubend tiefschürfende Mythensammlungen, wie beispielweise zwei verwandte aus dem nordwestbrasilianischen Uaupés-Gebiet: Die eine, mit Erzählungen der Desana, (Panlõn/Kenhíri 1980) wurde von dem weisen *kumu* (Spezialist für die religiöse Erziehung Jugendlicher) und politischen Oberhaupt Umúsin Panlõn Kumu und seinem Sohn Tolamãn Kenhíri publiziert; der Vater hatte sie dem Sohn diktiert, der sie auf Desana aufzeichnete und ins Portugiesische übersetzte. Die andere, mit nahverwandten Versionen, wurde von Gabriel dos Santos Gentil, einem *kumu* der Tukano auf Portugiesisch publiziert (Gentil 2000).

Kaká Werá Jekupé unterscheidet zwischen »indigener« und »nativer« Literatur. Erstere wurde von Nicht-Indigenen auf der Basis dessen geschrieben, was sie von Indigenen hörten, während die *literatura nativa* von Indigenen verfasst wurde und von deren Lebenswirklichkeit ausgeht und somit für Jekupé auch dann authentisch ist, wenn sie fiktiv ist.[36]

Mythenerzähler und -erzählerinnen und andere weise Kenner überlieferten Wissens von Geistern, Mythen und Natur werden heute von Indigenen gerne als »Ken-

---

33 2001, zu der Übersetzung und ihrem religiösen Gehalt Quaresma/Leal 2018.

34 etwa https://www.musixmatch.com/de/songtext/Corciolli-feat-Kak%C3%A1-Wer%C3%A1-Jecup%C3%A9-Patr%C3%ADcia-Bastos/Arandu-Ara. Weitere Texte sind nur bei Registrierung bei Internet-Diensten zugänglich.

35 http://institutouka.blogspot.com/2020/09/pela-vida-inteira.html (gesehen 12.9.2020).

36 unter dem Namen Olivio Jekupé: https://www.youtube.com/watch?v=xGXcQ_Bb_7g (gesehen 5.9.2020), Zusammenfassung bei Casemiro (2013:536). Die negative Konnotation des Wortes »indigen« in Jekupés Sicht dürfte damit zusammenhängen, dass es (wie ich in der Einleitung zu diesem Sammelband erwähne) erst in den letzten Jahren häufiger verwendet wird, und zwar geschah dies zuerst im Umkreis von außerbrasilianisch finanzierten Hilfsprojekten. Eine Liste indigener (im positiven Sinn) Publikationen in Brasilien (Fiktion und Wissenschaft): https://pt.wikibooks.org/wiki/Bibliografia_das_publica%C3%A7%C3%B5es_ind%C3%ADgenas_do_Brasil/Lista_Geral_de_Publica%C3%A7%C3%B5es_(ordenada_pelo_nome_do_autor) (gesehen 6.9.2020).

ner« (portugiesisch *conhecedores*) zusammen genannt. »Wenn du den Kenner nicht achtest, achtest du sein Territorium nicht; wenn du den Kenner nicht konsultierst, kannst du mit seinen Hilfsmitteln und mit der Natur nicht umgehen«[37] ist im Ergebnis ein Bekenntnis zu den Lehren der überlieferten eigenen Religion, auch wenn das nicht als Gegensatz zur christlichen Missison gesehen und formuliert wird.

Neben neuen Sammlungen traditioneller Mythen werden auch neue Bilder entwickelt. Der gerade erwähnte Gabriel dos Santos Gentil etwa, der zunächst die traditionelle Schöpfungsmythe seines Volkes, der Tukano und danach noch ein gleichsam ethnologisches Werk über seine alte Kultur publizierte (Gentil 2005), entwickelte das dann weiter, indem er einen neuen Kalender auf der Basis der Tukano-Tradition aufstellte.[38] Indigene Kalender mit Angabe von Jahreszeiten und entsprechenden agrarischen und andern Aktivitäten sind mittlerweile ein wichtiges Instrument nicht nur für die Erinnerung an nachhaltige Formen der Nutzung der Natur, sondern über Hinweise auf Höhere Wesen, die in der Natur wirken, auch für die Bewahrung religiöser Vorstellungen. So wird etwa im *Calendário anual tuyuka* unter anderem zwischen acht Jahreszeiten, dreizehn jahreszeitlichen Überschwemmungen, Blütezeiten verschiedener fruchttragender Bäume unterschieden, dabei auch die Zeit der Ei-Ablage der Schildkröten (die in diesem Aufsatz in der Eingangserzählung eine Rolle spielt), und den wichtigsten Ritualen.[39]

1.4 Indigene Traditionen als Gleiche neben Christentum und Wissenschaft

Seit Jahrhunderten beeinflusst das Christentum indigene Religionen, teils verschmilzt es mit ihnen. Doch dies ist nicht das Thema dieses Aufsatzes. Hier aber erwähne ich neuere Auseinandersetzungen indigener Intellektueller mit Christentum und Wissenschaft. Einige sehen indigene Mythen und christlichen Schöpfungsbericht als inhaltlich letztlich gleich, weisen dabei aber auch auf Unterschiede hin. Für Margarida Brasil etwa, eine Pira-Tapuya, besteht die kleine Differenz nur darin, dass der Großvater des Universums die Welt mittels *benzimento* (Segnung, auch durch

---

37 So etwa Edgar Lima vom Alto Rio Tiqué 2018: https://medium.com/@socioambiental/s%C3%A3o-os-mais-velhos-que-ensinam-como-viver-em-nosso-territ%C3%B3rio-4345552e469c (gesehen 5.9.2020).

38 In einer früheren Publikation habe ich einen Link zu einer Seite angegeben (Gentil 2003, auf der Webseite einer Universität, zit. Münzel 2016:33–34), auf der Gentil seine Kombination von New Age und Inka-Kalender vorstellte. Dieser Link ist mittlerweile tot. Gentils Kalender ist nur noch schwer zugänglich. Im Internet einigermaßen sichtbar in: https://twitter.com/casamanacapuru/status/1108813592340631552 und http://climacom.mudancasclimaticas.net.br/sob-os-ceus-da-astronomia/. Weiterentwicklungen auch ohne Gentil: https://medium.com/@socioambiental/s%C3%A3o-os-mais-velhos-que-ensinam-como-viver-em-nosso-territ%C3%B3rio-4345552e469c – dort »Imagens do ciclo anual (alles gesehen 9.9.2020).

39 https://indigenasbrasileiros.blogspot.com/2019/?m=0, dort nach unten scrollen (gesehen 5.9.2020), eine Gemeinschaftsarbeit von Tuyuca und Anthropologen. Eine andere Version, von einem Kollektiv junger Tuyuca gezeichnet, zeigt den Ritualzyklus, in: Cabalzar 2010:21.

Zaubersprüche) erschuf. Aluízio Yu'puri Tukano hebt die nicht-europäische Überlieferung hervor, dass »wir von Anfang an in verschiedene Gesellschaften getrennt waren, in Ethnien«, was tatsächlich ein Hauptthema der Schöpfungsgeschichte der Tukano ist. Lucinéia Matos, eine Tariana beschreibt den Unterschied so:

> Die Bibel sagt, dass Gott den Himmel und die Erde und alles, was es in ihr gibt, in sechs Tagen erschuf und dass er am siebten Tagen ausruhte. Mein Vater hat gesagt, dass der Herr des Universums die Welt nur durch *benzimento* erschuf, das heißt, mit der Macht des Denkens: Er segnete [*benzia*, hier auch mit der Bedeutung: Er sagte das Wort, den Segensspruch], und die Dinge entstanden gemäß seiner Vorstellung, wobei er alles einsetzte, was er in seinem Körper hatte, wie Federschmuck, Ipadu [das Entheogen Koka], Zigarre [zum Rauchen von Tabak vermischt mit anderen, entheogenen Stoffen], Spucke, insgesamt auch sechs Dinge. Die christliche Kosmologie ist nur die Kurzfassung von all dem, während die indigene Kosmologie eine detailliertere Erklärung sucht. Beide Systeme sind also kompatibel.

Ein studentisches Kollektiv aus der Uaupés-Region setzt sich mit der Beziehung Wissenschaft – indigene Mythologie auseinander:

> Die wissenschaftliche Theorie beruht auf den Beweisen und behauptet, dass das vor Billionen Jahren geschehen ist. Und diese Theorie lässt keinen Platz für die mythischen Wesen. Die indigene Theorie hingegen beruht auf dem Glauben, demzufolge die Gottheiten , die das Universum erschufen, die Hauptakteure der Schöpfung sind. Es gibt also einen großen Unterschied zwischen der wissenschaftlichen Theorie und der indigenen Theorie, doch was bestimmte Momente der Evolution in der wissenschaftlichen Theorie angeht, gibt es eine Kompatibilität. [...] In der wissenschaftlichen Evolutionstheorie, gelangten die Wesen vom Wasser aufs Land, und die natürliche Selektion trifft sich mit unserem Boot der Verwandlung, denn die ersten Fischmenschen haben verschiedene Schwierigkeiten und Hindernisse überwunden und sind sogar in die Gefahr geraten, auszusterben. [...] Gemäß der indigenen [Tukano- und Desana-] Kosmologie wurde das Universum von den Gottheiten Umukho Ñehku, Ba'sebo und Buhpo Mahkõ erschaffen. Auch gab es vier Inhambús [Steißhühner], die sich in die vier Schalen voller Erde verwandelten, die aus den vier Ecken der Welt kamen. Sie brachten die Schalen und schütteten die Erde auf eine Matte aus Tururi-Faser [von der Palme Manicaria *Manicaria saccifera*] aus, die der Gott Ba'sebo im Weltraum aufgespannt hatte. Dadurch verbreitete sich die Erde überallhin. Diesem Moment entspricht in der wissenschaftlichen Theorie der *Big Bang* [...] So wie es Unterschiede zwischen den Welterklärungen der Tuyuka, Desana, Tariana und Kubeo gibt, zeigt auch die wissenschaftliche Erklärung ihre Differenz. Aber im Grunde sagen alle das Gleiche.[40]

Dies sind individuelle Interpretationen, und, wie gesagt, sind im Grunde überhaupt die meisten Aussagen, die wir über indigene Religionen in unserem Raum kennen, individuell, aber doch meist repräsentativ für bestimmte Grundgedanken. Im hier zitierten Beispiel stammen sie aus der Uaupés-Region, die seit Ende des 19. Jahrhunderts christianisiert wurde, und wo die Einrichtung von Schulen durch Missionare (verschiedener Konfessionen) zu einer höheren durchschnittlichen Schulbildung als in vielen nicht-indigenen ländlichen Gebieten Brasiliens geführt hat. Auffällig an den zitierten Aussagen ist, dass sie die Rolle der weiblichen Schöpfergottheit, die nach anderen Berichten aus der gleichen Region (so den schon er-

40 Tagung »Der Ursprung der Welt« in Taracuá (Amazonas, Brasilien) September 2008 mit indigenen Lehrern und Studenten und zwei nicht-indigenen Anthropologen. Zusammenfassung durch diese, Santos/Dias 2009:150–153, Zitate S. 151, 152.

wähnten Gentil 2000 und Panlõn Kenhíri 1980) am Anfang von allem aus dem Nichts enstand, nicht erwähnt wird. Könnte hier eine missionarische Betonung des männlichen Schöpfergottes wirksam geworden sein? Oder geht es nur darum, die indigene Kosmologie für Gläubige verständlich zu machen, die an einen männlichen Schöpfergott glauben? Weitere Unterschiede betreffen lediglich die Namen der genannten Gottheiten und dürften aus regionalen Sprachvarianten kommen.

2 Bedeutungsvolle Gegenstände

In dem eben zitierten Mythenresumée verwandelten sich Steißhühner in Schalen, voller Erde, die auf eine Matte aus Palmfasern ausgeschüttet wurden. Die Gegenstände scheinen dabei, wie aus anderen Versionen erhellt, selbst aktiv teilgenommen zu haben. Neben den Mythen, in denen von Gegenständen die Rede ist, sind Gegenstände selbst eine andere wichtige Quelle der Überlieferung, doch für uns sind das meist nur stumme Objekte. Und so wie Künstler oder Künstlerinnen ihre Werke oft nicht mit Worten erklären mögen, so lässt sich die Bedeutung von Objekten nicht immer in verwendbare Sätze fassen.

Die spirituelle Bedeutung von Gebrauchsgegenständen erhellt unter anderem aus mehreren mythischen oder episodischen Aussagen von Tacana. Diese besagen einerseits, dass vor einer großen Sintflut Waffen und andere Gebrauchsgegenstände sich erhoben und die Menschen auffraßen. Andererseits erzählen sie von Revolten der Gegenstände so, dass sie wohl auch in der Jetztzeit geschehen sein können. In einer solchen Erzählung

> ... unterhielten sich zwei Körbe. Der eine sagte: »Die Menschen bewahren in uns ihre Sachen auf. Wir müssen diese hüten.« Der andere Korb meinte: »Die Menschen gehen aber schlecht mit uns um. [...] Die Tiere treten auf uns herum, die Schweine und die Hunde. Dann werfen sie uns in das Feuer und verbrennen uns.«

Der unzufriedene Korb überzeugt die anderen, und alle Körbe entleeren auf den Boden des Hauses, was die Menschen in ihnen aufbewahrten, und verstecken sich im Wald. Von dort hören sie, wie die Hausfrau ob der entstandenen Unordnung verzweifelt. Die Körbe in ihrem Versteck freuen sich: »›Sie weiß nicht, wohin sie ihre ganzen Sachen tun soll.‹ Dann lachten sie«. Doch als die Frau mutmaßt, ein Dieb habe die Körbe gestohlen, kehren diese zurück und erklären, dass ihnen die schlechte Behandlung nicht gefällt. Die Erzählung, meint Karin Hissink, die sie aufgezeichnet hat, steht vielleicht in Zusammenhang mit einer Gefäßmalerei aus der alt-peruanischen Moche-Kultur (100 v. – 800 n. Chr.) , die als Aufstand der Gegenstände gedeutet wurde.[41] Es könnte sich also um ein sehr altes, über die Grenzen des Amazonasgebietes hinaus verbreitetes Mythenmotiv handeln.

In solchen Erzählungen haben Gegenstände ein Eigenleben. Sie sprechen und denken, ob dies nun nur in der Frühzeit so war oder bis heute für den, der sie zu hören

41 Hissink/Hahn 1961:40, 367; Hissink 1955. Jene Kultur wird dort »Mochica« genannt.

versteht. Früher zumindest »waren die Tongefäße und andere Gegenstände wie Menschen. Sie sprachen und besuchten sich gegenseitig, tanzten und bereiteten Maisbier.«[42] Das erinnert etwas an das »Als die Tiere noch sprechen konnten« unserer Märchen. Dass Tiere sprechen können, wird zwar niemanden, der mit Tieren umgeht, völlig überraschen, wenn wir nur »sprechen« weit fassen. Aber nun sind es hier eben nicht bloß Tiere, die sprechen, sondern auch solche Wesen, die wir als »tote« Gegenstände ansehen. Wir kennen das als häufiges literarisches Motiv (Goethes Zauberlehrling), doch sind es in den Erzählungen aus dem Amazonasgebiet keine nur unglücklicherweise zum Leben erweckten Objekte, die eigentlich stillhalten sollten, sondern uns treten selbstbewusste Dinge entgegen, die (in der Mythologie der Tacana) in einer mythischen Vergangenheit gefräßige Bestien waren, in Erzählungen aus der Nach-Sintflutzeit aber verständig und hilfsbereit sind. Nicht nur Tiere, Pflanzen, meteoreologische Phänomene und Anderwelt-Geister sehen sich selbst als menschlich (uns hingegen nicht oder nicht unbedingt), sondern auch die Objekte. Dem liegt heute ein historischer Bruch zwischen der einstigen friedlichen Einheit all dieser Wesen zugrunde, und nurmehr Schamanen können den gemeinsamen Ursprung und die gleiche Essenz erkennen.[43]

Wir können die Objekte oft erst dann sprechen hören, wenn indigene Zeichner für uns mythische Inhalte darstellen. Die Zeichnungen des Künstlers Feliciano Lana zeigen die Schöpfungsgeschichte seines Volkes, der Desana. In ihr spielen Gegenstände eine bewegende und bewegte Rolle: »Die Dinge, fest umrissene Körper, Gegenstände, mit ihrer physikalischen Struktur und ihrer Permanenz« bilden »ein Gegengewicht zur diffusen, weniger eindeutigen und festgelegten Welt der auf der Grundlage des gesprochenen Wortes beruhenden indianischen Überlieferung«.

> So erscheint der Großvater der Welt nur kurz als menschliches Wesen; über die Zwischenform der Zigarre in Zigarrenhalter und Ipadu[Koka]-Schale auf einem Topfhalter schlüpft er in den Körper des Bootes, das von da an Boot der Verwandlung heißt [...]. Auch das *Caapi* [Ayahuasca, ein Visionen förderndes Mittel]-Kind entledigt sich schon kurz nach seiner Geburt seines kindlichen Körpers [...], verwandelt sich von einem farbigen Muster in die Heiligen Flöten und deren Klang.[44]

Frauen dürfen die heiligen Flöten, die in einigen Kulturen der Region im Mittelpunkt des Kultus der Männer stehen, gewöhnlich nicht sehen. Doch hören können sie sie sehr wohl, und bei den Nadöb am Rio Uneiuxi beurteilten sie das Flötenspiel, das vom Waldrand erklang, nach seiner Qualität. Bewunderung und Spott lagen da nah beieinander und waren nicht von allgemeinen Ansichten über die jeweiligen Flötenspieler zu trennen. Von heiligem Schauder habe ich nichts bemerkt, wohl aber von souverän-kritischer Musikkenntnis und auch Musikbegeisterung.[45]

---

42 Hissink 1955:75.

43 Landolt 2005:13–14.

44 Suhrbier 1997:27,37.

45 Zu den heiligen Flöten bspw. Camargo Piedade 2004; auf deutsch Ptak-Wiesauer 1989 (die die Flöten als Macht-, wenn nicht Unterdrückungsinstrumente der Männer sieht) und Prinz 2002 (die dem widerspricht, da die Frauen durchaus souverän mit der Musik der Männer umgehen).

3 Das Nichts, höchstes Wissen, höchste Wesen

3.1 Creatio ex nihilo

An den Anfang der Schöpfung setzen einige südamerikanische Mythen das Nichts. Ein als literarischer Text besonders schönes Beispiel hierfür ist die Mythe von der Entstehung der Welt, die Rigasedye vom Volk der Witoto 1914 dem Ethnologen Konrad Theodor Preuss diktierte. Mit der Rhetorik eines philosophischen Traktats fragte er: »Was war nicht da?« und meinte damit »nichts war da«, um dann in immer neuen Bildern den Begriff des Nichts zu erläutern. Im Nichts hielt der »Vater, der ein Trugbild hat oder ist« die Illusion

> an einem Traumfaden mit dem Hauche. Er prüfte, wo der Grund des leeren Trugbildes sei, es war aber nichts da: »Leeres knüpfe ich an.« Nichts war dabei vorhanden« [... Er] tastete nach dem leeren Scheinsitz. Am Traumfaden knüpfte der Vater das Leere an.[46]

Zentral ist hier der Begriff *naino*, den der Forscher damals mit »Scheinbild«, »Trugbild«, »Scheingebilde«, »Traumbild« übersetzte, und den wir heute auch mit »Vision« übersetzen könnten, da er im Zusammenhang eines visionären Schamanismus steht. Das sich selbst aus seiner Vision erschaffende Wesen erträumt die Realität. Dazu denkt es sich die Schöpfungsgeschichte aus, damit sie erzählt werden kann, genauer gesagt, ist er selbst die Schöpfungsgeschichte (fasst Sol Montoya ihre genaue Lektüre des alten mythischen Textes zusammen):

> Der Vater denkt sich die Schöpfungsgeschichte aus, damit sie erzählt werden kann. Doch wird die Geschichte nicht als etwas der Existenz des Vaters Äußerliches geschaffen. Er ist selbst die Geschichte, der Schöpfer identisch mit dem Erschaffenen.[47]

Sechzig Jahre nach Rigasedye dachte sich Félix Kuégajima den Schöpfer seiner Witoto-Welt als ein denkendes und sprechendes Herz:

> Am Anfang gab es hier nichts. Unser Vater, der uns erschuf, hatte keine Extremitäten, ermangelte der Glieder. Er war nur ein Herz: Das Herz, das spricht. [...] Er dachte darüber nach, wie er die Schöpfung erschaffen könnte, deshalb forschte er darüber nach, wie er selbst entstanden war. Das einsame Herz begann zu sprechen [...]. Mit den Worten dieses guten Herzens wurden wir erschaffen.[48]

Zum Verständnis der Bedeutung des Herzens ist hier zu wissen wichtig, dass es überhaupt oft als zentrales Organ gesehen wird. In der Körperauffassung der Candoshi (bei denen das am eingehendsten Untersucht wurde, aber es gilt wohl auch für andere) gilt das Herz »als die Mitte des Organismus, von der aus sich der Prozess der Fötus-Entwicklung des Embryos entfaltet«.[49]

---

46 Preuss 1921:166–167. S. auch ebd. 734: Suchwörter *naino* und *Nainuema*.

47 Montoya 1994:31.

48 *apud* Urbina 2010:57.

49 Surrallés 2009: 95.

In noch einer anderen Version der Witoto, aus den Jahren 1983–1986, wird zwar auch das Nichts als Anfang genannt, dann aber ein anderer Akzent gesetzt, nämlich noch stärker auf die Wirkung des Wortes:

> Am Anfang war alles nichts. Es gab einen Geist namens Nofudeema (Höchster Geist). Die Stimme dieses Geistes sagte, viele Dinge würden geboren werden, wie: Menschen, Tiere. Pflanzen und Vögel. Diese Stimme sprach immer davon, dass sie eine Schöpfung entwickelte. Mit den Jahren sollte alles so geboren werden, wie der Geist es vorausgesagt hatte.[50]

Ayvu Rapyta, eine mythopoetische Textsammlung der Mbyá in Paraguay aus den 1940er Jahren, beginnt etwas ähnlich wie jener Text der Witoto von dem sich selbst ausdenkenden ersten Vater (und auch hier erscheint das Herz ganz zu Beginn):

> Unser allerletzter-erster Vater erschuf seinen eigenen Körper aus der ursprünglichen Finsternis [...] Er existierte aus dem Widerschein seines eigenen Herzens und ließ sich das Wissen, dass in seiner eigenen Göttlichkeit enthalten war, als Sonne dienen.

Drei Mythenkundige, Guyrapaijú, Tupãjú und Joguyrovyjú vom Volk der Ñandeva, diktierten 1913 dem Forscher Curt Nimuendajú den mythischen Text »Anfang« in die Feder. Der Anfang der Geschichte der Menschheit begann hier so: »Ñanderuvuçú [Unser Großer Vater] kam allein, inmitten der Finsternis entdeckte er sich allein.« Das vom Forscher mit »entdeckte er sich« übersetzte Wort bedeutet, wörtlich übersetzt, »wusste, erfuhr er sich«[51] (mehr zu den Überlieferungen der Guaraní-Gruppen Mbyá und Ñandeva und zu den hier zitierten Texten im Aufsatz von Chamorro und Combès in diesem Sammelband).

Carlos und Uldarico Matapí schrieben 1997 in einem Buch über die Geschichte ihres Volkes, der Matapí: ihr erster »Stammesältester«

> Camarí erschuf sich selbst dank seines großen Wissens an einem Ort, der Yuinata heißt. Nachdem er in Yuinata seinen Fuß auf die Erde gesetzt hatte, betrachtete er die Natur und alles, was auf der Erde ist, und er dachte nach, um eine gute Entscheidung zu treffen. Da er ein großer spiritueller Zauberer war, MAICHU in unserer Sprache, musste er die richtigen Entscheidungen für die Zukunft treffen. Da er sich selbst erschaffen hatte, war er etwas verwirrt und verängstigt. Auf der Suche nach einer Lösung für die Seinen begann er zu meditieren; dank seiner großen Kenntnisse sah er etwas Gutes an diesem Ort [...]; er konzentrierte sich auf das, was jenseits alles Sichtbaren lag, und es gelang ihm, die Maloca [Wohnsitz einer indigenen Wohngemeinschaft] zu sehen.[52]

Doch muss ich immer wieder daran erinnern, dass wir keine geschlossene Linie finden, sondern ein Kaleidoskop. Für viele Mythenerzähler, so bei den Secoya, »erfolgt die Schöpfung nicht aus dem Nichts, sondern eher auf der Grundlage von Prä-Existentem«, zum Beispiel entstehen bestimmte Tiere aus Individuen heraus, oder die Erde bildet sich aus einer Handvoll Lehm. Das Schöpferwesen bewirkt eher eine »Gestaltung der Welt«.[53]

---

50 Tagliani 1992:183. Die Einfügung in Klammern stammt wohl vom Herausgeber.

51 Mbyá-Texte: Cadogan 1992, Notas Cap. I und Cap. I (I) und 1 (VI). Ñandéva-Text: Nimuendajú 1914:285,393.

52 übersetzt zitiert durch Robayo 2007:149–150.

53 Cipolletti 1988:76.

3.2 Das höchste Wissen, Raum und Zeit

In einem oben zitierten Text sprechen Matapí von dem »Wissen«, aus dem heraus das Schöpferwesens seine Schöpfung beginnt. Bei den Kamaiurá in der Alto Xingu-Region erklärte der Schamane Arru, was im Himmel jenseits des Himmels vorhanden ist: kein menschengestaltiges Wesen, das alles weiß, sondern »das gesamte Wissen von allem«, also eine abstrakte Summe. Quer durch Amazonien und Guayana werden Sitze in Gestalt eines doppelköpfigen Vogels geschnitzt (manchmal auch als doppelköpfige Schlange gedeutet), oft Zeremonialsitze von Schamanen oder Häuptlingen. Die Kamaiurá bezeichnen den Vogel als Harpyie und stellen den Herrn oder die Herrin des Himmels dar, mit den zwei Köpfen »Wo?« und »Wann?« (siehe Umschlagbild). Die Frage als eine rhetorische Form lernten wir schon in der Schöpfungsmythe der Witoto kennen. Hier ist es die Unterscheidung der zwei Dimensionen Raum und Zeit, die in Frageform gekleidet ist. Der Himmelsvogel ist wohl dieses »gesamte Wissen von allem«, das der Schamane Arru im höchsten Himmel lokalisiert. Es wird in Worten als Alleswissen charakterisiert, bildlich und damit etwas konkreter als doppelköpfig mit je einem Kopf pro Dimension. Doch ist generell bei bildlichen Darstellungen im östlichen Südamerika zu beachten, dass es keinen fixierten Code gibt, der einem Bild immer die gleiche Bedeutung gäbe. Das doppelköpfige Wesen kann so interpretiert werden wie ich es hier wiedergebe, ein andermal aber auch anders. Unsere Suche nach festen Bildern ist hier sinnlos, kann aber zu Auskünften in jeweiligen Zusammenhängen führen.[54]

In einer mythischen Erzählung der Kamaiurá steigt ein Krieger namens Autará in den Himmel empor und räumt dort unter den Geistern auf.

> Er sah, wie die kleinen Vögelchen die Mamaé [Geister] töteten und dann dem Herrn des Himmels brachten. Er sah, wie der Herr des Himmels die Mamaé auffraß, so daß nichts mehr, gar nichts mehr von den Mamaé übrigblieb. »Ich will ihn töten!« – »Wenn du ihn tötest, wird der Himmel zusammenstürzen, denn er ist der Herr des Himmels.« Da kehrte Autará nach Hause zurück.«

Auch im höchsten Himmel der in der gleichen Region beheimateten Waujá sitzt eine Harpyie, und zwar hält sie sich mit ihren Krallen auf dem Dach ihres Hauses fest. Auch hier darf der Himmelsvogel nicht getötet werden, denn sonst würde der Himmel herabstürzen und alles töten. Zwischen dem Himmel direkt über uns und dem darüber liegenden höchsten Himmel fliegen doppelköpfige Aasgeier hin und her. Im ersten Him-

---

54 Gespräch mit kundigem Schamanen: Villas Bôas 2000: 90. Autor des Buches ist Orlando Villas Bôas, doch geht aus dem Gesamtzusammenhang hervor, dass sein Bruder Cláudio der Gesprächspartner des Schamanen war. Villas Bôas schreibt nicht, dass der Schamane ein Kamaiurá war, doch hat ein Schamane der Kamaiurá mir 1968 berichtet, dass er und sein Vater die Gesprächspartner von Cláudio Villas Bôas zu dem Thema waren, auch gibt Villas Bôas das Gespräch in der Kamaiurá-Sprache wieder. Er übersetzt den Kamaiurá-Begriff ins Portugiesische mit *sabedoria* (Weisheit, Wissen), ich übersetze ihn hier aus dem Kamaiurá. Bedeutung der zwei Köpfe: Auskunft der Herren Marua* und Makur* (aus religiösen Gründen der Kamaiurá darf ich Namen Verstorbener nicht vollständig nennen, sofern sie nicht schon anderweitig genannt wurden) 1967 und 1989.

mel (von uns aus gesehen) jagen sie Totenseelen, die sie dem Himmelsherrn bringen, der sie im zweiten Himmel endgültig frisst.[55] Mag dieses Wesen den Totenseelen auch zum Verhängnis werden, so leuchtet doch ein, dass es nicht getötet werden darf, Raum und Zeit müssen erhalten bleiben, sonst bliebe nur das Nichts. Hier scheint eine Weltvorstellung auf, die teils abstrakt (als Fragen nach Raum und Zeit) formuliert, teils in Bildern vorgestellt wird. Bilder verweisen zumindest manchmal auf etwas letztlich Unsichtbares, nicht Darstellbares. Würde dieses vernichtet, wären wir wieder vor dem Anfang vor der Zeit, im Nichts, aus dem ein Wesen sich erst wieder herausarbeiten müsste.

3.3 Das höchste Wesen

Die Vergangenheit ist nie tot, sie ist nicht einmal vergangen« (William Faulkner, *Requiem for a Nun* [1951] 1991: 1. Akt, 3. Szene, S. 106).

Das Zitat, das ich hier an den Anfang stelle, hat natürlich nichts mit südamerikanischen Göttern oder Geistern zu tun. Aber William Faulkners Text dreht sich darum, dass wir weder die Vergangenheit, noch die Erinnerung an sie, noch Schuld oder Verdienst auslöschen können, die wir aus ihr ererbt haben, und das ist auch der Sinn vieler indigener Mythen. Das höchste Wesen, das einst die Welt gestaltete, ist längst fortgegangen, aber wir kommen von seinem Werk nicht los. Sollte es einen Höchsten Gott geben, dann ist er hier zwar ein *Deus otiosus*, der in der Urzeit aktiv war, sich dann aber in die Ferne zurückzog und nun nicht mehr in die Welt eingreift – so zumindest könnte ein westlicher Forscher die indigenen Angaben in seine moderne Sicht übersetzen. Doch wäre das eben eine moderne Übersetzung, die nicht berücksichtigen würde, dass die Vergangenheit in der Sicht vieler Kulturen nicht vergangen, sondern nur anderswo Gegenwart ist. Wir sahen eben am Beispiel der Harpyie im Himmel der Alto Xingú-Region, dass sie keineswegs nur eine Anekdote aus der Urzeit ist, sondern weiterhin lebenswichtig für die Menschen, auch ohne in deren Leben direkt einzugreifen. Raum und Zeit greifen nicht ein, sondern sind vor uns und um uns herum da.

Jedoch, in Ritualen nicht angerufen – gibt es ein Höchstes Wesen überhaupt? Nicht immer auszuschließen ist, dass es hineingefragt wurde, etwa von Missionaren, die nach einem Ansatzpunkt suchten, um ihre Mission zu beginnen. Forschende Missionare der von Pater Wilhelm Schmidt begründeten Wiener Schule der Völkerkunde hatten mit ihrem Interesse und auch ihrer Sympathie für indigene Religionen und Menschen große Verdienste um die Religionsforschung, doch mit ihren hartnäckigen Fragen nach dem einen Urgott, den sie bis in die 1950er Jahre überall in vermeintlich ältesten Überlieferungen suchten, haben sie den Hochgott wissenschaftlich so sehr in Misskredit gebracht, dass er sich davon nur mühsam erholt. Seit den 1980er Jahren wird er in der Forschung kaum noch erwähnt. Doch muss ein Paradigmenwechsel in der Forschung nicht heißen, dass auch die Indigenen ihren Ansatz gewechselt haben. María Susana Cipolletti[56] fasst die jahrzehntelange Diskussion 2019 so zusammen,

55 Kamaiurá: Münzel 1973:278. Waujá: Barcelos 2002:141–142, Abb. 46.
56 2019:61–62.

dass heute längst nicht mehr nach einer Urform aller Religion in Gestalt des Glaubens an ein Höchstes Wesen gesucht wird, dass ein solches Wesen sich aber in südamerikanischen indigenen Glaubensvorstellungen durchaus findet (hierzu auch der Aufsatz von José Braunstein in diesem Sammelband zu Religionen im Gran Chaco, wo der Autor Ansätze eines Hochgottglaubens findet).

Das in Guayana bei Völkern der Carib-Sprachfamilie weithin verbreitete höchste Wesen Purá wird meist als eine Art Hochgott interpretiert. Bei den Piaroa lässt sich an Puru bei genauerem Hinsehen nichts Männliches oder Weibliches erkennen. Die nach seinem Aussehen Gefragten zeigten in die Luft, wo NICHTS zu sehen war. Es wirkt durch Wind, Feuer, Wasser, Erdbeben, im Wachstum der Vegetation. Das sind Emanationen des Unsichtbaren, die auch in Form von kleinen Tonfiguren dargestellt werden, während man sich vom Unsichtbaren selbst kein Bild macht.[57] Es ist eine Interpretationsfrage, ob man hier einen unsichtbaren Hochgott oder das oben schon als Ursprung genannte NICHTS sehen möchte.

Bei den Karajá ist die Rede von einem Schöpferwesen, das »nicht geboren wurde«, »weder Vater noch Mutter noch irgendeinen Gefährten hatte« – Doch wer hier den christlichen Schöpfergott wähnen sollte, wird möglicherweise gleich durch die abstrakte Darstellung im nächsten Satz enttäuscht: »Er hatte nicht einmal einen Körper wie wir, denn er war gewiss wie ein guter Gedanke.« Hier mag es zwar Entsprechungen in Richtungen christlicher Theologie geben, die von der Unbeschreibbarkeit Gottes sprechen, doch ist es unwahrscheinlich, dass eine solche doch eher akademische Theologie mit Missionaren in den Busch gekommen sein sollte. In einem weiteren Schritt allerdings nimmt der Schöpfer menschliche Gestalt an (darin nicht unähnlich dem christlichen Gott, jedoch ...) und heiratet alsbald. Dafür muss er zuerst die Eltern der Braut um Erlaubnis fragen, und während der Vater nichts dagegen hat, setzt die Mutter den Bewerber herab, wie dies dem Ablauf der ritualisierten Brautwerbung der Karajá entspricht: Ihre Tochter, sagt sie scheinbar wütend, »ist aus guter Familie [...] und besitzt viele Qualitäten. Und Sie, niemand weiß, wer Sie sind, na so was, Sie haben nicht einmal eine Mutter!« Der Vater wirft jedoch zugunsten des Bewerbers ein, dass er »Zauber wie sonst keiner machen kann«.[58] Wieder lässt sich im Argument der Mutter eine gewisse Ähnlichkeit zu einer christlichen Theologie finden, hier der sogenannten Negativen, insofern der Schöpfer im Unterscheid zu seiner menschlichen Braut keine »Qualitäten« besitzt, also nicht in menschlichen Begriffen beschrieben werden kann.

Nicht selten ist der Hochgott (wenn es ihn denn doch zu geben scheint) die gewöhnlich männliche Sonne, doch bei den Pumé hat ein weibliches Wesen, manchmal auch als »Göttin der Wasser« bezeichnet, Himmel, Erde und die beseelten Wesen erschaffen. Ältere Forschung vermutete in dieser Frau eine Mondgöttin, was heute nicht mehr so klar gesagt wird.[59] In anderen Fällen könnte es sein, dass westliche Forscher einfach vorausgesetzt haben, dass das Höchste Wesen männlich

57 Walde-Waldegg 1936:41.

58 Zitate Peret 1979:15.

59 Schöpferin Kumañí: Orobitg 2018. India Rosa, Göttin der Wasser: Colmenares 2016:147,244. Mondbeziehung bei Kirchhoff 1963:462.

sein müsse. So wird etwa in den Tupí-Guaraní- und karibischen Sprachfamilien kein grammatisches Geschlecht unterschieden, sodass es leicht zu Fehldeutungen kommen kann, zumal wenn ein Forscher von vorneherein dazu neigt, ein Höchstes Wesen als männlich zu verstehen (auch wenn natürlich alle Sprachen eigene Wörter für geschlechtsspezifische Begriffe wie Mann und Frau und die Möglichkeit bieten, durch Zusätze zu einem Wort das Geschlecht zu präzisieren).

Freilich sind solche Höchste Wesen selten lange allein: Ihnen tritt eine Ergänzung entgegen, die bisweilen eine Emanation oder Schöpfung des Schöpferwesens selbst ist: eine Frau oder ein Gegner. In der schon erwähnten Version der Witoto aus den Jahren 1983–1986 suchte sich der anfangs im Nichts einzig existierende höchsten Geist alsbald das andere Geschlecht:

> Dem Geist fehlte eine Kraft, eine Hilfe, so suchte er eine Gefährtin, um den [indigenen] Stamm zu bilden. Diese Frau war besonders, Jebuchariño (Mutter aller lebenden Wesen), die holte er, damit sie seine Frau werde. Als sie sich zusammenlegten, erwartete sie das Wort des Mannes. Der Mann sagte ihr, dass es eine Schöpfung geben werde. Er wusste, dass es Essen geben werde, dass Menschen geboren würden, da begann die Frau ihn zu bitten, ihr zu sagen, welche Frucht er ihr geben wolle.

Sie zweifelte aber daran, dass er Nahrung herbeischaffen könne, und zog es vor, selber zu arbeiten. Ständig am Wort ihres Mannes zweifelnd, gebar sie Arbeitswerkzeuge.[60] In der Ursprungsmythe der Ñandeva (aus der ich oben schon zitierte, und die Graciela Chamorro und Isabelle Combès in diesem Sammelband zusammenfassen) zweifelt die Frau an der Fähigkeit des Schöpfers, Mais ohne Arbeit in Minutenschnelle wachsen zu lassen, und darüber kommt es zu einem tragischen Ehestreit. Die Frau erscheint in solchen Mythen als die vernünftigere, realistischere, die deshalb die schamanische Fähigkeit des Mannes nicht zu schätzen weiss. Bei solchen Episoden dürfen wir nicht vergessen, dass sie von Männern, oft von Schamanen erzählt wurden, deren Zuhörer Männer, nämlich Forscher waren. Unter Männern wird hier über die Unbedarftheit der Frau gelästert, die zwar Sinn für reale Arbeit auf dem Feld hat, nicht aber für Wunder. Ich erwähnte schon die Frau, um deren Hand der Schöpfer in der Mythologie der Karajá anhielt, übrigens erfolgreich. Sie verlangte dann von ihm, dass er das wahre Licht holen gehe, auf der Welt sei es zu dunkel. Der Schöpfer zog also los und kämpfte mit den Aasgeiern, die das wahre Licht besaßen. Dafür allerdings verbrachte er so viel Zeit außer Haus, dass seine Frau sich einen jüngeren, hübscheren und weniger aushäusigen Gemahl suchte.[61]

3.4 Alles durchdringende Prinzipien und Kräfte, teils freundlich, teils feindlich

Eine Emanation des Schöpferwesens oder – prinzips Puru der Piaroa ist Achacatu, dieses steht jedoch gleichzeitig im Konflikt mit der unsichtbaren Schöpferkraft, hat

60 Tagliani 1992:183 (Zitat), dann 184–185

61 Peret 1979:20.

die Menschen zur Revolte verführt und gibt ihnen bis heute manchmal Feuer ein, an dem sie erkranken. Dieses Feuer wird mit Wasser bekämpft, so wie die Schöpferkraft einstmals eine Sintflut sandte, um die Menschen zu vernichten, die sich Achacatu angeschlossen hatten.[62] Doch ist die Sache nicht so einfach, dass hier Feuer und Wasser einander schlicht gegenüberstünden. Die scheinbar böse Emanation hat selbst das Feuer von einer scheinbar guten Emanation gestohlen. Eher sieht es so aus, dass die beiden Prinzipien ineinander verschränkt sind. Den menschlichen Körpern flößt bei den Pemón das himmlische Licht Leben ein und verbindet sie mit dem Himmel. Der Schamane der Pemón kämpft gegen gegenteilige Kräfte der Natur, die unter dem Begriff *mawari* zusammengefasst werden. Sie können Seelen rauben und bilden die dunkle Seite.[63]

Uns mag der Gedanke an den christlichen Satan kommen, der die Menschen zur Revolte gegen Gott verführt. Die Frage nach dem Gewicht christlicher Einflüsse kann ich in diesem Übersichtsartikel nicht beantworten. Doch jedenfalls sind viele der Gedanken, die wir über höchste Wesen und deren Widersacher hören, überhaupt nicht christlich; auch wenn sie christliche Motive enthalten, sind sie in einen anderen Zusammenhang gestellt. In diesem Sammelband berichtet María Vutova von *máwari* bei den Nord-Arawak in Venezuela, dass sie zwar gefährlich, ja auch böse sein können, andererseits aber auch manchmal Trost und Freude spenden. Der oder die *máwari* (es gibt sie männlich und weiblich) ist ein Meister des Trugs und der Verführung, manchmal aber auch ein guter Freund, ja willkommene Liebhaberin. Man muss sich vor ihm (oder ihr) vorsehen, aber der Gedanke an diese Wesen erzeugt keineswegs immer Schauder, sondern manchmal auch Trost und Freude. Das wäre ein völlig unchristlicher Gedanke, würde es sich um den Satan handeln. Eine dieser (gleichsam, aber nicht unschuldigen) Wasserjungfrauen ist die Tochter des hl. Petrus.

Otto Zerries, der Altmeister der deutschen ethnologischen Forschung im östlichen Südamerika, schrieb schon 1954 nach Sichtung einer schon damals gewaltigen Masse von Berichten, dass es sich bei den unheimlichen Geistern in Wald und Busch »um rein geistige Kräfte handelt«, die aber nicht mit dem »Begriff des Bösen, dem stets der christlich-moralisierende Beigeschmack anhaftet, [... sondern] durch den Begriff des Unheimlichen, Gefahrdrohenden« übersetzt werden könnten. In diesem sah er eine Gegenkraft gegen das Gute, für den Menschen »das Vorhandensein eines seiner menschlichen Existenz schlechthin feindlichen Prinzips hinter der Erscheinungen Flucht«.[64] Doch ist es offenbar vielfach doch möglich, mit diesem Feindbild gut zu leben. Die Heirat mit ihm reißt den Menschen aus unserer Welt heraus, macht ihn aber keineswegs immer unglücklich, im Gegenteil.

Die Katxuyana erwähnten Purá, doch nur gleichsam nebenbei, und ein Missionar, der bei ihnen predigte und später Ethnologe wurde, konnte sich dann des Eindrucks

---

62 Walde-Waldegg 1936:40–42.

63 Thomas 1982: z. B. 34,142. Zusammenfassungen des Mawari-Begriffs im Gegensatz zum Licht bei Halbmayer 2010:181–188, Lewy 2011:75–78,206–210.

64 Zerries 1954:334.

nicht mehr erwehren, dass er selbst einen personalisierten Gott in sie hineingefragt hatte. Doch ist das Unsichtbare jedenfalls nicht nur ein solcher Gott, sondern bedeutet weniger christlich (teils abstrakter, teils konkreter) »Welt, Kräfte, Urmensch [...] und Kulturheros« (halbgöttlicher Begründer der Kultur). Es gibt einen »Glauben an überall wirksame Kräfte«. Daneben fand der damalige Missionar den Glauben an Uhhtarére, eine Macht, die durch die Schamanen hindurch wirkt und bei ihnen die materielle Gestalt des Tabakrauchs oder des Halluzinogens Paricá[65] annimmt. Das »Symbol des Guten und der guten Kräfte der Welt«, das von jener Macht kommt, wird durch »ein materielles Transportmittel«, das Fest des Rauschmittels, spürbar. Uhhtarére spricht nicht mit menschlicher Stimme, sondern durch die Sprache der Flötenklänge (wie etwa auch der im Aufsatz von Vutova in diesem Band ausführlich besprochene Yuruparí/Kuwai oder der Yakúi der Flöten der Kamaiurá). Dem Prinzip des Guten entgegen stehen »die schlimmen Einflüsse, die von den Kräften der Geister ausgestrahlt werden, vor allem den Tiergeistern namens worókiemá«, die freilich in dem hier zitierten Bericht nicht als einheitliche geistige Macht beschrieben werden, sondern als viele Einzelgeister gegenüber dem einen Guten.[66] Die Ye'kwana erfahren den einen Himmelsherren, den guten Wanadi, als nicht mehr aktiv; hingegen »die der Lebensenergie entgegengesetzten, zerstörerischen Kräfte« als sehr aktiv, »es wimmelt von ihnen in der Welt, seit Wanadi fort ist«.[67] Dieser Satz wurde zwar schon 1962 publiziert, aber könnte es nicht sein, dass schon damals die relativ zunehmende Verschmutzung, ja Zerstörung der Welt der Ye'kwana zu dem Pessimismus beigetragen hat? Die Rede von einem verlorenen Paradies dürfte menschheitsalt sein, könnte aber im 20. Jahrhundert lauter geworden sein.

Im kolumbianischen Amazonasgebiet verwenden Indigene mit Kenntnis anthropologischer Begriffe ebenso wie Anthropologen gerne die Übersetzung *pensamiento* (spanisch wörtlich »Denken«) für bestimmte vielschichtige Begriffe. Das Makuna-Wort *üsi* bedeutet »Luft, Atmung oder Leben und enthält die Idee einer Lebensessenz, die sich im Herzen findet und allen lebendigen Menschen und Wesen gemeinsam ist«. Es kondensiert sich im Schamanen und ist dann individuell, aber sein Ursprung liegt in einer »mächtigen Kraft, die durch den Kosmos fließt« und dabei bestimmten Bahnen folgt, die alle heiligen Orte (meist auffällige Landschaftsformationen) verbindet«.[68] Das Wort *pechuji* der Yukuna-Matapí ist von *ripechu* (»Idee/Emotion«) abgeleitet und mit dem Zusatz *-ji* (»absolut«) zu etwas Allgemeinem ausgeweitet. Es erscheint dann als ein von großen Figuren der Vorzeit stammendes »Wissen«,

> welches die kollektive Einheit jeder Gruppe (Territorium, Schutzgeister, Güter) bestimmt und eint, und das von jedem Individuum schon vor dessen Geburt und während seiner ganzen Entwicklung Besitz ergreift, um es auf diese Weise zu einem Mitglied der Gruppe zu machen. Diese Sicht beschränkt sich nicht auf menschliche Gruppen, sie wird auch auf

---

65 auch Cohoba oder Yopo, hauptsächlich aus den Samen von Piptadenia peregrina, wird inhaliert.

66 Protásio Frikel, in der Reihenfolge: persönliche Mitteilung in Haekel 1959:29, pers. Mitteilung an mich 1968; Zitat Frikel 1961:3; Flöte: ebd. 19,2.

67 Barandiarán 1962:68.

68 Cayón 2001:511.

Tiere und andere Wesen als in Bezug auf Organisation und Beschaffenheit den Menschen analoge Gruppen ausgeweitet.

Diese Lebenskraft oder Intelligenz findet sich auch in Pflanzen. Doch ist das offenbar nicht genau jenes »Wissen« als Summe, die das höchste Wesen ausmacht, und von dem wir weiter oben lasen. Eher ist es eine Macht des Wissens, die überall mehr oder weniger stark vorhanden ist, besonders stark in Schamanen, und die sich jeweils in einem Menschen individualisiert. In den einzelnen Personen ist diese Grundlage von »Wissen, Macht und Intelligenz« in unterschiedlichem Maße vorhanden, als eine erbliche Veranlagung, die bestimmt, ob jemand intelligent oder dumm ist.[69]

Bei den Canela ist die Rede von einem »Lebensprinzip« namens *karõ*, das einerseits als »Totengeist« übersetzt wird, andererseits aber auch in Menschen, Tieren, Pflanzen und (für uns) unbelebten Objekten zu finden sei und eine Kommunikation zwischen diesen verschiedenen Wesen möglich machen könne. Hingegen sieht ein anderer Forscher (der generell weniger zur Versenkung in indigene Mystik neigt) in *karõ*, zwar einen einfachen Totengeist, nicht aber ein darüber hinaus gehendes Prinzip.[70] Hier zeigen sich wohl nicht nur unterschiedliche Herangehensweise von Forschern, sondern auch verschiedene Perspektiven derjenigen Indigenen, mit denen die Forscher reden. Wie man in den Wald hineinruft, so schallt es heraus, und jeder Forscher sucht sich die ihm entsprechenden Indigenen, jeder Indigene die ihm entsprechenden Forscher.

3.5 Urheber

Höchste Wesen haben manchmal aus dem Nichts eine Welt erschaffen. Aber das war noch nicht die heutige Welt, ihr fehlte die heutige Kultur. Diese wurde erst durch spätere Urzeitwesen eingerichtet, die in der Ethnologie oft »Kulturheroen« genannt werden. Diese Vokabel finde ich für heutige, nicht mehr auf die Antike blickende Leser irreführend: Gemeint sind nicht vorbildliche »Heroen«, »Helden«, sondern meist eher zwiespältige Wesen, gewöhnlich nicht besonders mutig, sondern vielmehr im antiken Sinn des Wortes Wesen halb menschlicher, halb göttlicher Herkunft, die zwischen den Göttern und den Menschen stehen. Irreführend ist die Bezeichnung etwa, wenn solche Wesen die eigene Mutter durch Umarmung töten, Ödipus näher als einem heldenhaften Feuerwehrmann. Deshalb ziehe ich die Bezeichnung »Urheber« vor, die Nathan Söderblom für Wesen verwendet hat, »die in der Vorzeit mancherlei verfertigt und eingerichtet haben«.[71] In den von Söderblom genannten Beispielen sind diese Wesen nicht immer klar von den Weltenschöpfern zu unterscheiden, im tropisch-subtropischen Südamerika jedoch ist der Unterschied oft sehr klar.

---

69 Robayo 2007:147–149, 152 Zitat S. 149.

70 Miller 2013:102; Crocker 1990:373.

71 1926:120.

Die häufigst genannten Urheber (oder »Kulturheroen«) sind hier die Zwillingsbrüder, von denen in diesem Sammelband Chamorro/Combès in ihrem Aufsatz berichten, dass sie die heutige Weltordnung der Guaraní begründeten. Während sie bei den Guaraní zwar bei den Jaguaren aufwuchsen, aber anderer Herkunft sind, wurden sind sie in anderen Versionen selbst als Kinder eines Jaguarmannes von einer menschengestaltigen Frau geboren. In den Varianten des Zwillingsmythos steht gewöhnlich der eine Bruder für Ordnung und Regelhaftigkeit, der andere für Unordnung. Sonne ist der Vorgänger heutiger Häuptlinge. Mond ist lebensuntüchtig, stirbt immer wieder und muss dann erst wieder erneut zum Leben erweckt werden. Seine Fähigkeit, vorübergehend die Lebenden zu verlassen und ein anderes Leben zu träumen, macht ihn aber auch zum ersten Schamanen. Doch noch andere Faktoren und Wesen bringen Unordnung in den geordneten Kosmos. Die Vereinigung von Strömen bei der Landmarke Morenà ist ein Fixpunkt der Orientierung der Alto Xinguanos. Der Rio Xingu nimmt dort den Rio Ronuro auf, beide Flüsse haben zuvor schon andere aufgenommen. Der Mythenerzähler Tara* berichtet, dass Sonne die Schildkröte (deren es in Morenà viele gibt) beauftragte, das Wasser so in die Welt hinaus zu tragen, dass alle Flüsse schön symmetrisch in Morenà zusammenflössen. Doch die Wege waren für die langsame Schildkröte zu weit, sie wurde müde und übergab den Auftrag ans Waldhuhn. Das nun lief zwar schnell, jedoch wie Hühner so laufen: hin und her ohne ordentlichen Plan. Deshalb fließen die Flüsse heute nicht ordentlich in Morenà zusammen, sondern mal hierhin, mal dorthin.[72] Schöpferwesen und Urheber sind im Alltag einer indigenen Gemeinschaft gewöhnlich nicht anzutreffen, oft heißt es, sie seien fortgegangen. Man beruft sich aber für bestimmte Grundregeln auf sie, wie: zu der und der Jahreszeit sollte dies oder jenes Tier nicht gegessen werden; oder: morgens soll man baden und dabei bis zu den Haaren untertauchen; oder auch: die Nicht-Indigenen sollen vom Gebiet der Indigenen fernbleiben.

3.6 Gespenster, Monstren, Geister

> Sie nahmen die [abgeschnittenen] Ohren in die Hände und hielten sie hoch. zum Wald hin. Sie riefen in den Wald hinein: »Kommt nicht wieder! Wagt es nicht! Ihr seid jetzt keine menschlichen Wesen mehr, nur noch Mamaé [Geister].«[73]

Im Unterschied zu den Schöpferwesen sind Geister im Alltag und mehr noch bei häufigen Festen sehr präsent. Die Wilden sind von Geisterfurcht besessen, lautet eine nicht auszurottende westliche Vorstellung von Religionen, die in dieser Vorstellungswelt als »primitiv« gelten. Und tatsächlich: in vielen Kulturen begegnen wir Geistern auf Schritt und Tritt. Doch vielfach werden sie gedemütigt, gezähmt oder in die Flucht geschlagen. Dann sind sie arme Teufel. Schon in der frühen

72 Münzel 1973: 106–107. Aus religiösen Gründen der Kamaiurá darf ich den Namen des Erzählers hier nicht vollständig nennen.

73 Erzählung der Kamaiurá vom Geist *anhang-ú* in Münzel 1973:222.

Kolonialzeit bei den Tupinambá wurde *anhanga* von Missionaren als Teufel identifiziert und bekämpft.

Philologisch dem Wort *anhanga* verwandt ist der Name *anhang-ú* (»schwarzer *anhang*«) der den Tupinambá nahverwandten Kamaiurá. *Anhang-ú* wurde mein erster wilder Geist, als er keulenschwingend und brüllend durchs Dorf tobte. Die Frauen flüchteten ängstlich schreiend in die Häuser, doch die Schreie waren wohl auch deshalb so laut, damit das immer wieder aufkommende Kichern übertont wurde. Der Wüterich folgte ihnen wütend in die Häuser, um dann die Maske abzusetzen und Speise und Trank zu genießen, die ihm die Frauen nun kredenzten. Das Ganze war eine Riesen-Dorfgaudi mit genüsslichem Schlemmen, doch dahinter stand das Wissen darum, dass der Geist auch anders konnte ... Geister sind oft lächerlich, aber man muss sich vorsehen.

In der mythischen Erzählung von *anhang-ú*, aus der ich eingangs dieses Abschnitts zitiere, terrorisieren wilde Waldgeister die Menschen, bis junge Krieger ihre Furcht und die Warnungen Älterer überwinden, die Waldgeister erschlagen und ihnen die Ohren abschneiden. Aus diesen macht man Feuerfächer, ein unentbehrliches Werkzeug der Frauen. Umgekehrt macht man aus den Palmstroh-Feuerfächern Ohren für den Tanz des Geistes, indem man sie ihm in die dafür vorgesehenen Löcher am Kopf steckt. Die Monstren sind männlich die einen, weiblich die anderen, beide Geschlechter taten in den Mythen das Gleiche, nämlich herumbrüllen, drohen und Menschen erschlagen. Die Menschen hingegen gingen arbeitsteilig vor: Männer töteten die Geister und machten aus ihnen Werkzeuge für die Frauen, die damit Essen zubereiten. An die Stelle undifferenzierter Wildheit tritt die Kultur mit ihrer Arbeitsteilung. An anderer Stelle habe ich ausführlicher dargelegt, wie das dumpfe, ungeschlachte Brüllen des Waldgeistes (das durch die über den Kopf gestülpte Kalebasse noch dumpfer und undeutlicher wird) in den melodischen Klang einer heiligen Flöte verwandelt wird.[74] Dem entspricht in der Sprache der Kamaiurá, die eine Klangtheorie enthält, der Gegensatz zwischen allgemeinen, oft ungeordneten Lauten und Klängen einerseits, vernünftiger Sprache und geordneten Klängen andererseits (Menezes 1999), etwas ähnlich dem Unterschied im Deutschen zwischen »fressen« und »essen«, aber nicht auf Essensweisen bezogen sondern auf Klänge. Die geordneten, melodischen Klänge der Flöte erklingen unter anderem, um das Wachstum der Anbaupflanzen, vor allem des Maniok zu fördern. Das aber wird nur möglich durch die Rebellion der Jungen gegen die Vorsicht der Alten, und wieder stoßen wir hier auf das Motiv, das wir in anderer Form schon in der Erzählung von Schildkröte und Tapir kennenlernten: Den Gegensatz zwischen Alten und frechen Jungen. Die *anhang-ú*-Geister, die von den Jungen herausgefordert werden, sprechen diese herablassend an: »Was willst du, mein Kleiner, mein Säugling?«, und werden dann von dem »Kleinen« erschlagen.[75]

---

74 Münzel in Scharlau/Münzel 1986: 250–251.

75 Erzähler Tarak* in Münzel 1973: 220. Die jungen Männer lassen sich nicht davon abschrecken, dass rund ums Haus der Ungeheuer menschliche Knochen bleichen, und das Ungeheuer kommt sogleich, wenn man es ruft – ein weitverbreitetes Motiv, das sich etwa schon bei Ovid findet (Fasti, I,557–575).

Das oben erzählte mythische Bild von den kreuz und quer wie ein Huhn laufenden Flüssen bildet den größtmöglichen Gegensatz zu einer ordentlichen Landschaftsplanung. Wie diese nach dem Willen der Urheber aussehen sollte, aber leider nicht aussieht, wird in Abb. 3 sichtbar: Im Unterschied zu dem wilden Gesicht links ist das rechte in eine geometrische Zeichnung eingepasst. Die geometrischen Muster auf der rechten Darstellung wurden, als ich sie sah, als der Reichtum an Fischen gedeutet, den der Geist bewacht, doch können die Deutungen sich ändern und sind überhaupt nicht festgelegt.

Abb. 3: Kopfaufsätze von Tanzumhängen der Kamaiurá. **Links** Porträt des Brüllaffengeistes (schwarzes Wachs, Augen aus Muschel, Zähne aus Fischgebiß, Zunge aus Baumwolle. Höhe ohne Ohren 4 cm). **Rechts** auf dem Kopf zu tragende Holzplatte, Mund aus Fischzähnen. Breite 34 cm. Zum Verdecken des Kopfes des Tänzers. Kunstwerke heute in der Sammlung Weltkulturen Museum Frankfurt am Main, Foto: Wolfgang Günzel.[76]

Die Masken, die bei Ritualen als Geister auftreten, sind nicht die Geister selbst. Man weiß sehr wohl, dass sich darunter Menschen aus der Nachbarschaft verbergen, und insofern ist die Furcht vor ihnen großes, rituelles Theater. Doch die Darstellenden unter und vor der Maske machen eine Verwandlung durch.

> Die Masken sind die sichtbar gewordene »Unsichtbarkeit«, wie in einem Prozess der Enthüllung und Vorstellung. Es handelt sich mehr um einen Zustand der Verwandlung der Empfindsamkeiten als um eine Darstellung in dem üblichen Sinn, den sie in der westlichen Philosophie hat. Da der Begriff *potalapitsi* [Darstellung von etwas Realem] auf der Ebene

76 Junqueira/Aisanain/Wary 2008 bezeichnen das rechts sichtbare Muster mit dem generischen Wort für geometrische Bemalung *tapaka*, verbinden es aber auch mit einer bestimmten Fischspezies.

der Nachbildung angewendet wird, verstehen die Waujá es so, dass das Bild eine ungewöhnliche Nähe mit dem herstellt, was angefertigt oder gezeichnet wurde.[77]

Nicht wenige Geisterdarstellungen sind Karikaturen, oft von Fremden, gerne von Nicht-Indigenen. Der eben erwähnte *anhang-ú* ist bei aller Lächerlichkeit doch gefährlich. Er hat einiges mit gefürchteten und verachteten entfernteren Nachbarn, den Kisêdjê und Mebêngôkre zu tun und schwingt deren typische Waffe. Ihre wilde Primitivität ist nach Ansicht der Kamaiurá gleichermaßen für diese Nachbarn und für diesen Geist typisch. Andere Geister tragen einen Vollbart, und die Anspielung auf Nicht-Indigene dürfte denjenigen, die einen solchen Geist bei Maskenfesten tanzen sehen, klar sein (die Indigenen in diesem Raum tragen nicht oft Bart): Ein Waldschrat wie die Weißen, die aus den Städten bis in die indigenen Dörfer vagabundieren. Hinter seiner Fratze könnte sich Brutalität verstecken.

Die Abbildung 4 zeigt solche wilde Waldgeister mit Bart. Die rechte Gestalt könnte den Ethnologen Theodor Koch-Grünberg darstellen, dem der indigene Zeichner das Bild ins Skizzenbuch zeichnete – der Forscher, gesehen als wilder Waldschrat. Dabei ist er aber auch ein Waldgeist. Die Rauten auf seinem Körper sind die Verzierungen auf der Tanzmaske des Geistes.

Die Bahúkiwa, denen der Zeichner von Abb. 4 (rechts) angehörte, sind eine der Sippen der Kubeo, aber eine von geringem Ansehen, sie gelten als niedriger Herkunft. Koch-Grünberg vermutete, dass sie von »Makú« (heute eher Hupda genannt) abstammen, einem von anderen Kubeo verachteten Volk, das abseits der großen Flüsse tiefer in den Wäldern wohnt.[78] Der Zeichner aus diesem Volk hat hier einen Waldgeist aus den Wäldern gezeichnet, in denen die Nachbarn sein Volk als wilde Fremde vermuteten, und gleichzeitig hat er wohl auch den fremden Forscher, Koch-Grünberg dargestellt: Die Wilden sind immer die anderen.

Otto Zerries hat einstmals in seiner klassischen Studie zu südamerikanischen Geistern diejenigen, die nicht einfach Totengeister sind, sondern anstatt aus dem Totenreich aus dem Wald kommen, »Wild und Buschgeister« genannt. Heute könnte er vielleicht Wild-, Busch- und Stadtgeister sagen.[79] Manche sind Totengeister, aber nicht alle. Neben Kreaturen, die das Lächerlich-Wilde ferner Nachbarn oder Fremden verkörpern, gibt es Monster und freundliche Hilfsgeister aus der Vergangenheit.

»Zeitreisemaschinen« nennt sie Rafael José de Menezes Bastos, der daran genauere Definitionen des Begriffs »Vergangenheit« knüpft (in dem Fall bei den Kamaiurá): Es gibt zwei vergangene Zeiten; die eine hat Anfang und Ende, die andere ist ewig, eine immer wieder erneuerte Zeit. Menezes nennt diese zwei Zeiten »historische« und »mythische Zeit«, was bis zu einem gewissen Punkt der Unterscheidung entspricht, die in der altgriechischen Grammatik zwischen Aorist und iterativem Imperfekt gemacht wird (im schulischen Altgriechisch-Unterricht manchmal als

77 Barcelos 2002:241 zu Darstellungen bei den Waujá.

78 Zur komplexen Positionierung der Bahúkiwa innerhalb der Kubeo s. Goldman 2004, u. a. S. 80–86.

79 Zerries 1954. Zu seiner Zeit waren allerdings städtische Geister kein Thema der Ethnologie.

Abb. 4: Links Geist mit schwarzem Bart, der bei der Mädcheninitiation der Ticuna auftritt (Ethnographische Sammlung der Philipps-Universität Marburg). **Rechts** Waldgeist Mákuke, gezeichnet von einem Bahúkiwa.[80]

Punkt- und Strichhandlung unterschieden): Die historische Zeit (Punkthandlung) hat einen Anfang und ein Ende, die mythische Zeit ist eine immer sich fortsetzende Linie, letztlich außerhalb der Zeit, und im Ritual immer wieder aktivierbar. Takumã, ein neben seiner fließenden Kenntnis des Portugiesischen mehrerer indianischer Sprachen kundiger Kamaiurá, hatte Schwierigkeiten das in das in dieser Hinsicht weniger differenzierte Portugiesische zu übersetzen. »das ist einstmals, weil es von Anfang an geschieht, und ist es nicht, weil es auch jetzt ist, es ist jederzeit«.[81]

80 Links Maske aus Holz, schwarzem Haar und (der Mund) Fischgebiß, Foto Ethnographische Sammlung, zu der Maske s. auch van Elsbergen 2001. Rechts Zeichnung bei Koch-Grünberg 1905:Tafel 50:b1. Dass es sich um Koch-Grünberg selbst handelt, wird wahrscheinlich aus Vergleichen mit anderen zeichnerischen Darstellungen des Ethnologen im gleichen Buch, hier insbesondere durch Schnurr- und Kinnbart.

81 Menezes 1999:123, s. auch ebd. 108–112.

Madarejúwa Tenharim spricht von der »Zeit der Träume«: »Wir sagen, dass die Dinge nicht in der Gegenwart passieren, dass sie aber auch nicht vorbei sind«.[82]

Oft heißt es in der Forschung, der Mythos werde durch Erzählen und Nachspielen immer erneut zur Realität. Das wird oft als das »Zirkuläre« von Mythos und Ritual bezeichnet, und dazu wird Eliade (2007 [1949]) angerufen. Mir scheint aber in den indigenen Ritualen weniger eine Urzeit re-aktiviert zu werden, als dass Geister aus einer größeren Entfernung (Wald, Wasser, Himmel, Unterwelt) herbeigeholt werden, aus der räumlichen Ferne also und nicht aus der zeitlichen. So wie Makuna es dem Forscher darstellten, kommen die Geister aus »der zeitlosen Welt des Mythos, in der Tiere und Menschen nicht unterschieden sind, aber auch einer Dimension der Gegenwart, einer unsichtbaren spirituellen Realität, die parallel zur sichtbaren Welt der normalen Erfahrung existiert« (und von Schamanen erfahren wird.[83] Die Wayana sehen in den Geistern zwar Wesen aus der Urzeit, die sich aber bis heute gehalten haben. Sie bewohnen Räume, die nicht von den Menschen besetzt sind. Dort bauen sie in Höhlen »Dörfer«, mit Palisadengehegen für ihre »gezähmten« Tiere, das heißt, ihre Gefangenen. Diese müssen ihnen dienen und für sie Beutetiere herbeischleppen und schlachten (Wayana, die einen Zoo gesehen habe, sagen, die dortigen Käfige seien so wie die der Geister).[84]

In den räumlich entfernten Welten der Geister ist vieles noch so, wie es bei uns in der Vergangenheit war. Nur als Vergleich und ohne zu behaupten, dass es die gleiche Auffassung wäre: Das erinnert mich an das moderne astronomische Weltbild, in dem wir von fernen Sternen und Welten das sehen, was dort in der Vergangenheit aktuelle Gegenwart war. Scheinbar sehen also auch wir ganz verschiedene Zeiten nebeneinander, tatsächlich aber ist das Nebeneinander nicht zeitlich, sondern räumlich. Und so wie für unsere Astronomie in den verschiedenen Welten doch immer die gleichen Gesetze gelten, so unterliegen in der indigenen Sicht auch die Wesen, die aus fernen Welten zu uns kommen (und, um im Vergleich zu bleiben, wie Kometen aus der scheinbaren Vergangenheit bei uns aufleuchten), den gleichen Regeln der Gegenwart. Und um den Vergleich noch etwas weiter durchzuspielen: So wie unsere Astronomen die fernen Welten nicht sehen, sondern nur aus ihren Auswirkungen, vor allem ihrem Licht, spekulativ ableiten können, so sehen auch die Indigenen die Geister nicht wirklich ins menschliche Dorf kommen, sondern es sind Maskentänzer, Schauspieler, die gleichsam spekulativ die Geister darstellen, die tatsächlich niemand berühren kann – mit Ausnahme von Schamanen, die in jene ferne Welten reisen können. Ihr Reisemittel ist der Traum. Dazu unten noch mehr.

Zurück zu den Geistern. Sie zeigen sich nur manchmal in Gestalt fremder Menschen, öfter als Tiergeister verschiedenster Art, seltener als Pflanzengeister. Den Tieren und Pflanzen haben die Geister die Fähigkeit der Verwandlung voraus. So kann man etwa einen Jaguar von einem Jaguargeist dadurch unterscheiden, dass der gewöhnliche Jaguar, wenn man ihn nur laut genug anbrüllt, sich trollt, während

82 Madarejúwa/Fischermann 2019:101–102.
83 Århem 1996:127.
84 van Velthem 2003:102.

der Jaguargeist scheinbar spurlos verschwindet, aber auf der Spitze des Baumes, unter dem man ihn sah, sitzt auf einmal ein Waldhuhn. Dies hörte ich von Nadöb am Rio Uneiuxi im Jahre 1968. Ich vermute, dass das Waldhuhn kräht, wenn ein Jaguar ihm zu nahe kommt, und dann auf die Baumspitze flattert, während der Jaguar davonschleicht. Doch meine ich nicht, dass es sich da um ein zoologisches Missverständnis handelt. Die mir den Vorgang der Verwandlung des Jaguars in ein Waldhuhn schilderten, wussten natürlich um die Gewohnheiten dieser Tiere. Sie nahmen nur die reale Szene des Hochflatterns des Waldhuhns über dem Jaguar als Beispiel dafür, wozu ein Jaguar*geist* fähig ist.

Die Geister sind zwar zur Verwandlung fähig, aber nicht immer besonders schlau, ja, sie lassen sich übertölpeln wie der Teufel in manchen europäischen Schwänken. In einer Erzählung der Tukano trifft ein Geist einen jungen Mann und befiehlt, dass dieser ihm seine Finger zu essen gebe. Der Mann täuscht ihn, indem er ihm die Finger eines gerade erlegten Affen aushändigt. Dann verlangt der Geist das Herz des Mannes, dieser schiebt ihm das Herz des Affen unter und bittet im Gegenzug den Geist um dessen Herz.. Der Geist schneidet sich das Herz heraus und stirbt. Lange danach kehrt der Jäger zur gleichen Stelle zurück und findet den toten Geist immer noch vor. Er schneidet ihm die Zähne ab, da ersteht der Geist wieder, dankt dem Mann, dass er ihm das Leben wiedergegeben habe und nimmt ihn mit zu sich ins Geister-Zuhause, wo er ihn reich mit Zaubergegenständen beschenkt. Seitdem wurde dieser Mensch zu einem Glückskind, dem alles gelang.[85]

Bei den Witoto erfuhr der Ethnologe Konrad Theodor Preuss, dass die Geister »den Sinnen unfassbar, geheim« heißen. Sie »haben keine bestimmte Gestalt, sind nächtlich und spielen einem übel mit«. Eine Alte frißt Jungen in einer Höhle und hat viele Tiere zum Gefolge. Ein Mann pflanzt einen Zauberbaum, dessen Blätter zerstampft und mit dem roten Farbstoff Achiote vermischt werden, um sich damit einzureiben. Vermutlich beim Zerstampfen der Blätter (hier ist sich der Forscher der Bedeutung des von ihm übersetzten Mythentextes nicht ganz sicher) entstehen Kröten. Diese hassen den Mann, der den Baum geflanzt hat und fressen jede Nacht an seiner Frau, lassen aber von ihr ab, wenn der Mann kommt.

> Schon hatten die Knochen [an denen die Geister das Fleisch abnagten] bloß gelegen, schon hatten die *hanai* [Krötengeister] den Kopf abgetrennt und bei Seite gestellt, da hörten sie, wie ihr Gatte [.... sich bemerkbar machte], und setzten sie wieder zusammen. Daher redete sie mit müder Stimme, während ihr Gatte glaubte, daß sie eine Krankheit plage [...] Indem sie mit trauriger Stimme sprach, kochte sie, was ihr Gatte gebracht hatte, und setzte es ihm vor [... aß aber selbst nichts]. »Warum ißt du nicht von all dem, was ich brachte? Bist du mir böse, daß du mir alles gibst, ohne selbst zu essen?« [...] »Ich leide immer Schmerzen, deshalb esse ich nichts, ich bin nicht böse. Weshalb sollte ich dir ohne Grund zürnen?«.

Schließlich wird die Frau aus Unvernunft des Mannes selbst zu einem Geist. Ihr Schädel, von dem die Geister das Fleisch abgenagt haben, setzt sich auf die Schulter

---

85 Lagório (Hrsg.) 1983:144–145. Diese von indigenen Erzählern erarbeitete Sammlung von Erzählungen scheint mir von nicht-indigenen brasilianischen Geschichten beeinflusst zu sein, was aber in dem hier wiedergegeben Fall nicht offenkundig ist.

des Mannes und will ihn nicht verlassen, doch er trennt sich von ihr durch eine List und verwandelt sie in einen Papagei, der davonfliegt. Es ist eine traurige Horrorgeschichte von der Liebe der Frau zu ihrem Mann, der sich nicht wirklich für sie interessiert, und kann auch als Geschichte von einer unbekannten, heimtückischen Krankheit gelesen werden. Eine Schlange schläft nachts mit einer jungen Frau. Ein Zikadendämon, und ein Fuchsdämon werben um menschliche Frauen. Häufig ist das Motiv, dass ein Geist eine Menschenfrau heiratet, die erst spät merkt, dass er kein Mensch ist. Etwa fliegt der Fuchsgeist dann am Ende doch auf, weil er die Feldarbeit für seinen Schwiegervater nicht tut, sondern sich am Rand der Pflanzung zum Schlafen hinlegt. Die Frau erkennt seine wahre Natur, als sie nachsieht, wie weit er mit der Arbeit ist, und sieht, wie er im Schlaf mit dem Schwanz schlägt. Am Ende tötet die Frau den Fuchsgeist, indem sie ihm die Schulter ausreißt. Doch nun kommen seine Leute und verlangen die Schulter. Der Vater der Frau spricht:

> »Schön, ich will sie [die Schulter] euch geben, legt nur eure Hände insgesamt an diese Stelle.« – »Gewiß«, sagten die Füchse und steckten alle (die Hände) hinein. Darauf goß er (den Klebstoff) auf die Hände aller Füchse, so daß sie sich die Hände verbrannten und schreiend auf dem Wege zurückliefen. Von da an waren die Hände der Füchse gekrümmt [...] Darauf blieb sie [die Frau] wieder am Herde ihres Vaters.[86]

Die Erzählung verbindet, ganz typisch, eine Geistergeschichte mit sozialen Regeln. Die junge Ehefrau hatte zuvor keinen nach den Heiratsregeln zu ihr Passenden heiraten wollen. Dann nahm sie einen Unbekannten, den sie schön fand, der aber völlig ungeeignet war. Er ist ein Geist, was man daran erkennt, dass er nicht für den Schwiegervater arbeiten will, wie es zu Beginn der Ehe seine Pflicht wäre. So kann nichts aus der Ehe werden, die eigenwillige Tochter findet keinen tüchtigen Mann und bleibt am Ende unverheiratet. Die Erzählung kommt mit erhobenem, aber unterhaltsamem Zeigefinger.

Die Geister bilden verschiedene Klassen. Bei den Wayana sind es die »Bewohner des Flusses«, die »Bewohner des Waldes« und die »Bewohner des Himmels«, die quer dazu noch nach ihrem Aussehen unterteilt werden: 1. Menschenähnliche mit räuberischem Wesen; schlangengestaltige Essenzen des Bösartigen und Schönen der Würgeschlangen; 2. felidengestaltige Essenzen der Wildheit der Feliden; Königsgeier-gestaltige Essenzen der Angriffe auf Tote; 3. fischgestaltige Geister; hinzu kommen 4. Sonstige, darunter riesige Wildschweine, riesige Brüllaffen, ein Stern, ein übernatürlicher Maniokwender (sonst ein alltägliches Küchenwerkzeug). »Essenz« meint hier, dass sie aussehen wie bestimmte Tiere oder Gegenstände oder wie Menschen, aber nicht diese sind, sondern ihr Wesen. Eine Auflistung der Geister der Wayana nach diesen Kategorien kommt auf 88 Geistertypen.[87]

Bei den Tapirapé sind es drei Geisterklassen, die zwar alle *anchynga* heißen, aber unterschiedlich gefährlich sind. Die relativ am wenigsten gefährlichen kommen zeitweise in die Kulthütte, wo man ihre Masken aufbewahrt, und von wo ihre Mas-

---

86 Preuss 1921:37–38,354–363(Zitate 356–357),576–578, Zitat 583–584. Zitatergänzungen in runden Klammern von Preuss, in eckigen von mir.

87 van Velthem 2003:102,423–434.

ken bei Festen als Geister durchs Dorf tanzen. Die zweite Klasse besteht hauptsächlich aus Totengeistern. Ein Tapirapé sagte einem Ethnologen, er habe keine Angst vor der begrabenen Leiche seines kleinen Sohnes, aber vor dessen Geist. Am gefährlichsten jedoch sind die Geister verstorbener Schamanen, wenn diese Menschen zu Lebzeiten schon den Weg der Bosheit gegangen sind und Schadenszauber ausgeübt haben.[88]

Doch sind die Geisterklassen nicht immer genau abgrenzbar. Man könnte die Tapirapé dafür tadeln, dass sie ihre Geister nicht ordnen, und tatsächlich schreibt ein Kulturanthropologe, dass im Vergleich beispielsweise mit den Zuni in den USA ihr »religiöses und Zeremonial-System inkonsistent« sei, ihre Sicht auf die »übernatürliche Welt – und ihre Beziehung zu dieser – war nicht gut organisiert«.[89] Vielleicht wollten die Tapirapé den auf Ordnung bedachten Forscher necken? Als ich bei meiner ersten Feldforschung (bei den Kamaiurá) eine Ordnung der Geister zu ermitteln suchte und fragte, wo die Waldgeister leben, antwortete man mir: »Im Wasser!«– und die Wassergeister? »Im Wald!« Es ist ja auch merkwürdig, die hin und her zischenden, fliegenden, Träume durchwimmelnden Geister in eine Ordnung bringen zu wollen. Die Unordnung ist ihr Element. Und gerade deshalb, weil man sie nicht vorherberechnen kann, sind sie gefährlich. Sie bilden nicht den geordneten, schönen Kosmos, den Schöpferwesen einst erdachten, sondern sie sind die Unholde, die in den Trümmern hausen.

3.7 Herrinnen und Herren der Natur

> Einige dieser anderen Wesen nennen wir *nanatü*, was »Eigentümer«, »Vater« oder »Mutter« der Bäume, der Landtiere, der Fische, der Gewässer bedeutet. Das sind Wesen, die sich seit Jahrtausenden um alles kümmern, was es in der Natur gibt, so wie wir uns um unsere Kinder und um unsere Felder kümmern. Der Hain der Buriti-Palmen gehört jemandem, der Hain der Kohlpalmen gehört jemandem, der Hain der Para-Kautschukbäume gehört jemandem, der Hain der Carana-Palmen gehört jemandem, der Kapokbaum gehört jemandem, die Sorveira gehört jemandem« (Lehrerkollektiv vom Volk der Ticuna in Lehrbuch für Kinder).[90]

Eine besondere Gruppe mächtiger Wesen sind die »Herrinnen« (und »Herren«, oft bilden sie ein Paar) verschiedener Teile der Natur, etwa die »Herrin« einer bestimmten Tier- oder Pflanzenart oder eines Flusses oder vieler Gewässer. In der Eingangserzählung dieses Aufsatzes fragt die Schildkröte auf der Suche nach dem Tapir einen Fluss: »Fluss, wo ist dein Herr?« und der Fluss antwortet, indem er den Tapir »mein Vater« nennt. Das kann sich darauf beziehen, dass der Tapir oft in diesem Flusss badet.

---

88 Baldus 1970: 366.

89 Wagley 1988: 171.

90 Gruber (Hrsg.) 1997:28. Genannte Bäume in der Reihenfolge: *Mauritia vinifera* Mart., *Açaí = Euterpe oleracea* Mart.; Kautschukbaum = *Hevea brasiliensis* Müll. Arg.; *Mauritia carana* Wallace; *Ceiba pentandra* L. Gaertn. = Kapokbaum; *Couma Macrocarpa* Barb. Rodr.

In anderen Fällen muss der Mensch, der die Natur nutzen will, sich mit dem jeweiligen Herrn oder der Herrin gutstellen. Bei den Karihona, um ein weiteres Beispiel unter vielen zu nennen, können nur Schamanen mit dem »Vater« oder »Großvater« genannten Waldwesen umgehen, ohne dabei zu Schaden zu kommen. Dafür trinkt der Schamane einen Trank, mittels dessen er eine visionäre Reise antritt und das Wesen davon überzeugt, »Wildschweine, Affen und andere seiner Tiere in die Nähe der menschlichen Siedlung zu schicken«, wo man sie jagen kann. Später holt er seine Tiere (oder deren Seelen?) »wieder ab und führt sie in ihre Wohngebiete zurück, wo sie in Gemeinschaftshäusern leben, hieß es einmal« – erfuhr Helmut Schindler und lässt offen, ob dies eine allgemeine Ansicht oder, wie so viele Äußerungen aus nicht dogmatisch festgelegten Kulturen, eine individuelle Interpretation ist.[91]

In einer Nadöb-Gemeinschaft ohne Schamanen sagte mir ein Herr, er stehe sich gut mit der Herrin der Wildschweine, diese sei geradezu verliebt in ihn, und so erlaube sie ihm, ihre Kinder, die Wildschweine zu jagen, wenn er das nur nicht übertreibe. Nun sind freilich gerade die Nadöb besonders stolz auf ihre Nähe zu den Wesen des Waldes, darin sehen sie ein Alleinstellungsmerkmal gegenüber anderen Gesellschaften, und ein bißchen ist das wie der Stolz niederländischer Rebellen, die sich während des Unabhängigkeitskrieges gegen Spanien stolz »Geusen« (»Bettler«) nannten, weil man sie verächtlich so genannt hatte – die Nadöb werden von ihren Nachbarn als Wilde im Wald verachtet. Die Nadöb gehören zu jener »Makú« genannten, von ihren Nachbarn verachteten Völkergruppe, aus der wohl auch der Zeichner von Abb. 4 (rechts) stammte, in dessen Zeichnung eine Auseinandersetzung mit dem Vorurteil der Nachbarn gesehen werden kann. Die meisten Amazonasindianer betonen eine größere Distanz zum Wald. Meistens ist die Präsenz der Herrinnen und Herren der Natur eine Gefahr. Man muss vorsichtig sein, um sie nicht zu erzürnen, und man muss sich gut mit ihnen stellen, nicht aber sich gemein mit ihnen machen.

Die Natur und ihre zuständigen Wesen sind zu respektieren. Hierin kann man aus modern-ökologischer Sicht eine indigene Ökologie sehen: Allerdings geht es sicher nicht um Naturliebe oder gar – Ehrfurcht im Sinne unseres Ökobewusstseins. Die Herrinnen und Herren der Natur zwingen zur Vorsicht gegenüber ihrem Zuständigkeitsbereich, aber sie werden selten geliebt. Eine wohl doch geliebte, wenn nicht verehrte Herrin von Nutzpflanzen, besonders dem Maniok ist Nunkui (»sie in der Erde«) bei den Shuar. Ihr Zuständigkeitsbereich geht allerdings weit über den einzelner Anbaupflanzen hinaus, sie ist geradezu die Wächterin der gesamten von Frauen bearbeiteten Natur. Hierin könnte[92] ein Einfluss der andinen Verehrung der Pachamama zu sehen sein (siehe in diesem Sammelband den Aufsatz über Religionen des zentralandinen Amerika, Kapitel 4.2 Pachamama). Bei den Shuar identifiziert eine Frau sich mit Nunkui, wenn sie sich um die Anbaupflanzen kümmert, die auf dem Feld wachsen, das ihrem Gatten gehört – (analog zum Feld der Nunkui,

91 Schindler 2018:204.
92 meint nicht zuletzt Elke Mader, 1999:95–96.

das deren Gatten Shakaim gehört). Diejenigen Frauen, welche die Nunkui gewidmeten Lieder besonders gut kennen und singen, beherrschen landwirtschaftlicher Techniken oft besonders gut.[93] Verstorbene begräbt man deshalb in der Erde, weil Nunkui sie dann wieder als Kinder auf die Welt kommen lässt, so wie sie aus den in die Erde gelegten Samen Pflanzen wachsen lässt.[94] Der Nunkui-Mythos berichtet freilich auch vom Ende eines goldenen Zeitalters. Einst hatten die Menschen keine Anbaufrüchte und lebten von Waldpflanzen. Auf der Suche nach Essbarem entdeckten die Frauen eines Tages Maniokzweige im Wasser, folgten dem Flußlauf und entdeckten Gruppe fröhlicher, wohlgenährter Leute inmitten blühender Pflanzungen von Maniok, Bananen und mehr. Die hungrigen Frauen bettelten um Nahrung, aber stattdessen gab man ihnen ein Mädchen mit, Nunkui (Hilfe zur Selbsthilfe würde man das in der Entwicklungskooperation nennen). Das Mädchen brauchte man nur um etwas zu bitten, schon war das da: Maniok wuchs, Bananen, Keramik erzeugte sich wie von selbst, alles was die Frauen produzieren. Doch eines Tages machten Jungen sich den Spaß, das Mädchen um alles mögliche Hässliche zu bitten, bis hin zu Monstren, und warfen Nunkui Asche in die Augen. Da ging sie fort, hinab in die Erde, und seither müssen wir arbeiten. Nunkui hilft immer noch beim Wachstum der Pflanzen, aber man darf sie nicht beschmutzen wie die bösen Buben das einst taten, die Pflanzung muss sauber gehalten werden.[95]

An anderer Stelle habe ich von einer Mythenerzählerin der Kamaiurá berichtet, die den schamanischen Träumereien der Männer in bewusst provozierendem Ton eine mythische Erzählung entgegenschleuderte, in der die Männer sich schamanisch abmühen, aber nichts von Sex verstehen. Die Frauen-Erzählung zeigt in diesem Fall eine eigene Sicht, die anders als die der Männer ist, aber das ist kein Widerspruch, sondern Leben mit verschiedenen Perspektiven in einer strikt arbeitsteilig organisierten Gesellschaft. Eine weitere Erzählung von der gleichen Erzählerin berichtet, dass ein Mann einen Maniorsteckling ob dessen Schönheit bewunderte. Da verwandelte der Steckling sich in eine schöne Frau und heiratete den Mann. Sie brauchte nur eine winzige Portion Maniokstärke, um daraus einen ganzen Topf voll Essen zu machen. Doch die Geliebte des Mannes war auf dessen neue Ehefrau neidisch und schleckte an der Maniokstärke, bevor diese verwandelt war. Und zudem hetzte sie bei dem Mann gegen seine Ehefrau. Da ging diese fort. Seither braucht es viel Arbeit, um Essen zuzubereiten.[96] Typisch für viele Mythen, verbindet auch diese ein weltbewegendes Ereignis (von nun an muss für das Essen gearbeitet werden) mit einer scheinbar nur familiären Anekdote (die Freundin hetzt gegen die Ehefrau, die dadurch gekränkt wird und geht). Der moralische Zeigefinger verlangt hier, dass Frauen sich vertragen, oder aber auch, dass ein Mann nur eine Frau lieben soll – je nach Erzählerin und Zuhörern kann die Moral von der Geschicht'

93 Hierzu und überhaupt ausführlich zu Nunkui (mit einer interpretierten Version ihres Mythos und der Übersetzung ihres Namens) Mader 1999:95–121 et passim.

94 Pellizzaro 1978:7.

95 Mader 1996: loc.cit., und Pellizzaro 1978. Pflanzungen sauber halten: Pellizarro 1978:7.

96 Münzel 2015b:201; Frau Kanutsipem in Münzel 1973:230–231,374–375.

wechseln. Man könnte sie auch so auslegen, dass die Frauen sich nicht über ihre viele Arbeit beklagen sollen, haben sie doch selbst schuld daran, dass die Maniokfrau weggegangen ist. Oder der Mann ist schuld, weil er den Streit im Haus nicht regeln konnte. Jedenfalls aber begründet die Erzählung, warum heutzutage für das Essen hart gearbeitet werden muss.

Beide Ereignisse, dass Jungen der Nunkui Asche ins Gesicht warfen, und dass die Maniokfrau von der Geliebten ihres Mannes gemobbt wurde, können auch als ein Sündenfall verstanden werden. Jedoch anders als im christlichen Sündenfall spielt Ungehorsam gegen den Schöpfergott keine Rolle, es geht nicht um Autorität, sondern um das Unverständnis der Mitmenschen, die ein Wunder nicht akzeptieren können. Dabei ist wichtig, wer die Geschichte erzählt: Von Nunkui erzählen zwar nicht ausschließlich Frauen, aber diese identifizieren sich mit Nunkui und deren Mythos; die andere Erzählung ist reine Frauensache. Hingegen wurden etwa die Erzählungen der Mbyá und Ñandéva (in diesem Sammelband von Chamorro und Combès wiedergegeben) von Männern erzählt. Und hier ist es der Mann, der gekränkt weggeht, als die Frau seinem Wunder nicht glaubt, sodass die Menschen von nun an hart arbeiten müssen. In den ersten Mythen, von Frauen, wird der Frau Unrecht getan (teils von Männern, teils von einer anderen Frau), in den letztgenannten, von Männern erzählten, widerfährt dem Mann Unrecht.

4 Verschiedene Welten oder Zeiten

Wesen wie Nunkui wirken immer noch auf unser Wohl und Wehe unmittelbar ein, obwohl sie ja einstmals fortgegangen sind. Ihre Welt ist weit fort und doch ganz nah. Unter und über unserer Erde stellte man sich im Amazonasgebiet mindestens Unterwelt und Himmel vor, vielfach nahm man auch mehrere Himmel an. Diese Ansicht dürfte mit zunehmender Schulbildung und Fernsehberichten über das Weltall modifiziert werden, doch kenne ich über solche eventuelle moderne Bildungseinflüsse noch keine Berichte, die einerseits ein Weiterleben der eigenen nicht-christlichen Religion, andererseits eine Einpassung der westlichen Schulastronomie zeigen würden. Vermutlich dürfte die moderne Astronomie den Glauben auch hier nicht gänzlich erschüttern, so wie ja auch Galileo Galilei dem Christentum keineswegs den Garaus gemacht hat.

Unterwelten gibt es oft nur eine einzige, manchmal aber auch mehrere. Theodor Koch-Grünberg hörte bei den Pemón von drei übereinandergeschichteten »Abteilungen« unter der unsrigen, was nicht unbedingt ganz getrennte Welten sein müssen, sondern vielleicht auch verschiedene Bewusstseinszustände des immer tiefer in seine Gedanken und Visionen hinabsteigenden Schamanen sein könnten. Ganz starke Schamanen kannten, wie Koch-Grünberg erfuhr, »noch mehr als drei Abteilungen unter unserer Erde«.

Die Oberwelten sind gewöhnlich stärker geschichtet als die Unterwelt. Über der Erde nahmen die von Koch-Grünberg befragten Pemón verschiedene »Abteilungen« an, »noch zehn Orte wie hier mit vielen Bewohnern«. Letztere »werden nach oben und nach unten immer kleiner, da das Ganze mehr oder weniger als eine Kugel gedacht ist«[97] – oder vielleicht als ein Haus mit konisch zulaufendem Dach? Das wäre hier nämlich die traditionelle Hausform, in der bis heute Versammlungshäuser karibischer Völker der Guayana-Region gebaut werden. Bei den Wayana-Aparai wird das konische Dach im Hausinnern durch eine runde Scheibe aus Wurzelholz abgeschlossen, die mit Abbildungen von verschiedensten Wesen der verschiedenen Sphären bemalt sind.[98] Prinzipiell besetzen verschiedene nicht oder nicht mehr menschliche Wesen verschiedene Wohngebiete besetzen, auch wenn deren Anzahl wechselt.

Das lässt sich auf Grenzen unter den Menschen übertragen: Die richtigen Menschen (die Angehörigen der eigenen Kultur) bewohnen andere Gebiete als die nur so in etwa Menschlichen (insbesondere die Nicht-Indigenen), beide dürfen einander zwar besuchen, aber nicht auf Dauer das gleiche Territorium besetzen. Oft hat ein Urheber-Wesen das so festgesetzt.

In den meisten Mythen haben weder die ursprünglichen Schöpferwesen noch die Urheber uns Menschen genau so gemacht, wie wir heute sind. Sie haben Modelle vorgegeben, doch wir Menschen sind von dem Modell abgewichen und haben unsere eigene Entwicklung durchgemacht. *In illo tempore* lebten die Menschen wie Steine oder in Steinen, waren fast (wenn auch nicht ganz) unsterblich Die Urheber selbst waren unsterblich und wollten die Menschen ebenso sehen. Sie waren (vergleicht Birgit Mona Suhrbier mythische Figuren der Kamaiurá mit einer antiken Tradition) zunächst wie »Narziß, der sich selbst genügt« und lebten »für sich in ihren abgeschlossenen Körpern und kennen den Geschlechtsverkehr nicht«, bis einer wegen einer Lüge von einem Pfeil durchbohrt wird – nun kennt er Geschlechtsverkehr und ist sterblich. »Geschlechtsverkehr und Pfeile, die in den Körper eindringen, werden strukturell gleichgesetzt, ihre Wirkung ähnlich wahrgenommen [...] Ihre physischen Grenzen überschreitend, öffnen sie sich für das Geschehen in der sie umgebenden Welt«.[99]

Die Entwicklung der Welt vom Anfang über Urheber bis heute ist nicht einfach verlaufen. Viele Mythologien berichten von verschiedenen Weltzeitaltern, die manchmal durch eine Sintflut abgelöst wurden. Die Möglichkeit, dass ein neues Weltzeitalter plötzlich über uns hereinbricht, ist wohl nie ganz ausgeschlossen. María Vútova berichtet in ihrem Aufsatz in diesem Sammelband von dem Ausruf »Es ist wieder an der Zeit für ein neues Flammenmeer!« Ein Guarasugué sagte 1963/64, der Schöpfer werde seine Erde in 2x13 Jahren wieder zerstören, doch der Forscher, der das hörte, wiegelt insofern ab, als dass doch nicht »die Erde nun in der Tat in 26 Jahren vernichtet wird, sondern vielmehr, daß dies in naher Zukunft der Fall sein wird«.[100] Der Kern solcher Rede ist, dass die Welt instabil ist und man sich nie seiner weiteren Existenz sicher sein kann. Die Guarasugué gehören zu den Guaraní-Völkern, bei denen (worauf auch Chamorro und Combès in ihrem Aufsatz

97 Koch-Grünberg 1923:175, 176. Auf diese Stelle stieß ich dank Halbmayer 2010:194.
98 van Velthem/Linke 2010:47.
99 Suhrbier 1998:130–132.
100 Riester 1972:266.

in diesem Band im Abschnitt »5.1 Widerstand und Erneuerung. Das Übel auf der Erde überwinden« hinweisen) eine Rede vom Weltuntergang bekannt ist. Doch ist solche Rede auch anderen Gesellschaften unseres Raumes keineswegs ganz fremd.

Gewöhnlich nimmt man an, dass indigene Kulturen einen Unterschied zwischen der mythischen Zeit und der Gegenwart machen, im obigen Beispiel etwa war es die mythische Zeit, in der die Frauen erst die Macht über die Flöten hatten und dann an die Männer verloren. Beides zusammen war (mit den Worten von Lawrence E. Sullivan) das *primordium*, als alles noch im Werden war und sich ständig wandelte – eine Zeit der Instabilität. Dann folgte eine globale Katastrophe und seither ist die Welt stabil. Doch wenn wir nicht (wie Sullivan) ein einheitliches Schema suchen, stoßen wir im Amazonasgebiet bald auf Auffassungen, nach denen Vergangenheit und Gegenwart zwar klar unterschieden werden, die Gegenwart aber durchlässig für Geister aus der Vergangenheit ist.

Das wird manchmal als zirkuläre Zeitauffassung zu erklären versucht. Der Anthropologe George Zarur greift Ideen von Mircea Eliade (2007) und vielleicht auch Beobachtungen von Manuela Carneiro da Cunha (1978, über die Beziehung der Krahô zu ihren Toten und damit implizit zu ihrer Vergangenheit) auf. Der Unterschied zwischen der linearen Zeitauffassung und der zirkulären besteht für ihn vor allem darin, dass in der zirkulären Zeit die höheren Mächte nicht mehr direkt ins Geschehen eingreifen – denn das würde ja zu einer Änderung im Ablauf der Zeit und nicht zu dessen Wiederholung führen, während etwa im Christentum mit seiner linearen Zeitauffassung das Auftreten von Jesus auf Erden zu einer völligen Änderung führt. »Während die Christen beten, das heißt, sich mit Gott unterhalten, gibt es im [Alto] Xingu die Idee eines persönlichen Gottes, der Bitten entsprechen und den Lauf der Ereignisse ändern könnte« (2017).

Mir scheinen bei Wiederholungen von Ritualen, die an verschiedene Phasen der mythischen Geschichte erinnern, verschiedene Möglichkeiten durchgespielt zu werden. In einigen Ritualen wird etwa die größere Macht der Frauen als eine gesellschaftliche Möglichkeit vorgeführt, und dies bleibt nicht nur Ritual, sondern wirkt sich auch auf die alltägliche Lebenswirklichkeit aus, die dann allerdings bald wieder zur vorherigen Normalität zurückgeführt wird. Doch ist diese, indem die Möglichkeit ihrer Veränderung vorgeführt wird, nicht in Stein verewigt.

4.1 Verkehrte Welten oder Zeiten

Im Abschnitt über die Geister habe ich schon die Frage erwähnt, ob diese nur aus einem anderen Raum oder nicht auch aus einer anderen Zeit kommen. Oft wird die Anderwelt als eine Verkehrte Welt beschrieben, und die Erzählungen vom Ende der Urzeit beschreiben meist eine radikale Verkehrung (wenn etwa heilige Flöten, die einst Besitz der Frauen waren, in die Hände der Männer gerieten und seither von Frauen nimmer berührt oder nicht einmal geschaut werden dürfen).

Beim Begräbnis zerbricht man oft Gegenstände, die dem verstorbenen Menschen gehört hatten, etwa Pfeile oder Tongefäße, damit sie in der Verkehrten Welt wieder ganz sein und dem Menschen zur Verfügung stehen mögen. Das ist eine Parallele zu der Hoffnung, dass der Verstorbene selbst in einer anderen Welt wieder lebendig und gesund sein möge. Die Toten der Secoya »machen alles – im Vergleich zu den Lebenden – anders herum; oder die Lebenden bzw. die Toten können nicht verstehen, was die anderen möchten oder meinen«.[101] Secoya drücken »sowohl auf der konkreten Ebene wie etwa bei der Ernährung als auf der ganz abstrakten der Interpretation verschiedener Wesen [...] mittels der Paradoxie, der Umkehrung und der *reductio ad absurdum*« die Verkehrung der Welt der Lebenden ins Gegenteil bei den Toten aus. Eine Frau sieht (in einer Erzählung vom eigentlich unmöglichen Besuch der Lebenden bei den Toten) einen Baum mit Blättern, doch für die Toten ist das ein Fluss mit Fischen. Ein verstorbenes Mädchen lebt nun in einem Fluss, bringt aber weiterhin seiner Familie Maiskolben vom Feld, wie es das immer getan hat – aus seiner Sicht, während es aus der Perspektive der noch lebenden Familie Fische bringt.[102]

Auch die eigenen Welten der verschiedenen Tiere können als verkehrte Welten verstanden werden, auch wenn die Tiere noch leben. Es kommt auf die Perspektive an. Fische und Waldtiere leben in ihren Flüssen und Wäldern in dem, was sie als ihre Dörfer sehen, in ihren Langhäuser bewahren sie ihre Haushaltsgegenstände auf (Körbe, Kopfschmuck, Heilige Flöten und anderes mehr). Dort werden sie geboren und aufgezogen, bauen Pflanzen an, tanzen und trinken Maniokbier. Wir sehen sie als Tiere, aber wenn sie nachhause kommen, legen sie ihre Tierverkleidung ab und werden zu Menschen.

> Das Mensch-zentrierte Verständnis der Realität wird zu nur einem unter vielen, die alle gleich gültig, wichtig und wahr sind. Die Welt ist multizentrisch, und ein wahres Verständnis der Realität braucht die Fähigkeit, sie aus verschiedenen Gesichtspunkten zu sehen, oder besser gesagt, vom Gesichtspunkt verschiedener »Seher«. Die Schamanen der Makuna besitzen diese Fähigkeit, sich mit verschiedenen Arten von Wesen zu identifizieren und die Welt auf deren Weise zu sehen.[103]

Ernst Halbmayer spricht von einem »multiverse«, einem vielschichtigen Universum »ko-existierender und vielerarts verbundener Welten«, sieht das aber nur für Vorstellungen in Gesellschaften der Carib-Sprachfamilie nachgewiesen. Darüber hinaus möchte er, aus der viele Ethnologen auszeichnenden Ehrfurcht vor den Einzelfällen heraus, noch keine weitere Verallgemeinerung für das Tiefland behaupten, wenn er auch anregt, nach Parallelfällen zu suchen[104] (weiter unten, Abschnitt 6.1, nenne ich das nach Streck die *idiographische* Richtung, die bei jeder Kultur deren Einmaligkeit anerkennt). Weniger vorsichtig ist da Eduardo Viveiros de Castro (1996), der aus Einzelfällen auf eine generelle Sichtweise schließt, die er »indigenen Perspektivismus« nennt. Ich würde lieber, Halbmayers Genauigkeit folgend, sagen, dass sich in einer Reihe von indigenen Äußerungen aus verschiedenen Kulturen etwas findet,

---

101 Cipolletti .
102 Cipolletti 1989:244–245. 1992: Zitate 164,171, *et passim*.
103 Århem 1996 [1993]:57.
104 2012:120.

was ich als gegenseitiges Nichtverstehen bezeichnen möchte: aus verschiedenen Situationen heraus verstehen wir einander nicht.

5 Der Mensch und seine Seelen

Zwey Seelen wohnen, ach! in meiner Brust,
Die eine will sich von der andern trennen;
Die eine hält, in derber Liebeslust,
Sich an die Welt, mit klammernden Organen;
Die andre hebt gewaltsam sich vom Dust
zu den Gefilden hoher Ahnen (Faust bei Goethe).[105]

Das bekannte Goethe-Zitat verwendet die Vokabel »Seele« nicht im wörtlichen Sinn einer christlichen Seelenlehre, sondern als Bezeichnung für widerstrebende Tendenzen im Menschen. In einem anderen, ebenfalls vielzitierten Gedicht spricht Goethe zwar nicht von »Seelen«, meint aber wohl wieder etwa das Gleiche, nämlich widerstrebende Tendenzen, ja Naturen in ihm selbst:

Vom Väterchen hab ich die Statur,
Des Lebens ernstes Führen,
Vom Mütterchen die Frohnatur
Und Lust zu fabulieren

Und nachdem er noch zwei Ahnen beschrieben hat (der eine liebte schöne Frauen, die andere »Schmuck und Gold«), schließt er:

Sind nun die Elemente nicht
Aus dem Komplex zu trennen,
Was ist denn an dem ganzen Wicht
Original zu nennen?[106]

Ethnologen, die indigene Seelenvorstellungen interpretieren, denken dabei gewöhnlich nicht an Goethe. Doch vielleicht könnte er uns helfen, einen anderen Blick auf diese Vorstellungen zu werfen. Meist heißt es ja in der Ethnologie, dass der Mensch in Südamerika mehrere Seelen in sich vereint. Daneben stehen aber (freilich seltener) andere Interpretationen, nach denen es gar keine Seelen wären, sondern Tendenzen, verschiedene Charakterzüge, eben ganz ähnlich dem, was Goethe meint. Gewiss ist, dass es auf die Definition des Begriffes »Seele« ankommt. Wenn wir indigene Aussagen so verstehen, dass sie verschiedene »Seelen« meinen, gehen wir von einer in sich geschlossenen, einheitlichen Seele aus, sodass eine Vielzahl von Naturen innerhalb eines Menschen nur als Vielzahl von Seelen verstanden werden kann. Wenn wir aber eine »Seele« aber als etwas in sich Vielfältiges, jeweiligen Umständen Angepasstes auffassen, ändert sich die Perspektive. Für Helmut Schindler handelt es sich bei den mehreren sogenannten Seelen südameri-

105 Faust: Der Tragödie Erster Theil, Vers 1112–1117. Goethe 2010:60.
106 Zahme Xenien, VI. Goethe 1949:703.

kanischer Indigener eher »um psychologische Konzepte für psychische Phänomene«, etwa »der Wille, das Wissen, das Gemüt, der Geist, die Vitalität eines Menschen«. Das Wort der Karihona, das oft als »Seele« übersetzt wird, deutet Schindler »als eine Art Lebenskraft«; diese schließe sich nach dem Tod »den Ahnen an und/ oder verschmilzt mit der Energie der Umwelt, eine Vorstellung, die an die »energeia« Plotins gemahnt«.[107] Bei den Kuikuru betrachteten die meisten Befragten »die Seele eher als eine einzige denn als vielfach, sagten aber, dass sie sich auf verschiedene Weisen bemerkbar macht«, einer jedoch beharrte darauf, dass es drei seien, im Auge, im Ohr und im Rücken oder gleich außerhalb des Rückens.[108]

An anderer Stelle habe ich vorgeschlagen, die zwei »Seelen«, die nach Ansicht von Guaraní im Menschen wohnen, eher als zwei Aspekte zu bezeichnen: einen stärker intellektuellen, dessen übliche Übersetzung als »göttliche Seele« mir zu christianisierend erscheint, und einen Aspekt der Begierden und Gefühle, den ich nicht gerne mit »Körperseele« übersetzen möchte. Die Namen der beiden »Seelen« bedeuten auch »durchdachte Sprache« der eine, »wirrer Lärm, undurchdachte Sprache« der andere, und darin scheint mir eine implizite indigene Sprachtheorie zu stecken, die klare und wirre Äußerungen gegenüberstellt. Rafael José de Menezes Bastos hat schon 1978 [s. seine Ausgabe von 1999) bei den Kamaiurá eine Musikologik der Unterscheidung zwischen undifferenzierten und differenzierten Klängen erkannt. Was aus dem Guaraní oft als »göttliche Seele« übersetzt wird, ist in der Übersetzung durch die Guaraní-Muttersprachlerin Graciela Chamorro die »Wort-Seele«, wörtlich »»mein Wort bin ich« oder »meine Seele bin ich««. Chamorro sieht hier einen scharfen Unterschied zum neutestamentlichen Denken, das hellenistisch beeinflusst sei und auf einem Körper-Seele-Dualismus beruhe. Die guaranitische Theologie ähnele mehr der hebräisch-attestamentlichen mit deren Begriff nephesch, נֶפֶשׁ, in dem Körper und Seele zusammengedacht würden, »wobei die [guaranitische] Seele nicht ein Teil, sondern das Leben als Ganzes« wäre. Es handele sich um ein Weltverständnis der Guaraní, das ähnlich dem althebräischen »weder das Materielle dem Spirituellen noch das Konkrete dem Abstrakten gegenüberstellt«. Die andere Seele der Guaraní, oft als »Körperseele« übersetzt, ist in Chamorros Übersetzung zwar auch eine »Seele«, nämlich eine »tierische«, doch eine genauere Definition zeigt, dass es sich ebenfalls um die Wort-Seele handelt, die aber nach dem Tod »zum tierischen Dasein degeneriert« ist, »weil sie nicht das gute Wissen erlangt« hat.[109]

Auch in anderen Kulturen des hier besprochenen Raumes wird zwischen zwei (oft als »Seelen« übersetzten) Bestandteilen unterschieden, bei den Waujá etwa zwischen der »Schattenseele« und der »Seele im Auge«. Letztere wird auch als Substanz des Lebens angesehen. »Auf abstrakten Niveaus ist diese Seele das Bewusstsein und die Erinnerung; auf dem konkreten Niveau manifestiert sie sich

107 Schindler 2018:223–224.

108 Carneiro 1977:3.

109 Münzel in Scharlau/Münzel 1986:248–249. Chamorro 2003:67–68, 70; 222, Fußnote 8. Siehe auch in diesem Sammelband den Aufsatz von Chamorro/Combès.

als eine Spiegelung des Wesens in der Mitte eines jeden Auges. Der Begriff Augen-Seele/Bewusstseins-Seele/Lebenssubstanz meint das gleiche wie der Begriff ›Bild‹«, wobei unter Bild auch etwas zu verstehen ist, was aus dem Verborgenen heraus sichtbar oder hörbar gemacht wird, etwa durch Masken und Flöten in Ritualen.[110]

Ob wir es nun Seelen oder seelische Aspekte nennen, gewiss ist, dass über die menschliche Psyche mit subtilen Unterscheidungen nachgedacht wird. Neben dem relativ einfachen Modell der zwei Seelen (oder Seelenzustände oder psychischen Phänomene) stehen Betrachtungsweisen, die weiter differenzieren. Bei den Marubo ist die Anzahl der möglichen »Seelen«, das heißt hier wohl der psychischen Zustände und Eigenarten, schier unendlich, während der einzelne Mensch jeweils nur einige davon besitzt. Herr Venãpa beispielsweise, ein Marubo, den der Ethnologe Guilherme Werlang kennenlernte, ist ein Schamane und hat deshalb besonders viele mächtige »Seelen«, darunter den Weißen Japu-Vogel, die Zeichnung des Senna-Buschgrases, die Açai-Palme, den Wald der Früchte, das Jüngste Kind, den Träger des Körpers. Diese Bestandteile bilden im Innern des Menschen weite Bereiche und Bestandteile der Welt ab. Sie werden großenteils zusammengehalten und geordnet durch »Atem-Denken«, das überall, vor allem aber im Solarplexus lokalisiert ist. Es gibt »Seelen« der »linken« und der »rechten« Seite: Die »linken« sind überwiegend Doppel von laufenden oder kriechenden Tieren, die »rechten« von Vögeln. Zu den »linken« zählen Doppel von Exkrementen und Leichen, und außerhalb des Menschen können sie Krankheiten erzeugen. Die »rechten« können als kleine Menschlein auf Baumwipfeln sichtbar werden, und von ihnen kommen Lieder und Wohlgerüche. Missionare haben die »linken« als das Böse identifiziert, doch geht das an der engen Einheit vorbei, den das vermeintlich nur Schlechte mit dem Schönen der rechten Seite bildet. Der Mensch ist aus einem Zusammenfluss der verschiedensten Elemente der Natur entstanden. Die Elemente, die einen Anghörigen des Volkes der Marubo bewohnen, sehen sich in ihm wie in einer *maloca* (dem traditionellen Langhaus vieler Amazonasindianer, in dem mehrere Familien unter einem Dach zusammenwohnen).[111]

So fremd, wie uns solche Vorstellungen scheinen mögen, so ganz entfernt von modernen naturwissenschaftlichen Glaubenssätzen sind sie doch auch wieder nicht, ja sie mögen ihnen sogar näher stehen als vorwissenschaftliche europäische Auffassungen dies taten. Die vielen verschiedenen Wesenheiten, die den Menschen bewohnen, finden eine gewisse Entsprechung in den Genen, die erst im Zusammenspiel den Menschen ausmachen. Die christlichen Kirchen haben einige Zeit gebraucht, bis sie den Menschen als ein Tier unter anderen in die Natur einordneten, während die indigene Annahme von »Seelen« oder Lebenselementen, die mit der Natur, den Tieren und Pflanzen zusammenhängen, schon immer unserer modernen Naturwissenschaft relativ näher standen, ohne allerdings deren Trennung von Leib und Seele zu akzeptieren.

---

110 Barcelos 2002:239,241.

111 Werlang 2011, Werlang/Diniz 2006, Cesarino 2010.

Die Gegenüberstellung von »links/tiernah« und »rechts/dem Himmel zugewandt« führt uns zum Gegenüber der tiernahen und der »göttlichen Seele« der Guaraní zurück, die letztlich wohl verschiedene Aspekte eines einzigen menschlichen Wesens sind, aber auch zur Dialektik von wildem Waldgeist und wohlklingender Flöte der Kamaiurá.

Die Psyche des Menschen muss sich nach einer Ansicht, die aus verschiedenen Tiefland-Kulturen belegt ist, im Laufe des menschlichen Lebens erst herausbilden. Ellen Basso hat gezeigt, wie die körperliche und geistige Entwicklung eines Menschen, erst recht eines Schamanen, bei den Kalapalo eine gezielte »Selbst-Entwicklung« (*Self Cultivation*) ist, die ein Mensch aber nicht isoliert schafft, sondern interaktiv mit seiner menschlichen, natürlichen und übernatürlichen Umwelt. Auf der Suche nach einem entsprechenden Begriff in anderen Kulturen findet sie chinesische Vokabeln, vor allem bei Konfuzius: *xiuji* (*cultivating oneself*), *xiushen* (*cultivating one's person*), wobei im Fall der Kalapalo die performative Darstellung gegenüber Geistern und die zunehmende Vollendung im Rahmen dieser Performance wichtig ist.[112]

Nach dem Tod zerfällt, was wir als »Seele« bezeichnen mögen, in mehrere Bestandteile. Zu sagen dass die Seele des Toten ins Totenreich eingeht, wäre eine grobe Simplifizierung, denn wir sahen ja schon, dass der Lebende mehrere Seelen oder Seelenbestandteile in sich geborgen hatte, und deren weitere Entwicklung verläuft ganz unterschiedlich. Ein Bestandteil immerhin macht sich auf die mehr oder weniger gefährliche Reise in ein Jenseits, in dem er viele einstige Gefährten wiederfindet.

Die Erinnerung an Verstorbene wird nach einer Phase der Trauer möglichst unterdrückt. In manchen Gesellschaften reißt und brennt man ihr Haus nieder und zerstört ihre Gegenstände. Letzteres kann freilich auch als Hilfe für die Toten verstanden werden: Wenn das Totenreich eine Verkehrte Welt ist, werden dort die hier bei uns zerbrochenen Dinge wieder ganz. Der Name des verstorbenen Menschen darf so lange nicht ausgesprochen werden, wie man sich seiner in Verbindung zu der Person erinnert (ähnlich berichtet Ulrike Bieker in ihrem Aufsatz in diesem Sammelband von den Mapuche, dass der Name des Toten während des Begräbnisses nicht ausgesprochen werden soll). Fotos der Verstorbenen sollten nicht mehr gezeigt werden. Eine eindrückliche Beschreibung der Trauer und bewussten Auslöschung der hiesigen Existenz bei den Yanomami verdanken wir Cláudia Andujar:

> Der Häuptling beschäftigt sich damit, den Besitz seiner Frau zu verbrennen, ihre Spuren vom Erdboden zu tilgen, die Hölzer, an denen ihre Hängematte hing, zu vernichten. [...] Jedes Mal, wenn er sich anschickt, traurig klagend etwas von Celina zu beseitigen, gedenkt er ihrer laut, ohne je ihren Namen auszusprechen – er nennt sie stattdessen »meine Frau« oder »Mutter meines Sohnes«. [...] Er geht in den Wald, zu dem letzten Waldlager, in dem er und seine Frau auf ihrer letzten gemeinsamen Jagd übernachtet haben. Dort zerstört er den Windschirm, unter dem sie schliefen. Er berichtet:

112 Basso 2003, unter Verwendung von Angaben von David Hall und Roger Ames zu Konfuzius.

> »Ich habe ihr Buschmesser, ihr kleines Messer, ihre Schere zerschlagen. Ich habe den Boden, wo sie gesessen hat und gegangen ist, abgeschürft [...] All das tue ich, um meinen Zorn darüber zu überwinden, daß ich sie verloren habe«. [...] Ein Stück von der Seele der Verstorbenen ist auf deren Besitz übergegangen und kann erst wieder mit der Seele vereint werden, wenn der Besitz zerstört ist.[113]

An anderer Stelle (2015a) habe ich diesen und andere Berichte zusammengefasst, um eine bewusst geplante Lenkung der Trauer zu zeigen. Dem habe ich ein persönliches Erlebnis im Dorf der Kamaiurá angeschlossen, bei dem mich die gezielte, psychologisch geschickte Lenkung der Trauer der Hinterbliebenen durch den Dorfhäuptling und weitere Älteste beeindruckt hat: Es ging darum, Verzweiflung und Wut in geordnete Bahnen zu lenken und den Dorffrieden zu erhalten, der durch Rachegelüste bedroht war. Echte Trauer und religiöse Ehrfurcht vor dem Tod schlossen den gezielten Einsatz psychologischer Mittel nicht aus.

Bei den Kuikuru heißt es, Tote verabscheuen den Geruch der Lebenden[114] – ist das eine Verkehrte Welt, in der die Wohlgerüche des Diesseits Gestank sind und umgekehrt? Zumindest ein Teil der Seele verstorbener Kuikuru muss auf dem Weg zu den Toten einen Fluß durchschwimmen, um darin den Geruch der Lebenden abzuwaschen. Am weiteren Weg des wandernden Seelenteils liegen das Dorf der vergifteten und das der gewaltsam getöteten Toten, aus beiden wird er gerufen, darf aber nicht darauf hören, sonst müsste er dort bleiben. Er muss einen Fluss auf einem schmalen, schlüpfrigen Holzstamm überqueren, und falls er ausrutscht und stürzt, löst er sich in Rauch auf. Seine toten Verwandten helfen ihm, diese Gefahren zu überstehen, und im glücklichen Fall gelangt er ins Dorf der Toten und wird von der Mutter des Urheberwesens Sonne (eines der beiden Jaguarzwillinge) begrüßt. Er sitzt in der Dorfmitte (wie ein Gast bei feierlicher Begrüßung im Dorf der Lebenden), und die Toten bringen ihm Speise und Trank und bitten ihn, seine Geschichte zu erzählen. Die behinderte, nicht geh-, sondern nur kriechfähige Schwester der Sonnenmutter ernährt ihn aus ihrer großen Brust (die andere Brust ist verkrüppelt), bis er zu Kräften gekommen ist. Dann kommt er im Haus seiner Eltern wie ein Jugendlicher in Pubertäts-Seklusion, das heißt, er wird in einem abgesonderten Winkel besonderer Diät und Belehrungen unterworfen. Bei der nächsten Mondfinsternis kommt er heraus und wird in einem Tanzfest als neues Dorfmitglied begrüßt. Machmal trifft er im Dorf auch seinen Hund wieder, wenn dieser korrekt bestattet wurde. Tote können Tote heiraten, aber aus der Ehe werden keine Kinder geboren.[115]

Manuela Carneiro da Cunha hat in einem klassisch gewordenen Kapitel ihres Buches über den Umgang der Krahô mit dem Tod ein Schema formuliert, das die in Afrika häufige Ahnenverehrung dem im indigenen Brasilien häufigeren abrupten Bruch mit den Toten gegenüberstellt.[116] Als ein Beispiel dafür nennt sie die gewalt-

113 Andujar 1988:62–64.

114 Carneiro 1977:5.

115 Carneiro 1977.

116 Cunha 1978, besonders *Conclusão* S. 142–146.

same Trennung vom Toten bei den Aché (die aus dem Kulturbildern des hier besprochenen Raumes etwas herausfallen), von denen eine Gruppe ihre Toten zu verspeisen pflegte.

Die Anthropophagie (»Kannibalismus«) ist heute aus ganz Südamerika verschwunden (ausgenommen die Sonderform des Verzehrens von Asche bei den Yanomami). Sie markierte einst, wie Cunha schon feststellte, eine radikale Abkehr vom Verstorbenen, der vom Mitglied zum Feind der Familie wurde. Das schloss einen liebevollen Umgang mit ihm keinswegs immer aus – auf die Dialektik der Verwandlung von allem in alles, die für die Rückkehr in außermenschliche Bereiche gelten kann, komme ich noch im Abschnitt »Die Kunst des Träumens« zu sprechen.[117]

Über südamerikanische Totenreiche und Wege der Toten dorthin hat María Susana Cipolletti mehrfach geschrieben, und ich verweise hier auf ihre einschlägigen Arbeiten, die das Thema detaillierter und differenzierter abhandeln, als das hier in diesem knappen Überblick möglich wäre.[118]

6 Schamanismus

6.1 Ein umstrittener Begriff

Auf einer Tagung in Madrid über indigenes Heilwesen hörte ich vor wenigen Jahren einen Heiler der Machiguenga berichten, er habe in der Nacht zuvor von seinen Schamanen-Vorfahren geträumt, die ihm sagten: »Wir kommen aus Sibirien.« Der kritische Zuhörer mag sich gefragt haben, ob diese Vorfahren nicht eher Eliade und New Age-Touristen waren. Doch hat auch ein südamerikanischer Schamane das Recht, wissenschaftliche Erkenntnisse und populärreligiöse moderne Phänomene in seine Träume einzulassen oder zumindest für ein westliches Publikum leichter vermittelbar zu machen. Der Schamane war umlagert von Europäern, die ihn als »Meister« ansprachen, und von denen einer, ein Katalane, mir erzählte, er habe erst jüngst erkannt, dass seine katalanische Großmutter Schamanin gewesen war. Beide, der Heiler aus dem Amazonasgebiet und der Enkel einer katalanischen Heilerin verwendeten den Begriff »Schamanismus« im Sinne eines uralten Wissens, und dessen Kernprovinz ist nach Ansicht einiger Forscher Sibirien. Der amazonensische Heiler verband in origineller Weise den Schamanismus, den er aus der Tradition seines Volkes und aus der Zusammenarbeit mit Ethnologen kannte (die diese Tradition erforschten), mit Ideen des Spiritismus und des New Age. Die katalanische »Schamanin«, die nun von ihrem Enkel neu bewertet wurde, hatte heilkräftige Pflanzen der europäischen Volksmedizin gekannt.

---

117 Zur Anthropophagie auch Münzel 2019, Südamerika dort S. 69–107.

118 Cipolletti 1982, 1989, 1991, 2019: Kap. 3:96–139.

Unser Blick auf Südamerika wird von der allgemeineren Verwendung des Begriffes Schamanismus mitgeprägt, auf die ich deshalb hier kurz eingehe. Bis in die 1970er Jahre nannte man »Schamanismus« eine religiöse Praxis oder Religion hauptsächlich in Sibirien, dort besonders bei den Ewenken, mit einiger Vorsicht ausgeweitet auch in nicht allzu weit entfernten asiatischen Regionen, etwa in der Mandschurei und Korea, auch waren Ähnlichkeiten mit religiösen Praktiken nordamerikanischer Indianer bekannt. Seit den 1970er Jahren hat die New Age-Bewegung den Begriff aufgegriffen und auf alle nur denkbare Formen spirituellen Umgangs mit dem Überirdischen übertragen.

Zur Um-Nutzung südamerikanischer Religionen als Handlungsanweisung für westliche Sinnsuche hat Michael Harner beigetragen. Nachdem er 1972 eine im herkömmlichen Sinn strikt wissenschaftliche Studie publiziert hatte, die auf seiner ethnologischer Feldforschung bei den Shuar im ecuatorianischen Amazonasgebiet beruhte, wandte er sich zunehmend dem bei den Shuar wichtigen Thema halluzinogener (heute sagt man eher entheogener) Hilfsmittel religiöser Mittler zur außermenschlichen Welt zu, gab darüber 1973 einen bis heute interessanten, immer noch strikt wissenschaftlichen Sammelband heraus, um dann 1979 das neuheidnische *Center* (heute *Foundation) for Shamanic Studies* zu gründen, das von der These ausgeht, Schamanismus sei einst ein weltverbreitetes Wissen und eine Heilpraktik gewesen. Dieser uralte Menschheits-Schamanismus sei dann aber unterdrückt worden und solle heute im Westen wiedererlernt werden. Hierzu müsse der universale Kern des Schamanismus herausgearbeitet werden, den Harner *Core Shamanism* nannte, den »Kern« ohne regionale Besonderheiten der einzelnen Kulturen. Der Kern kann in allen Kulturen verstanden werden. Harners *Way of the Shaman* (1980) ist ein Klassiker des New Age. In Fällen wie dem der religiösen Mittlerinnen der Mapuche, den Ulrike Bieker im vorliegenden Sammelband bespricht, ist, wie sie zeigt, der Begriff »Schamanismus« auch in seiner klassischen vor-1970er Bedeutung durchaus anwendbar. Doch auch für das Tiefland Südamerikas hat sich der Begriff mittlerweile so sehr eingebürgert, dass ich nicht umhin komme ihn hier zu verwenden. Nur will ich ihn von dem modisch gewordenen Allerweltsgebrauch des Wortes abgrenzen.

Eine solche Abgrenzung des »*Classic Shamanism*« (seit langem Gegenstand der wissenschaftlichen Forschung) vom »*Core Shamanism*« (in Zirkeln seit den 1970ern entwickelt und großenteils auf Intuition und Selbsterfahrung, daneben aber auch auf Forschungen der Wissenschaft beruhend) nehmen Anhänger des letzteren selbst vor. Raven Caldera, ein Nordamerikaner, der sich »heidnischer Schamane« nennt, definiert unter anderen folgende Unterschiede, und ich zitiere ihn nicht, weil er besonders wissenschaftsnah wäre, sondern weil er eine verbreitete neuheidnische Sicht prägnant zusammenfasst:[119]

---

119 Caldera 2003. Nach eigener Darstellung ist Caldera »Northern-Tradition Pagan shaman, herbalist, astrologer, transgendered intersexual activist, homesteader, and founding member of the First Kingdom Church of Asphodel«.

Core Shamanism	**Classic** Shamanism
Offen für alle.	Nur für von den Geistern Auserwählte.
Freiwillig, Ausbildung kann jederzeit problemlos unterbrochen werden.	Von den Geistern gezwungen, Widerstand zwecklos.
Gewöhnlich nicht von lebensbedrohlichen Erfahrungen begleitet.	In der Anfangsphase von lebensbedrohlichen Erfahrungen (Krankheit, psychischer Zusammenbruch) begleitet.
Kann die Persönlichkeit bereichern, aber gewöhnlich ohne traumatische Todes- und Wiedergeburts-Erfahrung. Keine überall wiederkehrende Vision.	Fast immer mit traumatischer Tod- und Wiedergeburts-Erfahrung, von den Geistern zerstückelt und anders wieder zusammengesetzt zu werden.
Schamanismus je nach Entscheidung des Einzelnen mehr oder weniger wichtig in seinem Leben, »*part-time hobby*« oder »*full Time*«.	Die schamanische Praxis wird zum Lebensinhalt, hinter dem alle anderen Tätigkeiten zurückstehen.
In Gruppen und/oder aus Büchern erlernbar.	Einzelausbildung durch einen Lehrer.
Unabhängig von bestimmten ethnischen oder sozialen Gruppen.	Meist nur innerhalb des »Stammes« ausgeübt.
Unabhängig von spezifischem kulturellen Kontext, oder kann sich einen eigenen kulturellen Kontext schaffen	In den symbolischen Kontext einer spezifischen Kultur eingebunden.
Meist ohne spezifische Regeln, oder wenn doch, dann nur mit solchen, die mit einzelnen Geistern ausgehandelt wurden. Der Bruch solcher Einzelregeln führt meist nur zu einem Verlust an spiritueller Macht.	Zahlreiche immer schärfere Tabus, deren Verletzung gewöhnlich sofort zu Krankheit und Leiden führt.
Beziehung zu den Geistern meist von gleich zu gleich, oder auch Herrschaft über die Geister.	Den Geistern muss man schmeicheln, manchmal ist der Schamane gar ihr Sklave, im Austausch hat er an ihrer Macht teil.

Als Ethnologe wende ich ein, dass die angenommene Unabhängigkeit des *Core Shamanism* vom kulturellen Kontext eine Illusion ist, er vielmehr gerade aus seiner nordamerikanischen Erweckungskultur heraus (*to be borne again*) zum religiösen Enthusiasmus kommt. Caldera, der offenbar stark von Michael Harner und dessen Berichten über den Schamanismus der Shuar beeinflusst wurde, verbindet das mit überwiegend nordamerikanischen Schamanismus-Varianten. Schon der Verständlichkeit halber vereinfacht er das alles schematisch, ohne in der Zusammenfassung auf die verschiedensten Einzelausprägungen eingehen zu können (noch wohl auch zu wollen, da es ihm um weltumspannende Ideen und Praktiken geht).

Auch in der Ethnologie muss freilich bei der Darstellung des Schamanismus zusammenfassend vereinfacht werden, wenn auch ohne religiösen Enthusiasmus. Dabei kommt es allerdings darauf an, ob die ethnologische Betrachtung der *idio-*

graphischen Richtung folgt, das meint, bei jeder Kultur »der Anerkennung ihrer Einmaligkeit«, oder der *nomothetischen* Richtung, »der Suche nach Gesetzmäßigkeiten in der Vielfalt fremder Kulturerscheinungen«.[120]

In der Einleitung zu diesem Sammelband habe ich schon Josef Drexler zitiert, der sich gegen jegliche Verallgemeinerung wendet. Das gilt auch für den Schamanismus. Diesen als Einzelreligion in einem spezifischen, wenn auch weit ausgedehnten Kulturgebiet, Nordasien, hat Hans Findeisen beschrieben, für den es »nirgendwo wieder auf der Erde ein zusammenhängendes Kulturgebiet diesen Ausmaßes gibt«, in dem der Schamanismus, »eine alte spiritistische Religion [...] alle anderen religiösen Bereiche, Anschauungen und Sitten weitgehend durchsetzt und sich angeglichen hat«. Diese sah er freilich in einem größeren Zusammenhang, dem »Tierdenken«, der religiösen Ergriffenheit vom »Tier als Gott, Dämon und Ahne«, das sich im gleichen Raum konzentriert habe, sich jedoch weltweit finde.[121] Demgegenüber sieht Klaus Müller ein über viele Regionen verbreitetes Phänomen, dessen Ursprung und häufigstes Vorkommen freilich auch er in Sibirien ortet, und das sich nicht überallhin ausgebreitet habe, nicht nach Afrika, nicht nach Melanesien und Neuguinea. Der Schamane besaß nach Müller

> ... die Fähigkeit, sich seiner eigenen Freiseele, wann immer er gebraucht wurde, *willentlich* zu »entäußern« und sie auf Reisen ins Jenseits zu schicken. [... Gegen die Gefahren der Reise verstand er es], sich *helfende Geister* zu verpflichten, die ihm assistierten und Sorge für seinen Schutz trugen. Die schamanistische Seeelenreise entsprach im Prinzip dem Traumerleben [...] – nur erfolgte sie [...] kontrolliert und aufgrund eines bewußt getroffenen Willensentscheids (1997:19).

6.2 Schamanismus und Neoschamanismus in Südamerika

Das obige Schema von Raven Caldera erlaubt uns, seinem Kulturen überfliegenden *Classic Shamanism* (der von Flugbasen wie den Ethnographien der Shuar oder nordamerikanischer Indianer startet) die tatsächlichen Ausprägungen des Schamanismus im tropisch-subtropischen Tiefland von Südamerika gegenüberzustellen (wobei auch ich schematisch vereinfachen muss).

Ein Großteil des oben dargestellten Schemas von Raven Caldera trifft tatsächlich auch auf südamerikanische Schamanismen zu, doch mit wichtigen Ausnahmen:

- der Schamane macht hier zu Beginn seiner Laufbahn keineswegs immer die (tatsächlich eher aus Sibirien bekannte) Erfahrung, dass er »von den Geistern zerstückelt und anders wieder zusammengesetzt« wird; – das kommt freilich vor, öfter wird es in der Beziehung des Schamanen zum Mond angedeutet, der ja immer wieder stirbt (Neumond) und neu ins Leben findet.
- Die schamanische Praxis ist in Südamerika nur ganz selten »Lebensinhalt, hinter dem alle anderen Tätigkeiten zurückstehen«, vielmehr ist der Schamane meist

120 Streck 2000:10.
121 Findeisen 1957:15–16; 1956.

ein Bauer wie die anderen auch, seine Einkünfte aus dem Schamanismus sind ein Nebenerwerb; der Schamane ist keineswegs der »Sklave« der Geister, schmeichelt ihnen nicht einmal öfter, sondern tritt ihnen selbstbewusst entgegen.

- Die Autonomie des Menschen gegenüber der Natur und auch angesichts der Geister wird in der westlichen (und erst recht der New Age-) Rezeption oft übersehen. Sie passt nicht in das westliche Selbstbild, demzufolge erst der moderne Mensch sich über die Natur erhoben habe. Die Aura der naturnahen Frühkulturen der New Age-Vorstellung, die auch eingeborenen Umweltschützern umgehängt wird, ist am Amazonas mit eben dieser ideologischen Vorstellung verknüpft, dass der Urmensch noch ganz in der Natur lebt und damit ein Gegenideal zur modernen Abtrennung von der Natur bildet. In älteren missionarischen Bildern von den Eingeborenen lebten diese unter der Fuchtel der Geister, und das hieß auch der Naturgeister, in neueren Umweltidyllen leben sie nicht mehr in Furcht, sondern in Harmonie mit der Natur und den Naturgeistern. Im Abschnitt über die Geister erwähnte ich dagegen schon, dass die Geister – anders als in mancher westlichen, insbesondere älteren missionarischen Darstellung – nicht tyrannisch die Menschen unterdrücken und ebenso wenig in Harmonie mit ihnen leben, sondern der Mensch macht sie sich untertan, nimmt sie etwa gefangen, zwingt sie in die Rolle von Hilfsgeistern. Nicht der Schamane ist ein Sklave seiner Hilfsgeister, sondern diese sind seine mehr oder weniger gezwungenen Helfer. Das erinnert ein bisschen an den in der Flasche gefangenen Geist, dem Aladin befiehlt, und der freilich furchtbar werden kann, wenn er der Macht seines menschlichen Herrn entkommt. Allerdings kann der Schamane auch durchaus freundschaftliche Beziehungen zu Geistern eingehen, zumal wenn es sich um Geister seiner Vorfahren handelt.
- Der *Core Shamanism* des obigen Schemas war »in den symbolischen Kontext einer spezifischen Kultur eingebunden« und wurde meist nur innerhalb dieser Kultur ausgeübt. Das trifft auf den südamerikanischen Schamanismus zwar bis zu einem gewissen Grad, aber nicht vollständig zu. Tatsächlich haben hier Schamanen oft in anderen Ethnien Erfahrungen gesammelt. Traditionell gab es schon seit Menschengedenken

> ... eine formalisierte Inkorporation von Wissens- und Ritualelementen unterschiedlicher Herkunft in die jeweiligen lokalen Traditionen [...] im Rahmen ausgedehnter Netzwerke, die in Lateinamerika Ritualisten verschiedener schamanischer Traditionen und diverser magischer und medizinischer Schulen verbinden.[122]

Solche Netzwerke sind besonders in den Zentralandenstaaten auffällig, zwischen deren Amazonasgebieten im Osten, den zentralen Gebirgsregionen und der Pazifikküste im Westen.[123] Dass Kulturen ethnische Grenzen überschreiten, ist eine alte Erkenntnis der Ethnologie, und dafür »ist es vielleicht der Schamanismus, der die-

---

122 Mader 1995:178,177–178, ausgehend von ihren Beobachtungen bei den Shuar.

123 S. etwa den Sammelband Schweitzer de Palacios/Wörrle (Hrsg.) 2003 mit einer Reihe von Beispielen.

sen konstitutiven Antiessentialismus der Identitäten in der indioamerikanischen Welt am besten illustriert«. Auch die Aufnahme westlicher Medizin und heute auch der Biomedizin stellt keinen Widerspruch dar, sondern wird pragmatisch eingepflegt.[124]

In ihrer Darstellung des Schamanismus der Kofán betont Margrit Jütte einerseits dessen besondere, für diese Ethnie spezifische Eigenart, andererseits zeigt sie, wie Schamanen sich in neue, überregionale Entwicklungen einbringen, wobei sie die schon traditionellen Netzwerke ausbauen und in die Städte ausweiten. Sie öffnen sich auch den Erwartungen westlicher Sinnsucher. Eine besondere Rolle spielt dabei der Gebrauch chemisch auf den Geist einwirkender Mittel im Schamanismus der Kofán, insbesondere Ayahuasca (Yajé), das westliche Visionssuchende ähnlich anzieht wie das mexikanische Peyote. In Gebieten, die politisch zu den Andenstaaten gehören, führen Abzweigungen von den schon seit Jahrzehnten ausgetretenen Pfaden des alternativen Anden-Tourismus mit seinen neo-indianistischen Träumen, die von einigen Beobachtern als eine neue Religion gedeutet werden,[125] in Regionen des schamanischen Entheogen-Gebrauchs. Dabei kommt es zu ähnlichen Reibungen, wie Francisco Gil sie in diesem Sammelband in seinem Aufsatz über Religionen des zentralandinen Amerika am Beispiel der Heiler der Kallawaya beschreibt: Gegenüber westlichen Sinnsuchenden kann jeder sich als Schamane darstellen, und die in langer, mühsamer Ausbildung zu Schamanen Gewordenen haben oft das Nachsehen.

Viele der westlichen Reisenden sind ernsthaft an indigenen Kulturen und Spiritualität interessiert, doch die europäisch-nordamerikanische Konsumkultur mit ihrem Streben nach raschem Genuss führt leicht zu einem Schamanismus *light*, der schwerlich zu der Geduld passt, die eine jahrelange Ausbildung zum Schamanen erfordert. Der lange Lebensabschnitt, den Schamanen für ihre vollständige Ausbildung benötigen, fügt sich schlecht in den Zeitplan europäisch-nordamerikanischer Urlaubstrips. Zumindest für Rucksacktouristen ist eine ernsthafte Initiation auch finanziell kaum erschwinglich, lässt sich doch der ausbildende Schamane gewöhnlich sehr gut für seine Lehrleistung bezahlen. Die Schreckensvisionen des von Geistern angegriffenen oder gar zerstückelten Schamanen zu Beginn seiner Lehrzeit vertragen sich schlecht mit Vorstellungen von Blumenfrieden – umso weniger, wenn im Schamanismus, wie es oft der Fall ist, etwas von der kriegerischen Tradition einer Gesellschaft weiterlebt, die manchmal bis vor wenigen Jahrzehnten in Scharmützel mit Nachbargruppen verwickelt war. Hier führt der Schamanismus alte Kämpfe auf der Geister-Ebene fort (ähnlich wie im Gran Chaco, von wo José Braunstein in diesem Sammelband berichtet, dass die Attacken berittener Schamanen an die Vergangenheit der Reiterkrieger erinnert). Die Kopfjagd von Shuar und Aguaruna auf menschliche Köpfe, die auf Schrumpfköpfe reduziert werden, ist lange vor-

124 Ventura i Oller 2003 unter Bezug auf die Tsáchila (außerhalb des in diesem Aufsatz behandelten Raumes, aber:) auch auf deren Beziehungen über die Hochanden bis ins Amazonastiefland insbesondere zu den Shuar; Zitat S. 73.

125 Galinier/Molinié 2008, insbesondere 244–274.

bei, aber der geistige Inhalt dieser Jagd, das Kleinmachen des gegnerischen Kopfes zu einer höhnischen Karikatur lebt in anderer Form in einer Kultur weiter, die kriegerische Traditionen nicht verdrängt hat.

Doch neben mehr oder weniger offenkundigem Touristennepp gibt es auch ernsthafte Versuche einer Verbindung verschiedener Heilerwelten. Ayahuasca/Yajé steht im Mittelpunkt der in den USA 2008 gegründeten *Divine Yajé Church*, die sich »als NGO begreift, die sich für die Interessen der Cofán einsetzen möchte«. Jütte nennt als weiteres Beispiel die »multikulturellen Treffen«, zu denen ein zum Schamanen gewordener, nicht-indigener Anthropologe Schamanen aus verschiedenen kolumbianischen Ethnien, aber auch religiöse Experten von den Lakota aus den USA einlädt; und die mexikanische *Iglesia del Fuego Sagrado de Itzachilatlán* (Kirche des Heiligen Feuers von Itzachilatlán), die aus der US-amerikanischen *Native American Church* hervorgegangen ist und nun auch etwa in Kolumbien eine neue Bühne für traditionelle Schamanen bietet. Die Gemeinden dieser Kirche »kombinieren [...] verschiedene Techniken wie Schwitzhüttenzeremonien, die Einnahme von Peyote und Yajé [Ayahuasca], Tabak- und Tabakpfeifenrituale sowie Visionssuche und [dem aus der Religion der Lakota in den USA übernommenen] Sonnentanz«.

Daneben steht auch eine kommerzielle Nutzung echten oder vermeintlichen schamanischen Wissens, wie Margrit Jütte am Beispiel des Unternehmens *Ayahuasca International* diskutiert, dessen argentinischer Gründer sich auf eine Ausbildung bei den Kofán beruft und in aller Welt Ayahuasca-Rituale leitet. Aus dem kulturellen Kontext gerissen und in unerfahrenem Umgang, könnte (befürchtet Jütte) die Einnahme von Psychopharmaka schwerwiegende psychotische Folgen haben.[126]

6.3 Schamanismus im Tiefland: Einige Grundlinien

Der Schamane reist ins Jenseits, um mit Geistern in Kontakt zu treten, wie er das etwa auch im Gran Chaco vielfach tut (Abschnitt »Gläubige und Seelen« des Aufsatzes von José Braunstein in diesem Sammelband). In unserem Raum sind es freilich häufig auch die Geister, die aus der Anderwelt zum Schamanen kommen.

Eine klassische Beschreibung einer solchen Séance mit Geisterbesuch, bei den Palikur, publizierte schon Curt Nimuendajú (1926). Bezeichnend ist die entspannte Atmosphäre:

> Es geht [...] bei diesen Sitzungen sehr wenig feierlich zu. Die Anwesenden unterhalten sich ziemlich laut, lachen und schlafen schliesslich zum Teil ein. Einer setzte sich einmal neben ein hübsches Mädchen, unterhielt sich ganz ausgezeichnet mit ihr und kümmerte sich gar nicht darum, was unter dem Mückennetz vorging.

Unter dem Mückennetz empfängt unterdessen der Schamane einen Geist nach dem anderen, der jeder durch den Schamanen mit der Tanzrassel rasselt, singt, von

---

126 Jütte 2016, Zitate in der Reihenfolge 271,257 (Fußnote 626),270. Ayahuasca International: Jütte 2018. Zum Sonnentanz der Lakota Bolz 1994, zur Native American Church mit der neuen nordamerikanisch-indigenen Peyote-Religion Gerber 1980.

den Zuhörern im Chor begleitet wird und sich anschließend mit dem Gehilfen des Schamanen unterhält. Es läuft wie ein Sketch ab: Der Geist spricht (durch den Schamanen, aus dem Mückennetz heraus) entweder in der Palikúr-Sprache oder, besonders komisch für die Zuhörer, auf Kreolisch, der Volkssprache in Französisch-Guyane, mit der tiefen Stimme und dem lauten Gelächter der Kreolen. Der Gehilfe antwortet ihm je nachdem auf Kreolisch oder Palikur. Der Geist beantwortet allerlei Fragen aus dem Publikum, und ein Palikur fragte den archäologisch interessierten Forscher, warum der den Geist nicht nach der Lage alter Graburnen befragte. Manchmal wird ein Kranker zum Schamanen unters Netz gebracht, der ihn (auf eine quer durchs Tiefland verbreitete Art) behandelt: er fährt mit der Rassel den Körper entlang, bis er die kranke Stelle gefunden hat, dann ruft er Hilfsgeister zum Kampf gegen die Krankheitsgeister, es entspannt sich ein Kampf, wie man an lauten Kampfgeräuschen erkennt. Oft saugt der Schamane das Übel aus dem Körper.[127]

Das Böse

Nicht immer geht es so lustig zu wie in einem Sketch. Ich wohnte 1989 mehrtägigen Orakelsitzungen bei den Kamaiurá bei, in denen ermittelt werden sollte, welcher Hexer an einem bestimmten Todesfall schuldig war. In einer Nacht, in düster-gespenstischer Atmosphäre, wurden Fingernägel des Verstorbenen in einen großen Topf voller Wasser und Zaubermitteln geworfen, der Topf wurde mit Lehm verschlossen und über einem Feuer zum Kochen gebracht. Man beobachtete, in welche Richtung sich das kochende Wasser einen Weg aus dem Topf suchte. Dabei ging man von der Intelligenz des Fingernagels aus, der die Richtung anzeigen würde, in welcher der Hexer sich aufhielt. Die Untersuchung fand unter Leitung eines angesehenen, mit dem Himmel in Kontakt stehenden Schamanen vor einem großem Publikum statt, das genau aufpasste, dass nicht manipuliert wurde. Schließlich floss kochendes Wasser aus, und zwar in die Richtung eines weit entfernten Dorfes. Eine Verwandte des Toten rief Verwünschungen in diese Richtung. Dann gingen wir alle schlafen. Doch wenige Stunden später gingen Verwandte des Toten erneut an den Topf, diesmal ohne Publikum, und diesmal floss das Wasser in Richtung jenes Schamanen und seines Verwandten, des Dorfhäuptlings, von dem man wusste, dass er dem Verstorbenen nicht wohl gesonnen gewesen war. Darauf folgten Tage voller Wut und Trauer, in denen nicht alsbald geklärt werden konnte, wer recht hatte: der Schamane, der den Schuldigen in einem Dorf weitab lokalisiert und damit Bewohner des eigenen Dorfes und insbesondere den Dorfhäuptling aus der Schusslinie genommen hatte, oder die Verwandten des Verstorbenen, die den Schuldigen im eigenen Dorf vermuteten. Der Dorfhäuptling, selbst ein angesehener Schamane, und seine mit ihm verwandten Schamanenkollegen bemühten sich, den ihrer Ansicht nach weitab hausenden Schuldigen in ein durstiges Ungeheuer zu verwandeln und ins Dorf zu locken – das war gefährlich, aber die einzige Möglichkeit, ihn aus

127 Nimuendajú 1926: 93–94.

der Deckung zu locken. Schließlich tauchte der Schuldige tatsächlich im Dorf auf – natürlich unsichtbar, aber der Dorfhäuptling sah ihn. Ein Großteil der Dorfbewohner floh aus Angst, bis es schließlich wohl gelang, den Unhold zu überwältigen (wie genau, habe ich nicht miterlebt).[128]

Nicht weniger düster verlief die Suche nach Schuldigen bei den Shawi, die Luisa González 2006 miterlebte (publiziert 2015). Der Distriktgouverneur, ein Shawi, folgte der von vorgesetzer Stelle angeordneten Kampagne gegen Krankheiten. Er verstand darunter die Suche nach Hexern. Man rief zwei Experten aus der Ferne und somit unparteiisch, die im Gemeinschaftshaus und am folgenden Tag in der besser nach außen verschließbaren Schule Kontakt mit Geistern aufnahmen. Dann kamen Kranke einzeln zu ihnen und erhielten Heilung mittels Gesängen und dem Blasen von Tabakrauch. In den Fällen, in denen Kranke als Ursache ihres Leidens Hexerei angaben, suchten die Heiler mithilfe der Geister den Schuldigen. Sie nannten Namen. Die Beschuldigten gestanden teils, ihnen geschah nichts weiter, teils flohen sie. Aus der Nachbarschaft kamen Angehörige des Volkes der Aguaruna und verlangten, dass auch bei ihnen Hexerei untersucht werde, wobei sie Personen vom Volk der Shawi in Verdacht hatten. Die Experten zogen also zu den Aguaruna, wo sie mehrere Shawi als Schuldige identifizierten. Dann flohen sie. Bei den Shawi breitete sich Furcht vor einem Angriff von Aguaruna aus, und einige flohen.

In dieser Episode unterschieden sich die Haltungen von Shawi und Aguaruna. Während erstere betonten, Christen zu sein und deshalb nur die Schuldigen ermitteln, ihnen aber nichts antun zu wollen, drohten Aguaruna mit tödlicher Vergeltung. Letzteres ist wohl insgesamt die häufigere Haltung. Sie beruht darauf, dass man in Hexern Wesen sieht, die ihre Menschlichkeit verloren haben und zu Monstren geworden sind. Die Zauberhandlungen, mittels derer in der ersten oben erzählten Episode, bei den Kamaiurá, der Hexer in ein Ungeheuer verwandelt wurde, beschleunigten aus der Sicht der Schamanen nur dessen Verwandlung, die ohnehin im Gange war. Der Schadenszauberer ist das abolut Böse, ein Kompromiss mit ihm ist nicht möglich.

Als Schadenswaffen werden oft Pfeile beschrieben, die der Böse in das Opfer hineinschiesst. Der Heiler sieht den unsichtbaren Pfeil, saugt ihn wieder heraus und zeigt ihn vor: Da haben wir den Übeltäter! Uns mag das als typischer Taschenspielertrick erscheinen. Interessant ist aber die Beobachtung eines Ethnologen, der eine lange Lehre bei einem Schamanen der Shuar durchgemacht hat. Der Lehrer war mit seinem Schüler sehr zufrieden, und dieser fasste schließlich den Mut, einzugestehen, dass er nie den Schadenspfeil gesehen hatte, den er scheinbar aus dem Kranken heraussaugte. Der Lehrer, antwortete, er auch nicht, und nie habe ein Schamane den Pfeil gesehen. »Man sieht sie nie!« Er war aber, meint der Ethnologe, keineswegs ein Trickbetrüger, sondern sehr ernsthaft und ehrlich. Beim »Pfeil« handelte es sich um eine Metapher für etwas, was nicht sichtbar, aber äußerst gefährlich ist.[129]

---

128 Über den Vorfall habe ich in Münzel 2015a:45–49 ausführlicher berichtet.

129 Fericaglia 2000: 160–161.

Der Gute

Ein Schamane, der für das Böse wirkt, dürfte insgesamt seltener sein, oder man benennt ihn seltener als einen, der sich für das Gemeinwohl einsetzt, auch wenn die Furcht vor Schadenszauber (ebenso wie vor Giftanschlägen) ständig präsent ist. Ein Unterschied zwischen beiden Typen von Zauberern ist, dass der böse aus reiner Bosheit handelt. Es geht ihm nicht um Gewinn, sondern er ist ein Monstrum, besessen vom Drang, Böses zu tun. Der Gute hingegen handelt, weil er damit verdient. Er darf nie vergessen, Bezahlung zu verlangen, denn sonst geriete er in Verdacht, etwas anderes, böses zu wollen. In den 1960er Jahren erlebte ich im Alto Xingu, wie die kostenlose medizinische Hilfe, welche die Verwaltung der Reservation anbot, mit Misstrauen bedacht wurde: Was steckte dahinter, was bezweckten die Weißen mit ihrer vorgeblichen Hilfsbereitschaft? 25 Jahre später, in den 1980ern, war das Misstrauen geschwunden, man glaubte nun den Beteuerungen, Gutes ohne Bezahlung tun zu wollen. Genauer gesagt, hatte man inzwischen verstanden, dass die Personen, die für die Gesundheit arbeiteten, dies nicht gratis taten, sondern dafür ein staatliches Gehalt bezogen. Heute, da der Gesundheitsdienst in der Reservation zu einem Gutteil von Indigenen besorgt wird,[130] wissen diese und mit ihnen die Bevölkerung genau, dass es sich um bezahlte Arbeit handelt, die noch dazu eine soziale Aufstiegsmöglichkeit innerhalb der Dorfgemeinschaft bietet.

Man mag fragen, was ein Exkurs zum sozialen Aufstieg im Gesundheitswesen oder zum Schadenszauber mit Religion zu tun hat. Doch lassen sich diese Elemente nicht von Vorstellungen etwa von Höheren Wesen oder Schöpfergottheiten trennen. Der soziale Aufsteiger im Gesundheitswesen muss sich mit der Autorität des Häuptlings auseinandersetzen, der ein Nachfolger des Urhebers Sonne, des ersten Häuptlings ist. Er muss erkennen, ob er es mit einer Krankheit zu tun hat, die von einem Schadenszauberer verursacht wurde, und muss dann eventuell seine Bemühungen um den Patienten an einen für Zauber zuständigen Schamanen abgeben. Damit wird er selbst keineswegs zum Schamanen, aber er bewegt sich in einem Gesamtsystem, in dem Schamanen eine mindestens ebenso wichtige Rolle wie der Mann im Gesundheitswesen spielen. Dabei kommt auch der Gender-Aspekt zum Tragen. In dem erwähnten Beispiel im Alto Xingu schlagen Frauen fast nie den Berufsweg eines Mitarbeiters im Gesundheitswesen ein (obwohl die nicht-indigenen Mitarbeiter überwiegend weiblich sind). Der Grund hierfür sind Gender-Rollen. Die Frau darf nicht das Haus der heiligen Flöten betreten, ja (außerhalb bestimmter Sonderphasen) nicht einmal dort hineinblicken, denn von den Flöten geht eine für Frauen möglicherweise tödliche Gefahr aus. Sie kann deshalb nicht an den Beratungen der erwachsenen Männer im Flötenhaus teilnehmen, in denen über Beziehungen zur Außenwelt, auch zu dem von den brasilianischen Behörden finanzierten Gesundheitsdienst beraten wird.

Schamanen sind je nach Region unterschiedlich häufig. Im Alto Xingu sind manchmal in manchen Dörfern ein Großteil der erwachsenen Männer und eine kleine Anzahl

---

130 den *agentes indígenas de saúde* (etwa: »indigenen Gesundheitsarbeitern«), s. Novo 2010.

von Frauen Schamanen, das heißt, sie rauchen Tabak und können in Visionen Geister sehen, mit ihnen kämpfen oder zusammenarbeiten und Kranheitsursachen erkennen. Doch schwankt der Anteil im Laufe der Jahrzehnte stark. In der Uaupés-Region stellen Schamanen eine kleine, in mehrere Ränge gegliederte Elite dar. Bei den Kofán besteht eine informelle Hierarchie zwischen verschiedenen Graden der Erfahrung und des Umgangs mit dem Entheogen Ayahuasca (Yajé). Die Eingangsstufe ist die des einfachen »Yajé-Trinkers«, dieser kann eventuell zu einem »Yajé-Trinker, der etwas weiss« aufsteigen, dann vielleicht noch weiter zu einem »Yajé-Trinker, der viel weiss«, schließlich zu einem »Wissenden«, endlich in viel weniger Fällen zu einem *curaca* oder *taita* (Quechua-Wörter für einen wichtigen Würdenträger – in Peru ein Dorfvorsteher – und für einen ehrwürdigen Alten). Dieser letzte, höchste Grad ist der, den wir am ehesten als Voll-Schamanen bezeichnen könnten. Er hat von den Geistern des Yajé Gesänge gelernt, er kann nach Einnahme von Yajé ins Innere eines Patienten blicken und Krankheiten diagnostizieren, er kann unsichtabre Pfeile aus dem Körper des Patienten ziehen, er kann einen Teil seines Geistes nach Einnahme von Yajé auf Reisen schicken, er kann sich in einen Jaguar verwandeln. Einige tragen eingepflanzt in ihren Körper ein besonderes, geheimnisvolles Objekt, das ihnen Macht verleiht (im Kapitel von María Vutova in diesem Sammelband beschreibt ein Schmane, wie ihm etwas eingepflanzt wurde, was er als ein Mikrophon für die Verbindung zum Himmel erklärt). Die verschiedenen Heiler der Kofán haben sich auf unterschiedliche Krankheiten spezialisiert, und wie westliche Ärzte überweisen sie einander Fälle, von denen sie selbst weniger als der Kollege verstehen.[131]

Die Waujá im Alto Xingu unterscheiden drei Klassen: Die »nur rauchen«, (nämlich Tabak), zu dieser Klasse gehörten im Jahre 2000 von den 263 Bewohnern des einzigen Dorfes der Waujá 15 Schamanen; die Herren der Lieder, die ebenfalls Tabak rauchen, aber vor allem geheime Lieder kennen, das waren fünf; und die höchste Klasse, die »halb-bei-Bewusstsein-laufen«, das heißt, sich in eine Trance versetzen können, in der sie in Anderwelten reisen und Seelen zurückholen, die von Geistern entführt wurden. Von dieser Klasse gibt es nur ganz wenige, manchmal fehlen sie ganz, so dass Kollegen aus anderen Dörfern und Ethnien zur Hilfe gerufen werden, im Jahre 2000 waren es vier. Die wissensmächtigsten Schamanen sind diejenigen, die beide höheren Klassen, Kenntnis der Lieder und Fähigkeit der geistigen Fernreise, in sich vereinen, im Jahre 2000 waren es zwei der vier höchsten.[132]

Die Heilmethoden sind unterschiedlich, das schon in Nimuendajús Bericht von einer Sitzung erwähnte Streichen mit einer Rassel über den Körper und das Beblasen des Kranken mit Tabakrauch gehören meist dazu, oft auch das Aussagen unsichtbarer schädlicher Pfeile oder anderer Dinge aus dem Körper. In dem Fall zeigt der Schamane am Ende das schädliche Objekt vor, das er nun sichtbar gemacht hat. Für skeptische Europäer mag dies das Musterbeispiel eines Taschenspielertricks sein, doch können wir es auch als eine schauspielerische Verstärkung eines tatsächlichen Vorgangs verstehen. Das Bestreichen mit der Rassel, das Singen, Zischen und

131 Jütte 2016: 141–142.
132 Barcelos 2002:204–206, 69.

Murmeln hat eine Wirkung auf die Kranken, und in der Sicht der Gläubigen greift es Schadstoffe an, die von Schadenszauberern in den Körper der Leidenden geschossen wurden; das wird durch das Vorzeigen eines sichtbar gewordenen Schadensobjekts veranschaulicht, wobei den Beteiligten bewusst ist, dass es sich nicht nur um den Schadenspfeil handelt, sondern dahinter um den Hass, die Bosheit, den Zerstörungswillen, der sich gegen das Opfer gerichtet hatte.

6.4 Die Kunst des Träumens und die Überwindung der Illusion

> Und meine Seele spannte
> Weit ihre Flügel aus
> Flog durch die stillen Lande
> Als flöge sie nach Haus
> (Eichendorff: Mondnacht, 1837)[133]

Ein Buch über die Darstellung von Träumen und Visionen durch die Waujá im Alto Xingu trägt den Titel »Die Kunst des Traums« (Barcelos 2002). Es zeigt die auf Geistervisionen basierende Kunst dieses Volkes, sowohl die traditionelle der geometrischen Muster als auch die neue der Zeichnungen auf Papier in europäischer Technik. Beide beruhen auf der visionären Sicht der schon erwähnten höchsten Klasse der Schamanen der Waujá. Das Eingangsgedicht dieses Abschnitts stammt aus einer Epoche unserer Geistesgeschichte, in der Träume meist einen höheren Wert als heute besaßen.

Im obigen Abschnitt 6.1 (über den umstrittenen Begriff Schamanismus) zitierte ich Klaus Müller, der als teilweise Entsprechung des Schmanismus den Traum erwähnt. Diesem räumt Bernhard Streck in seiner Darstellung polytheistischer Religionen eine Hauptrolle ein. Er widmet dem Schamanismus kein eigenes Kapitel, wohl aber dem Traum, der ja das Kommunikationsmittel des Schamanen mit den Geistern ist. Dies erscheint ihm

> wie Surrealismus; davon zeugen die Riten, denen nur schwer ein vernünftiger Sinn untergeschoben werden kann, und davon zeugen die Mystiker [...], die die Traumwirklichkeit für so bedeutend halten, dass sie sie darstellen. [...] Der Traum ist der Kommunikationskanal zwischen Menschen und Geistern par excellence.[134]

Im Mystisch-Surréalen sieht Streck einen Gegensatz zum modernen Rationalismus, der anderes Denken in den Aberglauben abgeschoben hat. Doch meint er damit nicht, ältere Kulturen hätten nicht rational denken und handeln können, vielmehr habe man sich dort auf ein Nebeneinander verstanden, das »so genannte *code switching*« zwischen Mystik und rational-praktischem Handeln, »wie es beispielsweise der sibirische Jäger beherrschen muss«.[135]

---

133 https://www.projekt-gutenberg.org/eichndrf/gedichte/chap140.html. Erstveröffentlichung 1837.

134 2013:276 (teils unter Bezug auf ein Beispiel von Okira Okazaki aus dem Sudan), 275.

135 Streck 2009:324, für Sibirien teils unter Verweis auf Anett Oelschlägel.

Zur Initiation des Schamanen gehört nicht nur, dass er den Umgang mit Entheogenen erlernt, sondern auch, dass er lernt, Illusion und Realität zu unterscheiden. Das kann auch ganz allgemein Teil der Initiation aller Jugendlichen in den Kreis der Erwachsenen sein. Bei den Nadöb am Rio Uneiuxi, bei denen ich 1968/69 geforscht habe, gab man Initianden ein halluzinogenes Entheogen, das die Pupillen erweitert, und hielt ihnen dann ein kleines Stäbchen vor die Augen, das sie als einen Baum wahrnahmen, der im Begriff war, auf sie zu stürzen. Erwachsen war, wer begriffen hatte, dass dies eine optische Illusion war, und die Furcht überwand. Immer wieder geht es darum, äußeren Augenschein von dahinter verborgener Realität zu unterscheiden. Barbara Keifenheim sieht diesen Blick hinter die Fassade bei den Kaxinawá sowohl in den Visionen der männlichen Schamanen als auch in der Ornamentkunst der Frauen, deren Muster die Realität hinter dem Ornamentierten zeigen.

Hinter Dingen, Gesichtern, sichtbaren Wesen liegt anderes. Tiere haben ein Äußeres, das »Haut« (oder seit Einführung der Bekleidung: »Hemd«) genannt wird, darunter aber kann im Traum, in der Vision, im Wissen des Schamanen eine menschliche Gestalt erkennbar werden. Das mythische Wesen *Arakuni* erfand 13 graphische Muster auf Körpern und Gegenständen, weil es nicht mehr es selbst sein wollte, »seine Kunst war das Mittel seiner Verwandlung«.[136] Letztlich steht hinter den verschiedenen Formen keine Basisform, sondern der ständige Fluss von Transformationen. Im Genuß halluzinogener Mittel nähert sich der Schamane wieder

> ... dem fundamentalen Prinzip der Schöpfungsgeschichte: dem Prinzip der Transformation. Zu Anbeginn [...] entfaltete sich das Leben in einem Fluxus ständiger Transformationen [...] Alles Bestehende konnte die Gestalt austauschen, sich anderen Formen des Seins anverwandeln und allumfassend kommunizieren. Sichtbares und Unsichtbares, Materielles und Immaterielles standen sich nicht als Gegensätze gegenüber, sondern waren fließende Erscheinungen ein und derselben [...] Wirklichkeit.[137]

Der Schamane sieht diesen eigentlichen Zustand der Welt, die Verwandlung, aber nur für kurze Zeit, dann muss er in die gegenwärtige Welt der klaren Trennungen zurückkehren. Doch auch hier ist das ewige Fließen der Verwandlungen sichtbar: In den geometrischen Mustern der Kunst. Die Frauen, bei den Kaxinawá gewöhnlich keine Schamaninnen, bilden die Muster, die der Verwandlung zugrundeliegen, in ihren Geweben und Körperbemalungen ab. Generell zu Ornamenten im Amazonasgebiet schreibt Ulrike Prinz: »Vordergrund und Hintergrund treten miteinander in Wechselwirkung und beide Zeichenmotive sind gleichzeitig da und im selben Moment schon wieder weg. Was bleibt, ist die Bewegung zwischen ihnen: die Grenzauflösung«.[138] Man betrachte dazu oben die Abbildungen 3 und 4 jeweils rechts.

In der Forschung wurde lange Zeit möglichst genau unterschieden, ob der menschliche Geist den Körper verlässt oder ob ein anderes Wesen in diesen ein-

---

136 Zitat Barcelos 2002:176. S. überhaupt ebd. 153–176 und Ders. 2004, ferner Erläuterung des Waurá-Künstlers Turuza Waurá, 0.5.03.2019. http://colecaobei.com.br/noticias/a-criacao-dos-grafismos-wauja-a-partir-do-contato-com-os-espiritos/48 (gesehen 4.9.2020).

137 Keifenheim 1999:513. Auf diese Stelle wurde ich durch Prinz 2002:106 aufmerksam.

138 Prinz 2002:107.

dringt, wobei letzteres als Geistbesessenheit von ersterem, dem Schamanismus unterschieden wurde. Doch führt das deutsche Wort »Besessenheit« einen Nebenklang von Wahnsinn mit, während die nur ungefähr entsprechenden Vokabeln *posesión/possesão/possession* (spanisch/portugiesisch/französisch-englisch) nur besagen, dass etwas vom Menschen Besitz ergriffen hat, etwa auch religiöse Ehrfurcht, ohne dass dies irgendetwas mit Wahnsinn zu tun haben muss. Bettina Schmidt möchte den englischen Begriff *spirit possession* verwenden, aber lieber noch Begriffe aus der Wortwahl der Beteiligten selbst.[139] Als ein aus Einzelfällen abgeleitetes, von den Beteiligten selbst beschriebenes Wort möchte Schmidt *possession* gelten lassen, etwa wenn Menschen selbst sagen, dass etwas von ihnen Besitz ergriffen hat.[140]

Klar unterscheiden lässt sich im Fall des südamerikanischen Schamanen oft nicht, ob er Geister weit weg auf Fernreise trifft, oder Geister zu ihm kommen und in ihn hineinfahren. Diese Unterscheidung ist für den Schamanen und sein Publikum offenbar gar nicht immer sehr wichtig. Eingangs des Abschnitts zum Schamanismus habe ich aus der Beschreibung einer Séance zitiert, bei welcher Geister den Schamanen besuchen. Doch in der gleichen Beschreibung heißt es wenige Zeilen zuvor: »Plötzlich erhebt sich der Zauberer [=Schamane], setzt das Federdiadem auf und verabschiedet sich förmlich von jedem einzelnen der Anwesenden, denn seine Seele wird ja nun weite und abenteuerliche Reisen antreten«.[141] Den Widerspruch können wir nicht erklären. Es handelt sich um ein mystisches Erlebnis des Schamanen und seines Publikums, das, wie Mystik so oft, nicht nach widerspruchsfreier Logik ruft. Ich, Schamane, bin hier unter euch, aber ich bin auch bei den Geistern. Die Geister sind weit weg in der Anderwelt, aber sie sind hier.

Die Einnahme von Entheogenen, die zu Visionen verhelfen, gehört häufig, aber keineswegs immer dazu. Im Westen unseres Raumes, zwischen Andenkordillere und Amazonas- und Orinoco-Becken, spielt sie eine zentrale Rolle, der Schamane ist (wie im obigen Beispiel von den Kofán) derjenige, der mit den Substanzen verantwortlich umgehen und mit ihrer Hilfe Erkenntnisse gewinnen kann. Im Westteil des Amazonasgebietes handelt es sich fast immer um Ayahuasca (auch Yajé oder Caapi genannt), einen Pflanzensud auf Basis der Rinde der Liane *Banisteriopsis caapi*, oft mit verschiedenen Zusätzen wie insbesondere mit Blättern von *Psychotria viridis* (Pflanzengattung Röte). Vor allem auf nicht dicht bewaldeten Böden wird das Schnupfmittel *paricá* (auch *yopo* genannt) aus den Samen von *Anadenanthera peregrina Speg.* gewonnen (= *Piptadenia peregrina* (L.) Benth.).[142] Samenkörner, wie sie zerstoßen und mit getrockneten Blätterasche des Ameisenbaumes zu einem Schnupfmittel vermischt wurden, fand schon im 19. Jahrhundert der Forschungsreisende Johann Natterer bei verschiedenen Völkern des Amazonasgebietes, insbesondere

139 Schmidt 2008b:150.

140 Schmidt 2016: 187; ebd. *passim* eine ausführliche Übersicht über verschiedene Ansätze der *possession*- und Trance-Forschung.

141 Nimuendajú 1926:92.

142 im Gran Chaco »Hatax«, siehe auch Fußnote 64 im Aufsatz zu den dortigen Religionen.

bei den Mawé.[143] Praktisch alle Schamanen der gesamten Region rauchen Tabak, inhalieren ihn manchmal auch, doch im Unterschied zu den eben genannten Mitteln führt Tabak allein nicht zu anderen Bewusstseinszuständen. Dabei sind Pflanzen aber keineswegs die einzigen Hilfsmittel. Ebenso wichtig ist Abgeschiedenheit in dunklen Räumen, Fasten (was nicht heißt, dass überhaupt nichts mehr gegessen wird, sondern nur weniger und mit Einschränkungen der Diät), Meditation. Diese Techniken der Besinnung auf sich selbst haben auch für sich allein, ohne Entheogen, eine entrückende Wirkung, und werden vielfach auch ohne die pflanzlichen Hilfen eingesetzt, vor allem im östlichen und südlichen Amazonasgebiet.

7 Öffentliche Rituale

Schamanen sind gewöhnlich die Zeremonienmeister, oft auch die wichtigsten Sänger bei größeren Ritualen. Dabei geht es meist entweder um die Initiation von Jugendlichen in den Kreis der Erwachsenen, oder um Feiern bei oder nach einer Beerdigung. Gewöhnlich markieren Rituale gleichzeitig jahreszeitliche Momente, etwa das Verschwinden der Plejaden oder den Beginn der Regenzeit.

Rituale sind oft eindrucksvolle Inszenierungen, die sich auch ohne Kenntnis der dahinterstehenden religiösen Zusammenhänge bewundern lassen und heute manchmal Touristen anziehen. Sie zeigen meist die Aufteilung der Gemeinschaft in verschiedene Fraktionen, besonders theatralisch vorgeführt bei zentralbrasilianischen Völkern der Gê-Sprachfamilie die Gegenüberstellung von Dorfhälften, die gegeneinander antanzen und ansingen.

Am bekanntesten wurde das Ritual Kwaryp in der Alto Xingu-Region, und zwar durch einen Roman von Antônio Callado und den darauf aufbauenden Film, die ein solches Ritual beschreiben, es aber nicht in seinen kulturellen Zusammenhang, sondern in den der politischen Entwicklung in Brasilien einordnen.[144] Im indigenen Kultur-Zusammenhang ist das Kwaryp (wie andere große Feste im östlichen Südamerika) ein vielschichtiges Geschehen, in dem sich religiöse, politische und ökonomische Interessen im Bezug auf eine gemeinsame Ursprungserzählung verbinden. In der Alto Xingu-Region leben verschiedene Ethnien ganz unterschiedlicher Herkunft und Sprache zusammen. Ihre gemeinsame »Sprache« ist das Ritual als *lingua franca* zwischen Gruppen verschiedener Sprachen.[145] Das Kwaryp ist das Fest einer ganzen Region, jedes Mal in einem anderen Dorf. Es bezieht sich auf eine mythische Erzählung, die jedoch gerade berichtet, dass die mythische Zeit der Unsterblichkeit vorbei ist:

143 De Smet/Rivier 1987.

144 Roman: Callado 2016 [1967]. Film: Kuarup (mit Originalaufnahmen des Rituals), 1989, Regie Ruy Guerra, Grapho Producoes Artisticas, Art Filmes (Dtsch: Dämonen des Dschungels, 1989).

145 wie Rafael José de Menezes Bastos (1983:54) formuliert.

Ein mythisches Wesen von menschlicher Gestalt dringt in den Dschungel des Jaguars ein, um dort ein Waldprodukt zu entwenden. Der Jaguar überrascht ihn, lässt ihn aber unter der Bedingung laufen, dass der Menschengestaltige ihm eine Tochter in den Wald schickt. Da keine der Töchter den Jaguar will (väterliches Erzwingen kindlichen Gehorsams gehört nicht zu den Werten dieser Kultur), greift ihr Vater zu einer List: Er schnitzt eine Holzfigur in Gestalt einer Frau, belebt sie und schickt sie dem Jaguar, der sich täuschen lässt und sie heiratet. Aus der Ehe gehen zwei Zwillingsbrüder menschlicher Gestalt hervor, die »Sonne« und »Mond« genannt werden (aber nicht Sonne und Mond sind, sie tragen nur diese Namen – die Vermutung westlicher Besucher, Fortschritte der modernen Astronomie und Mondlandungen würden den Mythos überwinden, erfüllt sich nicht). Doch die Mutter des Jaguars tötet ihre Schwiegertochter. Die Zwillingssöhne versuchen ihre Mutter wieder zu beleben, was aber misslingt. Sie beweinen ihre Mutter, und zur Erinnerung an das Ereignis begründen sie das Kwaryp-Fest, das so einerseits auf den Mythos zurückgeführt wird, andererseits aber darauf beruht, dass die mythische Unterblichkeit verloren ist. »Sonne« und »Mond« singen Totenklagen für die verschiedenen Ethnien des Alto Xingu, für jede in deren Sprache und mit jeweils etwas anderer Melodie. So begründen sie den Zusammenhang der verschiedenen Ethnien in einem gemeinsamen Fest und bewahren gleichzeitig die ethnischen Unterschiede. Dem Fest einige Monate voraus geht ein Kampfspiel, bei dem Kämpfer aus den verschiedenen Dörfern sich in einem Wettkampf messen, in dem sie sich mit stumpfen, singenden Pfeilen beschießen, die an Pfeile des mythischen Jaguars erinnern.[146] In diesem Kampfspiel kommt die Rivalität der einstmals verfeindeten Dörfer ebenso zum Ausdruck wie ihre schließliche Versöhnung. Das erinnert mich an die klassischen Olympischen Spiele der griechischen Antike, in denen rivalisierende Stadtstaaten eine sportlich-rituelle Gemeinsamkeit fanden. Bei dem eigentlichen Kwaryp-Fest erinnern bemalte Holzklötze an jüngst Verstorbene, werden beweint und am Ende ins Wasser geworfen.[147] Geehrt werden nur jüngst Verstorbene aus der Häuptlingsschicht, die sich nicht biologisch als Nachkommen, aber kulturell-politisch als Fortführende der von »Sonne« und »Mond« begründeten Traditionen feiert und die Häutlinge stellt, so wie »Sonne« und »Mond« Häuptlinge waren.

---

146 Der Pfeil heißt *yawarí*, was auf Kamaiurá einerseits die Nuss der Tucum-Palme (*astrocaryum*) bedeutet (Galvão 1950:354), andererseits »kleiner oder junger *yawat*«. Yawat ist das generische Wort für Felide. Nach einer Erzählung schleuderte der junge Jaguarhäuptling diese Pfeile vor sich her, um die menschengestaltige Braut, die er erwartete, zu sich zu rufen (Agostinho 1974:163). Da mir bei einer zahmen Wildkatze in meinem Haushalt auffiel, dass sie in bestimmten Situationen eben jenen Pfeifton des singenden Pfeils erzeugte, fragte ich bei mehreren deutschen Zoologischen Gärten an, erhielt aber lediglich aus Bochum eine Antwort. Danach wird der Pfeifton nicht von allen Jaguaren erzeugt, sondern nur vom Puma, sowie eben von jener Wildkatze. Auf diese oder oder eben auf den Puma dürfte sich also die Erzählung beziehen, nicht aber auf andere Jaguare.

147 Zu den Festen *yawarí* und *kwaryp* vor allen Menezes 2013 (*hauptsächlich zum yawarí*), Agostinho 1974 und Junqueira 2009 (beide zum *kwaryp*), sowie Guerreiro 2014, Zarur 2003 (beide *kwaryp*).

Das Ritual, das mich am meisten berührt hat, erlebte ich 1968 im Alto Xingu. Die Ikpeng hatten in den Vorjahren unter Krankheiten und Gewalttaten von Nachbarn gelitten, waren unter die Herrschaft Krimineller geraten, und ihre Bevölkerung war in wenigen Jahren auf nurmehr 56 Personen zusammengeschmolzen. 1967 holten die Brüder Villas Bôas, Verwalter der Alto Xingu-Reservation, sie dorthin, wo sie langsam wieder zu Kräften kamen. Sie verteilten sich zunächst auf verschiedene Dörfer anderer Ethnien,[148] einige wohnten 1968 bei den Kamaiurá. Als diese ein Fest feierten, stiegen die bis dahin nur geduldeten, erbärmlich heruntergekommenen Ikpeng auf einmal ein. Ein Anführer lief laut singend durchs Dorf, und im Wechselgesang mit ihm sangen die Frauen mit lauten, kräftigen Stimmen. Sie sangen zum einen, dass nun eine rituelle Phase von Nahrungstabus und sexueller Enthaltsamkeit begann, zum anderen, dass sie Leid erlitten hatten – sie hatten nichts mehr, immer wieder sangen und riefen sie »Nein, nein!«, was sich auf die Verbote ebenso wie auf all das bezog, was ihnen in ihrem Elend versagt geblieben war. Gleichzeitig aber machten sie durch diesen plötzlichen Ausbruch klar, dass sie sich nicht unterkriegen lassen wollten: »Nein, nein«, wir sind nicht ausgestorben, nein, ihr könnt uns nicht aufhalten, wir werden weiterleben. Und weiter unsere Rituale feiern.

8 Im Text genannte indigene Ethnien: Lokalisierung, Sprachfamilien

Sprachfamilien: gebe ich nach Kausen 2014 an. Orthographischer Hinweis: Bei der Nennung indigener Ethnonyme richte ich mich für Brasilien nach *Instituto Socioambiental/Povos Indígenas no Brasil*;[149] für Kolumbien nach Reichel 1987. Die vielen verschiedenen Benennungen und Schreibweisen vereinheitlichen zu wollen wäre sinnlos. So nenne ich eine Ethnie nach *Instituto Socioambiental* »Tukano« und ihre Sprache nach Kausen »Tucano«. Die Bezeichnungen aus Kausen und *Instituto Socioambiental* verwende ich der Übersichtlichkeit halber auch bei der Besprechung von Quellen, die andere Schreibweisen oder Namen gebrauchen.

Eine teils etwas ausführlichere Übersicht über südamerikanische Ethnien gibt, mit Karte, Cipolletti 2019:11–13, 269–275. Im Unterschied zu jener Liste nenne ich hier keine Bevölkerungszahlen, da diese, aus zu unterschiedlichen Quellen stammend, mir kaum vergleichbar zu sein scheinen.

Von den zahlreichen Übersichten, Namenslisten und Karten seien hier noch genannt: August 2006:8; Cipolletti 1991:86; Kästner 2009:180–181; Lindig 1986:378–379; Müller 1995: Frontdeckel innen (Brasilien); Seiler-Baldinger 1987:25–27; Zerries 1961:270–271. Nachstehende Liste enthält auch die in diesem Sammelband im Kapitel »Der Nabel der Welt« genannten Ethnonyme.

148 zur Geschichte der Ikpeng Menget 2001:15–19,100–110.

149 zugänglich ab https://pib.socioambiental.org/pt/P%C3%A1gina_principal (gesehen 7.8.2020).

- *Aché*: Ostparaguay. Bis ins 20. Jahrhundert Jäger und Sammlerinnen ohne Bodenbau. Sprachfamilie: Guaraní innerhalb der Tupi-Guaraní-Familie.
- *Aguaruna* (auch Awajún): Eines der Jívaro-Völker (neben Achuar, Huambisa und Shuar), Peruanisches Amazonasgebiet, Dpts. Amazonas, Cajamarca, Loreto, San Martín. Sprachfamilie Jívaro.
- *Alto Xinguanos*: Verschiedene Ethnien am Oberlauf und an den Quellflüssen des Rio Xingu, unterschiedlicher Herkunft und Sprachfamilien, aber mit einer im Laufe des Zusammenlebens zusammengewachsenen kulturellen und rituellen Gemeinschaft. Zu ihr gehören unter anderen die Kalapalo, Kamaiurá, Kuikuru, Trumai und Waujá.
- *Bahúkiwa*: bei Koch-Grünberg Bahúna genannt, zählen zu den Kubeo, nördliche Vaupés-Region. Sprachfamilie Zentral-Tucano.
- *Baniwa*: Nahverwandt den Kurripako. Grenzgebiet Kolumbien-Venezuela-Brasilien. Rio Içana und Nebenflüsse, Alto Rio Negro und Guainia, und in Kleinstädten (Brasilien: São Gabriel da Cachoeira, Santa Isabel, Barcelos). Sprachfamilie Nord-Arwak.
- *Baré*: Nordwestbrasilien (Rio Xié und Oberer Rio Negro), Südvenezuela. Sprachfamilie Nord-Arawak, sprechen heute aber überwiegend Nheengatú.
- *Canela*: Sammelbezeichnung für Canela Ramkokamekrá und Canela Apanyekrá im brasilianischen Bundesstaat Maranhão. Sprachfamilie Nord-Jê.
- *Candoshi*: Peru, Dpt. Loreto, Flussgebiet des Rio Pastaza mit seinen Nebenflüssen. Sprache nach Kausen (2014:1001) und anderen isoliert. Nach Surallés (2009) jedoch kulturell nah bei der Jívaro-Familie (zu dieser Shuar und Aguaruna).
- *Desana*: Untergruppe der Tukano, Nordwest-Brasilien und kolumbianisches Departement Vaupés an den Rios Tiquié und Papuri und deren Nebenflüssen, heute auch am Rio Uaupés und Rio Negro und in den dortigen Kleinstädten. Sprachfamilie Ost-Tucano.
- *Guaraní*: Sammelbegriff für verschiedene Guaraní-sprachige Völker in Paraguay, Ostbolivien, Nordargentinien, Südbrasilien (s. in diesem Sammelband den Aufsatz von Chamorro/Combès). Sprachfamilie Tupí-Guaraní.
- *Guarasugué* (auch Pauserna-Guaraŝugwä oder ähnlich): Campo Grande in der ostbolivianischen Provinz Velasco, Dpt. Santa Cruz. Sprachfamilie Tupí-Guaraní (heute wohl nur noch spanisch-sprachig).
- *Hohodene*: Untergruppe (Phratrie) der (s.) Baniwa. Sprachfamilie Nord-Arawak.
- *Hupda*: Volk der Maku-Gruppe, Uaupés-Region Nordwestbrasilien-Südostkolumbien. Sprachfamilie Makú-Puinave.
- *Ikpeng* (auch Txikão): Alto Xingu-Reservation wie Kamaiurá, Kalapalo, Kuikuru, Trumai und Waujá, jedoch kulturell deutlich verschieden. Sprachfamilie Süd-Carib.
- *Kalapalo*: Brasilien, Alto Xingu-Region wie Kamaiurá, Kuikuru, Trumai und Waujá. Sprachfamilie Süd-Carib.
- *Kamaiurá*: Brasilien, Alto Xingu-Region wie Kalapalo, Kuikuru, Trumai und Waujá. Sprachfamilie Tupí-Guaraní.
- *Karajá*: am Rio Araguaia, Zentralbrasilien. Sprachfamilie Makro-Jê.
- *Karihona*: Kolumbianisches Nordwest-Amazonien. Sprachfamilie Guayana-Carib.

- *Katxuyana*: Brasilien an der Grenze nach Surinam. Sprachfamilie Guayana-Carib.
- *Kaxinawá* (auch Huni-Kuin): Grenzgebiet Peru (Region Loreto: Rios Purus, Caranjá) – Brasilien (Acre: Rios Prurus, Tarauacá, Jordão, Breu, Muru, Envira, Humaitá). Sprachfamilie Pano-Yaminawa.
- *Kisêdjê* (auch Suyá): im Norden des Parque Nacional do Xingu, Mato Grosso do Norte, Brasilien; Lange Zeit Erbfeinde der Kamaiurá und anderer Bewohner dieser Reservation. Sprachfamilie Nord-Jê.
- *Kofán*: Grenzgebiet südöstliches Ecuador (Dept. Sucumbíos) – Kolumbien (Dept. Putumayo). Sprache isoliert.
- *Kocama* (auch Omagua): Um den Oberen Amazonas (Solimões) in Brasilien, Kolumbien und Peru. Sprachfamilie Tupí-Guaraní.
- *Krahô*: Norosten des brasilianischen Bundesstaates Tocantins. Oft mit den nahverwandten Canela (s. dort) und weiteren zusammen als Östliche Timbira bezeichnet. Sprachfamilie Nord-Jê.
- *Kubeo*: Rio Uaupés und Nebenflüsse, Nordwestbrasilien, Südostkolumbien, auch Südvenezuela. Sprachfamilie Zentral-Tucano.
- *Kuikuru*: Brasilien, Alto Xingu-Region wie Kalapalo, Kamaiurá, Trumai und Waujá. Sprachfamilie Süd-Carib.
- *Kurripako* (auch Coripaco): Rio Içana (Brasilien, Uaupés-Region), Dptp. Guainia (Kolumien). Nahverwandt den Baniwa, mit denen sie manchmal als Kurripako-Baniwa zusammengefasst werden. Sprachfamilie Nord-Arawak.
- *Lamistas*: Peruanisches Amazonasgebiet, Depts. San Martín und Ucayali. Sprache: Einige sprechen noch ihre Variante des nordperuanischen Quechua, die meisten aber nur noch Spanisch.
- *Machiguenga* (auch Matsigenka): Ostperuanisches Amazonasgebiet in den Einzugsgebieten von Rio Urubamba, Manú und Oberen Rio Madre de Dios. Sprachfamilie Süd-Arawak.
- *Maipure*: Anderer Name für die Arawak-Sprachfamilie, benannt nach den (heute verschwundenen) Maipure am Orinoco (Venezuela).
- *Maku*: Völkergruppe in Nordwestbrasilien und Südostkolombien. Zu ihr gehören die Nadöb und Hubda. Die Sprachfamilie der Maku wird mit der Sprache der Puinave (Kolumbien-Venezuela) oft zur Sprachfamilie Makú-Puinave zusammengefasst.
- *Makuna*: Kolumbien, Vaupés-Region. Sprachfamilie Ost Tucano.
- *Marubo*: Grenzgebiet Brasilien-Peru, Becken des Rio Javari. Sprachfamilie Pano.
- Matapí: s. Yukuna-Matapí.
- *Mawé* (nach ihrem heute stärksten Clan meist Sateré-Mawé genannt): Terra Indígena Andirá-Marau zwischen Rios Tapós und Amazonas, zwischen den brasilianischen Bundesstaaten Pará und Amazonas. Sprachfamilie Tupí.
- *Mbyá*: Ostparaguay und Nordostargentinien, zur Guaraní-Völkergruppe, Sprachfamilie Tupí-Guaraní.
- *Mebêngôkre* (auch Kayapó: östlich der Kisêdjê zwischen den Flüssen Xingu und Araguaia). Sprachfamilie Nord-Jê.
- *Miranha/Miraña*: Brasilien (Solimões, Japurá), Kolumbien (Rio Caquetá), Bolivien (Gemeinde Loreta in der Provinz Beni). Nahe Verwandte derWitoto. Sprachfamilie Witoto.

- *Munduruku*: Nebenflüsse des Rio Tapajós
- *Nadöb*: an Nebenflüssen (vor allem Rio Unieuxi) des Rio Negro und nahe dem Südufer des Rio Negro bei Santa Isabel. Teil der größeren Makú-Völkergruppe Sprachfamilie Makú-Puinave.
- *Ñandéva*: Ostparaguay und Südbrasilien. Die Gruppe, bei der Nimuendajú den Text diktiert bekam, nannte er Apapocúva, sie war aus Paraguay nach Südbrasilien gekommen, Nachfahren nennen sich heute Guaraní, werden aber auch Ñandéva genannt. Sprachfamilie Tupí-Guaraní.
- *Nheengatú* (auch Ñengatú, Geral): Sprache der Tupí-Guaraní-Sprachfamilie, den Sprachen der im Aufsatz von Chamorro/Combès Aufsatz besprochenen Guaraní-Völker eng verwandt. In der frühen Kolonialzeit entlang der brasilianischen Küste und ins Gebiet des späteren São Paulo verbreitet, Reste heute in Nordwestbrasilien und Südvenezuela, in diesem Sammelband auch in dem Aufsatz von Vutova erwähnt (s. dort Fußnote 10). Manche Sprecher dieser Sprache in Venezuela bezeichnen sich als Ñengatú.
- *Nukak* (auch Nukak-Makú): Südost-Kolumbien zwischen Rio Guaviare und Rio Inírida. Sprachfamilie Kakua in der (umstrittenen) größeren Familie Makú-Puinave.
- *Palikúr*: Grenzgebiet Brasilien (nördlichstes Amapá) – Guyane française (Südosten: Gemeinden Macouria, Régina, Roura, Saint-Georges-de-l'Oyapock). Sprachfamilie Nord-Arawak.
- *Pemón* (auch Taurepang): Venezuela (Essequibo und Gran Sabana), Brasilien (Roraima) und Guyana. Sprachfamilie Nord-Amazonas-Carib.
- *Piapoko* (auch Wenáiwika): Südvenezuela nahe Orinoco, Kolumbien Dpts. Mety und Vichada. Sprachfamilie Nord-Arawak
- *Piaroa*: Venezuela zwischen Orinoco und Rio Ventuari; Sprachfamilie Sáliba-Piaroa.
- *Pirahã*: Rios Maici und Marmelos (linker Nebenfluss des Rio Madeira, Bundesstaat Amazonas (Brasilien). Letzte noch lebende Sprache der Sprachfamilie Múra.
- *Pira-tapuya*: An Rio Uaupés und Nebenflüssen (besonders Tiquié, Papuri, Querari) Brasilien-Kolumbien. Sprachfamilie Ost-Tucano.
- *Pumé* (auch Yaruro): Venezuela im Staat Apure, Flussgebiete von Orinoco, Cinaruco, Meta und Apure. Isolierte Sprache.
- *Secoya*: Westliches Amazonasgebiet: Nordost-Ecuador (Napo) und Nordost-Peru (Loreto). Sprachfamilie West-Tucano.
- *Shawi* (auch Chayahuitas): Nordöstliches peruanisches Amazonasgebiet, Provinzen Alto Amazonas und Datem del Marañón. Sprachfamilie Cahuapana.
- *Shuar*: Eines der Jívaro-Völker (neben Achuar, Huambisa und Aguaruna), Amazonasgebiet des südöstlichen Ecuador. Sprachfamilie Jívaro.
- *Tacana*: Nordwesten des bolivianischen (Dpto. Pando) und Südosten des peruanischen Amazonasgebietes (Dpto. Madre de Dios). Sprachfamilie Pano-Tacana.
- *Tapirapé*: An linken Nebenflüssen des Rio Araguaia, brasilianisches Bundesstaat Mato Grosso. Sprachfamilie Tupí-Guaraní.
- *Tariana* (auch Tariano): Mittlerer und Oberer Rio Uaupés Brasilien-Kolumbien. Sprachfamilie Nord-Arawak.

- *Tenharim*: Eine der drei Untergruppen der Kagwahiva in der Region des mittleren Rio Madeira im Süden des brasilianischen Bundesstaates Amazonas. Sprachfamilie Tupí-Guaraní.
- *Ticuna*: im Dreiländereck Brasilien-Kolumbien-Peru. Sprachfamilie Ticuna-Yurí.
- *Tsáchila* (auch Colorados): westliches Tiefland von Ecuador (außerhalb des in diesem Aufsatz besprochenen Raumes, aber mit dem Amazonasgebiet in Kontakt). Sprachfamilie Barbacoa.
- *Trumai*: Im Parque Indígena do Xingu, Mato Grosso, Brasilien wie die Kalapalo, Kamaiurá, Kuikuru und Waujá. Isolierte Sprache.
- *Tukano*: Völkergruppe in der Uaupés- (bzw. Vaupés-) Region in Nordwestbrasilien und Südost-Kolumbien. Eine Untergruppe sind die Tukano im engeren Sinn, Selbstbezeichnung Ye'pâ-masa, zu denen der im Text erwähnte Mythenpublizist Gabriel dos Santos Gentil zählt. Sprachfamilie Ost-Tucano.
- *Tupí*: Sprachfamilie (s. Tupí-Guaraní), manchmal auch für Sprecher des (s.) Nheengatú verwendet.
- *Tupí-Guaraní*: Untergruppe innerhalb der größeren Sprachfamilie, die in Brasilien Tupí und in Paraguay Guaraní genannt wird. Die bekanntesten Tupí-Guaraní sind die Tupinambá (s. dort) und die Guaraní (zu diesen im diesem Band der Aufsatz von Chamorro und Combès).
- *Tupinambá* und Tupiniquim: In der Kolonialzeit entlang der brasilianischen Küste und im Gebiet der heutigen Bundesstaaten São Paulo und Maranhão. Überlebende Tupinambá heute im Süden des Bundesstaates Bahia, Tupiniquim im Norden des Bundesstaates Espírito Santo, alle heute nurmehr portugiesischsprachig.
- *Tuyuka*: Brasilien-Kolumbien, Oberer Rio Tiquié – Vaupés. Sprachfamilie Ost-Tucano.
- *Waujá* (auch Waurá): Brasilien, Alto Xingu-Region wie die Kamaiurá und Kuikuru, jedoch Sprachfamilie Süd-Arawak.
- *Warekena*: Rio Xié und Oberlauf des Rio Negro (Nordwestbrasilien). Sprachfamilie Nord-Arawak, sprechen heute aber überwiegend Nheengatú.
- *Wayana* (meist zu sammen mit den Aparai als Wayana-Aparai genannt): Grenzgebiet Surinam-Brasilien-Guyane Française. Sprachfamilie Zentral-Carib.
- *Witoto* (auch Huitoto): kolumbianisches Amazonasgebiet; Sprachfamilie Witoto.
- *Yanomami*: Sammelbezeichnung für verschiedene untereinander verwandte Gruppen in Nordbrasilien und Südvenezuela (linke Zuflüsse des Rio Negro und rechte des Rio Branco), Untergruppen Yanomae, Yanõmami, Sanima, Ninam. Sprachfamilie Yanomam.
- *Yavitero*: Süd-Venezuela nahe Orinoco, nahverwandt dem Baniwa und Kurripako. Sprachfamilie Nord-Arawak, aber die Sprache ist heute ausgestorben.
- *Ye'kwana* (auch Makiritare): Nordosten des brasilianischen Bundesstaates Roraima, venezolanische Bundesstaaten Bolívar und Amazonas im Flussgebiet von Caura und Orinoco. Sprachfamilie Nord-Amazonas-Carib.
- *Yukuna-Matapí*: Kolumbien, Unterer Caquetá und Apaporis. Sprachfamilie Nord-Arawak.

9 Mythensammlungen: Kleine Auswahl

Mythensammlungen aus dem hier besprochenen Raum gibt es in großer Zahl. Ich nenne hier nur eine kleine Auswahl, die entweder in größeren einschlägigen Fachbibliotheken oder im Netz zugänglich sind. Die vollständigen Literaturangaben unten im Literaturverzeichnis.

Baldus (Hrsg.) 1958: überwiegend aus brasilianischen Quellen der 1. Hälfte d. 20. Jh. zusammengetragen.

Koch-Grünberg 1924: obwohl nur eine regional begrenzte Auswahl, gebe ich diese Sammlung hier an, weil sie einst viel gelesen und in zahlreichen Mythenwiedergaben genutzt wurde. »Die Erzähler« (heißt es im Stil der Zeit) »waren zwei treue Indianer, Monate lang meine Genossen in Freud und Leid«, Möseuaípu (Arekuná) und Mayūluaípu (Taulipáng).

Koch-Grünberg (Hrsg.) 1920: der Klassiker. Großenteils aus älteren Werken kompiliert, kleinerenteils auch von Koch-Grünberg selbst aufgenommen. Enthält eine gekürzte Zusammenfassung der karibischen Geschichten von Makunaima, die den brasilianischen Schriftsteller Mário de Andrade zu seinem bekannten Werk Macunaíma [1928] inspirierte. Diese Erzählung ausführlicher in vielen Episoden in Koch-Grünberg 1924.

Mindlin (Hrsg.) 2006: Erzählungen von sechs Ethnien aus dem brasilianischen Bundesstaat Rondônia. Hauptsächlich Geistergeschichten, neben Anekdotischem, aber kulturell Bedeutsamem aus dem Familienleben.

Sá 2004: Nicht als Mythensammlung konzipiert, aber hier aufgeführt, weil das Buch zeigt, wie bekannte Mythentexte aus dem Amazonasgebiet zu schriftlicher Belletristik werden.

Stenzel/Franchetto 2017: Texte von 12 brasilianischen indigenen Ethnien, in der Originalsprache und in englischer und portugiesischer Übersetzung mit philologischen Anmerkungen zu den jeweiligen Sprachen. Übersetzungen und Anmerkungen bleiben näher am Originaltext als meist in solchen Sammlungen und vermitteln so (schon weil sie auf genauer Kenntnis der Sprachen beruhen) einen Einblick in die indigenen Darstellungs- und Argumentationsweisen).

Literatur

Agostinho, Pedro 1974, *Kwarìp: Mito e ritual no Alto Xingu*. São Paulo: Editora Pedagógica e Universitária/Editora da Universidade de São Paulo. XI, 209 S.

Andrade, Mário de 2013, [1928] *Macunaíma: der Held ohne jeden Charakter*. Frankfurt am Main: Suhrkamp. 219 S.

Andujar, Cláudia 1988, Welche offizielle Lösung gibt es für die Yanomami in Brasilien? Überlegungen beim Betrachten ihrer Zeichnungen. In: Mark Münzel (Hrsg.): *Die Mythen Sehen: Bilder und Zeichen vom Amazonas*. (Roter Faden zur Ausstellung, Bd. 14) Frankfurt am Main: Museum für Völkerkunde: 53–91.

Århem, Kaj 1996, [1993] *Makuna: An Amazonian People*. (SANS Papers in Social Anthropology, 6) Göteborg: Göteborg University. VII,155 S.

Armato, Javier 1988, *Lo que cuentan los Yukpa*. Maracaibo: Comisión Presidencial para el Bicentenario del Natalicio del General Rafael Urdaneta. 61 S.

August, Sabine 2006, *VerWandlung: Alltag, Kunst und Religion bei Amazonas-Indianern*. St. Gallen: Historisches und Völkerkundemuseum. 70 S.

Baldus, Herbert 1970, *Tapirapé: Tribo tupí no Brasil Central*. (Brasiliana, Série Grande Formato, Vol. 17) São Paulo: Companhia Editora Nacional/Editora da Universidade de São Paulo. 5110 S.

Baldus, Herbert (Hrsg.) 1958, *Die Jaguarzwillinge: Mythen und Heilbringergeschichten, Ursprungssagen und Märchen brasilianischer Indianer.* Eisenach/Kassel: Erich Röth-Verlag. 224 S.

Barandiarán, Daniel de 1962, Shamanismo Yekuana o Makiritare. In: *Antropológica* (Caracas), 11:61–90.

Barcelos Neto, Aristóteles 2002, *A Arte dos Sonhos: Uma iconografia ameríndia.* (Coisas de Índios) Lisboa: Assírio & Alvim. 276 S.

—2004, Processo criativo e apreciação estética no grafismo wauja. In: *Cadernos de Campo, Revista dos Alunos de Pós-Graduação em Antropologia Social da Universidade de São Paulo,* 12:87–108. http://www.revistas.usp.br/cadernosdecampo/article/view/53888/57827 (gesehen 5.9.2020).

Basso, Ellen B. 2003, Translating »Self-Cultivation«. In: Tullio Maranhão/Bernhard Streck (Hrsg.): *Translation and Ethnography: The Anthropological Challenge of Intercultural Understanding.* Tucson: University of Arizona Press: 85–101.

Ben-Chorin, Schalom 1985, *Narrative Theologie des Judentums anhand der Pessach-Haggada: Jerusalemer Vorlesungen.* Tübingen: Mohr Siebeck. 165 S.

Bolz, Peter, 1994, Der Sonnentanz der Lakota: Historische Entwicklung und kulturelle Erneuerung. In: Wolfgang Lindig (Hrsg.): *Indianische Realität: Nordamerikanische Indianer in der Gegenwart.* (dtv Wissenschaft; 4614) München: Deutscher Taschenbuch Verlag: 195–227.

Burckhardt, Jacob [1898–1902], *Kulturgeschichte Griechenlands.* http://www.zeno.org/nid/20002733609 (gesehen 4.8.2020).

Cabalzar, Aloisio, 2010, *Manejo do Mundo: Conhecimentos e Práticas dos Povos Indígenas do Rio Negro, Noroeste Amazônico.* (Conhecimentos indígenas, pesquisas interculturais, 1) São Paulo/São Gabriel da Cachoeira, AM: ISA Instituto Socioambiental/FOIRN Federação das Organizações Indígenas do Rio Negro. 237 S. https://issuu.com/instituto-socioambiental/docs/manejo_do_mundo (gesehen 10.9.2020).

Cadogan, León, 1992, [1959] *Ayvu rapyta: textos míticos de los Mbyá-Guaraní del Guairá.* (Hrsg. Bartomeu Melià). Asunción: Fundación »León Cadogan«-CEADUC-CEPAG, 321 S.

CADPI (Centro para la Autonomía y Desarrollo de los Pueblos Indígenas)/FIDA (Oficina Pueblos Indígenas) 2017, *Nota técnicadepaís sobre cuestionesde los pueblos indígenas: Republica Federativa del Brasil.* s.d., s.l., 47 S. https://scholarship.rice.edu/bitstream/handle/1911/19387/9928540.PDF?sequence=1 (gesehen 23.8.2020).

Callado, Antônio 2016, [1967] *Quarup.* Kiepenheuer & Witsch. 728 S.

Camargo Piedade, Acácio Tadeu de 2004, *O canto do kawoká: Música, cosmologia e filosofia entre os waujá do Alto Xingu.* Florianópolis: Programa de Pós-Graduação em Antroplogia Social, Universidade Federal de Santa Catarina. https://repositorio.ufsc.br/xmlui/bitstream/handle/123456789/86556/200953.pdf?sequence=1 (gesehen 1.8.2020).

Carneiro, Robert L. 1977, The Afterworld of the Kuikuru Indians. In: Ronald K. Wetherington (Hrsg.): *Colloquia in Anthropology,* vol 1. Taos, New Mexico: The Fort Burgwin Research Center: 3–15.

Casemiro, Sinclair P. 2013, Mundo Guarani e literatura. In: *2º Encontro de Diálogos Literários: Anais.* Campo Morão: Universidade de Estado de Paraná. 536–552. http://www.educadores.diaadia.pr.gov.br/arquivos/File/educacao_indigena/mundo_guarani_e_literatura.pdf (gesehen 5.9.2020).

Cayón, Luis 2001, Je, la fuerza de la creación: Nociones de territorialidad de los grupos tukano oriental. In: Carlos E. Franky Calvo/Carlos G. Zárate Botía (Hrsg.): *Imani Mundo: Estudios en la Amazonia colombiana.* Bogotá: Editorial Unibiblos:497–521.

Cesarino, Pedro de Niemeyer 2010, Donos e Duplos: relações de conhecimento, propriedade e autoria entre Marubo. In: *Revista de Antropologia,* 53(1):147–197.

Chamorro, Graciela 2003, *Auf dem Weg zur Vollkommenheit: Theologie des Wortes unter den Guaraní in Südamerika.* (Exegese in unserer Zeit, Bd. 11) Münster/Hamburg/London: Lit. 393 S.

CIDH Comisión Interamericana de Derechos Humanos 2013, *Pueblos indígenas en aislamiento voluntario y contacto inicial en las Américas*. OAS, documentos oficiales; OEA/Ser. I/V/II. Doc. 47/13. 83 S.

Cipolletti, María Susana 1982, *Jenseitsvorstellungen bei den Indianern Südamerikas*. Berlin: Dietrich Reimer. 368 S.

—1988, *Aipë Koka: La Palabra de los Antiguos. Tradición oral Sicona-Secoya*. (Colección 500 Años, 2) Quito: Abya Yala/Movimiento Laicos para América Latina. 286 S.

—1989, Die Secoya Nordwestamazoniens. In: Dies.: *Langsamer Abschied: Tod und Jenseits im Kulturvergleich*. (Roter Faden zur Ausstellung, Bd. 17) Frankfurt am Main: Museum für Völkerkunde: 236–245.

—1991, Schamanismus und die Reise ins Totenreich: Religiöse Vorstellungen der Indianer des südamerikanischen Tieflands. In: Mircea Eliade: *Geschichte der religiösen Ideen*, III/2: *Vom Zeitalter der Entdeckungen bis zur Gegenwart*. (Hrsg. v. Joan P. Cilianu) Freiburg im Breisgau: Herder: 47. Kapitel, 265–290.

—1992, El Espejo Deformante: El mundo de los muertos secoya. In: Dies./E. J. Langdon (Hrsg.): *La Muerte y el Más Allá en las Culturas Indígenas Latinoamericanas*. (Colección 500Años, 2) Quito: Abya Yala/Movimiento Laicos para América Latina: 157–178.

—2019, *Kosmospfade: Schamanismus und religiöse Auffassungen der Indianer Südamerikas*. (Studia Instituti Anthropos, 59) Baden-Baden: Academia. 294 S.

Colmenares Robles, Zaida Coromoto 2016,*Primera infancia Pumé: Ritos de paso, interculturalidad y educación. Una mirada desde la etnografía*. Dissertation, Facultad de Ciencias de la Salud de la Universidad de Carabobo. IX, 324 S. http://mriuc.bc.uc.edu.ve/bitstream/handle/123456789/3152/zcolmenares.pdf?sequence=1 (gesehen 24.7.2020).

Crocker, William H. 1990, *The Canela (Eastern Timbira)*, I: *An ethnographic introduction*. (Smithsonian Contributions to Anthropology, 33) Washington, D. C.: Smithsonian Institution Press. XIX, 487 S.

Cunha, Manuela Carneiro da 1978, *Os Mortos e os Outros: Uma análise do sistema funerário e da noção de pessoa entre os índios Krahó*. (Col. Linguagem) São Paulo: Editora Hucitec. 152 S.

De Smet, Peter A. G. M./Laurent Rivier 1987, Intoxicating Paricá Seeds of the Brazilian Maué Indians. In: *Economic Botany*, 41(1): 12–16.

Dorrico, Julie/Leno Francisco Danner/Heloisa Helena Siqueiro/Fernando Danner (Hrsg.) 2018, *Literatura indígena brasileira contemporânea: criação, crítica e recepção*. Porto Alegre, RS: Editora Fi. 424 S. https://3c290742-53df-4d6f-b12f-6b135a606bc7.filesusr.com/ugd/48d206_093effa656194602b2bb25561277a65d.pdf (gesehen 5.9.2020).

Eliade, Mircea 2007, [1949] *Kosmos und Geschichte: Der Mythos der ewigen Wiederkehr*. Berlin: Verlag der Weltreligionen im Insel Verlag. 192 S. (1949, *Le mythe de l'éternel retour: Archétypes et répétition*. Paris: Gallimard).

Espírito Santo, Maria Inês do 2014, *Vasos sagrados: mitos indígenas brasileiros e o encontro com o feminino*. Rio de Janeiro: Rocco Digital. 223 S.

Everett, Daniel L. 2010, [2008] *Das glücklichste Volk: Sieben Jahre bei den Pirahã-Indianern am Amazonas*. München: Deutsche Verlagsanstalt. 414 S.

Faulkner, William 1991, [1951] *Requiem für eine Nonne: Roman in Szenen*. Zürich: Diogenes. 316 S.

Fericaglia, Josep Mª 2000, [1999] *Los chamanismos a revision: De la vía del éxtasis a Internet*. Barcelona: Editorial Kairós. 244 S.

Findeisen, Hans 1956, *Das Tier als Gott, Dämon und Ahne: Eine Untersuchung über das Erleben des Tieres in der Altmenschheit*. (Kosmos Bändchen, 209) Stuttgart: Franckh'sche Verlagshandlung, W. Keller & Co. 80 S.

—1957, *Schamanentum dargestellt am Beispiel der Besessenheitspriester nordeurasiatischer Völker*. (Urban Bücher, 28) Stuttgart: W. Kohlhammer. 240 S.

Frikel, Protásio 1961, *Morí: A festa do rapé*.(Boletim do Museu Paraense Emílio Goeldi, Antropologia, 12) Belém – Pará. 34 S.

Galinier, Jacques/Antoinette Molinié 2006, *Les néo-Indiens: une religion du IIIe millénaire*. Paris: Odile Jacob. 329 S.
Galvão, Eduardo 1950, O uso do propulsor entre as tribos do Alto Xingu. In: *Revista do Museu Paulista*, nova série, vol. IV:353–368.
Gentil, Gabriel dos Santos 2000, *Mito Tukano: Quatro Tempos de Antiguidades. Histórias proibidas do Começo do Mundo e dos Primeiros Seres*. Tomo I. (Hrsg. von Regula Rüegg/Dorothee Ninck) Frauenfeld: Im Waldgut. 216 S.
—2005, *Povo Tukano : cultura, história e valores*. (Série Autores indígenas) Manaus: EDUA. 291 S.
Gerber, Peter 1980, *Die Peyote-Religion: Nordamerikanische Indianer auf der Suche nach einer Identität*. Zürich: Völkerkundemuseum der Universität Zürich. 210 S.
Gerhards, Eva 1981, *Mythen im Wandel: Veränderungen in der Mythologie verschiedener Ethnien des ausserandinen Südamerika durch den Kontakt mit den Weissen*. (Münchner Beiträge zur Amerikanistik, 4) Hohenschäftlarn: Klaus Renner. 332 S.
Goethe, Johann Wolfgang, 1949, *Gedichte:* Vollständige Ausgabe. Stuttgart: J. G. Cotta'sche Buchhandlung Nachfolger. 1378 S.
—2010, *Faust-Dichtungen*. Stuttgart: Philipp Reclam jun. 1094 S.
Goldman, Irving 2004, *Cubeo Hehénewa Religious thought: Metaphysics of a Northwestern Amazonian people*. (Hrsg. v. Peter J. Wilson) New York: Columbia University Press. XLV, 488 S.
González Saavedra, Luisa 2015, Se buscan culpables: Los caminos de la venganza shawi. In: Manuel Gutiérrez Estévez/Alexandre Surrallés (Hrsg.): *Retórica de los sentimientos: Etnografías amerindias*. (Tiempo emulado: Historia de América y España, 41) Madrid/Frankfurt am Main: Iberoamericana/Vervuert: 53–84.
Gruber, Jussara Gomes (Hrsg.) 1997, *O livro das árvores*. Benjamin Constant, Amazonas: Organização Geral dos Professores Ticuna Bilíngües. 96 S.
Guerreiro, Antonio 2014, Quarup: Transformações do ritual e da política no Alto Xingu. In: *Mana*, 1(2):377–406. https://www.scielo.br/scielo.php?script=sci_arttext&pid=S0104-93132015000200377&lng=pt&tlng=pt (gesehen 10.8.2020).
Guirardello, Raquel 1999, *A Reference Grammar of Trumai*. (Dissertation, Rice University, Houston, Texas) UMI Microform, 9928540. XXIII, 452 S. https://scholarship.rice.edu/bitstream/handle/1911/19387/9928540.PDF?sequence=1 (gesehen 23.8.2020).
Guirardello, Raquel et al. 2018, Trumai. In: *Instituto Socioambiental/Povos Indígenas no Brasil:* https://pib.socioambiental.org/pt/Povo:Trumai#Fontes_de_informa.C3.A7.C3.A3o (gesehen 23.8.2020).
Gutiérrez Estévez, Manuel 2001, Las diferencias contra la mitología. In: Miguel León-Portilla (Hrsg.): *Motivos de la antropología americanista: Indagaciones en la diferencia*. México: Fondo de Cultura Económica: 327–365.
Haekel, Josef 1959, Purá und Hochgott: Probleme der südamerikanischen Religionsethnologie. In: *Archiv für Völkerkunde*, 13:25–50.
Halbmayer, Ernst 2010, *Kosmos und Kommunikation: Weltkonzeptionen in der südamerikanischen Sprachfamilie der Cariben*. Wien: Facultas. 2 Bde., 687 S.
—2012, Amerindian mereology: Animism, analogy, and the multiverse. In: *Indiana*, 29:103–125.
Harner, Michael J. 1972, *The Jívaro: People oft he sacred waterfalls*. Berkeley CA: University of California Press. 272 S.
—1980, *The way of the Shaman: A Guide to Power and Healing*. San Francisco etc.: Harper & Row. XVIII, 167 S.
Harner, Michael J. (Hrsg.) 1973, *Hallucinogens and Shamanism*. (A Galaxy Book) London/Oxford/New York: Oxford University Press. XV, 200 S.
Hartt, Ch. Fred. 1875, *Amazonian Tortoise Myths*. Rio de Janeiro: William Scully. 40 S.
Hissink, Karin 1955, Leben und Empörung der Geräte. In: *Baeßler-Archiv*, Neue Folge, Bd. III:75–83.
Hissink, Karin/Albert Hahn 1961, *Die Tacana, I: Erzählungsgut*. Stuttgart: W. Kohlhammer. XVI,692 S.

Hugh-Jones, Stephen 1979, *The Palm and the Pleiades: Initiation and Cosmology in Northwest Amazonia.* (Cambridge Studies in Social Anthropology, 24) Cambridge [etc.]: Cambridge University Press. XVI, 332 S.

IBGE 2012, *Censo 2010.* Rio de Janeiro: Instituto Brasileiro de Geografia e Estatística (verschiedene Webseiten, zugänglich ab https://censo2010.ibge.gov.br/resultados.html, gesehen 22.7.2020).

Jecupé, Kaká Werá 2001, *Tupã tenondé: a criação do universo, da terra e do homem segundo a tradição oral Guarani.* São Paulo: Editora Fundação Peirópolis. 107 Seiten [teilweise ins Deutsche übersetzt: http://pindorama.art.br/file/MitoGuarani-VerCompl.pdf (gesehen 5.9.2020)].

—2007, *As fabulosas fábulas de Iauareté.* São Paulo: Editora Fundação Peirópolis. 88 S.

Jütte, Margrit 2016, *Reisende im Strom der Zeit: Zum Yajé (Ayahuasca)-Gebrauch der kolumbianischen Cofán.* (Ethnologie, 64) Berlin: Lit.356 S.

—2018, [2016] *Cofán-curaca in trouble: About the controversy between the indigenous Cofan and Alberto Varela (Ayahuasca International).* (neip-info) https://neip.info/novo/wp-content/uploads/2018/02/Jutte_-Controversy_Varela_Confan_NEIP_2018.pdf (gesehen 29.8.2020).

Junqueira, Cármen 2009, O Kwaryp kamaiurá na aldeia de Ipavu. In: *Estudos Avançados,* 23,65:133–149.

Junqueira, Carmen/Aisanain Páltu Kamaiura/Wary Kamaiura 2008, *Cultura Kamaiurá.* (Educação e Psicologia, 9) Cuiabá, MT: Universidade de Mato Grosso. 182 S.

Kästner, Klaus-Peter 2009, *Amazonien: Indianer der Regenwälder und Savannen.* Dresden: Museum für Völkerkunde Dresden. 182 S.

Kaldera, Raven 2003, *Northern Tradition Shamanism: Classic Shamanism And Core Shamanism: Basic Differences.* http://www.northernshamanism.org/classic-core-shamanism.html (gesehen 27.8.2020).

Kausen, Ernst 2014, *Die Sprachfamilien der Welt, 2: Afrika - Indopazifik - Australien - Amerika.* Hamburg: Helmut Buske. XLIX, 1265 S.

Keifenheim, Barbara 1999, Zur Bedeutung Drogen-induzierter Wahrnehmungsveränderung bei den Kashinawa-Indianern Ost-Perus. In: *Anthropos,* 94:501–514.

Kirchhoff, Paul 1963, [1948] Food-gathering tribes of the Venezuelan Llanos. In: Julian H. Steward (Hrsg.): *Handbook of South American Indians, 4 :The Circum-Caribbean Tribes.* New York: Cooper Square Publishers: 445–468.

Koch-Grünberg, Theodor 1923, *Vom Roroima zum Orinoco: Ergebnisse einer Reise in Nordbrasilien und Venezuela in den Jahren 1911-1913.* Band III. Stuttgart: Strecker und Schröder. X, 446 S.

—1924, *Vom Roroima zum Orinoco: Ergebnisse einer Reise in Nordbrasilien und Venezuela in den Jahren 1911-1913.* Zweiter Band: *Mythen und Legenden der Taulipáng- und Arekuná-Indianer.* Stuttgart: Strecker und Schröder. 313 S.

Koch-Grünberg, Theodor (Hrsg.) 1920, *Indianermärchen aus Südamerika.* (Die Märchen der Weltliteratur) Jena: Eugen Diederichs. 344 S.

Lagório, Eduardo (Hrsg.) 1983, *100 Kixti (estórias) Tukano.* (Coleção Brasil índio, I) Brasília: Fundação Nacional do Índio. 162 S.

Landolt, Gredna 2005, *El Ojo que Cuenta: Mitos y costumbres de la Amazonía indigena ilustrados por su gente. Eyes that tell: myths and customs from indigenous Amazonia, illustrated by its people.* Lima, Perú: IKAM Asociación Editorial. 163 S.

Leach, Edmund 1968, [1964] Myth as a Justification for Faction and Social Change. In: Robert A. Georges (Hrsg.): *Studies on Mythology.* Homewood, Illinois/Nobleton, Ontario: The Dorsey Press/Irwin-Dorsey Limited: 184–198.

—1971, [1970] *Claude Lévi-Strauss.* (Moderne Theoretiker) München: Deutscher Taschenbuch Verlag. 135 S.

Lévi-Strauss, Claude 1976 a, [1964] *Mythologica, I: Das Rohe und das Gekochte.* (suhrkamp taschenbuch wissenschaft, 167) Frankfurt am Main: Suhrkamp Taschenbuch Verlag. 492 S.

—1976 b, [1966] *Mythologica*, II: Vom Honig zur Asche. (suhrkamp taschenbuch wissenschaft, 168) Frankfurt am Main: Suhrkamp Taschenbuch Verlag. 566 S.

Lewy, Matthias 2011, *Die Rituale areruya und cho'chiman bei den Pemón (Gran Sabana/ Venezuela)*. (Dissertation Fachbereich Geschichts- und Kulturwissenschaften, Freie Universität Berlin) 399 S. https://refubium.fu-berlin.de/bitstream/handle/fub188/2605/1_Hauptteil_Diss_Lewy.pdf?sequence=1&isAllowed=y (gesehen 27.7.2020).

Lindig, Wolfgang 1986, [1981] *Lexikon der Völker: Regionalkulturen in unserer Zeit*. München: C. H. Beck. 451 s.

Madarejúwa Tenharim/Thomas Fischermann 2019, [2018] *Der letzte Herr des Waldes: Ein Indianerkrieger aus dem Amazonas erzählt* [...]. (Ullstein Taschenbuch) Berlin: Ullstein. 205 S.

Mader, Elke 1995, Die Attacke der Grünen Magie: Interkulturelle Prozesse im Shamanismus der Shuar (Ekuador). In: *Zeitschrift für Ethnologie*, 120(2):177–190.

—1999, *Metamorfosis del Poder: Persona, mito y visión en la sociedad Shuar y Achuar*. (Biblioteca Abya-Yala) Quito-Ecuador: Ediciones Abya-Yala. 462 S.

—2008, *Anthropologie der Mythen*. Wien: Facultas. 260 S.

Magalhães, General [José Vieira] Couto de 1975, [1876] *O Selvagem*. (Coleção Reconquista do Brasil, 16) São Paulo/Belo Horizonte: Editora da Universidade de São Paulo/Livraria Itatiaia Editora. 159 (Faksimile I :XLIII, 281; II:194) S.

Menget, Patrick 2001, *Em nome dos outros: Classificação das relações sociais entre os Txicáo do Alto Xingu*. (Coisas de Índios) Lisboa: Museu Nacional de Etnologia/Assírio & Alvim. 334 S.

Menezes Bastos, Rafael 1983, Sistemas políticos de comunicação e articulação social no Alto Xingu. In: *Anuário Antropológico*, 81:43–58.

—1999, [1978] *A musicológica Kamayurá: Para uma antropologia da comunicação no Alto Xingu*. Florianópolis: Editora da UFSC. 302 S.

—2013, *A festa da jaguatirica: uma partitura crítico-interpretativa*. (Coleção Brasil plural) Florianópolis: Editora UFSC. 524 S.

Metz, Jean-Baptiste 1973, Kleine Apologie des Erzählens. In: *Concilium, Internationale Zeitschrift für Theologie*, 9:334 - 341.

Miller, Theresa 2013, Growing gardens: towards a theory of ecological aesthetic performances in indigenous Amazonia. In: *Enfoques - Revista dos Alunos do PPGSA-UFRJ*, v. 12 (1):92–113. (http:// issuu.com/revistaenfoquesufrj/docs/vol12_1 (gesehen 10.8.2020).

Mindlin, Betty (Hrsg.) 2006, [1997] *Der gegrillte Mann: Erotische Mythen vom Amazonas*. Zürich: Unionsverlag. 352 S.

Monod-Becquelin, Aurore 1979, Quelques remarques sur la tradition orale amérindienne. In: *Cahiers de Littérature Orale*, 6 : 172–209.

Montoya Bonilla, Sol 1994, *Mitología del encuentro y del desencuentro: »lo otro« en algunos textos indígenas de la Amazonía*. Bogotá: Editorial Universidad Nacional. 127 S.

Müller, Klaus E. 1997, *Schamanismus: Heiler, Geister, Rituale*. (Beck'sche Reihe, 2072, C. H. Beck Wissen) München: Beck. 128 S.

Müller, Wolfgang 1995, *Die Indianer Amazoniens: Völker und Kulturen im Regenwald*. München: C. H. Beck. 263 S.

Münzel, Mark 1973, *Erzählungen der Kamayurá, Alto Xingú - Brasilien* (deutsche Übersetzung und Kommentar von Mark Münzel). Wiesbaden: Franz Steiner. 378 S.

—2015 a, Apenas se manjena las pasiones, pero por fin la razón y la armonía salen victoriosas... por ahora. In: Manuel Gutiérrez Estévez/Alexandre Surrallés (Hrsg.): *Retórica de los sentimientos: Etnografías amerindias*. (Tiempo emulado: Historia de América y España, 41) Madrid/ Frankfurt am Main: Iberoamericana/Vervuert: 29–51.

—2015 b, Mythos als Befreiung: Auswege am Amazonas. In: Harm-Peer Zimmermann (Hrsg.): *Lust am Mythos: Kulturwissenschaftliche Neuzugänge zu einem populären Phänomen*. Marburg: Jonas: 200–207.

—2016, Common Traits of Brazilian Indigenous Religions. In: Bettina E. Schmidt/Steven Engler (Hrsg.): *Handbooks of Contemporary Religions in Brazil.* (Brill Handbooks on Contemporary Religion, 13) Leiden/Boston: Brill: 33–46.

—2019, *Anthropophagie oder: Wer sind die wahren Kannibalen?* (teils gemeisam mit Peter Herbert Kann) Marburg: Verlag Blaues Schloss. 125 S.

Munduruku, Daniel 2001, *As serpentes que roubaram a noite e outros mitos.* São Paulo: Peirópolis. 56 S.

—2014, [2004] *Contos indígenas brasileiros.* São Paulo: Global Editora. 64 S.

Negro, Maurício (Hrsg.) 2019, *Nós: Uma antologia de literatura indígena.* São Paulo: Companhia das Letrinhas. 128 S.

Nimuendajú Unkel, Curt 1914, Die Sagen von der Erschaffung und Vernichtung der Welt als Grundlagen der Religion der Apapocúva-Guaraní. In: *Zeitschrift für Ethnologie,* 46:284–403.

—1926, *Die Palikur-Indianer und ihre Nachbarn.* (Göteborgs Kungl. Vetenskaps- och Vitterhets-Samhälles Handlingar, Fjärde Földjen, 31:2) Göteborg 1926. 144 S.

Novo, Marina Pereira 2010, *Os agentes indígenas de saúde do Alto Xingu.* Brasília: Parallelo 15. 175 S.

Orobitg Canal, Gemma 2018, Mujeres en el origen: Una distribución *pumé* de los seres del cosmos. In: *Revista de Antropología Iberoamericana* (Madrid), 13 (2):169–188.

Páltu Kamaiwrá, Aisanain, 2010, *Uma análise linguístico-antropológica de exemplares de dois gêneros discursivos Kamaiurá.* (Dissertação de mestrado) Curso de Pós-Graduação em Linguística do Departamento de Lingüística, Português e Línguas Clássicas da Universidade de Brasília. 86 S. https://br.123dok.com/document/y6j2krgq-uma-analise-linguistico-antropologica-de-exemplares-de-dois-generos-discursivos-kamaiura-aisanain-paltu-kamaiwra.html (gesehen 21.8.2020).

Panlõn Kumu, Umúsin/Tolamãn Kenhíri 1980, *Antes o mundo não existia: A mitologia heroica dos índios Desâna.* São Paulo: Livraria Cultura Editora. 239 S. [spanisch 2001: *Antes el mundo no existía: La mitologia heroica de los indios Desâna del Brasil.* Barcelona: Prensa Universitaria. 250 S.].

Pellizzaro, Siro 1978, *Nunkui.* (Mundo Shuar, Serie F, No. 8) Sucua: Centro de Documentación e Investigación Cultural Shuar. 258 S.

Peret, João Américo 1979, *Mitos e Lendas Karajá: Inã Son Wéra.* Rio de Janeiro: Selbstverlag. 102 S.

Pettazoni, Raffaele 1950, [1948] Die Wahrheit des Mythos. In: *Paideuma,* 4: 1–10 [ital.: Verità del mito. In: *Studi e materiali di storia delle religioni,* 21 (1947–48): 104–116].

Preuss (oder Preuß), Konrad Theodor 1914, *Die geistige Kultur der Naturvölker.* (Aus Natur und Geisteswelt, 452) Leipzig/Belrin: B. G. Teubner. 112 S.

—1921, *Religion und Mythologie der Uitoto: Textaufnahmen und Beobachtungen bei einem Indianerstamm in Kolumbien, Südamerika.* (Quellen der Religionsgeschichte, Band 10/11 Gruppe 11) Göttingen/Leipzig: Vandenhoeck & Ruprecht/J. C. Hinrichs'sche Buchhandlung. 2 Bde., VI, 760 S.

Prinz, Ulrike 2002, »Wer die Flöten hat, hat die Qual«. Vom Streit um die gender-Repräsentationen am Alto-Xingu. In: *Anthropos,* 97(2):397–411.

—2003, Transformation und Metamorphose: Überlegungen zum Thema der »Bekleidung« im südamerikanischen Tiefland. In: Bettina E. Schmidt (Hrsg.): *Wilde Denker: Unordnung und Erkenntnis auf dem Tellerrand der Ethnologie.* (Curupira, Bd. 14) Marburg: Curupira: 99–110.

Ptak-Wiesauer, Eva 1989, Wer die Flöten hat, hat die Macht: Matriarchatsmythen südamerikanischer Indianer. In: Brigitte Kossak/Dorothea Langer/Gerti Seiser (Hrsg.): *Verkehren der Geschlechter: Reflexionen und Analysen von Ethnologinnen.* (Frauenforschung, 10) Wien: Wiener Frauenverlag: 127–158.

Quaresma, Carline Cunha Ramos/Izabela Guimarães Guerra Leal 2018, Kaká Werá Jacupé e a tradução dos cantos sagrados Mbyá-Guaraní. In: *Letras Escreve* (Macapá), vol. 8, n. 1:533–554. https://periodicos.unifap.br/index.php/letras/article/view/3816 (gesehen 5.9.2020).

Reichel Dussan, Elizabeth 1987, Etnografía de los grupos indígenas contemporáneos. In: *Colombia amazónica.* Bogotá: Universidad Nacional de Colombia/Fondo FEN Colombia: 235–273.

Riester, Jürgen 1972, *Die Pauserna-Guaraŝugwä: Monographie eines Tupí-Guaraní-Volkes in Ostbolivien.* (Collectanea Intsituti Anthropos, vol. 3) St. Augustin bei Bonn: Verlag des Anthropos-Instituts. XVII,562 S.

Riyanto, Geger 2018, Myth as Argument, Mythmaking as Field of Play: Mythical Manoeuver and Value Appropriation in North Seram, Eastern Indonesia. In: *Zeitschrift für Ethnologie,* 143(2):153–170.

Robayo Romero, Camilo Alberto 2007, *Auffassung der Person, »Inau'ké« und des »Pensamiento« bei den Yukuna-Matapí (Mirití-Paraná, Amazonas - Kolumbien).* 320 S. Dissertation Fachbereich Gesellschaftswissenschaften und Philosophie der Philipps-Universität Marburg. http://archiv.ub.uni-marburg.de/diss/z2009/0081/pdf/dcarr.pdf (gesehen 7.8.2020).

Roosevelt, Anna C. 1994, Amazonian Anthropology: Strategy for a New Synthesis. In: Dies. (Hrsg.): *Amazonian Indians from Prehistory to the Present.* Tucson/London: The University of Arizona Press: 1–29.

Sá, Lúcia 2004, *Rain Forest Literatures: Amazonian Texts and Latin American Cultures.* (Cultural Studies of the Americas, 16) Minneapolis/London: University of Minnesota Press. XVIII, 325 S.

Santos, Gilton Mendes dos/Carlos Machado Dias Jr. 2009, Ciência da floresta: Por uma antropologia no plural, simétrica e cruzada. In: *Revista de Antropologia* (São Paulo), 52(1):137–160.

Scharlau, Birgit/Mark Münzel 1986, *Qellqay: Mündliche Kultur und Schrifttradition bei Indianern Lateinamerikas.* Frankfurt/New York: Campus. 294 S.

Schindler, Helmut 2018, *Die Karihona: Eine Caribgruppe Nordwest-Amazoniens.* München: Herbert Utz Verlag. 488 S.

Schmidt, Bettina E. 2008 a, *Caribbean Diaspora in the USA: Diversity of Caribbean Religions in New York City.* (Vitality of Indigenous Religions) Farnham: Ashgate. IX, 198 S.

—2008 b, *Einführung in die Religionsethnologie: Ideen und Konzepte.* (Reimer Kulturwissenschaften) Berlin: Dietrich Reimer. 232 S.

—2016, *Spirits and Trance in Brazil: An Anthropology of Religious Experience.* (Bloomsbury Advances in Religious Studies) London usw.: Blooomsbury. 10,226 S.

Schweitzer de Palacios, Dagmar/Bernhard Wörrle (Hrsg.) 2003, *Heiler zwischen den Welten: Transkulturelle Austauschprozesse im Schamanismus Ecuadors.* (Curupira, Bd. 15) Marburg: Curupira.

Seiler-Baldinger, Annemarie 1987, *Indianer im Tiefland Südamerikas.* (Begleitband zur Ausstellung ›Indianisches Amerika‹ Basel: Museum für Völkerkunde. 140 S.

Söderblom, Nathan 1926, [1914] *Das Werden des Gottesglaubens: Untersuchungen über die Anfänge der Religion.* Leipzig: J. C. Hinrichs'sche Buchhandlung. XV, 361 S.

Souza, Jonas Gregorio de *et al.* 2018, Pre-Columbian earth-builders settled along the entire southern rim of the Amazon. In: *Nature Communications,* 27 March 2018. https://www.nature.com/articles/s41467-018-03510-7.pdf (gesehen 21.7.2020).

Stenzel, Kristine/Bruna Franchetto 2017, *On this and other worlds: Voices from Amazonia.* (Studies in Diversity Linguistics, 17). Berlin: Language Science Press. VII, 482 S. https://langsci-press.org/catalog/book/167 (gesehen 18.8.2020).

Streck, Bernhard 2000, [1987] Vorwort. In: Ders. (Hrsg.): *Wörterbuch der Ethnologie.* Wuppertal: Edition Trickster im Peter Hammer Verlag: 7–13.

—2009, Der Aberglaube als qualitative Wahrnehmung und das Problem seiner wissenschaftlichen Aneignung. In: Volker Gottowik/Holger Jebens/Editha Platte (Hrsg.): *Zwischen Aneignung und Verfremdung: Ethnologische Gratwanderungen.* Frankfurt am Main: Campus: 309–327.

—2013, *Sterbendes Heidentum: Die Rekonstruktion der ersten Weltreligion.* Leipzig: Eudora Verlag-Leipzig Ralf C. Müller. 491 S.

Suhrbier, Mona Birgit 1997, Der Anfang vor dem Anfang (Raum 2). In: Eva Ch. Raabe/Mona B. Suhrbier (Hrsg.): *Sinn-Welten.* (Galerie 37, Bd. 1) Frankfurt am Main: Museum für Völkerkunde: 25–38.

—1998, *Die Macht der Gegenstände: Menschen und ihre Objekte am oberen Xingú, Brasilien.* (Curupira, Bd. 6) Marburg: Förderverein »Völkerkunde in Marburg«. 245 S.

Sullivan, Lawrence E. 1988, *Icanchu's Drum. An orientation to meaning in South American religions.* New York: Macmillan. XI, 1003 S.

Surrallés, Alexandre 2009, [2003] *En el corazón del sentido: Percepción, afectividad y acción en los candoshi (Alta Amazonía).* Lima/Copenhague: Instituto Francés de Estudios Andinos/Grupo Internacional de Trabajo sobre Asuntos Indígenas (IWGIA). 384 S.

Tagliani, Lino 1992, *Mitología y Cultura Huitoto.* (Colección 500 años, no. 50) Quito: Cicame/Abya Yala. VIII, 235 S.

Tastevin, Constantino 1927, A lenda do jabotí. In: *Revista do Museu Paulista*, 25:386–427.

Thomas, David John 1982, *Order Without Government: The Society of the Pemon Indians of Venezuela.* (Illinois Studies in Anthropology, 13) Urbana: University of Illinois Pres. 265 S.

Urbina Rangel, Fernando 2010, *Las palabras del origen: Breve compendio de la mitología de los uitotos.* Bogotá: Ministerio de Cultura. 254 S.

van Elsbergen, Antje 2001, Die Dämonen der Tukuna. In: Stéphane Voell (Hrsg.): *›... ohne Museum geht es nicht‹ Die Völkerkundliche Sammlung der Philipps-Universität Marburg.* (Curupira Workshop, 5) Marburg: Curupira: 195–201.

van Velthem, Lúcia Hussak, 2003, *O Belo é a Fera. A estética da produção e da predação entre os Wayana.* (Colecção »Coisas de Índios«) Lisboa: Museu Nacional de Etnologia/Assírio e Alvim. 446 S.

van Velthem, Lúcia Hussak/Iori Leonel van Velthem Linke 2010, *Livro da arte gráfica Wayana e Aparai: Waiana anon imelikut pampila – Aparai zonony imenuru papeh.* Rio de Janeiro: Museu do Índio/FUNAI. 94 S.

Ventura i Oller, Montserrat 2003, Schamanische Austauschbeziehungen und Identität: Das Netzwerk der Colorados. In: Schweitzer de Palacios/Wörrle (Hrsg.) 2003 [s. dort]: 73–95.

Villas-Bôas, Orlando 2000, *A arte dos pajés: Impressões sobre o universo espiritual do índio xinguano.* São Paulo: Globo. 126 S.

Viveiros de Castro, Eduardo 1996, Os pronomes cosmológicos e o perspectivismo ameríndio. In: *Mana* 2(2):115–144.

Wagley, Charles 1988, *Lágrimas de boas-vindas: os índios Tapirapé do Brasil Central.* (Reconquista do Brasil, 2 série, 137) São Paulo: Edusp, 1988. 299 S. [1977, *Welcome of Tears: The Tapirapé Indians of Central Brazil.* New York: Oxford University Press. 348 S.]

Walde-Waldegg, Hermann von 1936, Notes on the Indians of the Llanos of Casanare and San Martin (Colombia). In: *Primitive Man*, 9(3):38–45.

Weinrich, Harald 1973, Narrative Theologie. In: *Concilium, Internationale Zeitschrift für Theologie*, 9:329–333.

Werlang, Guilherme 2011, *Emerging Peoples: marubo myth-chants.* Münster: Lit. VIII, 704 S. http://www.academia.edu/1772572/Emerging_peoples_marubo_myth-chants (gesehen 26.8.2020).

Werlang, Guilherme/Telma Franco Diniz 2006, De corpo e alma. In: *Revista de Antropologia* (São Paulo), 49,1:165–201.

Zarur, George de Cerqueira Leite 2003, *Kuarup xinguano e os universais da narrativa religiosa.* (Relatório Especial) Brasília: Câmara dos Deputados. 16 S. https://www2.camara.leg.br/atividade-legislativa/estudos-e-notas-tecnicas/publicacoes-da-consultoria-legislativa/arquivos-pdf/pdf/311902.pdf (gesehen 29.8.2020).

—2017, *O Sentido do Tempo: descristianização, medo e sociedade.* http://www.georgezarur.com.br/2017/09/29/o-sentido-do-tempo-descristianizacao-medo-e-sociedade/ (gesehen 29.8.2020).

Zerries, Otto 1954, *Wild- und Buschgeister in Südamerika: Eine Untersuchung jägerzeitlicher Phänomene im Kulturbild südamerikanischer Indianer.* (Studien zur Kulturkunde, 11) Wiesbaden: Franz Steiner. X, 401 S.

—1961, Die Religionen der Naturvölker Südamerikas und Westindiens. In: Walter Krickeberg/Hermann Trimborn/Werner Müller/Otto Zerries: *Die Religionen des alten Amerika.* (Die Religionen der Menschheit, 7) Stuttgart: W. Kohlhammer: 269–384.

Tekó katú (Das gute Leben) – Versuch über die Religion der Kaiowá, Mbyá, Ñandéva (Guaraní) und Paĩ-Tavyterã

Graciela Chamorro und Isabelle Combès

1 Einführung: Sprachen und Völker

Dieser Aufsatz handelt von der Religion von Gruppen, die verschieden und doch einander ähnlich sind und oft unter dem Begriff »Guaraní« zusammengefasst werden. Wir stellen hauptsächlich Ergebnisse unserer Feldforschungen unter den drei »Guaraní«-Gruppen vor, die östlich des Rio Paraguay in Brasilien und Paraguay und südlich und östlich des Rio Paraná in Argentinien Guaraní-Sprachen sprechen.

Bevor wir es wagen können, von ihrer Religion zu sprechen, müssen wir deshalb klären, von wem wir dabei sprechen, genauer, auf welcher Ebene wir den Terminus »Guaraní« verstehen. Die größte Anzahl von Menschen, die sich selbst so bezeichnen, lebt in Bolivien und Nordwestargentinien. Von den verschiedenen Guaraní-sprachigen Gruppen wählen nur drei heute diesen Namen: Die Avá-Guaraní[1] in Ostparaguay, die Ñandéva-Guaraní in Mato Grosso do Sul (Brasilien) und die Guaraní oder Avá-Guaraní in Bolivien. Die übrigen sind Kaiowá, Guaráyos, Mbyá, Chané, Paĩ-Tavyterã, Sirionó oder Tapieté. Jenseits einer Gemeinsamkeit in Namen und Sprachzugehörigkeit haben die verschiedenen unter dem Etikett »Guaraní« zusammengefassten Gruppen nicht die gleiche Geschichte durchlebt, haben unterschiedliche Kontakte mit anderen Indigenen gehabt; – das hat im Laufe der Jahrhunderte ihre jeweilige Kultur geprägt. Die in diesem Aufsatz mitbesprochenen Avá-Guaraní nennen sich selbst auch »Guaraní«, aber gerade sie stehen kulturell den paraguayischen und brasilianischen Mbyá, den Kaiowá in Mato Grosso do Sul und den Paĩ-Tavyterã in Paraguay viel näher als beispielsweise den anderen »Guaraní« in Bolivien.

Der erste Teil dieses Artikels soll das Dickicht um den Namen »Guaraní« lichten und dabei die kulturelle Vielfalt offenlegen, die unter einem aufgepfropften Etikett verborgen liegt. Erst wenn das geklärt ist, können wir einen Überblick darüber skizzieren, was die in diesem Aufsatz besprochenen Gruppen ihr *tekó katú* (»richtige Seinsweise«, »gutes Leben«, »richtige Kultur«)[2] und wir Abendländer »Religion« nennen – also, was Kaiowá, Mbyá und Ñandéva-Guaraní von den übernatürlichen Mächten und wunderbaren Wesen sagen, die die Erde, die Menschen und die übrigen

---

1 Um die richtige Betonung der aus indianischen Sprachen übernommenen Wörter anzuzeigen, setzen wir entsprechende Akzente, die nicht immer der Orthographie der jeweiligen Einzelsprache entsprechen. Bei Zitaten aus historischen Quellen behalten wir deren Akzentsetzung bei.

2 In Zusammensetzungen wird aus *tekó* enklitisch *rekó*, z. B. *ñanderekó*, unsere Kultur.

Lebewesen geschaffen haben. Und wir stellen das Wort als ein Ordnungskonzept für die Vielfalt des indigenen Pantheons vor. Danach beschreiben wir die Erschaffung der Erde und die Beziehung der Menschen zu ihr und zu den übrigen Wesen, dann kommen wir zu Fragen nach dem menschlichen Wesen zwischen Tierischem und Göttlichem und gegenüber dem Bösen. Schließlich kehren wir noch einmal zum Wort zurück, dem Kern der symbolischen Produktion in Mythen und Ritualen.

Unsere Synthese beruht auf Leben, Beobachtung und Dialogen mit Erwachsenen, darunter vor allem mit Alten, die als Experten für religiöse Praxis und Erklärung anerkannt sind. Herzlichen Dank für ihre nachdenklichen Erklärungen und dafür, dass sie uns an ihren Alltagspraxen teilnehmen ließen. Doch fangen wir nicht bei Null an, sondern bauen auf den Forschungen verschiedener Autoren und Forschungskollegen auf. Dank zunächst den Kollegen Diego Villar, Levi Marques Pereira, María Eugenia Domínguez, Pablo Antunha Barbosa und Ruth Monserrat, die in unserer Forschergruppe über die Völker forschen, die generisch »Guaraní« genannt werden und dabei doch noch so viele andere Namen haben.[3]

2 Indigene Sprecher von Guaraní-Sprachen[4]

Der Name *guarani* oder *guareni* findet sich erstmals 1528 in den Briefen von Diego García und Luis Ramírez als Bezeichnung einer Gruppe von Inselbewohnern im Rio Paraná ungefähr 60 km nördlich des heutigen Puerto Rosario (Argentinien). Von der Bedeutung dieses Namens weiß man nichts Gewisses. Man hat ihn in Verbindung mit *guarĩnĩ* (Guaraní für »Krieg«) gebracht und abgeleitet, *guaraní* bedeute Krieger. Dabei war dies aber nicht der einzige Name, der für Guaranísprechende aufgeschrieben wurde. Diejenigen, mit denen es Jahre zuvor Begegnungen an der Küste des heutigen brasilianischen Bundestaates Santa Catarina gegeben hatte, wurden *carijos* genannt, was ähnlich klingt wie *cario* – so hatte man die Menschen genannt, mit denen man in den 1530er Jahren in der Gegend von Asunción in Kontakt gekommen war. Die Konquistadoren übertrugen dann diese Namen, *cario* und *guarani*, auf Gruppen, die sie danach antrafen, sofern diese eine Sprache sprachen, die derjenigen der zuerst Angetroffenen ähnelte. So notierte der spanische Konquistador Domingo Martínez de Irala 1541, in Asunción lebten »guaranys oder, wenn man so will, caryos«. Wie so mancher Zeitgenosse von der Mär von dem Schatzland des El Dorado oder Paititi gelockt, fuhr Irala den Rio Paraguay gen Norden hoch, wo er auf weitere Guaranísprechende traf, die er in seinem

3 Wir danken dem *Conselho Nacional de Desenvolvimento Científico e Tecnológico-CNPq* (Brasilien), der zwei Jahre lang das Forschungsprojekt Nr. 443812/2015–2 *Povos indígenas guaraní falantes: História e etnografia contemporáneas* (Guaraní-sprachige Völker: Geschichte und gegenwärtige Ethnographie) finanzierte, mit Graciela Chamorro als Koordinatorin und Isabelle Combès als einer der Projektmitarbeiterinnen; zudem eine Hilfe (*Bolsa de Productividade em Pesquisa*) für Graciela Chamorro.

4 Indigene Guaraní-Sprecher, neben denen es in Paraguay und Argentinien auch Millionen nicht-indigener, nicht selten rein »weißer« Guaraní-Sprecher gibt. Paraguay ist zweisprachig: Spanisch und das sog. »paraguayische« (nicht mehr indigene) Guaraní.

Brief von 1543 *caryos* nannte.[5] Seit den 1550er Jahren erscheint der Begriff *chiriguanaes* und macht eine Zeitlang *cario* und *guarani* als allgemeinen Bezeichnungen Konkurrenz. Anscheinend hat Jaime Rasquín als erster diesen weiteren Namen verwendet; 1557 schrieb er über Einwohner, die in der Provinz Perú *chiliguanaes* genannt wurden, und die »man in unserer Provinz guaranis nennt«.[6]

Mit genauerer Kenntnis der einzelnen Gruppen im Laufe der Jahre wurde der Name *cario* auf die Bewohner der Gegend von Asunción del Paraguay eingeschränkt, während alle Guaraní Sprechenden westlich des Rio Paraguay generisch *chiriguanaes* (später *chiriguanos*) genannt wurden. Später nannte man so die Bewohner der sogenannten Cordillera Chiriguana, die sich mit der Zeit weiter ausbreiteten und bis zu den Anden-Ausläufern und von dort nach Süden gelangten. Die Gruppen, mit denen man direkt östlich und westlich des Rio Paraguay in Kontakt kamen, wurden mit spezifischeren Namen wie *tovatĩ, itatĩ, guaranbare* usw. genannt.

Das linguistische Kriterium der Konquistadoren und Missionare zur Benennung und Klassifizierung der Gruppen, mit denen sie in Kontakt kamen, veränderte sich in späteren Jahrhunderten nicht. So prägte etwa Alfred Métraux (1928a/b) in seiner Dissertation die Formel *civilisation Tupi-Guarani*, wobei er von der Annahme ausging, dass diejenigen, die ähnliche Sprachen sprechen, auch ähnliche Kulturen besitzen. Ein weiteres Beispiel war Egon Schaden, genauer: die weite Verbreitung seines Werkes *Aspectos Fundamentais da Cultura Guarani* (1962 [1954]), die viel dazu beitrug, dass sich hinsichtlich der indigenen Sprecher von Guaraní-Sprachen einige Generalisierungen festsetzten, manche davon anachronistisch oder sogar falsch. Seine Schlussfolgerungen wurden nämlich auf Guaraní-sprachige Gruppen übertragen, die er gar nicht behandelt hatte, und verstärkten so die Vorstellung, es gäbe eine einheitliche, gleichförmige Guaraní-Kultur.

Gegen diese verallgemeinernden Tendenzen hat sich aber auch die Sicht auf die Vielfalt und Pluralität erhalten. Gerade Schaden[7] wies darauf hin, dass das Durcheinander der verschiedenen Benennungen der indigenen Völker bis in die erste Hälfte des 20. Jahrhunderts so groß war, dass jeder Versuch, da Ordnung zu schaffen, vergeblich sein müsse. Für Franz Müller hatte es 1934 drei Gruppen gegeben: Pañ (heute als Paĩ-Tavyterã bekannt), Chiripá (heute Avá-Guaraní) und Mbyá. Schaden übertrug das auf Brasilien als Kaiowá, Ñandéva und Mbyá, wobei er sich neben anderen Kriterien auf deren Sprachformen, materielle Kultur und Unterschiede in Glaubensvorstellungen und Mythen stützte.[8] Die von Schaden so genannten Ñandéva in Mato Grosso do Sul (Brasilien) lehnen diesen Namen ab und nennen sich lieber Guaraní, weshalb wir sie in diesem Aufsatz auch so nennen.

---

5 Combès 2010:172173.

6 Die Bezeichnung Chiriguanaes oder Chiliguanaes kommt wahrscheinlich aus dem Quechua, findet sich nämlich in den Chroniken aus den Anden, während die Spanier von Asunción diesen Namen erst zu verwenden begannen, als sie über den Rio Paraguay nach Westen vorgestoßen waren. Combès Ms. 2017, zit. Rasquín ebd.

7 1962:10.

8 Müller 1989:1213.

Wir müssen die verschiedenen wissenschaftlichen Definitionen des Terminus »Guaraní« ebenso beachten wie die Komplexität des historischen Prozesses, durch die er auf eine bestimmte Bedeutung festgelegt wurde, und die Verschiedenheit kultureller Praxen, die oftmals in dem einen Begriff verwässert wurden. So ist etwa für die Archäologen das »Guaraní« in der »Tupiguaraní«-Keramiktradition nicht notwendig mit den historischen und gegenwärtigen Völkern verbunden, die Guaraní sprechen. Für die Linguisten sind »Guaraní« die (über ein Dutzend verschiedenen) Völker mit den Sprachen oder Dialekten der »Guaraní«-Sprachengruppe, die zum »Tupí-Guaraní«-Zweig der »Tupí«-Sprachfamilie gehören. In Ethnologie/Anthropologie, Geschichtsforschung und weiteren Wissenschaften wird »Guaraní« zur Benennung verschiedener Ethnien verwendet, die Sprachen der Tupí-Guaraní-Sprachfamilie sprechen, deren Kulturen relativ ähnlich ausgeprägt sind, und die eine Geschichte intensiven Kontakts mit Konquistadoren, Kolonisatoren und Missionaren und mit deren europäischen Modellen durchlebt haben. In den historischen Quellen und in der Geschichtsschreibung wird »Guaraní« auch auf Gruppen übertragen, die von Guaranísprechenden beherrscht worden sind, wozu die Initiative teils von den Guaraní-Völkern ausging, teils von deren missionarischen Tutoren. Chronisten und Geschichtsschreiber haben manchmal den Namen »Guaraní« unterschiedslos auf Menschen angewandt, die sich in die Kolonialgesellschaft integrierten, ob sie nun Guaraní sprachen oder nicht.[9]

In ähnlicher Weise verwenden und verbreiten in den letzten Jahren auch indigene Politiker und nicht-indigene Unterstützer diesen Namen, um die Guaraní-sprachigen Ethnien in Bewegungen und Kampagnen im Kampf um ihre Rechte unter einem Namen zu vereinen, der in der nicht-indigenen Gesellschaft schon eingeführt ist.[10] Andererseits jedoch bezeichnen manche nur diejenigen Guaraní-sprachigen Gruppen als »Guaraní«, die östlich des Rio Paraguay und weiter nach Osten um den Rio Paraná wohnen, was die größte Anzahl von Sprechern dieser Sprachen ausklammert (die nämlich in Argentinien, Bolivien und Paraguay westlich des Rio Paraguay leben). Andere schließen einige dieser westlich des Rio Paraguay lokalisierten Gruppen mit ein, aber in Bolivien und Argentinien nur diejenigen, die sich heute selbst Guaraní nennen, was jene ausschließt, die sich anders nennen (Guaráyo, Yúqui, Tapiéte, Sirionó, Chané).

Und schließlich haben indigene Völker seit einigen Jahren begonnen, sich selbst in regionalen, nationalen und internationalen Verbindungen zu organisieren, die die Idee eines pan-guaranitischen Volkes, einer Guaraní-Nation stärken, die untypisch für die Geschichte dieser Völker und bis heute auch für ihre interne soziale Praxis ist. Diese Zusammenschlüsse sind sicher legitim, ja notwendig, um die Rechte der Völker durchzusetzen, laufen freilich (kritisch betrachtet) Gefahr, willkürliche soziale Realitäten zu konstruieren und auf die Vergangenheit dieser Völker zu projizieren, die auf diese Weise wieder einmal in einer vermeintlich gemeinsamen Geschichte aufgelöst werden.

9 Hierzu kritisch Freitas 2013.
10 Hierzu Chamorro 2010:81–82.

Halten wir hier also fest, dass diese Völker, weit entfernt von Homogenität, jedes eine kulturelle Eigendynamik zeigen, die sich in den Kontakten mit anderen Völkern bewährt und im Verlauf ihrer Geschichte zu mehr oder weniger tiefgreifenden Veränderungen geführt hat, auch in ihren Sprachen, in ihrer religiösen Praxis und ihrem Glauben, zum Entsetzen oder zur Freude ihrer Ethnologen. Linguisten, Lehrer und Missionare, ob diese nun religös inspiriert waren oder nicht. So war der Schweizer Arzt Rudolf Rengger Anfang des 19. Jahrhunderts erstaunt, auf junge Guaraní-Männer im paraguayischen Dschungel zu treffen, die nicht mehr Lippenpflock und traditionelle Tonsur der Guaraní trugen.[11] In ähnlicher Weise können Guaraní-Jugendliche im 21. Jahrhundert, die Schule und Kirche besuchen und sich auf die den Körper nicht betonende Weise evangelischer und vor allem pfingstkirchlicher Gemeinden kleiden, als Träger drastischer Veränderungen angesehen werden, die aber einstmals wieder der Vergessenheit anheimfallen oder aber, im Gegenteil, als Bestandteil von richtigen und angemessenen Sitten angesehen werden könnten. Und mit der Religion ist es nicht anders. Die pessimistischen Weltuntergangsszenarien, die Nimuendajú [1914] und Schaden [1954] vorhersahen, sind nicht in Erfüllung gegangen.

Bezüglich der Ansiedlung von Guaraní-sprachigen Gruppen westlich des Rio Paraguay verweist Combès[12] auf die Wanderungen von Itatínes im 16. und 17. Jahrhundert, und von Sprachverwandten von der Küste Brasiliens aus, die mythische Orte und das Metall des Inka suchten. Aus den Siedlungen der Itatínes im Amazonas-Regenwald gingen wahrscheinlich die Guaráyos hervor. Andere Guaraní-sprachige Gruppen ließen sich im Andenvorland nieder und unterwarfen Chané-Gruppen der Aruak-Sprachfamilie. So bildeten sich die Chiriguanaes heraus, die heute als (westliche) Guaraní bekannt sind, mit ihren Untergruppen Áva, Símba, Isoséño (in Bolivien) und Chané (in Nordostargentinien).

Was bringt uns dieser historische Rückblick für unser Thema? Jedenfalls, dass man nicht einfach so von »Guaraní« sprechen kann. Dieser Name hat wie die »Guaraní«-Sprachen und ihre Sprecher ihre Geschichte, die kulturelle Praktiken und dabei auch die Religion in je verschiedener Weise verändert hat. Das hat mit den unterschiedlichen Wohnsitzen und interethnischen Kontakten zu tun, die den Weg und die Entwicklungen jeder Gruppe geprägt haben.

Nachstehende Tabelle gibt einen Überblick, Datenstand 2017, über die verschiedenen indigenen Völker, die »Guaraní«-Sprachen sprechen, und ihre ungefähre Bevölkerungszahl.[13]

---

11 Rengger 1835:111.

12 2011, 2015.

13 Zur Verbreitung der Gruppen, die östlich des Rio Paraguay leben, s. Mapa Guarani Digital (https://guarani.map.as/), wo allerdings nicht immer die gleiche Nomenklatur verwendet wird wie im vorliegenden Aufsatz.

Gruppen mit Guaraní-Sprache	Argentinien[14]	Bolivien[15]	Brasilien[16]	Paraguay[17]	Uruguay	Östlich/ westlich des Rio Paraguay
Aché (Guayakí)				1.884 in 6 *comunidades*[18]		östlich
Avá-Guaraní (Chiriguano[19])	21.807[20]					westlich
Chané	2.099[21]					westlich
Avá-Guaraní/ Guaraní[22]	1.000[23]		13.000	17.921 (in 124 *comunidades*)		östlich
Guaraní	22.059[24]	58.990		3.587 4.605[25]		westlich
Guarasugué oder Pausérna		42				westlich
Guaráyo		13.621				westlich

14 Argentina 2004–2005.

15 Bolivia 2012, Bevölkerung ab 15 Jährigen.

16 IBGE 2010.

17 DGEEC 2012.

18 Anm. des Übers.: *Comunidad* (»Gemeinschaft«, »Gemeinde«) bezeichnet hier eine zusammenwohnende Gruppe, doch nicht wie in den Zentralanden eine indigene juristische Körperschaft mit spezifischen Eigentumsrechten.

19 Der argentinische Zensus folgt nicht der heute in der Anthropologie/Ethnologie üblichen Unterteilung der früher so genannten Chiriguanos (heute Westliche Guaraní) in Áva, Símba, Tapiéte, Chané.

20 Unter den Avá-Guaraní sind hier die früher so genannten Chiriguanos aus dem argentinischen Zensus 2004–2005 zu verstehen. Ihre Bevölkerung von 17.592 Personen (Argentina 2004–2005:3) ist um Jujuy und Salta konzentriert, nicht zu verwechseln mit den Avá-guaraní in Ostparaguay, Misiones (Argentinien) und Brasilien.

21 vor allem in Salta und Umgebung, wo 1.110 Chané leben.

22 in Paraguay und Südbrasilien auch mit dem verächtlichen Namen Chiripá benannt.

23 Die Östlichen Guaraní oder Avá-Guaraní orientales erscheinen trotz ihrer offensichtlichen Existenz nicht als eigene Ethnie im argentinischen Zensus 2004–2005, Wahrscheinlich wurden sie da mit den Mbyá durcheinandergeworfen, oder dazu auch noch mit den sog. »Guaraní«, den westlichen, die von Bolivien nach Argentinien migriert sind. Unsere Zahl 1.000 erhielten wir von Kollegen der Universität von Misiones (Argentinien), die eigene örtliche Zählungen durchgeführt haben.

24 Im argentinischen Zensus 2004–2005 sind »Guaraní« die aus Bolivien nach Argentinien migrierten Isoséños (persönliche Mitteilung von Diego Villar, 12.7.2019).

25 DGEEC 2012 bzw. *Equipo Mapa Guaraní Continental* 2016:43.

Gruppen mit Guaraní-Sprache	Argentinien[14]	Bolivien[15]	Brasilien[16]	Paraguay[17]	Uruguay	Östlich/ westlich des Rio Paraguay
Kaiowá			31.000			östlich
Mbyá	8.223		11.000	20.546 (in 170 *comunidades*)	50	östlich
Ñandéva oder Tapiéte	484 [Salta]	99 [144][26]		2.470[27]		westlich
Paĩ-Tavyterã[28]				15.494 (in 62 *comunidades*)		östlich
Sirionó (Mbía)		446 [1.340][29]				westlich
Yúki		202 [1.040][30]				westlich
Gesamt	55.672	73.400 [75.177]	55.000	61.902 [62.920]	50	246.024 [248.819]

Die Guaraní-Bevölkerungen belegen einen weiten Raum und verschiedene Biotope, von Überschwemmungsgebieten über den atlantischen Regenwald. den Amazonas-Regenwald, die offenen Savannen, wüstenähnliche Gebiete, Tief- und Hochländer, Städte und ländliche Gegenden. Ihre Gegenwart wird geprägt von den heutigen Staaten und von den Gesellschaften von einst und jetzt, mit denen sie in Austausch- und Abhängigkeitsbeziehungen stehen. Und da diese Variablen nicht jede Volksgruppe in einheitlich gleicher Weise betreffen, und weil es innerhalb jeder Gruppe verschiedene Reaktionsweisen auf diese Bedingungen gibt, ist auch innerhalb jeder

26 Der bolivianische Zensus (2012:31) gibt 99 Tapiéte an; CEPAL (2014:104) 115; Equipo Mapa Guaraní Continental (2016:43) 144.

27 Die Ñandéva im paraguayischen Chaco gehören der gleichen Ethnie an wie die Tapiéte in Bolivien und Argentinien, zu verwechseln weder mit den Ñandéva oder Guaraní in Mato Grosso do Sul (Brasilien) noch mit den Ñandéva von São Paulo, die von den früher so genannten Apapokúva abstammen. Die Ñandéva im paraguayischen Chaco wohnen im Departament Boquerón nahe Mariscal Estigarribia. Mapa Guaraní Continental (2016:43) gibt die Anzahl 1.500 an; der III Censo Nacional de Población y Viviendas para Pueblos Indígenas (2012:52) zählte 2.470.

28 Paĩ-Tavyterã und Kaiowá sind verschiedene Namen für die gleiche Ethnie, erstere in den Cordilleren von Caaguazú und Amambay an der brasilianisch-paraguayischen Grenze.

29 Der in 2012 publizierte Zensus gibt die Zahl 446 an. Hingegen liefert *Mapa Guaraní Continental* (2016:31) die unwahrscheinlich überhöhte Summe 1.340.

30 Die den Sirionó engverwandten Yúki (Yuqui) sollten laut *Mapa Guaraní Continental* (2016:31–39) 1.040 Personen zählen. Auch diese Zahl ist überhöht.

Guaraní sprachigen Gruppe die Diversität groß. Stets ist eine Art biologischer und kultureller Mestizisierung erfolgt.

Bei den Mbyá zum Beispiel lässt sich diese Diversität beobachten: auf der einen Seite diejenigen, die dem Traum von einer Urheimat folgen, indem sie weite Strecken in den Umweltreserven des atlantischen Regenwaldes durchwandern; und auf der anderen Seite jene, die im Landesinnern der südlichen brasilianischen Bundesstaaten, des nordöstlichen Argentinien und des östlichen Paraguay verharren und die letzten Winkel ihrer angestammten Ländereien gegen die Front des gefräßigen Agrobusiness verteidigen. Die Kaiowá in Mato Grosso do Sul unterscheiden untereinander zwischen den Ka'aguyrusuguá, (die aus dem großen Wald), die aus dem heute völlig vernichteten atlantischen Regenwald stammen, und den Yvytyrusuguá (die vom großen Hügel), die auf der Savanne im Osten des Bundesstaates leben, wo Bergland und offene Ebene abwechseln. Diese Yvytyrusuguá oder Ava Chapĩ stehen den Paĩ-Tavyterã in Paraguay näher als den brasilianischen Verwandten, von denen sie sich durch ihre Sprachvariante, ihre Gesänge und Rituale unterscheiden.

Kurz, die Namen sind Zeugnisse historischer Wanderungen und Entwicklungen jeder Gruppe, und sagen auch etwas über die jeweiligen Beziehungen zu Nachbarn.[31] Die Ethnonyme der Guaraní Sprechenden stammen

> aus dem Quechua (Chiriguános, Guaráyos, Símba); oder es sind Arawak-Namen wie Chané und vielleicht Sirionó und Yúki [im Westen]. Es sind vielleicht »eigene« Guaraní-Namen wie Mbyá (Mbía), Áca, Avá oder Ñandeva, andere wurden angenommen wie »Tapieté«, das wohl ursprünglich so etwas wie »echter Sklave« bedeutete und heute von den so Bezeichneten als »echter Mensch« interpretiert wird. Und genauso ist es mit den Namen der Sprachen, wir sprechen von indigenen Gruppen die je eine der unter dem Etikett »Guaraní« zusammengefassten Sprachen sprechen, aber sich nicht immer mit diesem Meta-Namen identifizieren, den die Linguistik der Sprachfamilie aufgedrückt hat. Sie selbst benennen sich eher mit spezifischeren Bezeichnungen und übertragen gewöhnlich dieses Ethnonym auf ihre Sprache. So mag etwa ein Kaiowá sagen, dass er Kaiowá spricht; ein Guaráyo, dass seine Sprache das Guaráyo ist, ein Sirionó wird sich als Sprecher des Sirionó wiedererkennen, und ein Mbyá als Sprecher des Mbyá. Man kann von keiner »kulturellen Einheit« sprechen, wenn zur Gruppe der Guaraní Sprechenden die sammlerisch-jägerischen Sirionó, Yúki und Aché gehören, die »typischen« bäuerlichen Guaraní, die Guaraní sprechenden, aber in ihrer kulturellen Praxis klar zum Chaco gehörenden Tapieté, und die Guaraní sprechenden Chiriguanos, deren Kultur aber unleugbar Chané ist.[32]

3 Religion

Zwar findet sich in den Guaraní-Sprachen kein adäquates Wort für die »Religion« der dominanten europäischen Sprachen, doch können wir das Thema mittels einiger kultureller Kategorien und Praxen behandeln. So beinhaltet der Ausdruck *ñandé rekó katú* (»unsere gute Seinsweise, unser gutes Leben, unsere richtige Kultur«) ein

31 Combès Ms. 2017.
32 Combès ebd.

ganzes Bündel von Konzepten und Erfahrungen. Was wir hier hilfsweise »Religion« nennen wollen, zeigt sich nicht abgelöst vom ethisch-kulturellen System, sondern ist Richtschnur des Denkens und Lebens (*tekó*) dieser Völker. Es hängt mit ihrem ethischen Ideal (*katú*, gut) zusammen, das jede Ethnie für sich (*ñandé*, »wir, unser«) in Anspruch nimmt, mit Kosmologie und Sozialorganisation.

Bei den indigenen Guaraní-Sprachigen östlich des Rio Paraguay gibt die Religion mächtige Impulse für einen Diskurs oft quer zur Realität. So stellen wir hier weniger die Beschreibung der Lebensweise einer Guaraní-sprachigen Gemeinschaft vor, als vielmehr die Darstellung dessen, was in dieser Gemeinschaft als eine ideale Lebensweise gilt, auf deren Grundlage das Gleichgewicht zwischen den aus den Naturphänomenen, den Menschen und den übrigen Wesen und deren Herren, dem Staat und der (die Gemeinschaft umschließenden) Gesellschaft möglich wäre.

Der Ausdruck *tekó katú* findet sich schon in den Schriften von Antonio Ruiz de Montoya S.J. (2011 [1639]) als das »gute, freie Leben« der Eingeborenen. Und Montoya fügt an: »und so benennt man die Wilden, die wie Tiere leben«. Das heißt, schon zu Beginn der spanischen Kolonisation in den Wäldern des damaligen Guairá (heute dem Süden von Mato Grosso do Sul, Paraná und Westen des Bundesstaates São Paulo) wurde ein Kampf von jenen entfesselt, die die alte indigene Lebensweise hassten, da diese der neuen sozialen und, wenn man so will, »christlichen« Ordnung entgegenstand.

Die heutigen Guaraní-sprachigen Indigenen, die östlich des Rio Paraguay wohnen, setzen sich von der sie umgebenden Gesellschaft mit diesen Ausdrücken ab: Sie sind die Träger einer *katú* (»guten«) *tekó* (»Lebensweise, Kultur, Religion«), der guten Sitten. Das ist für sie ein ethisches System, das auf der Lebensweise der göttlichen und vergöttlichten Wesen der ersten Generation jener Lebewesen beruht, die die erste Erde (*yvý tenondé*) bewohnten. Dieses System ist die Richtschnur des irdischen Lebens der heutigen Menschen, die nach dessen Regeln ihre Entscheidungen ausrichten sollen.

Schaden[33] abwandelnd: Wir müssen der starken Versuchung wiederstehen, von der Guaraní-Religion als einem geschlossenen Block zu sprechen, denn »genauso gut könnte man von drei, vier oder noch mehr Guaraní-Kulturen [und Religionen] sprechen«. Im Folgenden stellen wir Praxen und Charakteristiken vor, sowohl solche, die den drei östlichen Guaraní-Gruppen gemeinsam sind, als auch solche, durch die sie sich unterscheiden.

4 Theologie, wie sie sich in indigenen Erzählungen zeigt

Ein Kennzeichen mythischen Denkens ist, dass es menschliche und weitere natürliche und übernatürliche Wesen nicht derart strikt von einander unterscheidet, als ob sie sich immer gegenseitig ausschließen würden. Wie David Le Breton[34] in seiner

33 1962:21.

34 2016:8.

Analyse anderer sozialer Gruppen schreibt, besteht der menschliche Körper aus der gleichen Substanz wie die Gottheiten. Sehen wir uns an, wie dies sich in den Gründungserzählungen der von uns beschriebenen Ethnien zeigt.

4.1 *Jasuká,* Lebenssubstanz

Die Mbyá, Guaraní, Kaiowá und Paĩ-Tavyterã, mit denen wir darüber sprachen, glauben an *Jasuká*, eine fließende Lebenssubstanz, ein aktives Prinzip, eine schöpferische Energie, aus der alle Wesen entstanden sind und erhalten werden. Die ethnographischen Aufzeichnungen aus dem 20. Jahrhundert sind in diesem Punkt bis heute aktuell.[35] Nach Aussage von Personen, mit denen Marcial Samaniego sprach, bezeugt der Schöpfer selbst die Macht dieser schöpferischen Substanz, wenn er in dem langen Lied von der Kosmogonie sagt: »Durch die Wirkung von *Jasuká* richtete ich diese Erde auf«.[36] Ja, mehr noch, der Schöpfer selbst entstand aus dieser mütterlichen Substanz und wuchs heran, indem er an ihrer Brust saugte.[37] Diese Substanz »ist keine Person, noch ist es ein Gott, sondern es ist ein Prinzip der Emanation«.[38]

Bei den Mbyá und den Guarani ist *Jasukáva* (»Welcher/Welche Jasuká ist«) der heilige Name der Frau und des weiblichen Kopfschmucks. *Jasuká* ist der religiöse Name des Bambusrohrs, aus dem der Rhythmusstab (ein Musikinstrument aus einem Bambusrohr, das rhythmisch auf die Erde geklopft wird) hergestellt wird, und auch der Zeder (*Cedrela fissilis*), die als die Mutter der Bäume gilt. *Jasuká vyapú* (»Klang von *Jasuká*)« ist der religiöse Name des rituellen Frauengesangs. Die erste und ursprüngliche Mutter beschreiben die Mbyá als »Quelle des Wassers, die in der Mitte der Erde liegt.« Dieser Ort heißt *Jasuká vendá* (»Ort von Jasuká«) und soll der Ursprungsort dieser ethnischen Gruppe sein. Die Paĩ-Tavyterã bezeichnen mit dem gleichen Namen *Jasuká vendá* den Ort, von dem aus die Erde sich einst ausbreitete. Allgemein wird *Jasuká* als ein Rauch oder ein Nebel beschrieben (*tatachiná*), als ein feiner Nieselregen (*amandayví*), der die Wesen erschafft, wiedererschafft und vervollkommnet. *Jasuká* wird auch als eine Quelle betrachtet, zu der die spirituellen Anführer entrückt werden, um ein neues Leben zu gewinnen.

Man sieht, dieser Begriff ist in den Guaraní-Sprachen von hoher religiöser Bedeutung mit vielen Verästelungen. León Cadogan hat sich gefragt, ob es sich nicht um Fragmente früherer Glaubensvorstellungen handeln könnte, um eine Muttergottheit. Wir wissen es nicht, sicher aber ist, dass hier in der Verbindung von Frau und schöpferisch-wiederbelebender Kraft das Bild der Frau als Lebensursprung gezeichnet wird, im Unterschied zu den mythischen Erzählungen des Zyklus von den zwei Brüdern, wo *Ñande Sy,* »Unsere Mutter« sich mit einer Wanderung tragischen Ausgangs begnügen muss (wie wir gleich noch sehen werden).

---

35 Samaniego 1968, Cadogan 1962:47, Schaden 1962:113–114, Grünberg/Grünberg/Melià 1976:228. Zur Aktualität s. Chamorro 2015, 2017.

36 Samaniego 1968:379.

37 Melià/Grünberg/Grünberg 1976:228.

38 Schaden 1962:114.

4.2 *Ñanderú, Ñandesý* und *Mba'ekuaá*, Unser Vater, Unsere Mutter und die Weisheit

In einem anderen Zyklus mythischer Erzählungen treten die wunderbaren Wesen wie Menschen auf. Viele sind die Namen, die man ihnen gibt, und in denen man ihre Autorität als Ältere anerkennt, *Ñane Ramõi* (Unser Großvater), *Ñanderú* (Unser Vater), *Ñande Ryke'ý* (Unser Ältester Bruder). Auch Schamanen und berühmte Vorfahren wurden oft mit diesen Namen bezeichnet. Diese Gestalten unterscheiden sich als »wahre« (*eté*) von den Menschen, als anerkannt »große« (*guasú, su*), als »sprechende« (*papá, hyapúva*), »glänzende« (*ju'ý*), und durch ihre Lokalisierung an »Anfang und Ende von Zeit und Raum« (*tenondé, ymã, ypý*).[39]

Laut den Mbyá bilden diese Wesen sich aus der eben erwähnten Lebenssubstanz und werden ihrer selbst fortschreitend gewahr.[40] Eines bildet und erhält mit der Spitze seines Stabes die Erde, furcht diese und begründet den Bodenbau. Von den Apapokúva hörte Curt Nimuendajú,[41] dass dieses Wesen, »ging und den Wald niederschlug« (rodete), wobei sich hinter ihm eine Maispflanzung von selbst pflanzte, und als er von der Arbeit heimkehrte, schon grünen Mais trug. Doch diese Wesen sind nicht unendlich, sie haben einen Anfang und hängen von *Jasuká* ab, das vor ihnen da war. Ohne dessen (oder vielleicht müsste man sagen: ohne deren – im Guaraní wird das grammatische Geschlecht nicht markiert) großzügigen Busen wären die Schöpferwesen umgekommen.

Die männlichen Gottheiten haben ihre Gefährtinnen. Mit dem Großvater lebt die Großmutter, und mit unserem Vater Unsere Mutter, *Ñamõi* und *Jarí, Ñanderú* und *Ñandesý*. Nach einigen Berichten erschufen die männlichen Götter ihre Gefährtinnen aus der Mitte ihres rituellen Federkopfschmucks, nach anderen erschuf ein solches Wesen seine Gefährtin nicht, sondern fand sie unter einem Tontopf oder einem Korb. Eine weitere wichtige Figur, *Mba'ekuaá* (»der oder die Wissende)«, tritt auf, während Unser Vater nicht da ist. Er trifft Unsere Mutter alleine an und verursacht ein tragisches Missverständnis zwischen ihr und ihrem Gefährten. Der Konflikt wird in den verschiedenen Guaraní-Gruppen unterschiedlich wiedergegeben.

Bei den Paĩ-Tavyterã, bei denen *Mba'ekuaá* den Namen *Pápa Réi* trägt[42], wird erzählt, dass er (oder sie) ins Haus des Ehepaars kam, als Unser Vater auf dem Feld war. Als letzterer von dem Besuch erfuhr, wurde er wütend. Er nahm an, dass *Pápa Réi* mit Unserer Mutter geschlafen hätte, und beschloss, die Erde zu verlassen und zu seinem himmlischen Wohnsitz empor zu reisen. Beim Abschied von seiner Gattin

39 Cadogan 1992:27 f.; Melià/Grünberg/Grünberg 1976:228.

40 Cadogan 1992:4849.

41 1914:317 (»rodete«), 388, 393. »Apapokúva« ist das Ethnonym einer Gruppe, die eine der acht Guaraní-Sprachen spricht. Anfang des 20. Jh. nahm ein junger deutscher Einwanderer, Curt Unkel, Kontakt mit ihr auf, begleitete sie zwei Jahre lang auf ihren Wanderungen vom Süden des Mato Grosso zur Küste (Nimuendajú 1914:286–287) und erhielt den Namen Nimuendajú. Gegenwärtig bezeichnet keine Guaraní-Gruppe sich selbst als Apapokúva.

42 Der Name dürfte kolonialzeitlichen Ursprungs sein und von den Titeln »Papst« (der katholischen Kirche) und »König« (*rey* von Spanien) abgeleitet sein.

forderte er sie trotzig auf, ihn wiederzufinden, sofern sie seine treue Gemahlin bleibe. Dann ging er fort, doch nicht ohne ihr zuvor einen gewaltigen Sturm zu schicken, der sie treffen und sie wütend machen sollte. Aber sie blieb ruhig und nahm all ihre Kraft zusammen: Mit ihrem Takuapú (Rhythmusstab, Bambusrohr, das Frauen bei Zeremonien rhythmisch auf den Boden stoßen) und dem heiligen Gesang der Frauen widerstand sie und rettete die Schöpfung vor den zerstörerischen Kräften des Sturms *marãny*.[43]

In der Version der Apapokúva hingegen forderte Unser Vater, als er nachhause kam, seine Gattin auf, Mais von der Pflanzung zu holen. Da er gerade erst die Samen ausgesät hatte, nahm sie ihn nicht ernst, und sie verschlimmerte die Sache noch, indem sie boshaft anmerkte, dass sie nicht von ihm schwanger sei, sondern von Jenem, der weiß. Unser Vater antwortete ihr nicht, verließ den Platz und stieß so mit seinem Weggang die Wanderung seines Volkes an. Und die erste, die fortwanderte auf der Suche nach ihm, war seine Gattin, die mit Zwillingen schwanger war, mit Unserem Älteren Bruder und Unserem Jüngeren Bruder. Mit ihnen und der Mutter geht die Handlung in den nächsten Szenen weiter, *Ñanderú Mba'ekuaá* (»Unser Vater, der weiß«) tritt »vom Schauplatz ab«.[44]

4.3 *Ñande Ryke'ý* und *Tyvýry*, Unser Älterer Bruder und Unser Jüngerer Bruder[45]

Mit den Wanderungen Unserer Mutter auf der Suche nach ihrem gekränkten Ehemann beginnt der Zyklus der beliebtesten mythischen Erzählungen auf Guaraní: Der Zyklus der Brüder oder Zwillingsbrüder. Aus diesem in der Welt der amerikanischen Indianer sehr weit verbreiteten Mythos kommt die Inspiration der meisten religiösen Aktivitäten der hier besprochenen Gruppen. Kränkung und Rache, die schon im vorangegangenen Zyklus zur Sprache kamen, setzen sich nun in diesem Zyklus fort, an dessen Beginn Unsere Mutter, schwanger, sich auf ihrem Weg verirrt.

Unterwegs bittet das ältere der beiden Kinder (nach einigen Versionen Zwillinge) in ihrem Leib sie, ihm eine Blume zu pflücken, damit es damit spielen kann. Unsere Mutter bricht einen Stiel der *paĩ poty* (Blume der *paĩ*, d. h. der Schamanen: die Sonnenblume) ab, dabei wird sie von einer Wespe gestochen. Sie schimpft das Kind für seine Ungezogenheit und dass es schon spielen will, bevor es auch nur geboren ist. Das Kind ärgert sich, antwortet ihr nicht und beschließt, sich zu rächen. So weist es seiner Mutter an einer Wegkreuzung die Richtung, die sie zum Haus des Jaguars führt, und warnt sie nicht vor der Gefahr. Die Jaguare verschlingen sie, und die Zwillinge werden als Waisen geboren.

---

43 Cadogan 1962:53; Grünberg 1995:84.

44 Nimuendajú 1914:317.

45 Resumé aufgrund von Melià/Grünberg/Grünberg 1976:230–232, Grünberg 1995:67–70, Chamorro 2003:153–156, Nimuendajú 1914:319–327; ebd. § VI-XLI, Perasso 1986:42–45, Bartolomé 1991:43–59, Cadogan 1992:115143.

Sie leben im Haus der Jaguare, bis sie herausfinden, dass diese die Mörder ihrer Mutter waren. Da ziehen sie aus, um die Überreste ihrer verstorbenen Mutter zu finden. Sie finden sie, und Unser Älterer Bruder versucht sie wiederzubeleben, indem er über ihre Knochen einen neuen Körper aus Erde modelliert. Aber aus Unvorsichtigkeit Unseres Jüngeren Bruders misslingt das, denn der kann seinen Wunsch, an ihrer Brust zu saugen, nicht beherrschen und saugt ihr all ihre Energie für immer aus. Nun beschließen die Zwillinge, den Tod ihrer Mutter zu rächen. Sie bauen eine Falle, um die Jaguare auszurotten. Doch eine erneute Unvorsichtigkeit Unseres Jüngeren Bruders ermöglicht einer trächtigen Jaguarin die Flucht, so breitet sich die Art wieder aus, bis heute.

Nach weiteren Enttäuschungen machen sich die zwei Brüder auf die Suche nach einem Weg, auf dem sie zu Unserem Vater gelangen können. Unterwegs geben sie Früchten und Tieren Namen, bauen Fallen, stehlen den Geiern das Feuer, begründen die Brandrodung als Art des Bodenbaus, und weiteres mehr. Unser Älterer Bruder bemüht sich sehr, die von Unserem Vater erschaffene Welt zu vervollkommnen, doch er scheitert immer wieder, weil sein jüngerer Bruder in seiner Hast alles verdirbt. Eines der Abenteuer der Zwillinge ist ihre Begegnung mit den *añá*, einer Art δαίμωνες, Geister im altgriechischen Sinn (die hier manchmal als bösartige Dämonen verstanden werden). Unser Jüngerer Bruder wird von ihnen getötet, aber seinem älteren Bruder gelingt es, ihn wiederzubeleben. In neueren Berichten werden diese *añá* in Verbindung mit historischen Feinden wie den Kaingang, den Guaikurú und den Nicht-Indigenen gebracht.

Nach mancherlei Abenteuern bemüht sich Unser Älterer Bruder noch einmal um die Vollkommenheit und erfindet viele Pfeile, die er ans Himmelsgewölbe so schießt, dass sie eine Säule bilden. An ihr klettert er wie an einer Leiter empor zu den himmlischen Sphären und erreicht so den Ort, wo Unser Vater und Unsere Mutter sich befinden. Unser Jüngerer Bruder zeigt in dieser Episode die Ausdauer seines Bruders, tut es ihm gleich und gelangt in die Lüfte, wo seine Mutter sich aufhält. Nach den Berichten der Apapokúva und der Guaraní wirft er sich in den Schoß seiner Mutter und saugt an ihrer Brust, während der ältere Bruder seinen Vater tausend Dinge fragt und dessen schamanische Ausrüstung und Kennzeichen erbittet. Es heißt, dass Unsere Mutter weinte, als sie ihre Kinder kommen sah, und ihnen Maisbrei zubereitete. Nach Aussage der Paĩ-Tavyterã und der Kaiowá hat Unser Älterer Bruder sich als der Stärkere erwiesen, der aus eigener Kraft die Vervollkommnung erreichte und von seinem Vater die Ehre übertragen bekam, sich um den Kreislauf der Sonne und um den Tag zu kümmern. Der Kreislauf des Mondes und die Nacht wurden dem Zuständigkeitsbereich Unseres Jüngeren Bruders zugeteilt. Die Episoden dieses Mythenzyklus schließen mit einem grandiosen Fest!

Interessant ist, dass es in einer mythischen Anfangszeit keinen Unterschied zwischen Menschen und Tieren gegeben zu haben scheint: Die Brüder lebten im gleichen Haus mit den Jaguaren und wuchsen als Brüder der Feliden auf. Erst danach erhob sich der Mensch über den Jaguar und in Gestalt der Zwillinge begründete er eine neue Weltordnung. Eine religiöse Haltung des Individuums besteht seither in erster Linie darin, sich des göttlichen Ursprungs dieser Ordnung bewusst zu bleiben.[46]

46 Bartolomé 1991:76.

4.4 *Ñe'ẽ Ru ha Ñe'ẽ Sy Ete pavẽngatu*: Die Echten, Wahren, Guten Väter und Mütter des Wortes

Wie wir unten noch detaillierter ausführen, beinhalten die Begriffe *ñe'ẽ*, *ayvú* und *ã* (wörtlich »Wort«) in religiöser Rede sehr dichte Konzepte und dienen zur Erklärung der menschlichen Existenz, der Gottheiten und der übrigen Wesen. Vor allem den Mbyá verdanken wir Auskünfte, in denen das Wort als wahre Väter und Mütter aller personifiziert wird. Doch auch in den übrigen Gruppen findet sich diese gleichsam philosophische Version vom Ursprung.

Wichtigste Quelle ist hier für uns das *Ayvu Rapyta*, die »Grundlage des Sagens«, das sind mythische Texte und religiöse Belehrungen, die León Cadogan[47] in den 1940er Jahren bei den Mbyá gesammelt hat. Dort heißt es im ersten Kapitel, dass Unser Allererster Vater seinen göttlichen Körper aus der ursprünglichen Finsternis erschaffen hat, die (wie oben angedeutet) *Jasuká* darstellt. Unser Vater kam zur Existenz in den Ursprünglichen Winden, erleuchtet durch den Widerschein seines eigenen Herzens. Im zweiten Kapitel erscheint Wahrer Erster Vater *Ñamandú*, der mittels seiner schöpferischen Weisheit die Flammen entstehen ließ. Nun, schon aufgerichtet, erschuf er den Ursprung der menschlichen Sprache und entwarf die Grundlage der Liebe und den Ursprung eines heiligen Hymnus.

Als er all dies erschaffen hatte, aber unzufrieden mit seiner Einsamkeit war, dachte er tief nach und spürte die Sehnsucht, Wesen zu erschaffen, die mit ihm seine Gaben teilen sollten. Er erdachte vier Wesen, *Ñamandú*, *Karaí*, *Jakairá* und *Tupã*,[48] die er in dieser Reihenfolge als die Wahren Väter der zukünftigen *Ñamandú*, der zukünftigen *Karaí*, der zukünftigen *Jakairá* und der zukünftigen *Tupã* einsetzte. Diese vier Wesen gebrauchten die schöpferische Weisheit, die ihnen gegeben war, um den zukünftigen Müttern von *Ñamandú*, *Karaí*, *Jakairá* und *Tupã* Göttlichkeit einzuflößen. Da diese männlichen und weiblichen Wesen die göttliche Weisheit, die menschliche Sprache, die Nächstenliebe und die Wörter des Heiligen Hymnus in sich aufgenommen hatten, wurden sie die wahren Väter und Mütter der Wörter/Seelen genannt[49] – das gleiche Guaraní-Wort kann »Wort« und »Seele« bedeuten. Die *Ñamandú-*, *Karaí-*, *Jakairá- und Tupã*-Paare begründeten die heiligen Patronyme und sind die Vorfahren jener menschlichen Wesen, die die erste Erde bevölkerten, von deren Erschaffung wir noch berichten werden.

Schließlich setzte Unser Vater *Ñamandú*, als er sich schon anschickte, sich in die Tiefen des Paradieses zurückzuziehen, noch *Karaí Ru Eté* als Gott des Feuers, der

---

47 [1959] 1992.

48 Tupã als generelle Übersetzung für »Gott« wurde von den Jesuiten aufgebracht, die das griechisch-lateinische Pantheon im Kopf hatten. Laut Münzel (1982:101–109) folgten sie der antiken Vorstellung, dass die Menschen das Göttliche zuerst in ihrer Furcht vor dem Donner spürten, und belegten die Gültigkeit der Klassiker am Beispiel der Eingeborenen. Ihre humanistische Bildung verführte die Jesuiten dazu, *Tupã*, der (oder die) sich im Blitz, im Donner und im Regen manifestiert, als höchsten Gott dem Jupiter gleichzusetzen. In heutigen Ethnographien hingegen wird *Tupã* als eine Gottheit unter anderen beschrieben.

49 Cadogan 1992:38–39.

Liebe und der Hitze des Herzens ein. Den *Jakairá Ru Eté* setzte er als Gott des Frühlings und des feinen Nebels ein, des Symbols von *Jasuká*. Den *Tupã Ru Eté* machte er zum Gott der Gewässer, der Frische und der Mäßigung. Das wurden die Beauftragten dafür, dass die neuen Generationen in ihren Herzen Platz finden sollten für die heiligen Flammen, den belebenden feinen Nebel und das Wasser der guten Lebensart.

Am Ende dieses mythischen Berichts der Mbyá werden ihre religiösen Namen ausgesprochen: *Jeguakáva* (die den Federkopfschmuck tragen) heißen die Männer, und *Jasukáva* (die das Lebensprinzip darstellen) die Frauen. Jene wurden vom heiligen Gesang der Männer inspiriert, diese von dem der Frauen.[50] Die Paare gediehen durch die ihnen zugeteilten Eigenschaften und bevölkerten die Erde in großer Zahl. Von ihnen ging eine Art symbolisches Verwandtschaftssystem aus, beruhend auf den Namen der jeweiligen Väter und Mütter.

Die von den Bezeichnungen Wahre Väter und Wahre Mütter ausgehende Genealogie scheint eine Spezialität der Mbyá zu sein, bei den Kaiowá und Guaraní finden wir sie nicht.

4.5 Tekojára: Schutzherren des Lebens

Die Idee, dass Wesen zu einer bestimmten Person gehören, die sich um sie kümmert, wird mit dem Wort *tekojára* ausgedrückt. Das ist eine weitere Kategorie wunderbarer Wesen bei den östlichen Guaraní-sprechenden: »Schutzherren« bzw. »Schutzherrinnen« (*jára*) von Pflanzen und Tieren, von Wäldern, von Geschöpfen, und von Fähigkeiten der Menschen. Heute nennt man diese Wesen auch Geister, aber man stellt sie sich körperlich aufrechtstehend wie Menschen vor, oder wie die Tiere, um die sie sich kümmern. Sie sind dann die »ursprünglichen« (*ypý*) und »wahren« (*eté*) Arten, die Vorfahren der von ihnen beschützten Wesen, eine Art Überbleibsel von der unten noch zu erwähnenden Ersten Erde. Diese Wesen sind sich ihrer Seinsart bewusst (*hekokuaá*, sie kennen ihr Sein; *ijarakuaá*, sie wissen, wessen Herren sie sind), sind »vollständige Wesen« (*ijaguyjéva*) und unterscheiden sich so von ihren Schützlingen, die unvollständig sind.

Die *tekojára* üben bald positiven, bald negativen Einfluss auf die Menschen aus. In bestimmten Gemeinschaften pflegt man sie in eher familiären Ritualen anzurufen, etwa vor der Jagd, um ihr Wohlwollen für die eigene Ernährung, das heißt für den Tod des erjagten Tieres zu gewinnen. Die in diesen Ritualen angestimmten Gesänge sollen das Jagdwild, das man in die Falle locken möchte, verzaubern und es symbolisch begraben. Einige Kaiowá und Guaraní bezeugen dabei auch ihre Abhängigkeit von Tieren und Pflanzen und ihre Verehrung für diese Wesen, die ja eine Seele haben und deshalb nicht einfach umgebracht werden dürfen.

Indem sie die menschlichen Wesen beschützen, sind die *tekojára* so etwas wie eine Objektivierung der Seele, ein zusätzliches »Ich«, das uns leitet und schützt. Es

50 Cadogan 1992:48–59, Grünberg 1995:188–191.

gibt die Herren und Herrinnen der Wälder, der Berge und Felsen, der Jagdtiere, der Anbaupflanzen und der Wege, und sie werden vor allem von Einzelnen in Einzelfällen angerufen. Ein Beispiel ist der *Kurupí* oder *Korupíra*, der nach dem paraguayischen und brasilianischen Volksglauben Jagdtiere und Wald vor der Gier des Jägers schützt. Dahinter steht eine Erfahrung von Nicht-Dualismus Mensch-Natur, in dem die Natur zur Theophanie wird. Das heißt nicht, dass die Menschen die Tiere, den Mais oder die Sonne vergöttlichen, sondern, dass die Menschen durch die Pflanzen, die Tiere und Gestirne von einer metaphysischen Realität ergriffen und sich deren bewusst werden.

Die hier besprochenen Ethnien nennen in ihrem Pantheon neben ihren traditionellen Gottheiten auch Wesen, die durch das Christentum bekannt wurden, wie *Hesú* (Jesus), *Tupãsý* (Muttergottes), *Taní* (Hl. Stanislaus), *Ñandejára* (Unser Herr), *Noendusú* (Großer Noah) und *Añá* (Teufel). Bei den Mbyá finden wir auch noch *Kechuíta* (Jesuit, offenbar eine historische Erinnerung an die in der Kolonialzeit mächtigen Jesuiten mit ihren Reduktionen).

Oft werden Attribute und Ausdrucksformen der Gottheiten personalisiert. Am wichtigsten dabei sind *verá* (Leuchten der Blitze), *rendý* (Licht der Flammen) und *tyapú* (bzw. *ryapú*, Donnergrollen). In dieser Trilogie stellt *tyapú* die Gottheit als sprechendes Wesen dar, *verá* und *rendý* ihre in Regen und Sonne lebendige, belebende Kraft. Unter dem Einfluss der Schulbildung sprechen einige auch von Luft, Wasser und Feuer.

4.6 *Ñe'ẽ*, das Wort, das die Lebewesen ordnet und ihnen Sinn gibt.

Die vielfältigen und freien Weisen, in denen in jeder Ethnie, Gemeinschaft und in jedem Einzelgespräch über die göttlichen und vergöttlichten Wesen gesprochen wird, mögen wie ein epistemologisches Chaos erscheinen. Doch hinter diesem scheinbaren pluralistischen Durcheinander steht ein in den Aussagen immer wiederkehrendes Element, das Konzept »Wort«. Dem wollen wir uns in unserer Darstellung anpassen, indem wir die vielfältigen Gesichter der Gottheiten vorstellen, wie sie (gleichsam perichoretisch, um einen Begriff von Moltmann zu verwenden) mit einander interagieren.

Im Folgenden greifen wir auf eine Zeichnung zurück, die vor über 25 Jahren ein Kaiowá, Herr Mario Toriba, anfertigte. Sie wurde 2017 von den Kaiowá-Damen Sonia Capilé und Rosely Concianza Jorge neu erklärt.[51] Sonia erkennt in der Zeichnung von Mario Toriba den Himmel, die Erde und das Meer. In ihren Erklärungen zeigt sie, dass die Gottheiten keine individualisierten Wesen fernab von der Erde, den Naturphänomenen und den Wechselfällen des menschlichen Lebens sein müssen. Sie sind mitten unter uns, in der Welt und im Leben der menschlichen und anderen Bewohner.

51 Zur alten Zeichnung und neuen Erklärung siehe Chamorro 1995; 2003:178–183,393; 2004a:131–132, 2017.

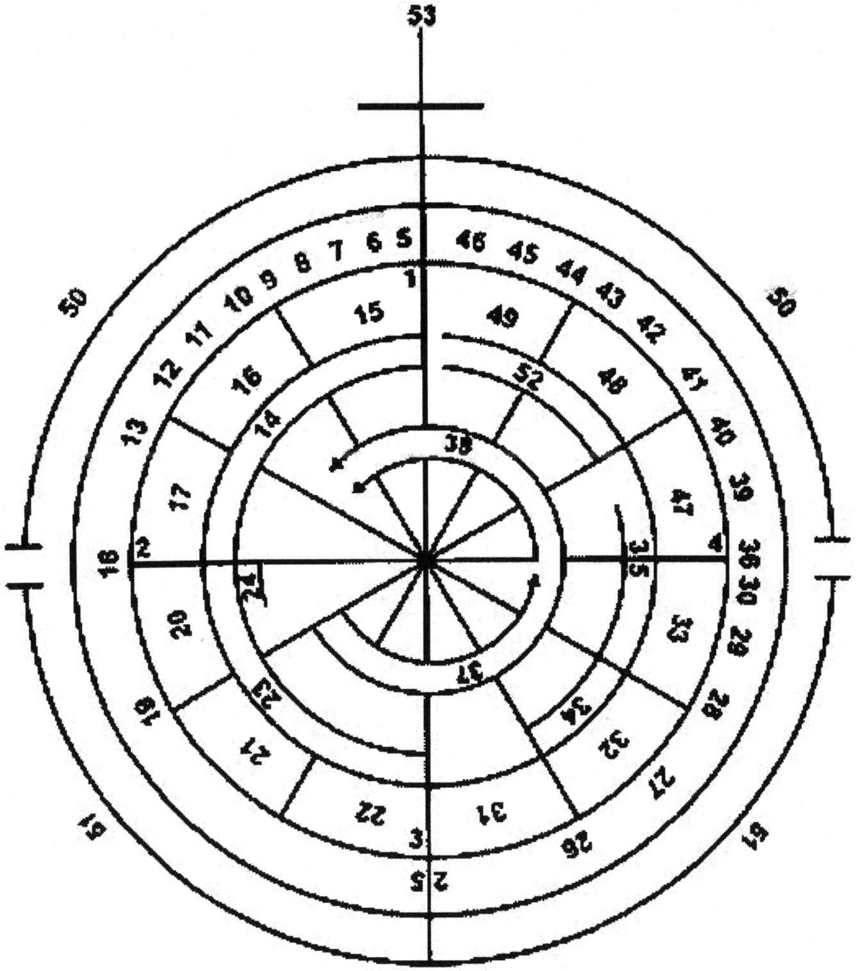

Abb. 5: Kosmotheologie der Kaiowá (Grafik nach Roseli Concianza Jorge und Sonia Capilé)

1 Osten *Ára pyti'á*	27 *Guyrapa'ijá* Wesen, die mit kleinen, tödlichen Pfeilen angreifen (wörtlich: »Herren/ Beschützer der kleinen Bögen«)
2 Norden *Ára popý* oder *Yváy popý*	28 *Hiririjú* Urheber des Bösen
3 Westen *Ka'arú*, *Kañynguéra rupá*	29 *Marãny* der personifizierte zerstörerische Wind
4 Süden *Ára popý* oder *Yváy popý*	30 *Jakairá Mirĩ* Assistent von *Jakairá Guasú* (ähnlich wie Nr. 10, aber bei der Aussaat)
5 *Chirú Hyapuguasúva* Unser Vater des Großen Sprechens	31 Juli

6 *Chirú Eichú* oder *Tyke'ýry* Unser Älterer Bruder	32 August
7 *Ára Kurá Guasú* »der Große *Ára Kura*« (der Große sich Sorgende, *kura* = Fürsorge, Sorge)	33 September
8 *Ára Kura'i* »der kleine *Ára Kurá*«, Assistent des Großen *Ára Kurá*	34 *Jejahú* ein Bad (wie Nr. 24)
9 *Jakairá Guasú* Beschützer/Eigentümer der Mais-Sorte der Kaiowá namens *avatí jakairá*	35 Die Mais-Sorte der Kaiowá wird eingepflanzt
10 *Jakairá Mirĩ* (»der kleine *Jakaira*«) Assistent von *Jakairá Guasú* beim Reifungsprozess des Kaiowá-Maises	36 *Chiru Ára Noah* Unser Vater Noah
11 *Kandire'i* (»der kleine *Kandire*«) Assistent von *Kandire* (seines nicht in der Zeichnung auftauchenden Chefs)	37 Zyklus der Gebete um Regen
12 *Tupã Guasú* Großer Donner	38 Zyklus der Gebete zur Kontrolle des Regens
13 *Mimbý(a) Reko'ý* Beschützer/Eigentümer der kleinen Ritualflöte *mimbý*	39 *Chiru Hohoõ* Unser Vater *Hohoõ*
14 *Avatikyrý* Maisfest, wörtlich Mais der neuen Ernte, aber nicht mehr ganz zart, und Maisbier mit diesem neuen Mais	40 *Chiru Apyka'i* Unser Vater des kleinen Sitzes
15 Januar	41 *Jeguaka* Heiliger Kopfschmuck des Universums
16 Februar	42 *Ára Jeguakaju* Unser Vater des heiligen Kopfschmucks des Universum
17 März	43 *Jaria Rysapy* Großmutter Tau
18 *Ára Jeguaka* Schmuck des Universums	44 *Jaria Ro'ysã* Großmutter Kälte
19 *Jegua Karéi etá* Erster Mörder	45 *Eichu* (Plejaden) *Parĩ* (lahm heißt: Die lahmen Plejaden); oder: *Tyvýry* (Unser jüngerer Bruder)
20 April	46 *Ha'i Hyapuguasuva* Unsere Mutter des Großen Sprechens
21 Mai	47 Oktober
22 Juni	48 November
23 *Kunumi pepy* Fest der kleinen Jungen	49 Dezember
24 *Jejahú* Rituelles Bad am ersten kalten Morgen der kalten Jahreszeit	50 *Tupã Ikatukuéra, Kandiréa* Gute Gottheiten
25 *Ãnguéry rembypý* (»Ursprung der Seelen der verstorbenen Menschen«), in der Grafik der Ort, wohin die irdischen Seelen der Verstorbenen gegangen sind	51 *Kañynguéra rupa* Ort der Seelen der Toten
26 *Inimbojú* Anstifter von Selbstmorden	52 *Ñomboasojavohatý* Zeit der Geburt
	53 *Kurusú Ñe'engatú* Das Kreuz des Guten Wortes

Unsere Gesprächspartnerin Sonia erkennt die zwei Kreuzbalken, deren Enden in die vier Himmelsrichtungen zeigen. Sie setzt ihren Körper dazu in Beziehung: Vor ihr ist der Osten, hinter ihr der Westen, sie streckt den linken Arm nach Norden und den rechten nach Süden aus. Nachdem sie so den Raum geordnet hat, schaut sie sich die kleinen Kreise über dem äußeren Ring von Marios Zeichnung an und beginnt die Namen der dort dargestellten Wesen zu nennen. Sie hält inne, seufzt auf und singt. Dann sagt sie wieder Namen und beschreibt genau die Aufgaben der benannten Wesenheiten. Rhythmisch sprechend, taucht sie offenbar in Sätze aus Gebeten und andere feste Formen der mündlichen Überlieferung ein. Dann wechselt sie zu einem alltäglicheren Gesprächston. Sie verbindet die genannten Wesenheiten mit sozialen Zusammenhängen, Ritualen, Jahreszeiten, Wirtschaft. Mehrmals gedenkt sie ihrer Mutter Jari Adelina Capilé und ihres Vaters Martin Capilé und weint dabei. Und schon fährt sie in ihrer Erläuterung der Zeichnung fort. Sie hält wieder inne, zeichnet eine eigene Zeichnung in mein Notizheft und erklärt daran weiter.

Sie beginnt im Osten, den sie als *áry pyti'á* (»Brust von Zeit/Raum«, in der Zeichnung mit der erklärenden Nr. 1) versteht, und macht gegen den Uhrzeigersinn weiter. Die wichtigsten Schöpferwesen sind da. Alle Wesen des Ostens sind *hekó porã* (»die gute Seinsart«). *Kurusú Ñe'ẽngatú* (»das Kreuz des Guten Wortes«, in der Zeichnung Nr. 53) steht in der Mitte von allem.

Einschub zum Kreuz

Kreuze, Stäbe und alte Stangen sind den Kaiowá sehr wichtig und bilden im Haus der Rituale einen Altar. Kreuz und Altar heißen *chirú*. Die Familien, die einen *chirú* haben, sind darauf stolz, denn es zeigt, dass unter ihnen spirituelle Anführer sind, die diese materiellen Güter von den göttlichen Wesen erhalten haben. Die *chirú* sind sowohl Schutz als auch Anlass zu Furcht. Während wir diesen Aufsatz schrieben, wurde ein Ritualhaus der Kaiowá angezündet, und dabei verbrannten auch zwei *chirú*. Von dem Haus war wenig die Rede, sehr viel aber von den *chirú*. Die Hausherrin betonte, dass trotz des Feuers

> [...] das *chirú* in unserem Inneren (*ñane ivỹi*) erhalten bleibt, das unseren Körper aufrecht hält und uns zum Sprechen bringt. Da entsteht unsere Stimme, wo sich die Arme des Kreuzes [und sie zeigt auf ihr Schlüsselbein] mit dem Brustbein kreuzen, da, nah bei unserer »Kehle« ist unser *kurusú ytá* [»Ursprung des Kreuzes«, gleichzeitig Hauptpfosten des Hauses], wie ein Gerüst, das unseren Körper aufrecht hält und unsere Stimme erschallen lässt, wie ein *kuara rendy* (Sonnenlicht).

Weiter mit der Zeichnung

Das »Kreuz des Guten Wortes« (*Kurusú Ñe'engatú*, in der Zeichnung mit der Nr. 53) ragt in der Zeichnung hervor. Rechts von ihm sehen wir *Chirú Hyapuguasúva* »Unseren Vater des Großen Sprechens« (Nr. 5), links seine Gefährtin Há'i *Hyapuguasúva* »Unsere Mutter des Großen Sprechens« (46). »Unsere Brüder« erscheinen hier als *Chirú Eichú* (oder *Tyke'ýry*, »Unser Älterer Bruder«, Nr. 6) und als *Eichú Parĩ* (oder

Tyvýry, »Unser Jüngerer Bruder«, Nr. 45). Diese beiden regieren Zeit/Raum, *áry*, von Januar bis März (Abschnitt Nr. 15–17), während der traditionelle Mais reift, die Zeit des *avatikyrý* (Maisfest). Dies ist eine Zeit von Regen, Sturm und Donner, daher auch der erwähnte Name des Ahnenpaars, Wesen des Großen Sprechens.

Laut unseren Gesprächspartnerinnen lebt Unser Älterer Bruder mit Unserem Vater in einem »geräumigen Kaiowá-Haus« (traditioneller Bauweise, *óga pysý*). In einem anderen großen Haus lebt Unser Jüngerer Bruder mit Unserer Mutter. »Unsere Brüder« ziehen rituell aus ihren Häusern durch die Seitentüren hinaus, umkreisen das Haus, und wenn sie die jeweilige Haupttür ihres Hauses erreichen, ertönt ein gewaltiger Ton, so laut wie Donner und Blitz. Das ist die Stimme Unserer Mutter bzw. Unseres Vaters. So wohnen im Osten[52] auch »Großer Donner« (*Tupã Guasú*, Nr. 12) und weitere »wohltätige Donnerwesen« (*Tupã Ikatukuéra*, Nr. 50). Auch noch im Osten finden sich *Jeguaka'i* (Personifizierung des kleinen Kopfschmucks) und *Ára Jeguakajú* (Personifizierung des glänzenden Kopfschmucks von Zeit/Raum). Osten ist der »Ort der Fülle«, dort befindet sich *okaraguyjé* (»äußerer Teil des Hauses« + »Vollkommenheit«, ein Patio in himmlischer Vollkommenheit, Patio eines himmlischen Hauses). Hier finden wir einzig die *Kandiré*-Wesen, die den himmlischen Wohnort erreicht haben, ohne den Tod durchmachen zu müssen. Die erste, die an diesen Ort ohne vorherigen Tod gelangte, weil ihre Vollkommenheit ihr Leichtigkeit verlieh, war Unsere Mutter, die deshalb auch *Kandiréa Ruvicha* (Oberhaupt der Kandiré) genannt wird. Unser Vater war der erste der *Kañynguéra*, (»der aus der Finsternis Gekommenen«), die zu diesem Wohnort gezogen sind, nachdem sie den Tod erlitten haben. Vielleicht deshalb identifizieren einige Unseren Vater mit Jesus. Das scheint allerdings überhaupt nicht mit der zuvor berichteten Mythe übereinzustimmen, in der Unsere Mutter zunächst stirbt, während Unser Vater gleich zum Himmel emporfährt, sondern klingt eher wie eine Adaptation des katholischen Berichts von der Himmelfahrt Mariä und vom Tod Jesu.

Im April, fährt Sonia fort, erreicht man den Norden (Nr. 2: *áry popý*, Norden, wörtlich »Richtung von Raum/Zeit«; oder *yváy popý*, wörtlich »Richtung der Dimension des Himmels«). Die nördliche Spitze nimmt die Gottheit *Ára Jeguaká* (»Schmuck des Universums«) ein. Die Zeit der Kälte beginnt. Am ersten kalten Morgen, der manchmal im April hereinbricht, wie auch am Ende der kalten Jahreszeit August/September wird ein rituelles Bad, *jejahú*, genommen. Im April beginnt in den Kaiowá/Paĩ-Tavyterã-Gemeinschaften auch die Periode des *jekoakú*, Zeit von Krisis und Gefahr, der man rituell begegnen muss. Für die Jungen kommt die Zeit ihrer Initiation (*kunumi pepý*), der eine Seklusion (rituelle Absonderung) im Ritualhaus vorangeht, wo sie sich der nicht als traditionell erachteten Lebensmittel enthalten müssen, die Geschichte ihrer Ethnie und ihrer engeren Gemeinschaft hören, physische Übungen und Arbeiten mit ihren Händen durchführen, Gesänge, Gebete, Geschichten und manches mehr lernen. Je weiter wir in diesem Quadranten voranschreiten, desto gefährlicher wird alles, denn Zeit/Raum rückt in Richtung des »Ortes der

52 diese Zeichnung bildet keine Windrose ab, sondern die Richtungen sind in einem für uns nicht geographischen Sinn angeordnet

toten Menschen« (*kañynguéra rupa*) voran. Hier verbleiben nach dem Tod die »irdischen Seelen« (*anguéry*), immer auf der Lauer, um Besitz vom Körper von jemandem zu nehmen, der sich hierher verirrt hat. Dies ist ein Ort der bösen Wesen, von denen Gewalt und Tod ausgehen. Sie tragen keinen Schmuck, ihre Körper sind leer und nackt. Sie heißen kollektiv *Jeguaká Reí*,[53] und man beschuldigt sie der ersten Morde der Urzeit. Deshalb sind die kalten Monate gefährlich, vor allem der Juli.

Mitte Juli erreicht man den Westen, wo der »Erstgeborene der irdischen Seelen« (*Ãnguéry Rembypý*) und »Der zu Selbstmorden anregt« (*Inimbojú*) regieren. Beide sind umso gefährlicher für eine Gemeinschaft, wenn diese niemanden hat, der ihnen mit Gesängen entgegentreten kann. Im Westen finden wir die Toten und ihre irdischen Seelen. Neben *Inimbojú* sind da die *Guyrapa'ijá* (Musikinstrumente, Mundbogen), die kleine, tödliche Pfeile abschießen, und *Hirijú*, der immer wieder mit seiner Nachbarschaft *Jeguaka Reí* Böses ausheckt.

Nach Süden: Da treffen wir auf die *Tavyterõ* und auf den sehr gefürchteten *Marãny* (»Zerstörerischer Wind«), dessen Geschichte bis zu dem tragischen Missverständnis zwischen Unserer Mutter und Unserem Vater zurückführt. Hier läuft die trocken-kalte Saison aus. August oder September wird das Ritual des Bades zur Verabschiedung der Kälte durchgeführt. Bald ist Pflanzzeit, doch vor dem Regen wird nichts gepflanzt. Damit es regnet, beginnen Rituale. Diese Zeit/Raum des Beginns der Regenzeit heißt *Ára Noé* (»Zeit des Noah«). Nach dem ersten Regen, meist im Oktober, wird der traditionelle Mais angepflanzt. In diesem Quadranten, »Zeit und Ort der Geburt der Babys« (*jeasojavohatý*), ist auf die ersten Hebammen, die beiden Schwestern *Jaria Rysapy* und *Jaria* Ro'ysã hinzuweisen.

Sonia erinnert an die Hebammen in ihrer Gemeinschaft, als wären das die zwei *Jaría* selbst, »Großmütter oder Schwägerinnen« des Pantheons der Kaiowá, plötzlich stimmt sie einen Gesang an. Danach Schweigen. Schließlich wendet sie sich wieder der Zeichnung zu. Sie erklärt mir, dass die zweite Welt, in der wir heute leben, eine runde Scheibe ist. In deren Mitte leben die Menschen, an den Rändern die Gottheiten, zwischen beiden fließen viele Gewässer, auch gibt es dort dichten Wald und unwirtliche Orte: ein Zwischenraum für die Seelen, die nicht ins Paradies gelangt sind. Dort ziehen auch die Schamanen auf ihren rituellen Reisen durch, auf denen sie die Welten der Menschen und der Gottheiten verbinden.

Wie die Gottheiten angeordnet werden, hängt anscheinend davon ab, an welche Erzählung sich derjenige erinnert, der nun eine stets wechselnde Fülle von Namen, Orten, Handlungen usw. auf eine Reihe bringt. Die genaue Anzahl von Wesen oder ihre spezifischen Namen sind wohl nicht so wichtig, es kommt vielmehr darauf an, zu verdeutlichen, dass es viele sind, dass sie untereinander Beziehungen haben, und dass sie in das Leben der Menschen und der übrigen Wesen, ja in das Schicksal der Welt eingreifen. Wir haben nicht bemerkt, dass irgendjemand die Ordnung der Darstellung bei den verschiedenen Ethnien, Gemeinschaften und Individuen kontrolliert.

---

53 Der Name wird in der religiösen Sprache anders betont. Wir geben hier die Form an, die wir im informellen Gespräch hörten, und die etwa bedeuten würde: »Wesen, die den Kopfschmuck tragen, ohne seiner würdig zu sein.«

Wie zuvor schon Herr Toriba und seine Familienangehörigen, betont nun auch Frau Sonia wieder, dass jede Gottheit mit spezifischen Aufgaben betraut ist, wie im Himmel, so auch auf Erden. Angesichts der Vielfalt der Obliegenheiten könnte unmöglich nur ein einziges Wesen sie erfüllen, weshalb es verschiedene Gottheiten gibt. Um Durcheinander bei ihnen zu vermeiden, haben sie ein Kommunikationssystem ähnlich einer Telefonzentrale. So wie ein Provider einen großen Rechner betreibt, um die Messages zu übermitteln, so ist *Kurusú Ñe'ẽngatú*, das »Kreuz des Guten Wortes« eine Art Terminal, wo alle von den Gottheiten und den Schamanen empfangenen und versendeten Messages überprüft und weitergeleitet werden. Das »Kreuz des Guten Wortes« ist also die Integrationsinstanz der übrigen Wesen. Seine herausragende Bedeutung zeigt sich darin, dass im Kreuz die Sonne leuchtet, was nichts anderes als der Glanz des Wortes ist. Kreuz und Wort sind durchdrungen von den lebensspendenden Qualitäten der Sonne. Die Linien, die im Kreuz zusammenlaufen, zeigen die Wechselwirkung zwischen den übernatürlichen Wesen und dem irdischen Bereich.

Letztlich ist also das Gute Wort (*ñe'ẽngatú*) der Punkt, in dem die göttlichen Wirkungen zusammenfließen. Es ist das Wort, welches das scheinbare Chaos ordnet, würde Bartomeu Meliá[54] sagen, in einer metaphorischen Kosmogonie, deren Lebewesen Weisen des Sprechens sind.

5 Die Lebewesen und die Grundlage, auf der sie aufrecht stehen

Wir sagten schon, dass die Guaraní-sprachigen Völker (wie auch andere indigene Völker) keine strikte Trennlinie zwischen menschlichen, göttlichen und anderen Wesen ziehen. Doch auch die Trennlinien zwischen diesen Wesen und der sie tragenden Basis, der Erde, sind nicht strikt, wie wir nun sehen werden.

5.1 Die erste und die zweite Erde

Zu der Zeit, als die Kaiowá in ihren ursprünglichen Wäldern lebten, schwebten die ersten göttlichen Paare in der Luft. Damals gab es noch keine feste Oberfläche, die man hätte Erde nennen können. Eines Tages wollte einer der göttlichen Ehemänner, *Jakairá Guasú*, aufstehen. Doch wie sollte er das vollbringen, ohne eine Stelle, wo er die Füße aufstellen konnte? Er packte etwas Erde, befeuchtete sie mit seinem Atem, und die zukünftige Erde begann sich auszudehnen. Er schuf sie, um eine Stelle zu haben, wo er seine Füße aufsetzen konnte. Doch die zukünftige Erde war erst eine ganz feine, zarte Decke, die nicht das Gewicht eines Körpers trug. *Jakairá Guasú* mischte deshalb Steine in die Mörtelmasse und versuchte darauf zu stehen, merkte aber dass die zukünftige Erde immer noch zu weich war. Erst als er rote Erde, *yvý*

---

54 1991:57.

pytã, einmischte, heißt es in einer Erzählung, wurde die zukünftige Erde hart und fest, und er konnte aufstehen. Und diese Oberfläche dehnte sich aus, damit, wer wollte, darauf stehen konnte.[55] Es erhoben sich die Bäume und die zukünftigen Wälder über das Antlitz der Erde, danach erwuchsen die Savannen. Von unten tauchten die Ma'etirõ auf, die sich an die Stelle von Sonne, Mond, Morgenstern und den zukünftigen Plejaden setzen wollten. Aber sie schafften es nicht, sich gegen die Konkurrenz durchzusetzen, und verwandelten sich in abstruse, bösartige, Verwirrung stiftende Wesen. Doch in diesem Augenblick stiegen dort die zukünftige wahre Sonne und der zukünftige wahre Mond in den Wettbewerb ein. Sie kamen in ihrem eigenen Licht als ihrem Gefährt. Sie gewannen den Wettbewerb und verwandelten sich in die zwei am klarsten sichtbaren Gestirne, die nun das Firmament schmücken. Die Sonne erleuchtet den Tag, der Mond die Nacht. Auf der Erde gab es nun schon Tiere, Pflanzen, Wälder, Flüsse, Berge, doch noch keine Menschen. Sonne und Mond bereiteten mit ihrem Licht die Erde vor, auf dass sie bewohnbar werde für die menschlichen Wesen.

Die ersten Menschen, *yvypóry*, entstanden aus den göttlichen Wesen, die nicht zu ihren alten Wohnsitzen in den Lüften zurückkehren wollten. Um auf der Erde verbleiben zu können, mussten sie ihre göttlichen Fähigkeiten, die ihr Schmuck waren, verlieren. In der religiösen Sprachregelung heißt es, dass man ihnen ihre Blumen abriss, *ojepotyróg*. Damit wurden sie zu unvollständigen Wesen voller Sehnsucht nach ihrer verlorenen Vollständigkeit. Und hier beginnt die Geschichte auf der zweiten Erde, die ursprüngliche Geschichte der Menschen, *yvypóry rembypý*, auf die wir noch zu sprechen kommen. Hingegen behielten diejenigen göttlichen Wesen, die zu ihrem alten Wohnsitz zurückkehrten, alle ihre Fähigkeiten, all ihren Schmuck, all ihre Blüten.

Auf der ersten Erde konnte die erste Menschengeneration die Vollständigkeit, *aguyjé*, erreichen, ohne das Leid des Todes durchmachen zu müssen. So weit zu gelangen hieß praktisch, göttlich zu werden. Auch die Tiere lebten auf der ersten Erde in Frieden, mit ihrer irdischen und ihrer geistigen Seele. Bis auf wenige Ausnahmen besaßen alle eine gute Seele und menschliche Gestalt. Nicht mehr so auf der zweiten Erde. Wie die Menschen der zweiten Generation hat die zweite Erde einen Nabel, *pyru'ã*. Der Mittelpunkt der Erde befindet sich dort, wo die Ursprungsereignisse, *ymá guaré* stattfanden. Dort tauchten die Vorfahren der heutigen Kaiowá auf, dort entstand die tierische Umwelt, dort wurde unsere Umwelt geordnet und in Gang gebracht.

Von diesem Punkt an wird die Geschichte der heutigen Ethnien erzählt, aber das heißt: jeweils von unterschiedlichen Orten aus, da der Körper der Erde viele Nabel, viele Mittelpunkte hat. Diese Mittelpunkte üben eine Anziehungskraft auf die ihnen zugehörigen Menschen um sie herum aus. Die oben erzählte Version, nach welcher

55 In anderen Berichten wird *Jakairá Guasú* mit *Ñanderú Hyapuguasúva*, »Unserem Vater des Großen Sprechens« identifiziert. Dieser soll »eine kleine Handvoll der zukünftigen Erde«, *yvý arysapý ku'í kue'í* in die Hand genommen haben, darüber »geblasen« haben (eine Zauberhandlung), *oipejú*, und die zukünftige Erde begann sich auszudehnen, *ojepypirá yvyrã*.

Jakairá Guasú die richtige Mischung für die Erde fand, als er rote Erde hinzufügte, kommt aus der *Terra Indígena* (Reservation) Panambí in Mato Grosso do Sul, wo gerade diese rote Erde typisch ist. Nach der Überlieferung der Paĩ-Tavyterã in Paragua und der Kaiowá (was, wie oben gesagt, ein anderer Name für die gleiche Ethnie in den Kordilleren von Caaguazú und Amambay an der brasilianisch-paraguayischen Grenze ist) begann die Ausbreitung der zweiten Erde, die ebenso wie die Menschen der zweiten Generation durch Unvollkommenheit gekennzeichnet ist, vom Berg *Jasuká Vendá* aus (»Ort der *Jasuká*«, d. h. der erwähnten Lebenssubstanz). Dort schuf das Schöpferwesen eine kleine, kreisrunde Fläche, auf die er seine Füße stellte. Sie dehnte sich mit der wachsenden Bevölkerung aus. Ihre Spitzen wurden an den elf Bergen der Gegend festgebunden, so bekam die Erde die feste Form, die sie bis heute hat.

Jede Gruppe hebt die für ihr jeweiliges Territorium bestimmenden Landmarken hervor. Für die Menschen in den Bergen hat die Erde sich zwischen den Gipfeln gebildet, an die sie angebunden wurde. Für die Menschen im dichten Regenwald wurde sie erst fest, als das Schöpferwesen die für diese Landschaft typische rote, lehmige Erde fand, um die sie seit einigen Jahrzehnten mit den örtlichen Großgrundbesitzern und Campesinos kämpfen.

Nach der Überlieferung der Mbyá sorgte Ñamandú dafür, dass an der Spitze seines Stabes die Erde gezeugt wurde, und erschuf fünf ewige Palmen als ihre Stützen. Eine setzte er in die Mitte und mit den anderen markierte er die zukünftigen Wohnsitze der vier ersten Paare. Von ihrem Erdmittelpunkt aus stellen die Mbyá sich die Welt und ihre Anordnung vor. Für die Paĩ, die Guaraní, die Kaiowá und die Apapokúva des ersten Jahrzehnts des 20. Jahrhunderts entsprachen wohl der Palme, die laut den Mbyá in die Mitte der Erde gepflanzt wurde, *kurusú* (»das Kreuz«), *yvyrá ypý* (»die ersten Bäume«) oder *yvyrá joasá* (»das ursprüngliche, echte Kreuz«), über dem die Erde geformt wurde wie von den Händen einer Töpferin. Die Kreuze sind die Strukturen, durch welche die Erde und alle Lebenden aufrecht und lebendig erhalten werden.

Das bis hier Berichtete lässt sich so zusammenfassen, dass der Schöpfungsprozess dank dem Erwachen einer zielgerichteten Absicht in Gang kam, durch ein Aufstehenwollen. Diese Sehnsucht, aufzustehen, haben die Vorfahren der Menschheit als Erbe hinterlassen, als Impuls zur Bildung einer Sozialordnung. In den Erzählungen wird der Ursprung der Lebewesen erklärt, der Sinn der Ereignisse und der sozialen Praktiken. So heißt es in der Textsammlung *Ayvu Rapyta*, dass es unter der Erdoberfläche Steine gibt, dass die Erde ein räumlich begrenzter Wohnort ist, dass es verschiedene Bienenarten gibt, die Honig auf Bäumen erzeugen, und eine Bienenart, die in Löchern in der Erde wohnt, usw. Im Mythos dehnt sich die Erde von einem kleinen Stück zu breiter Ausdehnung und Festigkeit. Auf der Ebene der Erde verbleiben die Menschen und jene ursprünglichen Lebewesen, die sich hier ansiedeln möchten; auf der himmlischen Ebene finden die göttlichen und vergöttlichten Wesen ihren Platz, die unterirdische Ebene gehört den Tieren, den irregegangenen Seelen und den schlechten Lebewesen. Weitere Mythen präzisieren, dass jede dieser Ebenen für je andere Lebensformen bestimmt ist. Dort, wo die Erde die Üppigkeit aus der schöpferischen Kraft kennengelernt hat, ist sie auch von Unvollkommenheit gezeichnet.

5.2 *Tekohá* (oder *tekoá*): Der Ort, wo man lebt

Die Erde ist »der Ort, wo man lebt«, *tekohá*. Man erinnert sich (oft mit Wehmut) an *tekohá porã*, den Ort, wo man gut leben kann. Es gab drei verschiedene Lebensräume: Ungerodetes Land (dichter amazonensischer Wald oder schütteres, von Savannen durchsetztes Buschland), Pflanzung und Dorf.[56] In Wald und Buschland wird gejagt und gesammelt. Hierher haben sich die *tekojára* zurückgezogen, die Schutzgeister von Tieren, Pflanzen, Mineralien und Menschen. Will man den Wald betreten, braucht man die Freundschaft dieser *tekojára*, die oftmals misstrauisch, ja rachsüchtig gegen diejenigen sind, die unnötig Bäume fällen oder Tiere töten. Die Pflanzung ist der Ort des Anbaus, der Zähmung von Tieren und Pflanzen. Traditionell wurde sie auf einer in den Wald gerodeten Lichtung angelegt. Bei der heutigen Entwaldung wird sie näher ans Dorf gerückt. Im Dorf stehen die Häuser, werden Feste und Zusammenkünfte veranstaltet, empfängt man Besuch und setzt man sich mit den gezähmten Tieren auseinander.

Diese Räume sind seit den ersten Zeiten vorgezeichnet. »Unser Erster Vater« rodete eine Lichtung im Wald und legte dort die erste Pflanzung an. Die Erde war von Wegen durchfurcht, die ein Durchdringen der dichten Vegetationsdecke ermöglichte. »Unsere Erste Mutter« ist eine Wanderin, wie es auch »Unsere Ersten Brüder« sind. Wandernd entdeckten diese ersten Bewohner die ersten Tiere und die ersten Pflanzen, gaben ihnen Namen, zähmten sie und passten sich ihnen an. Das Dorf war Schauplatz der ersten Rituale und Versammlungen.

Die Waldvernichtung hat tief in das Leben der Indigenen eingegriffen, deren Umgang mit Pflanzen und Tieren, Weltsicht und Spiritualität eng mit dem Wald verbunden sind.[57] Zwar weiß man, dass die Wälder aus niedrigem menschlichem Eigennutz abgeholzt werden, doch führt man die Schwäche der Erde auch auf die Schwäche der Worte in den Gebeten zurück. Die von ihrem Land Vertriebenen erhoffen sich von einer Rückkehr, ihr Land wieder mit ihren Ursprungsmythen und entsprechenden Ritualen schmücken zu können, auf dass Land und Wort sich gegenseitig kräftigen. Bei dem Bemühen, das angestammte Land wiederzugewinnen, geht es somit um Reaktivierung des traditionellen Systems, und die Rückkehr zu den alten Gebeten ist eine erste und notwendige Voraussetzung für die Rückkehr auf das alte Land.

5.3 Geschmückter Körper und Erinnerung an die traditionellen Wirtschaftsformen

Nach der Überlieferung der Kaiowá stammelte die Erde ihr Wort anfangs nur (*yvý oñemongo'i va'ekué*). Ihr Stöhnen und ihre ersten Gesten werden mit Geräusch und Gesten von jemandem verglichen, der gerade erwacht. Auch der Mais und die übri-

56 Melià 1989:337.
57 Grünberg 2006:783.

gen Anbaupflanzen sollen beim Erwachen ihre Glieder ausgestreckt und ihr Wort gestammelt haben (*itymbý oñemongo'í va'ekué*). Die Anbaupflanzen (*itymbýra*) werden mit feierlichem Nachdruck in einem langen Sprechgesang genannt, mit dem das Maisfestritual beginnt. Das Gedicht nennt Vokabeln aus dem heutigen religiösen Vokabular und räumt ihnen einen Platz als Elemente ein, die bei der Grundlegung der Erde eine Rolle spielten. Da ist das schon erwähnte *Jasuká*, das mit der Frau, der Herausbildung der Körper der Erde, des Maises, der Menschen und weiteren Lebenswesen zusammenhängt: Eine Art Startimpuls, das auch als »Geist« übersetzt wird. Als die Schöpferwesen den Menschen die Pflege der Erde überließen, hinterließen sie ihnen auch heilige Maisvarianten für jede Ethnie: *avatí jakairá* für die Kaiowá, *avati'í* für die Mbyá und *avatí jú* für die Guaraní. Die alljährliche Erneuerung des Saatguts dieser heiligen Maisarten gipfelt in einer Feier. Im Mais zeigt sich die Abhängigkeit von den Pflanzen. In ihm verehrt man alle Anbaupflanzen und erinnert die Menschen an die Verwundbarkeit ihres Lebens.

Nun folgt ein Teil eines längeren kosmogonischen Gedichts, in dem darum gebeten wird, dass Kopf, Brust und der ganze Körper der Erde und der Menschen (*aó veté*) mit Schmuck bedeckt werden, als wären das Kleider.

Itymbýra jasuká	Lebenskraft der Anbaupflanzen,
che mbojeguá, cherojeroký	Schmücke mich, tanze mit mir!
Itymbýra ryapú,	Klang der Anbaupflanzen,
Che mbojeguá, cherojeroký	Schmücke mich, tanze mit mir!
Itymbý reñoimbyrã	Zukünftiger Keimling der Anbaupflanzen,
Che mbojeguá, cherojeroký	Schmücke mich, tanze mit mir!
Itymbýra kurusú	Kreuz, das die Anbaupflanzen hält,
Che mbojeguá, cherojeroký	Schmücke mich, tanze mit mir!
Itymbýra ñanduá	*Ñanduá* [s. Anm.[58]], der Anbaupflanzen,
Che mbojeguá, che mbojeguá	Schmücke mich, tanze mit mir!
Itymbý kurundajú	Aureole der Anbaupflanzen,
Che mbojeguá, cherojeroký	Schmücke mich, tanze mit mir!
Itymbý ryjúi ryjúi	Fröhlichkeit der Anbaupflanzen,
Che mbojeguá che mbojeguá	Schmücke mich, schmücke mich!
Itymbýra jasuká	Lebenssubstanz der Anbaupflanzen,
Che mbojeguá che mbojeguá	Schmücke mich, schmücke mich!
Itymbýra jasuká ryjúi ryjúi	Fröhlichkeit der Lebenssubstanz der Anbaupflanzen,
Che mbojeguá che mbojeguá	Schmücke mich, schmücke mich!
Itymbý mba'ekuaá	Weisheit der Anbaupflanzen,
Che mbojeguá che mbojeguá	Schmücke mich, schmücke mich!
Itymbýra mba'ekuaá ryjúi ryjúi	Fröhlichkeit der Weisheit der Anbaupflanzen,
Che mbojeguá che mbojeguá	Schmücke mich, schmücke mich!
Itymbýra jeguaká	Kopfschmuck der Anbaupflanzen,

58 Durch das Gebet reisen die göttlichen Wesen hin und her zwischen ihren himmlischen Wohnsitzen und den irdischen Ritualen. Ihre Fahrzeuge auf diesen Reisen sind die *ñanduá*, die rund und voller Licht beschrieben werden, ähnlich den Tukanfeder-Diademen der Kaiowá, und die sich mittels der Energie der Gebete bewegen.

Che mbojeguá che mbojeguá	Schmücke mich, schmücke mich!
Itymbýra jeguaká ryjúi ryjúi o	Fröhlichkeit des Kopfschmucks der Anbaupflanzen,
Che mbojeguá che mbojeguá	Schmücke mich, schmücke mich!
Itymbýra ryapú	Klang der Anbaupflanzen,
Che mbojeguá che mbojeguá	Schmücke mich, schmücke mich!
Itymbýra ryapú ryjúi ryjúi	Fröhlichkeit des Klangs der Anbaupflanzen,
Che mbojeguá che mbojeguá	Schmücke mich, schmücke mich!
Itymbýra ñanduá	*Ñanduá* [s. Anm. 58] der Anbaupflanzen,
Che mbojeguá che mbojeguá	Schmücke mich, schmücke mich!
Itymbýra ñanduá ryjúi ryjúi	*Ñanduá* [s. Anm. 58] der Anbaupflanzen,
Che mbojeguá che mbojeguá	Schmücke mich, schmücke mich!
Itymbýra kurusú	Kreuz, das die Anbaupflanzen hält,
Che mbojeguá che mbojeguá	Schmücke mich, schmücke mich!
Itymbýra kurusú ryjúi ryjúi	Fröhlichkeit des Kreuzes, das die Anbaupflanzen hält,
Che mbojeguá che mbojeguá	Schmücke mich, schmücke mich!
Itymbý kurundajú	Aureole der Anbaupflanzen,
Che mbojeguá che mbojeguá	Schmücke mich, schmücke mich!
Itymbý kurundajú ryjúi ryjúi	Fröhlichkeit der Aureole der Anbaupflanzen,
Che mbojeguá che mbojeguá	Schmücke mich, schmücke mich!
Itymbýra Jasuká	Lebenssubstanz der Anbaupflanzen,
Che ropapá che ropapá	Ich erzähle dir, ich erzähle dir [deine Geschichte]

Die Erde ist ein Körper, geschmückt durch das Wort, das sie geschaffen hat und sie aufrecht hält. Das Wort ist ihre Geschichte, die erzählt, wie sie aufrecht gestellt wurde. In den Liedern, die Marcial Samaniego in den 1940er Jahren aufnahm,[59] singen die Paĩ-Tavyterã, dass das Schöpferwesen mittels des Kreuzes, jenes glänzenden Kreuzes, die Himmel, die Erde, die Paradiese, ihre Bewohner, und alles was sich in ihnen findet, aufstehen ließ. Es war mittels des Donnernden Kreuzes (*kurusúva ryapúvy*), dass der Schöpfer die Erde ausweitete, und das Kreuz, diese »edle Sache« (*mba'é marãngatú*) wurde zu dem Gerüst, auf dem die Erde ruht« (*yvý jekoká*).[60]

Die Pflanzen sind die Haare des Erdkörpers. Die Zweige und Blätter sind seine Arme, Hände und Finger. In der guaranitischen Poesie übertragen die Menschen ihre Kennzeichen auf die Pflanzenwelt, und diese schenkt den Menschen Worte voller Sinn. So kann man von den Händen eines Teilnehmers eines Rituals der Kaiowá sagen, dass es Blütenknospen auf einem Zweig sind (Chamorro 2017). Bei den Mbyá sind die Finger blühende Zweige der göttlichen Handflächen (Cadogan 1968).

Die Naturphänomene sind nicht allein für die Menschen gedacht. Zunächst schmücken sie die Erde selbst. So wird *mongý*, »Regnen lassen« als die Schmückung, Befruchtung und Kräftigung des Erdkörpers erklärt. Die Ausführenden von Riten bei den Kaiowá und Paĩ-Tavyterã heißen *mongyharã*, »Die regnen lassen werden«. Wie das Saatgut würde auch überhaupt die Erde sterben, gäbe es nicht mehr die

59 Cadogan 1962:47, Samaniego 1968. Cadogan hat die Manuskripte übersetzt, in denen Samaniego Texte aufgenommen hatte.

60 Cadogan 1968:428, 432.

Schmückung durch den Regen und die Kenntnis ihrer Geschichte, des Wortes, das ihren Ursprung erzählt, *itymbýra ryapú*. Das Wort, das ihr sagt, woraus sie entstanden ist, und das ihr ihren Ursprung bestätigt, ist das Höchste ihres Seins, *hekorý*. Es ist in den Lebewesen gegenwärtig, aber das reicht nicht, es muss in Ritualen durch Tänze und Gesänge bewegt und ausgesprochen werden. Dies ist ein Beispiel dafür, wie die Guaraní-Völker die Interdependenz zwischen den Lebewesen verstehen und wie sie auf der Grundlage dieses Verständnisses ihre geistige Entwicklung mit der Vegetation verknüpfen.[61]

Man kann von einer Maiskultur sprechen. In Mais-Riten wird die Abhängigkeit von dieser Pflanze kundgetan. Die Kaiowá und Paĩ-Tavyterã feiern das *avatikyrý*, das nach dem Maisbier heißt,[62] die Guaraní das *ñembo'é ka'aguý*, »Waldgebet, Waldlitanei«,[63] das einmal im Jahr bei der Maisernte gefeiert wird; der Name bezieht sich vielleicht auf das von dieser Gruppe praktizierte Anpflanzen von Mais im Wald. Die Mbyá feiern die »reifen Früchte«, *tembi'ú aguyjé*, und das *nimongaraí* (wörtlich: »in das Wissen der Schamanen eingeweiht werden«, bei Avá-Guaraní und Mbyá die Feier der Namensfindung für Babys und der Namensbekräftigung für Jugendliche und Erwachsene).

In all diesen Ritualen dreht sich das meiste um den Mais.[64] Beachtlich ist, wie die Mbyá selbst auf ihren Wanderungen ihre traditionelle Mais-Sorte am Leben erhalten. Würden die Körner des Mais (und mancher anderer Pflanzen) nicht rechtzeitig gepflanzt werden, könnte man aus ihnen keine Samen mehr ziehen, weil dann Schädlinge wie der Kornwurm sie befallen würden. Um das zu vermeiden, besetzen Mbyá, wenn die Zeit der Aussaat gekommen ist, irgend einen gerade zugänglichen Platz, etwa den in Staatsbesitz befindlichen, oft recht breiten, grünen Streifen zwischen dem Asphalt der öffentlichen Straße und dem anliegenden Privatland, bereiten dort die Erde für die Aussaat vor und säen. Manchmal halten sie auch an Stellen an, wo andere Mbyá-Gemeinschaften sich schon längs des Weges eingerichtet haben. Darin sehen wir einen Weg, ihr *tekoá* (das geeignete Land für die Lebensweise der Guaraní) zu erweitern. Wenn es Zeit für die Ernte ist, führen sie die Rituale durch, sammeln den Mais in ihre Reisesäcke ein und ziehen weiter.

Das *avatikyrý*-Fest der Kaiowá und der Paĩ-Tavyterã dauert drei Tage. In der ersten Nacht ist das Ritual am dichtesten. Das erste Gebet beginnt abends im Vorhof des Hauses bei der Ankunft der Gäste. Das zweite Gebet stellt die Verbindung vom ersten zum *jerosý pukú* (»langes, getanztes Gebet«) her, das die ganze Nacht hin-

---

61 Chamorro 2004b:173.

62 eigentlich »zarter, frischer Mais«, bezieht sich aber auf den schon getrockneten Mais aus der neuen Ernte, der für das Maisbier verwendet wird.

63 *ñembo'e*, wörtlich »das Wort ergreifen«, bezeichnet einen überlieferten Text, der in Singsang vorgetragen wird. Bei den Ritualen für Mais und Kinder werden verschiedene Arten von Bitten deklamiert. Hier handelt es sich um einen Bittgesang, der von den religiösen Anführern vorgetragen und getanzt wird. Die Melodie bleibt auf einem einzigen Ton, dessen Höhe je nach den Wörtern, dem Rhythmus und der Satzbetonung leicht abgewandelt wird.

64 Melià et al. 1976, Bartolomé 1991, Cadogan 1992.

durch im Takt eines rituellen Umgangs um einen vollen Maisbiertopf oder um den Hauptpfeiler des Riten-Hauses rezitiert wird. Das Gebet erzählt vom Ursprung der Indigenen und des Maises und führt die Teilnehmer zu gedachten Orten, an denen es zu emotionalen Begegnungen mit wichtigen Personen und Ereignissen der Geschichte der Gruppe kommt. Am folgenden Morgen, etwa um sechs Uhr, ist derjenige, der Gebet und Tanz geleitet hat, tief erschüttert, manchmal weint er, und seine Begleiter mit ihm, nach all den Landschaften die sie gesehen und all den traurigen Dingen, die sie gehört haben.

Danach verläuft der zweite Tag weniger feierlich. Durch den rituellen Einsatz eines Jagdpfeils, mit dem man einen bestimmten Gesang namens *guahú* beginnt, lässt erkennen, dass in dem Ritual auch an die Abhängigkeit von der Tierwelt erinnert wird. Dass einige *guahú* in einer von den Tupí-Guaraní-Sprachen völlig verschiedenen Fremdsprache gesungen werden, erlaubt die Vermutung einer möglichen Erinnerung an Sprachen aus anderen Sprachfamilien als der Tupí-Guaraní-Familie, mit denen die Guaraní Sprechenden Berührung hatten. Neben den *guahú* werden die *kotyhú* fast die ganze Nacht hindurch gesungen und als Rundtänze aufgeführt. Die Stimmung ist festlich-fröhlich. Am dritten Tag wird nur noch mit *kotyhú*-Tanzliedern und Maisbier Abschied gefeiert und auf vier Wochen später zum Abschluss der Feierlichkeiten eingeladen. Dann sollen die Kolben und das Saatgut des Maises gesegnet werden, die noch nicht ausgereift waren, als das *avatikyrý* begonnen hatte.

5.4 Widerstand und Erneuerung: Das Übel auf der Erde überwinden

Eines der Lieblingsthemen der östlichen Guaraní-Sprechenden ist das Ende der Welt, das jedesmal eintritt, wenn das Übel die Erde zudeckt. Wir hörten in unseren Gesprächen, dass dieses Weltende auch ein Neuanfang ist, eine Erholung ausgehend von einer gewissen Immanenz des Göttlichen im »Haus Erde« und in ihren Bewohnern. Die Rede vom Ende vermengt gewöhnlich die uralten Zeiten der Ursprünge mit der aktuellen Geschichte, dem Niedergang des Gemeinschaftslebens und der Zeugungsfähigkeit der Erde. Die Kritik der Gegenwart wird mit der auf die Zukunft gerichteten Heilserwartung verbunden, dass die Vitalität des Planeten und der menschlichen Gesellschaft wiederhergestellt werde. Dann wird eine Neue Erde mit einer neuen Generation menschlicher Wesen beginnen. Die göttlichen Wesen werden wieder ihre Friedenskleidung (*aó ro'ý*) anziehen und unsere heißen Worte (*ñané ñe'ẽva tataguái*) austreiben.

Hier muss daran erinnert werden, dass die ersten Erde und die erste Generation ihrer Bewohner vollkommen waren, nicht so jedoch unsere zweite Erde und wir Menschen der zweiten Generation. Und so wie die erste Erde aus der Intentionalität, dem Willen entstand, aufzustehen, blieb für die zweite Erde das Wollen, *mba'é potá*, die Unvollkommenheit und die uns angreifenden Übel zu überwinden. Dieser Gedanke findet sich oft bei denjenigen, die eine philosophisch-dichterische Version der traditionellen Religion vertreten. Für sie kommen zu der ontologischen Unvollkommenheit der Existenz als geteilte Wesen, die der zweiten Schöpfung eingeschrieben ist, weitere Übel hinzu: Von der Schwierigkeit, interne Konflikte in der Gemeinschaft zu überwinden, über die Vertreibung vom angestammten Land, die Ausschüttung (mehrmals im Jahr) von Pestiziden und anderen chemischen Substanzen auf den lebendigen Körper der Erde, bis zum drückenden Gewicht der Abhängigkeit vom Staat und von der Konsumgesellschaft.

In der jüngeren Geschichte dieser Völker war offenbar der Krieg von Argentinien, Brasilien und Uruguay gegen Paraguay (1864–1870), der teilweise auf ihrem Land stattfand, ein konkretes Erleben des Bösen. Es wird verknüpft mit dem Mythos von der wiederholten Zerstörung der Welt, ein erstes Mal durch »Wasser« (*yrypopó*), dann durch »Feuer« (*yvykái*). Auf die sechs Kriegsjahre folgte die Unterdrückung durch Unternehmen, die in Paraguay und Brasilien die Mate-Pflanze ausbeuteten und zumindest in Brasilien viele Menschen von etwa 1870 bis 1940 unter Sklavereiähnlichen Bedingungen arbeiten ließen. Dass durch das ganze 20. Jahrhundert hindurch der Druck durch vorrückende, neue wirtschaftliche und missionarische Fronten, durch Estancias und nicht-indigene Siedlungen immer stärker wurde, hat sich in vielfacher Hinsicht dem kollektiven indigenen Gedächtnis eingeprägt: Als eine Abfolge von Übeln, die zur Flucht aus der Heimat in sicherere oder Fremden weniger zugängliche Gebiete zwangen.

Offenbar wurde in diesen Situationen das guaranitische Bild von der Erde aktualisiert. Sie ist weiterhin von Wanderwegen durchzogen, seit den mythischen Zwillingen bis heute. Die andere Seite der heutigen Wahrheit jedoch, das Drama der gegenwärtigen Geschichte, ist die Vertreibung von den privatisierten Ländereien. So wie die ethnographische Forschung früher die Vorstellung von einer Erde zeigte, auf der man wandern muss,[65] und wo Wandern, *jeguatá*, die Freiheit symbolisierte, so zeigt uns die heutige Ethnographie, dass es die Freiräume nicht mehr gibt, weil der zur Verfügung stehende Raum nicht mehr ausreicht, weder zum Leben, noch zur Konfliktlösung noch dazu, Träume auf die Wanderschaft zu schicken.

Die Erde ist eine lebendige Natur mit einer Seele und daher mit großer psychischer Widerstandsfähigkeit. Dafür kann sie auf eine Schar beschützender und besitzender Wesen zählen, die *jára*, die einst im Dschungelgestrüpp und in den dunklen Tiefen der Biodiversität lebten. Heute durch die Entwaldung dem Licht ausgesetzt, kämpfen sie um einen Platz unter den unterirdischen Wesen in den Eingeweiden der Erde, neben dem Saatgut und den einheimischen Arten, die unter ihrem Schutz stehen. Eines Tages, wenn die Angriffe auf die Erde zum Stillstand gekommen sein werden, Kommen die beschützenden *jára* wieder an die Oberfläche der Erde, um diese wieder herzustellen, aufzurichten und auszudehnen.

Der Traum von einer geheilten Welt ist bedeutsam für die menschliche Erfahrung. Nicht selten hat er Einzelne oder Gruppen angetrieben, den Mythos zu reaktualisieren und ihm die zeitlichen und räumlichen Koordinaten anzupassen. So bewahren die östlichen Guaraní-sprachigen Völker in den tiefgreifenden ökologi-

---

65 Das enthält freilich auch eine historische Tendenz der Guaraní-sprachigen Gruppen zur Expansion auf Kosten anderer indigener Völker.

schen Veränderungen ihrer Ländereien und ihrer Umwelt ein idealisiertes Bild, als würden atlantischer Regenwald und Savanne noch immer die dazugehörige Erde bedecken. Das erscheint einerseits schizophren, andererseits scheint es so zu sein, dass dieses Abirren in die Phantasie die Hoffnung wachhält, dass dieses anachronistische Bild auf die Zukunft verweist, in der sie wieder Realität würde.

So behält jede Gruppe vor ihrem geistigen Auge etwas von einer üppigen, blühenden Landschaft, die es nicht mehr gibt. Für die Kaiowá ist das *yvý araguyjé*, »die reife Erde«, für die Guaraní *yvý ñomimbyré*, »bewahrtes Land«, für die Apapokúva und Mbyá *yvý marae'ỹ*, das »Land ohne Übel«. Das sind die Freiräume der Freiheit, spezifische utopische Bilder. Genauer betrachtet, sind es Bilder von einer mythischen Frühzeit. Indem man heute diese Bilder beschwört und auf ihnen besteht, wird eine Bresche in die Mauer von Schwierigkeiten rundum geschlagen, Raum für neue Versuche, frei zu sein. Einige, wie die Mybá, setzen sich den Gefahren weiter Wanderungen aus. Andere, wie die Kaiowá und die Guaraní in Mato Grosso do Sul, wandern symbolisch in ihren Ritualen, während sie als Landarbeiter der großen Güter wieder in ihre einstigen Ländereien zurückkehren oder diese besetzen.

Bei den Mbyá finden sich mehr Visionäre, die einem Traum folgen und ihre Wanderungen Gott zuschreiben, ohne genauer die sozialen und ökologischen Ursachen zu beschreiben, warum sie vertrieben wurden. In ihren Träumen sehen sie Landschaften, die dem einstigen atlantischen Regenwald ähneln, ohne dass gleich ein genauer Ort beschrieben würde. Kaiowá und Guaraní hingegen folgen keinem Traum, sondern dem territorialen Gedächtnis, in dem Mythos und Politik sich mischen. Sie halten Versammlungen ab, suchen juristischen und solidarischen Beistand, um bestimmte Orte wieder zu besetzen und in Besitz zu nehmen, die eine Rolle in der Familiengeschichte gespielt haben. Doch dieser ganze Prozess wird spirituell begleitet. Gebet, Gesang, Tanz und die Erzählungen vom Anfang verströmen Energie und verleihen so der Stimme, der Tanzrassel und dem Rhythmusstab Macht. Mit der Macht dieses Wortes vermeiden sie eine drohende Konfrontation mit der Polizei oder mit den gegenwärtigen Landbesitzern. Falls es doch zur Konfrontation kommt, kann die Macht des Wortes größere Verluste verhindern.

Oft werden die Mbyá als Wanderer dargestellt, die einfach nur einem Traum folgen. Das mag schön und poetisch klingen, Tatsache ist jedoch, dass Hunderte Mbyá-Gemeinschaften in Paraguay, Argentinien und Brasilien seit der 2. Hälfte des 20. Jahrhunderts immer wieder von staatlicher oder privater Seite vertrieben werden. Angesichts dieses Schicksals beschwören sie das mythische Bild einer Erde, die sich ausdehnt und durchwandert werden muss. Auf den (erzwungenen) Wanderungen nehmen sie nur das zum Überleben Notwendigste mit, erweitern aber ihren sozialen Raum und ihr Beziehungsnetz und nähern sich zumindest psychologisch einer besseren Erde an. Die weisen Alten unter den Mbyá verkünden, dass die Indigenen dort, wo die Worte ausgesprochen wurden, aus denen die Erde hervorging, Wohn- und Landrecht haben.

Etwas anders die Kaiowá und die Guaraní in Mato Grosso do Sul (Brasilien): Seit den 1970er Jahren haben sie über 20 Orte ihrer Geschichte aus den Händen von Nicht-Indigenen zurückgewonnen, doch erst, nachdem sie zuvor drastische Landverluste erlitten hatten, gewaltsam in »Reservate« umgesiedelt worden waren und

Gewalt von Vertretern des Staates und der vorrückenden Wirtschaft erlitten hatten. Gegenwärtig haben Kaiowá und Guaraní in Mato Grosso do Sul etwa 30 Landbesetzungen auf früheren Land durchgeführt, auf halbem Weg zwischen Verlust und Wiedergewinn des eigenen Territoriums. Es sind Orte ganz dichter Geschichte und kultureller Wiederbelebung. Das Land wird besetzt, mit der brasilianischen Bundesverfassung in der einen Hand und mit der Tanzrassel oder dem Rhythmusstab in der anderen, Recht und Religion zusammen, Aktionen des »Aufstehens«, des *guer-opu'ã* (Wiedererschaffung). Und so wird die Erde wieder aufgerichtet, wenn die Kaiowá einen freien Ort finden, auf den sie ihre Füße stellen können.

6 Menschen zwischen animalisch und göttlich, und ihre Rituale

Die Menschen bewahren in ihrem Gedächtnis die Möglichkeit, die Vollkommenheit, *aguyje* zu erreichen, wenn sie sich spirituell entwickeln und sich nach den ihnen von den Gottheiten hinterlassenen Normen bilden. Aber neben der göttlichen Seele, die uns zum Göttlichen drängt, besitzen wir auch eine tierische Seele, die uns gefährlich in Richtung des tierischen Gegenteils drängt. Kommen wir hier also auf das menschliche Streben zum Göttlichen und zum Tierischen zu sprechen.

Zum Verständnis dessen, was die östlichen Guarani-Sprachigen von den menschlichen und übernatürlichen Wesen und vom Kosmos denken, sind die Wörter *ñe'ẽ*, *ayvú* und *ã* zentral (was wir nur unvollständig mit »Wort, Sprache«, »Klangausdruck, Sagen« und »Schatten, Seele« in eine europäische Sprache übersetzen können). Mit ihnen wird beispielsweise die Vorstellung von der menschlichen Person auf ihrem Weg von der Empfängnis bis zum Tod ausgedrückt: Eine persönliche Biographie bildet sich durch Erfahrungen des Wortes aus. Schon während der Schwangerschaft träumt die Mutter, manchmal auch der Vater mit Worten, die die Form eines Vogels des Guten Wortes annehmen. Von diesen Worten heißt es, »sie suchen sich einen Sitz«, *oñemboapyká ñe'ẽ*, im Uterus der Frau, der in der religiösen Sprache nicht zufällig als *apyká*, »Sitz«, bezeichnet wird.

Ñe'ẽ und *ayvú* werden heute auch mit »Seele« übersetzt, womit ausgedrückt werden soll, dass es sich um den Menschen in seiner Gesamtheit handelt. Doch das »Wort« oder die »Seele« sind kein Gut, das man gleich vollständig empfängt, sondern ein Initialimpuls, aus dem sich erst im Lauf des Lebens durch persönliche, engagierte Bemühung entwickeln muss, dass das Individuum dem ideal Menschlichen nahekommt. Und hier bekommt der Ausdruck *tekó porã* oder *tekó katú*, die gute Seinweise, seinen alltagspraktischen und ethischen Sinn: In ihm steckt die Aufforderung an das Individuum, seine Ignoranz zu überwinden und die göttliche Weisheit, die in der menschlichen Natur steckt, zu suchen, da menschliche und göttliche Wesen aus der gleichen Substanz gemacht sind. Doch neben der zum Göttlichen hinführenden Wortseele glauben die Guaraní-Sprechenden auch eine tierische Seele zu besitzen, *ã*, *ãngué*, *asyguá*, die uns in die Horizontale und zur Identifikation mit dem Irdischen drängt. Daraus entsteht Verwirrung und so manche Krise (Krankheiten, traurige Stimmungen, Feindschaften usw.), die zeigt wie fragmentiert heutzutage das Wort ist.[66]

Vor diesem Hintergrund versteht sich das Heilungsritual an einem Menschen als ein »Wiedereinsetzen« von dessen göttlichem Wort in ihm. Bei den Mbyá ist dies die Aufgabe der *eepyaá*, »die das Sagen aufrichten«. Scheitern einer Therapie und Apathie angesichts der Krisen werden oft als *ñemoyrõ* diagnostiziert: Der Kranke denkt nur noch an sich und interessiert sich nicht mehr, weder für die Anderen noch für das vergöttlichende Wort. In ihm herrscht dann diejenige seiner zwei Seelen, die irdischen Ursprungs ist, vor. Nach dem Tod irrt sie herum, bis sie in irgendein Tier oder eine Pflanze fährt oder (wenn die Trauer um ihn sehr groß ist) in jemanden aus der Familie, der keinen Trost gefunden hat.

So ist das Leben des Menschen durch Instabilität gekennzeichnet. Einerseits drängt seine Wortseele himmlischen Ursprungs ihn zu der Hoffnung, wie seine Vorfahren und die Bewohner der Ersten Erde die Vollkommenheit zu erreichen. Andererseits treibt seine irdische Seele ihn von diesem letzten Ziel fort. Die Mbyá sagen dazu, dass ihre Seele in zwei Richtungen gegabelt ist. Zu den fundamentalen Erfahrungen von Attacken von Instabilität auf der Zweiten Erde gehören Unwissenheit, Zorn, Beleidigung und Ehebruch.[67] Bei den Mbyá heißt es, dass die menschlichen Wesen von einer Rebellion beherrscht werden, die aus einem schädlichen Wissen erwachsen ist (wie dem, dass man einen Verstoß gegen ethische Gesetze begangen hat, aus einem Schuldgefühl also), schon im zarten Alter die Kinder zum Zorn antreibt und die Kinder dazu verleitet, sich zornig gegen die Brust der eigenen Mutter zu wenden.[68] Doch ist das mit dem Zorn schon mit Unserem Vater, Unserer Mutter, Unseren Brüdern losgegangen, und hatte es schon damals tragische Konsequenzen (wie wir sahen). Im Zorn drückt sich die tierische Seele aus. Sie ist es, die in den Menschen zu verschiedenen Störungen führt. Lebenskrisen werden als eine Dissoziation erklärt, eine Unterbrechung der Kommunikation zwischen einem Menschen und seinem vergöttlichenden Namen. Die Seele göttlichen Ursprungs entfernt sich von einem Menschen unter dem Druck der tierischen Seele, die so Fragmentierung und Krankheiten erleidet. Deshalb besteht die Hauptaufgabe derjenigen, die durch Gebete heilen, darin, das Wort in den Menschen »zurückzubringen«, »wieder einen Sitz zu geben«, »zu re-situieren«, und ihn so wieder dafür bereit zu machen, dass er das göttliche Wort in sein persönliches und soziales Leben einlässt.

Die hierbei verwendeten metaphorischen Ausdrücke sind *e,pu'ã* (»sich erheben«) *py'á guasú* (»Größe des Herzens«), *aguyjé* (die »Vollkommenheit« erreichen), *ñe'ẽ marane'ỹ* (das »Wort ohne Übel« erreichen). Unser Älterer Bruder und weitere Urzeitheroen geben ein Beispiel dafür ab, dass Ausdauer beim Einüben dieser Kapitaltugenden den Menschen heitere Gelassenheit, poetische Inspiration und Gemeinschaftsgeist erreichen lässt. Sich zu erheben ist gerade durch das »Sagen« (*'é*) möglich, durch die menschliche Fähigkeit, sprechend zu kommunizieren. Für die

66 Cadogan 1992:235.

67 Chamorro 2004b:213–214.

68 Cadogan 1992:6869.

Mbyá ist das Wort wie eine Substanz, die durch die Knochen eines Menschen fließt, sodass der Körper aufstehen kann.

Der ideale Körper ist der geschmückte Körper. Bei den Gottheiten ist er schon fertig, wird schon geschmückt geboren. Der heutige menschliche Körper hingegen ist noch unfertig. Handgelenke, Fußknöchel, Beine, Arme, Taille und Kopf müssen noch mit Federn oder mit Wollschnüren geschmückt werden. Die Gelenke müssen vor den Angriffen von *ma'etirõ* geschützt werden, dem Herrn des Rheumatismus und anderer Gebrechen. Brust und Kehle werden mit Ketten aus Samen und Federn geschmückt. Der Mund wird mit schönen Worten, Gesängen, Ratschlägen und Gebeten geschmückt. Bei den Paĩ-Tavyterã werden noch heute alljährlich hunderte Kinder an der Unterlippe mit dem *tembetá* geschmückt, einem hängenden Pflock aus einem Harz. Bei den Kindern der Kaiowá findet dieses Ritual seit 28 Jahren nicht mehr statt. Die Rituale schmücken den Körper und schließen seinen Aufbau ab.

Wie auch in anderen traditionellen Gesellschaften werden Analogien zwischen Wesen und Dingen hergestellt. Der menschliche Körper wird beispielsweise mit dem Haus der Kaiowá in seiner traditionellen Form (Langhaus) und mit den weniger genau definierten Räumen, durch die man wandert und sich bewegt, in Verbindung gesetzt. In der religiösen Sprache der Kaiowá wird der menschliche Körper mit den Namen von Teilen des Hauses benannt: Auch das Haus hat Mund, Kehle, Magen, Herz, Rippen, Wirbelsäule, Achseln, Augen usw. Wenn der Mensch im Ritualhaus steht, das Gesicht nach Osten, kann man an ihm die Richtungen ablesen, wo die Sonne, die Winde, die Krankheiten, die Toten, die Segensprüche usw. sich befinden.

Einige Teile des menschlichen Körpers werden besonders hervorgehoben, wenn von der Beziehung des Menschen zu seiner Umgebung die Rede ist. So der Nabel (*pyru'ã*): Die Menschen werden geboren, der Nabel ist das Zeichen ihrer Abhängigkeit und unterscheidet sie von den Gottheiten, die nicht geboren werden, nicht mit Nabel noch Placenta. Der Nabel verbindet die Menschen mit der Erde, und wir sahen schon, dass auch die Zweite Erde dieses Zeichen an ihrem Körper trägt.

Der menschliche Nabel wird traditionell von der Mutter oder Hebamme zusammen mit der Nabelschnur unter dem Hauptpfosten des Hauses begraben. Dem Kind wird das oft erzählt, so dass es ein Gefühl der Zugehörigkeit zu dem Ort entwickelt, wo ein Teil seines Körpers begraben wurde. Es gibt landlose indigene Gruppen, die mit diesem Hinweis begründen, dass ein bestimmter Ort ihnen gehört.

7 Ñe'ẽ: Das Wort als Mittelpunkt der Symbolik, und seine Rituale

Wenn in den Kaiowá-, Mbyá- und Guaraní-Gemeinschaften, die wir kennengelernt haben, vom *tekó katú*,[69] dem guten Sein gesprochen wird, wird Alltagssprache mit

69 bzw. enklitisch *rekó katú*.

wiederholten, rhythmisierten Formeln, Gesängen, Gebeten und Zitaten vermischt. Erzählen, Singen, Beten, Ratschläge Erteilen, Segnen, Verfluchen, Heilen, all das beruht auf Worten. Diese klingen manchmal hohl, weil sie sich nicht immer auf gegenwärtig noch praktizierte Rituale beziehen. Ein solches selten gewordenes Ritual ist das *kunumí pepý* der Kaiowá. Auch beruft man sich oft auf die »Gute Seinsweise« *tekó katú* als auf eine Verhaltensweise, die jedoch gar nicht mehr praktiziert wird, weil etwa die sozialen, ökologischen und ökonomischen Voraussetzungen das nicht mehr gestatten, oder weil sich in einer Gemeinschaft niemand mit der für ein führendes Amt benötigten spirituellen Kraft findet, der Widrigkeiten entgegentreten könnte.

Auch hier haben wir den Eindruck, dass im Reich der Worte bewahrt wird, was alltagspraktisch nicht mehr realisierbar ist. So sprechen beispielsweise Kaiowá, die keine Wege durch die sie umgebenden privaten Ländereien öffnen können, von Lichtwegen, auf denen sie in ihren Liedern wandern und zu Orten gelangen werden, die denen der Ersten Erde ähneln, und wo sie ihre gegenwärtige Lage ändern werden.

Die Bedeutung des Wortes in der Religion zeigt sich auch in der Bedeutung, die den drei menschlichen Fähigkeiten des Gehörs/Zuhörens, des Sehens/Betrachtens und des Sagens/Kommunizierens zugeschrieben werden. Auf dem Gehör/Zuhören baut *ohendúva* auf, das heißt eine Person, die das *tekó katú*, die gute Seinsweise durch das Hören auf die Lehren anderer Personen gelernt hat. Bei den Kaiowá und Paĩ-Tavyterã ist es ganz wichtig, die weisen Alten in ihrer eigenen Tradition anzuhören und von ihnen die Gesänge und Tänze, Gebete und Mythen, die Ritualvorschriften und ganz allgemein das kulturelle Wissen zu lernen. Wer mit uns über diese Traditionen spricht, stellt sich dabei als Erbe anderer vor, von denen er seine Kenntnisse gelehrt und anvertraut bekommen hat, denn die großen Persönlichkeiten, von denen Innovation und Inspiration gekommen ist, lebten in einer vergangenen Zeit.

Sehen/Betrachten ist die Spezialität der *ohecháva*, die das Wort gesehen haben und ihre Kenntnisse aus Visionen, Träumen und Begegnungen mit göttlichen oder zu Gottheiten gewordenen Wesen beziehen. Die religiösen Autoritäten der Guaraní und Mbyá sagen, dass sie Zugang zu spiritueller Macht haben, weil sie geträumt haben oder in Träumen inspiriert wurden. Die Erinnerung an die Seher der Vergan genheit wird in der Gegenwart wachgerufen, um den Heutigen wenigstens verbal wieder vor Augen zu führen, was die Kontemplation und die Begegnung mit den Wesen und Realitäten der Urzeit war. Man muss die Geschichten von jenen spirituellen Autoritäten der Vergangenheit hören, um jeweils den eigenen Platz darin zu finden und die eigenen Augen an die Ur-Landschaft zu gewöhnen, in der die Ur-Ereignisse ablaufen, und aus der Kaiowá, Guaraní und Mbyá ihre Geschichten in die Gegenwart übertragen.

Sehen und Hören fließen im Sagen/Kommunizieren zusammen. Denn auch wer sieht und dabei ein ganz individuelles Erlebnis zu durchleben scheint, wird wichtiger, wenn er kommuniziert und so das Seinige zum Unsrigen macht. Gleiches gilt für den, der zu hören weiß, wenn er das, was er gehört hat, zu kommunizieren weiß. Hören schließt eine Wechselwirkung zwischen den älteren und den jüngeren

Generationen ein. Jene sprechen, kommunizieren, diese hören zu, lernen und re-aktualisieren die Geschichten, die ihnen erzählt werden.

Sehr gefürchtet sind auf der anderen Seite die bösen Worte und das Verfluchen. Ein bestimmtes Sprechgenre heißt bei den Kaiowá und Paĩ-Tavyterã *ñe'ẽngaraí*, die Verfluchung. Oft sind diese bösen Worte verbunden mit einem *mohã* (»Gift, Schadenszauber«). Wer dieses Wort beherrscht, enthüllt sein Wissen nur einer Person absoluten Vertrauens und insgeheim, denn die Gemeinschaft verdammt das. Krankheiten und Todesfälle werden oft Schadenszauber zugeschrieben, und die angeblichen Hexer werden verfolgt, mögen sie auch völlig unschuldig sein.

Die Geschichten aus der Urzeit werden am besten bei Ritualen re-aktualisiert. Wer im Ritual betet, »macht sich zum Wort« (*oñembo'éva*), wer die Geschichten aus der Urzeit erzählt, »ahmt das ursprüngliche Wort nach« (*oñe'ẽ a'ã*), das heißt, ruft das Wort ins Gedächtnis, das am Anfang des Rituals stand, das die Welt hervorrief. Einige spirituelle Anführer der Kaiowá sagen, dass die verschiedenen Formen von Gesang und Gebet Körper und Charakter der Vortragenden formen. Und auch die Musikinstrumente besitzen ihr Wort, kamen voller Energie und göttlichem Geist in die Welt, so dass sie die Macht zum Guten haben.

Riten, die das *areté*, die »Wahre Zeit« beschwören, re-aktualisieren apotheotisch die großen Grundprinzipien der mythischen Urzeit, wie *jopói* (wirtschaftliche Reziprozität), *joayhú* (wechselseitige Liebe), *tekó katú* (gute Seinsweise), *tekó jojá* (Gerechtigkeit), *kyre'ỹ* (gute Disposition), *py'á guapý* (Friede), *teko ñemboro'y* (Heiterkeit) und *oñoñe'ẽ* (Wort, das allen gehört, Kommunikation für alle) (Melià 1989). Der Ausdruck *jopói* für Reziprozität ist zusammengesetzt aus *jo-* (Reflexivitäts-Suffix) + *po* (»Hand«) + *i* (öffnen, loslassen) und bedeutet »gegenseitig die Hände füreinander öffnen«. Das gilt für den Austausch von Gütern und Worten, von Nahrung und Dichtung; für die Gemeinschaftsarbeit in den Pflanzungen und für die Verteilung landwirtschaftlicher Produkte; für das gemeinsame Trinken, und sich gemeinsam als Kaiowá Fühlen, die anderen Völkern etwas zu sagen haben; für gemeinsames Erlernen und Gebrauch der Überlebenstechniken der Vergangenheit und neuer Lebensweisen. Verschiedene Rituale markieren besondere Momente eines Prozesses persönlicher Anstrengung und spiritueller Entwicklung. Wir greifen hier nur einige heraus. Sie sind nicht nur strikt religiös, sondern oft auch recht weltlich, aber diese Trennung lässt sich in der guaranitischen Praxis kaum scharf durchführen.

7.1 Einige wichtige Rituale

Potyrõ

Gemeinschaftsarbeit. Früher unerlässlich, ist sie mit der Einführung der Geldwirtschaft zurückgegangen, für die Indigene außerhalb ihrer Gemeinschaft arbeiten müssen. Sie ist aber noch in Aktivitäten lebendig, die von der Gemeinschaft selbst entwickelt und mit eigenen Mitteln durchgeführt werden, wie dem Hausbau dort, wo Land wiederbesetzt wurde, der Aussaat von Mais für ein Fest, usw. Seit einigen Jahrzehnten werden auch nicht-indigene Verbündete zum *potyrõ* eingeladen.

Guachiré

Fest, das Kaiowá und Ñandéva-Guaraní in Mato Grosso do Sul nach erfolgreicher Jagd oder Ernte durchführen, oder auch anlässlich eines Geburtstages, eines Besuchs usw. Dabei wird Maisbier gereicht, und man singt und tanzt im Kreis die *guahú* und *kotyhú*, wozu man anlassbezogene Verse improvisiert.

Taufe der Nahrungsmittel

Eine Art Segnung der Nahrungsmittel bei den Mbyá, Kaiowá und Guaraní. Die Ernte wird gewöhnlich von den Frauen zum Klang von Liedern und Gebeten durchgeführt. Dem Schamanen (oder der Schamanin) werden der Mais, die Süßkartoffel, die Matepflanzen und die traditionellen Anbaufrüchte gebracht. Er segnet sie mit seiner Hand, spricht und singt dazu seine eigenen Gebete und Gesänge, und ermöglicht so den korrekten Verzehr der geernteten Produkte.

Schwangerschaft und Geburt

Zwar wurden die Hebammen der spirituellen Medizin bei den drei hier besprochenen Guaraní-sprachigen Gruppen durch die im westlich verstandenen Gesundheitssystem Beschäftigten ersetzt, doch werden weiterhin Heilpflanzen für Empfängnis und Verhütung verwendet. Die Pflanzen zur »Förderung der Empfängnis« heißen *mitan-* oder *membyja'ujá* (»[Pflanzen,] die Kinder beschützen«[70] und die Schwangerschaft fördern); zur Verhinderung der Schwangerschaft dienen *membyve'ỹjá* oder *membykakuaajá*. Die Anwendung dieser Heilmittel erfolgt in rituellem Zusammenhang, begleitet von Gesängen und Gebeten. Die Hebammen und älteren Frauen begleiteten die Schwangere zunächst mit Gesängen und Massagen, damit das Baby in eine gute Lage kam, bevor die Arbeit der Geburt begann. Der Vater baute eine Geburtshütte abseits der übrigen Häuser. Werden die Vorschriften für die Zeit vor der Geburt nicht beachtet, könnte die Geburt fehlschlagen, und die involvierten Personen könnten von den spirituellen Kräften des Tierreiches befallen werden. Nachdem das Kind geboren ist, begräbt man die Nabelschnur und die Plazenta. Der Vater ruht sich in seiner Hängematte aus, nimmt nur leichte Speisen zu sich und arbeitet eine Woche lang nicht. Die Mutter enthält sich drei Tage lang der Hausarbeit.

Mitã mbo'éry

Fest der Namensgebung bei den Kaiowá und Paĩ-Tavyterã. Deren weise Alte finden das Wort, das der Name des Kindes sein wird. Die Kaiowá nennen das den göttlichen oder vergöttlichenden Namen (*tupã réry*). Dieser Name ist eine Art Stütze, eine poetische Chiffre, die den Menschen durch sein ganzes Leben begleitet, der erste

70 *mitã* = Kleinkind; *memby* = Kind (wenn eine Mutter von ihrem Kind spricht).

große Schmuck, der das Leben eines Menschen umhüllt. Bei der Taufe versucht man auch das erste zerstörerische Gefühl beschwörend fernzuhalten, das den Menschen überfällt: den Zorn. In den Mythen von der Urzeit ist der Zorn eine Konstante: Unser Vater gegen Unsere Mutter, diese gegen Unseren Bruder und der gegen seine Mutter. Jede mythische Figur rächt sich auf seine Weise an demjenigen, der ihren Zorn verursacht hat. Die Ungeduld des Säuglings an der Mutterbrust wird als der erste Ausdruck von Ärger oder Zorn interpretiert. Man glaubt dass das Zornige Wesen die übrigen Wesen beeinflusst, indem es ihnen den Zorn einhaucht. Diese Personifizierung des Zorns wird abstrakter beschrieben als andere Wesen (wenn man sehr nachfragt, kann man die Antwort bekommen, dass es der Teufel ist).

Gegen solche schädliche Einflüsse gibt es Rituale in der Familie.[71] Man tauft etwa das kranke Kind, von dem man annimmt, dass es den falschen Namen bekommen hat, ein zweites Mal und hofft, dass der neue Name ihm Gesundheit und Fröhlichkeit bringen möge. Während Fremde früher strikt vom Namensritual ausgeschlossen waren, laden heute die religiösen Autoritäten Behördenvertreter, Indigenisten und nicht-indigene Freunde zur Teilnahme ein und bieten ihnen an, dass sie ebenfalls ihre wahren Namen erhalten können, was eine Einladung zum Abschluss eines Bündnisses bedeutet.

Nimongaraí[72]

Ritual der Namensgebung bei den Mbyá, Apapokúva und Guaraní, bei dem man den »wilden« oder »Wald-«Namen des Säuglings (*téra ka'aguý*) findet. Speziell bei den Guaraní in Ostparaguay gilt die wolkenlose, sonnige Zeit von November bis März als die richtige für das Namensfest. Miguel Alberto Bartolomé[73] schreibt, dass die Frauen während des Rituals weinen und so ihre Angst vor den übernatürlichen Mächten zeigen. Im Folgenden beschreiben wir das Fest, wie wir es bei den Mbyá erlebt haben. Zwei Priester mit ihren Gattinnen gehen voran. Sie sind die *jaxuká ñemotenondé*, »Diejenigen, die *jaxuká*[74] vorangehen«. Wie die *jaxuká* der Mythen, die mit dem Wasser identifiziert wird, halten die Gattinnen der Priester ein Gefäß empor, das mit Wasser verflüssigtes Harz der Zeder (*ygarý*) enthält, und bewachen das Licht. Sie zünden die

---

71 Chamorro 2004:213218.

72 Polisemisches Wort. Nimuendajú (1914:349) übersetzte es als »sich Zauber[er] machen«, d. h. sich in einen Schamanen verwandeln, wobei er sich vermutlich auf das aus der Jesuitenzeit bekannte Guaraní oder auf das Guaraní der Mbyá stützte, wo *karaí* »Schamane« bedeutet. Heute werden damit bezeichnet: Das Fest der reifen Früchte, das Namensgebungsritual, die christliche Taufe, u. a. m. In der argentinischen Provinz Misiones hat Forschung (Ruiz 1984:53–62) gezeigt, dass im *nimongaraí* zwei wichtige Momente des Gemeinschaftslebens nebeneinander gefeiert werden: 1. Die Segnung der auf Mais beruhenden (und von den Frauen beigesteuerten) Nahrung und der Güembé-Früchte (*Phylodendron Selleum* oder *Philodendron bipinnatidium*, von den Männern beigesteuert). 2. Die Namensgebung für die Kinder.

73 1991:86.

74 *jaxuká* = *jasuká* in der Mbyá-Orthographie.

Hauptkerze mit dem Feuer aus einer Tabakpfeife an, und mit der Hauptkerze entzünden sie dann die übrigen Kerzen, die rund um den Altar auf einem quadratischen Gerüst um das Kreuz angeordnet sind. Der Altar wird so vollkommen beleuchtet. Der Sänger (*oporaíva*) und die Priester nehmen ihre Positionen ein. Mehr als 100 Menschen bilden dahinter im Halbdunkel einen Kreis. Der Sänger stimmt die ersten Strophen des langen Liedes an. Die Stimmung ist weihevoll ruhig. Der Kreis der Menschen beginnt sich gegen den Uhrzeigersinn zu bewegen, ein Rad, das in imaginäre Räume trägt. Jetzt stimmt der Kreis der Menschen eine absteigende Melodie an, die mit der Silbe *he* beginnt. In der Kreismitte singt ein Priester sein langes Gebetslied. Die Zeit ist gekommen, die Namen zu enthüllen. Der Priester spricht das Wort *karaí* (»Schamane«) aus und bläst Rauch auf die Köpfe jeden Säuglings und seiner Mütter. Zwischen zwei Rauchstößen massiert er beider Köpfe und Schultern. Ein weiterer Priester benetzt den Kopf des Kindes mit Zedernwasser[75] und betet. Er benetzt auch Brust und Kehle der Säuglinge. Für die Frauen werden folgende Namen enthüllt: *Takuá* (Rhythmusstab), *Kerejú* (Tochter der Sonne), *Ára* (Raum/Zeit); für die Männer: *Karaí* (Schamane), *Kuaraý* (Sonne), *Verá* (Glanz) und *Tupã* (Gott des Donners). Auch die älteren Kinder, die Jugendlichen und die Erwachsenen werden benetzt und ihre Namen so erneuert. Und das Kreisrund der Menschen wird ruhig, verfällt in Schweigen, bis es sich allmählich auflöst. Ein Tanz beendet das Ritual.[76]

Kunumí pepý

Bekräftigung der Namen der Jungen, und deren rituelle Einführung in das Wissen der Männer. Das wird heutzutage nurmehr bei den Paĩ-Tavyterã durchgeführt. Doch ist es in Brasilien in einigen Gemeinschaften der Kaiowá (der brasilianischen Paĩ-Tavyterã) das wichtigste Ritual zur Festigung der individuellen Identität. Mehrere Wochen lang haben die Jungen die mündliche Überlieferung ihrer Gruppe gehört und wurden in ihre Kultur eingeführt, bis nun das Wort ihnen ihren Platz in der Gesellschaft zuweist. Das erfolgt in einem feierlichen Akt, in dem jedem von ihnen ein kleiner Holzschemel (*apyká*) übergeben wird, eine Art symbolischer Apotheose des Uterus, der sie einstmals im Mutterleib beschützte. Auf diesen Sitz wird der Mensch, wenn er erkrankt, sich setzen, um die heilenden Worte zu hören. Auch während der *kunumí pepý*-Feier wird ein langes Gebiet angestimmt, wie beim Maisritual der Kaiowá/Paĩ-Tavyterã.[77]

Kuña kotý

Initiationsritual der Mädchen. Im Vergleich zum Fest der Jungen weniger öffentlich, mehr familienintern, beginnt am ersten Tag der ersten Menstruation und dauert

---

75 Man legt Stückchen von der Rinde der Zeder ins Wasser, deren Saft löst sich im Wasser auf, und so erhält man das Zedernwasser.

76 Chamorro 2004b:288–291.

77 Melià/Grünberg/Grünberg 1976, Schaden 1962.

bis zum letzten Tag der zweiten Menstruation. Einbezogen werden außer dem Mädchen selbst die Mutter, die Großmütter und die Tanten sowie ein Schamane und seine Gattin. Das Mädchen wird im Alter von neun Jahren durch das *kuñã po'ó* (»Entwöhnen der Frau«) vorbereitet, eine Diät, in der Fleisch und bestimmte weitere Nahrungsmittel fehlen, die als schädlich für jemanden in einer Krisensituation angesehen werden. Während der meisten der etwa 30 Tage, die das Ritual dauert, wird das Mädchen in einem Zimmer oder in einer eigens dafür gebauten Hütte eingeschlossen. Das einzige sichtbare Zeichen dafür, dass das Mädchen diese Initiation durchgemacht hat, ist, dass ihm die Haare vom Nacken aufwärts abgeschnitten wurden. Obwohl es noch so jung ist, verabschiedet das Mädchen sich von seiner Kindheit und wird eine zukünftige Mutter. Dabei lehrt man es, seine physische und psychische Integrität zu bewahren und vor allem das *jepotá* zu vermeiden, einen Zustand, in dem das Verlangen die Oberhand über alles andere gewinnt und die befallene Person nicht mehr Mensch von Tier unterscheiden kann. Vor allem während Krisen ist der Körper besonders verletzlich und offen für äußere Einflüsse. Wenn eine Frau gerade ein Kind zur Welt gebracht hat, ist es besonders wahrscheinlich, dass ihr Mann ein Wildschwein (*tajasú*) in Gestalt einer Frau sieht. Das Mädchen, das zum erstenmal menstruiert hat, kann einen Tapir (ein Tier, dessen Penis in erigiertem Zustand besonders groß ist) in Gestalt eines Mannes sehen. In beiden Fällen verliebt der Mensch sich in das Tier und schläft mit ihm. Das *jepotá* ist sehr gefürchtet, man muß Vorkehrungen dagegen treffen, Rituale durchführen, Amulette, Segnungen, Gebete und Gesänge einsetzen.

Ñevangá

Eine Therapie auf Basis von Gesängen und Gebeten für die physische und psychische Genesung eines kranken Menschen. Die Wiederherstellung des kleinstmöglichen Territoriums, des Körpers, ist nicht ohne die Lebenskräfte aus dem weiten Kosmos möglich, und so berühren die Gesänge einerseits den kranken Körper und führen andererseits in imaginäre Räume der Kaiowá-Kosmologie. Das ist ein häusliches Ritual, das vier Tage hintereinander täglich zwei Stunden lang durchgeführt wird. Am letzten Tag singt man unter anderen Gesängen den *ayvú pukú* (»Langen/Großen Gesang«), der etwa 45 Minuten dauert. Ziel dieses Rituals ist, den Vogel, der die Seele symbolisiert, in sein Nest zurückzuholen.

Ñemboaguyjevete (Danksagung)

Danksagungsritual bei Mbyá- und Guaraní-Gruppen vor dem »Altar« (*ambá*), auf dessen Mitte ein Kreuz steht. Alle Ritualteilnehmer blasen den Rauch ihrer Tabakpfeifen über die auf dem Altar befindlichen Paraphernalien.[78] Sie umkreisen ihn

78 Wachskerzen, Rasseln, Federn, Rhythmusstäbe, eine Schale mit Zederwasser, eine fünfsaitige Gitarre, eine dreisaitige Geige, ein ritueller Kopfschmuck u. a. m.

dreimal. Dann ruft jeder Teilnehmer *ha'eve'í*, und die Gemeinde antwortet: *ha'eve'í*! (genauso sei es, heilig = amen!) Das Haus der Rituale (*opý*) ist voller Rauch. Dieses Ritual ist Bestandteil weiterer Rituale.

Jepopichý

Heilungsritual der Mbyá und Guaraní, das etwa 40 Minuten dauert. Der Therapeut beginnt mit einer Tabakrauchsitzung, von der er zur Massage übergeht: Er klopft sanft mit der hohlen Hand den Körper ab, beginnend mit der Scheitelregion, dann den Hinterkopf hinunter, hinter den Ohren anhaltend, dann weiter den Hals entlang, den Rücken hinunter, die Rippen beidseitig entlang, dann zum Gesäß, von das Rückgrat hoch, schließlich über die Schultern zu den Armen. Er bläst Rauch ins Gesicht des Patienten und setzt die Massage am Hals, der Brust und den Brüsten bis zum Bauch und zur Leiste fort. Erneut bläst er Rauch über den Patienten und beginnt das Böse herauszusaugen. Manchmal wird er bei seinem Kampf gegen das Böse, das er vertreiben will, fast ohnmächtig. Endlich spuckt er etwas aus, das er aus dem kranken Körper gesaugt hat, etwa einen Käfer.

Der Patient wird entlassen, zieht sich wieder an und gesellt sich zu den Zuschauern, die alles in absolutem, kontemplativem Schweigen verfolgt haben. Eine junge Frau sagte uns, dass die Therapeuten ihres Dorfes auch Steine, Nadeln und verschiedene Insektenarten aus Körpern herausziehen.

Begräbnisrituale

Beim Tod zerfällt der Name und wird zu einem »Einstigen Wort« (*ñe'ẽngué, ãngué*). Die göttliche Seele macht sich auf den Weg zu ihrer himmlischen Wohnstatt, während die andere, die tierische Seele weiter auf der Erde herumirrt und einen Körper sucht, in den sie fahren kann. Normalerweise fürchtet man nicht den Tod, sondern die irdisch-tierische Seele des verstorbenen Menschen. Viele sterben singend und sagen ihren Gefährten und Verwandten in Gesängen Lebewohl. Während der Totenwache und beim Begräbnis singt und betet man. So mindert man die Angst vor der irdischen Seele und beruhigt die Verwandten. Man verbrennt die vom verstorbenen Menschen hinterlassenen Habseligkeiten, manchmal auch sein Haus. Auf das Grab setzt man ein Kreuz oder einen Pfahl, daran hängt man die Rassel des verstorbenen Mannes oder den Rhythmusstab und die Halsketten der verstorbenen Frau. Dazu stellt man Gefäße mit Verpflegung für eine sichere Reise ins Jenseits aufs Grab und bedeutet so dem verstorbenen Menschen, dass er nicht wiederkehren soll. Mit Grabgesängen geleitet man ihn gen »Westen« (*ka'arúgotyo*). Falls der Tod außerhalb des Dorfes eingetreten ist – ohne die Rituale, im Krankenhaus, durch einen Unfall, Mord oder Selbstmord – sind Angst und Furcht viel größer. Für diese Fälle gibt es spezielle Gebete, um Übel zu vertreiben.

8 Schlussbetrachtung

Zum Schluss möchten wir einige Punkte hervorheben. Erstens: Alles, was hier vorgestellt wurde, sind unvollständige Auszüge aus einem viel weiteren Komplex, mehr noch, wenn wir bedenken, dass einerseits zunehmende Säkularisierung, andererseits aber auch Ausbreitung eigener Pfingstkirchen der Kaiová (Paĩ-Tavyterã), Mbyá und Ñandéva-Guaraní[79] die als traditionell bezeichneten religiösen Praktiken immer mehr auf nurmehr einige Familien und Gemeinschaften eingeschränkt haben. Allerdings sind auch die nicht mehr der traditionellen Religion Ergebenen, die wir kennengelernt haben, uns mit offenbar pluralistischen Ansichten begegnet, ganz ohne die Idee einer individuellen, allmächtigen, herrschenden Gottheit, die alles andere ausschließt. Wir wagen sogar zu behaupten, dass selbst die indigenen Missionare pluralistisch denken, wechseln sie doch zwischen verschiedenen Kirchen hin und her, gründen neue religiöse Gemeinschaften und schließen sie wieder, kehren zu ihren traditionellen religiösen Praktiken zurück und geben sie wieder auf. Was wir die »Religion« der Kaiová (Paĩ-Tavyterã), Mbyá und Ñandéva-Guaraní nennen können, ist ja kein Glaube an eine oder mehrere von der Welt der Menschen abgehobene Gottheiten, sondern ein Leben in dieser Welt in ständiger Entwicklung zur Vollkommenheit, in ständigem Aushandeln zwischen dem Menschlichen (das ja letztlich aus dem gleichen Stoff wie die Gottheit gemacht ist) und dem Göttlichen. So ist die mythische Zeit nicht von der Alltagsrealität abgeschnitten. Jüngste historische Ereignisse und aktuelle Praktiken werden immer wieder mit jener Vergangenheit aus unvordenklichen Zeitenverbunden, nicht selten werden Ereignisse aus *illo tempore* mit lebhafter Freude oder Trauer berichtet, als wäre man dabei gewesen. Diese Identifikation mit und Empathie für die mythische Vergangenheit scheint uns hier eine der Komponenten der sozialen Identitätskonstruktion einer Person zu sein. Dass nicht strikt zwischen göttlichen und menschlichen Wesen unterschieden wird, und nicht zwischen letzteren und ihrer Basis, der Erde, hat damit zu tun. Bei unseren Gesprächen treffen wir auf ein Verständnis der Erde als eines lebendigen Körpers, von dem man abhängt, und dem menschliche und göttliche Eigenschaften immanent sind.

Die Bedeutung des Gesanges, des Wortes und der Rede ist offenkundig. Das ritualisierte Wort ist mehr als eine Wiederholung, mehr als ein richtig verstandenes Zeichen: es ist ein Gründungsakt, der in seiner eigenen, anderen Logik die Regeln und das Leben der Gruppe neu ordnet. In dieser Logik wird die durch Verwüstung, Vertreibung und Tod gekennzeichnete Vergangenheit zu einer utopischen Erfahrung, indem aus den Tiefen der Gegenwart der Baum einer Gegengeschichte wächst.

Der Gesang ist eine Pflicht. Ohne ihn würde die Sonne zu scheinen aufhören, und die Erde könnte umkippen. Die Ethnien, von denen wir in diesem Aufsatz berichten, sehen sich mit der Aufgabe betraut, die Welt zu ordnen, und das betrifft

79 Zu den eigenen Pfingstkirchen dieser Völker s. Chamorro 2016:5658.

nicht nur diese Ethnien allein, sondern die gesamte Menschheit. Und da sie es sind, die durch ihre Gesänge die Ordnung der Welt aufrechterhalten, sollten die Nicht-Indigenen daran interessiert sein, ihnen die Bedingungen dafür zu bieten, dass sie weitersingen können. In diesem Zusammenhang bedeutet Singen auch um Land kämpfen, denn die Wiederbesetzung des einstigen Landbesitzes wird den Wiederbesatzern die Bedingungen schaffen, ihre Gesellschaft und Kultur weiterzuführen, wodurch verhindert wird, dass die Ordnung umgestürzt wird. Diese aktualisierte kulturelle Norm würden wir nicht, wie Manuela Carneiro da Cunha[80] als »konstruiert« bezeichnen, sondern als Re-Formulierung durch indigene Völker in Verhandlungen mit Nicht-Indigenen. Im Reich ihrer Reden bleiben die Kaiowá (Paĩ-Tavyterã), Mbyá und Ñandéva-Guaraní ihrer traditionellen Ökologie treu. Mögen sie auch in provisorischen Unterkünften wohnen, sie pflegen ihre utopischen Raumbilder und erneuern ihre Hoffnung, dass die Unterkünfte zu Räumen mit angemessenen Umweltbedingungen für »ein gutes Leben« werden. Wort und Gesang erinnern nicht nur nostalgisch an bessere Zeiten und eine besseres Erde, sondern sie führen vor, was es heißt, vollständige Menschen zu sein, nämlich gegen den Zorn und üble Neigungen anzukämpfen. Die Normen, und das die Normen verkündende Wort, sind auch Warnhinweise auf notwendige Grenzen des Verhaltens, damit die Lebensweise entwickelt werden kann, die den Indigenen als die ihrige und die richtige erscheint: *tekó katú* (das gute Leben).

Literatur

Argentina 2004–05, *Encuesta complementaria de pueblos indígenas*. Buenos Aires: Instituto Nacional de Estadística y Censos (INDEC). 9 S.

Bartolomé, Miguel Alberto 1991, [1977] *Chamanismo y religión entre los Ava-Katuete*. Asunción: CEADUC. 176 S.

Bolivia 2012, *Características de población y vivienda. Censo Nacional de Población y Vivienda 2012.* La Paz: Instituto Nacional de Estadística. 32 S.

Cadogan, León 1962, Aporte a la etnografía de los Guaraní del Amambay, Alto Ypané. In: *Revista de Antropologia* (São Paulo), X(1/2):43–91.

—1968, Ñane Ramõi Jusu Papa Ñengarete: Canto ritual de nuestro abuelo grande primigenio (el creador). In: *Suplemento Antropológico* (Asunción), 3(1/2):425–450.

—1992, [1959] *Ayvu rapyta: textos míticos de los Mbyá-Guaraní del Guairá*. (Hg. Bartomeu Melià). Asunción: Fundación »León Cadogan«-CEADUC-CEPAG, 321 S.

CEPAL Comisión Económica para América Latina y el Caribe 2014, *Los pueblos indígenas en América Latina: Avances en el último decenio y retos pendientes para la garantía de sus derechos.* Santiago de Chile: Naciones Unidas. 410 S.

Chamorro, Graciela 1995, *Kurusu Ñe'ëngatu; palabras que la historia no podía olvidar.* Asunción/São Leopoldo: Centro de Estudios Antropológicos/Instituto Ecuménico de Posgrado de la Escuela Superio de Teología y Consejo de Misión entre Indios. 235 S.

—2003, *Auf dem Weg zur Vollkommenheit: Theologie des Wortes unter den Guaraní in Süd-Amerika.* (Exegese in unserer Zeit, Band 11) Münster/Hamburg/London: Lit. 393 S.

80 2009:327330.

—2004a, La buena palabra: Experiencias y reflexiones religiosas de los grupos guaraníes. In: *Revista de Indias*, vol. LXIV, no. 230: 117–140.

—2004b, *Teología Guaraní*. Quito: Abya-yala. 368 S.

—2010, Imagens espaciais utópicas. Símbolos de liberdade e desterro nos povos guarani. In: *Indiana*, 27:79–108.

—2015, *Historia Kaiowá: Dos primórdios aos desafios contemporâneos*. São Bernardo do Campo: Nhanduti. 320 S.

—2016, Religion among Guaraní-Speaking Groups in Brazil. In: Bettina E. Schmidt/Steven Engler (Hg.): *Handbook of Contemporary Religions in Brazil*. (Brill Handbook of Contemporary Religions, vol. 13) Leiden/Boston: Brill: 47–59.

—2017, *Panambizinho: lugar de cantos, danças, rezas e rituais kaiowá*. São Leopoldo: Karywa. 288 S.

Combès, Isabelle 2010, *Diccionario Étnico: Santa Cruz la vieja y su entorno en el siglo XVI*. Cochabamba: ILAMI. 418 S.

—2011, El Paititi, los candires y las migraciones guaraníes. In: *Suplemento Antropológico* (Asunción), XLVI(1):7–149.

—2015, *De la una y otra banda del río Paraguay: historia y etnografía de los itatines (siglos XVI-XVIII)*. Cochabamba: Itinerarios. 231 S.

—2017, (Ms.) El guaraní y los guaraníes: la historia de un nombre.

Cunha, Manuela Carneiro da 2009, »Cultura« e Cultura: conhecimentos tradicionais e direitos intelectuais. In: Dies: *Cultura com aspas e outros ensaios*. São Paulo: Cosac Naify: 311–473.

DGEEC Dirección General de Estadística, Encuestas y Censo 2012, *III Censo Nacional de Población y Viviendas para Pueblos Indígenas. 2012. Resultados Finales*. https://www.dgeec.gov.py/Publicaciones/Biblioteca/indigena2012/Pueblos%20indigenas%20en%20el%20Paraguay%20Resultados%20Finales%20de%20Poblacion%20y%20Viviendas%202012.pdf. (gesehen 10–12.7.2019)

Freitas, André 2013, *Reduções jesuítico-Guarani: espaço de diversidade étnica*. São Bernardo do Campo: Nhanduti. 174 S.

Grünberg, Friedl 1995, *Auf der Suche nach dem Land ohne Übel. Die Welt der Guarani-Indianer Südamerikas*. Wuppertal: Hammer. 298 S.

—2006 A relação com a terra. In: Beto Ricardo/Fany Ricardo (Hg.): *Povos indígenas no Brasil:* 2001–2005. São Paulo: Instituto Socioambiental: 782–784. http://www.ifch.unicamp.br/ihb/Textos/GT48Wilmar.pdf. (gesehen 10.7.2019).

IBGE Instituto Brasileiro de Geografia e Estatísticas 2010, *Censo 2010*. http://www.ibge.gov.br/home/ (gesehen 10.7.2019).

Le Breton, David 2016, (4. Ausg.) *Antropologia do Corpo*. Petrópolis: Vozes. 407 S.

Mapa Guaraní *Continental*, Equipo 2016, *Cuaderno del mapa guaraní continental*. Campo Grande/MS: Guaraní Continental. 52 S. http://campanhaguarani.org/guaranicontinental/downloads/cuaderno-guarani-espanol-baja.pdf

Melià, Bartomeu 1989, Experiência religiosa Guarani. In: Manuel María Marzal Fuentes/J. Ricardo Robles/Eugenio Maurer Avalos/Xavier Albó Corrons/Bartomeu Melià: *O rosto índio de Deus: Desafios da religião do povo*. São Paulo: Vozes: 293348.

—1991, *El Guaraní: experiencia religiosa*. Asunción: CEADUC/CEPAG. 127 S.

Melià, Bartomeu/Georg Grünberg/Friedl Grünberg 1976, Etnografía guaraní del Paraguay contemporáneo: Los Paĩ-Tavyterã. In: *Suplemento Antropológico* (Asunción), XI(1/2):151–295.

Métraux, Alfred 1928 a, *La civilisation matérielle des tribus tupi-guarani*. París: Librairie Orientaliste Paul Geuthner. XIV,331 S.

—1928 b, *La religion des Tupinamba et ses rapports avec celle des autres tribus tupi-guarani*. (Bibliothèque de l'École des Hautes Études, Sciences religieuses, XLV) Paris: Librairie Ernest Leroux. 260 S.

Montoya, Antonio Ruiz de 2011, [1639] *Tesoro de la lengua guaraní*. Asunción: CEPAG. 655 S.

Müller S.V.D., P. Franz 1989, *Etnografía de los Guaraní del Alto Paraná - a Los 100 Años De La Obra Apostólica de la Congregación de los Misioneros Del Verbo Divino (SVD) en la Argentina.* Rosario, Argentina: Centro Argentino de Etnologia Americana. 132 S.

Münzel, Mark 1982, Juppiters wilder Bruder; der Versuch der Missionare, den Tupinambá und Guarani einen christlichen Gott zu bringen. In: Karl-Heinz Kohl (Hrsg.): *Mythen der Neuen Welt*: Zur Entdeckungsgeschichte Lateinamerikas. Berlin: Frölich & Kaufmann: 101–109.

Nimuendajú, Kurt Unkel 1914, Die Sagen von der Erschaffung und Vernichtung der Welt als Grundlagen der Religion der Apapocúva-Guaraní. In: *Zeitschrift für Ethnologie*, 46:284–403.

Perasso, José A. 1986, *Ava guyra kambi (notas sobre la etnografia de los Avakue-chiripa del Paraguay Oriental).* Asunción: Centro Paraguayo de Estudios Sociológicos. 161 S.

Rengger, Johann Rudolph 1835, *Reise nach Paraguay in den Jahren 1818 bis 1826.* Aarau: H. R. Sauerlaender. XLVI,495 S.

Ruiz, Irma 1984, La ceremonia »ñemongaraí« de los »Mbĩá« de la Provincia de Misiones. In: *Temas de Etnomusicología* (Buenos Aires), 1:45–102.

Samaniego, Marcial 1968, Textos míticos guaraníes. In: *Suplemento Antropológico de la Revista del Ateneo Paraguayo* (Asunción), III(1/2):373–423.

Schaden, Egon 1962, [1954] *Aspectos Fundamentais da Cultura Guarani.* (Corpo e Alma do Brasil, vol. VI) São Paulo: Difusão Européia do Livro. 190 S.

Die indigenen Religionen im Gran Chaco

José Braunstein

1 Einführung

Die Gran Chaco-Region liegt mit etwa einer Million Quadratkilometern zwischen dem äußerst fruchtbaren Andenvorland, dem neotropischen Regenwaldgebiet und der trockenen patagonischen Steppe.

SPRACHGRUPPE	Sprache	Sprecher (ungefähr)	Im Text erwähnte Völker
MATAKO-MAKA	Matako	43.600	Östliche und westliche Wičí, Wenhayey, Wehwós
	Chorote	5.000	
	Chulupí (=Niwaqlé)	12.500	
	Maká	über 1.800[1]	
GUAYCURÚ	Toba	40.000	Takshíc, Ñachilamolek, Ntokowit, Lañaxashek
	Pilagá	7.000	
	Mocoví	11.500	
	Kaduveo	1.400	
	Payaguá[2]	-	
LENGUA-MASKOI	Lengua	12.000	Enlhet (= südliche Lengua), Enxet (= nördliche Lengua)
	Sanapaná	1.500	
	Angaité	3.500	
	Toba-Maskoi	4.000	
	Kashkihá	600	

1 Der nationale paraguayische Zensus gab 2012 die Gesamtzahl von 1.892 Maká in Paraguay an.

2 Payaguá: Heute ausgestorben, aber ich nenne sie hier in der Karte (Nr. 20, mit ihrem letzten Wohnsitz bei Asunción del Paraguay), da sie in der Literatur viel erwähnt werden, gerade auch hinsichtlich ihrer Religion.

SPRACHGRUPPE	Sprache	Sprecher (ungefähr)	Im Text erwähnte Völker
ZAMUCO	Chamacoco	1.500	Chamacoco, Ishiro/Tomaraxo, Ebitoso
	Ayoreo	5.000	Ayoreo, Ayoweo[3]
LULE-VILELA	Chunupí	50	
TUPI-GUARANI	Chiriguano	36.500	
	Ava	13.500	
	Tapieté	700	

Gegenwärtig bezeichnen sich etwa 200.000 Bewohner der Region als Indigene. Ihre 17 Sprachen voreuropäischen Ursprungs bilden sechs verschiedene Sprachgruppen. Bei vorstehendem Überblick ist zu beachten, dass staatliche Stellen zu niedrigen Zahlen neigen, private Hilfsorganisationen zu hohen. Ich ergänze hier die einschlägige Literatur aus eigener Kenntnis.

Die Sprachen bilden insgesamt über fünfzig Varianten entsprechend ungefähr den unabhängigen soziopolitischen Gruppen um die Wende vom 19. zum 20. Jahrhundert, bevor die Kolonisierung durch die benachbarten Nationalstaaten (Argentinien, Bolivien, Brasilien, Paraguay) die meisten Bewohner allmählich zur Sesshaftigkeit und Bildung größerer Gemeinschaften zwang. Schon seit Beginn der Kolonialzeit waren all diese Völker und ihre Kulturen tiefgreifenden Wandlungen unterworfen, wodurch zahlreiche Kulturvarianten entstanden, deren systematische Darstellung dadurch noch schwieriger ist. Nur die Sprecher der jeweiligen Sprachvariante (heute gewöhnlich in mehreren durch Heiraten verbundenen Ansiedlungen) besaßen ein gemeinsames Geschichtsbewusstsein. Eine genaue Beschreibung jeder einzelnen der entsprechenden religiösen Gemeinschaften würde den Rahmen dieses Aufsatzes sprengen. Ich konzentriere mich auf diejenigen traditionellen Formen, die heute als kulturelle Substrate weiterwirken.

Um die Faktenmenge aus Kulturen von über einem halben Hundert Völkern in ständigem Wandel im Laufe eines halben Jahrtausends auch nur halbwegs zu bewältigen, ordne ich sie hier entlang zweier Achsen an: nach der Kultur- und nach der Geschichtsforschung. Ausgehend von der Beschreibung aktueller Phänomene, die wir heutigen Anthropologen vor Ort in direkter Beobachtung erforschen, gehe ich zu historischen Manifestationen früherer Kulturformen zurück, von denen heute nurmehr Fragmente oder Darstellungen in früheren Quellen erhalten sind. Ich beschreibe zunächst die religiösen Formen, die aus der Aneignung des Christentums entstanden und heute im Chaco allgemein verbreitet sind. Die verschiedenen Formen und religiösen Gemeinschaften des Christentums haben einander im Chaco

3 Zwei verschiedene Ethnien, die früher miteinander in permanente Fehde lagen und bis heute einander nicht als zum gleichen Volk gehörig betrachten. Vereinfachend werden sie oft unter dem Namen »Ayoreo« zusammengefasst.

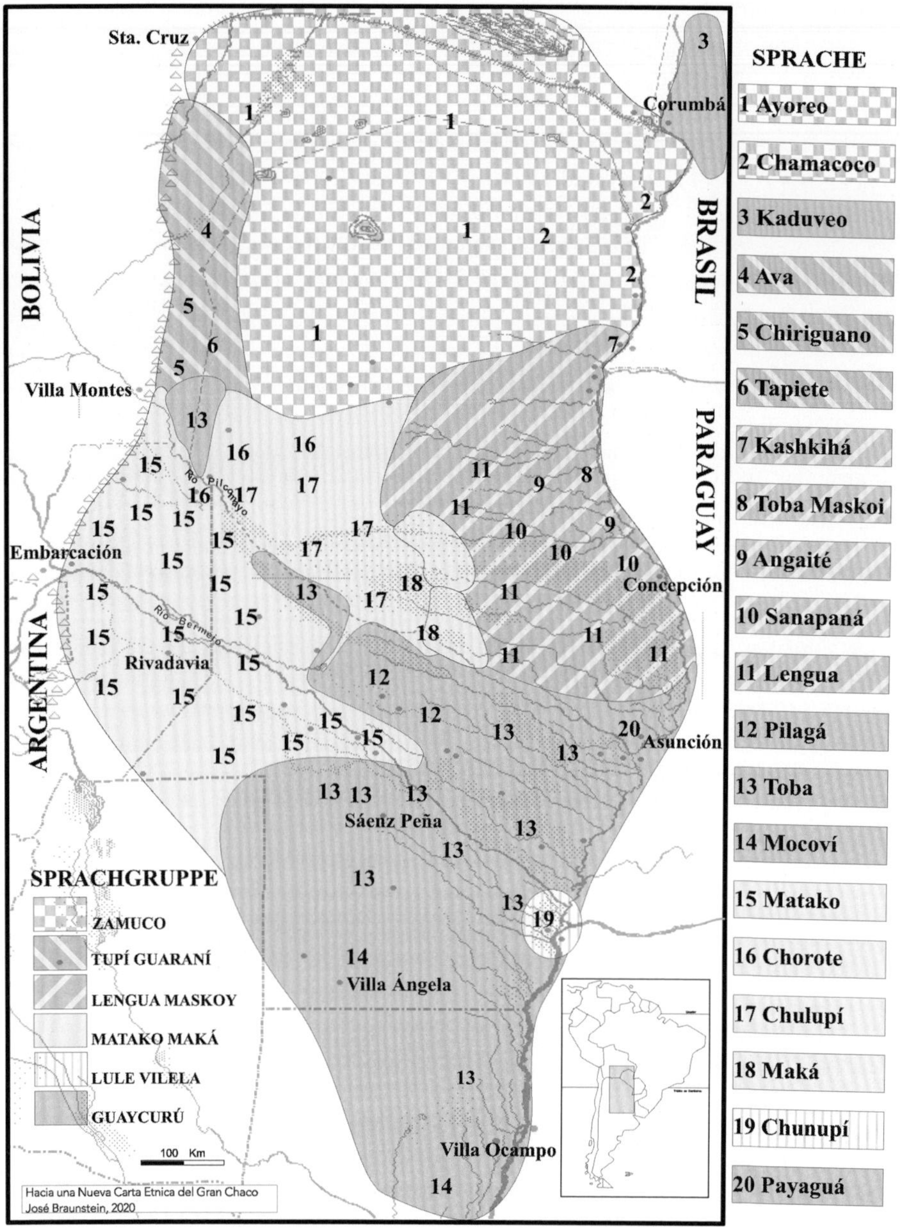

Karte 2: Die von indigenen Völkern des Gran Chaco bewohnten Gebiete zum Zeitpunkt ihrer Sesshaftwerdung um 1900. In meine Karte von 2004 trage ich hier, über die Grenzen der soziopolitischen Einheiten hinweg, die Ethnonyme nach Alfred Métraux (1946, Map 5) ein, die aber typischerweise kaum die sozialen Einheiten berücksichtigten, sondern nur die damaligen ethnolinguistischen Klassifizierungen.

schichtenweise überlagert, und je weniger rigide ihre dogmatische und rituelle Struktur waren, desto mehr haben sie sich mit den traditionellen indigenen Religionsformen vermischt.

Vorliegender Aufsatz möchte bewusst die Perspektive auf Südamerika östlich der Anden wieder aufnehmen und auf den Gran Chaco anwenden, die von Alfred Métraux und in seiner Nachfolge von den historisch orientierte Religionsethnologen wie Otto Zerries entwickelt wurde. Schon diese Klassiker wandten sich gegen die Beschränkung der Forschung über spirituelles Leben auf den Teilbereich »Glauben an transzendente Wesen, von denen der Mensch sich abhängig fühlt und deren Verehrung durch Gebet und echte Kulthandlungen«.[4] Auch ich möchte hier nicht den umfangreichen Komplex ausklammern, der nicht zuletzt den Geschichtsforscher interessiert: soziale Aspekte religiösen Lebens, Mythologie, Kosmologie, oft »magisch« genannte Handlungen, Schamanismus. Dabei ermöglichen uns aber Erfahrungen und Forschungen der vergangenen fünfzig Jahre einen immer detaillierteren Blick in größere Tiefe. Historische Forschung blickte seit eh auf Wandel und Veränderung, doch heute muss sich die Analyse dieses Wandels einem Umfeld stellen, in dem es immer schwieriger wird, gegenüber der permanenten Erneuerung eine Kontinuität zu finden.

Für mich waren die Kategorien der religiösen Erfahrung nützlich, wie sie ausgehend von Rudolf Otto die Religionsphänomenologen und Mircea Eliade formalisiert haben. Letzterer unterscheidet *Macht*, *Wille* und *Form* entsprechend drei Erscheinungsformen: *Kratophanie*, *Hierophanie*, *Theophanie*. Bei der Beschreibung der Religionen des Chaco verwendeten Métraux und Zerries freilich etwas eigenwillige Kategorien. Métraux klassifizierte Höhere Wesen nach Begriffen aus seiner Forschung über die inkaische Spiritualität.[5] Die Geistwesen besaßen demnach mehr oder weniger *individuality* (Besitz eines Namens und ausgedehnten Herrschaftsbereichs in Teilen der natürlichen Umwelt)[6] oder Singularität (Macht von weniger oder einem Wesen über einen eingeschränkteren Teil der Umwelt), je nachdem, ob sie individuelle Namen besaßen und wie weit sich ihre Herrschaft über Teile der Umwelt erstreckte. In ihren Ausformungen bilden diese Parameter ein Kontinuum aus unendlich vielen Abstufungen. In Métraux' Beispiel aus dem Chaco unterscheidet sich der mythische Karakara-Vogel von den Göttern, denn ihm wird kein Kult gewidmet, mag er auch in den Erzählungen regelsetzende und noch häufiger heroische Handlungen vollbringen. Offenbar meint Métraux Götter nur identifizieren zu können, wenn ihnen ein Ritual und besonders ein Opfer gewidmet werden. Die Interpretation bestimmter Gestirne oder des Sonnenvogels als Gottheiten der Guaycurú-sprachigen Völker lässt Métraux nur für die Eschetewuarha der Chamacoco halbwegs gelten: »Sie ist die Mutter zahlloser Geister (guarã); sie beherrscht alles und sorgt

4 Zerries 1961:272.
5 Lanata 2004:35.
6 s. Métraux 1949:563.

dafür, dass die Sonne die Erde nicht verbrennt und die Menschheit Wasser erhält.« Die Göttin verfügte auch, dass die Männer nachts für sie singen müssen.[7]

Hingegen besitzen die »Geister« (wie man sie aus europäischer Sicht oft nennt), die im Gran Chaco an Ritual- oder Kult-Handlungen teilhaben, zwar oft einen Namen, sind aber sozusagen lokalisiert, stellen entweder die Macht nur einer einzigen Tier- oder Pflanzenart dar, oder einer Krankheit oder Krankheitsgruppe. Métraux nennt sie deshalb *demons*,[8] nicht »Gottheiten«. Er dachte dabei auch an die »Tierherren«, für Zerries ein religionsgeschichtliches Phänomen, das »die menschheitsgeschichtlich älteste Phase des Jägertums – im erweiterten Sinne [... mit Fischerei und Sammelwirtschaft] zum kulturellen Hintergrund hat« und die Idee eines Höchsten Wesens enthalten konnte.[9] Métraux (1946, 1949) unterscheidet, zwischen *religion, shamanism* und *mythology. Religion* umfasst für ihn den Glauben an verschiedene Höheren Wesen (darunter die Hochgötter) und Geister, dazu Rituale, Ritualobjekte und zukunftsweisende Träume. Schamanismus würde demnach vor allem zur Heilung von Krankheiten dienen, aber auch zur Abwehr anderer übernatürlicher Gefahren. Insgesamt entsteht so für den Gran Chaco ein etwas zusammengewürfeltes Bild. Das könnte man mit Zerries[10] so erklären, dass in dem »Völkertrichter« Gran Chaco eine jägerisch-sammlerische Grundlage vielfältige Einflüsse von bodenbauenden Kulturen aufgenommen hat.

Den typologischen Kriterien zwar folgend, müssen wir hier doch einige Schattierungen hinzufügen. Für die Analyse der historisch gewachsenen Phänomene in Amerika habe ich persönlich es stets sinnvoll gefunden, von einer Dreigliederung kultureller Grundströmungen auszugehen, die in der Archäologie Gordon R. Willey (ein Métraux naher Forscher) benannt hat. Wenn auch alle Gruppen der Gran Chaco-Indianer aus der Vermischung verschiedener kultureller Traditionen hervorgegangen sind, zeigt sich doch bei einigen deutlicher das Substrat der *spezialisierten Jäger*, bei anderen das »archaische« der *Sammler* und bei Dritten das der *Bodenbauer mit Töpferei*. Die erstgenannte Tradition erkennen wir bei den Völkern der Guaycurú-Sprachgruppe, die zweite bei den Wičí, und die dritte in der Tupí-Guaraní-Sprachgruppe.

Heute bekennen sich alle Ureinwohner des Gran Chaco zum Christentum. Doch in reformatorischen, evangelischen oder pfingstkirchlichen Denominationen haben sie Elemente früherer indigener Religiosität bewahrt. Das Christentum wurde in unterschiedlichen Epochen, von der frühen Kolonialzeit bis zur Gegenwart, mit unter-

---

7 Métraux 1946:350–351. Métraux stützte sich hier auf Baldus (1931 b) und auf Angaben, die der Forschungsreisende Vojtěc (Alberto) Frič ihm übermittelt hatte. Zur Sternenfrau s. auch Métraux 1943:116–119.

8 im Sinne der antiken Klasse zwischen Göttern und Heroen, *δαίμονες* (lateinisch *genii*): göttliche Wesen mit sehr begrenztem Wirkungsbereich, z. B. Schutzgeister einzelner Menschen. Anmerkung des Übersetzers: Das ist nicht mit dem deutschen Begriff »Dämonen« zu verwechseln.

9 Zerries 1961:302,308–316.

10 1961:273.

schiedlichen kulturellen Kompromissen mit jeweils spezifischen Folgen für religiöse Institutionen und Glauben angenommen. Die Christianisierung begann mit der bestimmten religiösen Orden auferlegten Verpflichtung zur Mission. Im kolonialzeitlichen Verständnis bestand »Bekehrung« darin, einem heidnischen Credo abzuschwören, um das christliche anzunehmen. Das implizierte eine Art Übersetzung auf der unausgesprochenen Grundlage, dass die beiden Glaubenssysteme auf gleicher Ebene lägen. Der Neubekehrte sollte also schon ein entsprechendes religiöses Kategoriensystem in sich tragen, in dessen Formen sich die neuen religiösen Inhalte gießen ließen. Tatsächlich jedoch prägen die religiösen Ideen und die Gesamtheit der Kultur sich gegenseitig derart, dass sie unverständlich bleiben ohne Beachtung der verschiedenen kategorialen Ebenen, in denen jedes Volk seine Welt zu analysieren pflegt. Vielleicht deshalb haben sich die im Chaco einheimischen Religionen als wenig empfänglich für ein Credo erwiesen, dessen striktes, durch den katholischen Priester kontrolliertes Ritual jene persönliche Beziehung zur Gottheit nicht zu fördern scheint, die im Chaco mit *gozo* (im Sinn von Trance) übersetzt und als Beweis für die Heilsbeziehung des Kults gesehen wird.

Die geringe Bereitschaft, sich der priesterzentrierten Heilsvermittlung des römischen Katholizismus mit seiner (nur manchmal von einigen Orden, besonders den Jesuiten aufgelockerten) Rigidität zu öffnen, war zweifellos der Grund, aus dem kolonialzeitliche Quellen den Eingeborenen die Religion des Teufels als Widerspruch gegen die Religion Gottes zuzuschreiben pflegten. Die Religionen der Chaqueños ließen sich nicht einlinig wörtlich übersetzen, und wenn man das doch tat, wurden die Inhalte in so weit vom Original abweichende Formen gegossen, dass wir das, was herauskam, oft erst mit hermeneutischer Mühe verstehen können.[11] Das heißt natürlich nicht, dass die Ureinwohner des Chaco die christliche religiöse Erfahrung nicht erleben könnten. Im Gegenteil, viele Forscher[12] haben hervorgehoben, dass die Chaqueños sich dem Christentum seit den ersten Kontakten geneigt gezeigt haben, und ich würde hinzufügen, dass sie offenbar am meisten vom Heilsaspekt des Christentums angesprochen werden. Das können wir ausgehend von einigen der allgemeinsten Kategorien dieser Völker verstehen, ihrer Begriffe von Person, Gesundheit und Krankheit (dazu mehr im Kap. »Gläubige und Seelen«).

Schon im letzten Drittel des 18. Jahrhunderts war der Gran Chaco von Missionsstationen der Societas Jesu entlang den Flüssen Paraná, Paraguay und El Salado und in der Gegend von Chiquitos weitgehend eingekreist. Die Jesuiten und nach deren Ausweisung (1767) die Franziskaner missionierten gemäß der Kolonialgesetzgebung der *Leyes de Indias*. Die spanische Krone rechtfertigte die Kolonisierung mit der Notwendigkeit der Bekehrung der Indianer. Hauptaufgabe der Missionare war die Errettung der größtmöglichen Anzahl von Seelen durch die Taufe, die durch Unterrichtung im Glauben vorbereitet werden sollte. Als Bezahlung für eine stückwerkhafte Integration in die Kolonialgesellschaft erhielten die Missionsindianer die dogmatische Botschaft der Katechese aufgepfropft. Doch berührte diese nicht die indigenen Kernkonzepte

---

11 z. B. Califano 1989, Dasso 1991, 1994.
12 so Dasso 1994:23, ähnlich schon ein halbes Jahrhundert früher Métraux 1939.

von Person und Welt, sodass viele Praktiken, die auf religiösen Vorstellungen beruhten, beibehalten werden konnten. Die Republik setzte die Indianerpolitik der spanischen Krone fort, die den katholischen Orden die Mission überließ, wenngleich inzwischen die meisten Missionsstationen an den Grenzen des Gran Chaco zerstört oder aufgelassen waren. Erst gegen Ende des 19. Jahrhunderts nahmen die Franziskaner die »Verbreitung des Glaubens« wieder auf, etwa gleichzeitig mit Militärexpeditionen zur Durchsetzung staatlicher Hoheit. Die Ordensbrüder vom *Colegio* (Stift) San Lorenzo gründeten die Missionsstationen Laishi (im Ost-Chaco) und (1900) Tacaaglé; die Ordensbrüder vom *Colegio* in Tarija gründeten verschiedene Stationen im West-Chaco, schließlich ebenfalls zu Beginn des 20. Jh. Nueva Pompeya bei den »Matacos« (Wičí) am rechten Ufer des Rio Teuco.[13] Aus dieser Zeit blieb noch bis in die jüngste Vergangenheit die *misa* (»Messe«) der Wičí, auf die ich noch zu sprechen komme. Neben den Franziskanern gründeten nun weitere Orden Stationen, darunter die Oblaten der Unbefleckten Jungfrau Maria (OMI) und die Salesianer im Nord-Chaco, und die Claretiner (Söhne des unbefleckten Herzens der seligen Jungfrau Maria, CMF) und Passionisten (Kongregation vom Leiden Jesu Christi, CP) im argentinischen Chaco.

Ende des 19. Jahrhunderts begründete Wilfrid Barebrooke Grubb bei den Lengua im paraguayischen Chaco eine Station der anglikanischen *British South American Mission Society.*[14]. Die gleiche Missionsgesellschaft richtete 2014 in Algarrobal (Provinz Salta, Argentinien) nah an den Konzentrationspunkten der saisonalen indigenen Wanderungen zu den Zuckerfabriken die *Misión Chaqueña* ein. Sie lag auf dem Territorium eines der Mataco-Völker, der Wehwós (oft auch Vejoces genannt). Innerhalb der Missionsstation bekämpfte die anglikanische Kulturvariante zwar paternalistisch einen Teil der Sitten ihrer Zöglinge, außerhalb aber überhaupt nicht. Diese Missionierung fand rasch Anklang und Verbreitung bei allen Wičí-Völkern und bei den Völkern der Guaycurú-Sprachgruppe am Oberen Pilcomayo und wurde unentwirrbar mit traditionellen religiösen Gewohnheiten verflochten. Im 20. Jahrhundert wurden von Nordamerika und Europa aus verschiedene Missionsstationen im östlichen und nördlichen Chaco gegründet; so die der Mennoniten; die protestantische *To New Tribes Mission* (überwiegend aus den USA); und die evangelische britische Missionsgesellschaft *Emmanuel.* Eine wichtige Rolle spielte auch die Missionsaktivität schwedischer Pfingstkirchler im Zentral- und West-Chaco. Seit Ende des 20. Jahrhunderts ist der direkte missionarische Einfluss, ob katholisch, evangelisch oder pfingstkirchlich, rasch immer weiter zurückgegangen, an seine Stelle traten NGOs, die teils von der Katholischen Kirche finanziert werden, teils von verschiedenen Institutionen, die sich früher der Unterstützung der Missionare gewidmet hatten.

---

13 Seit der ersten Hälfte des 19. Jahrhunderts richteten–meist italienische–Franziskaner-Missionare Stationen am rechten Ufer des Bermejo ein, die aber nicht lange währten (Esquina Grande 1856–1860, Inmaculada Concepción 1859–1875, San Francisco de las Conchas 1862–1864, San Antonio 1868–1875, San Martín Norte 1870, San Miguel Arcángel de Miraflores 1880, Purísima Concepción de Reconquista 1872, San Antonio de Obligado 1884.

14 seit 1995 *South American Mission Society* SAMS, seit 2010 mit der *Church Mission Society* CMS zusammengeschlossen.

Die Predigt der evangelischen und pfingstkirchlichen Missionare stieß die endgültige Nostrifizierung des Christentums an. Heute gibt es im Gran Chaco verschiedene christliche Kirchen, die in der Literatur oft *nativas* (»eingeboren«) genannt werden, sich selbst aber allgemein als *evangelio* bezeichnen. Ein Beispiel: Die *Iglesia Evangélica Unida* (»Vereinigte Evangelische Kirche«) entstand zunächst als mehr oder weniger eigenständig weiterentwickelte pfingstkirchliche Bewegung unter Völkern der Guaycurú-Sprachgruppe im Süd- und Zentral-Chaco, als sich die mennonitischen Missionen dort auflösten. Sie wurzelte einerseits in traditionellen Formen, andererseits im charismatischen Christentum. Als ihre unmittelbaren Vorläufer gelten kurzlebige indigene Heilsbewegungen, vor allem jene von Maidana, Machado und den Gómez in Napalpi. Deren brutale Unterdrückung 1924 bildet bis heute für die Lañaxashek-Toba (in der Zentralregion der Provinz Chaco) einen Angelpunkt ihrer eigenen Geschichte, doch war das nicht das einzige traurige Ereignis dieser Art. Das kollektive Gedächtnis der Mocoví im Nordteil der argentinischen Provinz Santa Fé bewahrt die ebenfalls gewaltsam niedergeschlagene Erhebung von Santa Fé im Jahre 1904, die mit der chiliastischen Bewegung des als Heiliger verehrten Golondrina aus der einstigen Franziskaner-Mission Nuestra Señora de los Dolores in San Martín Norte zusammenhing. Schon 1898 hatte die Anschuldigung, den Franziskanermissionar von San Antonio de Obligado getötet zu haben, zum Massaker von Cruz Alta geführt, in dem die gesamte Toba- und Pilagá-Bevölkerung des Ortes getötet wurde. 1992 wurde ein Kreuz für die über 300 Opfer errichtet. »Dort sind alle Indianer begraben, die es in der Gegend gab. Das Kreuz der Unschuldigen« (Filiberto Gómez vom Volk der Mocoví).[15] Die Völker der Guaycurú-Sprachgruppe identifizieren sich in ihrer Erinnerung mit den traurigen Schicksalen verschiedener in der *Iglesia Evangélica Unida* zusammengeflossener prophetischer Bewegungen Auch das historische Gedächtnis der Maká liefert Hinweise auf pfingstkirchliche Neukirchenansätze und Aufbrüche, die auf die mennonitische Missionierung in den 1930er Jahren folgten.

Gegen Ende der 1940er Jahre entwickelte sich unter den westlichen Pilagá die nativistische evangelische *corona*-Bewegung, in der Literatur auch bekannt als die Bewegung des *Dios* (»Gott«) *Luciano*. Hunderte Indigene verschiedener Völker kamen 1947 auf der Heimkehr von den Zuckerrohrplantagen nach Rincón Bomba de Las Lomitas, um Luciano Córdoba, einen *oik'yaxaik* (Prophet, *Big Man*) der Pilagá zu hören. Er übergab in Trance gefallenen Gläubigen »Geister«. Die ekstatische Menge mit ihrem merkwürdigen Lärmen alarmierte die nicht-indigene Bevölkerung und die Polizei, die ein bis heute unvergessenes Blutbad anrichtete.

2 Himmelsgott und Mythologie

Die Mehrzahl der Indigenen des Gran Chaco glaubt an einen Himmelsgott. Das ist wahrscheinlich in einigen Fällen ein Ergebnis der Katechese, doch in anderen Fällen lässt es sich nicht so leicht zuordnen. Das führte unter Experten immer wieder zu

15 *apud* Silva 1998:153.

heftigen Diskussionen ohne endgültiges Ergebnis. Seit der Konquista wurden überall in Amerika die Religionen der Indianer immer wieder nach Ideen von einem Gott entsprechend der christlichen Vorstellung abgefragt. Dabei fanden sich im Gran Chaco immer wieder Berichte über Haupt- und Schöpfer- und meist Himmelsgottheiten. Gewiss, das lässt sich nicht von den europäischen Diskussionen in der ersten Hälfte des 20. Jahrhunderts trennen. Dennoch können wir die vielen europäischen Quellen nicht übergehen, die einen *Himmelsgott* im Gran Chaco erwähnen.

Ein Jesuit, Pater José Guevara berichtete im 18. Jahrhundert, dass die Mocoví die Plejaden mit einem Wesen identifizierten, das sie *Gdoapidalgate* nannten und für ihren Schöpfer und Vater hielten, dessen jährliches Erscheinen sie lärmend feierten.[16] Ebenfalls im 18. Jahrhundert schrieb ein anderer Jesuitenmissionar, Pater Martin Dobrizhoffer von den Abiponen (einer heute ausgestorbenen Nation der Guaycurú-Sprachgruppe): Sie gäben dem Teufel »den Namen ihres Großvaters Groaperikie. Dieser, sagen sie, war ihr und der Spanier Großvater«. Und etwas später: »Die Abiponer halten das Siebengestirn, die Plejades, oder die Gluckhenne für das Bild ihrer Ahnen« Und das periodisch wiederkehrende Gestirn grüßen sie »mit lautem Freudengeschrey unter dem Jubel von Kriegspfeifen und Hörnern.«

Der klassisch gebildete Jesuitenpater widerspricht den Ansichten von Cicero und Papinius, der Glaube an Götter sei mit dem Anblick des Himmels und mit der Furcht bei Donner und Blitz verbunden – nichts davon findet er bei den Abipones, die so dumm sind, dass diese Naturpänomenen sie nicht berühren.[17]

Robert Lehmann-Nitsche (1923–1927) fand heraus, dass die genannten Namen sich als »Unser Großvater der Herr« (oder »der Häuptling«) übersetzen lassen, und brachte das in Verbindung mit der mythischen Figur der Plejaden bei den Toba am Rio Bermejo und mit den in der Kolonialzeit erwähnten Plejadengottheiten. Auch der finnische Forscher Rafael Karsten, der über zwei Jahre bei den Westlichen Toba, den Mataco und den Chorote forschte, beschrieb einen Hochgott, und zwar einen *deus otiosus*, in der Mythologie der westlichen oder »bolivianischen« Toba. Karstens Arbeit galt für Julian H. Steward und Alfred Métraux wenig,[18] die über das *Handbook of South American Indians* lange Jahre den ethnologischen Diskurs über Südamerika beherrschten. Sie lehnten seine Orientierung an Tylor und Spencer mit ihren evolutionistischen Theorien von Animismus und Manismus ab, aber auch seine Neigung zur Polemik[19] dürfte gestört haben. Tatsächlich jedoch können selbst hemmungslose Angriffe nordamerikanischer Anthropologen nicht darüber hinwegtäuschen, dass Karstens Forschungsergebnisse ungewöhnlich genau waren und teils bis heute Bestand haben. Er war ein Pionier der Feldforschung. Gewiss hatte seine Ausbildung ihn evolutionistisch beeinflusst, was aber seine Daten über ein Himmelswesen nicht beeinflusst zu haben scheint, hielt er doch Andrew Langs These von einem Hochgott für überholt durch die Fakten der Feldforschung. Die damals in

---

16 1969 [1836]:544.

17 Dobrizhoffer 1783:87,88,88,87.

18 Hultkrantz 1993:46–47.

19 die er selbst in verächtlicher Form von Métraux erlitt, der in ihm keinen Wissenschaftler, sondern nur einen »Reisenden« sah, 1937:173

Mode kommende anti-evolutionistische, aber das evolutionistische Schema nur umkehrende Theorie der Wiener Schule der Völkerkunde (Pater Wilhelm Schmidt) vom primitiven Ur-Monotheismus scheint er noch nicht gekannt zu haben. Dennoch war für ihn das Hochgott-Thema offenbar zentral. Für die Neuauflage seines letzten Buches, *The Civilization of the South American Indians* (1926), plante er ein Kapitel darüber.[20]

Métraux seinerseits hat betont, es handele sich im Gran Chao um »mythic culture heroes, but certainly not deities«. Doch wenige Sätze später schreibt er: »Some Chaco tribes personify celestial bodies or natural phenomena and consider them to be helpful or dangerous«, nur gäbe es keinen Kult,[21] was er offenbar von den jesuitischen Chronisten übernimmt, ohne sie zu nennen. Ein weiterer Hintergrund der Leugnung der Existenz von Himmelsgöttern durch den großen Wissenschaftler mag die Ablehnung der erwähnten Ur-Monotheismus-These gewesen sein, und schließlich wohl auch Métraux' Abneigung zunächst gegen Karsten, dann gegen den argentinischen Ethnographen Enrique Palavecino. Letzterer (1933) hatte bei den Pilagá am Rio Pilcomayo eine solche Gottheit gefunden und sie mit ähnlichen Wesen bei den »bolivianischen« Toba und in Patagonien und Feuerland in Verbindung gebracht. Hiergegen schrieb Métraux an, »dass es in der gegenwärtigen Religion dieser Indianer keine Spur eines Glaubens an einen Großen Gott gibt. Den Namen, den Herr Palavecino aufgegabelt hat, gibt es nicht, oder er bedeutet etwas anderes«.[22] Ich merke dazu nur noch an, dass ich bei den Pilagá viele Male Berichte über die Macht der Himmelsgottheit Dapičí (die Plejaden) gehört habe, wie schon Lehmann-Nitsche sie fand.

Darcy Ribeiro forschte 1947–1948 bei den Kadiweu (oder Kaduveo) im Mato Grosso, einem weiteren Volk der Guaycurú-Sprachgruppe mit einer Kultur, die offenbar auf einem jägerischen Substrat aufbaut. In den Mythen, die Ribeiro aufzeichnete,[23] ist der Schopfkarakara (*Caracara plancus*, ein falkenartiger Vogel) eine prominente Figur, dem wir auch in Mythen anderer Völker dieser Sprachgruppe begegnen. Hier heißt sie *Gonoeno-hodi* und gilt als der Schöpfer der Welt einschließlich der Menschen und allem, was da kreucht und fleucht.

1970 zeichnete Eduardo Jorge Cordeu bei den Toba in Miraflores (Provinz Chaco, Argentinien) einige Mythen auf, in denen er einen Himmelsgott, *K'atá* fand. Cordeu schließt nicht aus, dass diese Figur durch kolonialzeitliche Bekehrungsversuche mitgeprägt sein könnte, sieht aber auch Ähnlichkeit mit mythischen Figuren in Patagonien. In Métraux' Polemik gegen Palavecino möchte er Palavecino rechtgeben, denn er selbst habe auch einen Himmelsgott bei den Pilagá gefunden. Dafür zitiert er zahlreiche Aussagen, so etwa:

> K'ata lebt im Himmel, er lebt in der Sonne [...], es ist, als wäre die Sonne sein Auge, sein Fernglas, mit dem er uns bewacht. Der Wind trägt ihm unsere Worte zu. – [...] Aber er ist kein so Lieber Gott, glauben Sie das nicht.[24]

---

20 die Neuauflage erschien erst nach seinem Tod, ohne die geplante Ergänzung.

21 1946:350, s. auch 1996:221. 1946:351.

22 1937:174.

23 Ribeiro 1950: z. B. S. 144

24 Cordeu 1970:117–20, Zitate S. 118.

Bald darauf nahm Alfredo Tomasini[25] bei den westlichen (»bolivianischen«) Toba und bei den Pilagá umfangreiche mythische Berichte über die Gottheit Dapitchí (Plejaden) auf, die er sich sicher war, als Himmelshochgott bezeichnen zu können. Den entsprechenden Mythenzyklus findet er auch in kolonialzeitlichen Berichten wieder.[26]

Jüngste Untersuchungen über die Astronomie der Kulturen mit jägerischem Substrat im Gran Chaco bestätigen die wichtige Rolle der Gestirnsgottheiten und schärfen den Blick auf deren Rolle.[27] Es kann keinen Zweifel mehr an der Bedeutung dieser göttlichen Gestalt im Jahres- und Lebenszyklus von Völkern des Gran Chaco geben, Kulturheros und Gesetzgeber, der mit dem Wetterphänomen Frost und den Plejaden zusammenhängt.

Im Ost-Chaco und bei den Mocoví fand Tomasini die Gottheit Dapitchi nicht, wohl aber andere himmlische Theophanien – (*Kotaá* bei den Mocoví und *Kataá* bei den Toba) mit ähnlichen Rollen in der Mythologie. Diese Wesen ähneln zwar den Dapitchí, doch die Geschichten, in denen sie auftreten, sind zweifellos christlicher Herkunft. Solche Interferenz zeigt sich auch in den Namen des Himmelsgottes in den Sprachen der östlichen Toba und der Mocoví, wörtlich übersetzt »unser Vater« wie Gott ja schon von den Jesuiten genannt wurde. Und es waren ja auch diese beiden Völker, die gemeinsam mit den heute verschwundenen Abipones die Jesuitenmissionen der Kolonialzeit an den Ufern der Flüsse Paraná und Salado füllten. Und die Jesuiten neigten zur synkretistischen Mission, um christliche Inhalte in die religiösen Gussformen ihrer Katechumenen zu gießen. Verschiedene Autoren[28] haben seit den 1980er Jahren die Aneignung religiöser Inhalte und Formen im Zusammenhang mit den spezifischen Varianten des Christentums untersucht, die in der Region heimisch wurden. Métraux hatte schon[29] berichtet, dass bei den Wičí täglich anglikanische Gottesdienste stattfanden, und dass es ein großes Interesse an christlicher Religion und Glauben gab. Métraux zeigte so seine Begeisterung für die anglikanische *South American Mission Society*, die wenige Jahre zuvor am oberen Bermejo mit einem anderen als dem katholischen Missionsmodell begonnen hatte, und er übernahm stillschweigend die Meinung von Rafael Karsten[30] (obgleich er ihn abkanzelte), der Jahre zuvor das vielfältige, ja buntscheckige religiöse Universum der nordwestlichen Wičí beschrieben hatte. Über ein halbes Jahrhundert später zeigten andere Autoren wiederum[31] die fortschreitende Re-Interpretation und intensive Auslegung der Heiligen Schrift durch die Wičí, die oft genug eine Synthese aus biblischen Ideen und Elementen des eigenen Weltbildes fanden. Die traditionelle Kategorie *kapf^{w}áyah* (meist als *bendición*, »Segnung« übersetzt) bezeichnet eine be-

25 1976:69–84.
26 1976:85–86.
27 s. vor allem Gómez 2017 bei den Toba des mittleren Pilcomayo, die schon von Métraux beschrieben wurden.
28 so Wright 1983, 1988, 1992, 2002, Ms. [1982]; Ceriani Hrsg. 2017; López 2004; Citro 2006a/b.
29 1939:3–4.
30 1913:199–200. Karsten seinerseits diskutierte Aussagen von Giovanni Pelleschi (1881).
31 Califano 1976, 1988; Dasso 1991, 1994.

sondere Manifestation von *kahyayah* (Macht im Allgemeinen) und ist ein Schlüsselbegriff, über den die christlichen Gesundheitsexperten (*hesék-wu* bei den östlichen Wičí) sich in schamanische Praktiken einfügten.[32] Diese »Segnung« (*kapf*^{w}*áyah*) ermöglicht es den Menschen, sich unter den Schutz eines Lieben Gottes zu stellen und sich so vor den Angriffen der *ahät*-Geister zu retten, die nun *demonios* (»Dämonen«) genannt werden. Auch der beste ethnologische Kenner des traditionellen Schamanismus der Mataco-Untergruppe der Wenhayey, Mario Califano (1988) nennt diese Hilfskräfte des christlichen Gottesdienstes (nicht notwendig Pastoren) »Schamanen Gottes«. In östlichen Mataco-Dialekten heißen sie *espíritus de sanidad* (frei übersetzt: »Heilende Geister«).

Die traditionellen religiösen Ideen bauten im Gran Chaco nicht auf einer Genesis auf. Anstelle einer *Creatio ex nihilo* existierten Welt und Mensch in gewisser Weise schon vor sich selbst. Die Geschichte begann bereits nach den ersten Ursprüngen und führte in die Gegenwart, wo sie die heutige Seinsweise von Welt und Mensch rechtfertigte. Zu den wenigen anthropogonen Mythen gehören zwei Berichten aus dem Nord-Chaco, die eine von den »Eyiguayeguis« (Kaduveu), die der Jesuitenpater José Sánchez Labrador im 18. Jahrhundert in seinem Werk »*Paraguay Cathólico*« wiedergab; die andere, von den Lengua-Maskoi, fasste 1911 der anglikanische Missionar Wilfried Barbrooke Grubb knapp zusammen.

Im Zentral-Chaco hingegen überwiegt das Motiv von einer vogelgestaltigen Menschheit, deren Ursprung nicht erläutert wird, und aus der durch Verwandlung die Wesen hervorgingen, die heute die Welt bevölkern, darunter die Menschen. Dafür steht ein kurzer Text von den Maká, eine »Wort-Mythe«, wie die Ethnologie das nennt.[33] »Zu jener Zeit, als die Vögel noch dabei waren, sich in Menschen zu verwandeln, und der Mensch Karakara-Vogel zusammen mit den Menschen lebte, war es dieser, der die Dinge einrichtete, denn weise und mächtig ist dieser Karakara«.[34] Die Auffassung dieser Erzählung von der Menschheit stammt aus der Zeit vor dem radikalen Wandel der religiösen Auffassungen der Maká.

Der in dem Mythentext der Maká genannte Mensch/Karakara-Vogel[35] war eine der wichtigsten mythischen Personen der Überlieferung der Maká, Erretter und Gesetzgeber zugleich. Auch in anderen Überlieferungen des Zentral-Chaco spielt er eine Rolle, aber weniger oft als Gesetzgeber. Seine Person zeigt die Doppeldeutigkeit zwischen äußerer menschlicher Gestalt und innerer, ontologischer Menschlichkeit. Die Gestalt ist das Ergebnis einer Verwandlung der Vögel, wobei das innere Wesen nicht in Frage gestellt wurde, das schon in den Vögeln menschlich war. Nur ihr *t'un* unterschied die

32 Dasso 1994:28.

33 *mito-palabra*, im Unterschied zum im Zentral-Chaco seltenen mythischen Bericht (*mito-relato*), der stets etwa gleich erzählt wird. Die »Wort-Mythe« behandelt etwas, was in den kanonischen Texten nur am Rande erwähnt, aber von Fall zu Fall zu einer Mythe verdichtet wird. Die mythische Welt, in der die erzählten Ereignisse angesiedelt sind, umfasst viel mehr als nur das Erzählte. Wenn man sich auf etwas beziehen will, das in den festgelegten Berichten nur am Rande erwähnt wird, mag man *ad hoc* eine Geschichte dazu erschaffen.

34 Gerzenstein/Braunstein 1989 zitieren und analysieren diesen Text.

35 Der gleiche Name *kanana'k* bezeichnet den Vogel und die Person der mythischen Texte.

Vögel wirklich von den Menschen: die Macht/Kraft im Allgemeinen, von der Härte eines Dinges über die physische Kraft einer Person bis zur übernatürlichen Macht des Schamanen oder Demiurgen. Uns mag es etwas widersprüchlich erscheinen, dass die Vögel sich einerseits in Menschen verwandelt haben und andererseits den heutigen Menschen schon ganz ähnlich waren. Tatsächlich erscheinen die Urzeitwesen in einigen Zusammenhängen als Gruppe von Vögeln (oder auch anderen Tieren), und in anderen als Gruppe von Menschen. Durch dieses Oszillieren kann einerseits die Natur als Ergebnis ursprünglich menschlichen Handelns, andererseits der Mensch aus seiner ursprünglichen Stellung in der Natur beschrieben werden.

Die bunte Vielfalt der Hunderte von Mythen aus der Zeit vor dem radikalen Wandel in der zweiten Hälfte des 20. Jahrhunderts[36] lässt sich kaum zu einer Synthese zusammenfassen. Die ursprüngliche Menschheit besaß fast nichts, nicht einmal »Verstand«, bis sie auf Geister traf, die aus der Erde hervorkamen und von ihren Müttern, Verkörperungen von Bereichen und Aspekten der Natur, geleitet wurden.[37] Anfangs verbanden sich die Geister ausschließlich mit den Frauen, die ihnen die Existenz des anderen Geschlechts verheimlichten. Doch schließlich wird dieser Betrug aufgedeckt, und nun übernehmen die Männer. Ihnen übermitteln die Geister nun Wissen und lehren sie Kultur. Diese Gender-Umkehr mündet in ein Massaker an den bisherigen Frauen. In einem weiteren Akt folgt die Verbindung zwischen Cýry, dem Urbild des menschlichen Häuptlings, mit der Göttin Eśnuwarta[38], die in einem Massaker an den Geistern endet. So beginnt »die post-anabsonische [auf die *anhabsonro*-Geister folgende] Geschichtsphase der Chamacoco, die durch die allmähliche Aufgabe der alten Sprache *au'oso* der Eśnuwarta und die Aufnahme der neuen Sprache, des christlichen *kerygma* gekennzeichnet ist«.[39]

Auch die Völker der Zamuco-Sprachgruppe im nördlichen Chaco kennen die Themen und Motive der Mythologien der weiter südöstlich lebenden Völker, weisen ihnen aber eine periphere Rolle zu und ordnen sie ihrem Hauptthemen unter, dem Konflikt zwischen Männlich und Weiblich. Das Mythem der negativ gewerteten Menschenfresserin findet von hier aus seinen Widerhall im Zentral-Chaco. Hingegen wird über Rolle und Bedeutung der Frau positiv in dem Mythem von der schönen Sternenfrau nachgedacht, die sich aus der Fülle ihrer Macht heraus mit einem bis dahin erbärmlichen, verachteten Erdenmann vereint. Diese Geschichte ist über ganz Südamerika verbreitet. In weiteren Erzählungen hören wir vom Ursprung der Geschlechtlichkeit, meist indem die Frauen vom Himmel herab kommen.[40] Varianten dazu finden sich bei fast allen Völkern des Gran Chaco. Die auf die Erde gelangten

36 Aufgenommen zunächst von Boggiani 1900 und Frič 1913, dann von Baldus 1931 b, Susnik 1957, 1959, Cordeu bes. 1980, 2003.

37 In der Ebidoso-Variante der Chamacoco-Sprache heißen diese Geister anhabsonro (Transkription von Cordeu; Sušnik transkribiert anabson.

38 bei Métraux: Eschetewuarha, heute meist Eshnuwertha, Eśnuwarta o. ä.

39 Pagés Larraya, IV:112.

40 manchmal auch aus dem Wasser, was sich logisch dazu fügt, dass einige Regionen des Kosmos aus Wasser bestehen, Schlammwasser in der Unterwelt, feiner Regen im Himmel oder in einem der Himmel.

Frauen hatten anfangs schwierige Beziehungen zu den Männern, die noch nicht völlig menschliche Gestalt angenommen hatten.

Ein großer Teil der Mythen im Zentral-Chaco[41] findet sich in zwei umfangreichen Mythenzyklen mit Dutzenden von Episoden. Diese werden einzeln oder mehrere hintereinander erzählt, wobei die Reihenfolge nur lose festliegt. Ich meine in ihnen die allgemein wichtigsten Ideen und Werte dieser Kulturen zu finden. Es sind Geschichten vom mythischen Karakara-Vogel (*taankí, kaqadeláčixi, kaho'o, Ahetsax-ta-h^{w}aj, kananáq* usw.) und vom mythischen Fuchs (*wayakalačigi, tokh^{w}ax, takh^{w}aj, ts'iyaq, dibé* usw.).[42] Diese Erzählungen stehen in den Amerikas nicht isoliert da. Im Gegenteil, nur selten finden wir dort ein Kulturareal ohne formal ähnliche Erzählungen, wobei freilich erst eine Erforschung der gesamten Kultur notwendig wäre, um eine Erzählung in den Zusammenhang der jeweiligen Denk- und Handlungsweisen stellen zu können.[43]

Eine Variante des Zwillingsmythos, der Konflikt zwischen dem prototypischen Witzbold (hier dem Fuchs) und dem großen Raubvogel (hier dem Karakara) bildet bei jedem der Völker des Zentral-Chaco die erzählerische Zentralachse der mit Humor gewürzten Erklärung für die *conditio humana* und die uns beherbergende Welt. Im Gran Chaco sind die beiden Mythenzyklen dadurch verbunden, dass beide sich auf Leben und Werk der Menschen beziehen. Der Zyklus des Sonnenvogels beschreibt Voraussetzungen für Kultur auf der Welt; der Zyklus vom Spaßmacher Fuchs das Wesen von Kultur. Den Karakara-Vogel in einer Mythengruppe bezeichnet Mario Califano (1999) als »rächende Theophanie«: ein mörderisches Monstrum bedroht menschliches Leben; ein göttliches Wesen zieht zum Wohnsitz des Monstrums und vernichtet es. Oder man kann den Karakara-Vogel auch einen Kulturheros[44] nennen. Manchmal ist er mit dem von einigen Forschern als »Hochgott« bezeichneten Dapičí verbunden, so bei den westlichen Toba und den Kaduveo. Diese beiden Völker bewahren in ihrer Kultur ein jägerisches Substrat. Der mythische Vogel[45] hat bei ihnen Züge einerseits eines Scha-

---

41 Diese geographische Zuordnung ziehe ich dem Adjektiv »typisch« vor, das Palavecino (1948) hier für die Bewohner der Uferzone der Flüsse Pilcomayo und Bermejo verwendete, und das ich etwas vereinfachend finde.

42 s. Beispiele u. a. bei Lehmann-Nitsche, Métraux, Palavecino, Bórmida, Tomasini, Martínez Crovetto, Pages Larraya. Ein Großteil ist in den Anthologie-Bänden Wilbert/Simoneau 1982–91 wiedergegeben. Analysen einiger Themen und Motiven finden sich auch bei Blixen (1990 usw.).

43 In Nordamerika berichten Erzählzyklen wie der vom Hasen (in der Subarktis) und der vom Sonnenadler in ähnlicher Weise von Kulturheroen, und auch die kalifornischen Trickster-Geschichten vom Kojoten lassen an den Chaco denken. Gemeinsam scheinen diesen Gebieten sehr alte Elemente aus der jägerisch-sammlerischen Lebensweise zu sein, nahe denen des Gran Chaco und der Region Pampas-Patagonien.

44 so verwendet (Métraux 1946:368) den ethnologischen Fachbegriff, »*culture hero*« (*hero*/Heros hier im Sinn des griechischen ἥρως: nicht »Held«, sondern Wesen zwischen Menschen und Göttern).

45 den sie z. B. *ka'o'o* nennen. Der Name könnten auf Entlehnung hindeuten: in der Wičí-Sprache bedeutet *o'o'* »Huhn« oder »Hahn«, also ein aus der kreolischen Bevölkerung übernommenes Tier. Bei den östlichen Völkern der Sprachgruppe wird *ahetsáj* (Karakara) durch den Diminutiv *ta hwaj* relativiert.

manen, andererseits eines beschützenden Kriegsführers (was bei den Guaykurú-Völkern seltener zusammengeht).

Vom Spaßmacher Fuchs handeln unzählige, gewöhnlich komische Geschichten. Er ist oft Opfer seiner eigenen Witze, was tragisch ausgehen kann. Wie in anderen Teilen Amerikas auch verbindet sich das mit ätiologischen Aussagen über den Tod. Die Geschichten zeichnen mit kurzen, aber starken Strichen den Ursprung der Institutionen und der Kulturgüter. Für einige Chaco-Bewohner, deren Kultur von einem archaischen Substrat geprägt ist, stand am Anfang der Kultur ein Sturz, wenn etwa der Fuchs den Behälter zerbricht, in dem die Fische schwammen, oder wenn er die Möglichkeit zunichte macht, dass die Ernte von selber wächst. Dann erst mussten Techniken entwickelt werden, die aber nur schlecht die ursprüngliche Ordnung ersetzen. Institutionen entstanden, zunächst Nachahmungen der natürlichen Ordnung aus einer Laune der Theophanie heraus. Sogar der Tod und die unordentliche Geographie rühren daher, dass der Fuchs wie ein Tölpel durch das Heilige gelaufen ist. Der Mythenzyklus vom Fuchs zeigt die Widersprüche der *conditio humana*: Er ist wollüstig, gierig, ästhetisch ehrgeizig. Letzteres ist zumindest die Erklärung, die mir einfällt, wenn etwa der Fuchs seine Beine anbrennt, weil er auf die schönen roten Beine eines Vogels, der Rotfußseriema (*Cariama Cristata*) neidisch ist, oder sich mit Pfeffer (*Capsicum chacoensis*) blendet, um mit der Schönheit eines anderen Vogels zu wetteifern. Der Fuchs ist inkompetent und schwach, wenn er in die Welt hinausgeht, und gleichzeitig doch, in absurder Widersprüchlichkeit außerordentlich geschickt, dazu neugierig – aber auch einsam. Er will sein wie die anderen, ist aber dazu völlig unfähig.

Der Unterschied zwischen den zwei mythischen Figuren ist fundamental. Der Karakará-Vogel ist ein wahrer Held, ein Befreier, der Fuchs übernimmt die Rolle des *Tricksters*. Vielleicht liegt hier eine indigene Wurzel der nunmehr entsakralisierten Erzählungen vom Fuchs in den amerikanischen Folk-Traditionen. Der argentinische *folklore*-Forscher Bernardo Canal Feijoo ([1951] 2010) nennt dieses Motiv als eine der Quellen argentinischer Volkserzählungen. Bei den Pilagá und bei vielen Toba ist der Karakará-Vogel (*tanki*) Kulturheros und Hauptperson der epischen Erzählungen. Er war es, der die unheilvollen Wesen bekämpfte und vernichtete, unter deren Angriffen die Menschheit zunächst kaum leben konnte. Zahlreiche Erzählungen verlaufen so: In jeder Episode identifiziert der Heros die bösen *añaxayk* in verschiedener Gestalt, reist zu dem gefährlichen Ort, an dem viele Menschen durch sie zugrunde gegangen sind, stellt sich ihnen entgegen und vernichtet sie, bald mit Gewalt, bald mit List. Der Karakara-Vogel ist bei den Kaduveu und den westlichen Toba auch der Gefährte der Himmelsgottheit Go-noeno-hodi bzw. Dapičí. Bei den Pilagá ermöglicht der Karakara das menschliche Leben, und der Fuchs Wayakalačigi gibt dem Leben seine Form, definiert, was daran wesentlich ist. Karakara ist das tragische Idealmodell des Jägers, ein Kämpfer, und verteidigt allein, in sich verschlossen, seine Familie oder Gemeinschaft (was als das Gleiche verstanden wird, s. Braunstein 2016). Er triumphiert in der täglichen Begegnung mit einer stets potenziell feindlichen Natur. Der Fuchs *Wayakalačigi* ist das Modell des komischen und verleugneten Menschen, wahrscheinlich sein wahres Innere: der leidenschaftliche Freund der Natur, der Sensible, der Lächerliche, der sterben muss. Dialektisches

Paradox: Während der Karakara-Vogel das Leben und damit auch den Fuchs ermöglicht, existiert dieser in gewisser Hinsicht, damit der Tod und damit der Karakara-Vogel möglich wird.

3 Die Welt und übermächtige Wesen

Bei den Ureinwohnern des Chaco durchdringen religiöse Ideen die gesamte Kultur, die somit unverständlich bleibt, wenn wir nicht die verschiedenen Kategorien bedenken, in denen wir die Welt zu analysieren pflegen. Die Mythologie jeden Volkes verweist auf Wesen aus der mythischen Zeit, die von den christlichen Missionaren alsbald als Gottheiten identifiziert und als »Dämonen« übersetzt wurden.[46]

Häufig haben Urzeitwesen ihr innerstes Wesen mit den »Seelen« der Toten gemeinsam, und die »Tierrherren« oder die »Herren« der verschiedenen Bereiche des Kosmos regeln das Verhalten der Menschen, die in ihre Territorien eindringen. Das Erscheinen dieser Urwesen mit *Willen*, *Absicht* und *Gestalt* können wir als Theophanien bezeichnen. Aber auch wenn wir diese Kategorie auf verschiedene Mythologien und Glaubensvorstellungen anwenden können, werde jene Wesen doch oft von einem Volk zum nächsten anders definiert. Bald wird angenommen, dass sie aus der Verwandlung der Vorfahren entstanden sind, bald sind sie in ihrer Natur gänzlich verschieden vom Menschen. Manchmal sind sie lediglich Überträger von Krankheiten, manchmal die Erzeuger und Beschützer einer natürlichen Spezies, manchmal beides. All diese Geister sind in einer Sozialorganisation gedacht, die bei einigen Völkern stärker hierarchisiert ist, bei anderen individualistischer und lokal isolierter. Die große Bandbreite kosmologischer Vorstellungen ergibt sich nicht nur durch Unterschiede zwischen verschiedenen Völkern, sondern auch und mehr noch durch individuell abweichende Meinungen innerhalb einer Gruppe. Die einzelnen Schamanen variieren den Mythenstoff in der Umsetzung.

Allgemein wird geglaubt, dass andere Welten der unsrigen ähneln. Häufig spiegeln sich die Welten, verhalten sich umgekehrt oder symmetrisch zu einander. Sie liegen auf verschiedenen horizontalen (himmlischen oder unterirdischen) Ebenen oder nebeneinander auf der Erde. Manchmal ist die Rede von einer »Totenwelt«, doch häufiger bezieht man sich auf »Bereiche« oder »Herrschaftsbezirke« der jeweils anerkannten Theophanien.

So teilten Chiriguano und Chané die Welt früher ein in Erde der Menschen unter ihren Häuptlingen und Erde der »(Geister)Herren«.[47] Die Herrschaftsbereiche wurden nach ihrer Ökologie unterschieden, Dschungel und Sumpfland etwa. Diego

46 *aña* (bei den Chiriguano-Chané), *ahöt* (Wičí), *sink'al* (Chorote), *siche'e* (Chulupí), *inwomet* (Maká), *nanibahade* (Ayoreo), *guarä* (Chamacoco), *kilyikhama* (Lengua), *kerhanhuk* (Sanapaná), *lekhama* (Angaité), *nowet* (Toba); *payaq* (Toba-Pilagá); *latenigi* (Kaduveo).

47 *iya* (Chané) bzw. *-tumpa* (Chiriguano). Die Chané sind ein Volk der Arawak-Sprachgruppe, das von den Guaraní-sprachigen, in der Literatur sogenannten Chiriguano unterworfen wurde und weitgehend deren Sprache angenommen hat.

Villar nennt den Satz *opaite iya* (»alles hat einen Herrn«) eine »kosmologische Maxime«.[48] Der Waldherr *kaá iya* legt fest, wie man sich in seinem Herrschaftsbereich zu benehmen hat und wie eine verantwortungsvolle Ausbeutung der Ressourcen, *seiner* Pflanzen und *seiner* Tiere aussehen soll. Über die irdischen Bereiche hinaus wanderten die Seelen der Toten der Chiriguano zum »Land ohne Übel« (*Aguararenta* oder *iwoca*),[49] wo sie trunken vor Fröhlichkeit in einer ewigen Fiesta (*arete*) lebten. Heute aktualisieren diese Guaraní die mythische Urzeit und das Heilige im scheinbar weltlichen Karneval.[50]

Die Ayoreo/Ayoweo sahen traditionell eine irdische Ebene namens *numí*, einen Himmelsraum namens *gaté* aus verschiedenen horizontalen Schichten und eine Unterwelt namens *naupié*, wo wohnt, was von den Toten übrig blieb (und *oregate* hieß). Alles zusammen wird *erámi* (»Wald«) genannt. *Eramone* (Plural von *erami*)

> umfasst all das, was wir unter »Natur« verstehen, und hat auf horizontaler Ebene kein Ende. Aber sie ist vertikal begrenzt, denn der Himmel und das, was unter der Erde ist, gehören nicht zu *eramone*. [... Heutige Ayoreo], die im urbanen Raum leben, sind nicht mehr in *eramone*, sondern nur die, die noch im Wald leben. Denn in *eramone* zu sein, bedeutet [...] vor allem, ein Leben in *erami* [=im Wald] zu führen, was damit einhergeht, die Welt als ein Lebewesen zu begreifen, mit dem man in einer besonderen Verbindung steht.[51]

Die Erde galt als teilweise von einem Abgrund (*numí eruéi*) umgeben, und den Raum, den man für ihre Mitte hielt, nannte man *numí gatokoró*. Die Details werden sehr unterschiedlich beschrieben. Die Anzahl der Himmel wird häufig mit drei angegeben. Im höchsten residiert die (männliche) Sonne *dupáde*, umgeben von den in Sterne und Mond verwandelten Geistern *nanibahade*. Die verschiedenen Himmelsschichten ähneln der Erde, während die Unterwelt der Toten die Erdenwelt spiegelt: Die Bewohner dort laufen kopfüber mit den Füßen auf dem Spiegelbild der Erde, und ihre Sonne leuchtet nachts.

Die Welt der Urzeit der Ayoreo war zu Anbeginn von den Urwesen, darunter unseren Vorfahren (*nanibahade*) bewohnt. Sie waren in (mit einer Ausnahme) exogamen *sibs* organisiert, die jede in *moieties* aufgespalten waren.[52] In verschiedenen tragischen Episoden traten die Wesen der Urzeit vor *Dupáde* (Gott) oder *Gedé* (Sonne) und verloren ihr *ayoreo*, ihre menschliche Gestalt. So entstanden die verschiedenen Wesen auf der heutigen Welt, organisiert weiterhin nach den Regeln ihrer

---

48 Villar 2007:399.

49 Nordenskjöld 1912:255–257. Aus der umfangreichen Literatur zum Thema »Land ohne Übel« seien hier nur Ladeira 1999 und Villar/Combès 2013 genannt. Dazu in diesem Band auch der Aufsatz von Chamorro und Combès über die Guaraní, Kap. »Widerstand und Erneuerung: Das Übel auf der Erde überwinden«.

50 Bossert/Villar 2001:68.

51 Rattunde et al. 2019:24. Zum Weiterleben von Vorstellungen der Ayoreo/Ayoweo bis in jüngste Zeit s. Bórmida/Califano 1978:167.

52 *sib*: Verwandtschaftsverband, der auf gemeinsame Vorfahren zurückgeht; *moieties*: die zwei Hälften in einer dual aufgespaltenen Gesellschaften, meist mit Heiratsregeln verbunden (z. B. Gebot, eine Frau aus der anderen *moiety* zu heiraten, oder im Gegenteil Heiratsverbot zwischen den *moieties*).

ursprünglichen *sibs*. Bei seiner Verwandlung hinterließ jedes Wesen ein Lied (*sáude*), ein Schlüsselmotiv, mit dessen Hilfe jene Menschen, die sich nicht verwandelten, und von denen die heutigen Ayoreo abstammen, mit ihm in Verbindung treten können.

Weitgehend unbekannt, weil geheim ist die Mythologie der Ayoreo rund um Asonhá und ihre Männer; gleiches gilt für Mythen der nah verwandten Chamacoco. Doch nur die Mythe erzählen ist verboten, nicht, Fragen nach ihr zu beantworten. Einige Initiierte berichteten im Gespräch mit Ethnologen Kernpunkte und umgingen doch Geheimnisse durch Umschreibungen.[53] Heute lässt die Macht des Verbots nur allmählich etwas nach. Marcelo Bórmida erhielt von Herrn Tayedé einige, dann von anderen bestätigte, Antworten. Asonhá war eine *daisné* (Schamanin), wunderschön, doch Männermörderin und Menschenfresserin. Dreimal wurde sie deshalb getötet, dreimal erstand sie wieder auf, aber nach ihrem dritten Tod beschloss sie, sich in eine Nachtschwalbe (*caprimulgus spec.*) zu verwandeln. In jeder ihrer Existenzen heiratete sie einen anderen Geist, und so starben der Vogel Pirará auf Weisung des Gottes *Dupáde*, der Geier *Aroí*, und das Rebhuhn *Hiriría*. Im Mythenzyklus von Asonhá wird noch von weiteren Tieren berichtet, auch von einigen Echsenarten, von Erdwespen, vom ersten Regen nach der »Verbotenen Zeit«. Letztere (auch »Verbotener Wald«, *eámi puyák* oder *eámpi puyái*) ist die kalte, trockene Jahreszeit etwa Mai bis Anfang August und endet mit dem Fest der Asonhá. Der Rest des Jahres ist *eámi uomí* (die schöne Welt). Der Mythenzyklus hängt mit dem Jahreszeitenwechsel zusammen. Das Verbot, die Mythe zu erzählen, ist je nach Jahreszeit stärker oder schwächer.[54] Auch bestimmte Sterne und einige Gegenstände wie Kreuz und Spiegel, einige Knollenfrüchte und anderes haben ihren Platz im Mythenzyklus um die Asonhá, ohne dass wir immer sagen könnten, welche Beziehung sie zu all dem hat. Bedeutsam ist wohl, dass die genannten Tiere wie die Nachtschwalbe Asaonhá eine Art Winterschlaf halten. Weder die Nachtschwalbe noch die in ihrem Mythenzyklus genannten Tiere dürfen während der Verbotenen Zeit angetastet werden.

In der schamanischen Kosmologie der Wičí am Mittleren Pilcomayo leben die *ahät* genannten Geister in fünf Bereichen der Erde. Da ist der Herr des Waldes, dem viele verschiedene *ahät* untergeordnet sind, andere Herren regieren über das Sumpfgebiet, den Fluss, den Berg und die Savanne. Jeder dieser Bereiche hat seine eigenen Regeln, und der Mensch, der sich hineinbegibt, ist der Aktion der jeweiligen Wesen ausgesetzt. So ist die menstruierende Frau im Sumpfgebiet Verboten

53 Die relativ vollständigsten ethnologischen Beschreibungen (aufgrund eines Frage-und-Antwort-Spiels) des mythischen Zyklus und des Rituals der Asonha bei den Ayoreo stammen von Heinz Kelm (1971), Marcelo Bórmida (1973–1979, bes. Teil II/1974) und Bernd Fischermann (2005). Von der Eśnuwarta und ihrem Ritual bei den Chamacoco (ebenfalls Zamuco-Sprachgruppe) haben uns Boggiani (als erster), Frič, Baldus, Sušnik und Cordeu berichtet, die beiden erstgenannten möglicherweise noch als Augenzeugen aus einer Zeit, als das Ritual noch aktiv ausgeübt wurde, die nachfolgenden jedoch aufgrund von Erinnerungen von Chamacoco.

54 Sebag (1965), Fischermann (2005).

unterworfen, deren Nichtbeachtung den Terror der großen Schlange *lawó* auslöst, die mit dem Regenbogen identifiziert wird und ganze Dörfer in den gurgelnden Tiefen der Sümpfe verschwinden lassen kann. Der Flussfischer bekommt es mit dem Flussherrn *leč'ílah* zu tun, den das Wegwerfen von Fisch erzürnt. Seine Adjudanten, die *tsutéj* schießen dem unachtsamen Fischer Giftpfeile in die unteren Gliedmaßen, wo er dann an Arthrose oder Paralyse erkrankt. Der Herr des Waldes reagiert ähnlich auf Sammeln von zu viel Honig, seine verschiedenen *ahät* verkörpern und verursachen verschiedene Krankheiten, die sich in Verhaltensänderungen äußern. In diesen und weiteren Fällen ist es die Aufgabe des Schamanen (*hayawú*), mit den erzürnten Wesen zu verhandeln. Jeder Geisterbereich ist sozial ähnlich geordnet wie die menschliche Gesellschaft. Der Schamane, der als Heiler oder zur Förderung der extraktiven Wirtschaft mit einem Bereich Kontakt sucht, muss dorthin »reisen« (was nur er kann, indem er sich in Trance versetzt) und im Zielgebiet die Hierarchien und Machtverhältnisse beachten. Nicht selten kommt es dabei zu physischem Kampf.

Die Begriffe *ahät* und *wičí* bezeichnen Gegensätze in dem Machtgefüge, in das jedes Wesen der Welt eingeordnet werden kann. Der anglikanische Missionare Richard Hunt (früher Lexikograph der Wičí-Sprache) übersetzte mit »*ghost, demon*« und *wichi* mit »*folk, people*«.[55] Doch diese Vokabeln schließen einander nicht wirklich aus. Nicht alle *ahät* sind immer *ahät*, und nicht alle *wičí* immer *wičí*. Die *ahät* sind jene Mächte außerhalb der menschlichen Welt, die hauptsächlich berufen sind, die *wičí* in *ahät* zu verwandeln. Umgekehrt wehren sich die *wičí* gegen diese Verwandlung. Doch die *ahät* selbst bezeichnen sich untereinander als *wičí*, die Bezeichnung hängt von der Perspektive des Bezeichnenden ab. *Wičí* bedeutet letztlich Ähnliches wie unser »Nächster«. Ein Schamane mit einem weiten und mächtigen Bekanntenkreis mag uns sagen, dass das alles *wičí* sind, während jemand aus seiner eigenen Familie uns vielleicht sagt, dass dieser Schamane ein *ahät* ist. Der Schamane steht an der Intersektion zwischen zwei Seinsarten, von beiden hat er etwas.

Die Vokabel *ahät* meint am häufigsten den Toten. Die eigentliche Welt der *ahätłayis* (Pluralfom), der schrecklichen Toten, die exorzisiert werden müssen, ist die zur Oberflächenwelt spiegelverkehrte Unterwelt, das »Innere der Erde« (*onhatč'o*). In der Dunkelheit kommen sie von dort und fressen all das, was wir nicht essen: Eidechsen, giftige Früchte usw., vor allem aber bemächtigen sie sich der Menschen, ja verschlingen sie gar. Vor der christlichen Akkulturation gab es wahrscheinlich keine freundlich gesinnten Toten, weshalb jeder Tod dazu zwang, rasch die Plätze zu verlassen, die der Tote häufig besucht hatte, seine Habe zu verbrennen und das Aussprechen seines Namens und seiner Beinamen zu verbieten. Manchmal war die Furcht so groß, dass der Leichnam im Wortsinn verlassen wurde, manchmal hatte der Verstorbene selbst vor seinem Tod eine Begräbnisart nach den komplexen Normen des *-wit'olé* (»hinterlassenes Wort« ein letzter Wunsch) verlangt, jedenfalls ging es stets darum, ihn dann so schnell und vollständig wie möglich zu vergessen, war er doch zu den unversöhnlichen Feinden der Menschheit desertiert. *Ahät* be-

55 1937:22, 53.

zeichnet auch die Krankheiten, als Synonym wird oft auch *aytáh* (»Schmerz«) verwendet.[56] Jedes *ahät* kann dem Menschen durch Raub oder Überwältigung seines *husek* (ungefähr: »freier Wille«) schaden. Bei den östlichen Wičí werden am häufigsten als Verursacher von Krankheiten genannt: *teloh* (Herr des Fiebers oder, in einer anderen Region, der Pocken), *opa/upa* (Herr einer bestimmten Art geistiger Verwirrung), *atak* (bei der Ähnlichkeit mit dem spanischen Wort *ataque* gewöhnlich als »Attacke« übersetzt, tatsächlich aber eine himmlische Fliege, die plötzlichen Tod verursacht). Und viele weitere ...[57] Hinzu kommen nicht zu den *ahot* gezählte Wesen, die eine Seele vom Körper lösen und in die Irre führen können; sie wohnen meist im Himmel (den im übrigen Sternbilder bevölkern), einige aber auch im Fluss.

Das christliche Angebot hat sich im Laufe der Zeit diversifiziert und nahm indigene kosmologische Kategorien synkretistisch auf. Der Informationsaustausch zwischen Menschen und Theophanien erfolgt in neuen christlichen und alten indigenen Ritualformen über die Musik als sicheren Weg zur Trance. Diese wird stets so verstanden, dass das *hesék* (das Individuelle, Eigene im Menschen, ungenau mit »Seele« übersetzt) den Körper verlässt und dort durch eine Theophanie ersetzt wird, sei es durch ein bestimmtes *ahot* (Geist)[58] oder durch den Heiligen Geist.

Es gab Zusammenstöße zwischen den beiden Typen religiösen Spezialistentums im Rahmen der traditionellen Kosmologie. Beide Schamanenparteien veranstalteten mehr oder weniger gleichzeitig Rituale mit Reden gegen die Gegenseite. Nach einer durchwachten Nacht mit Gesängen, Gebeten und Anrufungen bei ekstatischen Reisen konnte man in der evangelischen Kirche die christlichen *espíritus de sanidad* (»Heilende Geister«) hören, die verkündeten, dass sie die Schamanen besiegt und so einige gefangene Seelen (*-hesey*) zurückgeholt hatten. Umgekehrt erklärten die federgeschmückten Schamanen, es sei ihnen mit Hilfe eines Halluzinogens gelungen, die *evangelio* (Geister der Evangelischen) zu vertreiben, würden diese ihre Feinde doch verbrennen, kämen sie der glühenden solaren Theophanie (*ih^{w}ála*) so nah wie sie, die Schamanen.

Herr M. C., ein Wičí, zeichnete mir 1991 sein religiöses Weltbild (Abb. 6), das hier für die heute in seiner Gesellschaft vorherrschende Sicht stehen soll.

Wir sehen eine lineare Abfolge, so wie die Wičí sie auf ihrem archetypischen *noyih* (»Weg«) sehen: dem »absoluten Weg« (*camino absulota*, wie der Zeichner am unteren Bildrand in seinem Spanisch schreibt). Er geht unten von schädlichen dämonischen Elemente aus, den Lastern (Alkohol und Tabak) unten rechts, dem Leben

56 Laut Karsten (1913:200) heißen so die Geister, was Métraux bestritt. Ich halte es für sehr wahrscheinlich, dass bei den Wičí der von Karsten 1912 besuchten »Noctenes«-Gruppe die Bedeutungen der zwei Vokabeln sich überlappten. In den verschiedenen von mir untersuchten Fällen und wahrscheinlich auch in dem von Pelleschi 1896/97 beschriebenen sind die beiden Vokabeln Synonyme, unterscheiden sich allerdings in manchen Fällen bei der Hervorhebung ihrer pathogenen Wirkung.

57 Califano 1975, Califano/Dasso 1991. Für eine detaillierte Beschreibung der traditionellen Vorstellungen von Krankheiten und Tod siehe Califano 1974.

58 Bei den östlichen Wičí heißt es ahöt, bei den westlichen ahot. Ich verwende hier jeweils die Vokabelvariante derjenigen Gruppe, aus der ich mein Beispiel beziehe.

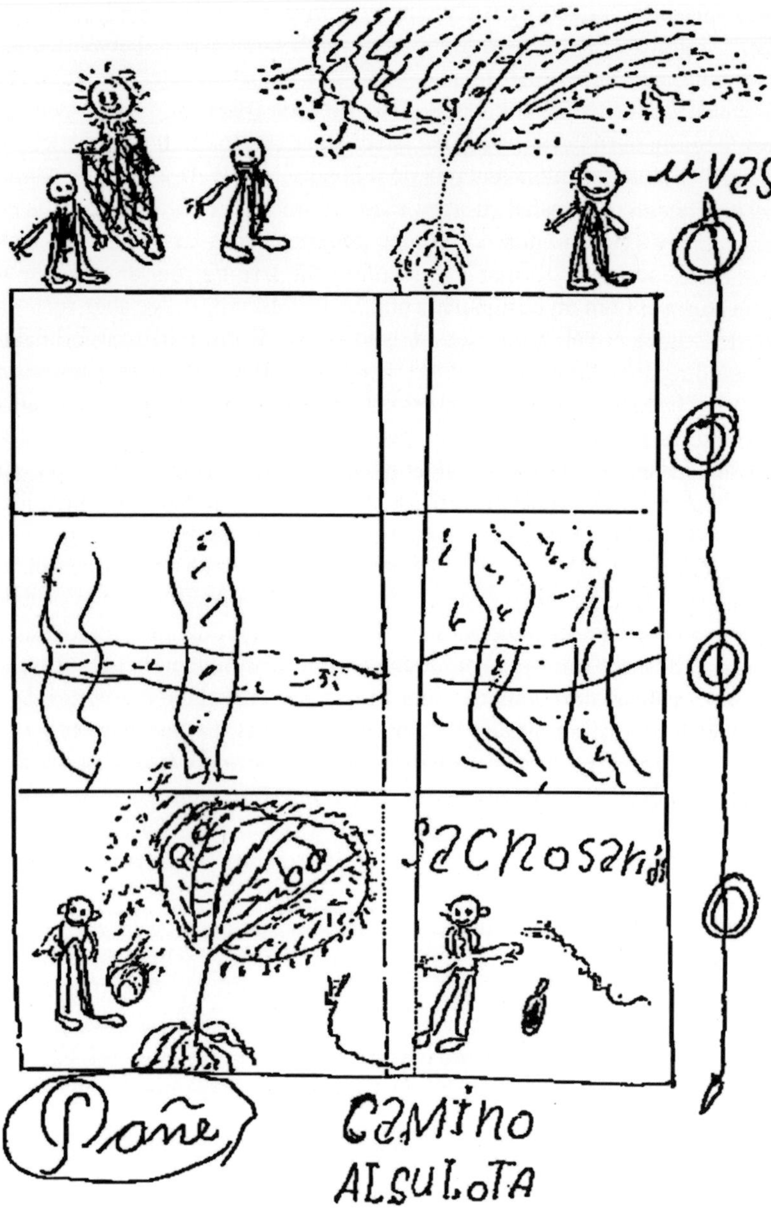

Abb. 6: *camino alsulota*,[59] absoluter Weg, eine Wegbeschreibung zum Evangelium

59 Der spanische Titel entspricht nicht dem Schulspanisch, in dem es *camino absoluto* heißen müsste.

im Busch und dem *hiyawé* (Schamane) unten links. Dort, im *tañhi* (Dschungel, hier *Pañe geschrieben*) wächst *sachasandia* (hier *sacnosandia* geschrieben, das Kaperngewächs *Capparis salicifolia*), dessen giftige Früchte die Nahrung der *ahot*-Geister waren und für den »rachsüchtigen Selbstmord« gegessen wurden, um rasch in den geistig-sozialen Seinszustand jener Wesen zu gelangen. Dem steht die andere Pflanze gegenüber, am oberen rechten Rand des Rechtecks: Der Weinstock, das Blut Christi mit den Trauben (*uvas*). Christus erscheint als Sonne oben links. Der Weg dahin wird am rechten Bildrand durch Stationen gekennzeichnet, gesäumt von Objekten, die Schwierigkeiten und Störungen darstellen, die dem Weg der Wičí zum teleologischen Christentum entgegenstehen.

Die Vorstellungen vom mythischen Ursprung werden in schamanischen Beschreibungen mit Orten und Geschehnissen hier und heute verknüpft. Ich erwähnte schon das Sternbild der *dapičí* (Plejaden), das die westlichen Pilagá als mythische Figur im Himmel lokalisieren, mit dem alljährlichen Kälteeinbruch identifizieren, und das ihre Rituale von Anfang und Ende der kalten Jahreszeit bestimmt. Der Laufvogel Großer Nandu (*Rhea americana*, auf pilagá *mañiq*) läuft über die südliche Milchstraße als die Dunkelwolke[60] und erscheint Schamanen in Gestalt eines überdimensionierten Nandu oder eines Menschen. Das ist ein Herr der Tiere, wie Otto Zerries (1954) ihn beschrieben hat.

Neben dem Schamanismus, auf den ich noch eingehe, sind Träume und gewisse Zauberpraktiken weitere Kontaktkanäle. Im Traum verlässt uns ein Teil von uns und »sieht« etwas (wie auch bei Wachvisionen), was uns eine Kenntnis jener Welten ermöglicht. Zaubern ist ein Weg auch für Nicht-Schamanen, wenn sie nur Grundkenntnisse der Regeln jener Welten besitzen, die Realität so zu kontrollieren, dass mit außermenschlichen Welten Botschaften ausgetauscht werden können. So erlaubt das Verhalten bestimmter Tiere, meist ihr Gesang, Rückschlüsse auf Weissagungen oder Botschaften.

4 Sakralität und rituelle Praxis

Der evangelische Gottesdienst der Wičí und Pilaga hat Gesangs- und Tanzelemente aus der einstigen therapeutischen Praxis der Schamanen aufgenommen. Diese beschrieb Métraux so:

> Ein Indianer vom Pilcomayo pflegt zu singen und seine Rassel zu schütteln [...], um schädliche Geister fernzuhalten; wenn er aus einem Alptraum aufwacht; wenn nachts irgendeine Gefahr droht; um die Gunst eines Mädchens zu gewinnen; um den Frauen, die Früchte sammeln, zu Erfolg zu verhelfen; um für Erfolg bei Jagd oder Fischfang zu sorgen; und um die Gärung des Algarrobo-Bieres zu unterstützen.[61]

60 mit deutschem astronomischem Namen »Kohlensack«. Interessanterweise wird dieser Teil der Milchstraße auch von australischen Aborigines mit einem verwandten Laufvogel assoziiert, als Kopf des Emu.

61 1946:353. Algarrobo, *Prosopis hassleri*. Anm. des Übers.: Auf deutsch auch Johannisbrotbaum genannt, doch wird unter diesem Namen auch ein altweltlicher, zu einer anderen Familie gehörender Hülsenfruchtbaum geführt.

Diese Funktionen von Heilung und Macht finden sich in dem indigen-evangelischen Christentum wieder, das sich von den Toba-Enklaven um den mittleren Rio Bermejo ausgebreitet hat und bei den Wičí und Pilaga stark heilsbezogen ist.

Bei der *alabanza* (etwa: »Gotteslob«) der östlichen Wičí folgen *testimonios* (»Bekenntnisse«), *oraciones* (»Gebete«) und *coritos* (etwa »Laienchöre«, oft mit Tanz) aufeinander, In der Kernphase der eigentlichen *alabanza* steigern sich Chorgesänge und Tänze in der Suche nach kollektiver Trance (*gozo*, »Freude«).[62] Dabei üben die Spezialisten namens »Heilende Geister« prophetische Funktionen aus, wie sie zum traditionellen Seelenzustand *tohʷiłán* gehörten. Das ist der Zustand und der Lebensraum, wo der (meist mit *alma*, »Seele« übersetzte) *hesék* vom Körper getrennt ist, wie das während des Traums oder in der schamanischen Aktivität geschieht. Dabei therapieren die »Heilenden Geister« verschiedene Krankheiten und Übel mit Techniken, die sehr den traditionellen ähneln. Das könnte zum glänzenden Erfolg dieser neuen religiösen Form beigetragen haben.

Nach der blutigen Unterdrückung der erwähnten prophetischen Bewegung des Gottes Luciano schlossen sich die westlichen Pilagá der *Iglesia Evangélica Unida* (»Vereinigte Evangelische Kirche«) der südlichen Toba an, in der sie religiöse Formen, wie Luciano sie eingeführt hatte, wiederfanden. Heute führt die Pilagá-Kirche *Iglesia de Adoración a Dios* (»Kirche der Anbetung Gottes«, vor wenigen Jahren staatlicherseits anerkannt) die Grundlinien des Kultus des Luciano weiter. Dieser fand vor einem *la corona* (»die Krone«) genannten Altar statt, der auf einer erhöhten Tanzfläche stand. Dort übergab der Prophet den Tänzern »Geister«. Diese äußerten sich in Gesängen, deren Form den Liedern ähnelte, in denen traditionell die Beziehung zwischen einem *oykyaxayq* (»mächtiger Mann«, ethnologisch können wir *Big Man* sagen) und seinen Geistergefährten zum Ausdruck kam. Bis heute erklingen diese Gesänge, die traditionell von den Geistwesen eingegeben wurden, bei den Höhepunkten des *gozo* (»Freude«, »Trance«) in vielen Gottesdiensten indigener Neukirchen.

Seit dem 19. Jahrhundert feiern die Wičí-Völker an den Ufern des mittleren Rio Bermejo eine ganz eigene religiöse Zeremonie: Die schamanische *misa* (Messe), die ein traditionelles Heilungsritual mit vermutlich aus Franziskanermissionen übernommenen christlichen Elementen verbindet.[63] Hauptelemente sind die sonntägliche Versammlung der Gemeinde zur *recosmificación* (Wiedereingliederung in den Kosmos) und *salvación* (»Rettung«), wobei man ein Halluzinogen aus Samen oder Rinde von Hatax[64] kon-

---

62 s. Forschung des Ethnomusikologen García (2005) bei den neuen Pfingstkirchen der *Wičí* in der Zentralregion der argentinischen Provinz Formosa.

63 Zur Herausbildung der *misa* Braunstein 1990; 2003:22–31. Zu Geschichte und Form der misa s. auch Corrado (1884:596), Cardús (1886:250–258), Massei 1895, Remedi 1896, Gobelli 1912–1914, Pelleschi 1896/97:203, Dijour 1933, Métraux 1949, 1996, Palavecino 1979.

64 Der halluzinogene Same des mimosenartigen Baumes oder Strauchs Hatax (*Anadenanthera*, ein Hülsenfrüchtler) wird geröstet und gemahlen inhaliert, bisweilen auch geraucht. In der Archäologie der Puna de Atacama (Nordchile, Nordwestargentinien) glaubt man den Gebrauch dieses Halluzinogens für den regionalen formativen Horizont nachweisen zu können. Anmerkung des Herausgebers: In meinem Aufsatz in diesem Sammelband nenne ich dieses Entheogen paricá oder *yopo*.

sumierte, das hier traditionell von den Schamanen verwendet worden war. Die heute nur noch wenigen Anhänger dieser Kultpraxis nennen sich meist *católicos*, um sich von der protestantischen Mehrheit abzusetzen.

Auch die Vorstellung von der Seele *ahät* hat sich gegenüber dem einstigen Schamanismus der Wičí am Mittleren Rio Pilcomayo leicht verändert. So wurde der Ansatz eines Totenkultes aufgenommen, wodurch die Friedhöfe am Rio Bermejo etwas wichtiger wurden, während sie für die nordwestlichen Gruppen eher eine bürokratische Notwendigkeit sind. Weitere Neuerungen unter anderen sind einige Symbole wie das Kreuz (*teläh*), die Figur *liwra* (was ähnlich wie »Schlange« klingt) als Verkörperung des Fiebers, ferner Figürchen, Medaillons und Bildchen von Heiligen.

Heute besteht die *misa* hauptsächlich aus einer (möglichst allsonntäglichen) kosmischen Reise der Schamanen, die Ordnung und Fortdauer der Welt sichern soll. Für Außenstehende sieht das Ritual wie eine Zusammenkunft von Schamanen aus, die sich das Rauschmittel Hatax hereinziehen und dann singen, um Menschen zu heilen.[65] Aus der Innensicht der Gläubigen sind es die *-hesek*-Seelen der Schamanen, die ihre Körper verlassen und gemeinsam durch den Himmel bis zu den Bergen an der Westgrenze der Welt reisen. Dort ruhen sie in einem Wald aus, in dem jeder Baum das Leben desjenigen Schamanen darstellt, der sich darunter niederlässt. Dann diskutieren die Schamanen darüber, welche Offenbarungen sie auf der Reise erhalten haben, etwa: welche verlorenen Seelen sie identifizieren konnten, welche Gefahren beim Fischfang drohen, wie verschlossene Bahnen den Regen am Kommen hindern. Im Anschluss ziehen Trupps oder alle zusammen wie ein himmlisches Heer los, um die festgestellten Probleme zu lösen. Sie durchreiten den kosmischen Raum auf großen Storchenvögeln (*Jabiru mycteria*) zum Klang von Liedern, Rasseln und Trommeln. Hier befreien sie eine entführte *-hesek*-Seele, dort bittet eine Gruppe den Herrn vom Regen und Donner (*Pełay*, weiter westlich *Tupá*) um Ende oder Beginn der Regenzeit. Auf ihrer Reise im Zustand des *toh^{w}iłán* (der schamanischen Trance) und je nach den augenblicklichen Gegebenheiten können die Schamanen Kontakt mit der Gesamtheit der gewöhnlichen und göttlichen Wesen aufnehmen, die den Kosmos bevölkern. Dies sind etwa *potsełay* (die Plejaden), *itoj pałá* (der Herr des Feuers), *h^{w}iyet t'isán* (der »Körper des Kälteeinbruchs«, den Palavecino 1979 erwähnt). Wenn dann die Ordnung der Welt wiederhergestellt wurde, kümmern die Ergriffenen sich um die hiesigen Körper: Das Volk versammelt sich gruppenweise und wird von Krankheiten geheilt. Die verlorenen Seelen werden zurückgegeben, Eindringlinge aus den Körpern exorzisiert, alles etwa so wie auch bei der schamanischen Therapie der westlichen Wičí. Schließlich kehren die Schamanen aus dem Himmel zurück, den sie dabei noch einmal durchfliegen. Die Krankenheilung, einst im traditionellen Schamanismus eine Hauptaufgabe, ist heute in der *misa* fast nur noch ein Nebeneffekt im allgemeineren Kontext der Wiedereingliederung in den Kosmos und der Errettung.

65 So finden wir in den ersten wissenschaftlichen Beschreibungen der *misa* lediglich deren therapeutische Funktion: Dijour 1933, Métraux 1949.

Daneben haben sich zerstreute Fragmente früherer Religionen der bodenbauenden Töpfer-Kulturen erhalten, die zur Zeit der Ankunft der Europäer im 16. Jahrhundert rund um den Gran Chaco blühten. Die Völker des Chiriguano-Chané-Kulturkomplexes und die Terena im brasilianischen Mato Grosso halten noch heute ihre Maskenfeste ab.[66] Im bolivianisch-paraguayischen Grenzgebiet des nördlichen Chaco trafen sich Ayoreo-Gruppen bis vor wenigen Jahren alljährlich zum »Vogel-Fest«. In den Wäldern nahe dem rechten Ufer des Oberen Paraguay feierten die Chamacoco jährlich ihr »Clownsfest«. Diese Rituale der Ayoreo und Chamacoco spielten die wichtigsten Mythen dramatisch durch und rechtfertigten den heutigen Zustand der Welt, vor allem die Machtübergabe von den Frauen an die Männer. Maskierte, körperbemalte »Geister« durchzogen die Dörfer und schreckten theatralisch Frauen und Kinder. Unter den Masken steckten gewöhnlich neu Initiierte, deren Ausbildung damit einen abschließenden Höhepunkt fand. Einige Lengua-Maskoy-Gruppen nördlich des Rio Pilcomayo veranstalten bis heute ähnliche Maskenprozessionen anlässlich der Mädcheninitiation oder eines Trauerfalls.[67] Andere Völker einer alten Kulturschicht im zentralen Chaco, wie die Wičí, bewahren die Tradition des rituellen Gebrauchs des Hallucinogens Hatax. Während des Initiationsrituals *nak'uy* stecken die Wičí kleine Stäbe um die Tanzenden – wie ein fernes Echo der von Jesuiten beschriebenen Ritualpraxis im Anden-Vorgebirge. Und in der von verschiedenen Jägervölkern (mit den Sprachen Pilagá, Toba, Chorote, Chulupí und Maká) gebildeten Regionalkultur des mittleren Rio Pilcomayo wurde bis Mitte des 19. Jahrhunderts das Skalpieren praktiziert, das die (auch für die bodenbauenden und Keramik produzierenden Völker des Nordostens typische) Kopfjagd fortsetzte.

In die östlichen Ausläufer der Kordillere am Rande des Gran Chaco wanderten seit Ende des 15. Jahrhunderts von Osten, aus den Wäldern um den Rio Paraná, Guaraní ein. Sie verbanden sich dort mit einem Volk, das eine Sprache des Moxo-Mbaure-Zweigs der Arawak-Sprachgruppe sprach, zu dem heute als Chiriguano-Chané bekannten, bäuerlichen Kulturkomplex. Heute spricht man dort verschiedene Varianten des Guaraní, doch bewahrten einige Gruppen Traditionen der früheren Kulturschicht, die das Gebiet Jahrtausende zuvor erreicht hatte. Dazu gehört das mehrere Wochen andauernde *arete*-Fest, das heute mit dem Karneval verschmilzt. Vereinfachend kann man es als lange Abfolge von Einladungen zu Trink-

---

66 Wieder war es Métraux (1946:358), der als erster auf die formale und vielleicht auch konzeptionelle Verwandtschaft dieser Rituale mit solchen Arawak-sprechender Gruppen weiter nördlich (Mojo, Paressí, Paumarí) hinwies. Die Tereno stammen von den *Guaná-Layaná* jesuitischer Berichte der Kolonialzeit ab, die damals im äußersten Nordwesten der Region lebten. Auch lassen sich gewisse Ähnlichkeiten zu Felszeichnungen im Andenvorgebirge nicht leugnen, die ähnliche Rituale zeigen. Anfang des 20. Jahrhunderts beschrieb Martin Gusinde einen ähnlichen Ritus bei den Selknam im äußersten Süden des Kontinents.

67 Man kann eine Verbindung zu den von Jesuiten des 18. Jahrhunderts bezeugten, heute verschwundenen komplexen Ritualen der Vilela um bemalte Holzpfosten herum vermuten, die Vorfahren darstellten. Von da könnte man Rückschlüsse auf die großen, bis heute rätselhaften Menhire in Tafí del Valle (Tucumán, Argentinien) zu ziehen versuchen.

gelagen in den Häusern verschiedener Gastgeber beschreiben, wobei die Männer Masken der *aña-hanti* genannten mythischen Wesen tragen und um eine Gruppe von Musikern herum tanzen, rufen und gestikulieren. Dieses Ritual der Erneuerung fand nach einigen Quellen[68] bis vor wenigen Jahren zu Frühjahrsbeginn zur Zeit der Aussaat statt. Bei dem orgiastischen Fest werden die moralischen Normen für Ausdrucksweise, Sex und Alkoholkonsum verkehrt. In Verkleidungen, an denen man erkennt, ob es beispielsweise Totengeister, Herren der Natur oder bestimmte soziale Rollen sind, treten Geister mit eigenen Namen auf. Krönender Abschluss ist der rituelle Kampf zwischen den Maskenträgern von Jaguar und Stier.[69]

Das alljährliche Fest der Chamacoco wurde intensiver als ähnliche Feste im Chaco beschrieben.[70] Ein Hauptziel war das Erscheinen von Geistern (*anapsönrro*), die auf dem Höhepunkt der Initiation der jungen Männer von diesen verkörpert wurden. Tagelang lud man die Geister mit Gesängen, Tänzen und immer wiederholtem Umkreisen eines Baumes ein, bis sie schließlich durch das Dorf paradierten und Frauen und Kinder in Angst und Schrecken versetzten.

Wenn die Nachtschwalbe[71] am Ende der Trockenzeit aus ihrem »Winter«schlaf erwacht, feierten die Ayoreo das Fest dieser Ahnin, die einst die Gestalt eines Vogels angenommen hatte. Das Ritual »schließt einen Jahreszyklus und eröffnet den nächsten.«[72] Mit ihm beginnt die Periode von der Aussaat bis zur Ernte. Die Großgruppen (*hogasuy*), die in der Trockenzeit getrennt herumgezogen waren, kamen nun in einem Dorf (*giday*) zusammen. Die jungen Männer wurden in mythische Geheimnisse und in einen Geheimbund eingeweiht und zogen dann durchs Dorf als Verkörperungen der Vorfahren (*nanibahade*). Durch die Initiation wurden die Jungen zu »Tötern« (*asutéy*) und traten sie in einen rituellen Austausch mit Männern aus jeweils einem anderen, dem eigenen verbundenen Clan (diese Beziehung zwischen Clanen hieß *yaqotéy*, »Ehegatten«) und tauschten mit ihnen Geschenke aus, einmal während des Fests, später auch, wenn sie einen Gegner getötet hatten.[73] Zur Choreographie des Festes gehörten Zeichen der Theophanie wie Kreuze (zweifellos ein Überbleibsel der jesuitischen Mission), Spiegel, die den schrecklichen Vogel darstellten, und die Auspeitschung der Initianden gleich Büßern mit den großen, stacheligen Bromelienblättern.[74]

Bei den Völkern der Lengua-Maskoi Sprachgruppe versetzten Maskenträger (*sowalaq*) Kinder und Frauen während der Feiern der Mädchen-Initiation (*yanmaan*)

---

68 so Mordo 2003:17.

69 Hierzu gibt es unterschiedliche Interpretationen, s. Bossert/Villar 2004:19–20.

70 zunächst durch Guido Boggiani (1894 a, b) bei den Chamacoco und ihre Untergruppe Tomaraho oder Ishiro; Untersuchung der Bedeutung des Rituals dann u. a. Frič 1906, Baldus 1931a, b, Métraux 1943 (mit von Frič übermittelten Mythen der Chamacoco), Susnik 1957, 1969, Cordeu 1980, 2003.

71 *Caprimulgus spec.*, ein Vogel, der Winterschlaf hält.

72 Bórmida 1973–1979, Teil II (1974):63.

73 Bórmida/Califano 1978:102, 35.

74 Beschreibung des Festes mit den offenbar aus der Missionszeit überbliebenen Elementen bei Kelm 1971.

und bei anderen Gelegenheiten wie den Trauerritualen in Angst und Schrecken, welche Angst freilich oft, gut gespielt, zur Performance gehörte. Offenbar ähnliche, freilich ethnologisch nicht erforschte Rituale feierten die Chulupí und Pilagá an den Ufern des Pilcomayo.

Im 18. Jahrhundert beschrieb Pater Giuseppe Jolís S. J. im Tagebuch seiner Reisen in den Chaco ein Ritual noch nicht christianisierter Vilela und ihrer Nachbarn im Gebiet des Rio Bermejo. Er sah mit Figuren bemalte oder geritzte Holzpfosten, etwa vier bis fünf Meter hoch. Unter den Pfosten versammelten sich die ...

> Gelehrten oder Scharlatane oder Kurpfuscher [...], gewöhnlich die Ältesten der Gemeinschaft [...], um auszuwählen, wer die Hauptrolle im Fest spielen soll [...]. Nachdem sie gut getrunken haben, wählen sie erst einen kräftigen Junggesellen von starker Stimme, damit er den Teufel darstelle, den sie Gos nennen. Dann schreiten sie zur Wahl seiner Gemahlin oder Geliebten, die gewöhnlich eine von denen ist, von denen man weiß, dass sie dem zum Gos Gewählten gefallen. Schließlich wählen sie sechs Jungen zwischen 10 und 12 Jahren, die zum Dienst für Gos bestimmt sind und dafür, ihn während des ganzen Festes zu begleiten, und nennen sie Gos Inaklempe, was Söhne des Gos bedeutet, und sie sind wie Pagen oder Lakaien.

Man baute eine Hütte für Gos und seine Frau, und eine für die Pagen. Das Ehepaar Gos versteckte sich zunächst im Busch und wurde dann herbeigebeten, die Menschen von Krankheiten zu befreien und Regen für die Saat zu schicken.

> Sie nennen dieses Fest auch Fest des Teufels. Während Gos und seine Pagen um die bemalten Pfosten tanzen und hüpfen, heulen sie auch wie Hunde oder brüllen wie Jaguare oder ahmen die Stimmen anderer Tiere nach und ziehen viele Fratzen und schütteln ihre Köpfe und Körper.

Die Tänzer trugen kleine Masken aus Holzstäbchen, lärmten und lachten.[75] Die Jesuiten erwähnten noch weitere, offenbar ähnliche Feste mit Trankopfern.[76] Etwa ein Jahrhundert später beobachteten Franziskaner gleichsam ein Echo dieser Rituale bei den Mataco am Rio Bermejo im Rahmen einer religiösen Bewegung im Vorfeld der schon erwähnten *misa.*[77]

Bei den Mataco am Rio Pilcomayo sah sich Mario Califano in den 1970er Jahren bei einem schamanischen Initiationsritus an jesuitische Beschreibungen des 18. Jahrhunderts erinnert, doch zeigten die roten Bänder, die man oben an »Stangen, deren Länge einen Meter und sechzig Zentimeter beträgt«, anband, nurmehr die Begrenzung des Raumes der Performance, innerhalb derer der kannibalische *welan* auftrat, ein Geist (*ahot*), der unter anderem die Schamanen initiiert.[78] Tief in den Trockenwäldern bei den Wald-Wičí an einem abgelegenen Ort namens El Lobuno im Süden der Region des Rio Pilcomayo, an der sogenannten *Línea Balinari*,

---

75 Jolís 2007:278, 279. Auch bei Fúrlong/Hervás 1955:135–137.

76 nach Métraux 1946:356 und 1996:228. Métraux stützte sich auf eine frühere Ausgabe des in diesem Buch unter Fúrlong 1955 zitierten Werkes, das auf die dann 2016 erneut veröffentlichte Quellensammlung (Maeder et al. Hrsg. 2016) rekurrierte.

77 Braunstein 2003:28–30.

78 Califano 1975:25.

erlebte ich in der Trockenzeit des Jahres 1972 ein schamanisches Ritual zur Bekämpfung einer schweren Grippe-Epidemie. Es ähnelte Ritualen, die Pater Remedi Ende des 19. Jahrhunderts und der protestantische Missionar Collins M. Smith 1941 beschriebenen hatten.[79] Ich sah keinen Holzpfosten und bekam wenig Auskunft, da mein Begleiter, ein Fluss-Wičí angstvoll floh, als die maskierte Hauptfigur erschien. Die ganze Nacht hindurch riefen, liefen und tanzten etwa ein Dutzend religiöse Spezialisten (*hiawelh*) zum Rhythmus der Trommeln, Schellen und Rasseln um eine dafür errichtete Hütte herum. Aus dieser heraus und wieder hinein kamen eindrucksvoll verkleidete Männer, am eindrucksvollsten der Träger der großen Maske. Am nächsten Morgen versichert man mir, es seien mindestens zwei *ahot-* (»Geist«-) Theophanien anwesend gewesen: Telaj (das Fieber) und Ahätah (der Große Ahöt) in die Hütte gekommen, um eine Verbindung zur Unterwelt herzustellen.

5 Spezialisten für das Heilige

In den Gesellschaften des Gran Chaco waren bis weit ins 20. Jahrhundert Schamanen[80] die wichtigsten religiösen Experten. Ihre Funktionen übernehmen heute in den indigenen *evangelio*-Kirchen die erwähnten »Heilenden Geister«. Doch wissen wir, dass früher noch andere Klassen von Personen Rituale leiteten. Zu den oben erwähnten esoterischen Mythen der Ayoreo und Chamacoco gehören esoterische Rituale, von denen die gleichen Forscher, die nach den Mythen fragten, auch nur bruchstückhafte Angaben bekamen. In dem erwähnten Ritual der Aufnahme in einen Geheimbund hatten Ältere eine Art »priesterliche Funktion«.[81]

Besser kennen wir das Opferritual der Schamanen bei den Wičí am Rio Bermejo. Während ihrer *misa*, bei welcher an die Stelle des christlichen Abendmahls die oben erwähnte Inhalierung des Rauschmittels Hatax tritt, werden während der therapeutischen Arbeit bestimmte rituelle Objekte geopfert, dabei aber nicht zerstört – man glaubt, dass ihr *hesek* (Seele) der göttlichen Sphäre überantwortet wird. Dadurch treten die Schamanen mit den Theophanien in Verbindung.

Im Allgemeinen ist es der Schamane, der auf den verschiedenen Ebenen des Kosmos »sehen« und handeln kann, oft in Trance. Damit kann er auch seine überirdischen Gehilfen aussenden, in anderen Fällen übernimmt er oder der substanzielle Teil seiner Seele selbst die Arbeit (meist zur Errettung von Seelen), wofür er sich

79 Zusammenfassend Métraux 1946:356–357; 1996:229. Métraux bezieht sich auf Lafone Quevedo 1896 und auf einen Brief von Colins M. Smith, einen protestantischen Missionar.

80 Namen u. a.: *ayéwu* (in der Sprache der Chorote), *toyéej* (Sprache der Nivaqlé), *hayawú* (Westliche Wičí), *hiyawé* (Östliche Wičí), *weyhetáx* (Maká), *pi'oxonaq* (Toba der Bermejo-Region), *pi'ỹoxonaq* (Toba der Pilcomayo-Region), *pi'ỹoxonaq* (Pilagá), *pi'xonaq* (Mocoví), *apyoholhmá* (Lengua-Enlhet), *komzáxo* (Chamacoco-Ishiro), *dainháy* (Ayoreo), *ipáye* (Chiriguano-Chané.

81 Cordeu 2003:23–25; Cordeu 2008:47: im Ritual der Tomaraxo (Chamacoco) lehrten die *ëmaták* (Initiationslehrer, welche die jugendlichen Initianden durch die Initiation geleiten) die Kandidaten Geheimnisse.

in die jeweils geeignetsten Wesen verwandelt und Überirdische als Informanten oder Transportmittel nutzt, um schneller an die entferntesten Orte des komplexen Kosmos zu gelangen. Die Trance dient der therapeutische Arbeit: Das Übel, das in einen Körper eingedrungen ist, wird herausgezogen oder beschworen, oder der fern vom Kranken verirrte Teil von dessen Seele wird gesucht und zurückgeholt. Vor allem aber ist der Schamanismus eine Form des Zugangs zur Kenntnis der kosmischen Geographie, die Nicht-Schamanen nur vage bekannt ist.

Der Schamanismus hängt davon ab, wie physische und psychische Natur sich im Menschenbild zueinander verhalten. Das variiert bei den einzelnen Chaco-Völkern sehr. Die »Seelen« eines Menschen können viele sein, an verschiedenen Orten im Menschen oder in der Welt wohnen, unterschiedliche Formen, Funktionen und Bestimmungen haben. Im Sinne nicht der Soziologie des 19. Jahrhunderts, sondern der heutigen Ethnologie lässt sich sagen, dass alle Völker des Gran Chaco Animisten[82] sind. Doch unterscheiden sie sich in ihren Auffassungen vom Kosmos und von Gesundheit und Krankheit, besonders wenn letztere dadurch entsteht, dass die Seele sich verirrt oder entführt wird oder dass schädliche »Geister«« oder Objekte in den Körper eindringen (oft auch durch eine Kombination dieser Schädigungen. Die Schamanen sind nicht nur von Volk zu Volk unterschiedlich gekleidet und geschmückt, unterschiedlich sind auch etwa: die kosmische Geographie, durch die sie reisen, die Geister, mit denen sie zu tun haben, die Vorstellungen von den Formen des Heiligen, die Auffassungen von Rettung und Verderben. Es gibt so viele Schamanismen wie Kulturen mit unterschiedlichen Vorstellungen von Welt und Person, die sich ihrerseits historisch verändern.

Der Vorstellung von einer »schamanistischen Religion«, wie sie in jener pseudointellektuellen Strömung gehegt wird, die man *New Age* genannt hat, kann ich nicht folgen. Zunächst mögen die historischen Institutionen, die man unter »Schamanismus« zusammengefasst hat, den Europäern sehr exotisch erschienen sein, doch sind sie gar nicht so sehr verschieden von einigen Formen des »animistischen« Christentums, von dem Andrew Lang sprach,[83] und das ein um das andere Mal wiederaufgetaucht ist: in gnostischen Glaubensvorstellungen, in mittelalterlichen »Häresien« und sogar in dem bis heute sehr lebendigen Volkskatholizismus der romanischen Länder mit seinen Heiligen, Gelübden und weiteren Formen der Frömmigkeit. Doch alles zusammengefasst: Wenn wir irgendetwas in den traditionellen Kulturen des Gran Chaco als Religion (im Sinne einer überirdischen Immanenz) bezeichnen können, dann ist es der Schamanismus. Dieser wurde systematisch und bis heute vorbildlich von Alfred Métraux beschrieben.[84] Doch halte ich dessen Unterscheidung zwischen vollwertigen Schamanen und der Masse, die nur über wenige Kenntnisse der magischen Künste verfügt, zwar in manchen Fällen für zutref-

82 »wenn die Menschen den Nicht-Menschen ein dem eigenen identisches Inneres zuschreiben«, Descola 2005:183.

83 »the exclusive Theism of Israel receives its complement in a purified Animism, and emerges as Christianity«, Lang 1898:304.

84 Métraux 1946:360–365.

fend. Aber in den Kulturen, in denen die Inkorporierung von Hilfsgeistern mehr oder weniger zum normalen Lebenszyklus gehört, ließe sich kaum eine klare Grenze zwischen den religiösen Spezialisten und der Masse ziehen. Was wir finden, ist eine Spezialisierung jedes Menschen auf bestimmte Zuständigkeiten oder Fähigkeiten, abhängig von Charakter und Persönlichkeit seines oder seiner Hilfsgeister.

Eine klare Trennlinie zeigt sich am ehesten noch bei der therapeutischen Funktion des Schamanismus. Die Fähigkeit, Kranke zu heilen, ist gewöhnlich auf wenige Menschen beschränkt, die bestimmten Verwandtschaftsgruppen angehören, innerhalb derer die Hilfsgeister weitergegeben oder vererbt werden, und die Heiltechniken müssen in einem mehr oder weniger streng geregelten Lernprozess erlernt werden. Diese Bedingungen sind in Gesellschaften, die in Verwandtschaftsgruppen gegliedert sind, durch deren Grenzen begrenzt.

Métraux (2001) behandelt Initiation und Lehrzeit des Schamanen bei den Toba und den Wičí, als wären sie bei beiden gleich: Der Kandidat wird auserwählt durch einen Geist. Doch sollte ein Unterschied stärker betont werden: Bei den Toba wird dem Kandidaten eine Vision übermittelt, in der er einen Geist sieht, der ihm ein neues Lied beibringt; bei den Wičí wird seine Person[85] entführt, während er sich im Zustand schamanischer Trance befindet. Das Wort für diese, *toh^wilán*, ist oft mit »wahrer Traum« übersetzt worden, doch sehen die östlichen Wičí darin eher die wahre Welt, in deren Kopie wir leben. Diese Wičí erfahren kein *toh^wiłán*, noch sind sie *toh^wiłán*, sondern sie sind zeitweilig im *toh^wiłán*. Wir müssen uns das so vorstellen wie die wahre Welt außerhalb der platonischen Höhle, die archetypische Raum/Zeit. Dorthin gelangt nicht allein der Schamane, aber dessen Arbeit wird immer dort durchgeführt. Man könnte den Schamanismus der Wičí als die Fähigkeit definieren, jederzeit und willentlich jene wahre Welt zu betreten. Indem der Initiand entführt wird, kann er das mächtige Urzeitwesen inkorporieren. Äußerlich ähnelt sich die Arbeit des Schamanen bei Wičí und Toba: Gesänge (fast immer zur Rassel), über den Körper blasen, ihn reiben, Handauflegen. Doch sollten wir Trance und Geisterhilfe unterscheiden, denn bei ersterer wird allein aus Willen und Absicht des fremden Geistes gehandelt, während bei letzterer das Ich autonom bleibt und Macht gewinnt.

Der heute fast verschwundene traditionelle Schamanismus der Wičí[86] im östlichen Chaco befasste sich mit allen denkbaren Übeln, die Individuum oder Gruppe quälen: Krankheiten, Schwierigkeiten bei Jagd oder Sammelwirtschaft, drohende Katastrophen, Liebeskummer. Der Schamane unterschied sich hier in seiner Rolle viel deutlicher von der Mehrheit als sein Kollege bei den Toba. Im Alltag war er der stets gebrauchte Beschützer, gleichsam Prophet und Retter. Seine Macht (*la-*

---

85 Ich schreibe hier »Person« gemäß dem indigenen Gesichtspunkt, obwohl das entsprechende Wort -hesék meist als »Seele« übersetzt wird.

86 Califano beschrieb 1975 eine Form des Schamanismus der Wenhayéy (so nennen die flussabwärts wohnenden Wičí die Völker am rechten Ufer des Mittleren Pilcomayo, in der älteren Literatur als »Guisnay« transkribiert), der sehr demjenigen ähnelte, den Métraux kennengelernt haben dürfte.

kapf^{w}áyaj) zeigte sich akustisch in dem starken Hauch, den er mit Stentorstimme ausstieß *¡pf^{w}á!* – zum Abschluss eines Gesanges, in dem er einen Hilfsgeist beschworen hatte, und auch jedes Mal, wenn er zu Gehör brachte, dass er seine *-hesek*-Seele freiwillig seinen Körper verlassen ließ.

Während der Heilungssitzung unterhielt sich der in Trance aus seinem Körper nach *ihi toh^{w}iłán* (Raum/Zeit dessen was wir Trance oder mächtigen Traum nennen) gelangte Schamane mit seinen Hilfsgeistern, wie ein Oberarzt mit seinen Assistenten bei der Visite am Bette eines Kranken, etwa so: *pa'hote nheminh^{w}aj* – »Was meinst du, mein Lieber?«, und der Hilfsgeist mochte mit unverständlichen Lauten antworten, manchmal fast einem Gegrunze, das erahnen ließ, aus welcher weiten Ferne es kam, wo der Schamane gerade wirkte. Später folgten Diagnostik und Nosologie, die der Schamane der Zuhörerschaft aus den Antworten heraus übersetzte. Das alles lief in der Nacht oder in dunkler Hütte ab. Während der Heiler seine Hilfsgeister traf, verschwand er unter einer Decke. Diese wurde geschüttelt, woran man die Bewegungen der »Körper« der »Geister« erkannte, und unter der Decke hervor drangen die Stimmen und Geräusche der Gespräche des Arztes mit seinen Assistenten.

Aus der wenig durch Hierarchie und Status gegliederten Gesellschaft der Wičí stach der Schamane auf zweierlei Weise hervor: Erstens schrieb man ihm die Kompetenz zu, in einer dem Nicht-Spezialisten verwehrten Sphäre mit den *ahät* zu kommunizieren, den Verursachern individueller oder kollektiver Misshelligkeiten; zweitens besaß er als einziger ein Bündel diagnostischer und therapeutischer Techniken. Einer der Hauptunterschiede zwischen diesem traditionellen Schamanismus der Wičí und ihren heutigen religiösen Ausdruckformen[87] besteht darin, dass die Kommunikation mit dem Jenseits weiter verbreitet ist, sodass ein Privileg jenes Spezialisten wegfällt. Wenn wir den Schamanismus mit Eliades erster, vorläufiger Definition als »Ekstasetechnik«[88] bezeichnen wollen, könnten wir den *»evangelischen«* Kultus der Wičí einen Weg der Kollektivierung und Einpassung des Schamanismus in einen christlichen Rahmen nennen.

Die Ayoreo[89] unterscheiden (nach Bórmida 1984) sechs verschiedene Wege, zur Erkenntnis der Welt zu gelangen. Der Weise (*igasitay*) kennt die Welt aus den Mythen; der Schamane *dainháy* sieht und reist; der Schamane *dainháy edoparí* sieht und hört, kann aber nicht in die soziale Welt der Mythen reisen; der Träumer (*uritay*) ähnelt dem ebengenannten, sieht und hört aber weniger; der Verrückte (*urusoy*) kann sehen und hören, aber nicht die Macht kontrollieren, von der er diese Fähigkeit empfängt, und auch nicht während der Trance aktiv werden; und

87 zum Wandel der musikalischen Ausdrucksformen Braunstein/García 1996:145.

88 1975:14: »Eine allererste Definition dieses komplexen Phänomens, und vielleicht die wenigst gewagte, wäre: Schamanismus = *Technik der Ekstase*« [franz.: 1951:22: »Une première définition de ce phénomène complexe, et peut-être la moins hasardeuse, sera: chamanisme = technique de l'extase«].

89 Der Schamanismus der Zamuco-sprachigen Völker scheint mir dem der Wičí sehr viel näher zu stehen als dem der Toba. Sebag (1965) und Bórmida (1984) erforschten den Schamanismus der Ayoreo, Baldus, Sušnik (1969) und Cordeu den der Ishiro.

schließlich der gewöhnliche Mensch, der weder die Fähigkeit *uopié* besitzt, die es ihm ermöglichen würde, Kommunikationskanäle in andere Welten zu nutzen, noch die dem *igasitay* eigene Mythenkenntnis; ihm bleibt nur ein unscharfes Bild des Kosmos, das er im täglichen Leben aufschnappt.

Bei den Toba und Pilagá gliederten sich die mit besonderen Ekstasetechniken vertrauten und aus der Gesellschaft herausragenden Schamanen in drei Kategorien: Der Novize (*dadalaic*), der seine Macht aus seinen Träumen bezog; der *napinshaxaic*, dessen Macht von einem Hilfsgeist kam; und der *'oyk'iaxayq*, dessen gewaltige Macht aus seiner Verbindung zu den Totengeistern herrührte und auch die Gabe der Prophetie einschloss. Aus dieser Kategorie kamen früher die Häuptlinge.

Die 1936–1942 aus dem Gran Chaco in die Nähe von Asunción umgesiedelte und dort sesshaft gewordene Gruppe von Maká[90] entwickelte verschiedene Formen nativistischer und revitalistischer Religion, die ich an anderer Stelle als einen synkretistischen Ansatz erklärt habe, dessen Ziel es war, die ethnische Identität zu bewahren, ohne den Unterschied zwischen Schamanismus und Christentum zu verwischen.[91] Sie hat sich von den Mythen abgewandt, aber schamanische Kenntnisse teilweise bewahrt. Der einstige Schamane (*weinhetax*) wurde mit allen seinen therapeutischen und prophetischen Funktionen äußerlich zum Heiler (*curandero*) nach Art der nicht-indigenen Bevölkerung, während der Zugang zum Göttlichen (nun Christus) über Priester und katholische Bilder läuft.

Ihre neuen Formen des Christentums helfen in den Augen der Indigenen, den früheren Gegensatz zwischen »Indianern« und »Christen« aufzuheben. Die »Auserwählten« sind nun sowohl wahre Christen als auch wahre Indigene. Alle nativen christlichen Kirchen des Chaco haben aus dem Schamanismus (je nach Ethnie etwas verschiedene) Vorstellungen vom Kosmos und vom Ort des Körpers im Kosmos übernommen, ferner therapeutische Techniken, dazu aber auch die biblischen Figuren und weitere Elemente des kolonialen Christentums.

Der Schamanismus überlebte unter dem Dach des später übernommenen charismatischen Rituals und erhielt dabei einerseits eine neue Bedeutung, während andererseits das Wirkungsfeld des Spezialisten eingegrenzt wurde. Heute können wir zwei Formen des Weiterlebens des Schamanismus unterscheiden: In der (heute wieder verschwindenden) *misa* hat er sich christlicher Begriffe bemächtigt; in der »evangelischen« Form werden wesentliche Teile der schamanischen Institution formal in einen christlichen Rahmen gefügt. Dabei müssen wir wissen, dass viele heutige »Heiler« (*sanadores*) früher Schamanen waren und ihre Konzepte und Theorien mit dem »evangelischen« Dogma der *sanidad* (»Heilung«) vermischten und sich dabei den charismatischen Kirchen annäherten, denen man sie ohne große definitorische Probleme zuordnen könnte. Dabei verdrängt aber der kollektive Charakter des evangelischen oder pfingstkirchlichen Rituals die Einsamkeit des traditionellen religiösen Mittlers, die sich in allein gesungenen Liedern ausgedrückt hatte, die

---

90 Diese Gruppe lebt seit 1985 in Mariano Roque Alonso bei Puente Remanso. Dort und in der Nähe zählten die Maká nach dem Zensus von 2012 1.283 der insgesamt 1.892 Maká.

91 Braunstein Ms. (1981), III:541–572. Zusammenfassung in Braunstein 2009.

nicht einmal dann mit anderen harmonierten, wenn sie gleichzeitig gesungen wurden. Der *sanador* (»Heiler«) besitzt eine Zaubermusik nicht mehr für sich allein, wie einst der Schamane, der damit auf geheimnisvolle Weise seine Hilfsgeister erwarb. Heute integrieren die Gläubigen die heilende Kraft der Musik in ihre Laienchöre und Tänze.

6 Gläubige und Seelen

Den indigenen Bewohnern des Chaco ist die Auffassung von der menschlichen Person und ihren körperlichen und seelischen Bestandteilen in großen Zügen gemeinsam, jedoch mit zahlreichen, noch kaum erforschten Unterschieden in Details. Gewöhnlich wird eine Beziehung zwischen »Seele« (oder »Seelen«) und Schatten des Körpers gesehen. Für einige (wie die Toba vom Unteren Pilcomayo) bildet der Körper eine integrierte Einheit zusammen mit dem Schatten (*paqal*, woraus nach dem Tod des Menschen *panaqá*, »Gespenst« wird) und einer Menge von Seelen außerhalb des Körpers, die dem Menschen sein Leben lang seine Begabung (*haloik*) verleihen. Davon zu unterscheiden ist *lq'yi*, die Fähigkeit, in Traum oder Vision zu »sehen«, die allein den wahren *curandero* oder *p'iyoxonák* (Heiler, der heute Funktionen des einstigen Schamanen übernommen hat) ausmacht. Etwas anders ist bei den Wičí am Mittleren Pilcomayo das meist mit »Seele« übersetzte *-husék* der Teil des Menschen, wo seine intellektuellen Fähigkeiten wohnen, vor allem sein individueller Wille. Dieser Teil findet sich (so heißt es meist) im *-t'isán*, das heißt innerhalb der körperlichen Materialität, die eine Person physisch trägt. Die »Seele« enthält das Lebensprinzip, das gleichsam pflanzlich vorgestellt wird, sowie Intellekt und Willen.[92] Die Seele des Schamanen gilt vielen Wičí als ein Zweig des Weltenbaums (*halätaj*). Bei den östlichsten Wičí am Rio Bermejo ist es anstatt des Weltenbaums ein Wald auf der Kuppe der Berge im Westen, und jeder Baum dort steht für eine Seele außerhalb des Körpers eines der Schamanen, die an der *misa* teilnehmen: dort ruht die Schamanenseele auf ihrer Reise zum Geleit der Seelen durch den Kosmos aus. Die Schamanen der Wičí sehen die »Seelen« von Erwachsenen in Gestalt kleiner Menschen, die »Seelen« von Kleinkindern (auch schon im Mutterleib) hingegen in pflanzlicher Gestalt. Die Schamanen, die diese Seelenbestandteile bei der Heiltherapie an Kleinkindern manipulieren, beschreiben sie als Setzlinge oder kleine Pflanztriebe auf den Pflanzen.[93]

Das Wort der Ayoreo-Sprache »*ayipiyé*«, oft mit »Denken« oder »Verstehen«, manchmal aber auch mit »Seele« übersetzt, beschreibt »die denkerische Fähigkeit und auch die emotionalen Zustände des Menschen«.[94] Daneben steht *oregaté*, was

92 was Palmer 2005 unter »gutem Willen« beschreibt.

93 Barúa (2001, 2007) beschreibt die Vorliebe der Wičí für pflanzliche Bilder bei der Namensgebung und deren Beziehung zum Sternenhimmel. Er schließt aus diesem und weiteren Punkten auf eine Beziehung dieser Kultur zu archaischen archäologischen Komplexen.

94 Bórmida 1973–1979, I (1973):57, Anmerkung 59.

> die Seele des Toten bezeichnet, obgleich diese schon kurz vor dem Tod der Person existieren zu können scheint und daher auch gesehen werden kann. [... Diese] Erscheinung kündigt im Übrigen den baldigen Tod des Individuums an, das als oregaté erkannt wurde[95]

Das Wort *oregaté*, wählen die Ayoreo meist, um das spanische *alma* (»Seele«) zu übersetzen. Im *oregaté* wohnen die individuellen Fähigkeiten, die nach dem Tod in der Erde verbleiben: *oupiyé* (die schamanische Macht) und *dikiyodié* (die physische oder kriegerische Macht). Durch letztere konnte der Ayoreo etwas wagen, »wild« werden, in den Zustand von *susmaningay* (Mut) gelangen. Die Seelenvorstellungen der Ayoreo ähneln jener der Wičí und der südlichen Völker der Guaykurú-Sprachgruppe, während sich bei den verschiedenen Toba-, Pilagá- und Mocoví-Völkern diese Verbindung von Seele, Verstehen und Willen nicht findet.

Bei den Toba im Mündungsgebiet des Rio Pilcomayo fängt der Mensch im Verlauf seines Lebens zunehmend Macht ein, die in der Summe der (wie mythische Urzeitwesen vorgestellten) Hilfskräfte enthalten ist. Der Körper wird hier meist als ein Behälter gedacht, zu dessen organischen, nicht vom Willen kontrollierten Funktionen die intellektuellen Fähigkeiten gerechnet werden. Mit wieviel Geschick (*haloyk)* ein Mensch agieren kann, hängt davon ab, über welche der »Geheimnisse« aus der esoterischen Welt der Mächte der Natur er verfügt. Nur der Schamane (*pi'oxonaq* bei den Toba der Bermejo-Region) macht aus seinem Intellekt den Mittelpunkt seiner Person. Nur er gewinnt durch eine besondere Initiation die geistige Brille *lkyi*, mit der er »in die Ferne sehen, »alles wissen«, »alles verstehen« kann. Es sind nicht die Hilfsgeister, durch die er sich hauptsächlich vom Nicht-Schamanen unterscheidet, denn alle haben welche, wenn auch in unterschiedlicher Anzahl und Qualität, sondern seine außerordentlichen Sinne und seine intellektuelle Fähigkeit.

Bei den Wičí ist es praktisch umgekehrt: Hier verdient nur die intellektuelle Aktivität den Namen »Seele« (*-husék*), und ganz anders als bei den Völkern der Guaykurú-Sprachgruppe (etwa den Toba) besaß bei den Wičí nur der Schamane (*hayawú*) die aus unserer Sicht übernatürliche Macht, die aus der Beziehung zu seinen Hilfsgeistern (*ahät*) erwuchs. Letztere sind radikal inkompatibel mit gewöhnlichen, lebenden Personen (*wičí tä iläy*), und ihr Eindringen in ein Individuum ist immer eine Überwältigung (*wičí ahät länek* = vom *ahät* angegriffener Mensch), die zu einem Wechsel des ontologischen Zustandes führt: Der Überwältigte hört auf, Mensch (*wičí*) zu sein und integriert sich in die Welt der *ahät*, der Mächte der Natur.[96] Die Seele, *-husek* ist Stütze und Mittelpunkt (*čowéh*) der Person und kann auch - *ka-čowéh* (Possesivpräfix + Mitte/Eingeweide/innere Teile) genannt werden.

Bei den Wičí ist die Macht etwas Innerliches, bei den Toba und anderen Guaycurú ganz im Gegenteil etwas Äußerliches. Wenn ein gewöhnlicher Wičí (also nicht Schamane) der Natur gegenübersteht, wird diese als eine fremde Gesellschaft verstanden. Ein Guaycurú hingegen, ein Mensch mit einer von außen kommenden Macht in seinem Inneren, harmoniert mit der Natur außerhalb von ihm selbst. Die zwei scheinbar unvereinbaren Perspektiven auf die Person sind versöhnt in der

95 Bórmida 1984:24.
96 Califano 1974 passim.

Vorstellung der Maká von *-sinqál* (»Seele«, »Schatten«, in anderen Zusammenhängen auch etwa »Gespenst«).[97] Dieses ist für die Maká dem Körper innerlich, hält ihn zusammen und ist die Substanz der denkerischen Aktivität. Der Mensch kümmert sich während seines Lebens nicht (wie ein Toba) darum, die freischwebende Energie der Mächte der Natur einzufangen, sondern fürchtet (wie ein Wičí) deren Eindringen in sein Inneres. Nur der schmanische Therapeut (*weyhetáx*) tritt in einen Dialog mit den Geistern (*inwometets*) und verhandelt mit diesen (wie das auch der Schamane der Wičí, *hayawú*, mit den Geistern, *ahät*, macht). Im »Schatten« des Maká, in seinem eigenen Inneren (wie das *-husék* im Wičí), sind alle seine Funktionen konzentriert. Ebenso zählt der Wičí auf seine menschliche Identität in seinem eigenen Innern. Sie wird vor der äußeren Welt sorgsam beschützt durch die Institution des Schamanismus. Der Schamane der Wičí (*hayawú*) ist dabei aber ein unbedingt notwendiger Vermittler, er nämlich kann seine Seele (*-husék*) aus seinem Körper hinausfliegen lassen und reisen, wobei er sich in seine Hilfsgeister verwandelt (*iwelanhát*).

Auch die schamanischen Therapeuten der Maká können, wie ihre Kollegen bei den Wičí, ihre »Seele« (*witsinqal*) aus dem Körper herausfliegen lassen, und es mag fast wie eine Erinnerung an die Geschichte der einst als Reiterkrieger gefürchteten Maká klingen, dass ihre Schamanen auf ihren Hilfsgeistern (die zur Klasse der »Geister«, *inwometets* gehören) reiten, um verirrte Seelen zurückzuholen. Der nicht in schamanische Ekstasetechniken initiierte Maká hat keine Möglichkeit, seiner »Seele« mehr Potenzial zu verschaffen.

Im Gegenteil zu dieser Abschottung des Inneren bei den Maká und Wičí besitzt ein Toba (Sprachgruppe Guaycurú) im Mündungsgebiet des Rio Pilcomayo kein von außen gekommenes Geistiges in seinem Inneren, nur seine eigenen Sinne, mit deren Hilfe er die Welt versteht, aber er handelt mithilfe seiner Mächte, die sich außerhalb von ihm aufhalten. Der Schamane der Toba kommandiert seine auswärtigen Hilfskräfte wie ein Offizier seine Soldaten.

Es gab jedoch bis ins dritte Jahrzehnt des 20. Jahrhunderts eine Institution bei den Maká, in der die Auffassung vom menschlichen Individuum sich stark derjenigen bei den Völkern der Guaycurú-Sprachgruppe annäherte: den Krieg und den mit ihm verbundenen Ritualkomplex. Wenn ein Maká einen Feind tötete und dessen Skalp erbeutete, behielt er nicht nur den Skalp, sondern auch die »Seele« in Form eines Gesanges, der kriegerische Macht ausdrückte. Er besaß nun (nicht mehr innere Macht wie der Ayoreo, sondern) neben sich so etwas wie einen Schutzengel, den *inwomét*, der ihn beschützte und an seiner Seite kämpfte. Eine solche Vorstellung findet sich bei Völkern des Gran Chaco, die vom 17. bis ins 19. Jahrhundert Reiterkrieger gewesen sind. Die Maká stehen wie an einem historischen Kreuzweg zwischen zwei Kultursystemen, dem einen (Wičí), in dem der Mensch sein Inneres nach außen abschließt; und dem anderen (Guaycurú), in dem er in Abhängigkeit von Geistern außerhalb von ihm lebt.

---

97 wie das *-paqal* der Guaycurú (die phonetische Ähnlichkeit könnte auf eine Entlehnung schließen lassen), aber auch wie das *-husék* der Wičí.

Bei den Wičí am Rio Pilcomayo in Formosa del Oeste heißt es, dass der Körper (*wičí*) nur die Hülle des seelischen Wesens ist. Letzteres besitzt Macht, einen »Glanz«, der im Verlauf des Lebens eine Parabel beschreibt: Bei der Geburt schwach, wird er immer stärker, am strahlendsten in der Mitte des aktiven Lebens, der Zeit der größten physischen Kraft und des umfassenden Wissens um die Welt; danach verblasst der Glanz bis zur völligen Dunkelheit, wenn das seelische Wesen zu einem *ahät* verschwimmt, also einem überhaupt nicht mehr menschlichen Wesen gleicht. Bis dahin erhielten die um die seelische Mitte (*-čowéh*) angeordneten körperlichen Elemente Ordnung und Sinn aus der Mitte, wo der menschliche Wille wohnt. Für die Wičí am Mittleren Rio Bermejo besteht die Person aus dem Körper, den man anfassen kann, *-t'isán*, der nur der Behälter ist für ein seelisches Element, das *-hesek*, dem der Wille und der Verstand des Individuums innewohnen. Das Seelische kann sich allerdings in den Sonderzuständen Traum und Vision vom Körper trennen.

Krankheit und Tod werden nicht als natürliche, unvermeidliche Phänomene gesehen, sondern als Triumph des nichtmenschlichen Prinzips über den Menschen. Unsere Seele, *-hesék*, wird aus dem Körper gerissen und dabei nicht selten durch ein *ahot* ersetzt. Die menschliche Gesellschaft ist eine Insel, ständig bedroht von der wilden Brandung unheimlicher Mächte. Horden der mit gewaltigem Willen und Macht ausgerüsteten, außermenschlichen *ahot* durchkämmen das Universum. Deren hartnäckig mit allen Mitteln verfolgtes Ziel ist es, die Anderen – (also uns) – in ihresgleichen zu verwandeln, das heißt, uns das zu nehmen, was wir das menschliche Leben nennen. Dagegen kämpfen Schamanen und weitere Helfer unentwegt an. Krankheit entsteht für alle Wičí aus diesem Antagonismus zwischen den Menschen (*wičí*) und den *ahot.*

Der Tod stürzt uns nicht ins Nichts, sondern nach dem Tod integrieren sich bestimmte Teile der Person in andere Sektoren der Weltgesellschaft. Dabei spielt die Vorstellung von *Macht* eine besondere Rolle. Bestimmte sprachliche Formen verweisen auf eine allgemeine Vorstellung von *Macht*, fast immer mit Wortwurzeln, die sich auf physische Muskelkraft beziehen. Ein Beispiel für die Verzahnung von Menschenbild und Macht findet sich bei den Toba des Mündungsgebiets des Rio Pilcomayo. Das Kind verfügt über fast noch keine Macht. Erst im Laufe seines Lebens gewinnt das Individuum durch göttliche Hilfskräfte die Qualitäten und Werte, die seinen Handlungen Richtung geben. Der Mittel sind viele, um diese Hilfskräfte einzufangen, meist im Traum, dem bevorzugten Rahmen für jene Begegnungen, die wir »übernatürlich« nennen. Schamanen bemächtigten sich in ihren meta-empirischen Kämpfen (in denen sie gegeneinander ansangen) der Seelen-Gefährten der Besiegten, die sie dann oft Dritten, meist Verwandten, übergaben. Und es gibt noch viele andere Wege. Der Mensch kann mit seiner sozialen und (von uns so genannten) »natürlichen« Umwelt nur in ständigem, antagonistischem Dialog leben, den vor allem Anführer und Schamanen führen. Diese sind bis zu einem gewissen Punkt dazu fähig, die Mächte der Welt, an der sie teilhaben, zu beeinflussen. Aber auch das allergeringste Individuum muss manchmal mit jenen Anderen kommunizieren, seien diese formal menschlich oder nicht.

Traditionell war der Schamane (*hiyawé* bei den östlichen Wičí) der Kämpfer zwischen Mensch und *ahót*, aber in den letzten Jahren hat der Schamanismus viel von seinem Prestige an andere Therapieformen abgegeben, besonders in den evangelischen Kirchen. Dabei war es schon früher Sache praktisch aller erwachsenen Mitglieder einiger Gesellschaften, Geister für bestimmte Aufgaben zur Hilfe zu rufen, auch wenn dies mit dem Schamanismus verbunden war. Unter Anleitung eines mächtigen Schamanen sangen und fasteten Toba und Pilagá früher bis zur völligen Erschöpfung, um (wenn auch selbst keine Schamanen) einen »Geistgefährten« (*napinshic*) zu gewinnen. Fähigkeiten für eine führende Rolle als mächtiger Prophet (*oyk'iaxayq*) konnte ein Mann erhalten, der von göttlichen Wesen auserwählt und mit Macht begabt (*añaxayc, haloyk*) wurde, was ihn zum mächtigen Propheten machte.

Bei den Toba, Pilagá, Chorote, Niwaqlé und Maká rief man nicht nur bei Kämpfen zwischen Schamanen Urwesen an und fing sie ein, sondern man erwarb Geistgefährten auch auf andere Arten. Im Krieg bemächtigte man sich der Skalps der Feinde, um sie dann nach komplexer ritueller Behandlung bei Tanz oder Trinkfest als »gezähmte« Seelen vorzuzeigen.[98] So ergab sich in dieser durch Kämpfe zwischen ethnischen Fraktionen zerrissenen Regionalgesellschaft eine Art Markt für mystische Hilfskräfte.

Die Allgegenwärtigkeit des Schamanismus im Gran Chaco hat manchmal in der wissenschaftlichen Literatur weitere Formen der Einflussnahme auf die Umwelt etwas vergessen lassen. In der Sprachgruppe der Guaykurú, vor allem bei Takshíc, Ñachilamolek, Ntokowit (drei Toba-Völkern), Pilagá, und Mocoví finden wir verschiedene magische Praktiken auch außerhalb der Aktivitäten der Heiler, und wahrscheinlich gilt das überhaupt für die meisten Indigenen des Chaco. Eine Unterscheidungslinie zu schamanischen Praktiken können wir nur etwas schematisierend ziehen. Die Technik der magischen Aktion braucht nicht unbedingt das ekstatische Herbeirufen göttlicher Wesen oder Hilfsgeister. Auch wer nicht als Schamane gilt, kann manchmal mit verschiedensten Theophanien oder »Hilfsgeistern« kommunizieren und durch sie Erfolge erzielen oder das Verhalten anderer Menschen beeinflussen. Hierbei zeigt sich eine Art pantheistischer Mystik. Man arbeitet mit Objekten wie Amuletten oder Hautkratzern, oder liest (für uns) natürliche Zeichen um in die Ferne oder in die Zukunft zu schauen und die Nahwelt zu beeinflussen. Vor allem die »Nachrichtenbringer« unter den Vögeln (*ndo'o* in Guaykurú-Sprachen) künden Ereignisse an: Regen, Wind, Kälteeinbruch, Besuch von Fremden, Freunden oder Feinden, dem Ausgang eines Jagdzugs, einen bevorstehenden Tod und anderes mehr. Magische Techniken stehen bei Jägervölkern oft neben einer schamanischen Religion des Glaubens an Tierherren. Sie sind manchmal wichtiger als die schamanische Ehrerbietung, wenn es um soziale Aktivitäten wie etwa Liebeszauber (um jemanden zu gewinnen oder loszuwerden), Kriegs- oder Spielglück geht, aber auch um Erfolg in Subsistenzaktivitäten wie Jagd, Fischfang, Sammelwirtschaft. Mir scheint, dass hier einst verschiedene religiöse Traditionen zusammengetroffen sein könnten, magische und schamanische.

98 Sterpin 1993.

Den verschiedensten magischen Zwecken dienen insbesondere die »Medizinbündel«.[99] Man schnürt mehrere wirkkräftige Objekte zusammen, von denen jedes für sich schon durch die Macht außermenschlicher Hilfe dem Besitzer des Bündels zu Erfolg bei seinem Ziel verhelfen kann. Zusammen verändert und potenziert sich die Macht der Objekte je nachdem, wie sie kombiniert werden. Häufig wird Pflanzliches (meist Wurzeln, Blüten oder andere aromatische Elemente) mit Tierischem (wie Federn, Knochen, Krallen, Fellstücken, Organen) kombiniert. Doch schon das Wenige, was wir vom rituellen und objektbezogenen Kontext wissen, deutet auf mehr Komplexität als nur auf eine Zusammensetzung von Dingen. Es handelt sich um wahre Zauberapparate. Zu ihnen spricht man, sie bittet man, und die von ihnen ausgehenden Zeichen vermitteln etwas von dem, was wir »Natur« nennen: Gerüche der Savanne. Gesang der Vögel ... Der Gläubige verbindet sich dadurch mit der nichtmenschlichen Welt, so wie die Schamanen der Chamacoco durch ihre *ishó*. Letztere sind bei den Chamacoco schamanische Vorzeigobjekte, entsprechend etwa den Medizinbündeln der Toba, aber mehr wie ein Schmuck. So ist die Papagaienfedersammlung des Schamanen eine Art Periskop, durch das er sehen kann, was hinter seinem Rücken geschieht. Besonders kann er so in Trance Angriffe erkennen, die metaempirische Feinde hinterrücks ausführen.

Kommunikation mit der Welt können wir auch in der Skarifizierung sehen. Häufig, besonders bei den Völkern der Guaycurú- und Lengua-Sprachgruppen und bei den Matako, Maká und Niwaqlé werden Stichel (*qaná* in den Guakurú-Sprachen) aus Knochen. Horn oder Holz verwendet, um »das schwarze Blut zu reinigen« und den damit behandelten Menschen Eigenschaften des Wesens zu übermitteln, aus dem der Stichel gefertigt wurde. Dem Kontakt mit der Welt außerhalb des Menschen diente sicherlich auch die heute fast verschwundene Tatauierung.

7 Das Heilige in der Gesellschaft

In den alten Gesellschaften des Chaco waren Mythologie und Schamanismus unentwirrbar mit Ideologie und Praxis der Institutionen verflochten. Neben den großen Mythenzyklen helfen uns bestimmte Mythenthemen, einige mit jenen Zyklen verbunden, andere von ihnen ganz unabhängig, bestimmte Eigenarten der traditionellen Gesellschaft zu verstehen.

Bei den Völkern der Zamuco-Sprachgruppe zeigen zwei lange mythische Zyklen Grenzüberschreitungen in einer zeitlichen Entwicklung, die das soziale Geschlechterverhältnis und die Kontrollmacht ins Gegenteil verkehrte. Gleichzeitig markieren diese Mythen den Abstand zu den bäuerlichen Nachbarn im Norden. Im Mittelpunkt beider Zyklen steht eine weibliche Figur, die wichtigste Theophanie jeder

99 Von solchen wird fast aus dem gesamten indigenen Amerika berichtet. Englischsprachige Autoren sprechen von *bundles* bei den Ureinwohnern der Subarktis und der nordamerikanischen Prärien und Plains. Auf Guaraní spricht man von *payé* (etwa »Zauber«), auf Toba von *idyaGayk*.

dieser ethnischen Gruppen: Asonhá bei den Ayoreo/Ayoweo; und Eśnuwarta bei den Chamacoco, Ishiro/Tomaraxo und Ebitoso. Manche Forscher wollen in ihr die Urmutter der bäuerlichen Völker sehen.[100]

Diese Mythen untermauerten die soziale Ordnung der Welt, deren Einteilung den Abstammungslinien und Beziehungen der Clane folgt, in denen die Urwesen organisiert sind. Daneben begründeten die mit den Mythen verknüpften, komplexen Riten Schlüsselmomente der Kultur: so im Lebenszyklus die Schwellenmomente, und im Jahreszyklus den Beginn der Anbauperiode. Bei den Ayoreo diente der Ritus dem rituellen Austausch zwischen Männern miteinander verbundener Clane (*yakotéy*) und dem erneuten Zusammenfinden der Lokalgruppen, die während der Dürrezeit des trockenen Winters getrennt ihren Subsistenzaktivitäten nachgegangen waren. Beide Mythenzyklen liefern überdies ontologische Erklärungen zur Ätiologie verschiedener Wesen und begründen Technik, Ethik und Ästhetik aller Handlungen, die auf die Ursprünge zurückverweisen.

Dabei ist aber trotz mancher Ähnlichkeit der Erzählung der mythische Ursprung der Kultur bei den Zamuco-Völkern verschieden. Bei den Ayoreo entspringen die berichteten Taten dem *-oupiyé*, der schamanischen Potenz, welche die Vorfahren (*nanibahade*) auszeichnete, und die heutige Welt ist das Ergebnis der Verwandlung dieser Vorfahren. Das erinnert an das, was Ad. Ellegard Jensen von den Dema-Gottheiten der Marind-anim (Neuguinea) berichtet. Es gab keinen radikalen Bruch mit der Zeit der Vorfahren, den *nhanibahade nupabenhani* (»in Staub Verwandelte«), die allerdings eines Tages beschlossen, vor Dupade (den höchsten Gott) zu treten und ihr Aussehen zu verändern. Für Wesen und Dinge, deren Herkunft nicht aus den Mythen erhellt, gibt es im streng systematisch durchgetakteten mythischen System der Ayoreo die Bezeichnung »Neugeborene«, das heißt später als zu jener Zeit erschienen, in der die Vorfahren sich in die Prototypen der heute noch existenten Wesen verwandelten. Insgesamt aber war alles so geordnet wie im sozialen Netz der Vorfahren. Die nahverwandten Ishiro-Völker hingegen erhielten ihre Mythen, aufgrund derer ein Mensch in der Welt handeln und der Schamane arbeiten kann, bei einer plötzlichen Begegnung der Vorfahren mit anderen, von den Menschen grundsätzlich verschiedenen Wesen: von den *anabson*-Geistern. Diese werden von ihren Müttern mit der Göttin Eśnuwarta an der Spitze angeführt. Die Abstammungs-*lineage*[101] der Männer wurde unterbrochen, als die Erde vernichtet wurde.

Diese Mythen (die dem erwähnten, nur für Initiierte gedachten Geheimnis unterliegen) sind die Grundlage des komplexen Initiationsrituals von der Kindheit zum Erwachsenenstatus. Pagés Larraya vermutet, dass die Religiosität der Chamaco-

100 1932 publizierte Alfred Métraux in der von ihm gegründeten Zeitschrift des Ethnologischen Instituts der Universität Tucumán die französische Übersetzung eines Aufsatzes, in dem Baldus (1931a) das Konzept der »Allmutter« entwickelt und am Beispiel der Eśnuwarta der Tomaraxo erläutert hatte: Diese unterscheide sich von einer Schöpfergottheit (»Urmutter«), da sie die einzige Herrin, weibliche Personifikation der Allmacht des Universums sei.

101 *lineage*: direkte Abstammungslinie in väterlicher oder mütterlicher (hier: in väterlicher) Linie.

co, die sich im kultischen »Fest der Clowns« ausdrückt, auf einer komplexen Theogonie beruht, die verhinderte, dass Angehörige der Zamuco-Sprachgruppe sich im 18. Jahrhundert von den Jesuiten in das Christentum der Missionsreduktionen eingliedern ließen.[102]

Wie die Weltordnung der Ayreo ist auch die der Wičí systematisch geordnet und allumfassend. Sie besteht aus zahlreichen sozialen Bereichen, von denen nur einer für die Menschen da ist. Von den Wičí im bolivianischen Gran Chaco wird eine ähnliche (doch nicht identische) Ordnung beschrieben: »Das nicht-Organisierbare organisierend [...] Die Klassifizierung des Bekannten und des Unbekannten«.[103] Ähnlich rigoros systematische Ordnungen werden von Völkern der archaischen Tradition im Gran Chaco berichtet. Im Westen der Provinz Formosa am Mittleren Rio Pilcomayo, wo der Einfluss der anglikanischen Mission größer gewesen sein dürfte, von der Schamanismus aber auch am besten beschrieben wurde, wurde die Ordnung offenbar durch Nilatah begründet, eine Art Hochgott, der auf einer himmlischen Ebene wohnen soll und als Schöpfer gewirkt hat. Wie dem christlichen Gott der Teufel, steht dem Nilatah spiegelbildlich der *Ahatah* in seinem gewöhnlich unterirdischen Reich gegenüber. Dort leben die *ahät*, jene mächtigen Wesen, die den Menschen überwiegend Böses wollen.

Jeder Bereich des Universums der Wičí hat einen »Herrn« (*-wek*^{w}) und einen »Untergebenen« (*-wu*).[104] Etwas ähnlich sieht es im Inneren des Menschen aus: Die Person (*-husék*) ist der Herr ihres Körpers (*-p'isán*). Und ähnlich ist ein Vater (*-h*^{w}*čá*) Herr über jedes seiner Kinder. Ähnlich auch war früher das Verhältnis zwischen dem Häuptling (*-kaniyat*), der im Zentrum des Dorfes residierte, und den Bewohnern des Dorfrandes (*-łipłeléy*). Diese Ordnung ist hierarchisch, doch nicht autoritär. Das Wort *-wek*^{w} wird ins Spanische gewöhnlich mit *patrón* oder *señor* (»Herr«) übersetzt, *-wu* meist mit *ayudante* oder *peón* (»Gehilfe« oder »Landarbeiter«), doch diese Übersetzungen täuschen, denn die Vorstellung einer Hierarchie enthält in unserer Kultur ein Element der Autorität. Hier jedoch handelt es sich um eine nicht-autoritäre Hierarchie. Sie beinhaltet eine unbedingte Solidarität wie jene, die wir in der europäischen Tradition zwischen verschiedenen Teilen eines Organismus sehen. So ist bei den Wičí einer der häufigsten Streitgründe unter Erwachsenen, dass sie die Partei ihrer jeweiligen Kinder ergreifen. Ein Vater wird stets bedingungslos auf der Seite seiner Kinder stehen, auch wenn er weiß, dass dass sie sich falsch verhalten haben – als gäbe es gar keine klare Grenze zwischen Vater und Sohn. Mit ist es mehrfach geschehen, dass Eltern einem Kind, das aus Angst vor mir weinte, sagten,

---

102 Pagés-Larraia 1982. Boggiani (1900:115–116) scheint der erste Forscher gewesen zu sein, der den »pittoresken« Digilibût-Tanz beschrieben hat, Frič (1906, wiedergegeben und erörtert von Métraux 1943) hat die Beschreibung vervollständigt. Sequera et al. (2005) und Spadafora (2006) lenken die Aufmerksamkeit auf die Verbindung Ritual-Bemalung. Combès (2009) erörtert, welches Volk der Zamuco-Sprachgruppe es gewesen sein könnte, das im 18. Jahrhundert in den Missionsstationen von Chiquitos lebte.

103 Alvarsson 1992.

104 weiter westlich *wuk* und *wo*.

es brauche keine Angst zu haben, denn ich sei sein *-wek*^{w}, also jemand, der mit ihm solidarisch (anstatt eine Autorität) sei.

Wir könnten die Summe der sozialen Beziehungen in einer fraktalen Grafik darstellen, in der jeder Teil in sich das Ganze abbildet. Dieses Schema wäre ein Kreis (*-čowéh*, »Mitte«), der durch Linien, die eine nicht-autoritäre Hierarchie (*-wek*^{w}*/-wu*) darstellen, mit anderen Kreisen verbunden ist, die ihrerseits jeder einen der Teile (*-łip*) eines Ganzen darstellen. Gleichzeitig ist jeder Teil (*-łip*) die Mitte (*čowéh* oder »Kern des Sinns«) des folgenden Kreises. Aber damit beschreiben wir nur eines der Segmente der sozialen Umwelt der Wičí. In diesem sind die menschlichen Bereiche (Hütte, Dorf) nichts weiter als kleine Kernbereiche, die intensiven Zugriffen von jenen mächtigen Wesen mit zielgerichtetem Willen ausgesetzt sind, die in den verschiedenen kosmischen Bereichen wohnen. Auch diese sind ihrerseits nach den eben dargelegten Grundregeln organisiert. So gibt es keinen grundlegenden Unterschied zwischen Kultur und Natur, denn auch die Natur wird vermenschlicht und wie eine soziale Einheit ähnlich der menschlichen vorgestellt.

Die geschlechtsreifen Mädchen durchliefen im Zentral-Chaco eine Seklusion mit Nahrungsverboten und Unterricht. Schließlich traten sie festlich wieder an die Öffentlichkeit und reihten sich in die Tanz- und Gesanggruppe der Frauen ein, die Stäbe mit Rasseln an der Spitze schüttelten. Jetzt waren sie Frauen und konnten heiraten. Hinter den bis vor wenigen Jahren sehr wichtigen weiblichen Initiationsriten zum Zeitpunkt der Menarche können wir Grundideen der Kulturen des Zentral-Chaco erkennen. Die Frau trägt zwar wesentlich zum Haushalt bei, indem sie etwa die Masse der Nahrung im Busch sammelt, Haushaltsgegenstände herstellt, Bier zubereitet und unterwegs Lasten trägt, doch ideologisch gilt mehr, was die Männer liefern: Fleisch und Fisch. So wird die Frau hauptsächlich als Konsumentin des von den Männern Gelieferten (und dazu als Spinnerin) wahrgenommen. Ihr Menstruationsblut ist gefährlich und darf mit nichts in Berührung kommen, was mit der Wasserwelt zu tun hat, noch mit Produkten der männlichen Subistenzaktivität, vor allem nicht mit Fleisch. Die Menstruationstabus werden bei den Wičí vor allem durch göttliche Wasserwesen (wie eine mythische Riesenschlange, die manchmal als Regenbogen erscheint) überwacht. Verboten sind vor allem Kontakt mit und Anblick von Wasser, Essen von Fisch und ein Ausdünsten des Geruchs der menstruierenden Frauen hin zu jenen Theophanien. Bei den Guaycurú geht es wohl vor allem darum, weder von Blut noch von Fleisch zu kosten, das Kochen dieser Produkte nicht zu riechen, und vor allem keinen Fisch zu essen. Letzteres kann zu der auf Spanisch manchmal *locura* (»Wahnsinn«) genannten Krankheit der Kannibalin führen.[105] Dabei stimmen mythische Erzählung und Ritus bei den verschiedenen Völkern des Zentral-Chaco erstaunlich überein, doch mit jeweils unterschiedlicher Interpretation.

Auch der Mythos von der Kannibalin – *n(e)soxe* auf Toba – hilft uns, die Rolle der Frau zu verstehen. Eine Frau atmete den Geruch von Fisch ein, der in einem Topf gekocht wurde. Wenig später ging sie mit ihrem Mann zum Einsammeln von

---

105 in der Toba-Sprache der Guaycuru-Sprachgruppe: *n(e)soxe*.

Mönchsittich- (*Myiopsitta monacha-*) Küken. Der Mann kletterte einen Baum hoch und warf wie üblich der unten wartenden Frau die noch nicht flugfähigen Küken zu, damit sie diese töte und in ihrer Tragetasche nachhause bringe. Die Nester dieser Sittich-Art liegen schwer zugänglich hoch in den dichtesten Wipfeln der Bäume, und der Mann hatte alle Hände voll zu tun, sie zu plündern. So bermerkte er nicht gleich, dass seine Frau die Küken nicht ordentlich behandelte, sondern jedes lebendig verschlang, sobald der Mann es ihr zuwarf. Erst als er des blutverschmierten Mundes der Frau gewahr wurde, begriff er und versuchte zu fliehen. Um seine Frau aufzuhalten, schickte er ihr die schon halbflüggen Küken und gewann so einige Meter, doch dann holte sie ihn ein, tötete und verschlang ihn. Als sie heimkehrte, entdeckten die Kinder den Kopf des Vaters. In einer Variante der Erzählung setzte die Frau ihnen das Fleisch des Vaters vor und behauptete, das sei ein Wildschwein, doch die Kinder bemerkten den Betrug. Die Kinder verschworen sich gegen die Mutter, um diese zu töten. Sie nahm das Aussehen eines Monstrum mit extrem langen, scharfen Krallen an. Die Kinder alarmierten das ganze Dorf (wahrscheinlich; die ganze Menschheit, die damals in einem Dorf zusammen wohnte). Ihre Mutter versteckte sich in einem Ceiba-Baum (*Chorisia insignis*,[106] Baum mit einem dicken unteren Teil, wie ein Bauch. Die jungen Stämme sind mit Stacheln besetzt). Als sie angriff, schlug sie ihre Krallen in das weiche Holz dieses Baumes, die Männer schnitten ihr die Krallen ab, beraubten sie so ihrer Macht, töteten sie und versuchten, ihren Körper zu vernichten. Doch er fügte sich immer wieder zusammen. Schließlich verbrannten sie ihn. Aus der Asche wuchs der Tabak. Bis heute sieht man die abgeschnittenen Krallen der kannibalischen Ahnfrau, in denen deren Macht wohnt, als stacheligen Schmuck dieses Baumes.

Kannibalismus wurde mir als Phänomen beschrieben, das sich in der Verwandtschaft infolge der (und sei es auch nur versehentlichen) Verletzung eines der Tabus um Menstruation oder Geburt ereignet. So interpretierte man mir 1972 einen Fall in Sombrero Negro. 1979 sprach ich in Misión Taaglé (beides Orte in der Provinz Formosa) ausführlich mit einer Dame, die sich erst kurz zuvor mühsam aus der kannibalischen Trance herausgearbeitet hatte. Dies war ihr möglich, weil sie ihren eigenen Fall nun aufgrund der synkretistisch-pfingstkirchlichen Interpretation neu interpretierte. Dennoch galt sie weiterhin als Kannibalin.

Die Verbindung zum Mythos wurde bis in neueste Zeit jedes Mal rituell erinnert, wenn Wald auf traditionelle Weise gerodet und an seiner statt Tabak angepflanzt wurde. Hier lässt sich eine Brücke zum Schamanismus schlagen, zu dem Tabakrauchen gehörte. Die Kannibalin ließe sich interpretieren als mit der Herrin des Waldes identifizierte Urmutter. Die Beziehung zum Mythos bestand aber sicherlich auch jedes Mal, wenn früher ein Ceiba-Baum für ein Trinkfest gefällt wurde: In seinem ausgehöhlten Stamm ließ man gerne etwa Algarrobo-Mehl oder Honig fermentieren. Beim Trinkfest gedachten die Männer ihrer kriegerischen Heldentaten und klärten Vorrangfragen. Die Frauen tranken dabei niemals und griffen nur ein, um

---

106 oft auch als *Ceiba insignis* klassifiziert. In anderen Kulturen dient die Rinde als Zusatz zu psychogenen Mitteln, doch ist mir von einem solchen Gebrauch im Chaco nichts bekannt.

zu verhindern, dass betrunkene Männer einander in Erinnerung an altes Ringen um politischen und gesellschaftlichen Einfluss töteten.

Mythisch tritt die Frau im Zentral-Chaco kaum gleichzeitig mit dem Mann in Erscheinung, sondern hauptsächlich dann, wenn sie überlebenswichtige Produkte stiehlt, die der Mann beschafft hat. Um einen Diebstahl aufzuklären, beauftragen die Männer nacheinander verschiedene Persönlichkeiten, Grillgut (Fische oder kleine Säugetiere, je nachdem, wer in einer Region als Pendant der männlichen Aktivität gilt) zu bewachen. Das Scheitern der Wächter an der weiblichen Schläue beschreibt den Charakter der Frau und einiger Tiere, die an ihr scheitern. Der Zuhörer erfährt, dass es die Herstellung von Faden aus der Algarrobo-Faser und die Auswahl eines männlichen Kandidaten für die Versorgung von Mann und Frau sind, die eine Frau ausmachen. Und er hört staunend, wie das unüberwindliche Geheimnis zwischen den Geschlechtern in ein mythisches Bild gefasst wird: Die Vagina war mit Zähnen bestückt, und durch sie verzehrten die Frauen einst die gestohlene Nahrung. Ein Kulturheros, bei den Toba meist Wolé, der Weißrückenfalke,[107] schnitt den Weg zum Himmel ab, was ins Zeitalter der Frauen führte, die sich nicht den Männern hingaben. Sie fielen vom Himmel herunter oder blieben auf der Erde, und die schnellsten Männer griffen als erste zu und gewannen mehr als eine Frau, woraus sich die Polygamie der Häuptlinge rechtfertigt. Den letzten blieb keine oder nur eine verkrüppelte Frau, die von den Krallen des Gürteltiers verletzt worden war, als es sie aus der Erde ausgrub. Hässlichkeit ist hier eine Anormalität, der nur Resignation begegnen kann. Das alte Gürteltier rennt nicht mehr, und als es hinter einem jungen Paar herläuft, wird es von einer großen Schlange ausgebremst und muss resignieren. Die weniger Geschickten und die Alten können nur mit denjenigen eine Beziehung eingehen, die von den anderen verschmäht wurden. Dann tritt der Spaßmacher Fuchs auf und schlüpft in die Frauen hinein, was zu der schrillen Episode vom Verlust seiner Geschlechtswerkzeuge führt. Endlich aber durchbricht der Kulturheros oder manchmal der Fuchs selbst die Barriere der Vagina-Zähne, indem er sich ein Glied aus Stein oder hartem Holz bastelt. So beginnt das Zeitalter der Befruchtung. Aus dem Versuch, die Frauen unschädlich für die Männer zu machen und eine gemeinsame Sprache mit ihnen zu finden, entstehen die Menstruation und viele weitere, mit dieser zusammenhängende Themen wie jenes von der Tabakfrau. Der Versuch scheitert, denn es bleibt ein kleiner Zahn, manchmal auch ein kleiner Fisch mit Zähnen, und damit ein stacheliges Gefühl, das Frauen und Männer daran erinnert, dass sie unterschiedlichen Ursprungs sind und sich deshalb unterschiedlich verhalten müssen.

Eine andere Erzählung[108] behandelt die weibliche Rolle in der Ehe. Der Jabiru-Storch (*Jabiru mycteria*) wundert sich, weil seine Gattin zwar täglich in den Busch zum Sammeln von Produkten geht, aber nur wenig heimbringt. Er verfolgt sie

---

107 *Parabuteo leucorrhous*, umgangsspanisch *gavilán negro*, ein trotz seines wissenschaftlichen Namens überwiegend schwarzer Vogel.

108 wohlbekannt am Rio Pilcomayo (bei den Niwaqlé, Pilagá und westlichen Toba), weiter östlich weniger.

heimlich und entdeckt, dass sie einen Liebhaber trifft, den Flachlandtapir (*Tapirus terrestris*). Der Ehemann tötet beide, schneidet das Fleisch der Frau klein, legt es zu den Resten eines Rehs und kehrt ins Dorf zurück (gemäß der uxorilokalen Wohnfolge im Chaco ist dies das Dorf seiner Schwiegergruppe). Wie jeder gute Schwiegersohn das tun sollte, spendet er das Fleisch des angeblichen Tieres seinem Schwiegervater und den übrigen Schwiegerverwandten. Als die angeheirateten Verwandten das Fleisch verzehren, rebelliert ihr Magen sofort, aber der Schwiegersohn ist weg – mit seinen Söhnen in den Himmel geflohen. Er kreist über dem Dorf und ruft von herunter: »Ihr esst eure eigene Tochter!« Bei den Toba-Ñachilamolek wird er mit seinen Söhnen zu einem Sternbild, während dieses Motiv bei den Toba-Takshik nicht erwähnt wird.

Bei den Völkern der Guaycurú-Sprachgruppe ersetzten die christlichen Hierarchien die alten Führungsstrukturen in Krieg und Handel. Zwar hatte auch das traditionelle Häuptlingstum einige religiöse Züge gezeigt, doch vor allem hatten Häuptlinge Auseinandersetzungen mit realen oder (im Schamanismus) virtuellen Feinden und Verhandlungen etwa bei Arbeitsverträgen geführt. An ihre Stelle traten Pastoren in Heilsbewegungen, die den Prophetismus der Guaycurú-Völker mit dem Evangelium zu einem nativistischen Messianismus in neuen Kirchen verbanden.

Damit reorganisierte sich eine um die Mitte des 20. Jahrhunderts zutiefst desorganisierte Gesellschaft. Der nordamerikanische Pastor John Laggar predigte göttlich inspiriert im Süden der Bermejo-Region. Der Engländer John Church leitete 1937–1950 die Emmanuel-Mission unter den östlichen Toba in der Pilcomayo-Region. Beider Predigten wurden enthusiastisch aufgenommen. Den Häuptling Pedro Martínez in Pampa del Indio verglich William David Reyburn damals mit den mittelalterlichen Fürsten, die einst slawische orthodoxe Kirchen einigten. Er schien auf halbem Weg zwischen traditionellem Schamanismus und Häuptlingstum einerseits, der neuen Führung durch Pastoren andererseits zu stehen, die viele Indigene der Provinz Chaco zusammenführten.[109]

In dem Maße, in dem die Völker sich in unterschiedliche soziale Gruppierungen aufspalteten, differenzierten sich die neu entstehenden Kirchen immer weiter. Ein Beispiel der Dynamik ist die erste große Spaltung der *Iglesia Evangélica Unida* (*IEU*, »Vereinigte Evangelische Kirche«). Mitte der 1980er Jahre wurde im Verlauf eines Landkonflikts Qainkoñe'n getötet, ein Pilagá aus Pozo Molina (Provinz Formosa). Sogleich kamen aus allen Ecken des Pilagá-Gebietes Männer aus dem Verwandtschaftsnetz des Getöteten in einer Stadt zusammen, unter ihnen ein bekannter Anführer der Pilagá, der einflussreiche evangelische Pastor DesaGai'n. Er verkündete, dass man zusammengekommen war, um den Mörder oder einen von dessen

109 Dieser Absatz beruht auf Reyburn (der Mennonitenmission verbundener Anthropologe) 1954, besonders Kap. IV und VI). Die neuere Entwicklung beschrieben systematisch Miller (1967, 1979) und dann eine Anzahl weiterer Autoren. Den theoretischen Ansätzen von Vittorio Lanternari (2003 [1960], religiöse Befreiungsbewegungen) und Georges Balandier (1955, Kontaktsituation) folgten Edgardo Jorge Cordeu und Alejandra Siffredi (Cordeu/Siffredi 1971).

Verwandten zu überfallen und zu töten. Gefragt, wie er, ein Pastor, der die evangelische Botschaft verkündigte, so denken könne, erwiderte er, da sei nichts zu machen, das sei die Sitte seines Volkes. Qainkoñe'n sei *yoqovita* (»sauber«) und *pagaGaik* (»weiß«) gewesen, und die einzige gerechte Strafe für seine Ermordung sei eben der Tod. Denn die Ermordung eines »unbefleckten«, »doppelt weißen« Menschen verpflichtet seine Verwandten zur Blutrache. Hätte es zuvor gegenseitige Kränkungen gegeben, dann hätte man das Problem irgendwie anders, etwa durch eine Zahlung, lösen können. Schließlich gelang es einigen Freunden der Pilagá, diese zur Übergabe des Falles an die Justiz zu bewegen. Dort verlief der Fall wie so viele andere in der mysteriösen Strafjustiz der Provinz: Der Mörder wurde inhaftiert, aber später wieder freigelassen, weil ein geschickter Anwalt Verfahrensfehler entdeckte. Über ein Jahr später organisierte der erwähnte Pastor DesaGai'n eine Zusammenkunft der wichtigsten Anführer der Pilagá, um die Trennung von der *IEU*, (»Vereinigte Evangelische Kirche«) der Provinz Chaco in die Wege zu leiten, weil diese »schuld am Tod von Qainkoñe'n« sei. Das war kein Denkfehler: Die Pilagá vertrauen ihre physische Verteidigung den Anführern an; früher waren das Männer, die ihren Mut im Krieg bewiesen hatten, heute nehmen deren Stelle die Hierarchien der Kirche ein. Man schrieb die Freilassung des Mörders einem Mangel an Effizienz und Interesse bei den Toba zu, die der Hierarchie der »Vereinigten Evangelische Kirche« angehörten. So gründeten die Pilagá eine dissidente Kirche, die der Ausdehnung der Kirche der Toba über den Río Bermejo nach Süden einen Riegel vorschob.

8 Einige Schlussgedanken

Diese ganze Arbeit hindurch ist es mir schwer gefallen, die religiösen Phänomene des Chaco kategorial von anderen zu trennen, von denen man zunächst meinen könnte, sie ließen sich gesondert behandeln. Die ins Detail gehenden Arbeiten über beispielsweise Raumordnung,[110] Musik,[111] Ethnobiologie[112] oder materielle Kultur[113] im Chaco zeigen, neben vielen weiteren Arbeiten, dass es praktisch unmöglich ist, die alltägliche Praxis zu verstehen, wenn man sie von einem Weltbild trennt, das von der Immanenz des Göttlichen durchdrungen ist.

Die Mythen aus dem Gran Chaco sind wie Glassteinchen in einem Kaleidoskop, die in verschiedenen Lichtbrechungen verschiedene Glaubenssysteme wiedergeben. Die gleichen Themen und Motive ordnen sich immer wieder neu, stehen einander gegenüber, verknüpfen sich und wiederholen sich auf unterschiedliche Weisen, wobei ihre Bedeutung sich völlig ändern kann, sei es auf eine Ontologie bezogen, sei es auf moralische Werte. Noch ohne die Mythologien des Chaco genauer zu kennen, fand Robert Lehmann-Nitsche zu den Erzählungen vom Urutau-Vogel in verschie-

110 Palmer 1995, Braunstein 1993.
111 García 2005.
112 Arenas 1981, 2003, Suárez 2014.
113 Bórmida 1973–79, Montani, 2017.

denen südamerikanischen Überlieferungen eine sehr passende Metapher: Sie sind wie Kette und Schuss, komplexe Kombinationen mit immer wieder den gleichen Fäden.[114]

Ein so bekanntes Thema wie das des Diebstahls des Feuers bedeutet an zwei Orten etwas ganz Verschiedenes. Bei den Pilagá in Bañado La Estrella hat es mit einer Definition des Menschseins zu tun: Seit damals unterscheiden wir uns von den Tieren, da wir Gekochtes essen, und diese neue Identität verdanken wir dem Dieb des Feuers, dem *wariñl'ek* (»Verborgene Kammratte«). Bei den Westlichen Wičí hingegen gilt das Interesse den Spuren einer einstigen Feuerapokalypse teils an bestimmten Bäumen, teils am Meerschweinchen, welches das Feuer listig an seinem Hals versteckte, wovon es dort bis heute das weiße Mal trägt. Die Geschichte von den schönen Frauen mit ihrer zähnebewehrten Vagina, die vom Himmel herab oder aus dem Wasser heraus steigen, bedeutet hier dieses, dort jenes. An einigen Orten erzählt die grässlichen Geschichte von der Frau, die Rohfleisch verschlingt, sich in ein Ungeheuer verwandelt und ihren Mann auffrisst, den Ursprung der Menstruationstabus und rechtfertigt diese. An anderen Orten erklärt sie den Ursprung des Tabaks oder des Schamanismus. An wieder anderen Orten führt sie zur Erzählung von der Odyssee der Menschheit, die auf der Flucht vor der Kannibalin Zuflucht im Ceiba-Baum fand, der bis heute die Spuren der Krallen des Monstrums trägt. Das heißt, immer wieder ähneln Themen und Motive einander, oftmals erinnern sie auch an Erzählungen aus anderen Teilen Amerikas und der ganzen Welt. Noch immer ist das Projekt von Giambattista Vico in seiner *Scienza nuova* unvollendet: Das Inventar der phantastischen Universalien, die der Menschheit gemeinsam sind. Doch jedes Volk des Chaco füllt (wie auch im Fall der Sprachen und aller anderen Systeme, die eine Kultur bilden) seine Berichte mit jeweils anderen Bedeutungen und Werten.

Wenn wir die Mythologie nach der Auffassung von der Welt befragen, so ist bemerkenswert, dass in fast allen den vielen und verschiedenen religiösen Systemen des Gran Chaco der Mensch und seine Welt schon seit Anbeginn der Zeiten da waren. Einen Schöpfergott hat es wahrscheinlich bei frühen Jägervölkern gegeben, aber eine solche Gottheit wird nur in wenigen alten Quellen bei den (Jägervölkern) Mbayá und Lengua erwähnt – wenn wir von den offensichtlichen Übernahmen aus dem Christentum absehen, die ich bei den Wičí und Ayoreo hörte. Es sind die Menschen selbst, die durch ihre mythischen Handlungen Gestalt und Wesen unserer heutigen Welt definieren. In einigen Berichten verwandelten sich die mythischen Wesen in eine heute noch existente und lokalisierte Kategorie. In anderen Berichten begegneten die mythischen Vor-Menschen Urwesen von radikal nichtmenschlicher Natur, die den Menschen gewisse physische Merkmale und Verhaltensweisen übertrugen, die zur heutigen Welt gehören.

Doch am häufigsten wird in Berichten aus dem Gran Chaco über die Anfangszeit die Ansicht vertreten, dass die Menschen in Kontakt zu zwiespältigen Wesen stehen, die zwischen menschlichen und tierischen Eigenschaften oszillieren. Sowohl

114 Lehmann-Nitsche 1930:243.

die verwandelten Vorfahren als auch die plötzlich aufgetauchten Urzeitwesen als auch die Menschen zwiespältiger Gestalt sind jeweils die Theophanien. Sie besitzen Macht, Willen und Gestalt, und mit ihnen entsteht die Religion und nimm die Welt Gestalt an. Dabei entspringen aber die meisten kosmogonischen Vorstellungen der Chaco-Völker dem Schamanismus, denn es ist der Schamane (was immer seine jeweilige kulturbedingte Gestalt sein mag) der über die Mittel verfügt, um sich durch die verschiedenen Orte zu bewegen, aus denen die Welt besteht, und sich mit jenen dort wohnhaften Urwesen zu verständigen, die in Ermangelung eines besseren Wortes meist »Geister« genannt werden.

Es mag uns paradox erscheinen, das die chtonische Unterwelt und die Himmelswelt fast überall im Chaco als Wasserwelten beschrieben werden, andererseits aber in einigen mythischen Erzählungen und schamanischen Reiseberichten geradezu als Repliken unserer irdischen Welt. Ein häufiges Thema schamanischer Berichte ist auch der Weltenbaum, der die verschiedenen Welten-Ebenen verbindet. Die Zweige an diesem Baum können die Seelen von Schamanen sein, und wenn sie abbrechen, kann dies den Tod eines Schamanen ankündigen. In komplexen kosmischen Ordnungen ermöglicht die kämpferische Aktivität des Schamanen, das Gleichgewicht zu bewahren zwischen dem Bekannten und Sicheren einerseits und den (in ihrem Wesen gefährlichen und keine Sicherheit gewährenden) fernen, nicht-menschlichen Welten andererseits. Allerdings teilen nicht alle die gleichen Auffassungen über diese Welten.

Die Kommunikation zwischen den verschiedenen soziomythischen Bereichen und der Welt der Menschen erfolgt über eine Reihe von Kanälen, von denen der Schamanismus der wichtigste, aber nicht der einzige ist. Durch diese Kanäle werden Erfahrung und Kenntnis des Kosmos ermöglicht und reguliert, und auf sie sie sollte sich jede Beschreibung der epistemologischen Modalitäten bei den Völkern der Region beziehen. Vor allem die Mythologie beschreibt mehr oder weniger breite Bereiche unbekannter Realitäten. Wer die Mythen kennt, verfügt über Erklärungen der Realität, die nicht immer allen zugänglich sind, und das wird dort besonders betont, wo die mythische Überlieferung zu einem Gutteil nur esoterisch in spezifischen Initiationsriten weitergegeben wird. Solche mehr oder weniger geheime Berichte haben manchmal aktive Wirkung: wer sie ausspricht, kann unter bestimmten Bedingungen die Realität beeinflussen, bestimmte Ereignisse herbeiführen und in manchen Fällen therapeutisch wirken. Doch besonders wichtig ist die Kenntnis der Mythen in all ihren Verästelungen wegen ihres ethischen Inhalts, den sie verschlüsselt oder explizit ausdrücken.

Ich nehme an, dass die Glaubensinhalte und auch speziell der Schamanismus weitgehend von den Vorstellungen abhängen, die jedes Volk vom Kosmos und von der menschlichen Psyche und Physiologie hat. Die Person wird in einigen Völkern als ein Körper gedacht, in dessen Innerem eine greifbare Seele wohnt, die den Körper verlassen und sich anderswohin begeben oder auch entführt werden kann. Die Substanz des Seelischen kann ein Zustand des Intellekts sein, oder eine sensorische Fähigkeit, oder ein Ausdruck des Willens, oder der Schatten, oder mehr als eine dieser Eigenschaften in sich vereinen. Einige meinen, mehrere Seelen mit verschiedenen Funktionen zu besitzen; andere, dass sie im Laufe ihres Lebens oder danach mehrere Geister in sich versammeln oder verlieren können. Die »Geister« können manchmal von der gleichen Substanz wie die Menschen sein (das kann der Fall bei den Totengeistern sein), oder von diesen verschieden, da sie aus einer anderen kosmischen Ebene kommen. In jeder der verschiedenen Traditionen ist die Welt in unterschiedlichen Bereichen organisiert und besteht aus unterschiedlichen Ebenen. Die räumliche Variation macht es noch komplexer: Die Geister sind innerhalb der Toba-Gruppe je verschiedene Seinsformen,[115] die ähnlich, aber nie identisch beschrieben werden.

Man hat oft gesagt, jede Kultur besitze einige Grundprinzipien, die sie zusammenhalten und strukturieren. Im Andenraum ist das vorzugsweise die *Reziprozität*, für das Amazonasgebiet[116] wird die *Instabilität* mit häufigen *Transformationen* zwischen Mensch, Tier und Geist genannt. Im Gran Chaco finden wir beide Prinzipien, und es ist nicht immer leicht zu erkennen, welches von beiden wichtiger ist. Unter den Hunderten von Beispielen, die sich für beide nennen lassen, ist, dass man jemanden der *mezquindad* (kleinlicher Geiz) beschuldigt, die das erste der genannten Prinzipien verletzt. Hier liegt fast immer der Anfang der Konflikte, die das soziale Leben durchziehen, und mit dem Prinzip der *Reziprozität* wurden die im Zentral-Chaco endemischen Kriege gerechtfertigt. Dieses Prinzip bestimmte auch den rituellen Austausch, der die Gesellschaften der Zamuco-Sprachgruppe zusammenband, und die Einladungen zu Trinkfesten im Kreis derjenigen, die eine Sprache der Tupí-Guaraní-Sprachgruppe sprechen. Andererseits kennzeichnet das *instabile* Bild, das die Urwesen in den Mythen abgeben, ob als Archetypen der Dinge, ob als Gesetzgeber, Clowns oder Kulturheroen, nicht nur das *in illo tempore*, sondern setzt sich bis heute fort, als Kennzeichen der schamanischen Welt, im Traum oder in der Vision. Die Seele des Schamanen mancher Völker verwandelt sich auf seinen ekstatischen Reisen, und jedes Individuum spürt die Möglichkeit eines Treffens mit Geistern, die sich aus alltäglichen Formen heraus auftauchen.

Quer durch ganz Amerika finden wir ein weiteres Prinzip, das auch in den Beziehungen zwischen den Lebewesen der Welt der Chaqueños eine wichtige Rolle spielt: das *Mitleid*. Wie bei den Ureinwohnern der nordamerikanischen Subarktis, so ist es auch bei den Völkern der Guaycurú-Sprachgruppe unerlässlich, das *Mitleid* (*choxodén*) der Geister zu erregen, wenn man einen Hilfs- und Begleitgeist (*napinshíc*) bekommen will. Ein Wičí, der im Busch oder im Fluss Nahrung sucht, muss sich stets gut stellen (*p'alitsax*, Erbarmen erregen) mit den mächtigen Geistern des Ortes, ebenso wie er auch das *Mitleid* eines Menschen gewinnen muss, den er in der Absicht besucht, von ihm etwas zu bekommen. Mitleid ist ein zentraler Wert des sozialen Lebens, auch über die Grenzen zu anderen Menschen hinaus bis in die Beziehungen zu Geistwesen. Bei einigen Wičí wird die Beziehung Mitte-Peripherie, Seele-Körper, Vater-Sohn, Häuptling-Haushaltsvorstand von größtmöglicher Solidarität bestimmt und bildet dabei einen spezifischen Fall der Anwendung des Prinzips des *Mitleids*.

---

115 *nowet* für das eine Volk, *payaq* für das andere.

116 Münzel 2016:34.

Schließlich eint und trennt die kulturellen Phänomene der Region eine Reihe von Oppositionen, die offenbar mit dem kulturellen Substrat der jeweiligen Völker zusammenhängt. Bei einigen Völkern entspricht die Sicht auf Niedergang und Weltende der allgemein pessimistisch-passiven Färbung der kulturellen Persönlichkeit, während andere, deren Große Erzählung Expansion und Fortschritt hervorhebt, eine herrische, optimistische und unternehmensfreudige Haltung zeigen. Für erstere typisch ist die Vorstellung von einer durchstrukturierten Welt, der (oft ökologisch-pflanzliche) *Herren der Umwelt* vorstehen, während letztere vorwiegend voneinander isolierte Wesen unter der Führung von *Tierherren* sehen. Zu diesem Unterschied fügen sich weitere, etwa hinsichtlich der Inbesitznahme des Raumes: Während die einen ihr Habitat als eine Reihe innen inklusiver und nach außen geschlossener Kreise gestalten, geht bei den anderen die Ordnung von einem Zentrum aus, von dem aus sie sich unbegrenzt ausdehnen.

Literatur

Abkürzungen von Zeitschriftennamen: *Mo* = (Moana. Estudios de Antropología) Montevideo. *RMLP* = Revista del Museo de La Plata (La Plata). *SA* = Suplemento Antropológico (Asunción). *SE* = Scripta Ethnologica (Buenos Aires).

Alvarsson, Jan-Åke 1992, Organizando lo inorganizable: Algunas notas sobre la clasificación de lo conocido y lo desconocido entre los mataco-noctenes del Gran Chaco boliviano. In: *SE*, 14:15–18.

—1993, Seeing but not believing – The dangers of theoretical Presuppositions: Rafael Karsten as an Ethnographer of the Gran Chaco. In: *Acta Americana* (Stockholm), Vol 1(2):59–82.

Alvarsson, Jan-Åke/Rita Laura Segato Hrsg. 2003, *Religions in Transition: Mobility, Merging and Globalization in the Emergence of Contemporary Religious Adhesions.* (Acta Universitatis Upsaliensis, Uppsala Studies in Cultural Anthropology, 37) Stockholm. 277 S.

Arenas, Pastor 1981, *Etnobotánica Lengua-Maskoy.* Buenos Aires: Fundación para la Educación, la Ciencia y la Cultura FECYC. 358 S.

—2003, *Etnografía y alimentación entre los Toba-Ñachilamoleek y Wichí-Lhuku'tas del Chaco Central (Argentina).* Buenos Aires: Conicet/Cefybo/Iboda. 562 S.

Arenas, Pastor/José Braunstein 1981, Plantas y animales empleados en paquetes y otras formas de magia amorosa entre los Tobas Takšik. In: *Parodiana* (Buenos Aires: Unidad Botánica, Centro de Estudios Farmacológicos y de Principios Naturales CEFAPRIN-CONICET), 1(1):149–168.

Balandier, George 1955, *Sociologie actuelle de l'Afrique noire: Dynamique des changements sociaux en Afrique centrale.* (Bibliothèque de Sociologie Contemporaine) Paris: Presses Universitaires Françaises. 510 S.

Baldus, Herbert 1931 a, Die Allmutter in der Mythologie zweier südamerikanischer Indianerstämme. In: *Archiv für Religionswissenschaft* (Leipzig), XXIX, Heft 3/4:285–292.

—1931 b, *Indianerstudien im nordöstlichen Chaco.* (Forschungen zur Völkerpsychologie und Sozio logie, Bd. 11) Leipzig: C. L. Hirschfeld. 230 S.

Barúa, Guadalupe 2001, *Semillas de estrellas: Los nombres entre los wičí.* Buenos Aires: Dunken. 95 S.

—2007, *Un arte delicado: Relaciones entre el parentesco, el conflicto y el acontecimiento entre los wičí del Chaco central.* Buenos Aires: Dunken. 279 S.

Bernand-Muñoz, Carmen 1977, *Les Ayoré du Chaco septentrional: Étude critique à partir des notes de Lucien Sebag.* Paris/La Haye: Mouton. 291 S.
Blixen, Olaf 1990, *El homicida de la pierna punzante: Análisis comparativo de un tema de la mitología americana.* (Comunicaciones Antropológicas del Museo de Historia Natural de Montevideo, 15, Vol. II) Montevideo. 23 S.
—1991, *La mujer estrella: Análisis de un mito sudamericano.* (Mo IV,1) 27 S.
—1992, *Las manchas de la luna y sus explicaciones míticas en Sudamérica.* (Mo IV,2) 41 S.
—1993, *El árbol de la abundancia y el origen mítico de las plantas cultivadas en América del Sur.* (Mo IV,3) 65 S.
—1994, *La vida breve: La introducción de la muerte entre los hombres según la mitología sudamericana.* (Mo IV,4) 75 S.
—1995, *La cabeza persecutoria en Sud América: Consideraciones hermenéuticas y comparativas a propósito de un texto ocaina (Amazonia peruana).* (Mo V,1) 38 S.
—1997, *Mitos antropogónicos de los indios sudamericanos.* (Mo V,2) 103 S.
Boggiani, Guido 1894 a, I Ciamacocò. In: *Bollettino della Società Geografica Italiana,* Serie III,VII:466–510.
—1894 b, *I Ciamacoco: Conferenza Tenuta in Roma Alla Societa Geografica Italiana, Il Giorno 2 Giugno, 1894.* Roma: Società Romana per'lAntropologia. 126 S.
—1900, *Compendio de etnografía paraguaya moderna.* (Revista del Instituto Paraguayo. año 3. no. 28) Asunción: Talleres Nacionales de H. Kraus. 135 S.
Bórmida, Marcelo1973–79, Ergon y mito. Una hermenéutica de la cultura material de los ayoreo del Chaco boreal. In: *SE*, vol. 1–5.
— I, 1973, in: *SE* 1:9–68. II, 1974, *SE* 2(2):41–107. III, 1975, *SE* 3(1):73–130. IV, 1976, *SE* 4(1):29–44. V, 1978–1979, *SE* 5(1):6–25. VI, 1978/1979, *SE* 5(2):21–75.
—1984, Cómo una cultura arcaica concibe su propio mundo. In: *SE,* VIII:13–161.
Bórmida, Marcelo/Mario Califano 1978, *Los indios ayoreo del Chaco boreal. Información básica acerca de su cultura.* Buenos Aires: Fundación para la Educación, la Ciencia y la Cultura FECIC. 200 S.
Bossert, Federico/Diego Villar 2001, Tres dimensiones de la máscara ritual chané. In: *Anthropos,* 96:59–72.
—2004, *Imágenes de la sociedad y la naturaleza entre los chané.* Buenos Aires: Museo de arte precolombino, Fundación Nicolás García Uriburu. 27 S.
Braunstein, José 1974, Dominios y jerarquías en la cosmovisión de los mataco *tewokleléy.* In: *SE,* II,2:7–30.
—1987, Jerarquías sociales y jerarquías cósmicas entre los mataco (Chaco argentino). In: *Studi e materiali di storia delle religioni* (Roma), Vol. 53, n.s. XI,2:302–310.
—1990, El espacio en la misa mataca. In: *SE,* 8:149–154.
—1993, Territorio e historia de los Narradores Matacos. In: *Hacia una Nueva Carta Étnica del Gran Chaco* (Las Lomitas: Centro del Hombre Antiguo Chaqueño CHACO), V:4–74.
—1997, El chamanismo y el espacio religioso de la »misa« de los matacos. In: Juan Schöbinger (Hrsg.): *Shamanismo sudamericano.* Buenos Aires: Almagesto/Continente: 69–86.
—2003, »Indios« and »cristianos«: Religious Movements in the Eastern Part of the Wičí Ethnic Chain. In: *Acta Americana, Journal of the Swedish Americanist Society* (Uppsala), 11(2):19–42.
—2009, Les Maká: Tradition et Tourisme. In: Jimena Paz Obregón Iturra/Luc Capdevila/Nicolas Richard (Hrsg.): *Les Indiens des frontières coloniales, Amérique australe, XVIe siècle/temps présent.* Rennes: Presses Universitaires de Rennes: 217–232.
—2016, [1983] *Algunos rasgos de la organización social de los indígenas del Gran Chaco.* Middletown: Create Space Independent Publishing Platform. 162 S.
—Ms. [1981] *El problema de la significación de la cultura material de los indios Maka.* (Tesis de Doctorado en Antropología) Buenos Aires: Facultad de Filosofía de la Universidad de la Universidad de Buenos Aires. 4 Bde., 337,528,81,236 S. http://repositorio.filo.uba.ar/xmlui/handle/filodigital/1302 (gesehen 20.1.2020).

Braunstein, José/Miguel A. García 1996, Estabilidad y cambio de la música ritual en el este de la cadena cultural mataca. In: *SE*, 18:143–155.

Braunstein, José/Norma Meichtry (Hrsg.) 2008, *Liderazgo. Representatividad y Control Social en el Gran Chaco*. Resistencia: Editorial Universitaria de la Universidad Nacional del Nordeste EUDENE. 313 S.

Califano, Mario 1974, El concepto de enfermedad y muerte entre los mataco costaneros. In: *SE*, 2(II):33–73.

—1975, El shamanismo mataco. In: *SE*, 3(II):7–60.

—1976, El mitema bíblico de Naaman a través de una comunidad mataco. In: *Supplementa de SE*, 6. Buenos Aires: 38–66.

—1988, Gli sciamani di Dio. In: *Prometeo. Rivista Trimestriale di Scienze e Storia* (Milano), ano 6, n°23:58–65.

—1999, Paradigmas ético-jurídicos del ciclo de las teofanías vengadoras de los mataco. In: Califano (Hrsg.) 1999 (s. dort): 55–135.

Califano, Mario (Hrsg.) 1999, *Mito, guerra y venganza entre los wičí*. Buenos Aires: Ciudad Argentina. 317 S.

Califano, Mario/María C. Dasso 1977, Diccionario referencial de teofanías wičí. In: *Mitológicas* (Buenos Aires), III:37–46.

Califano, Mario/María C. Dasso Hrsg. 1999, *El chamán wičí*. Buenos Aires: Ciudad Argentina (Fundación Centro de Estudios Políticos y Administrativos). 386 S.

Canal Feijoo, Bernardo 2010, *Burla, credo y culpa en la creación anónima*. Buenos Aires: Biblioteca Nacional y Subsecretaría de Cultura de Santiago del Estero. 466 S.

Cardus, José 1886, *Las misiones franciscanas entre los infieles de Bolivia: Descripción del estado de ellas en 1883 y 1884* [etc.]. Barcelona: Librería de la Inmaculada Concepción. 429 S.

Ceriani Cernadas, César (Hrsg.) 2017, *Los evangelios chaqueños: Misiones y estrategias indígenas en el Siglo XX*. Buenos Aires: Rumbo Sur. 286 S.

Citro, Silvia 2006a, Historia cultural. In: Beatriz Gualdieri/Silvia Citro (Documentación y análisis): *Lengua, cultura e Historia mocoví en Santa Fe*. Buenos Aires: Nuestra América: Serie Docu mentos/Facultad de Filosofía y Letras-Universidad de Buenos Aires: 21–102.

—2006b, *La fiesta del 30 de Agosto entre los mocovíes de Santa Fe*. Buenos Aires: Nuestra América/ Facultad de Filosofía y Letras, Universidad de Buenos Aires. 173 S.

Combès, Isabelle 2009, *Zamucos*. Cochabamba: Instituto de Misionología. 318 S.

Cordeu, Edgardo Jorge 1970, Aproximación al horizonte mítico de los tobas. In: *RUNA* (Buenos Aires), XII(1/2):67–197.

—1991, [1980] Aishtuwente: las ideas de deidad en la religiosidad chamacoco. In: *SA*, 26(2):145–223.

—1986, Los atuendos shamánicos chamacoco del museo etnográfico: un intento de interpretación simbólica. In: *RUNA* (Buenos Aires), XVI:103–136.0

—2003, *Transfiguraciones simbólicas: Ciclo ritual de los indios tomaraxo del Chaco boreal*. Asunción: Centro de artes visuales/Museo del barro. 323 S.

—2008, La transformación de los esquemas políticos de los indios chamacoco en contexto interétnico. In: Braunstein/Meichtry (Hrsg.) 2008 (s. dort): 43–67.

Cordeu, Edgardo Jorge/José Braunstein 1974, Los »aparatos« de un shamán chamacoco. In: *SE*. II,2:121–139.

Cordeu, Edgardo Jorge/Alejandra Siffredi 1971, *De la algarroba al algodón. Movimientos milenaristas del Chaco Argentino*. Buenos Aires: Juárez. 173 S.

Corrado, Alessandro María/Antonio Comajuncosa 1884, *El Colegio Franciscano de Tarija y sus Misiones: Noticias Históricas Recogidas por dos misioneros del mismo colegio*. Quaracchi cerca de Florencia: Tipografía del Colegio de S. Buenaventura. VII,566 pp.

Dasso, María Cristina 1985, El shamanismo de los matacos de la margen derecha del río Bermejo (Provincia del Chaco, República Argentina). In: *Supplementa de SE*, 5:1–35.

—1991, Lectura simbólica de un texto bíblico desde la perspectiva wičí: el exceso de significación. In: *Supplementa de SE*, 10:21–25.
—1994 Matacos y cristianismos. In: *SE*, 16:23–38.
Descola, Philipe 2005, *Par-delà nature et culture.* (Bibliothèque des Sciences Humaines) Paris: Gallimard. 623 S.
Dijour, Elisabeth 1933, Les cérémonies d'expulsion des maladies chez les Matako. In: *Journal de la Société des Américanistes*, XXV(2):211–240.
Dobrizhoffer, Martín 1783, *Geschichte der Abiponer, einer berittenen und kriegerischen Nation in Paraguay.* (Zweyter Theil) Wien bei Josef Edlen von Kurzbek. 603 S.
Eliade, Mircea, 1953, *Traité d'histoire des religions.* (Bibliothèque Scientifique) Paris: Payot. 405 S.
—1975, [1951] *Schamanismus und archaische Eksatesetechnik.* (Suhrkamp Taschenbuch Wissenschaft, 126) Frankfurt am Main: Suhrkamp. VIII, 472 S. [Franz.: 1951, *Le Chamanisme et les Techniques Archaïques de l'Extase.* (Bibliothèque scientifique) Paris: Payot. 444 S.].
Fischermann, Bernd 2005, La Fiesta de la Asojna o el Cambio de las Estaciones entre los ayoreo del Chaco boreal. In: *SA* (Asunción), 40(1):391–450.
Fock, Niels 1982, History of Mataco Folk Literature and Research. In: Johannes Wilbert/Karin Simoneau (Hrsg.): *Folk literature of the Mataco indians.* (UCLA Latin American Studies. 52) Los Angeles: University of California, Latin American Center: 1–33.
Frič, Vojtěch Alberto 1906, Note on the Mask Dances of the čamacoco. In: *Man*, 6:116–119 [genannter Autor: »Explorador Frič, Communicated by Paul Radin«].
—1913, Onoenrgodi-Gott und Idole der Kad'uveo in Matto Grosso. In: *International Congress of Americanists, Proceedings of the XVIII session, London 1912*, t. 2. London: 397–407.
Fúrlong Cardiff, Guillermo/Lorenzo Hervás 1955, *Joaquín Camaño, S.J. y su »Noticia del Gran Chaco« (1778).* (Escritores Coloniales Rioplatenses, VIII) Buenos Aires: Librería del Plata. 181 S.
García, Miguel A. 2005, *Paisajes sonoros de un mundo coherente: Prácticas musicales y religión en la sociedad wičí.* Buenos Aires: Instituto Nacional de Musicología »Carlos Vega«. 254 S.
Gerzenstein, Ana/José Braunstein 1989, The bird men: a Maká text. In: *NAOS (Notes and Materials for the Linguistic Study of the Sacred)* (Pittsburgh), 5(1–3):28–35.
Gobelli, Fr. Rafael 1912–1914, *Memorias de mi prefectura y apuntes sobre el Chaco.* Salta: Imprenta y Librería de Tulia y Samillán. 3 Bde. 92,68,78 S.
Gómez, Cecilia Paula 2017, Notas para una cartografía oral del cielo entre los tobas del oeste formoseño. In: *Bulletin de l'Institut français d'études andines* (Lima), 46(2):311–329.http://journals.openedition.org/bifea/8448 (gesehen 23.5.2019).
Grubb, W. Barbrooke 1911, *An Unknown Peope in an Unknown Land. An account of the Life and Customs of the Lengua Indians of the Paraguayan Chaco, with Adventures and experiences during twenty years pioneering and exploration amongst them.* (Ed. by H. T. Morrey Jones) London: Seeley & Co. Ltd. 329 S. https://archive.org/details/unknownpeopleinu00grubuoft/page/n17 (gesehen 23.10.2019).
Guevara S.J., José 1969, [1836] Historia del Paraguay, Rio de la Plata y Tucumán. In: Pedro de Angelis: *Colección de Obras y Documentos Relativos a la Historia Antigua y Moderna de las Provincias del Río de la Plata*, I. Buenos Aires: Plus Ultra: 491–826.
Hultkrantz, Åke 1993, Rafael Karsten as a Student of Religion. In: *Acta Americana* (Stockholm), Vol 1, Nº2:59–82.
Hunt, Richard James 1937, Mataco-English and English-Mataco dictionary (with grammatical notes). In: *Ethnological Studies* (Göteborg), 5:1–98.
Jensen, Ad. E. 1992, [1951] *Mythos und Kult bei Naturvölkern.* (dtv Wissenschaft, dtv 4567) München: Deutscher Taschenbuch Verlag. 468 S.
Jolís, José 2007, Relación sobre pasaines y atalalas remitida al Provincial José de Robles. In: Maeder et al. (Hrsg.) (s. dort): 275–279.
Karsten, Rafael 1913, La religión de los indios mataco-noctenes de Bolivia. In: *Anales del Museo de Historia Natural de Buenos Aires*, XXIV:199–218.

—1923, The Toba Indians of the Bolivian Gran Chaco. In: *Acta Academiae Aboensis, Humaniora* (Åbo), IV(4):1–126.

—1926, [1923] *The civilization of the South American Indians. With special reference to magic and religion.* (The History of Civilizations) New York: Alfred A. Knopf. XXXII,540 S.

Kelm, Heinz 1971, Das Jahresfest der Ayoreo (Ostbolivien). In: *Baessler Archiv* (Berlin), n. F. 19:97–140.

Koch-Grünberg, Theodor 1903, Die Guaykuru-Gruppe. In: *Mitteilungen der Anthropologíschen Gesellschaft* (Wien), 33:1–128.

Ladeira, Maria Inês 1999, Yvy marãey: renovar o eterno. In: *SA*, vol. XXXIV, no.2:81–100.

Lafone Quevedo, Samuel A. 1896, Lenguas Argentinas: Grupo Mataco-Mataguayo: Dialecto Vejoz. In: *Boletín del Instituto Geográfico Argentino* (Buenos Aires), XVII:121–176.

Lanata, Xavier Ricard 2004, *Alfred Métraux et le chamanisme.* Genève: Institut Universitaire d'Études du Développement. 140 S.

Lang, Andrew 1909, [1898] *The Making of Religion.* London: Longmans, Green and Co. XXIV,355 S.

Lanternari, Vittorio 2003, [1960] *Movimenti religiosi di libertà e salvezza dei popoli oppressi* . (Nuova ed. riv. e ampliata) Roma : Editori Riuniti. 486 S.

Lehmann-Nitsche, Robert 1923/25, La Astronomía de los Tobas. In: *RMLP*, Bd. XXVII (ser. 3, vol. 3):267–285; Bd. XXVIII (ser. 3, vol. 4):181–209.

—1924/27, La Astronomía de los Mocovi. In: *RMLP*, Bd. XXVIII (ser. 3, vol. 4):66–79; Bd. XXX (ser. 3, vol. 6):145–159.

—1930, El caprimúlgido y los dos grandes astros. In: *RMLP*, XXXII:243–275.

Maeder, Ernesto/María Laura Salinas/Julio Folkenand/José Braunstein (Hrsg.) 2016, *Entre los Jesuitas del Gran Chaco: Compilación de Joaquín Camaño S. J. y otras fuentes documentales del S. XVIII.* Buenos Aires: Academia Nacional de Ciencias de Buenos Aires. 612 S.

Martínez Crovetto, Raúl 1971–78, Folklore toba oriental, III: Cuentos del ciclo de waiaqalachigui. In *Cuadernos del Instituto Nacional de Antropología* (Buenos Aires), 8:93–124.

—1975, Folklore toba oriental. Relatos fantásticos de origen chamánico. In: *SA*, X(1/2):177–205.

—1976, Folklore toba oriental: I. Los tabúes menstruales. In: *SA*, XI(1/2):139–149.

Massei, Inocencio 1895, Lenguas argentinas, Grupo Mataco-Mataguayo de Chaco, Dialecto Noctén: »Pater noster« y apuntes. Con introducción y notas por Samuel A. Lafone Quevedo M. A. In: *Boletín del Instituto Geográfico Argentino.* Buenos Aires: Tomo XVI, Septiembre à Diciembre, Cuadernos, 9–12:343–389.

Messineo, Cristina/José Braunstein 1990, *Variantes lingüísticas del mataco.* (Hacia una nueva Carta étnica del Gran Chaco, I) Las Lomitas: Centro del Hombre Antiguo Chaqueño (CHACO). 13 S.

Métraux, Alfred 1934, Quelques jeux de ficelle de l'Amérique du Sud. In: *Journal de la Société Belge des Américanistes* (Bruxelles): 67–81.

—1937, Études d'Ethnographie Toba-Pilagá (Gran Chaco). In: *Anthropos*, XXXII:171–194, 378–401.

—1939, Myths and Tales of the Mataco Indians. In: *Ethnologiska Studier*, 9:1–127. Göteborg.

—1943, A Myth of the Chamacoco Indians and its social significance. In: *Journal of American Folklore*, vol. 56. n. 220:113–119.

—1945, Le chamanisme chez les Indiens du Gran Chaco. In: *Sociologia* (São Paulo), VII(3):157–168.

—1946, Ethnography of the Chaco. In: Julian H. Steward (Hrsg.): *Handbook of South American Indians.* (Smithsonian Institution, Bureau of American Ethnology Bull. 143) Washington: Government Printing Office, vol. 1:197–370.

—1948, El dios supremo, los creadores y heroes culturales en la mitología sudamericana. In: *América Indígena* (Ciudad de México), 6(1):9–25.

—1949, Religion and Shamanism. In: Julian H. Steward (Hrsg.): *Handbook of South American Indians.* (Smithsonian Institution, Bureau of American Ethnology Bull. 143) Washington: Government Printing Office, vol. 5:559–599.

—1996, [1946] *Etnografía del Chaco.* (Überarbeitete Übersetzung und Ergänzung) Asunción: El Lector. 269 S.

—2001, [1945] Der Schamanismus bei den Indianerstämmen des Gran Chaco. In: Alfred Métraux: *Kult und Magie der Indianer Südamerikas. Magier und Missionare am Amazonas.* (Merlin's Bibliothek der geheimen Wissenschaften und magischen Künste) Gifkendorf: Merlin: 135–148 [Franz.: (2. Ausg.) 1968, Le chamanisme chez les Indiens du Gran Chaco. In: Ders.: *Religions et magies indiennes d'Amérique du Sud.* Paris: Gallimard: 103–116].

Miller, Elmer 1967, *Pentecostalism among the argentine toba.* Ph.D. Dissertation, University of Pittsburgh. 554 S.

—1979, *Armonía y disonancia en una sociedad. Los tobas argentinos.* México: Siglo XXI. 184 S.

Montani, Rodrigo 2017, *El mundo de las cosas entre los wičís del Gran Chaco: Un estudio etnolingüístico.* Cochabamba: Scripta Autochtona. 607 S.

Mordo, Carlos 2003, *Los rostros del pasado: el mundo secreto de la máscara.* Buenos Aires: Museo de arte precolombino/Fundación Nicolás García Uriburu. 23 S.

Münzel, Mark 2017, Common Traits of Brazilian Indigenous Religions. In: Bettina E. Schmidt/Steven Engler (Hrsg.): *Handbook of Contemporary Religions in Brazil.* (Brill Handbooks on Contemporary Religions, 13) Leiden/Boston: Brill: 33–46.

Nordenskjöld, Erland 1912, [1910] *Indianerleben in Gran Chaco - Erlebnisse und Beobachtungen.* Leipzig: Albert Bonnier. VIII, 343 S.

Otto, Rudolf 1991, [1917] *Das Heilige: Über das Irrationale in der Idee des Göttlichen und sein Verhältnis zum Rationalen.* (Beck'sche Reihe. 328) München: C. H. Beck. 227 S.

Pagés Larraya, Fernando 1982, *Lo irracional en la cultura.* Buenos Aires: Fundación para la Educación, la Ciencia y la Cultura FECIC. 4 Bde., 417, 356, 509 S., 331 S.

Palavecino, Enrique 1933, Los indios pilagá del río Pilcomayo. In: *Anales del Museo Nacional de Ciencias Naturales Bernardino Rivadavia* (Buenos Aires), 37:517–581.

—1948, *Áreas y capas culturales en el territorio argentino.* Buenos Aires: Coni. 82 S.

—1979, The Magic World of the Mataco. In: *Latin American Indian Lore* (Pittsburgh), Vol. 3, N°2:61–75.

Palmer, John Hillary 1994, Husek (the will): a wichi category of the person. In: *Journal of the Anthropological Society of Oxford* (Oxford), 25(1):59–68.

—1995, Wichi toponymy. In: *Hacia una Nueva Carta Étnica del Gran Chaco* (Las Lomitas: Centro del Hombre Antiguo Chaqueño CHACO), VI:3–63.

—2005, *La buena voluntad wičí: Una espiritualidad indígena.* Buenos Aires: Ruta 81. 432 S.

Pelleschi, Juan (Giovanni) 1881, *Otto mesi nel Gran Chaco: Viaggio Lungo il Fiume Vermiglio (Río Bermejo), Mendoza, Tucuman.* Firenze: Arte della Stampa. 428 S.

—1896–97, Los indios matacos y su lengua (Introducción Preliminar y Referencias Históricas por Samuel Lafone Quevedo). In: *Boletín del Instituto Geográfico Argentino* (Buenos Aires), XVII:559–622; XVIII:173–350.

Remedi, Joaquín 1896, Los indios matacos y su lengua. Con vocabularios ordenados por Samuel Lafone Quevedo M.A. In: *Boletín del Instituto Geográfico Argentino* (Buenos Aires), XVII:331–362.

Reyburn, William David 1954, *The Toba Indians of the Argentine Chaco: An Interpretive Report.* Elkhart, Indiana: Mennonite Board of Missions & Charities. 84 S.

Ribeiro, Darcy 1950, *Religião e mitologia Kadiueu.* (Serviço de Proteção aos Indios, Publicação no.106) Rio de Janeiro: Ministerio de Agricultura, SPI. XVI,222 S.

Rattunde, Naomi/María Susana Cipolletti/Carla Jaimes Betancourt/Karoline Noack 2019, *Eramone: Visiones del mundo/Weltsichten. Objetos de los Ayoréode en el Museo BASA/Objekte der Ayoréode im BASA-Museum.* (Catálogo de exposición. Bonner Amerikanistische Studien, Bd. 54) Bonn: Bonner Altamerika-Sammlung und Studien (BASS) e. V. 167 S.

Sánchez Labrador S.J., José 1910, *El Paraguay Católico* (Tomo II. Parte tercera). Buenos Aires: Imprenta de Coni Hermanos. 225 S. http://www.portalguarani.com/1698_jose_sanchez_lab

rador/15179_el_paraguay_catolico__parte_ii_obra_de_jose_sanchez_labrador_.html (gesehen 23.10.2019).

Schöbinger, Juan (Hrsg.) 1997, *Shamanismo sudamericano*. Buenos Aires: Almagesto y Continente. 115 S.

Sebag, Lucien 1965, Le Chamanisme Ayoréo. In: *L' Homme*, V(1):5–32;V(2):92–122.

Sequera, Guillermo/Ogwa/Wulky Dohorâta, 2005 *Chamacoco cosmografía = Cosmography Chamacoco*. [Ausstellungskatalog] Borås, Sweden: Borås Konstmuseum. 113 S.

Siikala, Anna-Leena/Mihály Hoppál 1992, *Studies in shamanism*. (Ethnologica Uralica, 2) Helsinki/Budapest: Finnish Anthropological Society/Akadémiai Kiadó. 230 S.

Silva, Mercedes 1998, *Memorias del Gran Chaco* (2a Parte). Resistencia: Encuentro Interconfesional de Misioneros/Editorial Edipen. 291 S.

Spadafora, Ana María 2006, Entre la historia, el mito y el ritual: notas sobre el arte chamacoco (Alto Paraguay. In: *Boletín de Antropología* (Universidad de Antioquia, Medellín), 20,37:118–130.

Stahl, Wilmar 1986, *Escenario indígena chaqueño: Pasado y presente*. Filadelfia: Asociación de Servicios de Cooperación Indígena – Menonita ASCIM. 144 S.

Sterpin, Adriana 1993, La chasse aux scalps chez les Nivacle du Gran Chaco. In: *Journal de la société des américanistes*, 79:33–66.

Suárez, Eugenia 2014, *Etnobotánica Wichí del bosque xerófito en el Chaco Semiárido Salteño*. Don Torcuato: Editorial Autores de Argentina. 521 S.

Sušnik, Branislava (Branka) 1957, *Estudios chamacoco* (Partes 1ª y 2ª). Boletín de la Sociedad Científica del Paraguay y Museo »Andrés Barbero«; Vol. I. 153 Blatt.

—1969, *Chamacocos*, I: *Cambio cultural*. Asunción: Museo Etnográfico »Andrés Barbero«. 243 S.

Tomasini, Alfredo 1974 a, El concepto de payak entre los toba de occidente. In: *SE*, 2(1):123–130.

—1974 b, Tankí, un personaje mítico de los toba de occidente. In: *SE*, 2(1): 133–150.

—1976, Dapitchí, un alto dios uranio de los toba y pilagá. In: *SE*, 4(1):69–87.

Villar, Diego 2007, Algunos problemas de interpretación de la religión Chané. In: *Bulletin de l'Institut Français d'Études Andines* (Lima), 36(3):393–405.

Villar, Diego/Isabelle Combès 2013, La Tierra Sin Mal: Leyenda de la creación y destrucción de un mito. In: *Tellus* (Campo Grande, MS), ano 13, n. 24:201–225.

Vico, Giambattista 1822, [1725] *Grundzüge einer Neuen Wissenschaft über die gemeinschaftliche Natur der Völker*. (Aus dem Italienischen von Dr. Wilhelm Ernst Weber) Leipzig: F. A. Brockhaus. 880 S. https://archive.org/details/grundzgeeinerne00webegoog/page/n5 (gesehen 19.1.2020).

Wilbert, Johannes/Karin Simoneau (Hrsg.) 1982–91, *Folk Literature of the [...]*. (Univerity of California Latin American Center Publications, vol. [...]). Los Angeles: University of Los Angeles. Im Einzelnen:

—1982a, Vol. 52: *Folk literature of the Mataco Indians*. XVIII,507 S.

—1982/89, Vol. 54: *Folk literature of the Toba Indians*. 1982, I:XXV,597 S.; 1989, II:823 S.

—1985, Vol. 60: *Folk literature of the Chorote Indians*. XXI,400 S.

—1987 a, Vol. 64: *Folk literature of the Chamacoco Indians*. XXII,744 S.

—1987 b, Vol. 66: *Folk literature of the Nivaklé Indians*. XXV,763 S.

—1988, Vol. 67: *Folk literature of the Mocoví Indians*. XXIII,391 S.

—1989 a, Vol. 70: *Folk-literature of the Ayoreo Indians*. XLIII,802 S.

—1989 b, Vol. 71: *Folk-literature of the Caduveu Indians*. XV,197 S.

—1991, Vol. 77: *Folk literature of the Makka Indians*. XVII,326 S.

Willey, Gordon R. 1966/71, *An Introduction to American Archaeology*, 1: *North and Middle America*; 2: *South America*. Englewood Cliffs, N.J.: Prentice Hall. XIV,530, XIV,559 S.

Wright, Pablo Gerardo 1983, Presencia protestante entre aborígenes del Chaco argentino. In: *SE*, VII:73–84.

—1988, Tradición y aculturación en una organización socio-religiosa toba contemporánea. In: *Cristianismo y Sociedad* (Buenos Aires), 105:15–37.

—1992, Toba Pentecostalism Revisited. In: *Social Compass*, 39(3):355–375.

—2002, L' »Evangelio«: pentecôtisme indigène dans le Chaco argentin. In: *Social Compass*, 49(I):43–66.

—Ms., [1982] Iglesia Evangélica Unida: nacimiento y principales fundamentos teológicos. Segundo informe de beca de iniciación al Consejo Nacional de Investigaciones Científicas y Técnicas (CONICET).

Zerries, Otto 1954, *Wild- und Buschgeister in Südamerika: Eine Untersuchung jägerzeitlicher Phänomene im Kulturbild südamerikanischer Indianer.* (Studien zur Kulturkunde. Bd. 11) Wiesbaden: Franz Steiner. 401 S.

—1961, Die Religionen der Naturvölker Südamerikas und Westindiens. In: Walter Krickeberg/ Hermann Trimborn/Werner Müller/Otto Zerries: *Die Religionen des alten Amerika.* (Die Religionen der Menschheit, Bd. 7) Suttgart: W. Kohlhammer: 269–384.

Religionen des zentralandinen* Südamerika

Francisco Miguel Gil García

1 Vorbemerkung

Religion meint hier ein System von Glaubensvorstellungen, Riten, Organisationsformen, ethischen bis hin zu ästhetischen Normen und Gefühlen. Menschen kommunizieren durch Religion mit dem Göttlichen oder Heiligen, um dem Leben einen transzendenten Sinn zu verleihen. Religion in vielfältigen Ausprägungen durchdringt seit eh und je einen Großteil der Aktivitäten von Menschen. Die aber sind sich ihrer Ideen, Glaubensvorstellungen und ganz persönlichen Praktiken oft gar nicht ganz bewusst oder möchten nicht davon sprechen. Das ist ein Grund dafür, dass in der Anden-Ethnographie die religiöse Thematik zwar wie ein U-Boot immer wieder auftaucht (ob von Wirtschaft die Rede ist, von soziopolitischer Organisation, von Ämter-Systemen, von Landschaftsgestaltung, von Festen, Identität oder Ethnizität), dass aber relativ wenige Ethnographien ausschließlich religiöse Fragen behandeln. Die Religion, die wir erforschen können, ist das, wovon man spricht und was man im Kult tut.

Im Sinne eines festen Glaubenskanons jedoch gibt es gar keine andine Religion. Unermesslich weit ist die regionale Variationsbreite emischen* Verständnisses in der Realität des Religiösen, vielfältig sind dessen etische Interpretationen. Dass wir das nicht auf eine einzige Linie trimmen können, erklärt Xavier Albó erstens damit, dass eine konzeptionelle Systematisierung mehr eine europäische als eine andine Sorge ist. Zweitens gab es zwar im Inkareich eine systematische Zusammenfassung lokaler Traditionen durch führende Kreise, doch wurde gerade diese durch die Eroberung zerstört, die nicht zufällig »geistige Eroberung« (*conquista espiritual*) hieß – nur die vielfältigen lokalen Varianten blieben neben dem Christentum erhalten. Doch deren Zersplitterung wollte man nicht sehen. Die Missionare des 16. Jahrhunderts und die »Ausrotter des Götzenglaubens« (*extirpadores de idolatrías*) des 17. mühten sich ab, einen einzigen roten Faden, ein wohldefiniertes System zu finden, um die religiösen Praktiken der andinen Völker als Ganzes zu erklären. Ähnlich aber sind später auch viele Anthropologen vorgegangen, die eine Synthese suchten,

---

* Anmerkungen des Übersetzers und Herausgebers sind durch * gekennzeichnet. Hier: Der Autor spricht von den »Anden«, wie in der von ihm besprochenen Region üblich. Diese wird in Deutschland meist »Zentralanden« genannt und schließt die Küstenregionen von Peru und einem Teil von Nordchile mit ein.

* Anmerkung des Übersetzers: Linguistisch-ethnologische Fachausdrücke: emisch = verstanden aus der Innensicht einer untersuchten Kultur; etisch = interpretiert aus der wissenschaftlichen Sicht von außen.

die auf konzeptioneller Logik aufbaut. Einer solche Logik der unilinearen Konsequenz lässt allzu leicht die außerordentliche Fähigkeit der Unterworfenen vergessen, Mächte, Riten und Glaubensvorstellungen der Eroberer an ihre eigene Welt anzupassen und ihnen gleichzeitig einen Platz in der neuen religiösen Situation zu verschaffen, die aus Eroberung und Kolonisierung entstanden ist.[1]

Und ebenso wie Missionare vergangener Jahrhunderte alle religiösen Ausdrucksformen der andinen Bevölkerung nur allzu rasch mit der Reichsreligion der Inka gleichsetzten, bemühten manche Anthropologen sich in ihrer Interpretation darum, eine Kontinuität in den Beschreibungen von den kolonialzeitlichen Chronisten bis heute zu entdecken. Tatsächlich aber legen die Fakten eine ganz andere Sicht nahe: nicht auffindbar ist jene »*Andine Religion*«, an ihrer statt zeigen sich vielfältige lokale Traditionen (waren sie nicht immer schon da?), überstanden Kolonialzeit und republikanische Phase bis heute und verwandelten sich dabei in etwas Neues. Mit den Worten von Xavier Albó sind die andinen Religionen eher »mehr oder weniger beschädigte, veränderte oder gar mit anderen, fremden Elementen umgebrochene Nachbildungen eines alten und ehrwürdigen Bildes«, durchwachsen mit Elementen aus dem Katholizismus und anderen christlichen Konfessionen.[2] Deshalb müssen wir von andinen Religion*en* im Plural sprechen. Lokale Traditionen, Modernität, Globalisierung, Volkskatholizismus, Befreiungstheologie. Protestantismus, neue fundamentalistische oder bilderstürmerische Angebote, Esoterismen, Okkultismen, alternative Formen von Spiritualität geben sich ein Stelldichein. Und das alles wird täglich von Menschen re-interpretiert, die sich von vielfachen materiellen, spirituellen, ethischen und ästhetischen Anreizen durch ein weites Feld religiöser Optionen führen lassen.

Im Folgenden fasse ich vielfältige Erscheinungsformen von Religion in den Zentral-Anden zusammen, mit Schwerpunkt auf den Bevölkerungsgruppen der Quechua und Aymara des mittleren und südlichen Altiplano von Peru, Nordchile und Nordwestargentinien; punktuell komme ich auch auf Kallawaya und Uru-Chipaya zu sprechen.

Zwischen den verschiedenen andinen Kulturen können wir weder für die Vergangenheit noch für die Gegenwart klare Grenzen außer den sprachlichen ziehen. Und mit der jeweiligen Sprache geht zwar eine partikulare Identität einher, wichtiger aber sind ökologische, regionale, ökonomische und soziopolitische Unterschiede, ob sie nun mit Sprachunterschieden zusammenfallen oder nicht. Auch lassen sich archäologische Fundplätze, kolonialzeitliche Dokumentation und heutige indigene Gemeinschaften in keinen direkten Zusammenhang bringen, zu oft sind ganze Gruppen umgezogen, gerieten sie unter neue Einflüsse, haben sie andere neu beeinflusst. Deshalb sehe ich ethnische Identitäten und Zuschreibungen nur als einen Teil einer sowohl ländlichen als auch städtischen Entwicklung im Rahmen dessen, was Ländergrenzen überschreitend unter »dem Andinen«[3] verstanden wird.

---

1 Albó 2005:186–188.

2 Zitat 2005:188; siehe auch Albó 1991.

3 *lo andino* im Sinne von Estermann 2006a.

In diesem Aufsatz stelle ich zunächst die religiöse Geographie vor, dann deren übernatürliche Bewohner und die Beziehungen zwischen diesen und dem Menschen, dessen Körper ich als rituellen Ort sehe. Anschließend kommen die Ritualexperten, dann die rituellen Praktiken. Danach möchte ich das analysieren, was verschiedene Autoren als die großen Umbrüche in den andinen Religionen sehen, zunächst den Katholizismus, zu dem das »Cargosystem« gehört, dann neue, hauptsächlich evangelische und pfingstkirchliche Konfessionen. Zum Schluss ein Ausblick auf die andinen Religionen im Zeitalter der Globalisierung. Doch zunächst ein Blick auf den wissenschaftlichen Diskussionsstand.

2 Wie nennt man die Religion in den Anden? Zum Diskussionsstand

Gibt es ein indigenes Substrat, das uns erlaubt, von *andinen Religionen* zu sprechen? Wo und in welcher Gestalt finden wir sie? Sollte man nicht lieber von »andinem Christentum« sprechen? Und von »andinem Protestantismus«? Mit welchen Begriffen lässt sich die weite Bandbreite von Einflüssen und Veränderungen in den *andinen Religionen* seit der spanischen Konquista fassen? Welche Schlüssel zu dem allgemeinen Bild wurden gefunden und miteinander verbunden?

2.1 Zur Forschungsgeschichte

Je mehr die anthropologische Erforschung der andinen Religionen die Berichte kolonialzeitlicher (in ihrer Mission der Ausrottung des Götzendienstes befangener) Kleriker ersetzte, desto mehr hat sie nicht nur neue Themen aufgenommen, sondern auch, besonders wichtig, indigene Stimmen. Schon 1904 und 1910 suchte Adolph Bandelier bei Aymaras auf den Inseln im Titicaca-See Verbindungen zwischen den eigenen Beobachtungen, den indigenen Stimmen und denen kolonialzeitlicher Chronisten. Auch Alfred Métraux und Jehan Vellard setzten in ihrer Ethnographie neue Schwerpunkte und ließen Indigene zu Wort kommen. Der Folklorist Manuel Rigoberto Paredes und später sein Sohn José Antonio nahmen in ihre Beschreibungen indigener Bräuchen in Bolivien zahlreiche religiöse Details auf. Die erste systematische Untersuchung von Religion aber war wohl die Untersuchung von Harry Tschopik Jr. zu religiösen Spezialisten und zu dem, was er *Magic* nannte, in Chucuito (Puno, Peru) in den 1940er Jahren. Wenn man diese Arbeit mit der von John M. Hickman (1963) am gleichen Ort vergleicht, fällt der rasche religiöse Wandel in gerade einmal zwei Jahrzehnten auf, teils bedingt durch Verschiebungen zwischen traditionellem Glauben, Katholizismus und Protestantismus.

Bald wurde immer mehr über verschiedene Facetten des Religiösen an unterschiedlichen Orten in den Anden geforscht. Die Vielfalt der Einzelfälle suchte man in einer holistischen Gesamtperspektive zu verbinden, indem man Querstränge durch die Welten der Quechua oder Aymara zog. Das tat Hans van den Berg im *Diccionario religioso ayamara* (»Religiöses Aymara-Lexikon«), das vor allem Rituale und Glaubensvorstellungen im Agrarzyklus behandelt. Hinzu kamen Forschungen über rituelle Opfer und symbolische Strukturen sowie Glaubensvorstellungen und Praktiken im Bereich Gesundheit-Krankheit. Ein Sonderfall ist die komplexere und stärker theoretische Sicht derjenigen, die Befreiungstheologie mit kulturellen und religiösen Wurzeln der Quechua- und Aymara-Kulturen zur sogenannten Andinen Theologie verbunden haben (dazu mehr im Abschnitt 7).

Neben den agrarischen Riten stehen die nicht weniger komplexen Glaubensvorstellungen, Opfergaben und Trankopfer in Gemeinschaften, die überwiegend von Viehzucht leben. Einen Überblick quer durch die Zentralanden gibt Andía (Hrsg.). Einzelstudien sind die Arbeiten von Xavier Ricard bei den Quechua vom Cerro Ausangate (Cusco) und von Abercrombie in dem Ayllu (traditionelle Dorfgemeinschaft) der Aymara von K'ulta (Oruro, Bolivien). Mehr oder weniger ähnliche Riten finden sich auch in anderen Ayllus von Hirten im Westteil des Departements Oruro, wie Jacques Monast und Gilles Rivière (1982) gezeigt haben. Denise Arnold/Juan de Dios Yapita analysieren im Ayllu Qaqachaka (südliches Oruro) symbolische Ausdrucksformen und Rituale rund ums Vieh im Zusammenhang mit der landwirtschaftlichen Produktion sowie mit Fruchtbarkeit und Geburt von Tier und Mensch. Im geographisch und kulturell wieder anderen Tal von Chancay (Departement Lima), wo die Wirtschaft sich nicht auf die andinen Kamelformen stützt, sondern auf Rindvieh, fand Juan Javier Rivera (2003) eine interessante Re-Interpretation von Glaubensvorstellungen und andinen Ritualen.

Die Erforschung der religiösen Welt andiner Bergarbeiter begann mit der Untersuchung des Glaubens an verschiedene Mächte der Welt unter Tage (Tío, Muqui, Supay), die dort für Gefahren in der Mine zuständig sind und Schätze wie auch eine Art teuflischen Reichtum finden lassen. Bei allen Unterschieden im Einzelnen zeigen sich doch viele Übereinstimmungen. Bei Bergarbeitern in Potosí (Bolivien) hat Pascale Absi (2005) geforscht. Auffällig ist, wie das Bild des Tío über die Minen von Cerro Rico hinaus verschiedenste Szenarien in Potosí prägt, alle Geldbeziehungen berührt und Grenzen zwischen sozial anerkanntem Verhalten und Grenzüberschreitung markiert. Glaubensvorstellungen und Riten in Julcani (Huancavelica, Peru) hat Carmen Salazar-Soler untersucht. In Oruro (Bolivien) sind in der Binnenwanderung Quechua- und Aymara-Elemente zusammengeflossen (zeigt June Nash). Mag auch jeder dieser Fälle besonders sein, und Riten im Bergwerk unter Tage und über Tage verschieden, immer wieder treffen wir auf an die Bergwerkswelt angepasste agrarische Symbole und Riten. Aus dem Norden des Departements Potosí, einer Quechua-Region, deren religiöse Praktiken von Aymara beeinflusst sind, beschreibt das Tristan Platt (1981).

In den Bordellen von Potosí werden berufliche Aktivitäten von Bergleuten wie von Prostituierten als teuflisch stigmatisiert. Aus dem Bergwerk werden Glaubensvorstellungen in andere Umgebungen übertragen, wo sie in anderen Bedeutungszusammenhängen in neue Ritualpraktiken münden. Auch hinter den Gittern des Männergefängnisses von San Pedro im Zentrum von La Paz hat sich ein komplexes Universum von Glaubensvorstellungen, höheren Mächten, Ritualexperten, Opfern, Ritualen, Verfluchungen, Gebeten sowie Vorstellungen von Körper, Gesundheit und Krankheit entwickelt, alles ganz analog zu dem, was wir aus der bäuerlichen Welt kennen, nur angepasst an die besonderen Bedingungen der abgeschlossenen Gefängnisumgebung.[4]

Angesichts der Weite des geographischen Raums und der (in einer umfangreichen wissenschaftlichen Literatur dokumentierten) Verschiedenheit lokaler und regionaler Verhältnisse, kann eine religiöse Kartographie nach Regionen nicht lückenlos sein. Hauptsächlich konzentriert die Forschung sich auf die Region Cusco, den Altiplano von Puno (Peru), den Titicaca-See, den Altiplano von La Paz, den Norden von Potosí mit dem Altiplano der bolivianischen Salzseen, die Atacama und Tarapacá in Nordchile. Einen kulturellen Sonderfall stellen die Kallawaya in der Umgebung von Charazani (Dept. La Paz, Bolivien) dar, bei denen besonders die Ritualpraktiken und Gesundheitskonzepte erforscht wurden. Religiöse Praktiken wurden auch bei den Uru-Chipaya in der Seeenregion von Oruro erforscht (Bolivien: Métraux 1935, Wachtel 1997, 2001), wenngleich viel weniger als deren Sprache, Geschichte oder ethnische Identität.

3 Traditionelle Räume der religiösen Erfahrung

Die andinen Räume religiöser Erfahrung lassen sich nach dem Schema von Hans van den Berg (1992) zusammenfassen. Demnach sollten wir bei der örtlichen Dorfgemeinschaft (*comunidad*) beginnen, die sich über die Gesamtheit ihrer Bewohner hinaus auf die Welt der Verstorbenen, auf die Natur und auf die komplexe und vielfältige übernatürliche Welt erstreckt. Das sind vier Sinnsphären, verbunden und bestimmt durch ein allumfassendes religiöses Prinzip der »Erschaffung des Lebens«, das zweierlei garantiert: erstens eine ständige Reziprozität zwischen den Bewohnern aller Sphären; zweitens ein Gleichgewicht zwischen den Teilen, das, falls durchbrochen, durch rituelle Handlungen wiederhergestellt werden kann.[*]

Betrachten wir die Beziehungen nicht nur zwischen Menschen, sondern auch mit den uns übergeordneten Mächten und mit der Natur, so finden wir die Idee der Wechselseitigkeit (*ayni*) als Hauptwert, die ihren Ausdruck in Festen findet: Großzügig Geben für reichliche Vergeltung; Geben als Entschädigung, um aus dem Gleichgewicht Geratenes wieder zu richten; Geben als Rache; zu viel oder zur Unzeit geben; Geben als Weg zur Versöhnung. Die Reziprozität gilt zwischen allen, die sich wie »anständige Leute« benehmen, niemals aber für jene, die ungehörig oder maßlos handeln. Nicht mehr geben ist ein Ruf (mehr als eine moralische Strafe) der höheren Mächte, die nicht genügend beachtet wurden. Reziprozität, Versöhnung, Solidarität entspringen, wie Xavier Albó[5] betont, einem Gefühl universeller Kommunion. Damit lässt sich erklären, dass die Gesamtheit der in den vier Sphären enthaltenen Elemente in Begriffen beschrieben wird, die auf lebende Wesen passen, ja großenteils vermenschlicht werden, mit ihren Gefühlen, Leidenschaften, Doppel-

---

4 Bordelle: Absi 2016; Gefängnis: Cerbini 2012.

* Hinweis des Herausgebers für die deutschsprachige Leserschaft: Den zentralandinen Gleichgewichtsgedanken behandelt auf Deutsch Weig 1991:206–225.

5 2005:190.

deutigkeiten und Widersprüchen. Der Verlust der dorfgemeinschaftlichen Prinzipien von Solidarität und Gegenseitigkeit ist meist eine der ersten kulturellen Veränderungen bei der Abwanderung vom Land. Das soziale und kosmische Gleichgewicht wird aufgelöst, symbolische Sprechweisen werden abgewandelt. Die Opfergabe wird kommerzialisiert, die Suche nach Anhäufung von Gütern setzt sich durch, Egoismus und Einsamkeit brechen auf. Bürgerliche und religiöse Ämter verlieren ihren Eigenwert, und in den (neuen) städtischen Festen nehmen das Hasten nach Prestige und Status und die Angeberei zu. Darauf komme ich noch bei der Neuausrichtung der andinen Religionen in der globalisierten Welt (Abschnitt 9).

Die vier Sphären, der menschlichen Wesen, der Toten, der Natur und der höheren Mächte, sind auf drei miteinander verbundenen kosmischen Ebenen in räumlich-zeitlichem Nebeneinander angeordnet: Eine geordnete und weit von uns entfernte »Welt oben« (auf Aymara *alaxpacha*, auf Quechua *hanan pacha*), eine chaotische und von den Missionaren verschiedener Epochen und Konfessionen dämonisierte »Welt unten/innen« (*manqhapacha/uku pacha*); und eine »Welt hier/jetzt« (*akapacha/kay pacha*), in der gewöhnlich »wir Menschen« (spanisch: *la gente*) wohnen.[6] Unter der Decke der manichäischen christlichen Vorstellung von Himmel und Hölle wohnen in der »Welt oben« weiterhin Sonne und Mond, die Sterne, die *apus* oder *achachilas* (Götter in den Bergen), die Vorfahren, Gott, die Heiligen. In die »Welt unten/innen« gehören die Teufel (*Saxras*), der *Tío* (Teufel, wörtlich »Onkel«) in den Bergwerken, die *Gentiles* (Menschen eines früheren Weltzeitalters) , die Toten und die Pachamama.[7] Raum/Zeit-Ebenen öffnen sich immer wieder, oft zufällig, manche sind auch dauerhaft geöffnet, und mächtige Wesen ziehen zwischen ihrer Welt und der Welt »hier/jetzt« hin und her. Diese Durchlässigkeit gilt etwa zwischen geheiligten und dämonisierten Räumen, in der Erinnerung, in den Beziehungen zwischen den Menschen und der Welt unten/innen, bei Ritualen, auch wenn man nicht aus den Augen verlieren darf, wie gefährlich das Überschreiten von Schwellen in die eine oder andere Richtung für Menschen ist. Wenn wir in die anderen Welten eindringen und dort zu den Mächtigen Kontakte herstellen, gefährden wir unsere seelische Integrität.[8]

Die Sinnsphären und soziokulturellen Räume der örtlichen Gemeinschaft lassen sich einteilen: hie der umgrenzte Raum der Kultur, gezähmt, zivilisiert, christlich und damit sicher; da die natürlichen, wilden, gefährlichen Räume jenseits der Grenzen. Auf einer zweiten Ebene teilt die kultische Ordnung Räume in die mit Sakralität aufgeladenen Bereiche Berg und Kirche auf. Beide bilden ihr je eigenes symbolisches und rituelles Universum, kreuzen sich aber anlässlich der Feste, bei denen ihre Vertreter sich ihre Rollen aufteilen.

---

6 Darstellungen andiner Kosmologie über die regionale Perspektive hinaus finden sich kaum. Genannt seien die Monographien von Fernando Montes und Urton als Referenzwerke für die Aymara- bzw. Quechua-Welt. Der Aufsatz von Harris/Bouysse-Cassagne durchleuchtet gründlich Raum/Zeit der drei *pachas* in andiner Kosmologie und Mythologie, und wie im andinen Denken mit Metaphern und Erinnerung umgegangen wird.

7 Zu *apus/achachilas* unten Abschnitt 4.1, zur Pachamamam 4.2, *Saxras* 4.4, *Gentiles* 4.5.

8 Zur Durchlässigkeit Cruz 2006 2016, y Fernández 2014, Gil 2014.

Mag José María Arguedas in den »Tiefen Flüssen« (*Los ríos profundos*, 1958/2019) die Kathedrale von Cusco mit einem mächtigen Berg mitten in der Stadt gleichsetzen, die andine Logik unterscheidet doch Berg und Kirche als zwei verschiedene Räume, jeder mit seinen eigenen Riten und Mythen, mit seinen anzurufenden Instanzen und seinen spezifischen Vermittlern, mit einerseits den *apus/achachilas* und andererseits den Heiligen als Hauptfiguren von teils getrennten, teils gemeinsamen Festen und Riten, denen spezifische, aber andere Wesen nicht ausschließende Opfer gelten.

3.1 Die Berge: Symbolische und rituelle Dimensionen einer herausragenden religiösen Bühne

Eine Gesellschaft projiziert ihre Mythen, Ängste, Metaphern und Wünsche in ihre Umwelt. Dass für die Menschen der Anden seit präspanischen Zeiten bis heute die Berge ein herausragender Referenzpunkt sind, leuchtet ein. In der mündlichen Überlieferung erzählen tausend und eine Geschichte von den Bergen oder spielen rund um die Berge und nehmen uns mit in eine lebendige, vermenschlichte Welt.

In der Dorfgemeinschaft von Kaata (Charazani, Dept. La Paz) beispielsweise, und nicht nur dort, macht eine Reihe metaphorischer Beziehungen den Berg zu einem Bild der Gemeinschaft mit einem menschlichen und damit sozialen Körper. Quer durch die Anden haben einstmals, in der mythohistorischen Zeit, die Kämpfe zwischen verschiedenen Bergen den heute sichtbaren geographischen Raum gestaltet. Hier herrschen die »Bergherren« (*apus/achachilas*). Für die andinen Bauern waren und sind die Berge Ursprungsorte, Orientierungspunkte, Ziele von Pilgerfahrten, Wirtschaftsräume, Schauplätze für Rituale, Opfer und fromme Gaben; Wohnsitze der höheren Wesen, Umfeld der religiösen Ausbildung von Ritualexperten.[9]

Vorstellungen und Praktiken rund um die Berge zeigen eine »Vieldeutigkeit« der Berggötter, für die Gabriel Martínez drei verschiedene Arbeitsgebiete unterscheidet:

- erstens die Versorgung mit Vieh und Bodenschätzen;
- zweitens die Befruchtung der Saaten;
- drittens den Schutz des Lebens und des Wohlergehens der Menschen und die Gewährung von Reichtum.
- Die Berge, genauer die auf und in ihnen wohnenden Machtwesen, können ihre Arbeit bald gut, bald böse tun, gemäßigt ruhig oder wild exzessiv, je nachdem, wie die Menschen mit ihnen umgehen.[10] Als geheiligte Orte in der Landschaft sind die Berge aber auch *wak'as* (Numina, Objekte und Orte mit heiliger Macht; und Wesen, die darin wohnen), für deren Ansiedlung und Verehrung sie gleichzeitig das geeignetste Umfeld bieten (Astvaldsson 2000, Sánchez 1999). Der Be-

9 Berg als Metapher: Bastien 1966. Mythohistorische Zeit: Gil/Fernández 2008.

10 Martínez 1983:86–87. Dieser Aufsatz, heute ein Klassiker, wird manchmal ungerechterweise vergessen. Vieldeutigkeit: spanisch *ambigüidad*.

> griff *wak'a*[11] führt uns zu einem von der präspanischen Epoche bis heute komplexen und vieldeutigen Konzept. Bei der kolonialzeitlichen Bekämpfung der »Götzenanbetung« (*idolatría*) wurde er mit den »Götzenbildern« (*ídolos*) der Indianer gleichgesetzt, tatsächlich aber umfasst er eine viel weitere Welt des Heiligen, umschließt christliche Kapellen, Idole, Tempel, Grabstätten, Mumien und Leichenbündel, heilige Orte, mythische Ursprungsorte (*pacarinas*), ungewöhnliche Tiere, eigenartige Reliefs, geologische Formationen, Sterne und Himmelskörper, bis hin zu Heiligenbildern und - statuen - all dies gestern und heute in den Anden verehrt. Die Anwohner wählen unter ihren Bergen Favoriten oder Vorsteher aus und ordnen sie hierarchisch nach der Macht, die sie einem Berg zusprechen. So spiegeln die vermenschlichten Berge die Ausübung von Autorität in der Gemeinschaft wider. An die Berge der höchsten Autoritätsstufe wenden sich die Ritualexperten in ihrer Ausbildungszeit, um von ihnen Wissen und Macht zu erhalten. Die Berge werden ehrfürchtig geehrt, weil sie wichtig für die therapeutischen Rituale sind, aber auch, weil man sich wegen ihres zweideutigen Verhaltens vorsehen muss, selbst wenn sie bei Kummer trösten - leicht können sie neues Leid bringen. Mächtige Berge sind das. Über sie zieht (bildlich gesprochen) der Experte in seinen Beschwörungen dahin. Er beachtet dabei eine strikte Reihenfolge, bei der er sich immer weiter von der geheiligten Landschaft seiner eigenen Gemeinschaft entfernt, um sein symbolisches Kapital zu vermehren.

Außer auf ihren höchsten Schneehöhen wimmelt es auf den Bergen vor Aktivitäten der Landwirtschaft und der Viehzucht. Ihre Hänge nutzt man je nach Höhe für den Anbau verschiedener Kartoffelsorten. Dorthin treibt man auch das Vieh auf der Suche nach Weiden und Tränken. Von den Bergen kommt das Wasser: Quellwasser, Schmelzwasser, Regenwasser von dem Regen, den die Berge zu sich rufen, den sie aber auch mit Gegenwind stoppen oder den sie in schädlichen Hagel verwandeln können. Deshalb sind die Berge auf Opfergaben gleichsam abonniert, die aber eigentlich an deren »Herren« gelten (von denen ich im Abschnitt Apus/Achachilas mehr berichte). Wie diese vereinen die Berge in sich zwei entgegengesetzte Extreme: einerseits Vermehrung, Ordnung, Bewahrung, andererseits Sterilität, Chaos, Zerstörung. Die Menschen in den Anden haben es stets vorgezogen, sich mit ihren Bergen zu vertragen. Aber es kommt noch gefährlicher. Der Berg ist der Wohnort nicht nur seines »Bergherrn«, sondern auch noch einer Unzahl »hungriger« Machtwesen. Deshalb darf man dort hinauf nur vorsichtig vordringen und muss dabei Respekt zeigen. Wesen der Täuschung versuchen unvorsichtige und vertrauensselige Wanderer: Ogrer (genauer: Ogrerinnen) und andere Gestalten, die man als antisoziale Außenseiter einstufen könnte, der Anchanchu mit seinem kolossalen Penis, Verdammte, *gentiles* (mehr zu ihnen im Abschnitt 4.5), Halsabschneider, *sacamantecas* (die das Fett aus dem Körper saugen, Abschnitt 3.2), verschiedene elende, neidische Sippschaften, Teufel.

11 auch *waka, huaca, guaca* geschrieben.

3.2 Der Körper als ritueller Raum: Die Konstruktion der Seele der andinen Person

Die ethnographische Forschungstradition zeigt in den Anden (anders als in Mesoamerika oder Amazonien) kein sonderliches Interesse an dem Konzept »Person«. Zwar fragt man bei der Analyse bestimmter, kulturell determinierter Krankheiten danach, wie Kummer und Leid die Seelen des Patienten (er hat mehrere Seelen) treffen. Doch genauere Daten haben wir dazu nicht. Gewiss ist, dass die Verschiedenheit der Elemente, aus denen Seelen gebildet werden, und ihre Verortung im Körper das Konzept »Mensch« in jedem seiner Teilbereiche in je unterschiedlicher Weise beeinflussen, was auch die Einordnung der Krankheiten und die Therapien bestimmt.

Die Person der Aymara in Bolivien besitzt drei Seelen oder Bestandteile dessen, was wir »Seele« nennen: *ajayu*, *animu* und *coraje*. Es sind Doppel ihres Besitzers, von dem sie sich trennen und verlorengehen können, was sich in verschiedenen Krankheiten äußert. Diese bilden den Komplex des Seelenverlusts und gehören zu den Krankheiten, die nicht von Ärzten behandelt werden, sondern von den eigenen Experten.[12] Die Seele namens *animu* (oder zumindest ihr Name spanischer Herkunft) ist später hinzugekommen, ein Zeugnis der Kulturveränderung durch Konquista und Mission, und ihr Verlust ist umso gefährlicher, je später sie wieder-eingefangen wird. In noch größerer Gefahr, verlorenzugehen, ist jedoch die als Hauptseele geltende *ajayu*. Die drei Seelen leben im Körperinnern, im Herz (auf Aymara *chuyma*), doch kann manchmal eine Art Lichtabstufung des Schattens zeigen, dass sie nach außen projiziert werden.

Hingegen sollen in Nordperu sieben *sombras* (»Schatten«) zusammen die Person bilden.[13] Anders als die Seelen der Aymara werden sie nicht durch spezifische Namen, Natur oder Hierarchie unterschieden. Auch sind sie im Körper nicht genau lokalisiert, können sie doch sowohl im Herz (auf Quechua *sonqo*), als auch in den Eingeweiden wie im Leib erwähnt werden.

Die andinen Körper werden als Leib-Seele-Ganzes verstanden, als hart, widerstandsfähig, sie »kennen keinen Arzt«, sondern sind »verschlossen«, und der Heilexperte muss auf sie mithilfe einer metaphorischen Gruppierung von Zaubermitteln auf einem auf dem Boden liegenden, rechteckigen Tuch einwirken, der *mesa* (spanisch wörtlich »Tisch«: , mehr dazu im Abschnitt 6.5 *pagos*, Opfergaben). Dazu muss er den Körper nicht öffnen, auch nicht die Eingeweide untersuchen, keine Körperflüssigkeiten vergießen. Letzteres machen eher die gefürchteten *operadores* (»Operateure«) und bösartigen Wesen, die, nach indigenem Blut und Fett gierend, über den Altiplano ziehen. »Operateure«: Das erinnert an Ärzte und Chirurgen.[14]

---

12 Fernández 2004b, 2002:105. Weitere Aymara-Namen der Seelen nach Fernández *ispiritu, espíritu, qamasca, jacha ajayu, jiska ajayu. ispiritu. espíritu*: abgeleitet von spanisch *espíritu* = Geist; *animu* von spanisch *ánimo* = Geist, Gemütsverfassung.

13 Polia 1988a:204.

14 Fernández 1997:193–194. *mesa* = spanisch wörtlich »Tisch«, mehr dazu im Abschnitt 6.5 *pagos*, Opfergaben.

Diese stoßen auf Misstrauen und Schrecken, so lange man nicht zu tatsächlich interkulturellen Heilkonzepten gelangt. Ihre Macht, ihre Instrumente und Apparate beim medizinischen, gar chirurgischen Eingriff, ihr unbändiges Interesse am Körper und ihr Interesse daran, ihn zu öffnen, und ihre Unfähigkeit, die so häufigen seelischen Nöte zu heilen, lassen dauerhaft an ihrer Heilkraft zweifeln. Aber auch die Körperflüssigkeiten sind Ziele böser Wesen, die gierig nach dem Blut und dem Körperfett der Indigenen durch den Altiplano vagabundieren. Blut und menschliches Körperfett sind zwei lebenswichtige Ströme, denen verschiedene Verkörperungen der antisozialen Außenwelt mit unterschiedlichen Absichten nachjagen: Blutsauger, *sacamantecas* (spanisches Wort für perverse Mörder, die »Butter herausreißen«, das heißt das Körperfett, manchmal um daraus Seife herauszustellen), *degollador* (spanisch für Enthaupter, Schlächter, Aufschlitzer) quer durch die Anden: *kharisiri* und *lik'ichiri* bei den Aymara auf dem bolivianischen Altiplano; *ñak'aq* oder *pishtaku* bei den Quechua der peruanischen Sierra.[15] Viel wurde über Ursprung, Natur, Vorgehen, Transzendenz und Symbolismus dieser Gestalten diskutiert, die besonders grausam und blutrünstig in Zeiten von Krise oder tiefgreifendem kulturellem Wandel auftauchen.

Die andinen Therapieformen bilden Analogien zum kultischen Festmahl. Auch die Therapie knüpft symbolische Bande durch kulinarischen Austausch, hier nun zwischen den am »Problem« Beteiligten (Machtwesen – Patient – Ritualexperte). Das Machtwesen erhält als Essen Opfergaben auf einem Tuch und gibt dafür die Seele des Patienten frei. So erlangt der Ritualexperte Zugang zum Körper und kann die Lebensprinzipien wieder hereinholen, die sich verlaufen haben oder von bösartigen Machtwesen eingefangen wurden, welche die Vollständigkeit der Person bedrohen. Die Gesundheit wird auf diese Weise an die Prinzipien der Gegenseitigkeit angepasst, die eine Ordnung der sozialen und symbolischen Beziehungen in der andinen Welt herstellen, und Begegnungen zwischen den Menschen und den unterschiedlichen Instanzen und ihren Vermittlern regeln, die man in den religiösen Systemen anruft.

4 Bewohner der spirituellen Welten

Vielleicht sage ich ja etwas Selbstverständliches: ein Religionsethnologe kann nicht das Göttliche, das Übernatürliche, die höheren Mächte, das Heilige befragen, sondern nur die Gläubigen. Er ist beschränkt auf das, was sie von den Höheren Wesen sagen, was sie mit und für diese Wesen und in deren weiterem Zusammenhang tun. Zu diesen menschlichen Aktivitäten komme ich später bei den Ritualpraktiken und Opfergaben. Hier möchte ich zunächst einen Blick auf die Wesen werfen, wel-

15 Fernández (2008b) vergleicht die Horrorwelten des *kharisiri* und des *pishtaku* in einer genauen Ethnographie, zeigt ihre Schattierungen, dekonstruiert einige Topoi und analysiert Punkt für Punkt, wie ihr Unwesen mit den Tätigkeiten von Ärzten im Krankenhaus assoziiert werden.

che die andinen religiösen Universen bevölkern, und dafür muss ich zu allererst ein bisschen nuancieren.

Wenn die andinen Bevölkerungen (und ganz allgemein die indigenen Völker der Amerikas) Gedanken über ihre religiösen Praktiken äußern, so tun sie das meist mehr erzählend als aus Konzepten deduzierend. Umso mehr muss die Erforschung ihrer Religionen von der Erfahrung der Gläubigen ausgehen. Diese steht im Kontext konkreter Räume und Menschen, in jedem Einzelfall wieder anders. Dabei kommen zusammen: alte Mythen (in eher ursprünglicher Form, oder an Neues angepasst, auch im Licht des Evangeliums), regionale Traditionen, der lokale Alltag, die Moderne, die Globalisierung – all das manchmal säuberlich getrennt, häufiger aber ineinander verschlungen. So würde der detaillierte Katalog der Machtwesen hier viel zu weit führen. Gewiss haben einige Autoren sich an diese Riesenaufgabe gewagt, doch meistens mussten sie sich auf lokale, bestenfalls regionale, manchmal immerhin ganze Ethnien betreffende Fälle beschränken. Die Versuche einer Gesamtaufstellung würden sich exponentiell ausweiten, würden wir noch christliche Heiligenlegenden oder gar noch jene heterogene Truppe von *cuentos* (»Erzählungen«) verschiedenster Art zusammensuchen, die kaum mehr[16] über die andinen religiösen Universen aussagen, als dass sie deren kosmische Natur betonen.

Nur um eine Vorstellung von der Vielfalt zu vermitteln: Hans van den Berg (1985) hat allein schon bei den Aymara über 70 verschiedene Arten von Ritualexperten aufgelistet, die über 50 verschiedenen Schutzwesen (dabei noch nicht einmal die Heiligen katholischer Legenden noch die meisten Persönlichkeiten aus den *cuentos* berücksichtigt) über 40 Arten von Opfergaben darbringen, die aus einem runden Hundert von Elementen zusammengesetzt sind. Das alles kommt in einem Spiel von Kombinationen zusammen, das die Erstellung eines allgemein gültigen Themenindex noch weiter erschwert.

Die höheren Mächte – ob indigener Herkunft oder Christus oder katholische Heilige und Jungfrauen – sind großzügig gegenüber den Menschen, wenn man ihnen etwas gibt, doch strafen und rächen sie sich, wenn man sie bei Riten nicht beachtet oder es an Respekt fehlen lässt. Das ist die Logik der Gegenseitigkeit, auf die wir immer wieder stoßen, auch innerhalb der menschlichen Gesellschaft. Da macht es wenig Sinn, »gute« und »böse« Wesen unterscheiden zu wollen, so sehr die volkstümliche Folkloreforschung und sogar die Ethnographie das manchmal versuchen mögen. Ebenso kann es zu Durcheinander führen, sie in Wesen aus der »Welt oben« und aus der »Welt unten/innen« einteilen zu wollen, denn die beiden Welten stehen in Verbindung mit der »Welt hier/jetzt«. Doch für eine erste, einfache Übersicht mag diese Klassifizierung hilfreich sein.

Ich widerstehe der Versuchung, einen ausführlichen und detaillierten Katalog der Schutzwesen aufzustellen, mit denen die verschiedenen andinen Bevölkerungen in Verbindung treten. Stattdessen beschränke ich mich hier auf fünf Wesen, die mir über die ethnischen, soziokulturellen und regionalen Grenzen hinweg allgegenwärtig zu sein scheinen: Die *Apus* oder *Achachilas*, die Pachamama, die *Gloria*, die

---

16 merkt Xavier Albó 2005:186 an.

Saxras und die *Gentiles*. Wenn ich später im Text zur Verehrung der Heiligen komme, behandele ich deren Verwandlung in »neue *wak'as*« im Volkskatholizismus.

4.1 Apus/Achachilas

Der vieldeutige Name *apu* (im Quechua) oder *achachila* (im Aymara) bezeichnet den Berg, gleichzeitig den »Herrn des Berges«, das mächtige Schutzwesen, das auf der Höhe wohnt, und in jeder der vielfältigen, seinen Raum bewohnende Wesenheiten Gestalt annehmen kann, etwa im Ahnherren der Gemeinschaft. Solche höheren Wesen sind für Fürsorge und Schutz zuständig, für Wildtiere, die auf dem Berg leben, für Pflanzen, die auf ihm wachsen, für Bodenschätze, die in seinem Inneren verborgen sind. Der gleiche Name benennt aber auch den »Herrn« der Gewässer und der Wetterphänomene (Regen, Wind, Blitz, Hagel). Man ruft ihn an für die Vermehrung von Anbaupflanzen und Vieh und für dessen Aufzucht, für Erhalt des allgemeinen Wohlbefindens, für Gewährung von Reichtum. oder den guten Lauf der sozialen Beziehungen in der Gemeinschaft.

Prestige und Macht der Herren der Berge hängen von Größe und Erscheinung eines Berges ab, aber auch von der Position, die er in der symbolischen, strikt hierarchischen Ordnung der Landschaft einnimmt: vom Hausberg, der im wesentlichen nur in den bäuerlichen Alltag eingreift, bis zu den gewaltigen Gipfeln der Cordillera Real, die ganzjährig weiß geschmückt am Horizont des Altiplano aufragen. Zu den mehrheitlich männlichen Bergen zeigen sich in bestimmten Bergvorsprüngen, sanften Abhängen oder Hochebenen weibliche Gegenstücke.[17] Männlich oder weiblich, stets haben sie ihren je eigenen Charakter, sind launisch und zwiespältig wie andine Schutzwesen eben sind. Sie sind also gefährlich, und deshalb muss man ihnen respektvoll begegnen, sie mit Opfergaben beschenken, von ihnen nicht zu viel verlangen, nicht der Gier verfallen. Denn die Berge locken liebevoll, strafen aber auch, bald »wild«, bald »zahm gemacht«.

Jedem Berg sind Erzählungen gewidmet. Sie erklären nicht nur die Entstehung der Landschaft um ihn herum, sondern auch seine menschlich wirkenden Leidenschaften, seine soziopolitischen und familiären Beziehungsnetze, die Hierarchie der *apus* und ihre jeweiligen Beziehungen zu den Menschen. Oft, heißt es, streiten die Berge untereinander um menschliche Aufmerksamkeit.[18] Dargestellt werden sie gerne als ehrwürdige Greise (offenkundiger Bezug zu »den Großvätern«, den Vorfahren), aber auch häufig (als »Bergherren« und mit Anleihen aus der Ikonographie der Epoche des *gamonalismo*) einen Gringo oder Großgrundbesitzer mit Zeichen der Macht: hoch zu Pferd, gestiefelt, mit breitkrempigem Sombrero, eine Havanna rauchend.[19]

---

17 Weibliche Berge: Martínez 1989:29. »Wild«-»zahm«: Bernand 1990, 2008.

18 berichtet Jacques Émile Monast 1972:87.

19 Fernández 1995b. * Anmerkung des Übersetzers: *Gamonalismo* = Herrschaft der *gamonales*, d. h. einflussreicher, oft übergriffiger Großgrundbesitzer von etwa der 2. Hälfte des 19. Jh. bis in die 1970er Jahre.

4.2 Pachamama

Allgegenwärtig in den sozialen und religiösen Handlungen der andinen Bevölkerungen, vereint die Pachamama in ihrem Wesen verschiedene Seiten, und es ist schwierig, sie in der andinen Ordnung der drei Welten, oben, unten/innen und hier/jetzt, an einer bestimmten Stelle festzunageln. Hier zeigt sich die Flexibilität dessen, was sich als die »andine Ordnung der Dinge« definieren ließe. Olivia Harris (1988) sieht es so, dass zwar viele die Pachamama der »Welt hier/jetzt« zuordnen, da sie eine Ausdrucksform der Mutter Erde ist, auf der die Menschen wohnen, dass sie aber letztlich viel mehr der »Welt unten/innen« nahesteht, da sie in den Eingeweiden einer Erde verortet wird, die sich hungrig öffnet – zyklisch, jedes Mal in der Nacht zum 1. August.

Doch die ersten Missionare haben diese Mutter nicht zusammen mit den meisten anderen höheren Mächten dämonisiert, sondern sie im Gegenteil eher synkretistisch mit der Muttergottes verbunden und sie somit in die »Welt oben« umgesiedelt. Sie wurde aber auch als Muttergöttin interpretiert (Firestone 1988), was ihre Anrufung in verschiedenen New Age-Philosophien begünstigt hat.

Das Buch von Ana María Mariscotti de Görlitz (1978) bleibt der unverzichtbare Klassiker zum Kult der Pachamama, zu ihrer Interaktion mit den Menschen in den Anden, und zu den Details der Opfergaben für sie. Gestützt auf Texte aus der Kolonialzeit, als man sich mit dem Götzenglauben beschäftigte, um ihn auszurotten, sieht Mariscotti in der Pachamama eine Synthese aus Elementen des andinen Kults und der Tradition der Marienverehrung. Dem widerspricht jedoch Manuel María Marzal:[20] nein, sagt er, alle andinen Bauern und Landarbeiter unterscheiden klar: Pachamama als die andine Mutter Erde, die man für ihre Gaben mit Opfergaben bezahlt, hingegen die Jungfrau Maria als eine Heilige, die man mit einem Fest ehrt. Dabei müsse man weder der Jungfrau Maria ein *pago* (Opfer) widmen noch der Pachamama ein Fest. Festhalten lässt sich jedenfalls mit Marzal, dass der heutige Kult der Pachamama zweierlei sein kann: Eine andine Überlieferung, die in ein neues, im Wesentlichen katholisches System eingefügt wurde, und eine christliche Neuinterpretation des alten Ritus.

Manche Bauern beziehen sich auf Pachamama mit den Worten »diese Erde«, in der sie leben,[21] doch damit ist nicht die gesamte Erdoberfläche gemeint, sondern nur der fruchtbare Boden, der die Bauern ernährt, und den sie durch ihre Arbeit und Intelligenz zähmen. Brachland, die Berggipfel, die trockenen Punas und Wüsten, wo man weder anbauen noch Vieh weiden lassen kann, fallen nicht in diese Kategorie, sondern unterstehen anderen, wilden Schutzwesen. Pachamama werden Rituale und Opfergaben in beträchtlicher Menge zuteil, schon deshalb, weil sie trotz ihrer Güte zornig werden und sich rächen kann, wenn sie meint, dass man sie nicht genügend »ernähre«. In dem Fall richtet sie Schäden in Feldern und Weiden an und schickt Mensch und Vieh Krankheiten.

---

20 2005:151

21 Aguiló 1981:165.

4.3 Gloria

Gloria [im Spanischen »Seligkeit«, »Ruhm«, »Herrlichkeit«] wird mit dem christlichen Himmel gleichgesetzt. Als »Welt oben« wird sie folgerichtig zu dem Ort, an dem die Himmelskörper, der Blitz und andere in der andinen Kosmologie relevante Wetterphänomene mit den Heiligen und Jungfrauen des Volkskatholizismus zusammenwohnen. Doch ist *Gloria* auch selbst ein Schutzwesen: Sie übermittelt ihre Natur all denen, mit denen sie in der *Gloria* zusammenlebt, und »glorifiziert« sie alle. Heilige und Jungfrauen rivalisieren um einen vorderen Platz in der langen Reihe der Empfänger von Opfergaben und Riten »für *Gloria*« (im allgemeinen), die aber auch eigens für sie allein gedachte *mesas* und Opfer erhält. Von ihr kommt die Munition, mit welcher der Blitz und die (dem Blitz verbundenen) heiligen Reiter San Felipe, San Jerónimo und Santiago den zukünftigen Ritualexperten treffen, wenn die Auswahl auf ihn fällt: Das sind »Steine/Kugeln des Blitzes«. *Gloria* ist also gleichzeitig ein Ort, wo bestimmte Wesen wohnen, eine Eigenschaft verschiedener dieser Wesen, ein Wesen für sich, sowie ein greifbares Ding.

4.4 Saxras

Die *saxras* sind Schadenstifter und gelten als bösartig, ihr Ruf wurde unter christlichem Einfluss »teuflisch«, und so vermutet man sie in der »Welt unten«. Sie sind so mächtige wie gefährliche »Eigentümer« von Mineralien, wertvollen Metallen, Geld und Musik. Großzügig bis zum Exzess denen gegenüber, die ihnen mit Essen und Schnaps gefällig sind, nutzen sie ein andermal Trugkünste und die menschliche Gier dazu, den Menschen vielerlei Schaden anzutun. Sie verursachen eine hohe Zahl von Krankheiten der Seelen, rauben und verschlingen sie, wobei der Patient oft stirbt.

4.5 Gentiles

Von *gentiles** sprechen heißt von den *chullpas* sprechen. Das sind für uns Turmbauten aus vorspanischer, großenteils auch vor-inkaischer Zeit, die etwa seit dem 6. Jahrhundert als Grabstätten oder Mausoleen errichtet wurden. Für die andinen Anwohner sind *chullpas* aber auch deren urzeitliche Bewohner, die heute oft außerhalb jener Gebäude erscheinen und auch »*antiguos*« genannt werden (die »Alten«, so wie man etwa in Europa manchmal von den Menschen der Antike spricht), Bewohner des Mondzeitalters der wilden Dunkelheit vor dem Sonnenzeitalter. Sie kleideten sich ähnlich wie wir heute, bauten auch ihre Häuser ähnlich, bestellten ihre Felder und zogen ihr Vieh groß, das aber aus ungezähmten Pflanzen und Tieren der Wildnis bestand. Sie waren von kleiner Gestalt, was aus menschlichen Überresten in vorspanischen Gräbern geschlossen wird. Die Gräber werden als ihre Häuser gedeutet und waren nach Osten ausgerichtet. Als die ersten Strahlen der Sonne die Welt erhellten, gingen die meisten Bewohner dieser Häuser schrecklich zugrunde.

---

* Anmerkung des Übersetzers: »Heiden« im kirchlichen Spanisch nach dem Kirchenlatein.

Heute tauchen die *chullpa*-Wesen auf, wenn man sie am wenigsten erwartet. Meist kennt man in den Dörfern Plätze, an denen sie sich mit Vorliebe zeigen. Dort, vor allem an den vorspanischen Ruinen, heißt es doppelt vorsichtig sein: Nicht auf der Suche nach archäologischen Schätzen herumstochern; keine Objekte mitgehen lassen, die anscheinend schon ausgegraben wurden; weder alte Schätze suchen noch »lebendiges« Gold oder Silber! »Lebendig« meint Schätze aus dem Besitz der *gentiles* oder manchmal auch anderer Schutzwesen aus dem Zeit/Raum der Vergangenheit – »lebendig«, weil sie mal hier, mal dort an gefährlichen Orten auftauchen oder verschwinden. Manchmal verbindet man sie mit Erzählungen, in denen Teufel in bösem Scherz die Gier der Menschen nutzen. Durch ihr Gebiet muß man respektvoll gehen, darf dort keine »Schweinereien« machen, nicht bedrückt oder traurig sein, nicht einschlafen. Denn sonst könnten die *gentiles* aus ihrem Schlaf erwachen, sich erzürnen und den Störer in den Wahnsinn oder zumindest (das ist gewiss!) in die *chullpa*-Krankheit treiben, die sich in allgemeinem Unwohlsein, Niedergeschlagenheit, Asthenie, Abmagern, Fieberanfällen, Eiterbläschen, Verformungen von Knochen und Gelenkschmerzen äußert. Das kann bis zum Tod gehen, wenn der Ritualexperte nicht rechtzeitig eingreift.

5 Andine Ritualexperten

»Zauberer«, »Hexer«, »Teufelsdiener« in der Kolonialzeit,[*] »Ignoranten« für den republikanischen Liberalismus, heute für den Protestantismus Feinde des neuen Glaubens, aber von anderen aufgewertet als Weise – die Ritualexperten waren immer da. Natürlich hat sich das soziale Umfeld der Nachfrage nach ihren Ritualen mit den Epochen verändert, wurden Ritualpraktiken, Opferformate und -ingredienzien immer wieder neu, manchmal auf überraschende Weise angepasst.[22] Mag das auch *cosa de indios* (»Indio-Zeug«) sein, heute wird es auch in nicht-indigenen Schichten nachgefragt. Früher wirkten die Ritualexperten in den ländlichen Gemeinschaften und in den armen Randbezirken der Großstädte, heute arbeiten sie in der Öffentlichkeit mit wichtigen Politikern zusammen, sogar als Berater von Präsidenten. Hier zeigen sich rituelles *empowerment* und ein ethnopolitischer Aktivismus (manchmal auch Manipulation?) in verschiedenen sozialen Bewegungen besonders in Bolivien.[23] Immer mehr Frauen treten in den Vordergrund einer im Prinzip Männern vorbehaltenen Berufsgruppe, auch wenn die öffentliche Wahrnehmung dieser Frauen noch sehr ausbaufähig ist. Tatsächlich sind quer durch die Anden sowohl Männer als auch Frauen in Heilritualen auf allen Ebenen tätig.[24]

---

* Hinweis des Herausgebers für die deutschsprachige Leserschaft: Einen umfassenden Überblick über die Entwicklung des religiösen Spezialistentums in der Inka- und Kolonialzeit gibt Gareis 1987.

22 s. Fernández 2012:20–21.

23 wie etwa Anders Burman beschreibt.

24 Nava 2017, Huanca 1989:49.

Es gibt unendlich viele verschiedene Arten Ritualexperten. Auf Quechua heißen sie *paqo* (allgemeine Bezeichnung), *hampiri/jampiri* (Heiler), *watoq* (Wahrsager), *altomisayoq* und *pampamisayoq*; auf Aymara *yatiri* (Meister, Weiser), *ch'amakani* (Herr der Dunkelheit) *aysiri* (holt bei *susto*, einem Seelenverlust, verlorene Seelen wieder her), *risiri* (Beter). Ihnen allen steht der *laika/laiqa* (Hexer mit bösen Kräften) gegenüber. Durch Opfergaben und rituelle Praktiken werden Experten tätig bei Krankheit, Liebeskummer, häuslichen Konflikten, rechtlichen Problemen, Wiederfinden verlorener oder gestohlener Dinge, Auswahl geeigneten Saatguts, Vermehrung des Viehs, Instandhaltung von Bewässerungsanlagen, Reisen, geschäftlichen Unternehmungen, Kampf gegen Schadenszauber ... Die diachronische Untersuchung von Gerardo Fernández (2012) zeigt, dass viele Verfahren an Praktiken erinnern, die schon in den kolonialzeitlichen Chroniken und Untersuchungsakten von Hexereiprozessen registriert wurden, aber seither immer wieder aktualisiert und an die modernen Zeiten angepasst worden sind.

Zwar herrscht unter den Ritualexperten eine gewisse Hierarchie, die aber bei weitem nicht so abgestuft wie die Hierarchie innerhalb der katholischen Kirche ist, erst recht nicht wie die komplexe Priesterhierarchie des Tawantisuyu, die kolonialzeitliche Autoren beschreiben.[25] Die offenkundigste Unterscheidung ist wohl die zwischen *altomisayoq* und *pampamisayoq* (Quechua) bzw. *yatiri* und *ch'amakani* (Aymara/Kallawaya). *Altomisayoq* und *pampamisayoq* lesen das Schicksal ihrer Kunden aus den Kokablättern. Indem diese auf ein Tuch geworfen werden, verwandeln sie sich in einen »Text«, dessen Zeichen und Bilder der Ritualexperte interpretieren (»lesen«) können muss. Durch sie sprechen die Berge und andere Schutzwesen mit ihm. Die Kokablätter bilden dann vor allem durch ihre Anordnung auf dem Tuch ein System von Bilderzählungen voller sprachlicher und gefühlsmäßiger Nuancen.[26] Die Ritualexperten stellen auch für das Glück in verschiedenen Lebensbereichen Opfergaben an eine Reihe von Wesen (vor allem Pachamama und die *apus*) zusammen.

Doch im Unterschied zum *pampamisayoq*, den »Techniker«[27], besitzt der *altomisayoq* die Macht, die *apus* herbeizurufen. Dafür muss er dreimal hintereinander vom Blitz getroffen worden sein und von seinem speziellen *apu* (*apu patrón*, der Patron oder Chef des *apu*) eine Reihe von Geschenken geschickt bekommen haben: eine *bala* oder *altobala* (Kugel oder »Blitzstein«), Glöckchen, Ritualsteine namens *juyas* oder *khuyas*. Diese Dinge bilden seine *altomisa* (Altartuch).[28]

---

25 Juan Núñez del Prado (2005:246–249) möchte allerdings das Weiterleben einer solchen Ordnung in einigen sehr traditionellen Dorfgemeinschaften Perus zeigen.

26 Detaillierte Beschreibungen dieses »Lesens der Koka« bei Allen 2008, Carter/Mamani 1986, Nava 2017, Ossio 1989. Fernández 2018 analysiert über die Koka-Lektüre hinaus weitere ritualisierte Lektüren, von *quipus*, Spielkarten, geschmolzenem Blei und Zinn, Innereien geopferter Tiere oder vom Puls des Patienten.

27 wie David Lorente (2014:238) ihn beschreibt.

28 Bei den Quechua ist *altomisa* das Tuch des *altomisayoc*, *pampamisa* das des *pampamisayoc*. Ethnographische Beschreibungen von Rekrutierung, Ausrüstung und Praktiken des *altomisayoc* in verschiedenen Quechua-Regionen: Bolin 1981:51; Casaverde 1970:212–218; Lorente 2014:238–242; Marzal 1971 b:257–261; Mishkin 1946:469–470; Platt 1997:38; Ricard 2007: Kap. 5), Rozas (2005).

Zu nächtlichen Ritualen, in denen man Orakel durchführt, Konflikte löst und Kranke heilt, fliegen die herbeigerufenen *apus* in Gestalt von Raubvögeln von den Berggipfeln herab in die Häuser der Experten, um deren Patienten zu helfen. Die nächtlichen Rituale werden quer durch Peru und Bolivien in ganz ähnlicher Abfolge und Dynamik durchgeführt.[29] Der Experte spricht dabei mit den *apus* nicht nur über (für uns) »Religiöses«) sondern auch »über die soziale Realität der Gegenwart«,[30] doch sind diese nächtlichen Dialoge komplex und gefährlich.

Während *yatiri* (die den *altomisayoq* der Quechua bei den Aymara entsprechenden Heil-Experten der Aymara) gewöhnlich in allen Dorfgemeinschaften des Altiplano arbeiten (Huanta 1989), ist der *ch'amakani* wohl eher nur in den Dorfgemeinschaften am Südufer des Titicaca von Bedeutung. Beide lesen aus den Kokablättern, kennen die Geschmacksvorlieben der verschiedenen Schutzwesen und können damit komplexe *mesas* mit Opfergaben für verschiedenste Situationen komponieren (Fernández 2004a). Doch bringt dem *ch'amakani* seine Fähigkeit, direkte Zwiesprache mit den hohen Wesen der Anden zu halten, mehr Prestige und kultische Macht ein. Er spricht mit den Berggipfeln, den Blitzen, den bösartigen *saxras*, den *animo*-Seelen der direkt in Konflikte verwickelten Menschen. Wie der *altomisayoq* der Quechua arbeitet auch er in Nachtsitzungen, die alle Anwesenden an Geräuschen, Stimmen und Gegenwart fremder Wesen teilhaben lassen. Und wie der *altomisayoq* ist auch der *ch'amakani* nicht frei von jedem Verdacht. Beider große Macht lässt sie nicht nur die weißen Wege des Guten kennen, sondern auch die schwarzen des Schadenszaubers. Gerardo Fernández (1995b) beschreibt Auswahl und Ausbildung des *yatiri* mit dem entscheidenden Schritt der Wahl zwischen den zwei Wegen. Das ist verbunden mit der Erzeugung und Deutung von Traumbildern, die dem Experten Einblick in die Düsternis der Leiden seiner Kunden geben, damit er dann davon erzählen und Lösungen finden kann. Dabei greift er nicht direkt in die Traumwelt ein, reist auch nicht (wie Schamanen in manchen anderen Kulturen)[31] ins Jenseits, um dort zu kämpfen, sondern träumt nur, um die Ursachen zu erkennen, und ruft die *apus* oder Geister herbei, um dann Lösungen in einem kulinarischen Opfer zu finden (Fernández 1996b), das dem Schutzwesen besser mundet als die Seele des Kranken, die es gefangen hält.[32]

Zwischen den Ritualexperten verschiedener andiner Regionen lassen sich leicht Ähnlichkeiten finden, und manche Forscher möchten sie gleichsam in einem symbolischen Ausgrabungshorizont des »Andinen« zusammenschmelzen. Doch dem

29 Gillin (1947:119–123): mestizische Gemeinde Moche an der Nordküste. Arguedas (1956:198–200): Quechua in Puquio (Ayacucho). Millones (1997:64): Quechua in Cusco und Ayacucho. Baud (2005:27–31), Lorente (2014), Marzal (1971b:257–261), Mishkin (1946:469–470), Ricard (2007:161–164): Quechua im Dpt. Cusco. Platt (1997): Quechua in Macha (Potosí). Tschopik (1968:279–286): Aymara in Chuchito (Puno). Fernández (2004a): Aymara im Dpt. La Paz. Absi (2005:238): Bergarbeiter in Potosí. Rösing (1996): Kallawaya.

30 Lorente 2014:267.

31 Hinweis des Hrsg.: Siehe z. B. in diesem Sammelband die Aufsätze von José Braunstein über Religionen im Gran Chaco und von Ulrike Bieker über die Religion der Mapuche.

32 Zu diesem Absatz s. Fernández 1995a, b, 2004a, b.

stehen tatsächliche Unterschiede entgegen. Gerardo Fernández (2010) nennt sie »Norden gegen Süden«, allein schon in der Sprache (Spanisch in Nordperu, indianische Sprachen auf dem Altiplano). Die Forschung über Schamanismus und Heilerwesen in Nordperu[33] hat ihre eigene Tradition entwickelt: globale und diachronische Darstellungen von medizinischen, religiösen und kultischen Formen, meist mit einem Reichtum an Querverweisen zwischen archäologischen (vor allem aus der Moche-Phase), ethnohistorischen und ethnographischen Daten.[34] In den nordperuanischen Regionen entfalten die Ritualexperten ein komplexes Zeremonialwesen schamanischer Art. Zentral ist dabei der Genuss des meskalinhaltigen San Pedro-Kaktus[35] mit Visionen, die verstärkt werden durch das Schnupfen von in Alkohol aufgeweichtem Tabak. Der Meister kann so die Ursachen des Leidens seines Patienten sehen. Er entfaltet seine Heilkünste mit Hilfe eines vielfältigen Zubehörs unterschiedlichster Herkunft und Natur (Degen, Dolche, Ruten aus Tropenholz, Muscheln, Tierknochen, Schellen, Steine, archäologische Fundobjekte usw.). Das wird auf eine *mesa* oder *mesada* (das schon erwähnte Tuch anstelle eines Altars) ausgebreitet, von dem aus der Experte sowohl den »Schatten« des Kranken als auch dessen »*encanto*« (»Verzauberung«, die Ursache der Krankheit) erkennen kann. Diese *mesas* sind Ritualflächen, die darauf liegenden Objekte erlangen die Macht des Kaktus Sanpedro und vermitteln dem Ritualexperten Wissen. Sie verwandeln sich in Darstellungen der Geister der Seen, der Berge und der *encantos* und empfangen die für jene Wesen gedachten Opfer: Zitronensaft, weißen Zucker, Parfums, Tabak, Talkpuder, alkoholische Trank-Opfer.

Auch die Experten in den südlichen Zentralanden bauen auf einem sowohl ästhetischen wir rituellen Mikrokosmos auf, einem kleinen oder mittelgroßen viereckigen Tuch, ihrem Berufszeichen (*unkhuña* bei Quechua, *tari* bei Aymara und Kallawaya). Darauf wirft man die Kokablätter, die man dann »liest«. Das Tuch ist das wichtigste Würdenzeichen des *yatiri* und des *ch'amakani*. Im Einflussbereich des Heiligtums von Copacabana (am Titicacasee), auf der Hochebene von La Paz und im Großraum La Paz (mit El Alto und Faro Murillo) wird es verstärkt durch die Machtsymbole Kreuz, Kruzifix und Rosenkranz. Deren Besitzer nennen sie auch *calvario* oder *calvario de poder* (spanisch wörtlich »Kreuzweg« und »Kreuzweg der Macht«), was an eine schmerzvolle Auswahl durch eine höhere Macht erinnert. Denn so wie das Kruzifix in der Landschaft einen Ort markiert, wo der Blitz mit aller Macht eingeschlagen hat, so wie die Steine/Kugeln des Berggottes *apu* beim *altomisayoq* – Heiler mit dem Blitz verbunden sind, so symbolisieren auch die »Kruzifixe« im kultischen Mikrokosmos auf dem Tuch des *yatiri*-Heilers die Macht des

33 Hinweis des Hrsg. für deutschsprachige Leser: Zum Heilerwesen in Nordperu s. Giese 1989.

34 Millones/Lemlij 1994, Tomoeda et al. 2004. Douglas Sharon (2006) hat die kultischen und kosmologischen Zusammenhänge in den mittleren und südlichen Zentralanden verglichen. An strikt ethnographischen Arbeiten finden wir vor allem diejenigen von Douglas Sharon (1980) in Trujillo, Donald Jorálemon (1985) in städtischen Zentren der Provinzen Trujillo und Chiclayo, und Mario Pola (1988a, 1988b, 1996) und Lupe Camino (1992) in der Nähe der Las Huaringas-Seen (Provinzen Huancabamba und Ayabaca, Dept. Piura).

35 *Trichocereus pachanoi*, auch *Echinopsis pachanoi*, auf deutsch auch »Bauernkaktus«.

Blitzes und bekommen ganz eigene, nuanciert ausgefeilte Bedeutungen, weitab vom sprachlichen Ursprung der Vokabel aus dem spanischen Katholizismus.[36]

6 Kultpraktiken

Während der Versuch, Glaubensvorstellungen zu erfassen, nur allzu leicht in Sackgassen voller doppelbödiger Bedeutungen endet, sind Rituale viel objektivierbarer für Beschreibungen. Wir stehen hier aber vor einer kunterbunten Menge von Berichten über rituelle Gestik aller Art, religiöse Feste, Anrufungen, Opfer, Orakel, »Zauberei«.

Vereinfacht gesagt, bedeutet eine Annäherung an kultische Praktiken, dass wir analysieren, was die Leute für oder mit den Schutzwesen in ihren religiösen Universen machen, aber auch, was sie sagen, dass sie machen. Was Xavier Albó (2005: 182) über die Aymara sagt, ließe sich auch auf andere Gruppen übertragen: Wenn die andinen Bevölkerungen über ihre religiösen Praktiken sprechen, »pflegen sie einen mehr erzählenden als konzeptionellen Stil anzuwenden«. In Erzählungen dreht es sich um Mythen (Kosmologie) und Riten. Die meisten behandeln den Jahreszyklus, den Lebenszyklus und die Feste, während die Ritualexperten den Komplex Gesundheit-Krankheit und die Opfergaben in den Mittelpunkt rücken. Stets verknüpft die Vielstimmigkeit eine physische und soziale Dimension mit einer anderen, mehr auf Symbole und Kult bezogenen, und am Ende ergibt sich ein Gesamtbild. Schauen wir also mal.*

6.1 Der Jahreszyklus

Einen pan-andinen Kalender der jahreszeitlichen Produktion gibt es kaum, unterscheiden sich doch die Rhythmen von Ackerbau und Viehzucht je nach Region, Höhe und regionalen Klimaverhältnissen. Die Termine von Riten, Ritual- und Festzyklen mit ihren jeweiligen Mythen sind unterschiedlich. Feste rhythmisieren Beginn oder Abschluss von Aufgaben in Ackerbau und Viehzucht, Ernteerträge werden gefeiert, wechselseitige Beziehungen innerhalb der Gemeinschaft aber auch zwischen den Menschen und ihren Schutzwesen und Heiligen bekräftigt, eine Bodennutzung vorbereitet, Bewässerungssystemen werden festlich gesäubert ... Viele dieser Feste übernehmen Daten aus dem katholischen Jahres- und Heiligenkalender, werden aber aus der andinen Kosmologie heraus re-interpretiert. Besonders wichtig sind die Feiern zu Ehren des jeweiligen Patronatsheiligen. Sie fallen oft mit der Wahl oder Wiederwahl ziviler und traditionell-religiöser Autoritäten zusammen und stärken durch das Cargosystem (Abschnitt 7.3) die Auswirkungen von Ritualen auf Soziopolitik und Wirtschaft.

---

36 Zu diesen Blitzsymbolen der Macht Fernández 2015, besonders 546–547.

* Hinweis des Herausgebers für die deutschsprachige Leserschaft: Einen umfassenden Überblick über traditionelle andine Religionspraxis und Mythologie gibt Baumann (Hrsg.) 1994.

Ein klassisches Referenzwerk der Anden-Ethnologie, van den Berg 1989a, verknüpft besonders detailliert drei Kalender des Ritualzyklus der peruanischen, bolivianischen und chilenischen Aymara: den Kalender der Produktion, den des Kultus und den der Feste. Unter den neueren Arbeiten hebe ich die Monografie von Calixta Choque (2009) über den Jahreszyklus in Anchallani (La Paz) hervor: sie schlüsselt die landwirtschaftlichen und Festzeiten und das Ämtersystem im Detail auf und zeigt anhand des kultischen Jahreszyklus, wie die Kommunikation in den vielfältigen Codes der Rituale und Opfergaben abläuft.

Der Zusammenhang von Produktion, Mythen, Ritualen und Opfergaben bildet ein symbolisches und Glaubens-Universum mit den Hauptfiguren Pachamama, *apus* und Tote zu den drei Hauptzeiten im Jahr: August, Allerheiligen und Karneval.* Bei diesem Auftreten der Schutzwesen zu ganz bestimmten Momenten der landwirtschaftlichen Arbeit sprechen Hans van den Berg (1989a) und Jan van Kessel (1992) von einer »symbolischen Technologie«, die der Vermehrung von Pflanzen und Vieh dienen soll. Van den Berg gab seiner besonders vollständigen und ausgefeilten Analyse des Jahreszyklus der Aymara in Peru, Bolivien und Chile den bezeichnenden Titel *La tierra no da así no más* (»Die Erde schenkt nicht einfach so her«).

In der Nacht zum 1. August »öffnet sich die Erde«, denn Pachamama hat Hunger. Besonders traditionalistische Familien beginnen mit Opfern auf ihren Feldern und bei ihrem Vieh und setzen dieses Ritual tagsüber am 1. August fort. So beginnt ein »gefährlicher« Monat, in dem intensive kultische Aktivität in der Logik der Gegenseitigkeit die Mutter Erde ernähren muss, damit sie uns mit ihrem Reichtum beschenkt. Gefährlicherweise fällt diese Zeit in einigen Regionen auch noch mit schlechten Winden zusammen, die Krankheit verursachen können – *saxras* und Teufel sind losgelassen (Fernández 1996, 2008a). Diese Phase hat mehr Bedeutung für das religiöse Leben als das »andine Neujahr«, aus dem in jüngster Zeit der Schaulauf politischer »Identitäten« bei der Sonnenwende am 21. Juni geworden ist. Wichtig ist aber auch das Allerheiligenfest, das in weiten Teilen von Mitte und Süden des Altiplano mit dem Einsetzen der Regenfälle zusammenfällt. Es öffnet im Jahreskreislauf der landwirtschaftlichen Aktivitäten das Tor zum Einfluss aus der Totenwelt auf die Welt der Lebenden.

Natürlich pflegen auch die Hirtengesellschaften in den Anden ihre eigenen Jahresabläufe der Produktion und der Rituale. Auch dabei übt die Pachamama einen unbestrittenen Einfluss aus. Besonders wichtig sind hier aber die *apus*, sind sie doch die »Herren« nicht nur der Berggipfel, sondern auch des Viehs. Deshalb sind beide, Pachamama und die *apus*, bei den *ch'allas* (alkoholische Trankopfer) anwesend, die bei bestimmten Festen dargebracht werden, um die Vermehrung des Viehs zu sichern, und stehen (vor allem die Bergwesen) auch gemeinsam mit bestimmten Heiligen im Mittelpunkt, wenn es um die Pflege der Herden geht.

Pachamama und die *apus* werden auch beim beim Ritual des *floreo* (oder *enfloramiento*) des Viehs besonders geehrt. Zu diesem treiben die Familien zwischen Neu-

---

* Hinweis des Herausgebers für die deutschsprachige Leserschaft: Schramm (1988) zeigt die Verknüpfung des Jahreslaufes mit Weltbild und Kolonialgeschichte anhand der Mythologie um den Fuchs.

jahr und Karneval (manchmal auch zur Osterwoche oder Johannis) ihr Vieh zusammen, vor allem Lamas und Alpakas, manchmal auch Esel und Ziegen, und in festlichem Rahmen, meist unter Teilnahme der ganzen Gemeinschaft, bringt man Eigentumsmarken in Form von spezifischen Schnitten an den Ohren an. Den Tieren werden zudem Farbbänder an die Ohren genäht, man ziert sie mit Bauchlatz und Wollquasten; dermaßen schön gemacht, werden »Ehen« zwischen männlichen und weiblichen Tieren geschlossen. Das ist in Rituale zur Vermehrung des Viehs eingebettet. Erwähnt sei noch das Konzept der *crianza mútua* (»gegenseitige Aufzucht«): So wie die Menschen Pflanzen und Vieh großziehen, so ziehen Pflanzen und Vieh die Menschen groß. Auf diese Weise werden besonders enge Beziehungen zwischen Mensch und Vieh hergestellt[37] (auf die Beziehung zwischen Heiligen und Vieh komme ich im Abschnitt 7.2 Heiligenkult zurück).

Zum Jahreskreis der Riten gehört praktisch überall in den Anden das »Herbeirufen des Regens« mit komplexen Ritualen und Opfergaben je unterschiedliche Form. Der weitere Themenkreis der Riten oder Feste des Wassers wurde insgesamt viel weniger erforscht als etwa die Reinigung der Bewässerungsgräben oder die Verteilung des Wassers aus den Gräben. Allgemein ist die Forschung sich darin einig, dass unter den Glaubensvorstellungen und Riten diejenigen rund ums Wasser und besonders den Regen die Verfolgung des »Götzendienstes« in der Kolonialzeit am unbeschadetsten überstanden haben.[38] Aus den zahlreichen verschiedenen Einzelfällen lassen sich gemeinsame Elemente herauslesen: Wen man anruft, wie die Ritualexperten vorgehen, mit welchen Gebeten und Opfern, ist Teil der Regeln des rituellen Umgangs mit dem geheiligten symbolischen Raum der Berghöhen mit ihren Gipfeln und Bergseen und beruht auf Gegenseitigkeit zwischen der menschlichen und der nicht-menschlichen Gesellschaft (verschiedenen Schutzwesen) und der Natur.[39]

---

37 Ein Gutteil der umfangreichen Literatur über die andine Viehhaltung schließt Symbolismus und Kult mit ein, doch nicht sehr häufig sind spezifische Arbeiten dazu. Félix Palacios (2000) geht in Details von Vieh-bezogenem Ritual und Kosmovision. Juan Javier Rivera hat 2014 einen Sammelband über den Symbolismus in der Tierhaltung herausgegeben, darunter den *floreo*, Riten zur Vermehrung des Viehs, Fiestas und Heilige in Beziehung zum Vieh. Rivera behandelt auch (2016), emotionsethnologisch, die Beziehungen zwischen den Viehzüchtern des Chancay-Tales (Sierra bei Lima) und ihren Tieren und dabei besonders kultische Gesänge. Für die Region Cusco und überhaupt die Zentralanden ist die Arbeit von Xavier Ricard (2007) über das religiöse Universum der Hirten von Ausangate unverzichtbar. Patrice Lecoq und Sergio Fidel (2000) beschreiben die Viehzuchtrituale im Süden von Potosí, Lucila Bugallo (2010) die Verbindung zwischen Heiligen und Vieh auf der Puna von Jujuy (Argentinien). Bugalli hat gemeinsam mit Jorge Tomasi den (heute in der Literatur vor allem in Hinblick auf die südlichen Zentralanden verwendeten) Begriff der *crianza mútua* geprägt: Bugallo/Tomasi 2012.

38 Gelles, 1986:117; Greslou 1990; Rösing 1996:104.

39 Ich halte es für unmöglich, einen kompletten Katalog aller Regen-Rituale quer durch den Zentralandenraum zu erstellen (s. bspw. allein schon die Referenztafeln bei van den Berg 1989a:247–248, Rösing 1996:107–108), habe aber immerhin in einer Übersicht über die Bibliographie (Gil 2012) gemeinsame Elemente und typologische Kategorien herausgearbeitet, von denen aus eine Analyse dieser Rituale unternommen werden könnte.

6.2 Lebenszyklus

Von der Wiege bis zur Bahre und darüber hinaus durchläuft jeder Mensch eine Reihe von Übergangsriten, die seine Eingliederung in die Welt der Menschen mit ihren sozialen Beziehungen, mit seiner Familie, der Gemeinschaft und den Schutzwesen fördern.[40] Der Lebenszyklus ließe sich in großen Zügen in sechs Abschnitte teilen: Geburt, christliche Taufe, erster Haarschnitt, Heirat, Übernahme von Verantwortung in der Gemeinschaft, Tod. Natürlich wird jede der Lebensetappen und mancher Punkt dazwischen von spezifischen Ritualen eingerahmt. Ich gehe hier nur auf Anfang und Ende des Zyklus genauer ein.

Der rituelle erste Haarschnitt (*rutucha, ruthuchi, rutichico*) im Alter von zwei oder drei Jahren geht gewöhnlich mit Zuteilung der ersten eigenen Dinge einher. Von da an ist das Kind befähigt, innerhalb der Familie fortschreitend Verantwortung gemäß seinem Geschlecht und Alter zu übernehmen. Aber der Mensch wird erst vollständig, wenn er ein Paar bildet. Über die reine Formalisierung der Ehe hinaus reichen Riten vom Heiratsantrag bis zum Decken des Daches des neuen Hauses des Paares auf dessen eigenem Grund. Beim Dach sollen beide Familien Unterstützung leisten und die ganze Gemeinschaft mithelfen. Die »Ehe auf Probe« (*sirviñakuy*) ist eine stillschweigende Übereinkunft des Paares, die auf eine stabile monogame Verbindung abzielt und irgendwann standesamtlich oder religiös abgesichert wird, bis dahin allerdings leichter als die formalisierte Ehe wieder aufgegeben werden kann. Die Eheleute sind nun jedenfalls gesellschaftlich vollwertig und kommen nun für herausgehobene Positionen sowohl in der Hierarchie der weltlichen Autoritäten als auch im System der religiösen Ämter in Frage. Das sind zwei Bereiche, in denen sie führende Rollen bei den Festen übernehmen, ihr Prestige steigern und sozial aufsteigen können.

Schwangerschaft (sowie schon die Zeugung, hierzu Vicente 2016a) und Geburt sind symbolisch engstens mit der Welt der Vorfahren verbunden und werden deshalb auf eine komplexe Weise mit Riten begleitet, die sowohl die Mutter (von der Schwangerschaft bis zum Wochenbett) als auch das Baby betreffen. Mit der Geburt tritt es aus der Welt der Natur, dem Einflussbereich der *gentiles* (zu diesen oben in Abschnitt 4.5) und den von diesen drohenden Gefahren hinaus in die Kulturwelt der »Christen«. Das verleiht dem Übergangsritus der Taufe (christlich, aber auch auf andine Weise mit Salz) besondere Bedeutung (Platt 2001; Vicente 2016b). Diese liegt aber nicht nur im Schritt in eine neue religiöse Welt, sondern führt auch zu Wahlverwandtschaften des Täuflings mit den Paten-Eltern, der Paten-Eltern mit seinen Eltern. Nur unter Berücksichtigung dieser bei der Taufe geknüpften Bande kann man das Verwandtschaftssystem in den Anden mit seinen Beziehungen zwi-

40 Eine ausführliche Übersicht über den Lebenszyklus unter dem Gesichtspunkt der sozialen Einpassung des Individuums in die (Aymara-) Gemeinschaft geben Carter/Mamani (1989) in ihrer Monographie über Irpa Chico (Dept. La Paz). Ähnlich Albó (1991), aber mit Schwerpunkt auf der religiösen Erfahrung.

schen symbolisch-rituellem Bereich und sozioökonomischen Prozessen und örtlichen Machtstrukturen ganz verstehen.[41]

Der Tod schließt einen Kreislauf ab, das Individuum kehrt in die Welt der Natur und der Vorfahren zurück und rückt in die Kategorie der Großeltern (*achachilas, awichas*), allgemeiner gesagt der Vorfahren ein. Diese sind für den spirituellen Schutz der Lebenden unverzichtbar, aber auch ganz konkret für genügend Regen, für die Ernten, die Vermehrung der Tiere, die Ordnung. Die Zeit des Sterbens und der Toten ist eine Zeit symbolischer Bezüge mit Beziehungen zu den Bewohnern anderer Welten und zu anderen Räumen/Zeiten, die sich für kurze Augenblicke den Lebenden öffnen. Daher ist die religiöse Bedeutung des Todes und der Toten besonders groß. Und daher interessieren sich die Ethnographen für die Begräbnisrituale. In zahlreichen Beschreibungen lesen wir Details der Totenwache, des Begräbnisses, wir lesen davon, dass bestimmte Objekte in den Sarg gelegt werden, dass die Kleidung des Verstorbenen in einer Reinigungszeremonie gewaschen werden, dass auf den »Altären der Toten« und auf den Gräbern zu Allerseelen Essen dargebracht wird. Leider ist es aber ähnlich wie mit den Untersuchungen über die *almas* (»Seelen«): Die Analysen gehen nicht sehr tief, und ich untertreibe nicht, wenn ich meine, dass es kaum Ethnographien der Toten und der Orte, wo sie wohnen, gibt.[42] Die Vorstellungen sind offenbar dadurch verfärbt, wie die Missionare der Kolonialzeit die indigene »Welt oben« (auf Aymara: *alaxpacha*; Quechua: *hanan pacha*, mit dem christlichen Himmel oder der *Gloria* gleichgesetzt) der Welt unten/innen (auf Aymara: *manqhapacha*; auf Quechua: *uku pacha*, mit der Hölle gleichgesetzt) gegenüberstellten. Dieser Gut-Böse-Manichäismus hat seither die verschiedenen Modelle der Mission in den Anden stark durchdrungen.

Wie der Protestantismus bei indigenen Bewohnern der Anden voranschreitet, betont Manuel Marzal, dass die Neubekehrten zwar von der Realität eines anderen Lebens und der nahen Herbeikunft einer zukünftigen Welt sprechen, dass jedoch ein Gutteil des Erfolges evangelischer Glaubensgemeinschaften des eschatologischen Typus nicht unbedingt auf einer genauen Übernahme der christlichen Doktrin von »Himmel« und »Hölle« beruhe, sondern darauf, dass diese beiden Begriffe

---

41 Hier weise ich auf die ethnographische Monographie von Montes 1989 hin. Sie behandelt *compadrazgo* (Gevatterschaft) und *priostazgo* (die Leitung eines Heiligenfestes mit der Verpflichtung, für die Kosten aufzukommen) in der ländlichen Gemeinde von Pucará (ecuatorianische Anden), mit ausführlicher theoretischer Diskussion und gründlicher Auswertung der Bibliographie.

42 Als Ausnahmen hebe ich hervor: das Nachdenken von Óscar Muñoz (2016) über die Möglichkeit einer Ethnographie der andinen Toten; und Xavier Albós Versuch (2007) einer Synthese bezüglich des Todes und der Toten bei den Aymara. Ferner Carter/Mamani (1989: Kap. 7) über die endgültige Bestimmung der Seelen und die durchaus weltlichen Werte im Jenseits von Irpa Chico (La Paz); Harris (1983) über das Schicksal der *alma* (Seele) der Laymi im nördlichen Dept. Potosí; van Kessel (1992: Kapitel 4) über die Aymara in Nordchile; Millones (2000) über die Vorstellung vom Fegefeuer bei Quechua in Lambayeque; Robin (2005, 2008) über die verschiedenen Kategorien von Toten und den leidvollen Übergang der Seele in das andere Leben bei Quechua in den Provinzen Chumbivilcas und Calca (Sierra von Cuzco).

ganz ähnlich wie im andinen Katholizismus in die eigenen Vorstellungen von *hananpacha* (Welt oben) und *ukhupacha* (Welt unten/innen) übersetzt würden.[43]

6.3 Patronatsfeste

Diese Feste dienen vorrangig der Verehrung des jeweiligen Schutzpatrons einer Gemeinschaft. Wer *pasa cargo* (ein Amt im Dienst des Heiligen übernimmt), dankt für die empfangene Gnade, erbittet neue Wohltaten oder erfüllt ein Gelübde. Darauf gehe ich im Abschnitt über den Heiligenkult (7.2) näher ein, hier vorab erwähne ich nur einige zusätzliche Funktionen.

Als Metapher für exzessives Ausleben ließe sich die Fiesta als ein Ja zum Leben verstehen, eine Bestätigung, die jede Gesellschaft braucht, und dies vielleicht noch mehr im kargen und harten Leben in den Anden. Wenn wir die Logik der Güterumverteilung ansetzen, sehen wir, wie eine Gemeinschaft zusammenkommt, um miteinander zu teilen. Die auf der Suche nach Arbeit ausgewandert sind, werden nun als Gäste empfangen.[*] Die Fiesta hat damit eine Integrationsfunktion, und dies zudem auch in dem Sinn, dass die Gemeinschaft der Lebenden mit der Gemeinschaft der verstorbenen Vorfahren zusammenkommt und sich so mit deren Zeit verbindet. Doch die Fiesta hat auch eine politische Funktion: wer sich in religiösen Fest-Ämtern unterschiedlicher Natur und Hierarchie an der Organisation beteiligt (ein Stadium im Lebenszyklus eines Gemeinschaftsmitglieds), gewinnt Prestige und Status. Die ökonomische Funktion der Fiesta besteht darin, dass ihre Finanzierung durch Spenden von Opfernden und weiteren Frommen Einkommensunterschiede innerhalb der Gemeinschaft ausgleicht oder zumindest rechtfertigt.

6.4 Wallfahrten

Während es im Patronatsfest um die heilige Zeit geht, die sich nach dem Heiligenkalender richtet, geht es bei der Wallfahrt um heilige Orte, an denen das Heilige erschienen ist. Man besucht die Orte oder geht die Wege ab, wo die Heiligen und die Schutzwesen sich gezeigt haben und wo die Kommunikation mit ihnen besonders intensiv ist, wie wir in Mythen, Legenden und örtlichen Überlieferungen hören. Es geht um Räume, die mit Höhen und Gipfeln der Berge verbunden sind, oder mit Quellen, Gletschern oder mächtigen katholischen Kirchen. An diesen Orten treffen sich benachbarte oder manchmal auch weit voneinander entfernte Dorfgemeinschaften.

---

43 Marzal 2005:149. Das ließe sich auf andere ethnische und sprachliche Gruppen übertragen. Die Quechua-Begriffe hier in Marzals Orthographie.

* Hinweis des Herausgebers für die deutschsprachige Leserschaft: Eine ausführliche Beschreibung zweier religiöser Feste (in Ecuador: Weihnachten und *Nuestra Señora de El Cisne*) von Nicht-Indigenen und Indigenen mit zu diesem Anlass heimkehrenden Migranten gibt Schmidt 2000.

Ein solcher Ort ist etwa der Berg Pachjiri am Titicaca-See im Stadtbezirk von Achacachi (Departement La Paz). Dazu berichten Gerardo Fernández und XavierAlbó (2008): Auf dem Berggipfel erhebt sich eine Reihe von Felsen, die als Altäre für bestimmte Anliegen gelten, zu denen Ritualspezialisten und ihre Kunden hinaufsteigen. Vor allem im August wird der Berg zum Ziel eines nicht abreißenden Pilgerstroms von nah und fern. Es kommen aber auch Ritualspezialisten aus den entferntesten Orten, um ihre Ausbildung zu vervollständigen, indem sie »Wissen« gewinnen oder vermehren. Außerdem haben die Experten der Region in den letzten Jahren mehrfach zu Treffen am Aymara-Neujahr aufgerufen, das mit der Juni-Sonnenwende zusammenfällt.

Die meist ähnliche Struktur dieser Wallfahrten lässt sich in drei Phasen zusammenfassen: Individuelle Grenzerfahrung; Erscheinung des Heiligen in Gestalt der Schutzwesen (Heilige mit eingeschlossen); Verbreitung der Nachricht, die nun weitere Menschen anzieht, die ähnliche Gunst erfahren wollen. Darin kreuzen sich die andine und die spanische Tradition: im Wandern durch schwer zugängliche Orte, das den Weg als Buße darstellt; in Quellen, deren Wasser den Körper heilt oder die Seele reinigt; in Votivgaben, die an Wunder oder Gelübde erinnern; in der besonderen Kleidung; in der Teilnahme an mehr oder weniger kirchlich beeinflussten Prozessionen; in Liedern, Tänzen, Maskentänzergruppen und Musikkapellen; im Ausdruck tiefster Gefühle.

Die in der Ethnographie der andinen Wallfahrten zum Referenz-Beispiel gewordene Wallfahrt zum Herrn von Qoyllur Rit'io (Ausangate-Tal, Region Cusco)[44] wird in ihrer modernen Form seit der Erscheinung eines Christus im Todeskampf 1783 durchgeführt, aber dieses Hochgebirgsgebiet (5000 m über dem Meeresspiegel) könnte schon in vorspanischer Zeit ein heiliger Raum gewesen sein. Die Wallfahrt findet drei Tage lang im Mai oder Juni vor der Fronleichnams-Feier statt und führt Tausende Indigene, Mestizen und Weiße[45] aus ganz verschiedenen Gegenden zusammen, hauptsächlich aber aus den Quechua-Regionen von Paucartambo und Quipiscanchis. Von dort steigen die Wallfahrer zum Berg empor, aus jeder der beiden Regionen von ihrer Seite her, und tragen, begleitet von einem bunten Gemenge von Musikern und Tänzern, von jeder Seite je eine Christusfigur hinauf, damit sie oben in einer Gipfelkapelle zusammenfinden. Dem Fest voraus geht zu Himmelfahrt eine Prozession Unseres Herrn von Qoyllur Rit'i von seiner Kapelle in Mawallani bis zu seinem Heiligtum in Sinakara. Von dort trägt am zweiten Mittwoch nach Pfingsten eine zweite Prozession eine Figur Unserer Herrin von Fátima zu einer höhergelegenen Grotte. Die meisten Pilger treffen zu Trinitatis (dem ersten Sonntag nach Pfingsten) ein, wenn die Monstranz mit dem Allheiligsten feierlich aus der Kapelle herausgetragen wird. Am folgenden Tag wird Unser Herr von Qoyllurit'i in

44 Michael Sallnow (1987) hat ein Standardwerk zu andinen Wallfahrten verfasst. Bezüglich der Wallfahrt nach Qoyllur Rit'i hebe ich die Arbeiten von Antoinette Molinié (2005) und Angela Brachetti (2005) hervor. Letztere Arbeit dokumentiert mit zahlreichen Fotos detailliert die verschiedene Momente der Feiern.

45 Anmerlung des Übers.: Diese Klassifizierungen sind hier nicht rassisch zu verstehen, sondern beziehen sich auf (wandelbare) soziokulturelle Positionen.

feierlicher Prozession zur Grotte der Jungfrau und wieder zurück getragen. Diese Nacht tanzen die Tanzgruppen abwechselnd im Heiligtum.

Im Morgengrauen des dritten Tages treten die *ukuku* auf. Sie tragen Wollmasken (die vom Gesicht meist nur einen Augenstreifen, manchmal auch den Mund freilasen) und Lederpeitschen, mit denen sie die Ordnung unter Pilgern und Komparsen sichern. Der *ukuku* ist ein mythisches Wesen, Frucht der Vereinigung einer Frau mit einem Brillenbär (*Tremarctos ornatus*). Von der Mutter hat er die Weisheit, vom Vater die Kraft. Er sorgt hier für Ordnung, doch gleichzeitig stiftet er bei manchen Gelegenheiten mit seinem im Falsett vorgetragenen Witzen, mit vorgetäuschten Diebstählen und mit Pantomimen Unruhe. Bei unserer Wallfahrt nun steigen die *ukuku* geordnet nach Herkunftsgruppen (Paucartambo, Quispicanchi, Canchis, Acomayo, Paruro, Tawantinsuyo, Anta und Urubamba) zum Qollqepunku-Gletscher auf und sammeln Kreuze ein, die andere Pilger an den Vortagen auf Felsen aufgestellt haben, die aus dem Gletscher ragen. Als Halbgott verteidigt *ukuku* die Pilger gegen die »Verdammten«, die auf dem Gletscher herumirren. Die *ukuku*-Darsteller hacken Eis aus dem Gletscher heraus, das dann in die Dörfer hinabgetragen wird und bei Reinigungsriten anlässlich der ersten Ernten Verwendung findet. Dem von den Eisblöcken schmelzenden Wasser schreiben manche Heilwirkung zu.[46]

Nach einer im Gebet verbrachten Nacht beginnen am anderen Tag Tänzer, Musiker und Pilger den Abstieg, bis man im nächsten Jahr wieder in die Höhe steigt. Seit die Kapelle und das Fest im August 2004 zum Kulturellen Erbe der peruanischen Nation erklärt wurden, und mehr noch, seit die UNESCO im November 2011 die Wallfahrt auf ihre Repräsentative Liste des immateriellen Kulturerbes der Menschheit gesetzt hat, kommen mehr Pilger aus weiteren Herkunftsgebieten. Beide Ehrentitel und das wachsende touristische und massenmediale Interesse haben natürlich die Formen von Wallfahrt und Kult beeinflusst.

6.5 *pagos*, Opfergaben

In den Anden haben die Beziehungen zu den Schutzwesen immer etwas von einer Tischgemeinschaft in der Logik der Reziprozität gehabt: Indem man diese Wesen ernährt, erhält man von ihnen Gunst, Nutzen und Fürsorge. Es ist wie ein kultisches Mahl, jedoch, mit den Worten von Gerardo Fernández (1997), schwankend zwischen »Ekel« und »Verführung«: Ekel bei denjenigen, die den Opferbrauch als Götzenanbetung und Heidentum oder einfach als Betrug auf Kosten der Abergläubigen ablehnen; verführerisch für diejenigen, die dem Brauch folgen.

Tatsächlich hat diese Art der Kommunikation mit dem Heiligen und dem Übernatürlichen trotz aller Gegenkampagnen seit der Kolonialzeit stets zum kultischen Universum der andinen Bevölkerungen gehört – vielleicht, wie Manuel Marzal[47] spöttisch anmerkt, »weil die Missionare keine echte Alternative angeboten haben«. Jedoch haben die rituel-

46 laut Sallnow 1987:227–228.

47 2005:150.

len Einladungen an die Schutzwesen sich im Laufe der Zeit gewandelt, haben Elemente aus dem Christentum, dem Kapitalismus, der Moderne integriert und sich dabei an die Veränderungen der Nachfrage bei den andinen Bevölkerungen angepasst, aber ebenso auch an den sich wandelnden Geschmack der anderen Seite, der Schutzwesen. Stets bemühte man sich, den mit mächtigem Nachdruck vorgetragenen Forderungen beider Seiten zu genügen. Und während dieses Anpassungsprozesses ist der Opferbrauch mit der Landflucht und den transnationalen Migrationen mitgezogen und hat die Stadt erobert. Dort ist er mit Macht in Teile der Schichten der *criollos* und *mestizos*[48] eingedrungen. In deren Konsumgesellschaft wurden die Opferriten voll integriert, über Klassen- und Ethnien-Grenzen hinweg, und werden in der urbanen, pan-andinen Szene nun immer öfter *pago* genannt Die wörtliche Bedeutung, »Bezahlung«, passt gut dazu, dass Ritualexperten immer mehr in kommerziellen Zusammenhängen stehen, vor allem im August, einer Zeit ritueller Aktivität, aber auch touristischer Erregung für die Pachamama.

Hier eine komplette Ethnographie der Opferkultur im Zusammenhang der andinen Ritualszenarien zu versuchen, würde diesen Aufsatz sprengen. So will ich jetzt nur die Grundmodelle, die Typologie, die Hautbestandteile und den kulinarischen Geschmack verschiedener Schutzwesen skizzieren.[49] Die Namen der Opferstellen und Opfer sind in den verschiedenen Regionen unterschiedlich und benennen auch die Zeremonien mit: bei Aymara heißen sie meist *mesas*, bei Quechua *despachos*,[50] groß ist die Vielfalt der Namen auch in der wissenschaftlichen Literatur. Gemeint ist letztlich fast immer das Gleiche: ein Tuch auf der Erde mit Ritualwerkzeugen, die der Experte hortet und gebraucht, und zu denen die für jedes Schutzwesen spezifischen Opfergaben kommen. Stets gibt man sich größte Mühe, den Tischgenossen, für den das Opfer bestimmt ist, anzulocken, seinen Geschmack zu treffen und seinen Appetit anzuregen. Bei den Zeremonien gibt es Trankopfer mit verschiedenen Flüssigkeiten, ferner etwa Räuchern, *wilanchas* (Schlachtung von Tieren, besonders Neuweltkamelen – Lamas usw. – aber auch Schafen, Ziegen und Meerschweinchen).[51] Ferner: die Zubereitung von *sullus* (Föten,

---

48 Damit meine ich untere und mittlere Mittelschicht überwiegend nicht-indigener Herkunft.

49 Dabei stütze ich mich auf die Monographien, die ich für grundlegend zum Thema andine Opferkultur halte: Choque 2009, Fernández 1995 a,, 1997, 2010, 2012 (Kap. 3–4), Rösing 1988, 1990 a, 1991, 1996 [dtsch. 1993], 2001, Sharon 1980, 2006. Weitere Detailverweise im weiteren Text.

50 In Nordperu wird auf einem »*altar*« geopfert (der aber ein Tuch auf dem Boden ist), bei den Uru-Chipaya und Kallawaya auf einer *mesa*; auch bei den Aymara auf einer *mesa* oder *mesada*, die daneben in Teilen des Hochlandes von La Paz auch *waxt'a* heißt. Auch die Opfergaben heißen dort oft *mesa*. In Quechua-Regionen nennt man diese *despachos* (Opfergaben als »Sendungen« an den Empfänger), *alcances*, *pagos* (»Bezahlungen«).

51 In Extremsituationen soll es auch zu menschlichen *wilanchas* gekommen sein, wie Albó (2005:192–193, 2006:397–400) Berichte wiedergibt. Es sei darum gegangen, Unfällen auf besonders schwierigen Baustellen vorzubeugen, wo besonders »hungrige« Schutzwesen wohnen; oder in Bergwerken, wo der *Tío* schon schwere bis tödliche Unglücke verursacht hat; sowie bei der Grundflächenbetonierung für Hochhäuser. Allerdings kommen solche Fälle wohl weniger in der ethnographischen Realität vor als auf dem wüsten Brachgelände der urbanen Legenden, der Sensationspresse und der verfälschten Reportage. Immer wieder explodieren Gerüchte und werden psychosziale Ängste reaktiviert, s. Fernández/Albó (2008:249–251) zum oben erwähnten Berg Pachjiri.

meist vom Lama, aber auch vom Schaf), das Werfen von Kokablättern, um aus ihnen zu lesen; Darbringung von Koka, Alkohol und anderen Dingen mit symbolischem Wert (etwa Lama-Vlies); Klagen, Bitten und Entschuldigungen an die höheren Mächte.

Die Ingredienzien der Opfer sind verschiedenster Natur, am häufigsten Kokablätter, Talg (vor allem vom Lama), aromatische Pflanzen, verschiedene Nahrungsmittel (hauptsächlich je nach Region Kartoffeln oder Mais), *sullus* (Föten), verschiedene Süßigkeiten, *chiwchis* (Bleifigürchen), Streifen aus golden oder silbern glänzendem Papier, Papierfetzen und -schlangen, bunte Wolle u. a. m. Zum Gesamtbild fügen sich noch Elemente, die sich an den spezifischen Geschmack des jeweils eingeladenen Schutzwesens richten. Dabei hat jeder Ritualexperte seinen eigenen Stil in der Komposition von Opfern und Ritualen. So kann man sagen, dass sich bei aller gemeinsamen Struktur doch nie zwei Opfer gleichen.

Es kann vorkommen, dass Opfergaben in Seen oder Bewässerungsgräben geworfen werden, doch meistens werden sie verbrannt, so dass sie als Rauch zu den zum Mahl eingeladenen Schutzwesen emporsteigen. Jeder Tischgast aus der Anderwelt wird respektvoll einzeln eingeladen. Das sind *apus* oder *achachilas* (zu diesen oben in Abschnitt 4.1), Pachamama, verschiedene Berge und heilige Orte, Heilige, heilige Jungfrauen, Kruzifixe, verschiedene für die Vermehrung der Feldfrüchte und des Viehs zuständige Schutzwesen; und sogar auch *saxras* (Abschnitt 4.4) und weitere schadenstiftende Charaktere, sowie *chullpas* oder *gentiles* (Abschnitt 4.5). Sie alle sind ständig »hungrig«, und man muss sie zu einem guten Geschäft verleiten, will man bei ihnen je nach Bedarf gute Ernten, Vermehrung des Viehs, gesundheitliche Förderung, Kommen oder Gehen des Regens, Wasserreichtum, Glück und Erfolg in verschiedenen Unternehmungen eintauschen – oder was immer an Sehnsüchten oder Bedürfnissen durch eine Opfergabe erfüllt werden kann. Manche *mesas* werden zuhause, in Getreidescheuern oder Speisekammern aufbewahrt, wo man sie aber regelmäßig erneuern muss. Das geschieht vor allem im August, aber auch zu Fastnacht, Pfingstsamstag oder St. Johannis, und bringt viel Wohlstand. Wird aber der Pakt auf Gegenseitigkeit mit den Schutzwesen nicht eingehalten,[52] kann die ganze Familie ihren Reichtum verlieren.

Einen Sonderfall stellen die *altares de almas* oder *de difuntos* dar (Totenseelenaltäre), die mit dem Grab selbst gleichgesetzt werden. Man baut sie zu Allerheiligen im Haus auf, dann besucht man das Grab und nimmt am Totensonntag den Altar dorthin mit. Er besteht ganz aus kulinarischen Motiven, essbar für die Lebenden und Einladung an die Toten. Der Altar wird von Rohr,[53] Zweigen und Blumen eingerahmt, an die denen man Brotfigürchen hängt, die für dieses Fest gebacken wurden.[54] In formaler Hinsicht variieren die andinen Opfergaben regional sehr, besonders deutlich zwischen Nordperu und den übrigen Hochlandregionen der Zentralanden. Doch eines ist gemeinsam: Man nimmt ein Bün-

---

52 Girault 1988:302–304.

53 bspw. Pfahlrohr, *Arundo donax*.

54 Aus der einigermaßen umfangreichen Literatur über andine Totenfeste möchte ich hervorheben: Bastian (1988) für den Quechua-Raum. Acosta (1998) und Condori/Pauwels (1998) für den Chipaya-Raum, Rösing (1987) für Kallawaya, van den Berg (1989b). Geoffroy (2016) stellt verschiedene Formen quer durch die bolivianischen Anden gegenüber.

del oder eine Grundlage aus Stoff in direkter Beziehung zur *mesa* oder zu deren Benennung. Darauf legt man die Opfergaben im engeren Sinn, die richtig zusammengeordnet werden müssen, und die übrigen für das Ritual verwendeten Elemente: Flaschen, gefüllt mit Flüssigkeiten unterschiedlicher Art, Gefäße für das Trankopfer, Muscheln und Schneckengehäuse maritimer Herkunft, unterschiedliche pflanzliche Elemente, Nahrungsmittel, Steine und Mineralien, archäologische Fundstücke, Amulette, anthropomorphe Figürchen, getrocknete Tiere oder Teile von solchen, Föten, Bronzeglöckchen, alte Münzen, Miniaturfiguren aus Blei, religiöse Medaillons, Kruzifixe, Rosenkränze, Heiligenbildchen. Daraus werden in Nordperu *altares* (»Altäre«, die aber auf dem Boden liegen), die viel barocker und zusammengesetzter sind als die *mesas* oder *despachos* im Altiplano, die darum freilich nicht weniger komplex sind. Es gibt aber immer wieder Sonderformen, so bei den Chipaya in der Gegend zwischen den Salzseen von Oruro,[55] bei denen sich das aus ihrer besonderen Umwelt und ihrer Lebensform als Fischer erklären ließe.

Im Vergleich mit den im zweiten und dritten Viertel des 20. Jahrhunderts beschriebenen *despachos* oder *altares* der Quechua, Aymara und Kallawaya[56] scheinen die *mesas* heute formal einfacher geworden zu sein. Gleichzeitig lässt sich aber beobachten, dass die Zusammensetzung der eigentlichen Opfergaben komplexer wurde, mit neuen Materialien und Zutaten des rituellen Mahls, etwa den *misterios* (»Geheimnissen«).[57] Man vereinfacht die rituelle Inszenierung und beschränkt sich auf leicht erhältliche und unkompliziert anwendbare Zutaten. So kann sich der Opferbrauch leichter ausbreiten, vor allem auf die städtischen Ritualräume und Märkte für Zauberei, während sich gleichzeitig die Liste der Motive und Ästhetiken in den *pagos* vervielfacht. Die mesas werden an den städtischen Geschmack neuer Kunden angepasst, das Ritual wird teils neu erfunden. Die sehr vitalen kultischen Ausdrucksformen sind wandlungsfähig.

7 Der große religiöse Umbruch in den Anden (I): Der »Sieg« des Katholizismus*

Manuel Marzal meint, bei der Begegnung zwischen der Religion der präspanischen Anden und dem mit Konquista und Kolonisierung gekommenen spanischen Katholizis-

55 Wachtel (1985:11–42, 2001:146–186), Zerda (1993).

56 Tschopik (1968:218–252) in Chucuito, Marzal (1971b) in Urcos, Mayorga et al. (1976) in Puno, Valderrama/Escalante (1988) in Apurímac.

57 kleine Rechtecke aus Zucker und Kalk, oft bunt bemalt, auf denen Verschiedenes dargestellt ist: Auto, Haus, Geld (Dollar- oder Eurozeichen), Schlange, Kreuz, Eigentums- oder akademische Titelurkunden usw. Menschen essen diese Opfergaben nicht. Alle Schutzwesen, für die sie bestimmt sind, mögen Süßes, man schenkt ihnen auch Bonbons.

* Anmerkung des Übersetzers: Der Titel dieses Abschnitts (spanisch *La gran transformación religiosa andina*) spielt auf mehrere Titel in Arbeiten von Manuel María Marzal an, so *La gran transformación de la religión quechua por la evangelización* in Marzal 2005:153, relativiert den dort gesehenen »Sieg« des Katholizismus jedoch, indem er ihn in Anführungszeichen setzt und weiter unten für einen weiteren Umbruch, durch den Protestantismus, (den Marzal nicht leugnet) eine fast gleiche Abschnittüberschrift wählt.

mus habe letzterer einen überwältigenden Sieg davongetragen. Denn schon in der zweiten Hälfte des 18. Jahrhunderts war die Mehrheit der indigenen Bevölkerung nicht nur getauft, sie hätte auch einen tiefgreifenden religiösen Wandel durchgemacht und »nicht weiter Elemente ihres alten andinen religiösen Systems bewahrt und [das Neue darin] integriert, sondern ein mehr oder weniger synkretistisches System gebildet«. In der Tat: die überwältigende Mehrheit der Indios glaubte nun an Gott, die Heiligen und den Teufel, hielt sich an die Übergangsriten Taufe, Heirat, Begräbnis, feierte die Patronatsfeste, pilgerte zu den Wallfahrtsorten und betete in den Alltagsnöten. Man fühlte sich als Teil der Heiligen Kirche, war Mitglied in *cofradías* (katholischen Laienbruderschaften) und ehrte die Priester als die Zuständigen für den Kultus. All das findet sich bis heute im andinen Volkskatholizismus und beweist (so will es Marzal), »eine wie tiefgreifende religiöse Verwandlung erfolgt ist«.[58]

Marzals Beweise leugne ich nicht, doch sehe ich sie nicht nur für die Kolonialzeit, sondern auch gegenwärtig vielfach relativierbar nach Zeit, Raum, ethnischer Gruppe. Eher sollten wir von der Unterscheidung von Jacques Monast (1969) ausgehen: Wurden die Indios bei dem religiösen Wandel in der Kolonialzeit und danach evangelisiert oder einfach nur getauft?[59] Schon im 16. und 17. Jahrhundert fehlte es nicht an Anschuldigen einiger religiöser Orden gegen andere, dass diese nur darauf aus seien, möglichst viele Indigene zu taufen, dabei aber nicht darauf achteten, ob auch die christliche Lehre übernommen oder die neuen religiösen Vorschriften beachtet wurden. Offenkundig wurden die Indios nie völlig dazu gebracht, ihre alten götzenanbeterischen Praktiken aufzugeben.

Das bekräftigt Nicholas Griffiths mit der Beobachtung, dass die »Entzauberung« (*desencantamiento*) der indigenen religiösen Welt letztlich außerhalb der missionarischen Zuständigkeit blieb. Zwar wurden Orte der Verehrung und *wak'as* (*Numina*, Objekte oder Orte mit besonderer Macht und die Wesen, die darin wohnen) zerstört, Mumien der Ahnen verbrannt, heilige Landschaften durch die Aufpflanzung von Kreuzen und Kapellen christianisiert, doch der innere Kern, die Essenz blieb in geistiger Form oder durch die Verbindung zu Naturphänomenen erhalten, die göttliche Macht einschließen. Das Christentum, so Griffiths Fazit, war höchst erfolgreich im öffentlichen Bereich, hingegen im Privatbereich haben die indigenen Systeme sich immer wieder erneuert. Die alte andine Kulturmatrix wurde nicht nur nicht zerstört, sondern so angepasst, dass sie das neue katholische System in sich aufnehmen und gleichsam zähmen konnte, sodass die neuen Elemente dazu dienten, eigenständige neue Antworten auf alte Themen zu finden.[60] Die

58 Zitate 1983:439, 2005:153, s. überhaupt Marzal 1983, 1999.

59 Es würde hier zu weit führen, die religiösen Entwicklungen der Kolonialzeit in ihren jeweiligen sozialen, politischen, wirtschaftlichen und kulturellen Zusammenhängen zu kommentieren. Sie sind gut beschrieben in dem von Jean-Jacques Decoster koordinierten Sammelwerk (2002) über die christlichen Identitäten in den kolonialzeitlichen Anden.

60 Griffiths 1998:330,344–345. Interessant finde ich die von heutigen Riten ausgehenden Fragen, die Xavier Albó (2002a) en Historikern stellt. Er analysiert die spanische Herkunft von Wörtern der religiösen Terminologie, die im heutigen Spanisch gar nicht mehr verwendet werden, wohl aber noch in den (auf den ersten Blick) »autochthonsten Ritualen in der heutigen andinen Welt«, und fragt, wie weit und in welchen Themen jener vermeintlicher »Sieg« des Katholizismus über die andinen Religionen wirklich gegangen ist.

indigenen Bevölkerungen haben immer Gefallen an Neuem gehabt und meisterhaft verstanden, es den eigenen Denksystemen einzugliedern. In religiösen Fragen sind sie gewöhnlich neugierig, wenn sie anderen symbolischen Systemen und Glaubensvorstellungen begegnen. Wenn aber etwas sie nicht mehr interessiert oder in der Praxis nicht funktioniert, wenden sie sich halt anderen Möglichkeiten zu.

Während Thomas Garr (1972) oder Bernard Mishkin (1946) die religiöse Realität in den Anden »rein christlich« finden, betrachten José María Arguedas (1968), Juan Hughes (1974) oder Jean-Jacques Monast (1972) sie als »rein andin«. Wie dem auch sei, überein stimmt man darin, dass sich ein andin-christliches System entwickelt hat, dass deutlich andin oder christlich beeinflusst ist, jedenfalls aber als ein Synkretismus definiert werden kann. Und gerade dieser ist für Hernán Tudela (1982) die Zutat, die dem System Kohärenz verleiht.

Das Schlüsselkonzept des Synkretismus (hier als Anpassung und Einverleibung, der neuen, christlichen Elemente in die andinen Religionen) ist zwar schon etwas abgegriffen, doch nicht mehr aus den Studien über die indigenen Religionen wegzudenken.[61] In der Religionsethnologie hat kaum ein andere Konzept so sehr die Debatten beherrscht und die Publikationen so explosionsartig zunehmen lassen. Anfangs wurde Synkretismus als eine gerissene Praktik der anderen beschrieben, die alten Gottheiten und ihre Kulte zu maskieren, um ihnen in aller Ruhe und Straflosigkeit unter dem Deckmantel des Christentums weiter zu folgen. Doch allmählich begriff man in der Forschung die Notwendigkeit, umzudenken: Wir sehen die Erschaffung ineinander verschränkter Glaubenssysteme. Von da aus gelangten verschiedene Autoren zu der Frage, ob sich mit diesem Modell überhaupt die indigenen Religionen adäquat interpretieren ließen, und forderten zumindest seine Aktualisierung (Bernand/Gruzinski 1992:152). Neue Begriffe wurden vorgeschlagen, etwa »hybride Kulturen« (Néstor García Canclini 2001) oder »mestizisches Denken« (Serge Gruzinski 2000).[*] Das alte Konzept wird zwar immer noch fröhlich weiter verwendet, aber seine beste Zeit ist wohl vorüber. Viele stellen es in Frage, und jene Forscher, die den eigenständigen Ursprung und Charakter indigener religiöser Praktiken verteidigen (Gutiérrez 2013), lehnen es rundum ab. Sicher ist: Aus der religiöse Verwandlung durch die Evangelisierung und der Tatsache, dass die Einheimischen nicht davon abgelassen haben, Elemente ihrer alten religiösen Systeme zu bewahren und einzubringen, ergab sich als neue Synthese ein System, das wir in etwa als »synkretistisch« beschreiben können. Darin verlieren die verschiedenen beteiligten Seiten einen Teil ihrer eigenen Elemente und gewinnen gleichzeitig

---

61 Aus den über dieses Konzept ausgegossenen Tintenströmen hebe ich das monumentale Werk von Manuel Marzal (2002) über Religionsanthropologie in Lateinamerika hervor, ferner seine Arbeiten (1977, 1983, 1985, 1999) über andinen Synkretismus , die aus seinen ersten ethnographischen Forschungen (1971b, 1985) in der Quechua-Gemeinschaft Urcos (Region Cusco) hervorgegangen sind.

* Hinweis des Herausgebers: In Deutschland wurden diese neueren lateinamerikanischen Kulturtheorien vorgestellt von Schmidt 2003 (auf spanisch) und Schumm 1994 (auf deutsch).

durch Einverleibung von außen kommender Elemente. Bedeutsam ist dabei, dass alle Elemente re-interpretiert werden.

Manuel Marzal bringt drei Beispiele: Erstens, ein Quechua-Bauer (aber wir könnten das auch auf irgendeine andere Ethnie oder Sprachgruppe ausweiten) re-interpretiert die christlichen Bestattungsrituale, indem er damit nicht den toten Sünder von Höllenqualen befreien will, sondern sich selbst von den Gefahren, die von den Toten ausgehen, so lange sie noch in der Nähe der Lebenden verweilen. Zweitens, er re-interpretiert die *pagos* an die Pachamama als Opfer nicht mehr an eine weiterlebende andine Gottheit, sondern an die gütige Vorsehung eines Gottes, der uns aus der Erde ernährt. Drittens, er re-interpretiert das ursprünglich katholische Patronatsfest, wenn er der Heiligenverehrung soziale, wirtschaftliche und politische Funktionen hinzufügt.[62] Doch mir scheint nicht so sehr die Betonung dieser »Re-Interpretationen« weiterzuführen, als vielmehr eine Sicht auf die Veränderungen als Teil eines komplexen Wandlungsprozesses, in dem das indigene Erbe mit den von den Europäern eingeführten (kanonischen oder volkskatholischen) Elementen zu einem neuen Resultat verschmilzt, zum Ausdruck einer lebendigen Kultur, immer wieder umformuliert und an neue Notwendigkeiten und Traditionen angepasst. So stimme ich Thomas Abercrombie[63] vollkommen zu, wenn er feststellt, dass »das Christliche« und »das Andine« sich gegenseitig so sehr angereichert haben, dass es nicht viel Sinn machen würde, sie voneinander unterscheiden zu wollen.

Freilich wird dem aus der Missionstheologie entgegengehalten, dass christliche Mission nur »anti-synkretistisch« sein kann. Man setzt dort auf das Konzept der »Inkulturation«: die Kultur der anderen wird dem Postulat des Schutzes der christlichen Authentizität und Wahrheit unterworfen. Man könne das andine Christentum nicht als »doppelte Treue«, »religiöses Nebeneinander«, »reine Gegenüberstellung« akzeptieren.[64] Für Luis Jolicoeur (1996) ist die »authentische« Symbiose nur möglich, wenn die andine Kultur sich dem Evangelium anpasst, und nie umgekehrt. Das Gegenteil einer (christlichen) Inkulturation wäre nämlich die Kulturierung (*culturización*) des Evangeliums,* das dabei zu einem aus der örtlichen Kultur heraus beliebig veränderbaren Objekt würde. Dann aber gäbe es keine Hierarchien mehr, keine Regeln, eine Entwicklung mit unabsehbaren Folgen würde entfesselt. In der von der Missionstheologie postulierten »Symbiose« sieht Ina Rösing (2006: 21) jedoch nur eine freundliche Rücksichtnahme auf die andinen Kulturen, die dann umso sicherer zum Verschwinden gebracht werden sollen.

---

62 Marzal 2005:157.

63 2006:161–162.

64 So etwa Irarrázaval (1987, 2007), Gerardo Flores (1990), Llanque (1996) und besonders Jolicoeur (1996).

* Anmerkung des Übersetzers: Das spanische Wort *culturización* bedeutet eigentlich in etwa »Zivilisierung«, wird aber von den hier genannten Autoren bewusst negativ gegen den ethnologischen Kulturrelativismus gewendet. Gemeint ist eine Überbetonung der jeweiligen Kultur.

Ganz entgegengesetzt ist die Position der »Andinen Theologie« (*Teología Andina*, auch *India* oder *Indigena*«).[65] Bei gründlicher Betrachtung (González 1990) der Auswirkungen der Mission, der andinen Volksreligiosität, des Verhältnisses der Indigenen zu Gott, Jesus, dem Heiligen Geist, der Jungfrau Maria und den Heiligen, und der Konzepte Kreuz, Gnade, Sünde, Jenseits, Himmel und Hölle, haben mehrere Anthropologen (die meist religiösen Orden angehören) hier die alte Gretchenfrage der Missionare wieder aufgegriffen: wurden die Indianer evangelisiert oder nur zum Christentum bekehrt? Daraus erwuchsen Fragen wie die mittlerweile klassisch gewordene von Manuel Marzal (1971a): »Darf ein christlicher Bauer der Erde opfern?« Es ging dieser Autorengruppe um die Entwicklung eines andinen Christentums. Die andinen Religionen hielten sie für durchaus kompatibel mit dem christlichen Glauben – auch in diesem sahen sie das Ergebnis eines weiten Fächers von Einflüssen und Wandel auf verschiedenen Ebenen, der den traditionellen religiösen Glaubensvorstellungen und Praktiken eine neue Zukunft sicherte. So suchten sie seit den 1970er Jahren »einen neuen, autochthonen Ausdruck des christlichen Glaubens auf der Grundlage der Wiederentdeckung, der Aufnahme und der Hochwertung der religiösen und kulturellen Erfahrungen und Ausdrucksformen der in den Amerikas ursprünglich heimischen Völker« (*pueblos originarios*).[66] Ausgehend von dem Gedanken, dass Glauben und Ritual nicht von den anderen Dimensionen des Lebens der indigenen Völker und vom unermesslichen Reichtum ihrer Mythen und Symbole getrennt werden sollten, sondern dass damit endlich ein neuer Ausdruck des Glaubens gestaltet werden müsse, fand diese Theologie in den Anden mit Josef Estermann (1998, 2006a, 2006c) einen ihrer Hauptvertreter. Er setzt auf die detaillierte Kenntnis der alle Bereiche umfassenden Kosmologie der Anden, analysiert ihre Logik, Werte und Konzepte von Zeit und Raum und glaubt, dass daraus die Ausdrucksformen dessen hervorgehen, was er als eine christliche andine Religiosität sieht. Diese versteht er als einen Polylog (Dialog zwischen mehreren Seiten) zwischen beiden Philosophien, der andinen und der westlich-christlichen.

Nun gut. Wie aber sollen wir von dieser ganzen theoretischen Diskussion zum Denken und Fühlen der Menschen in den Anden kommen? Ich sehe zwei besonders wichtige Variablen: Die Figur des indigenen Katecheten, und den Heiligenkult.

7.1 Indigene Katecheten: »Diener des christlichen Gottes und der andinen Götter«

Ina Rösing sieht in Köpfen und Händen indigener Katecheten einen Ort, an dem sich zwangsläufig ein individueller Synkretismus ergeben dürfte. Sie geht dabei von Ulrich Berners Unterscheidung zweier unterschiedlicher Ebenen des Synkretismus aus: der Ebene des religiösen Systems im Allgemeinen, und der oft übergangenen

---

65 Estermann Hrsg. 2006, Gorski 1996, 1998. Siehe auch Estermann 2006b, Jordá 2003, Llanque 1995, 2004.

66 Gorski 1998:9, s. überhaupt Gorski 1996, 1998.

Ebene der Individuen. Rösing betrachtet die Motive, die Ausbildung, die Aufgaben, den sozialen Status und die duale Praxis der Katecheten, deren Angst vor Bestrafung und die Widersprüchlichkeit ihrer Rhetorik.[67]

Zur Hälfte katholisch, zur Hälfte andin, gaben die indigenen Katecheten für die meisten Forscher ein »dramatisches Bild der Doppelseitigkeit« (*doubleness* Andrew Orta) ab, gleichzeitig »Diener des christlichen Gottes und der andinen Götter« (Ina Rösing).[68] Doch sehen Andrew Orta und Ina Rösing sie aus ihrer jeweiligen Feldforschungserfahrung etwas unterschiedlich: für Rösing sind die Katecheten der Kallawaya in Bolivien durch diese Zweiseitigkeit einer inneren Spaltung voller Widersprüche unterworfen; für Orta sind sie bei den bolivianischen Aymara als »synkretistische Subjekte aktiv im Aufbau und Wiederaufbau ineinander verflochtener sozialer Ordnungen«.[69] Jedenfalls sind sie Vermittler. Der Knackpunkt zum Verständnis der beiden Haltungen ist, wie die Katecheten die andine Religion und den Katholizismus verstehen und in ihre Erfahrung, die alltägliche Praxis und die komplexe bolivianische Ethnopolitik einbinden.

Aus örtlicher Sicht werden die Katecheten als wachsame Vertreter der Katholischen Kirche gesehen, aber gleichzeig auch als Vermittler zu ihr. Dieses Paradox des Katecheten möchten die in den 1970er Jahren herausgebildeten neuen Missionsstrategien respektieren. Ihre eigenen kultischen Praktiken waren bis dahin als Idolatrie angegriffen oder wenigstens als Ausdruck einer eigenständigen Religiosität re-interpretiert worden, die sich aber nicht in einen christlichen Referenzrahmen übersetzen ließen (Orta 1995). Der neue Evangelisierungsansatz, die missionarische Inkulturation baute in jenen Jahren auf der Einsicht des Scheiterns und der Frustration bei ausländischen Priestern auf, denen in den über den weiten Altiplano zerstreuten indigenen Siedlungen, wo sie ihre heilige Aufgabe erfüllen wollten, keine echte Verbindung mit ihren Schäflein gelang, während andine Glaubensvorstellungen und Kulte unter nur äußerlich täuschenden Masken weiterlebten.

Bis heute ist in so manchem Winkel des Altiplano kein Priester zu sehen. Wo aber doch einer auftritt, lässt seine missionarische Energie oft allmählich nach, und er schaut angesichts örtlicher Praktiken weg oder überlässt den Katecheten die Erledigung bestimmter Sakramente und Verwaltungsaufgaben.

> Naja, der Pfarrer ... Er hält das [die örtlichen kultischen Ausdrucksformen] für religiöse Dinge. Manchmal bleibt er, für so was bleibt er nicht. Denn er selbst lebt ja nicht in Santiago ... Aus Uyuni kommt er, wenn er kommt. Zu den Festen kommt er: Zum 25. Juli [Patronatsfest von Santiago], zu Weihnachten, nur dann. Zum 25. Juli kommt er immer, dann wird Messe gelesen. Er bleibt ein, zwei Tage, aber nicht lange. Dann geht er wieder. Zum Patronatstag feiern wir ein großes Fest, mit Musikkapellen, die *zampoña* [andine Panflöte] wird gespielt. Er [der Pfarrer] ist in der Kirche, aber wenn nicht, dann haben wir

---

67 Rösing (ausgehend von Berner 1982) 2006:22; 31–54. Das anthropologische Interesse für die andinen Katecheten hat mit dem Erstaunen über ihre Rolle in Evangelisierungsprojekten in den Anden begonnen. Die Pionierarbeit hierzu war die von Otto Brun (1984) bei Quechua-Bauern in Peru.

68 Orta 1999:864. Rösing 2006:24.

69 Orta 1999:866, s. auch Orta 1996, 2004, 2008.

den Katecheten hier aus Santiago. Wir sagen Gebete auf, beten auf Spanisch, fertig. Der Katechet stört nicht« (Herr Nepomuceno Exequiel, 58 Jahre alt, während meiner Feldforschung in Santiago südlich des Salzsees von Uyuni (Dept. Potosí, Bolivien).[70]

Allgemein gesagt, nahm man die Dienste des Priesters als die eines Ritualexperte für Übergangsriten (wie Taufe, Begräbnis) in Anspruch; er gab bestimmte Sakramente aus, die von der örtlichen Bevölkerung als noch ein paar Rituale mehr verstanden wurden. Für die Übermittlung des Glaubens blieb ihm dabei wenig Spielraum. Hier nun setzte eine neue Ausbildung für die Katecheten an: erstens sollten sie wahrhaft christlich Bekehrte sein; und zweitens sollte ihnen gelingen, woran die Priester gescheitert waren, nämlich die einheimische Kultur zu durchdringen und aus deren Innerem heraus die christliche Botschaft bekannt zu machen.

Eifrig in ihren neuen Aufgaben, stellten diese neuen Katecheten sich gegen die alten Riten ihrer eigenen Kultur, lehnten die Kultexperten ab und verdammten die Opfer an andine Schutzwesen, an Pachamama und an die Berge. Wie Ina Rösing schreibt, setzten sie eine moderne Ausrottung der Götzenverehrung um. Ganz wie die Protestanten, schreibt Andrew Orta, lehnten auch die »reformierten Katholiken« die traditionellen Rituale und die große Show bei Patronatsfesten und Heiligenkult ab. Deshalb verwechselten die andinen Traditionalisten oft die indigenen Katecheten mit protestantischen Pastoren.[71] Im Lauf der Zeit erfüllten die Katecheten ihre Aufgaben immer weniger eifrig, im Grunde waren sie gescheitert: Viel Mühe, wenig Ergebnis, wenig Anerkennung in ihren Gemeinden. Viele gaben auf, und wer weitermachte, zeigte Symptome der Anpassung an die Widersprüche, die hinter der schon zitierten Frage »Darf ein christlicher Bauer der Erde opfern?« stecken. Aber ja doch, er darf nicht nur, er muss, aus Sorge um sein Überleben, seinen Unterhalt, seinen Wohlstand, aber auch aus Furcht vor den andinen Schutzwesen, die das alles orchestrieren. Im Grunde müssen christlicher und andine Götter sich gar nicht stören:[72] Jeder behält seine Zuständigkeit, der christliche Gott für das Abstrakte (Segen, Gnade, Vergebung der Sünden), die anderen Götter für das Naheliegende und für das alltägliche Überleben (Haus, Hof, Land, Vieh, Kinder, Schutz, Gesundheit, Nahrungsversorgung usw.).

Von dieser Ambivalenz her können wir die Beziehungen zwischen den andinen Ritualexperten und den indigenen Katecheten verstehen, jenen »heidnischen Katholiken«, wie Ina Rösing[73] sie nennt. Andine religiöse Sozialisierung und Ausbildung im katholischen Glauben verschmelzen, und die Katecheten leben (findet Rösing) in doppelter Furcht vor Strafe: vonseiten einerseits Gottes und der christlichen Heiligen, andererseits der andinen Schutzwesen. Mit beiden Seiten

70 schon früher von mir (2010:276) analysierte Aussage.

71 Rösing 2006:31 (Kampf gegen Götzenverehrung), 34 (geben auf), Orta 1995:93. Hans und Judith Maria Buechler (1978) beschreiben diese Situation bei den Aymara im bolivianischen Altiplano, Nathan Wachtel bemerkt sie bei den Chipaya der bolivianischen Region zwischen den Salzseen.

72 Rösing 2006:56–62.

73 2006: vor allem 31–54.

muss man sich deshalb gut stellen, niemals sollte man die »heidnische Praxis« aufgeben, mögen beide Religionen sich theoretisch noch so sehr widersprechen. Mag sein, dass das Auftauchen eines Katecheten bei einem andinen Ritual den Ritualexperten vorübergehend leicht verunsichert, aber ein andermal fragt der gleiche Experte vielleicht den Katecheten, wie man korrekt mit den katholischen Wesen (Christus, Heilige, Jungfrauen) umgeht, die in das symbolische und kultische Universum der Gemeinschaft integriert sind. Ja, der Katechet, der seine Schulden bei den andinen Wesen kennt, mag den Experten um Hilfe bei der Lösung verschiedenster Probleme bitten. Ina Rösing bringt aus ihrer Feldforschung bei den Kallawaya Beispiele für solche scheinbaren Widersprüche. Vielmals hörte sie Gespräche zwischen dem Katecheten, der Gemeinschaft und deren Ritualexperten. Bei meiner Feldforschung in einer Quechua-Gemeinschaft im Südwesten des Departements Potosí war ich überrascht, als der *sacristán* (Katechet), von dem ich bis dahin nichts wusste, mich heftig, ja fast drohend an meine christlichen Verpflichtungen als Taufpate erinnerte – es war der gleiche Mann, mit dem ich seit Jahren zu tun hatte, aber ich kannte ihn bis dahin als Pflanzenheilkundler, Ritualexperten und Erzähler von Mythen und Geschichten.

Von den scheinbaren Widersprüchen und dem Drama der Dualität der Katecheten zur ganzen indigenen Bevölkerung: Es macht wohl kaum viel Sinn, zu fragen, wer mächtiger ist, Gott oder Pachamama, die Heiligen oder die heiligen Orte, der Blitz, die *wak'as*, die Seen, die Berge. Von allen ist eine logische Antwort zu erwarten, mag diese auch nur im eigenen kulturellen Schema logisch sein.

7.2 Der Heiligenkult: Kulturelle Matrix des andinen Volkskatholizismus

Man kann sagen, dass die Heiligen den Durchbruch in Amerika schon zu Zeiten der erwähnten *conquista espiritual* (»geistige Eroberung« in der Kolonialzeit) schafften, da sie sowohl für die Missionare als auch für die Indigenen wichtig waren. Für die Kirche der Barockzeit standen sie im Mittelpunkt der Frömmigkeit. Für die Indigenen bieten die Heiligen als heilige Figuren unzählige Möglichkeiten der Verehrung und werden so zu erstrangigen Vermittlern zu *dem Göttlichen.* Zwar hatten die Indianer die Heiligen anfangs kaum angenommen, hatten hinter den Heiligenfiguren *wak'as* (eigene sakrale Objekte) versteckt oder christliche Heiligenfeste auf Festtage der *wak'as* gelegt. Manuel Marzal merkt an, dass die Katechese in den Anden zunächst wenig von den Heiligen sprach, denen die Predigtsammlung des III. Konzils von Lima (1585) nur geringen Raum einräumte. Alles aber änderte sich, als die Indigenen entdeckten, dass die Heiligen ihnen zuhörten und Wunder bewirkten. Diese Erfahrung des Aufscheinens des Heiligen im Profanen wurde (meint Marzal) der Schlüssel für die heutige Verwurzelung eines andächtigen Heiligenkults im andinen Volkskatholizismus. Figur und Leben eines Heiligen konnten eine einfache und direkte Basis der Mission und einen direkten Ausdruck der Spiritualität des Klerus und der Gläubigen in der barocken Kirche bilden. Die Seelsorge nahm die Heiligen als wichtiges Element in die Predigten auf. Die vom Konzil von Trient

(1545–1563) ausgehende Gegenreformation billigte, ja förderte manchmal sogar die Verehrung der Bilder als Vermittler zu Gott.[74] Schließlich entdeckten die verschiedenen andinen Bevölkerungen die Wunderkraft der Heiligen nicht nur in den großen regionalen Heiligtümern mit ihren hochverehrten Heiligenstatuen, sondern auch all die kleinen Orten des Altiplano, mochten sie auch noch so abgelegen sein, bekamen jeder *seinen* Heiligen.

Wir dürfen nicht vergessen, dass schon die Kirchen der katholischen Alten Welt voller Statuen waren, und so füllten sich nun auch die Kirchen der Neuen Welt alsbald mit Statuen und Gemälden auf Altären und an den Wänden. Sie unterstützten evangelisierende Predigten und trugen dazu bei, dass die Indianer sich mit ihren Patronatsheiligen identifizierten. So wurde Lokalstolz gestärkt und mit der überlokalen religiösen Doktrin verbunden. Eine mestizische barocke Kunst wurde angeregt, in der Mythen und Ikonographien beider Welten sich begegnen (Gisbert 1980, 1999).

In den Figuren, die aus den Händen von Anhängern der neuen Religion kamen, sah man bald Ähnlichkeiten mit den *wak'as*: Beide empfingen Opfergaben und gewährten Gunst, besaßen Ländereien und Vieh, waren hierarchisch gegliedert, und ihre Anbetung war gut organisiert. Sie taten Wunder, ließen an Mythen vom Erscheinen *des Heiligen* denken und düngten das Land für die Einpflanzung neuer mythischer Erzählungen. Kurz: Der Trumpf, der den Heiligen die Hauptrolle in der kolonialen Evangelisierung und in der Herausbildung einer andinen Volksfrömmigkeit sicherte, war, dass sie nicht nur perfekt zu den andinen religiösen Glaubensvorstellungen und Ritualen passten, sondern auch zu sozialen, wirtschaftlichen und politischen Mustern. Und das galt nicht nur für die Kalenderheiligen, sondern auch für Jesus Christus und die Jungfrau Maria (genau besehen an den verschiedenen Orten verschiedene Jungfrauen), die ebenfalls zum Pantheon der bildlichen Darstellungen gehören. Und so wie sie alle sich andinisierten, so fuhr auch der Teufel alsbald samt seiner Hölle in die indigene Bildwelt hinein. Das Teuflische bildet eine Erklärungskategorie für Unglück und merkwürdige Begebenheiten, und Teufel sind zu wichtigen Akteuren in der Folklore geworden.[75]

Luis Millones übertreibt wohl, wenn er schreibt, dass die Kampagnen der *extirpación de las idolatrías* (Ausrottung der Verehrung heidnischer Idole, Vernichtung der *wak'as*) die Indigenen zu Waisen ihrer *wak'as* machten und sie stattdessen zwangen, fremde Bilder zu akzeptieren.[76] Gewiss, neue Formen des Göttlichen wurden importiert, neue Figuren zum Anbeten, neue Mythologien. Aber verloren die Indianer all ihre *wak'as*? Ja, sie verloren die Inkareligion, den Reichskult, den Sonnengott, doch nicht die volkstümlichen *wak'as*, die örtlichen Schutzwesen in der Landschaft, und nicht den Glauben daran, dass Kräfte der Erde Vieh und Ernte beeinflussen. Gewiss, die Heiligen kamen mit den Konquistadoren und Missionaren, doch die heiligen

74 Marzal 2005:158.

75 Cereceda (2006) beschreibt im Detail die Konstruktion des Teufels als Persönlichkeit und die bildliche Darstellung der Hölle in verschiedenen andinen Traditionen.

76 1998:18–20.

Landschaften der Anden, in denen sie sich vermehrten, waren ausgedehnt, und die Zahl der Geistlichen, die sich um die Bilder kümmern konnten, gering. So blieben die Statuen in den Kirchen zwar »schweigsam, geschmückt, und Heiligkeit ausschwitzend«. Doch die Kirchen waren nicht verlassen, mochten sie auch keinen Pfarrer haben, sondern einige Indianer kümmerten sich um sie und überwachten das Verhalten der Nachbarn. Männer aus der Gemeinde übernahmen Verantwortung für die Statuen, begannen sie zu verehrten und Feste zu organisieren. Die Dorfgemeinschaften eigneten sich ihre Heiligen an.*

In diesem Prozess der Aneignung passten sich der neue dreieinige Gott, die Jungfrauen und die Heiligen den örtlichen Traditionen an, in Persönlichkeit und Verhalten immer näher der indigenen Welt, was manchmal auch hieß: immer weiter weg von der kanonischen Heiligengeschichte und vom Dogma. Die heiligen Figuren wurden keineswegs als reine Allegorien verstanden, sondern immer mehr mit Gottheiten identifiziert, und immer direkter angebetet. In den Dorfgemeinschaften wurde der Patronatsheilige zur Schlüsselfigur für den Festkalender. Genauer gesagt, war es sein Abbild, das die Identität seines Dorfes annahm. Um das Abbild herum wurde die Lokal- und Regionalgeschichte erzählt, die zeigte, dass die Menschen treue Gläubige waren. Es war nun ein heiliges Objekt an sich, und bei seiner Verehrung folgte man den Maßstäben der örtlichen Kultur, so wie man sich gegenüber den einstigen *wak'as* und traditionellen Schutzwesen verhalten hatte: nach der Regel der Reziprozität. Nach dieser Logik führten die Heiligen ihre Dörfer zum Glück, das man als Wunder verstand, oder zum Unglück, das man als Strafe verstand. In dieser Unterscheidung zwischen Wundern und Strafen, die von den Bildern auf die sie bewahrenden Gemeinden ausgehen, sieht Manuel Marzal zwei der acht Grundthemen, um die sich die Heiligenverehrung im Volkskatholizismus dreht: Heiliger, Andacht, Wunder, Strafe, Gelübde. Segnung, Fest und Wallfahrt.[77]

Die lokale Aneignung des Heiligen beginnt oft damit, dass man deutet, wie er ins Dorf gekommen ist. So wird aus der Heiligenbiographie die Biographie der einzelnen Figur. Denn gerade wenn die Verehrung der Heiligen eigentlich die Verehrung einer einzelnen Figur ist, wird es ganz wichtig, wie sie ins Dorf gekommen ist; wann, wie und wem sie unter welchen Bedingungen erscheint; welche Wunder sie geschehen lässt; wo sie lebt, oder ob sie im Lauf der Zeit umgesiedelt wurde, und wenn ja, warum. Das sind heute für die andinen Gläubigen viel wichtigere Bezugspunkte als die Tugenden, Allegorien und kanonischen Ikonographien, welche die Kirche den verschiedenen Figuren des Heiligenkalenders zuschreibt. So erlangen die Heiligenstatuen ein Eigenleben und passen sich dem Gesamtbild der symbolischen und kultischen Praktiken ein – natürlich nicht nach den kirchlichen Vorschriften, sondern nach der Kohärenz der eigenen Glaubenssysteme. In der Logik der Reziprozität werden sie zu Empfängern von *pagos*, Opfergaben auf gleicher Ebe-

---

* Hinweis des Herausgebers für die deutschsprachige Leserschaft: Die historische Entwicklung religiöser Feste in Nordperu von der Kolonialzeit bis heute zeichnet Schmelz (1992) nach.

77 2002:321, 374–378.

ne wie all die andinen Schutzwesen. In deren Gesamtheit (das ist mir wichtig) haben die Heiligen sich eingereiht.

Deshalb nehmen Ritualexperten einige als besonders mächtig geltende Heilige in ihre Hofgesellschaft aus Gesprächspartnern, Mittlern oder Helfern auf. So wie sie in ihren Gebeten ferne Berggipfel von jenseits der geheiligten örtlichen Landschaft wegen ihrer symbolischen Macht oder ihrer Rolle bei der Ausbildung von Ritualkennern anrufen, so zeigt der Experte, der ferne Heilige herbeiruft, dass er geographisch und kulturell ferne Mächte in seinen unmittelbaren Einflussbereich holen kann. So geht es zum Beispiel mit dem Heiligen Santiago (oft *San España*, »Sankt Spanien« genannt) quer durch den südlichen Altiplano der Quechua und Aymara. Oder mit den Heiligen zu Pferde, Philipp, Hieronymus und Santiago, die mit dem Blitz verbunden sind und bei den Aymara häufig die Welt der Träume der *ch'amakanis* bevölkern und von diesen deshalb häufig in ihren Litaneien angerufen werden.

Die Gleichsetzung der Heiligen mit andinen Schutzwesen fördert jegliche nur denkbare Re-Interpretation der Figuren als eine Art neue *wak'as*, die nun, mit dem Göttlichen identifiziert, direkt verehrt werden können. Ihnen erwächst aus der Verschmelzung christlicher und andiner Glaubensvorstellungen weit mehr Macht als in der Pastoraltheologie. Einerseits bewahren sie die pastoraltheologische Seite, die in Messen, Gebeten, Prozessionen und Wallfahrten sichtbar wird. Andererseits zeigt sich ihre örtliche Seite in Ritualen, *costumbres* (Bräuchen), Opfern, die in Raum/Zeit ausgreifen. Zu den zwei Seiten gehören unterschiedliche Kulträume, die mit je eigener Bedeutung aufgeladen sind: Auf der einen Seite die Kirche und ihre christianisierte Umgebung, auf der anderen die häuslichen Bereiche und die Berge. Die Zugehörigkeit von Natur und Symbolen zu verschiedenen Seiten bereitet den Gläubigen keinerlei ontologisches, ethisches oder Glaubensproblem.[78]

Trotz der gewaltigen Unterschiede zwischen Christus und den Heiligen macht der Volkskatholizismus keine Unterschiede, weder symbolisch (sind beide doch Bilder), noch in der Verehrung (bringt man beiden doch *pagos* und Gelübde im Austausch für Wunder und Hilfe dar) – für Manuel Marzal eine »Verzerrung« der Verehrung Christi. Für die Kirche ist Christus der einzige Mittler zwischen Gott und den Menschen, und als Sohn des Vaters wird ihm die gleiche Anbetung, der gleiche Ruhm zuteil, wie es ja auch im Glaubensbekenntnis heißt. Hingegen sollen Heiligen und Jungfrauen nur Frömmigkeit und Verehrung zuteilwerden, mag der volkskatholische Heiligenkult diesen im Dogma festgelegten Unterschied auch noch so sehr missachten.[79] Schon zu Anbeginn der christlichen Heiligenverehrung sah

---

78 Zwar werden immer mehr Ethnographien über Rituale für Heilige und ihre Abbildungen veröffentlicht, doch dieses Forschungsfeld wird meist noch immer in Forschungen über das Cargosystem (dazu den hier folgenden Abschnitt 7.3) eingetütet. Bemerkenswert finde ich die Arbeit Arnold/Yapita/Espejo (2016) über die Materialität, die Immaterialität und die Macht der Heiligen und ihrer Darstellungen in Qaqachaka (Oruro). Anregend ist auch die Perspektive der Gender-Analyse des Heiligenkults.

79 Marzal 2002:324–325,379. Verzerrung (*deformación*) 324.

die Kirche die Notwendigkeit, diese von der Gottesverehrung zu unterscheiden. Das Konzil von Nikäa (325) entschied, dass nur Gott und sein Sohn *latria* (Anbetung und *gloria*) zuteil werden darf, während den Heiligen Andacht und *dulia* (Verehrung, Unterwerfung) zukommt. Die Verehrung der Jungfrau Maria wies ihr seit dem Hochmittelalter eine höhere Heiligenverehrung, die *hyperdulia* zu.

Doch als Jesus Christus in das andine religiöse System kam, wurde er zum *Taytacha* (Quechua) oder *Tatala*) (Aymara), »Unser Vater Hirte«. Ausgestattet mit Macht jenseits der Pastoraltheologie, ist er der Herr von Raum und Zeit der Gesellschaft, und wie jedes andere andine Schutzwesen kann er freundlich, aber auch grausam sein.[80] Das heißt, dass man mit ihm verhandeln muss, getreu der Logik der Reziprozität. Der Hl. Christus verfügt über die gleichen Fähigkeiten, wie sie im lokalen Denken auch für den *apu* gelten: das ist keine Gottheit, die auf dem Berg wohnt, sondern ein Schutzwesen, *apu* und Berg zugleich, Herr der Tiere und Pflanzen, die auf den Abhängen leben (im wilden Raum), aber andererseits auch der von Kultur durchdrungenen Landschaft, der Dörfer, Aussaaten und des eingezäunten Viehs (der gezähmten Räume). Er ist der »Hirte der Menschen«. Berg und Jesus Christus sorgen für ihre Viehherden.[81] Berg/Jesus ist gemeinsam mit Pachamama eine Ordnungsmacht, die über ihre durch Kultur verwandelte Landschaft wachen und ihre Felder befruchten. Man ruft Berg/Jesus, damit er den Regen, die Quelle des Lebens ruft, die der Gemeinschaft Reichtum und Glück bringen wird.

Die Berge (männlich und weiblich) sind für die andine Vorstellung Teil einer vermenschlichten Landschaft. Die wechselseitige Beziehung zwischen *apu* und Berg folgt den gleichen metaphorischen und metonymischen Regeln wie diejenige zwischen Heiligem und Abbild: Beide bilden eine symbolische Einheit, die die Aufmerksamkeit der Frommen mit Wünschen und Hoffnungen auf sich zieht und ihre Erwartungen in bestimmte Bahnen lenkt. Die materielle Seite (der Berg, das Abbild) kann sichtbar werden, was eine direkte Wechselwirkung ermöglicht. Aus der Sicht von Manuel Marzal, für den ja das Christentum triumphiert hat, wurden die *apus* zu andinen Heiligen christianisiert und von Gott in die Landschaft gesetzt, damit sie die Gemeinden belohnen oder bestrafen; sie sind auch (wie von der Pachamama in christlicher Interpretation gesagt wird) »eine heilige Realität, die die Menschen im Auftrag Gottes ernährt«[82], weshalb man ihnen dienen und sie zufriedenstellen muss.

Um mit dem *apu* zu verschmelzen, muss Christus nicht nur die Bergwelt bewohnen, sondern sich auch selbst in den Berg verwandeln. So läuft ab, was Roberto González, Manuel Pliego und Fernando Beriain als Christi Bekehrung zum ursprünglichen Glauben der Anden verstehen, nach der er »nicht nur ein indigenes Gesicht hat. Er hat auch ein Herz und einen Glauben nach alter Art«.[83] Deshalb gibt es

---

80 Abercrombie 2006:427–430.

81 So beschreibt es Xavier Ricard (2007:53–75) in seiner Ethnographie der Dorfgemeinschaften im Ausangate-Tal (Cusco).

82 Marzal 2002:280–282,411–412. Zitat ebd. 199.

83 González et al. 2005: 51, unter kritischer Anspielung auf den bekannten Titel eines Buches von Marzal et al. 1991: *Rostros indios de Dios* (Die indianischen Gesichter Gottes).

im andinen Volkskatholizismus nicht nur den einen Jesus Christus gemäß dem christlichen Dogma, sondern verschiedene Christusse [dass der Plural so merkwürdig klingt, zeigt schon, wie fremd er uns ist], jeder verbunden mit seiner je eigenen heiligen Landschaft, seinen eigenen kultischen Räumen, seiner spezifischen Wundergeschichte. Die Verwurzelung jedes einzelnen Christus in dem Ort, an dem er erschienen ist, ergänzt die Verbindung zum wundertätigen Heiligen des Volkskatholizismus und zu einer ebenso wundertätigen Figur. Solches finden wir in verschiedensten Varianten des Christus oder Unseres Herrn in Amerika, so in Chalma (Bundesstaat Mexico), Tila (Chiapas/Mexico), Esquipulas (Guatemala), Bomfim (Salvador/Brasilien), bei unserem Herrn der Wunder (Milagros, Lima/Peru), der Erdbeben (Cusco), von Quillacas (Oruro/Bolivien), des Wunders (Salta und Corrientes/ Argentinien).

Während Heiligtum, Kapelle, Kirche jeweils einen bestimmten katholischen und gezähmten kultischen Raum im Rahmen der Verehrung und des Festes jeden Christus/Heiligen/Abbild bestimmen, werden Berglandschaften als traditioneller, wilder Raum durch die Anwesenheit des Christus/*apu* bestimmt. Jeder dieser Räume hat seine eigene räumliche und kultische Logik.[84]

Zwischen andinen Patronatsheiligen und Vieh gibt es keine genaue Verknüpfung, allenfalls kann man bei einigen Heiligen gewisse Kennzeichen oder Begabungen erkennen, die sich mit den Tieren in Verbindung bringen ließen. Für die peruanische Sierra und speziell das Tal Chancay erklärt Juan Javier Rivera (2003) die Assoziierung des Heiligen Santiago und des Erzengels Michael mit dem Rindvieh daher, dass dieses Vieh volkstümlich mit kriegerischen Assoziationen verbunden wird, wie sie auch für beide Heilige gelten. Víctor Ochoa (1988: 151) beschreibt bei den Aymara des bolivianischen Altiplano eine besondere Beziehung zwischen der Hl. Dreifaltigkeit und den Heiligen Markus und Isidor einerseits, dem Rindvieh andererseits; und gleichermaßen zwischen Sankt Johann und den Schafen, Sankt Anton und den Lamas und Alpakas, der Heiligen Ines und den Schweinen. Diese besonderen Beziehung der Heiligen Johann und Anton findet Lucila Bugallo (2010) auch auf der Puna von Jujuy, Argentinien. Erstaunlich ist, dass die Arbeiten über Volksfrömmigkeit die starke Bindung nicht erwähnen, die auf dem bolivianischen Altiplano zwischen Unserem Herrn von Quillacas und dem Vieh bestehen – vielleicht deshalb nicht, weil die Übertragung dieses Herrn durch Migranten vom Land in die städtische Welt dazu geführt hat, dass sein Ruf als Wundertäter seine übrige Macht überstrahlt.[85]

---

84 An anderer Stelle (2010, 2015) habe ich bei der Analyse der Verehrung des Herrn von Quillacas bei Quechua im Südwesten von Potosí diese andine Anpassung Christi analysiert. Mein Augenmerk galt dabei besonders der Differenzierung heiliger Räume in Interaktion mit dem heiligen Abbild in der Hirten- und in der Dorfwelt. Ich habe gezeigt, wie Riten und Opfergaben sich stark unterschieden, je nachdem ob im häuslichen Bereich, in der Kirche oder auf dem Berg. Bald verschmelzen die katholischen und andinen Elemente in diesen drei Bereichen, bald bleiben sie getrennt und schließen sich gegenseitig aus.

85 Hierzu Gil 2010, 2015.

7.3 Das religiöse Cargosystem: Die soziale Dimension des Heiligenkultes

Den Bruderschaften zur Verehrung von Heiligen, wie sie typisch für den spanischen barocken Katholizismus waren, schlossen sich die Indigenen bald an: Hier konnten sie eigene Formen des Widerstands und der Selbstorganisation neben der kolonialen Ordnung entwickeln. Dabei drückt die Heiligenverehrung stets auch eine örtliche Identität aus (im Ausland eine gemeinsame Herkunft). Zuhause ist sie mit der örtlichen soziopolitischen Ordnung verbunden. So verwundert es nicht, dass die Amtspersonen der örtlichen Selbstverwaltung der Gemeinschaften zuvor in anderen Phasen ihres Lebens schon Funktionen in den religiösen Bruderschaften innehatten. Auch diejenigen, die wir als Hüter der Tradition bezeichnen könnten, durchlaufen früher oder später verschiedene religiöse Ämter.

Diese Ämter (*cargos*) werden in der ethnographischen Literatur ausführlich behandelt, auch schon in den Studien zur Kolonialzeit, als sie die religiösen Bruderschaften nicht nur der Zentralanden bestimmten. Es gibt zahlreiche Ämter: *Mayordomo* (Oberster Verwalter einer Bruderschaft), *prioste* (Verwalter), *cofrade* (Mitglied der Bruderschaft), *alférez* (»Fahnenträger«, oft für Speisen und Getränke zuständig) und viele mehr gehören alle zum Heiligenkult. Das jeweilige Amt ist »eine institutionalisierte soziale Funktion, durch die Personen und ganze Familien vorübergehend eine Reihe von Zuständigkeiten übernehmen und sich zu einer Reihe von Tätigkeiten verpflichten, deren Ziel die Aufrechterhaltung und Unterstützung eines Teils des religiösen Kults ist«. Mit den vielen verschiedenen Einzelfällen quer durch soziale Schichten und Regionen, in Stadt und Land sehen wir in den Cargosystemen nicht nur die Volksreligiosität, sondern auch (und das ist besonders wichtig) die Rolle der Religion im Alltag und in den Institutionen. Ein Cargosystem offenbart Hierarchien, Status, Prestige der verschiedenen Teilnehmer.[86]

So viele verschiedene Variablen an den verschiedenen Orten ... von einem oder zwei *cargos* (temporären Ämtern) im Kult eines Bildes (oder einer Statue) bis zu ganz komplexen Systemen, zu denen nicht nur *cargos* und Hierarchien gehören, sondern auch etwa Musikgruppen und Tänzer, staatliche und dorfgemeinschaftliche Amtsinhaber, Handwerker usw. Sie alle sind kunterbunt in verschiedenste Sphären des sozialen und kultischen Lebens der Gemeinden eingewoben, in Gesellschaft, Politik, Wirtschaft, in die Verwandtschaftsbeziehungen (einschließlich der z. B. durch Patenschaft konstruierten), in die Ortsgeschichte, in ethische Normen, in symbolische Universen. Man unterscheidet in der Forschung gewöhnlich zwei Cargosysteme: Das religiöse umfasst religiöse Feiertage und Feste sowie fromme Rituale; das zweite dehnt sich darüber hinaus auf Hierarchien des staatlichen Verwaltungsapparats und nicht-sakrale Handlungen aus. Beide Systeme können nebeneinander her oder ineinander verflochten laufen, aber stets steigt man durch sie in der soziopolitischen Hierarchie auf. Sie bilden damit eine Art Curriculum, in

86 Díez 2005:255, 253.

dem die Mitglieder der Gemeinschaft ihr Prestige und ihre Verantwortung zunehmend steigern können.

Vielleicht deshalb sind die wissenschaftlichen Untersuchungen der Cargosysteme meist nur als Einzelkapitel in umfassendere Arbeiten aufgegangen, über die soziale und politische Organisation der andinen Gemeinschaften,[87] oder über Patronatsfeste und religiöse Organisation im allgemeinen,[88] oder über religiöse Fiestas und Bruderschaften.[89] Grundsätzlich einig ist die Forschung sich in der Annahme einer tiefen Kontinuität unter der Oberfläche vielfachen Wandels. Die *cargos* gelten entweder als Fortsetzungen der lokalen und Gebietsautoritäten der präspanischen Zeit,[90] oder man leitet sie aus der Auswahl, Ausbildung und Entwicklung indigener Eliten in der Kolonialzeit ab.[91]

Typisch für ein *cargo* ist, dass man es meist nur für eine begrenzte Zeit innehat, gewöhnlich für ein Jahr im Ritual- oder im normalen Kalender. In einigen Fällen, je nach den Aufgaben des Amtsinhabers, können daraus zwei oder drei Jahre werden, viel seltener eine nicht genau begrenzte Amtszeit. Nach Ablauf der Amtszeit gehen die Pflichten des *cargo* an einen neuen Amtsinhaber über. In dieser Rotation bleibt die Kontinuität der Feiern und dazugehörenden Aktivitäten über den einzelnen Würdenträger hinaus erhalten. Praktisch alle in der Gemeinschaft werden nach und nach einbezogen, was sowohl religiöse als auch soziopolitische und wirtschaftliche Bedeutung hat. Zwar ist das *cargo* gewöhnlich dem Mann vorbehalten, aber die Rolle seiner Gattin ist grundlegend, sie unterstützt und begleitet den Gatten und übernimmt oft auch einige der zum *cargo* gehörigen Aufgaben.

Wer ein *cargo* übernimmt, bekräftigt oder gewinnt Status und Prestige, und mobilisiert die menschlichen und wirtschaftlichen Ressourcen für die Feier des Patronatsheiligen. Denn jedes *cargo* geht mit der Verpflichtung einher, einen Teil des eigenen Besitzes durch zur Schau gestellte, großzügige Ausgaben umzuverteilen. Wer das leitende *cargo* übernimmt, muss erstens das Patronatsfest mit allem, was damit einhergeht organisieren, also vor allem für Essen und Trinken sorgen, für die Festkleidung (z. B. Tanzgewänder), die Herrichtung des Hauses, der Kirche oder Kapelle, den Schmuck der Straßen und vor allem des Heiligen und seines Traggestells. Zweitens muss er an den öffentlichen und privaten, katholischen und andintraditionellen Zeremonien teilnehmen, die während der Feierlichkeiten ablaufen, dabei etwa die Schlüssel zum Tabernakel aufbewahren, die Statue des Heiligen mittragen und bewachen, aber auch den Vorfahren und weiteren andinen Schutzwesen *pagos* (Opfer) darbringen, natürlich auch Opferspenden für die Heiligen, die Kapelle oder Kirche, sowie im Rahmen des Festes Geschenke für die Gemeinde. Und drittens übernimmt er alle Unkosten. Die Ausgabenspirale muss seiner Hingabe an die ihm

87 Arnold 2018, Ossio 1992, Pérez 2004.

88 Cánepa 1998, 2001, Marzal 1971b, 1983, Millones 1999, Romero 1993, Rueda 1982

89 Celestino/Meyers 1981; Díez 1994.

90 Millones 1999, Ordóñez 1919–20

91 Amado 2002, Earls 1991, Fuenzalida 1976, Garland 1994, Mishkin 1946, Stein 1961, Varón 1982.

übertragenen Aufgaben entsprechen. So wirkt das Prinzip der Zurschaustellung: Je mehr ich in die religiösen Zeremonien und das Fest investiere und damit sowohl die Heiligenstatue als auch die Gemeinde erfreue, desto höher steigen mein Status und mein Prestige.

Mein Prestige erhöht sich aber nicht nur dadurch, sondern auch, weil ich durch die öffentliche Vorstellung meiner Frömmigkeit ein besonders geeigneter Vermittler zu den Heiligen werde. Indem ich an allen Feiern und Zeremonien teilnehme, werde ich auch zum Vermittler zwischen katholischer und traditionell-andiner Hingabe, zwischen zwei Kultsystemen (dem kirchlichen und dem volksreligiösen), ja zwischen verschiedenen Bereichen der Religiosität. So kann der jeweilige Amtsinhaber für Kontinuität traditioneller Praktiken sorgen, sie verteidigen, beibehalten, aber auch aufgeben, neu oder wieder erfinden. Nicht nur für sich allein bittet er dabei, auch Verwandte, Freunde und Nachbarn bezieht er in das Kollektivereignis Fest ein, und den Segen, den er gewinnt, gibt er der Gemeinschaft zurück. Alejandro Díez[92] sieht die soziale Wirkung: Die Cargosysteme bieten vielfältige Teilnahme und damit eine soziale Integration, in der die gegenseitigen Verpflichtungen zur Reziprozität zwischen sozialen Gruppen und Individuen verstärkt werden; in verschiedenen Formen der Inklusion (aber auch Exklusion) beim Fest rücken die Inhaber der Festämter, ihre Familien und überhaupt die Gemeinschaft durch gemeinsames Erleben enger zusammen. Bei den Umzügen begleiten den temporären Amtsinhaber gewöhnlich Verwandte, Nachbarn, Inhaber geringerer Ämter und oft auch Musiker und Tänzer. Eine Amtstracht unterstreicht seine Position: Anzug, Frisur, Würdenzeichen, Schärpe, hinzu kommen die Insignien des Heiligen, etwa auch Schmuck, Musikinstrumente oder andere Objekte, allen voran die Standarte des Heiligen oder der Bruderschaft, und der Kommandostab.

Die Standarte des Heiligen wird mit dem Amt weitergegeben und bleibt während der Amtszeit in der Obhut des Amtsinhabers. Sie wird aus Stoff mit Bordüre hergestellt, mit Fäden oder Applikationen aus wertvollem Metall verschönert, und an ihr hängen die Insignien des Patronatsheiligen oder der Bruderschaft. In bestimmten Zusammenhängen gewinnt sie manchmal als metaphorische Referenz auf die Heiligenfigur besonderes Gewicht. Manchmal stellt jemand, der dies gelobt hat, nach Erfüllung seiner Bitte eine neue Standarte her, die er dann dem Heiligen schenkt, und die dann oft als Opfergabe in der Kirche verbleibt. Ebenso werden auch etwa eine neue Heiligenfigur, Verschönerungen in der Kirche u. a. m. gelobt. Auch die Übernahme des *cargo*-Amtes, das ja meist sehr kostspielig ist, kann die Erfüllung eines Gelübdes sein.

Die allgemeine Bezeichnung der Inhaber indigener Ämter über Bruderschaften und Feste hinaus wird an einigen Orten vom Kommandostab (*vara*) abgeleitet und lautet dann *varayoqs* oder *varayos* (»die den Stab tragen«), manchmal auch *envarados* (»Bestabte«).[93] Pastor Ordóñez sah in ihnen in seinem bahnbrechenden Werk

---

92 2005:257–258.

93 *Varayoqs* nennen wir sie nach dem Quechua, der Aymara-Name lautet *kurakas* oder *kurakuna*, der Stab heißt dort meist *tata rey*.

(1919–20) die direkten Erben der Territorial-Autoritäten des Inkareiches, deren Funktionen in der Kolonialzeit bekräftigt wurden; danach seien sie zu Vermittlern zwischen den Indigenen und der staatlichen Verwaltung geworden. Die meisten Analysen sind dem gefolgt, wenn sie Amt und Figur des *varayoq* betrachten. Aber auch der Kommandostab (*vara*) kann in seiner symbolischen Bedeutung analysiert werden. Er ist gewöhnlich, alt, aus hartem Holz, mit einem oberen Abschluss, Ringen oder Ziernägeln aus Metall, geschmückt mit bunten Bändern und manchmal mit alten Münzen. Der Kommandostab wird mit dem Amt weitergegeben, und manchmal dient er als Verzeichnis seiner aufeinanderfolgenden Träger, deren Namen auf dem Stab verewigt werden. An einigen Orten hat der Stab einen Eigennamen, und schreibt man ihm eine eigene Seele zu, sodass er Kerzen und Opfergaben entgegennehmen kann. Der Stab wird aber auch demonstrativ als Zeichen der Macht vorgezeigt.[94]

Historisch gesehen, hat die indigene Selbstverwaltung mit ihren Räten (*cabildos*) und Bruderschaften beim Übergang von der Kolonie zur Republik einen substanziellen Machtverlust erlitten, und die Stabträger haben den Großteil ihrer zivilen Macht an den Staat verloren. Jedoch auf lokaler Ebene innerhalb der ländlichen Gemeinden haben sie Autorität und Macht bewahrt, aufgrund ihrer Rolle in den kultischen Zyklen, den Festen zu Ehren der Patronatsheiligen, den kanonischen Kirchenfesten und den traditionellen land- und viehwirtschaftlichen Zyklen: Aussaat, Ernte, Reinigung der Bewässerungskanäle, Viehzuchtriten.

Bemerkenswerterweise bilden sich mit der Land-Stadtwanderung und der Auswanderung vor allem nach Argentinien, Chile und den USA neue religiöse Bruderschaften. Sie stärken Netzwerke gegenseitiger Hilfe in der Not und liefern mit der Verehrung und den Festen ihrer spezifischen Heiligen auch Bausteine für Abgrenzungen. So mancher Heilige begleitet Menschen aus ihrer andinen Heimat hinaus. Der *Señor de los Milagros* (»Unser Herr der Wunder«) zieht heute durch die Straßen von New York, Madrid oder Rom, getragen von seinen mächtigen Bruderschaften, die peruanische Emigranten zusammenführen. Der Christus von Quillacas reist mit seinen frommen bolivianischen Anhängern nach Peru, Nordchile, Nordwestargentinien und bis Buenos Aires. Die Jungfrau von Quinche kümmert sich um ihre ecuatorianischen Getreuen in Spanien und den USA (um nur einige Beispiele zu nennen).

Dieses neue religiöse Szenarium, eine Transnationalisierung des Heiligenkults und der *cofradías*, passt zu den für ganz Lateinamerika beschriebenen Prozessen der »religiösen Verwandlung«. Volksreligiöse Ausdrucksformen bewahren im Exil den sozialen Zusammenhalt, gehören zu den »Verteidigungsmechanismen der Marginalisierten gegenüber der endemischen Gesetzlosigkeit«, und unter ihrem Dach entwickeln sich Strukturen der Solidarität und Reziprozität, um die feindselige Umge-

---

94 Roger Rasnake (1989), dessen Thema die traditionellen Autoritäten von Yura (Potosí) sind, beschreibt auch ihre Stäbe im Detail. Sie heißen allgemein *kinsa rey*, doch ist jeder Stab auch ein Individuum mit Eigenname und eigener Macht. Ticona/Albó (1997) beschreiben die Stäbe der Würdenträger und die zentrale Rolle, die sie in Ritualen in Jesús de Machaca (La Paz) spielen, in denen es um Macht geht.

bung der Emigration, aber auch der Marginalisierung, der sozialen Herabstufung oder der Armut die Stirn zu bieten.[95] Die *cofradías*, und ähnliche Zusammenschlüsse, etwa Tanztruppen rund um die emigrierten Heiligen bilden die ideale Basis für die Wiederfindung eines Cargosystems mit seinen sozialen Interaktionen, seiner Betonung der Identität und seinen Hierarchien.

Diese soziale Dimension des Heiligenkults und der Cargosysteme könnte deren festen Verwurzelung in Migrantengruppen erklären und dürfte umgekehrt auch wieder soziale Aktionen und Beziehungen dem Kult zuführen. Nico Tassi[96] beschreibt, wie der Kult und die Bilder der Heiligen immer mehr zum Besitz der Gläubigen, ihrer Familien, ihrer Stadtviertel werden, während die Kirche die Kontrolle darüber verliert. Daraus können Interessenkonflikte erwachsen: Für die Gläubigen geht es bei den Festen um etwas zwischen religiöser Verehrung und Zurschaustellung von Materiellem, wohingegen die Kirche dazu neigt, den Ausdruck einer Verfälschung oder Fehlinterpretation von Religion zu sehen und fordert, die religiöse Feier von den Manipulationen der Ämter und den heidnischen Exzessen zu reinigen: vom Alkohol (vor allem dem Maisbier) von heidnischen Opfern und Erwähnung der Pachamama, metallisch glänzenden Papierstreifen, Musik und Tanz. Freilich sucht das Volk bei seinem Kult stets eine Legitimierung durch die Kirche und eine gewisse Verbindung mit dem kanonischen Kultus in Messen, Novenen oder Segnungen, bei denen aber gerade wieder die religiösen *cargos* wichtig sind.

Unter dem politischen Druck auf die ländlichen Regionen, gegenüber den Kriterien der katholischen Kirche, den Angriffen protestantischer Glaubensgemeinschaften, dem beschleunigten Säkularisierungsprozess in den städtischen Milieus, der Globalisierung, dem Tourismus, der Versteinerung der Kultur als kulturelles Erbe – unter dem Druck all dieser Einflüssen halten die traditionellen Heiligenfeste und mit ihnen die Cargosysteme erstaunlich gut stand, ja erstarken in einigen Fällen sogar. Alejandro Díez[97] stellt fest, dass einige Feiern sogar neu belebt werden, sich weiterentwickeln, mehr Ausgaben verlangen und neue Mitspieler einbeziehen. Das wurde möglich, weil das Heiligenfest einen neuen Wert bekommen hat: es hat sich modernisiert, sich einem Publikum über die Organisatoren und lokalen Teilnehmer hinaus geöffnet (Cánepa 1998; Romero 1993); es hat neue Machtbereiche markiert und neue Gruppen einbezogen, die sich der traditionellen Feier bemächtigt haben (Quintín 1994). Die Einbeziehung immer mehr neuer Teilnehmer verteilt die Ausgaben, den Aufwand der Ämter an Zeit und Mühe auf mehr Schultern (Díez 1999). Zudem kommen aber auch neue Funktionen und Bedeutungen hinzu, die von neuen Führungskräften aus Kulturmanagement und Tourismus übernommen werden. So ist die Organisation der religiösen Feiern und die Fiesta nicht mehr Sache allein der *cofradías* und der Cargosysteme, sondern da mischen nun auch die Bürgermeister und andere Inhaber politischer Ämter mit (Gelles 2002, Pérez 2004). So öffnet sich ein weiter Fächer örtlicher Möglichkeiten und Varianten, und bilden die Cargo-

95 Bastian 1997:39–40,90.
96 2012:286–287.
97 2005:282–283.

systeme heute eine ganze eigene Welt von Situationen und Kombinationen in einem ständigen Prozess der Verwandlung und Veränderung.

8 Der große religiöse Umbruch in den Anden (II): Der Erfolg des Protestantismus

Für eine Gesamtschau des Protestantismus in den Zentralanden sind theologische, historische, anthropologische und soziologische Aspekte zu berücksichtigen. Dabei sieht Héctor Laporta[98] aber zwei große Hindernisse: Erstens die weite Bandbreite von Organisationen, Kirchen und theologischen Richtungen in der Region; zweitens der breite Fächer von Sonderfällen und verschiedensten soziohistorischen Umständen dabei, wie der Protestantismus die andinen Bevölkerungen erreichte, bei ihnen Fuß fasste und sich sogar aus ihnen heraus neu erfand. Die Auswirkungen protestantischer Ideen auf so verschiedene geographische und menschliche Landschaften zu verstehen, ist schwierig. Wie und warum hat ein Teil der mehrheitlich katholischen Gesellschaft sich entschlossen, sich zu den protestantischen »Abweichungen« zu bekehren? Darüber muß nachdenken, wer den religiösen Pluralismus einordnen will, der heute das Leben in den Anden bestimmt.[99] Die »Abweichungen« sind vor allem evangelische Konfessionen, aber auch pfingstkirchliche und eschatologische (Adventisten des Siebenten Tages, Mormonen, Jehovas Zeugen). Sie haben einen tiefen Wandel in den andinen Religionen bewirkt.[100]

Carmelo Álvarez[101] möchte hinter der Vielfalt drei Grundformen des Protestantismus in den Anden unterscheiden: Erstens eine traditionelle Mission, die aus den USA und Europa kommt und strukturell und finanziell vom Ausland abhängt. Zweitens ein indigenes Modell, das aus schon alteingesessenen älteren protestantischen Kirchen hervorgegangen ist, tief in der Volkskultur verwurzelt ist, und strukturell und finanziell unabhängig unter lokaler Führung steht. Ein Beispiel hierfür ist die *Asociación Evangélica de Misión Israelita del Nuevo Pacto Universal* (AENIMPU, »Evangelische Vereinigung der Israelitischen Mission des Neuen Universalen Paktes«) des Ezequiel Ataucusi. Von Peru aus hat sie sich heute mehr oder weniger mächtig nach Ecuador, Bolivien, Chile, Costa Rica, Kolumbien , Venezuela, Argentinien, Paraguay und Brasilien ausgebreitet. Stark prophetisch geprägt, verbindet sie adventistische und evangelische Elemente mit volkskatholischen Zügen, indigenen Traditionen (teils althergebracht, teils neueren Ursprungs) und andinem Messianismus zu etwas, was Arturo de la Torre (2005) das erste Glaubensbekenntnis nennt, das im

98 2005:287.

99 Darüber denken u. a. nach: Blanca Muratorio (1982), die über Ecuador schreibt, Tomás Gutiérrez Sánchez (2002), Manuel Marzal (2000) und Dominique Motte (2001), die über Peru schreiben, Xavier Albó (2002b) und Juliana Ströbele-Gregor (1989) über Bolivien, Juan Sepúlveda (1996) über Chile.

100 sagt etwa Manuel Marzal, 2005:162–172.

101 1996:31–36.

Peru der Gegenwart entstanden ist. Das dritte von Álvarez unterschiedene Modell ist heterodox und messianisch, es dreht sich um Exorzismus und Wohlstand.

Diese Einteilung in drei Modelle hilft bei einer ersten Annäherung an das Phänomen des Protestantismus, erklärt aber noch nicht dessen schnelles und nachhaltiges Wachstum in den Zentralanden und überhaupt in Lateinamerika. Héctor Laporta[102] breitet einen ganzen Fächer möglicher Ursachen aus:

- charismatische Erfahrungen.
- soziopolitische Spannung zwischen verschiedenen Machtgruppen, die auf den religiösen Sektor übergreift.
- Protest gegen die herrschenden Gruppen in der Katholischen Kirche und deren alleinigen Auslegungsanspruch.
- Ausbreitung des Kapitalismus und Wirken der CIA, die ein Bollwerk gegen linke soziopolitische Bewegungen zu errichten suchte.
- Ein psychologisch wichtiger Ersatz für den Verlust sozialer Normen; die Aufnahme in die neue, protestantische Gemeinde mit neuen Normen kann dem Leben wieder einen Sinn geben.
- Bevölkerungswachstum und Urbanisierung der Massen.
- Suche nach einem Ort geistlicher Zuflucht, von dem aus dank strikter Beachtung von Regeln und moralischen Normen eine Änderung der Menschen und ihre Rettung vor der Verdammnis möglich würde.
- Dynamiken lokaler Organisation, die zur Teilnahme durch Aufnahme von lokal geschätzten kulturellen Traditionen anregen.

Nur allzu leicht gelangt man von dieser Vielfalt der Erklärungen zu einer Vereinfachung, die den protestantischen religiösen Ausdrucksformen nur noch zugesteht, dass sie irgendwie auf die Modernisierung reagieren oder eine Suche nach der Flucht aus der (sozialen, ethischen, kulturellen, rassischen, politischen, wirtschaftlichen) Realität sind. So sieht etwa Gilles Rivière (2004) die Ausbreitung der Pfingstkirchen auf dem bolivianischen Altiplano, deren neue Identitäten im Rahmen der »Modernisierung« er alten Identitäten gegenüberstellt. Gegen die Beurteilung der neuen Religiosität als passive Aufnahme von Neuem wendet jedoch Harvey Cox[103] ein, dass zu den gewiss illusorischen Hoffnungen ein Potenzial an Vorstellungskraft und Symbolen gekommen ist, aus dem kreative Formen des Protests und der sozialen Mobilisierung gegen jene entwickelt werden konnten, die das Monopol auf symbolische Werte beanspruchen (die katholische, aber auch protestantische Kirchen), und gegen politische oder sozioökonomisch mächtige Gruppen. In Peru etwa nahmen Pfingstkirchler 1958–1962 in Cerro de Pasco an Landbesetzungen teil, und in den 1980/90er Jahren im Departement Ayacucho an Selbstverteidigungskomitees gegen die Guerilla-Bewegung »Leuchtender Pfad«.[104]

---

102 2005:300–305.

103 1995:179.

104 Cerro del Pasco: Julcarima 2002. Ayacucho: Del Pino 1996.

Lange Zeit hat man fast nur auf den protestantischen Erfolg in Städten und deren Umgebung geachtet. Auf diesem Stand waren etwa die Arbeiten von Juliana Ströbele-Gregor (1989) über verschiedene fundamentalistisch-evangelische Gemeinden in La Paz oder von Julio Tancara (2002) in El Alto (Nachbarstadt von La Paz). Germán Guaygua und Beatriz Castillo (2008) analysierten in El Alto, wie religiöse Feste, Kult und Ritual wesentlich zum Knüpfen sozialer Netzwerke zwischen protestantischen und anderen (indigenen oder volkskatholischen) Gemeinden beigetragen haben. Manuel Marzal (1988) hat das Wandern zwischen Glaubensformen bei Zuwanderern im Großraum Lima erforscht.

Heute jedoch sieht man auch auf dem Land Ausbreitung und Entwicklung der neuen Konfessionen und die Identität des von José Uriel García schon 1930 so genannten »neuen Indianers«.[105] Der schon bekannten Tatsache, dass die protestantische Bekehrung einen Wechsel der alltäglichen Gewohnheiten, des ganzen Lebensstils und der Außen- und Familienbeziehungen bewirkt und eine Strategie gegen Alkoholismus und häusliche Gewalt bietet, hat die Gender-Perspektive einen interessanten neuen Dreh verschafft, so in der anregenden Analyse von Lesley Gill (1990) in Bolivien. Interessant ist auch der Zusammenhang zwischen religiöser Erfahrung und Gesundheit im eigenständigen indigenen Protestantismus mit seinem medizinischen Pluralismus aus westlicher und indigener Medizin. Hier treffen sich manchmal, für uns paradox, Pastor und traditioneller Ritualexperte.[106]

Die Frage nach Ähnlichkeiten und Unterschieden zwischen dem traditionellen *yatiri* (Herrn des andinen Rituals) und dem modernen protestantischen Pastor (Herrn des göttlichen Heils) beantworten Jan van Kessel und Bernardo Guerrero (1987) bei pfingstkirchlichen Aymara in Nordchile so, dass beide symbolische Macht und imaginäres Potenzial besitzen, jeder auf seine Weise, und prestigereiche Führungskräfte in ihren Gemeinschaften sind. Der *yatiri*, Hüter der Traditionen, wacht gemäß den andinen Grundnormen menschlichen Verhaltens in der Gemeinschaft über das Gleichgewicht – zwischen den Menschen, und zwischen diesen und den Schutzwesen. Der Pastor wacht über die Erfüllung der sozialen Normen und verbindet seine Gemeinschaft mit der menschlichen Außenwelt. Beide wirken zudem als Garanten der (medizinischen wie auch psychosozialen) Gesundheit der Ihrigen auf. So wäre der Pastor also eine Art neuer *yatiri* geworden, dem die sachdienlichen Rituale für die Heilung obliegen (Guerrero 1994). Yatiri und Pastor könnten sich demnach vor dem gleichen Spiegel wieder- oder vielleicht gerade nicht erkennen. Beide besitzen das Wissen um die richtige Ordnung der Dinge, über die sie wachen, beide suchen nach den Ursachen und Heilungswegen von Leiden: der eine von der mündlich überlieferten Tradition her, deren Ritual er anwendet; der andere von

---

105 Siehe besonders die ethnographischen Arbeiten bei Quichua in Ecuador: von Elisabeth Rohr (1997) in Otavalo, von Susana Andrade (2004) in der Provinz Chimborazo; ferner in Peru Wilfredo Kapsoli (1994) in der Sierra von Ayacucho, John Hickman (1963) und Ted Lewellen (1978) in Aymara-Gemeinden in Puno; in Bolivien: Gilles Rivière (1986) in Oruro; Aymara in Nordchile: Jan van Kessel/Bernardo Guerrero (1987), Guerrero (1994, 1995).

106 Piñones/Manisilla/Galdames 2018.

der Bibel mit ihrem entsprechendem Ritual her. Der eine hat seine Macht vom Blitz empfangen, der andere vom göttlichen Feuer, beide werden durch ihre Traumgesichte bestätigt. *Yatiri* und Pastor sind zwei Experten, die darüber streiten, welches »Wissen« mehr wert ist, koexistieren aber auf einer neuen religiösen Bühne mit den gleichen Wurzeln im Andinen (Guerrero 1995).

Zusammenfassend: Zum Verständnis des Phänomens der Bekehrung zu neuen Religionen sollten wir soziale Zusammenhänge, Glaubensvorstellungen und subjektive Aneignung eines symbolischen Kapitalismus durch Missionare und örtliche Nachbarschaften zusammensehen. Wie Héctor Laporta schreibt,[107] bietet der Protestantismus den von der Teilnahme an der herrschenden Gesellschaft Ausgeschlossenen in den Anden nicht einfach nur eine neue Religion, sondern eine Neuaufstellung der Identitäten, einen soziokulturellen Raum zur Neuorganisation ihrer (gesellschaftlichen oder symbolischen) Integration.

Dafür, dass viele die Religion aufgeben, in die sie sozialisiert wurden und die sie bisher mehr oder weniger intensiv praktiziert haben, und sich nun in die Arme einer anderen Religion begeben, nennt Manuel Marzal[108] Gründe »aus dem Kontakt« und »für den Wechsel«: Kontakt besonders mit Missionaren der neuen Religionen, Wechsel als Reaktion auf den schmerzlichen Verlust von Regeln. Die neue Mission, je nach Konfession mehr oder weniger intensiv weiterverbreitet, trägt die verschiedenen protestantischen Weltsichten bis in die abgelegensten Winkel der Anden. Ihre Argumentationsweise ist volkstümlich, reich an biblischen Beispielen und Zitaten, hingegen meist schlicht in ihrer theologischer Reflexion. Zur Bekehrung braucht es nur die Abkehr von Trunksucht, ehelicher Untreue, Gewalt in der Familie, Heiligenkult und traditionell andinen religiösen Praktiken. Vertrauen in den Mythos, ein einfacher Katechismus, die Zusammenkünfte zu Kult und Ausbildung, die soziale Unterstützung und der finanzielle Beitrag sind Etappen, die den Neubekehrten immer weiter in seine neue Kirche hineinführen, bis er selbst die neuen Ideen weiterträgt. Er argumentiert dann mit einer lebendigen Mythologie, einer strikten Moral und einer leidenschaftlichen Hoffnung auf die Zukunft.

Die Moderne ersetzt die Bindung an soziokulturelle Wurzeln durch Regellosigkeit. Schule und Medien stellen ohnehin systematisch die traditionellen Werte in Frage, und das tut auch die Erfahrung der Migration, die oft mit Armut, gesellschaftlichem Ausschluss, Marginalisierung, Krankheit und oft auch mit dem Verlust des religiösen Rahmens einhergeht. Die Familie ist weit weg, oft kommt es zum Bruch mit ihr, der Migrant wird in die Anonymität gestoßen, diskriminiert, erleidet Gewalt, wird zu unmoralischen Exzessen und zum Trinken verleitet. So erleben es viele, umso mehr sehnen sie sich nach neuen Netzwerken der Solidarität. Und da bieten protestantische Gruppen einen Rettungsanker, neue Orientierung für den Desorientierten, ein Umfeld für die Neuausrichtung der Identität. Im Dienst der Mission steht ihr unersetzliches Hauptwerkzeug: das BUCH, Symbol des neuen Glaubens. Die Bibel wird als eine Art moralisch-magisches Rezeptbuch genutzt, in

107 2005:306.
108 2005:164–166.

dem sich alle Antworten finden. Ob man aus ihr nun die Verkündigung der Macht von Gottes Wort hört oder sie einfach als Buch verehrt, es geht nicht um komplexe theologische Interpretation. Der Besitz der Bibel ist symbolisches Kapital.

Die Anzahl der Bekehrungen in der indigenen Bevölkerung wächst immer weiter. Hieraus erwachsen ethische, politische, wirtschaftliche und psychologische Konflikte mit den andinen kulturellen Traditionen. Trotz dieses Bruchs zeigt sich aber auch, dass die Kultur hier gleichzeitig nicht nur abgelehnt, sondern auch bewahrt wird. Schon Christian Lavile (1968) hat beschrieben, wie Chilenen aus dem Volkskatholizismus heraus Pfingstkirchler werden, wobei der Neubekehrte aber Probleme mit einem Gott hat, der ihn auffordert, sich zu ändern. Es gibt eine emotionale Kontinuität zwischen dem neuen evangelischen Bekenntnis und dem alten Volkskatholizismus. Manuel Marzal (1983) schreibt, dass viele Quechua in Peru wenn auch nicht die Theologie, so doch ein Gefühl bewahren, mag die evangelische Mission auch noch so erfolgreich sein. Sie verlangt aber jedenfalls den kulturradikalen Bruch mit der Heiligenfrömmigkeit, also mit dem Schlüssel zum indigenen Volkskatholizismus, und die Übernahme einiger puritanischer Verbote wie Rauch- und Alkoholverbot. Marzal[109]sieht darin keinen Beweis echter evangelischer Bekehrung, sondern nur einen Wechsel der kulturellen Umgebung. Diese Interpretation kommt von einem Autor der »Andinen Theologie« (mehr zu dieser oben in Abschnitt 7), die traditionelle Glaubensvorstellungen und katholischen Glauben versöhnen möchte und ihre Bemühung durch den Angriff einer protestantischen Mission bedroht sieht, die (ähnlich wie die katholische Missionsrichtung der »*Inkulturierung*«, auch zu dieser oben in Abschnitt 7) die traditionelle andine Kultur für nicht kompatibel mit der christlichen hält.

Der Absage an Heilige, Tabak und Alkohol würde ich noch hinzufügen: Gekappt werden muss auch jegliche Beziehung zu den andinen Schutzwesen, Teilnahme an traditionellen Riten, Vermittlung indigener Ritualspezialisten bei der Überwindung von Kummer verschiedenster Art. Das alles ist in den Alltag eingeschrieben, auf dem Land vielleicht noch mehr als in der Stadt, und macht aus dem Indigenen, so wie wir ihn als Katholiken eigener Art sehen können, nun auch einen Protestanten eigener Art. Im Quechua-Ayllu Coipasi (Nord-Potosí, Bolivien) hat Óscar Muñoz (2014) die evangelische Fähigkeit analysiert, eigene Diskurse zu schaffen und zu verbreiten, ohne dass diese in Widerspruch mündlichen Überlieferungen der Gemeinschaft geraten, die von der mythohistorischen Vergangenheit oder von den Schutzwesen erzählen. Die Wandlung der Religion und der Symbole zeigt eine starke Fähigkeit, Neues in indigene Systeme im ständigen Wandel einzuverleiben und anzupassen.

So wie im Katholizismus kann man offenbar auch im Protestantismus durchaus *andin* bleiben. Freilich hat die Anthropologie oft eine Neigung gezeigt, den evangelischen Konfessionen die Schuld am Ende der indigenen Kulturen zu geben. Sie hat dabei vielleicht zu sehr auf den Bruch zwischen den Neubekehrten und ihrer vorherigen religiösen Kultur geschaut, anstatt verstehen zu suchen, wie protestantische

109 2005:166.

Gedankenwelt und Erzählungen in die indigene Welt und deren Glaubenssystem eingestrickt werden. Ein eigenständiger Protestantismus mit tiefen Wurzeln in der traditionellen Kultur ist entstanden.

9 Die andinen Religionen im Zeitalter der Globalisierung

Die Postmoderne in ihren vielfältigen ideologischen, politischen und wirtschaftlichen Ausprägungen hat die andinen Gesellschaften längst erreicht und – wie könnte es anders sein – deren Glaubensvorstellungen und Rituale beeinflusst. Besorgniserregend findet Gerardo Fernández[110] die Wucht, die Verdinglichung und Vermarktung exotischer Produkte unter der verführerischen, ökonomisch interessanten Marke des kulturellen oder religiösen Tourismus erreichen können. Kulturmanager des immateriellen Kulturerbes treten auf, aber auch verschiedene Strömungen des Neoschamanismus – sogar online –, die meist nicht mehr leisten als eine Banalisierung der kulturellen Ausdrucksformen der indigenen Bevölkerungen (Pérez 2000). Man könnte hier schlicht fragen, ob die andinen Religionen den Exotismus der globalen Konsumgesellschaft überleben werden. Doch sehen wir eine so weite Fächerbreite der Fälle, dass wir etwas tiefer schürfen müssen.

Zwar denken Anthropologen oft über das Thema nach, publiziert aber haben sie kaum ethnographische Untersuchungen dazu, außer Randbemerkungen zu umfassenderen Beschreibungen des harten Kerns (wie wir es nennen könnten) der andinen Religionen. Jedoch hat der gerade erwähnte Gerardo Fernández[111] quer durch Zeit und Raum der Anden Rituale und Heilpraktiken vom 16. bis ins 21. Jahrhundert zusammengefasst, und in unserer Zeit auch die Verwandlung von lebendigem in historisches Erbe. Seine Analyse leitet mich in diesem Abschnitt.

Schon vor einem Vierteljahrhundert wies Douglas Sharon(1994) darauf hin, dass viele Heiler in Nordperu sich vom *New Age*- und psychodelischen Tourismus verführen ließen. Sie waren Opfer, manchmal freilich auch aktiv beteiligt an einer lukrativen Kommerzialisierung ihrer Rituale und (im Abschnitt 5 beschriebenen) *mesadas*. Sie vereinnahmten dabei aber auch holistisch-energetische New Age-Modelle des »alternativen« Konsums des Rauschmittels Sanpedro für ihre eigenen Ideen und Rituale. Hier zeigte sich die indigene Fähigkeit, das Fremde und Neue ans Eigene zu assimilieren, so wie sie es zumindest in den formalen Aspekten ihres kultischen Lebens schon seit der kolonialen *Conquista Espiritual* gemacht haben.

Im Unterschied zu Nordperu haben die relative Isolierung der ländlichen Quechua- und Aymara-Gemeinschaften, ihre Bewahrung indigener Sprachen und das Fehlen halluzinogener und psychotropischer Mittel in ihrer Kultpraxis den auswärtigen Einfluss etwas auf Distanz gehalten. Doch auch hier sind die Heiligtümer und

110 2012:325–326.

111 2012: Abschnitt 5.

heiligen Orte rund um den Titicaca-See zunehmend ein Thema in den Reiseführern und Tour-Angeboten im In- und Ausland. Die Angebote von Opferritualen, Ritualexperten und Koka-Lesungen für Touristen haben sich explosionsartig vermehrt.

In urbanen Regionen haben religiöse Experten ihre *mesas* mit Bezügen auf das städtische Leben mit seinen Konflikten und Bedürfnissen angereichert. Aktualisiert wird auch der Ekeko mitsamt Praktiken und Symbolen. Das ist ein Schutzwesen, das für Reichtum, Fruchtbarkeit und Freude sorgt.[112] Es gehört zum Altiplano, ist allgegenwärtig in der Volkskultur von Westbolivien, Nordchile, Südperu und Nordwestargentinien. Stets wird es gleich dargestellt: Ein kleines, lächelndes Männlein mit etwas *Embonpoint*. Manchmal hinkt er, oder ihm fehlt eine der zwei Sandalen. Gekleidet ist er auf traditionell andine Weise, manchmal aber auch wie ein Manager oder Geschäftsmann, manchmal sogar als Bettler. Von seiner Kleidung hängen Packen mit Nahrungsmitteln herab, wichtige Gebrauchsgüter, Musikinstrumente, Schuhe, Geld und eine Unzahl weiterer Objekte *en miniature*. Neben Ekeko sorgen auch die *alasitas* – (Miniaturfiguren für glücklichen Erfolg) auf einem Markt der Symbole mit Raum für das Prinzip der Gegenseitigkeit. Sie werden auf dem Fest der *alasitas*,[113] einem traditionellen Kunsthandwerksmarkt und Universum der Sehnsüchte, gekauft und verkauft, damit sie im Laufe des Jahres zu Realität werden: z. B. ein Haus, ein Auto, ein Universitätsdiplom. Das über weite Teile der Zentralanden verbreitete und beliebte, traditionelle Event ist mit der Binnenmigration mitgewandert, so[114] mit den Aymara aus Puno nach Lima.

Ausdrucksformen der andinen Religiosität sind Verkaufsrenner, so gewinnen ihre Kultformen an Bedeutung und ziehen die Aufmerksamkeit von nationalen und internationalen Medien auf sich. Dazu beigetragen haben sicherlich Projekte zur Förderung des Kulturerbes. Schutzwesen und Ritualexperten müssen nun lernen, mit Touristen und Reportern auszukommen, was neue Herausforderungen für die Kultformen und Heilmethoden mit sich bringt, die an neue gesellschaftliche, politische und ökonomische Erwartungen angepasst werden müssen. Evo Morales überraschte die Welt, als er 2006 der formellen Amtsübernahme als Präsident von Bolivien eine Zeremonie in den Ruinen von Tiahuanaco vorangehen ließ, bei der er gemeinsam mit *amawtas* (weise Ratgeber, einstmals des Inka, hier wird der Begriff auf heutige politische Ratgeber übertragen) und *yatiris* (Ritualexperten) eine rituelle *mesa* feierte. Die anwesenden Würdenträger andiner Religion standen seither als Berater von Ministern und weiteren Politikern oder als Leiter öffentlicher Zeremonien in der Öffentlichkeit[115] und bildeten einen Elitestab, der nur noch wenig mit jenen *yatiris* aus dem ländlichen Aymara-Milieu gemein hat, von denen viele nicht

112 Omar Aramayo (Hrsg. 2004) hat einen ganzen Sammelband mit verschiedenen Perspektiven auf Ekeko, seine Symbolik und Riten herausgegeben.

113 Varinia Oros (2017) verbindet historische und ethnographische Beschreibung zu einer detaillierten Untersuchung des Festes. Carina Circosta (2015) analysiert sehr interessant Form, Funktion und Wirkung dieser Miniaturfiguren.

114 Golte/León 2014 zeigen Kontinuität und Wandel von Diskurs und Fest im alten und im neuen Zusammenhang.

115 Burman 2011, 2016.

mehr für ihre Gemeinschaften arbeiten, weil ihnen das nicht mehr genügend einbringt oder weil sie evangelisch geworden sind. Könnte es sein, dass an der Aufwertung bestimmter Elemente des kulturellen Erbes nur dann Interesse besteht, wenn sie politische, ökonomische oder symbolische Inhalte ausdrücken und bekannt machen, wenn es also mehr um ihre Nutzung als um ihren Schutz geht?

Ein exemplarisches Beispiel dafür könnte 2003/2008 die Ernennung der Kosmovision der Kallawaya (insbesondere mit ihrer Heilkunde) durch die UNESCO zum immateriellen Kulturerbe der Menschheit gewesen sein. Die Kallawaya wurden dadurch weltbekannt, doch noch immer vergisst der bolivianische Staat sie. Sie leben in einer der ärmsten Regionen Boliviens, und ihre Abwanderungsrate in die Randbezirke der Hauptstadt ist hoch. Nicht nur verlieren viele ihrer Gemeinschaften durch die Abwanderung ihre Ritualexperten, sondern diejenigen Experten, die bleiben, müssen Ansehen und Tradition gegen die straflose Ausbeutung ihres kultischen Wissens verteidigen. Und ein Experte, der nun in der Stadt, vor allem in La Paz mit seinem Heilwissen arbeitet, muss Ansehen und Tradition andauernd gegen die straflose Ausbeutung seines Wissens verteidigen und sich obendrein gegenüber einer Legion von Pseudo-Ritualexperten, Astrologen und Tarotkartenlesern behaupten, die sich als »authentische« Kallawaya ausgeben, um deren Prestige zu nutzen und damit mehr Kunden einzufangen (Flores 2009).

Pflanzenheilkundige Kallawaya, Scharlatane der Volksmedizin und Kokablätter lesende yatiris geben sich ein heterodoxes Stelldichein auf dem *Mercado de las Brujas* (»Hexenmarkt«) mitten im Zentrum von La Paz. Dort warten sie alle auf städtische Kundschaft unterschiedlichster ethnischer und sozialer Herkunft. Wir sehen bunte Stände mit Touristenware, Buden mit reicher Auswahl an magischen und kultischen Produkten, die sich nicht von den symbolischen Universen der Quechua, Aymara oder Kallawaya ablösen, aber nun nicht-indigener und touristischer Nachfrage angepasst sind: Sie bieten etwa erotischen Talismanen, Amuletten für vielfältige Anwendungen, Figürchen, die wohl von der Ästhetik archäologischer Stücke aus der Tiahuanaco- oder Inkazeit inspiriert sind und die Körperlichkeit mancher andinen Schutzwesen und vor allem der Pachamama neu interpretieren. Doch so beliebt und vielfältig der »Hexenmarkt« auch sein mag, in den sozialen Netzen und auf Youtube vielfach zu finden, ein *must* für jeden Besucher Stadt, bunte Folklore in allen Reiseführern – merkwürdigerweise hat er die Ethnographie bis jetzt wenig interessiert. Er wird in Arbeiten über Ritualpraktiken oder indigene Heilkunde mal kurz erwähnt, meist wenn es um die Heilmittel geht, die dort verkauft werden, doch die soziokulturellen Dynamiken, die sich da entwickeln, sind ein weißer Fleck. Monographien darüber fehlen, und es wäre Zeit für eine Analyse des eigenartigen Phänomens.

Einige Buden auf diesem Markt bieten eine reiche Auswahl für die Zusammenstellung von *mesas* und Zauberbündeln und (immer öfter vorgefertigten) kultischen Opfern. Die Verkäuferinnen, Inhaberinnen solcher Budenstände, lassen oft an jene *brujas* (»Hexen«, Zauberinnen, Ritualexpertinnen) denken, die in der Kolonialzeit verfolgt wurden, als sie als das lebende Gedächtnis alten andinen Weisheitswissens galten. Ihre Tätigkeit auf dem Markt[116] zeigt Anpassung alter Kultmodelle an Hast und ökonomischem und weltlichem Pragmatismus der städtischen Welt. Es ist ein scheinbares Paradox: Modernität und Globalisierung verbinden sich mit andinen Symboluniversen und Glaubensvorstellungen. Diese Frauen im Budenstand sind keine traditionelle *yatiris*, denn sie wurden nicht vom Blitz getroffen, nicht in feierlichem Ritual auserwählt, kennen nicht die Formeln für den Dialog mit den Schutzwesen und sind erst recht nicht in der Lage, wie die *ch'amakanis* deren Stimme anzunehmen. Und doch: sie beraten ihre Kunden in Fragen der kultischen Praxis. Wenn ich ein bestimmtes Problem habe, zeigen sie mir die Richtung, wie ich es lösen kann, mit welchem Schutzwesen ich verhandeln muss, was ich ihm wie anbieten sollte. Und sie bereiten mir die Opfergabe zu, rasch, nach Kundenanfrage, mischen vor meinen Augen verschiedene Ingredienzien zusammen, doch ohne die Sorgfalt und Liebe, die ein echter Experte aufwenden würde. Der würde dafür Stunden brauchen, wobei er bestimmten vorgegebenen Abläufen ganz genau folgen und sorgfältig unterscheiden würde, an wen das jeweilige Opfer sich richten soll. Die Frauen im Budenstand kennen Rudimente der Arbeit der Ritualexperten und ahmen sie bedenkenlos nach, manche wagen sich sogar an das Lesen der Kokablätter. Sie handeln mit Kultpraktiken und Opfergaben, die sie aus dem Zusammenhang reißen und vereinfachen. Genau hier setzen Kritik und Bedenken der traditionellen Experten an, die ihre kultische Macht auf rituellem Wege erhalten haben: Sie wittern Betrug und warnen, dass jemand, der sich wie ein *layga* (»Hexer«, eine im Unterschied zum *brujo* rein negative Bezeichnung), benimmt, Unglück nicht nur auf sich selbst zieht, sondern auch auf alle, die sich in seine Hände begeben.

Ähnlich wie Standinhaberinnen auf dem »Hexenmarkt« werden auch diejenigen *maestros* (»Meister«, Inhaber von sakralem Wissen) des Scharlatanismus beschuldigt, die sich dazu herbeilassen, Touristen und Sucher nach religiöser Erfahrung durch die heiligen Landschaften des Altiplano zu führen. Man lastet ihnen den Machtverlust an, denn etwa Kruzifixe und Altären auf Bergen erlitten haben sollen, weil sie durch menschliche Überaktivität »gezähmt« worden seien. Ein von Touristen überlaufener heiliger Berg gilt als Widerspruch in sich. Zu viele Touristen sollen zum Beispiel eine Gefahr für Pachjiri sein.[117] Dieses Heiligtum der Aymara-Gemeinschaften südöstlich des Titicaca-Sees ist wichtig für die Vermehrung des Viehs, den Aufstieg der *yatiris* zur Initiation, die Heilung von Krankheiten, aber auch den Schadenszauber, je nach dem Altar, an den man sich begibt. Wir können uns ausmalen, wie die Macht des Berges auf nicht wiedergutzumachende Weise beschädigt werden könnte, wenn seine touristische Ausbeutung plötzlich zunähme und Pläner seine Aufnahme in die Rundreisen Titicacasee – Ruinen von Tiahuanaco – La Paz verwirklicht würden. Die heiligen Berge sind jene, »wo die Glocke nicht hinkommt«, ein Territorium »der Gnade« (*gracia*) im Gegensatz zu dem von der Katholischen Kirche kolonisierten Gebiet. Ähnliches findet Carmen Bernand (1990, 2008) in ihrer Untersuchung historischer und anthropologischer Kontinuitäten der Ansichten von

116 wie Gerardo Fernández (2012:299–303) sie beschreibt.
117 Region Achacahi, Provinz Omasuyos, Bolivien, dazu Fernández/Albó 2008.

der Macht der Berge und von deren *gracia* in der ecuatorianischen Sierra: Es sind gefährliche Räume, die »zahm gemacht« werden können.

Sollte man heute nicht, fragt ironisch Gerardo Fernández,[118] die *gracia* der Kruzifixe und Altäre auf den Bergen der Anden neu definieren, damit dorthin weder Glocke, noch Tourismus, noch Kulturerbe-Manager kommen?

10 Überlegungen zum Schluss

Die Kathedrale von Cusco ein großer Berg mitten in der Stadt: Das sieht Ernesto bei seiner Ankunft in Cusco im ersten Abschnitt der »tiefen Flüsse« (*Ríos profundos* von Arguedas 1958/2019). Er sieht gleichsam einen jener großen Felsen, die von den Ufern der Bergseen zum Himmel emporragen; einen Kirchenfelsen, dessen heiliges Inneres jenen im Inneren der Berge verborgenen Städten der Legende ähnelt, in die man plötzlich hinabstürzen kann. Einen Kirchenfelsen, der uns ergreift, der Heiligkeit ausstrahlt, der den Menschen sich selber begegnen lässt in der Landschaft mit ihren Bewohnern, den Schutzwesen. In dieser Metapher verdichtet sich die Essenz der andinen Religiosität, der bald natürliche, bald strategisch geplante Zusammenfluss traditioneller Wissensinhalte, deren Dialektik sich ständig in der Koexistenz indigener und christlicher Elemente erneuert.

Zusammenfluss, Vermischung, Durcheinander der Wissensinhalte: Wie religiös gedacht, gehandelt und gesprochen wird, wandelt sich ständig. Lassen wir einmal schwarze Legenden beiseite.* Beim Zusammenstoß alter und neuer Götter wurde der katholische Glaube den indigenen Wertsystemen und Glaubensvorstellungen nicht ausschließlich auf erdrückende und vernichtende Weise aufgezwungen, viel mehr fand auch eine Vereinigung und Umwandlung von Ideen statt, aus der das entstanden ist, was wir als spezifisch Andines sehen, und das dieser Aufsatz aus religionsanthropologischer Perspektive skizzieren sollte. Aus dieser Perspektive nun möchte ich hier noch einmal sechs Punkte nennen.

- Eine buntscheckige Ansammlung von Schutzwesen (indigen oder im indigenen Denken um-interpretiert katholisch) ist uneinheitlicher in ihrer historisch-kulturellen Herkunft und Natur, ihren Betätigungsfeldern, ihrer Einflussnahme auf die andinen Bevölkerungen.
- Auf diese Vielfalt wendet die andine Religiosität eine stets gleiche Logik an: die Reziprozität, die ihren Ausdruck in der Metapher des kultischen Mahls findet.
- In der gastronomische Interaktion mit diesen Wesen zeigt sich eine zweiseitige Charakterisierung ihrer Natur und Macht: kaum ein Wesen lässt sich in eine

---

118 2012:338.

* Anmerkung des Übersetzers: Als »Schwarze Legende« (*leyenda negra*) wird in Spanien seit Anfang des 20. Jahrhunderts eine Betonung von Gräueltaten vor allem der Inquisition und der Konquista als polemisch abgelehnt. Ohne diese Gräueltaten zu leugnen, wird mit dem Begriff eine Einseitigkeit kritisiert, die nicht-spanische Gräueltaten aus Religionskriegen und Kolonisation ausblendet.

manichäische Gegenüberstellung von gut und böse, göttlich und teuflisch pressen, sondern fast alle können so großzügig geben wie züchtigen, je nach der Behandlung, die sie von den Menschen erfahren.

- Die Verehrung der katholischen Heiligen als eines Teils dieser Gesamtheit der Schutzwesen erlaubt die Organisierung und Verwaltung der Beziehungen der Gemeinden zu *ihren* jeweiligen Statuen. So werden mythohistorische und hagiographische Berichte ebenso gepflegt wie ein System von lokalen Autoritäten und *cargos* (als Aufgaben im Dienst der Heiligen)
- Aus der Verehrung von Heiligen und *wak'as* wird ein Kalender mit Terminen für die Produktion und den Kult abgeleitet. In den Riten und Festen dieses Kalenders liegen vielfache Bedeutungen, aus denen auch Elemente für den kulturellen Wandel genommen werden.
- Der kulturelle Wandel ergibt für mich das Bild eines multidimensionalen, integrierten religiösen Universums. Nur mit diesem Konzept lässt sich, meine ich, ein Verständnis der symbolischen, kosmologischen, theologischen und kultischen Perspektiven erreichen, die von den Menschen der Anden re-interpretiert, aktualisiert, legitimiert und immer neuen soziokulturellen Realitäten angepasst werden. Immer neue Perspektiven helfen bei der Knüpfung starker Identitätsnetze.

Das gewebte Netz ist eine Metapher. Kulturelle Kettfäden des Gewebes verbinden sich mit sozialen Schussfäden zu dem Erzählgewebe symbolischer Geschichten. Das Gewebe wird performativ angelegt wie eine von der Natur, den Göttern und den Menschen gemeinsam getragene Haut im stets fließenden, nie auf der Stelle tretenden Rhythmus der Erzählung jedes Teilnehmers am Spiel. Denn wenn Quechua, Aymara, Chipaya oder Kallawaya sich mit dem jeweils gerade zu ihnen gekommenen Ethnographen über ihre Religion unterhalten, legen sie selten Konzepte dar, sondern erzählen viel mehr. Erzählend webt man vieles zusammen: verinnerlichte Glaubensvorstellungen, überkommene Mythen, Riten, an denen man teilgenommen hat, heilige Räume, durch die man gegangen ist, Begegnungen mit Schutzwesen, erworbenes Wissen von *dem Heiligen*, empfangene Sakramente, ausgefüllte Festämter, Schirmherrschaft über Feste, Beichten, Bekehrungen, Wechsel der Konfession, importierte Kulte, wiedergewonnene Erinnerungen, wiedererfundene Kosmologien, neu angenommene oder bekräftigte Identitäten. Aus diesen Knäueln webt man seine eigene religiöse Erfahrung, ausgehend von der eigenen Lebensgeschichte verknüpft man Körperliches, Soziales, Symbolisches und Kultisches.

Bei meiner Synthese andiner Religionen bin ich von der religiösen Polyphonie ausgegangen. Ich wollte keine getrennten Bilder konstruieren – hie indigene Glaubensvorstellungen und Praktiken, da Volkskatholizismus, und von beiden abweichend als drittes die evangelischen Konfessionen. Ganz im Gegenteil: Ich habe Themen zusammengebracht, Verbindungen gesucht, Gegensätze und scheinbare Unvereinbarkeiten aufgelöst. Natürlich musste ich dafür in die anthropologischen Debatten eintauchen, theologische Modelle und eine umfangreiche Bibliographie einbeziehen, und hoffe, dass ich die geneigte Leserschaft nicht erschreckt (oder schlimmer noch, gelangweilt) habe. Manchmal mag es ja so ausgesehen haben, als würde ich die Diskussion auf ein bestimmtes Ergebnis hin moderieren oder einige mir genehme Arbeiten auswählen, doch das wollte ich überhaupt nicht. Die vielfältigen Gesichter des andinen Glaubens lösen sich in immer wieder wechselnde Perspektiven ohne dauerhaften Fixpunkt auf, und ich wollte einfach nur Diskussionsbausteine liefern, damit wir unsere Brille justieren und versuchen können, zu verstehen, was für neue Verbindungen wir erkennen.

Literatur

Die mit * gekennzeichneten Titel sind vom Herausgeber beigefügt, siehe die Anmerkungen mit *.

Abercrombie, Thomas A. 2006, [1998] *Caminos de la memoria y del poder. Etnografía e historia en una comunidad andina.* La Paz: IFEA/IEB/Asdi. 855 S. [engl. *Pathways of memory and power. Ethnography and history among an Andean people.* Madison: The University of Wisconsin Press. 603 S.].

Absi, Pascale 2005, [2003] *Los ministros del diablo. El trabajo y sus representaciones en las minas de Potosí.* La Paz: IFEA/PIEB/IRD-Embajada de Francia en Bolivia. XX,339 S.

—2016, Los prostíbulos son sus iglesias del Tío. Diablo, género e identidad profesional entre las prostitutas de Bolivia. In: Lucila Bugallo/Mario Vilca (Hrsg.): *Wak'as, diablos y muertos: alteridades significantes en el mundo andino.* San Salvador de Jujuy/Lima: Universidad Nacional de Jujuy/IFEA: 267–302.

Acosta Veizaga, Orlando 2001, [1998] La muerte en el contexto uru: caso Chipaya. In: *Chungara, Revista De Antropología Chilena,* 33(2):259–270.

Aguiló Nonnin, Federico 1981, *Religiosidad de un mundo rural en proceso de cambio: estudio socio-antropológico del proceso de cambio en la religiosidad del campesino de Potosí, Chuquisaca y Tarija.* Sucre: Talleres Gráficos Q'ori Llama. 235 S.

Albó Corrons, Xavier 1991, La experiencia religiosa Aymara. In: Manuel M. Marzal et al. (Hrsg.): *Rostros indios de Dios. Los amerindios cristianos.* Quito: Abya-Yala: 2012–65.

—2002a, Preguntas a los historiadores desde los rituales andinos actuales. In: Jean-Jacques Decoster (Hrsg.): *Incas e indios cristianos. Elites indígenas e identidades cristianas en los Andes coloniales.* Cusco: CBC/IFEA/Asociación Kuraka: 395438.

—2002b, *Una casa común para todos: Iglesias, ecumenismo y desarrollo en Bolivia.* La Paz: CIPCA/ CLAVE/CED/EZE. 180 S.

—2005, Religión aymara. In: Manuel M. Marzal (Hrsg.): *Religiones andinas.* (Enciclopedia Iberoamericana de Religiones, 04) Madrid: Trotta: 175–200.

—2006, Teología narrativa de la muerte andina, fuente de nueva vida. In: Josef Estermann (Hrsg.): *Teología andina. El tejido diverso de la fe indígena.* La Paz: ISEAT/Plural: 369–406.

—2007, Muerte andina, la otra vertiente de la vida. In: Juan Antonio Flores Martos/Luisa Abad González (Hrsg.): *Etnografías de la muerte y culturas en América Latina.* Cuenca: Ediciones de la Universidad de Castilla-La Mancha: 137–154.

Allen, Catherine 2008, [1988] *La coca sabe. Coca e identidad cultural en una comunidad andina.* Cusco: Centro de Estudios Regionales Andinos »Bartolomé de Las Casas«. 372 S.

Álvarez, Carmelo E. 1996, Historic panorama of Pentecostalism in Latin America and the Caribbean. In: Benjamin F. Gutiérrez/Dennis A. Smith (Hrsg.): *In the Power of the Spirit: The Pentecostal Challenge to Historic Churches in Latin America.* Arkansas City, KS: Gilliland Printing: 29–49.

Amado, Donato 2002, El alférez real de los incas: resistencia, cambios y continuidad de la identidad indígena. In: Jean-Jacques Decoster (Hrsg.): *Incas e indios cristianos: Elites indígenas e identidades cristianas en los Andes coloniales.* Cusco: CBC/IFEA/Asociación Kuraka: 221–249.

Andrade, Susana 2004, *Protestantismo indígena. Procesos de conversión religiosa en la provincia de Chimborazo.* Quito: Abya-Yala. 388 S.

Aramayo, Omar (Hrsg.) 2004, *Antología del Ekeko.* Lima: Universidad Alas Peruanas. 105 S.

Arguedas, José María 1956, Puquio, una cultura en proceso de cambio. In: *Revista del Museo Nacional* (Lima), 25:184–232.

—1968, *Las comunidades de España y del Perú.* Lima: Universidad Nacional Mayor de San Marcos. 354 S.

—2019, [1958] *Die tiefen Flüsse.* (WAT 670) Berlin-Wilmersdorf: Klaus Wagenbach. 288 S. [span. 1958, *Los ríos profundos.* Buenos Aires: Editorial Losada. 249 S.]

Arnold, Denise Y. 2018, *Los eventos del crepúsculo. Relatos historiográficos y hagiográficos de un ayllu andino en el tiempo de los españoles.* La Paz: Instituto de Lengua y Cultura Aymara/ Plural. 455 S.

Arnold, Denise Y./Juan de Dios Yapita 1998, *Río de vellón, río de canto: cantar a los animales, una poética andina de la creación.* La Paz: Hisbol/CIASE. 575 S.

Arnold, Denise Y./Juan de Dios Yapita (Hrsg.) 1996, *Madre melliza y sus crías. Ispall mama wawampi. Antología de la papa.* La Paz: Hisbol/Instituto de Lengua y Cultura Aymara. 470 S.

Arnold, Denise Y./Juan de Dios Yapita/Elvira Espejo 2016, Wak'as, objetos podrosos y la personificación de lo material en los Andes meridionales: pugnas de exégesis sobre la economía religiosa según las experiencias del género. In: L. Bugallo/M. Vilca (Hrsg.): *Wak'as, diablos y muertos: alteridades significantes en el mundo andino.* San Salvador de Jujuy/Lima: Universidad Nacional de Jujuy/IFEA: 29–71.

Astvaldsson, Astvaldur 2000, [1997] *Jesús de Machaqa: La Marka Rebelde*, Tomo 4: *Las Voces de los Wakás.* (Cuadernos de Investigación, 54) La Paz: CIPCA. 304 S.

Bandelier, Adolph Francis Alphonse 1904, Aboriginal myths and traditions concerning the Island of Titicaca, Bolivia. In: *American Anthropologist*, 6(2):197–239.

—1910, *The Islands of Titicaca and Koati.* New York: The Hispanic Society of America. 358 S.

Bastian, Jean-Pierre 1997, *La mutación religiosa de América Latina. Para una sociología del cambio social en la modernidad periférica.* México: Fondo de Cultura económica. 220 S.

Bastien, Joseph W. 1988, La fiesta de difuntos en un contexto rural. In: *Fe y Pueblo* (La Paz), V(19):1825.

—1996 [1978] *La montaña del cóndor. Metáfora y ritual en un ayllu andino Historia del pueblo Athun Ayylu Caata.* La Paz: Hisbol. https://docplayer.es/25797940-La-montana-del-condor.html#show_full_text [23.5.2019] 160 S.

Baud, Sébastien 2005, Esprits sauvages, citadins et maladie, quand la nature s'en mêle. In: *Bulletin de la Société Suisse des Américanistes* (Genève), 69:21–33.

Baumann, Max Peter (Hrsg.) * 1994, *Kosmos der Anden: Weltbild und Symbolik indianischer Tradition in Südamerika.* München: Diederichs. 588 S.

Bernand, Carmen 1990, Seducción o Castigo: el poder de los cerros en la Sierra del Ecuador. In: *Folklore Americano* (México), 50:213–228.

—2008, Cerros, nevados y páramos: un intento de arqueología etnográfica. In: *Revista Española de Antropología Americana* (Madrid), 38(1):167–189.

—2010, Los nuevos cuerpos mestizos de la América colonial. In: Manuel Gutiérrez Estévez/ Pedro Pitarch (Hrsg.): *Retóricas del cuerpo amerindio.* Madrid/Frankfurt am Main: Iberoamericana/Vervuert: 87–116.

Bernand, Carmen/Serge Gruzinski 1992, [1988] *De la idolatría: Una arqueología de las ciencias religiosas.* México: Fondo de Cultura económica. 226 S. [franz. 1988, *De l'idolâtrie. Une archéologie des sciences religieuses.* Paris: Seuil. 255 S.].

Berner, Ulrich 1982, *Untersuchungen zur Verwendung des Synkretismus-Begriffes* (Göttinger Orientforschungen, Reihe Grundlagen und Ergebnisse, Bd. 2) Wiesbaden: Harrassowitz. XII,221 S.

Bolin, Inge 1998, *Ritual of Respect: The secret of survival in the high Peruvian Andes.* Austin: Texas University Press. 311 S.

Brachetti, Angela 2005, Qoyllurit'i. In: *El año en fiestas. La convivencia con los dioses en los Andes del Perú*. Madrid: Ministerio de Cultura/Museo de América: 58–103.

Brun, Otto, 1984, Catequistas campesinos. In: *Allpanchis* (Cusco), 24:131–142.

Buechler, Hans C./Judith Maria Buechler 1978, Combatting feathered serpents: the rise of Protestantism and reformed Catholicism in a Bolivian highland community. In: Roswith Hartmann/Udo Oberem (Hrsg.): *Amerikanistische Studien*, 1 (Collectanea Instituti Anthropos, 20). Sankt Augustin: Anthropos-Institut: 92–98.

Bugallo, Lucila 2010, La estética de la crianza. Los santos protectores del ganado en la puna de Jujuy. In: Mª A. Boviso/M. Penhos (Hrsg.): *Arte indígena: categorías, prácticas, objetos*. Córdoba: Encuentro Grupo Editores/Facultad de Humanidades de Catamarca: 85–102.

Bugallo, Lucila/Jorge Tomasi 2012, Crianzas mutuas. El trato a los animales desde las concepciones de los pastores puneños (Jujuy, Argentina). In: *Revista Española de Antropología Americana* (Madrid), 42(1):205–224.

Burman, Anders 2011, *Yatiris en el siglo 21: el conocimiento, la política y la nueva generación*. Paris: Nuevo Mundo, Mundos Nuevos. http: //nuevomundo.revues.org/61331 [17.5.2019].

—2016, [2011] *Indigeneity and decolonization in the Bolivian Andes: Ritual pactice and activism*. Lanham MD: Rowman & Littlefield/Lexington Books. 284 S. [span. 2011, *Descolonización Aymara: Ritualidad y política* (2006–2010). La Paz: Plural. 280 S.].

Camino, Lupe 1992, *Cerros, plantas y lagunas ponderosas: La medicina al norte del Perú*. Piura: CIPCA. 296 S.

Cánepa Koch, Gisela 1998, *Máscara, Transformación eIidentidad en los Andes: La fiesta de la Virgen del Carmen Paucartambo-Cuzco*. Lima: Pontificia Universidad Católica del Perú. 349 S.

Cánepa Koch, Gisela (Hrsg.) 2001, *Identidades representadas. Performance, experiencia y memoria en los Andes*. Lima: Pontificia Universidad Católica del Perú, Fondo Editorial. 459 S.

Carter, William E./Mauricio P. Mamani 1986, *Coca en Bolivia*. La Paz: Librería Editorial Juventud. 530 S.

—1989, [1982] *Irpa Chico: Individuo y comunidad en la cultura aymara*. La Paz: Juventud. 460 S.

Casaverde, Juvenal 1970, El mundo sobrenatural en una comunidad. In: *Allpanchis* (Cusco), 2: 121–240.

—1981, Santos, cargos religiosos y procesos sociales. In: *Revista del Museo Nacional* (Lima), XLV:291–310.

Celestino, Olinda/Albert Meyers 1981, *Las cofradías en el Perú: región central*. (Editionen der Iberoamericana, Reihe III; Monographien und Aufsätze, 6) Frankfurt am Main: Klaus Dieter Vervuert. 351 S.

Cerbini, Francesca 2012, *La casa de jabón: Etnografía de una cárcel boliviana*. Barcelona: Edicions Bellaterra. 272 S.

Cereceda, Verónica 2006, Mito e imágenes andinas del infierno. In: Alejandro Ortiz Rescaniere (Hrsg.): *Mitologías amerindias*. Madrid/Frankfurt am Main: Iberoamericana/Vervuert: 313–359.

Choque Churata, Calixta 2009, *Culto a los uywiris. Comunicación ritual en Anchallani*. La Paz: Instituto Superior Ecuménico Andino de Teología ISEAT/Mama Huaco. 278 S.

Circosta, Carina 2015, Miniaturas y cosmovisión en el mundo andino: forma, función y agencia. Aus: *Actas X Jornadas Nacionales de Investigación en Arte en Argentina y América Latina*. La Plata: Facultad de Bellas Artes, Universidad Nacional de La Plata. 13 S.

Condori, Santiago/Gilberto Pauwels 1998, Convivir con los muertos en Chipaya. In: *Eco Andino* (Oruro), 3(5):41–88.

Contreras Hernández, Jesús 1985, *Subsistencia, ritual y poder en los Andes*. (Col. Textos de Antropología) Barcelona: Mitre. 224 S.

Cox, Harvey 1995, *Fire from Heaven: The rise of Pentecostal spirituality and the reshaping of religion in the twenty-first century*. New York: Addison-Wesley. 346 S.

Cruz, Pablo 2006, Mundos permeables y espacios peligrosos. Consideraciones acerca de punkus y qaqas en el paisaje altoandino de Potosí, Bolivia. In: *Boletín del Museo Chileno de Arte Precolombino* (Santiago de Chile), 11(2):35–50.

—2016, Pensando en Supay o desde el Diablo. Saqra, paisaje y memoria e el espacio surandino. In: Lucila Bugallo/Mario Vilca (Hrsg.): *Wak'as, diablos y muertos: alteridades significantes en el mundo andino.* San Salvador de Jujuy/Lima: Universidad Nacional de Jujuy/IFEA: 171–200.

De la Torre López, Arturo E. 2005, »La más rigurosa secta de nuestra religión«: la Asociación Evangélica de la Misión Israelita del Nuevo Pacto Universal. In: Manuel M. Marzal (Hrsg.): *Religiones andinas.* (Enciclopedia Iberoamericana de Religiones, 04) Madrid: Trotta: 311–357.

Decoster, Jean-Jacques (Hrsg.) 2002, *Incas e indios cristianos. Elites indígenas e identidades cristianas en los Andes coloniales.* Cusco: Centro de Estudios Regionales Andinos »Bartolomé de las Casas«/IFEA/Asociación Kuraka. 496 S.

Del Pino, Ponciano 1996, Tiempos de guerra y de dioses. Ronderos, evangélicos y senderistas en el valle del Río Apurimac. In: Carlos Iván. Degregori, José Coronel, Ponciano del Pino/ Orín Stara (Hrsg.): *Las rondas campesinas y la derrota de Sendero Luminoso.* Lima: Instituto de Estudios Peruanos: 117–188.

Díez Hurtado, Alejandro 1994, *Fiestas y cofradías. Asociaciones religiosas e integración social en la historia de la comunidad de Sechura.* Piura: Centro de Investigación **y** Promoción del Campesinado. 226 S.

—1999, Diversidades, alternativas y ambigüedades. Instituciones, comportamientos y mentalidades en la sociedad rural. In: V. Ágreda/A. Díez/M. Glave (Hrsg.): *Perú: el problema agrario en debate.* Lima: SEPIA, Seminario Permanente de Investigación Agraria, VII:245–326.

—2005, Los sistemas de cargos religiosos y sus transformaciones. In: Manuel M. Marzal (Hrsg.): *Religiones andinas.* (Enciclopedia Iberoamericana de Religiones, 04) Madrid: Trotta: 253–286.

Earls, John 1991, *Ecología y agronomía en los Andes.* (Alternativas étnicas al desarrollo, 2) La Paz: Hisbol. 116 S.

Estermann, Josef 2006 a, *Lo andino: una realidad que nos interpela.* La Paz: Instituto Superior Ecuménico Andino de Teología. 54 S.

—2006 b, [2te erw. u. verbess. Ausg.] *Filosofía andina. Sabiduría indígena para un mundo nuevo.* La Paz: ISEAT 414 S. [1998, *Filosofía andina. Estudio intercultural de la sabiduría autóctona andina.* Quito: Abya-Yala 359 S.].

Estermann, Josef (Hrsg.) 2006, *Teología andina: el tejido diverso de la fe indígena.* La Paz: Inst. Superior Ecuménico Andino de Teología-Plural. 2 vols. 348/496 S.

Fernández Juárez, Gerardo 1995 a, *El banquete aymara. Mesas y yatiris.* La Paz: Hisbol. 570 S.

—1995 b, Imágenes, intelecto, palabras. El ojo del sueño en la formación de un »maestro« ceremonial aymara. In: *Revista Andina* (Cusco), 26:389–420.

—1996, El mundo abierto: Agosto y Semana Santa en las celebraciones rituales aymaras. In: *Revista Española de Antropología Americana* (Madrid), 26:205–229.

—1997, *Entre la repugnancia y la seducción. Ofrendas complejas en los Andes del sur.* Cusco: Centro de Estudios Regionales Andinos »Bartolomé de Las Casas«. 256 S.

—1998, Los kallawayas: medicina indígena en los Andes bolivianos. Cuenca: Universidad de Castilla-La Mancha. 181 S.

—2002, *Aymaras de Bolivia entre la tradición y el cambio cultural.* (Hombre y Ambiente, 67/68) Quito-Ecuador: Abya-Yala. 224 S.

—2004 a, Yatiris y ch'amakanis del altiplano Aymara: Sueños, testimonios y prácticas ceremoniales. Quito: Abya-Yala. 300 S.

—2004 b, Ajayu, Animu, Kuraji. La enfermedad del »susto« en el altiplano de Bolivia. In: Gerardo Fernández-Juárez (Hrsg.): *Salud e interculturalidad en América Latina. Perspectivas antropológicas.* Quito: Abya-Yala: 279–304.

—2008 a, Terrores de agosto: la fascinación del Anchanchu en el altiplano aymara de Bolivia. In: Gerardo Fernández Juárez/J. M. Pedrosa (Hrsg.): *Antropologías del miedo: Vampiros, sacamantecas, locos, enterrados vivos y otras pesadillas de la razón.* Madrid: Calambur: 119–144.

—2008 b, *Kharisiris en acción. Cuerpo, persona y modelos médicos en el Altiplano de Bolivia*. Quito: Abya Yala/CIPCA/Fundación para la Cooperación y Salud Internacional Carlos III. Quito. 283 S.
—2010, Norte contra sur. Análisis comparativo sobre ofrendas rituales andinas. In: *Revista Española de Antropología Americana* (Madrid), 40(1):239–259.
—2012, Hechiceros y ministros del Diablo: Rituales, prácticas médicas y patrimonio inmaterial en los Andes (siglos XVI-XXI). Quito: Abya-Yala. 387 S.
—2014, Orqorani: el cerro de Anuwampar. Espacio, tiempo y memoria en el altiplano aymara de Jesús de Machaca (Bolivia). In: Óscar Muñoz/Francisco M. Gil García (Hrsg.): *Tiempo, espacio y entidades tutelares: Etnografías del pasado en América*. Quito: Abya-Yala: 171–198.
—2015, Desde la sacristía del Alax Pacha. »Calvarios de Poder« en el Altiplano aymara paceño (Bolivia). In: *Revista Española de Antropología Americana* (Madrid), 45 (2): 533–550.
—2018, Humo, barro y cuero: Recorridos de la memoria en los Andes del sur (Ofrendas y plegarias). Quito: Abya-Yala. 206 S.
Fernández Juárez, Gerardo/Xavier Albó Corrons 2008, Pachjiri. Cerro sagrado del Titicaca. In: *Revista Española de Antropología Americana* (Madrid), 38(1):239–255.
Flores, Gerardo 1990, Nueva evangelización y pastoral indígena. In: *Iglesia, Pueblos y Cultura* (Quito), 5(17):69–84.
Flores Martos, Juan Antonio, 2009, Patrimonialización de la cultura indígena y tradicional en Bolivia y México: La UNESCO y los efectos no deseados en la medicina kallawaya y el día de muertos. In: Julián López/Manuel Gutiérrez Estévez (Hrsg.): *América indígena ante el siglo XXI*. Madrid: Siglo XXI/Fundación Carolina: 469–499.
Firestone, Homer L. 1988, *Pachamama en la cultura andina*. La Paz: Los Amigos del Libro. 135 S.
Fuenzalida, Fernando 1976, [1969] La estructura de una comunidad indígena tradicional: una hipótesis de trabajo. In: José Matos Mar (Hrsg.): *Hacienda, comunidad y campesinado en el Perú*. (Perú Problema, 3) Lima: Instituto de Estudios Peruanos: 219–263.
García Canclini, Néstor 2001, [1990] [aktualisierte Ausg.] *Culturas híbridas: Estrategias para entrar y salir de la modernidad*. Buenos Aires: Paidós. 452 S.
García, José Uriel 1930, *El nuevo indio: ensayos indianistas sobre la sierra sulperuana*. Cuzco H. G. Rozas, Sucesores. 219 S.
Gareis, Iris * 1987, *Religiöse Spezialisten des zentralen Andengebietes zur Zeit der Inka und während der spanischen Kolonialherrschaft*. (Münchner Beiträge zur Amerikanistik, 19) Hohenschäftlarn: Klaus Renner. 517 S.
Garland Ponce, Beatriz 1994, Las cofradías en Lima durante la colonia. Una primera aproximación. In: Gabriela Ramos (Hrsg.): *La venida del reino. Religión, evangelización y cultura en América, Siglos XVI-XX*. Cusco: Centro de Estudios Regionales Andinos Bartolomé de lasCasas: 199–228.
Garr, Thomas M. 1972, *Cristianismo y religión quechua en la prelatura de Ayaviri*. Cusco: Instituto de Pastoral Andina. 257 S.
Gelles, Paul 1986, Sociedades hidráulicas en los Andes: algunas perspectivas desde Huarochirí. In: *Allpanchis* (Cusco), 18(27):99–147.
—2002, [2000] Agua y poder en la sierra peruana. La historia y política cultural del riego, rito y desarrollo. Lima: Pontificia Universidad Católica del Perú. 239 S.
Geoffroy, Céline 2016, Cuando los muertos se emborrachan con los humanos: Una etnografía de los rituales funerarios en los Andes bolivianos. In: *Anales del Museo Nacional de Antropología* (Madrid), XVIII:54–69.
Giese, Claudius Cristobal * 1989, *»Curanderos«, traditionelle Heiler in Nord-Peru (Küste und Hochland)*. (Münchner Beiträge zur Amerikanistik, 20) Hohenschäftlarn: Klaus Renner. 344 S.
Gil García, Francisco M. 2010, De casa al cerro pasando por la iglesia. El culto al Señor de Quillacas en una comunidad de Nor Lípez (Potosí, Bolivia). *Revista Española de Antropología Americana* (Madrid), 40(1):261–286.

—2012, Lloren las ranas, casen las aguas, conténganse los vientos. Rituales para llamar la lluvia en el centro y sur andino. *Revista Española de Antropología Americana* (Madrid), 42(1):145–168.

—2014, Otro mundo adentro de la chullpa. Ruinas arqueológicas, mundos permeables y espacios peligrosos en el altiplano sur andino. In: Óscar Muñoz/Francisco M. Gil (Hrsg.): *Tiempo, espacio y entidades tutelares. Etnografías del pasado en América*. Quito: Abya-Yala: 273–305.

—2015, El anciano santo del cerro y su cruz. Apuntes sobre el culto al Señor de Quillacas en Bolivia. In: *Revista Española de Antropología Americana* (Madrid), 45(2):517–532.

Gil García, Francisco M./Gerardo Fernández Juárez 2008, El culto a los cerros en el mundo andino: estudios de caso. In: *Revista Española de Antropología Americana* (Madrid), 38(1):105–113.

Gill, Lesley 1990, Like a veil to cover them: women and the Pentecostal movement in La Paz. In: *American Ethnologist*, 17(4):708–721.

Gillin, John 1947, *Moche. A Peruvian coastal community*. (Smithsonian Institution, Institute of Social Anthropology, Pub. 3) Washington: Smithsonian Institution. 166 S.

Girault, Amand-Louis-Amélie1987, [1984] *Kallawaya: Curanderos itinerantes de los Andes. Investigación sobre prácticas medicinales y mágicas*. La Paz: UNICEF/OPS/OMS. 670 S. [franz. 1984, *Guérisseurs itinérants des Andes: recherches sur les pratiques médicinales et magiques*. Paris: Institut Français de Recherche Scientifique pour le Développement en Coopération, O.R.S.T.O.M. 668 S.].

—1988, [1972] *Rituales en las regiones andinas de Bolivia y Perú*. La Paz: CERES/MUSEF/Quipus. IX,467 S. [franz. 1972, Le rituel populaire dans les régions andines de Bolivie. Paris: unveröff. Diss., 643 S.].

Gisbert, Teresa 1980, *Iconografía y mitos indígenas en el arte*. La Paz: Gisbert y Cía. 250 S.

—1999, *El paraíso de los pájaros parlantes: La imagen del otro en la cultura andina*. La Paz: Plural editores. XX,316 S.

Görlitz, Ana María Mariscotti de 1978, *Pachamama santa tierra: contribución al estudio de la religión autóctona en los Andes centro-meridionales*. (Indiana Beiheft 8) Berlin: Gebr. Mann. 430 S.

Golte, Jürgen/Doris León Gabriel 2014, *Alasitas. Discursos, prácticas y símbolos de un »liberalismo aymara altiplánico« entre la población de origen migrante en Lima*. Lima: CBC/IEP/Universida Nacional de Juliaca. 293 S.

González, Justo Luis 1990, *La evangelización de la religiosidad popular andina*. Quito: Abya-Yala. 246 S.

González, Roberto E./Manuel Pliego/Fernando Beriain 2005, La conversión de Jesús a la fe originaria andina. Proceso de síntesis vital en el encuentro de dos revelaciones. In: José María Vigil, Luiza E. Tomita, Marcelo Barros (Hrsg.): *Por los muchos caminos de Dios, III, Teología latinoamericana pluralista de la liberación*. Quito: Abya-Yala: 42–51.

Gorski, Juan F. 1996, La »Teología India« y la inculturación. In: *Yachay* (Cochabamba), 13(23):73–98.

—1998, El desarrollo histórico de la »Teología India« y su aporte a la inculturación del Evangelio. In: *Iglesia, Pueblos y Cultura* (Quito), 48/49:9–34.

Gose, Peter 2001, *Aguas mortíferas y cerros hambrientos. Rito agrario y formación de clases en un pueblo andino*. La Paz: Mama Huaco. X,315 S. [2004, Quito: Abya-Yala, 365 S.].

Greslou, François 1990, Visión andina y usos campesinos del agua. In: François Greslou, B. R. Diettschy, P. Gelles/B. Colman (Hrsg.): *Agua: visión andina y usos campesinos*. (Breve Biblioteca de Bolsillo, 12) La Paz: Hisbol: 9–74.

Griffiths, Nicholas 1998, [1996] *La cruz y la serpiente. La represión y el resurgimiento religioso en el Perú colonial*. Lima: Pontificia Universidad Católica del Perú. 398 S. [1996, *The Cross and the Serpent: Religious Repression and Resurgence in Colonial Peru*. Norman: University of Oklahoma Press. XII,355 S.]

Gruzinski, Serge 2000, [1999] *El pensamiento mestizo*. Barcelona: Paidós Ibérica. 364 S. [franz. 1999, *La pensé métisse*. Paris: Fayard. 345 S.].

Guaygua, Germán/Beatriz Castillo 2008, *Identidades y religion: Fiesta, culto y ritual en la construcción de redes sociales en la ciudad de El Alto.* La Paz: ISEAT. 144 S.

Guerrero, J. Bernardo 1994, *A Dios rogando. Los pentecostales en la sociedad aymara del norte grande de Chile.* Amsterdam: Free University. 265 S.

—1995, Medicina andina y medicina evangélica: del yatiri al pastor. In: *Actas del II Congreso Chileno de Antropología*, II. Valdivia: Colegio de Antropólogos de Chile: 751–766.

Gutiérrez Estévez, Manuel 2013, Otra vez sobre sincretismo. In: José Sánchez Paredes, Marco Curatola Petrocchi (Hrsg.): *Los rostros de la Tierra encantada. Religión, evangelización y sincretismo en el Nuevo Mundo.* Lima: Pontificia Universidad Católica del Perú/Institut français d'étu des andines: 503–522.

Gutiérrez Sánchez, Tomás J. 2002, *Desafíos a la fe Cristiana: Una perspectiva evangélica.* Lima: AHP. 164 S.

Harris, Olivia 1983, Los muertos y los diablos entre los Laymi de Bolivia. In: *Chungará* (Arica), 11:133–152.

—1988, La pachamama: significados de la madre en el discurso boliviano. In: *Mujeres latinoamericanas, diez ensayos y una historia.* Lima: Centro de la Mujer Peruana Flora Tristán: 57–75.

Harris, Olivia/Thérèse Bouysse-Cassagne 1988, Pacha: en torno al pensamiento Aymara. In: Xavier Albó (Hrsg.): *Raíces de América: el mundo Aymara.* (Col. Alianza América) Madrid: Alianza Editorial/UNESCO/Sociedad Quinto Centenario: 217–275.

Hickman, John Marshall 1963, *The Aymara of Chinchera, Peru: persistance and change in a bicultural context.* Ann Arbor: Ann Arbor University. XVIII,228 S. [span.1975, *Los aymara de Chinchera, Perú.* (Ediciones Especiales, no. 70) México: Instituto Indigenista Interamericano. XXI,240 S.].

Huanca L., Tomás 1989, *El yatiri en la comunidad aymara.* La Paz: CADA/Hisbol. 244 S.

Hugues, A. Juan 1974, La fiesta en los Andes: presentación. In: *Allpanchis* (Cusco), 7:3–5.

Irarrazaval, Diego 1987, Nueva evangelización andina. In: *Boletín del Instituto de Estudios Aymaras* (Puno), 26:55–67.

—1999, *Un cristianismo andino.* Quito: Abya-Yala. 238 S.

—2012, El desafío intercultural y la teología andina. *Polis. Revista Latinoamericana* (Paris), 18. http://journals.openedition.org/polis/4068 [20.5.2019]

Jolicoeur, Luis 1996, [1994] *El cristianismo aymara. ¿Inculturación o culturización?* (Col. Iglesias, Pueblos y Cultura, 42/43) Quito: Abya-Yala. 465 S.

Joralemón, Donald 1985, Altar symbolism in Peruvian ritual healing. In: *Journal of Latin America Lore* (Los Angeles), 11(1):3–29.

Jordá Arias, Enrique 2003, [1981] *Teología desde el Titikaka. Cosmovisión aymara en diálogo con la fe.* Cochabamba: Verbo Divino/UCB/Compañía de Jesús. 471 S.

Julcarina, Gerson 2002, Los pentecostales y la toma de tierras en Cerro de Pasco (1958–1962). In: *Socialismo y participación* (Lima), 94:135–146.

Kapsoli Escudero, Wilfredo, 1994, *Guerreros de la oración: Las nuevas iglesias en el Perú.* Lima: Sepec. 505 S.

Laporta, Héctor 2005, La religión evangélica en la región andina. In: Manuel M. Marzal (Hrsg.): *Religiones andinas.* (Enciclopedia Iberoamericana de Religiones, 04) Madrid: Trotta: 287–309.

Lalive d'Epinay, Christian 1968, *El refugio de las masas. Estudio sociológico del protestantismo chileno.* Santiago de Chile: Editorial del Pacífico. 279 S. http: //escriturayverdad.cl/wp-content/uploads/Historia/ElRefugiodeLasMasas.pdf [20.5.2019]

Lecoq, Patrice/Sergio Fidel 2000, Algunos aspectos de la vida y de los ritos ganaderos en Ventilla, una comunidad pastoral del Sud de Potosí, Bolivia. In: Jorge A. Flores Ochoa/ Yoshiki Kobayashi (Hrsg.): *Pastoreo altoandino. Realidad, sacralidad y posibilidades.* La Paz: Plural Editores/Museo Nacional de Etnografía y Folklore: 149–187.

Lewellen, Ted 1978, *Peasants in Transition: The Changing Economy of the Peruvian Aymara; A General Systems Approach.* Colorado: Westview Press. 195 S.

Llanque Chana, Domingo 1995, *Ritos y espiritualidad aymara.* La Paz: ASETT-IDEA-CTP. 185 S.

—1996, Inculturación evangelizadora. In: *Boletín del Instituto de Estudios Aymaras* (Puno), 52/54:55–92.

—2004, *Vida y teología andina*. Cusco: Centro de Estudios Regionales Andinos »Bartolomé de Las Casas«/IDEA. 223 S.

Lorente Fernández, David 2014, El vuelo nocturno de los cerros-pájaro. Ceremonias de llamada de los apus en el Sur del Perú. In: Óscar Muñoz/Francisco M. Gil García (Hrsg.): *Tiempo, espacio y entidades tutelares. Etnografías del pasado en América*. Quito: Abya-Yala: 229–272.

Martínez, Gabriel 1976, El sistema de uywiris en Isluga. In: *Anales de la Universidad del Norte* (Iquique), 10:255–327.

—1983, Los dioses andinos de los cerros. In: *Journal de la Société des Américanistes* (Paris), 69:86–115.

—1989, *Espacio y pensamiento, I, Andes meridionales*. La Paz: Hisbol. 206 S.

—2001, Saxra (diablo)/Pachamama; Música, tejido, calendario e identidad entre los jalq'a. In: *Estudios Atacameños. Arqueología y antropología surandinas* (San Pedro de Atacama), 21:133–151.

Marzal, Manuel María 1971 a, ¿Puede un campesino cristiano ofrecer un »pago a la tierra«? In: *Allpanchis* (Cusco), 3:116–132.

—1971 b, *El mundo religioso de Urcos. Un estudio de antropología religiosa y de pastoral campesina en los Andes*. Cusco: Instituto de Pastoral Andina. 570 S.

—1977, *Estudios sobre religión campesina*. Lima: Pontificia Universidad Católica del Perú. 306 S.

—1983, *La transformación religiosa peruana*. Lima: Pontificia Universidad Católica del Perú. 458 S.

—1985, *El sincretismo iberoamericano: un estudio comparativo sobre los quechuas (Cusco), los mayas (Chiapas) y los africanos (Bahía)*. Lima: Pontifica Universidad Católica del Perú. 237 S.

—1988, *Los caminos religiosos de los inmigrantes en la Gran Lima: El caso de El Agostino*. Lima: Pontificia Universidad Católica del Perú, Fondo Editorial. 152 S.

—1999, La transformación religiosa peruana. In: Fernando Armas Asín (Hrsg.): *La construcción de la Iglesia en los Andes*. Lima: Pontificia Universidad Católica del Perú: 143–172.

—2000, Nuevas iglesias en el Perú indígena. In: Manuel Gutiérrez Estévez (Hrsg.): *Sustentos, aflicciones y postrimerías de los indios de América*. (Diálogos Amerindios) Madrid: Casa de América. Madrid: 373–392.

—2002, *Tierra encantada. Tratado de antropología religiosa de América Latina*. (Estructuras y Procesos, Serie Antropología) Madrid: Trotta. 602 S.

—2005, La religión quechua actual. In: Manuel M. Marzal (Hrsg.): *Religiones andinas*. (Enciclopedia Iberoamericana de Religiones, 04) Madrid: Trotta: 143–175.

Marzal, Manuel/Ricardo Robles/Eugenio Maurer /Xavier Albó/Bartomeu Melía 1991, *Rostros indios de Dios: Los amerindios cristianos*. Quito: Abya-Yala. 191 S.

Mayorga, Sylvia/Félix Palacios/Ramiro Samaniego 1976, El rito aymara del despacho. In: *Allpanchis* (Cusco), 9:225–241.

Métraux, Alfred 1935, Les indiens Uro-Čipaya (suite). La religion. In: *Journal de la Société des Américanistes de Paris*, n. s. 27(2):325–416 [Auszug deutsch in: Métraux (1967) 2001: Glaubensvorstellungen und religiöse Praktiken der Uro-Cipaya-Indianer von Carangas. In: *Kult und Magie der Indianer Südamerikas: Magier und Missionare am Amazonas*. Gifkendorf: Merlin: 312–354].

—1949, Religion and shamanism. In: Julian H. Steward (Hrsg.): *Handbook of South American Indians*, vol. 5, *The Comparative Ethnology of South American Indians*. (Smithsonian Institution Bureau of American Ethnology, Bull. 143). Washington: Government Printing Office: 559–599.

Millones, Luis 1997, Maestros curanderos. In: Ders.: *El rostro de la fe. Doce ensayos de religiosidad andina*. Sevilla: Universidad Pablo de Olavide/Fundación El Monte: 59–68.

—1998, *De la evangelización colonial a la religiosidad popular peruana: el culto a las imágenes sagradas*. Sevilla: Fundación El Monte. 58 S.

—1999, *Dioses familiares: Festivales populares en el Perú contemporáneo*. Lima: Fondo Editorial del Congreso del Perú. 291 S.

—2000, Eten: el pueblo de las ánimas del purgatorio. In: Manuel Gutiérrez Estévez (Hrsg.): *Sustentos, aflicciones y postrimerías de los indios de América*. (Diálogos Amerindios) Madrid: Casa de América. Madrid: 271–294.

Millones, Luis/Moisés Lemlij (Hrsg.) 1994, *En el nombre del Señor: Shamanes, demonios y curanderos del norte del Perú*: Lima: Biblioteca Peruana de Psicoanálisis/Seminario Interdisciplinario de Estudios Andinos. 330 S.

Mishkin, Bernard 1946, The contemporary Quechua. In: Julian H. Steward (Hrsg.): *Handbook of South American Indians*, vol.2, *The Andean Civilizations*. (Smithsonian Institution Bureau of American Ethnology, Bull. 143). Washington: Government Printing Office: 411–470 [span. 1960, Los quechuas contemporáneos, in: *Revista del Museo Nacional* (Lima), 29:160–221].

Molinié, Antoinette 2005, La transfiguración eucarística de un glaciar: una construcción andina del Corpus Christi. In: Antoinette Molinié (Hrsg.): *Etnografías de Cuzco*. Lima: IFEA/Centro de Estudios Regionales Andinos »Bartolomé de Las Casas«/Laboratoire d'Ethnologie et de Sociologie Comparative: 47–59.

Monast, Jacques Émile 1969, *On les croyait chrétiens: les aymaras*. Paris: Cerf. 493 S. [span. 1972, *Los indios aimaraes: ¿evangelizados o solamente bautizados?* Buenos Aires: Carlos Lohlé. 402 S.].

Montaño Aragón, Mario 1999, *Mama Pacha: Por los caminos de la Madre Tierra. Diccionario de mitología aymara*. La Paz: Cima. 598 S.

Montes del Castillo, Ángel 1989, *Simbolismo y poder. Un estudio antropológico sobre compadrazgo y priostazgo en una comunidad andina*. Barcelona: Anthropos. 367 S.

Montes Ruiz, Fernando 1999, [1986] [2. überarb. Ausg.] *La máscara de piedra. Simbolismo y personalidad aymaras en la historia*. La Paz: Armonía. 508 S.

Morissette, Jacques/Luc Racine 1973, La hiérarchie des wamani: essai sur la pensée classificatoire quechua. In: *Recherches Amérindiennes au Québec* (Québec), 3:167–188.

Motte, Dominique 2001, *¿Una revolución silenciosa? El impacto social de las nuevas iglesias no católicas del Perú*. (Trabajos del Colegio Andino, 21) Cusco: Centro de Estudios Regionales Andinos »Bartolomé de Las Casas«. 226 S.

Muñoz Morán, Óscar 2014, El tiempo del diluvio. Interpretaciones evangélicas sobre el tiempo antiguo en el ayllu Coipasi, Bolivia. In: *Revista Española de Antropología Americana* (Madrid), 44(1): 235–253.

—2016, ¿Se puede hacer etnografía de los muertos? Reflexiones desde los Andes. In: *Anales del Museo Nacional de Antropología* (Madrid), 18:19–31.

Muratorio, Blanca 1982, *Etnicidad, evangelización y protesta en Ecuador*. Quito: Centro de Investigaciones y Estudios Socioeconómicos. 109 S.

Nash, June 1993, [1979] [2. überarb. Ausg.] *We eat the mines and the mines eat us: Dependancy and exploitation in Bolivian tin mines*. New York: Columbia University Press. 363 S.

Nava Cerbali, Raquel 2017, *Prácticas y lenguaje ritual de mujeres yatiris aymaras. Estudio antropológico en espacios ceremoniales de las ciudades de La Paz y El Alto*. Quito: Abya-Yala. 417 S.

Núñez del Prado, Juan 2005, El regreso del Inka: de la colonia a la globalidad. In: Manuel M. Marzal (Hrsg.): *Religiones andinas*. (Enciclopedia Iberoamericana de Religiones, 04) Madrid: Trotta: 231–252.

Ochoa, Víctor 1988, Santos patronos de los animales. In: Xavier Albó (Hrsg.): *Raíces de América. El mundo aymara*. Madrid: Alianza/UNESCO/Quinto Centenario: 151.

Ordóñez, Pastor 1919–1920, Los varayocc. Estudios sobre una forma de gobierno y administración local. In: *Revista Universitaria de la Universidad del Cuzco*, año VIII, 27:27–40; 29:21–48; año IX, 31:33–42; 32:74–83.

Oros Rodríguez, Varinia 2017, *Alasitas. Donde crecen las illas*. La Paz: Museo Nacional de Etnografía y Folklore. 276 S.

Orta, Andrew 1995, From theologies of liberation to theologies of inculturation: Aymara catechist and contemporary catholic evangelization in the Highlands of Bolivia. In: Satya R.

Pattnayak (Hrsg.): *Organized religion in the political transformation of Latin America*. Lanham, MD/New York/London: University Press of America. Lanham: 97–124.
—1996, Ambivalent converts. Aymara catechists and contemporary catholic missionization on the Bolivian Altiplano. Ph.-D. Thesis, University of Chicago, Dpt. of Anthropology. 3 vols., 684 Blatt.
—1999, Syncretic subjects and body politics: Doubleness, personhood, and Aymara catechists. In: *American Ethnologist*, 26 (4):864–889.
—2004, *Catechizing culture: missionaries, Aymara and the »New Evangelization«*. New York: Columbia University Press. 376 S.
—2008, Catechists at the crossroads: neo-catholicism, neoliberalism and the shifting sociopolitical landscape of Aymara life. In: *Politics and Religion* (Cambridge), 2(2):99–120.
Ossio Acuña, Juan María 1992, *Parentesco, reciprocidad y jerarquía en los Andes: una aproximación a la organización social de la comunidad de Andamarca*. Lima: Pontificia Universidad Católica del Perú, Fondo Editorial. 407 S.
Ossio Acuña, Juan María (Hrsg.) 1989, *La coca: tradición, rito, identidad*. México: Instituto Indigenista Interamericano. 428 S.
Palacios Rios, Félix 2000, El simbolismo de las alpacas: ritual y cosmovisión. In: Jorge A. Flores Ochoa/Yoshiki Kobayashi Hg.: *Pastoreo altoandino. Realidad, sacralidad y posibilidades*. La Paz: Plural Editores/Museo Nacional de Etnografía y Folklore: 189–199.
Paredes, Manuel Rigoberto 1976, [1920] [5. erw. Ausg.] *Mitos, supersticiones y supervivencias populares de Bolivia*. La Paz: Biblioteca del Sesquicentenario de la República. 329 S.
Paredes Candia, José Antonio 1969–1979, *Brujerías, tradiciones y leyendas*. La Paz. vol. I, 1969, Ed. Difusión, 218 S.; vol. II, 1970, (ser. Cíclope) Ed. Difusión, 224 S.; III, 1972, Ed. Difusión, 235 S.; IV, 1979, Ed. Amauta, 204 S.; V, 1979, Ed. Amauta; VI, 1985, Libería Editorial Popular, 240 S.
—1981, [1972] [2. erw. korr. Ausg.] *Diccionario mitológico de Bolivia: dioses, símbolos, héroes*. La Paz: Ediciones Isla/Libreria-Editorial Popular. 159 S.
Pérez, Antonio 2000, Hechiceros de plástico: el pseudo-chamanismo anerindio como enfermedad juvenil del indigenismo. In: Manuel Gutiérrez Estévez (Hrsg.): *Sustentos, aflicciones y postrimerías de los indios de América*. (Diálogos Amerindios) Casa de América. Madrid: 433–468.
Pérez Galán, Beatriz 2004, *Somos como incas: Autoridades tradicionales en los Andes peruanos, Cusco*. Madrid/Frankfurt am Main: Iberoamericana-Vervuert. 270 S.
Piñones Rivera, Carlos/Miguel Ángel Manisilla/Rodrigo Galdames del Solar 2018, El encuentro con dios. La conversión de aymaras al pentecostalismo en contextos de pluralismo médico. In: *Revista de Dialectología y Tradiciones Populares* (Madrid), 73(2):525–545.
Platt, Tristan 1981, Conciencia andina y conciencia proletaria. Qhuyaruna y ayllu en el Norte de Potosí. In: *Revista Latinoamericana de Historia Económica y Social* (Lima), 2:47–73.
—1997, El sonido de la luz. Comunicación emergente en un diálogo chamánico quechua. In: *Chungara* (Arica), 29(1):35–61.
—2001, El feto agresivo. Parto, formación de la persona y mito-historia en los Andes. In: *Anuario de Estudios Americanos* (Sevilla), 58(2):633–678.
Polia Meconi, Mario 1988 a, *Las lagunas de los encantos. Medicina tradicional andina del Perú septentrional*. Piura: Central Peruana de Servicios CEPESER. 207 S.
—1988 b, Glosario de curanderismo andino en el departamento de Piura, Perú. In: *Revista Antropológica del Departamento de Ciencias Sociales* (Lima), 6:179–238.
—1996, *»Despierta, remedio, cuenta...« - Adivinos y médicos del Ande*. Lima: Pontificia Universidad Católica del Perú, Fondo Editorial. 2 Bde., 893 S.
Quintín, Pedro 1994, Continuidad y recomposición del poder local en un distrito andino: Ocongate, Cusco. In: Oscar Dancourt/Enrique Mayer/Carlos Monge Cassinelli (Hrsg.): *Perú: el problema agrario en debate*. (Seminario Permanente de Investigación Agraria SEPIA, V) Lima: SEPIA: 175–200.

Ramos Salazar, Humberto 1977, *Hacia una teología aymara: desde la identidad cultural y la vida cotidiana.* La Paz: CTP-CMI. 168 S.

Rasnake, Roger 1989, *Autoridad y poder en los Andes: los kuraqkuna de Yura.* (Biblioteca Andina) La Paz: Hisbol. 282 S.

Ricard Lanata, Xavier 2007, *Ladrones de sombra. El universo religioso de los pastores del Ausangate (Andes surperuanos).* (Travaux de l'IFEA, 256) Lima: Institut Français d'études andines, Centro de Estudios Regionales Andinos Bartolomé de Las Casas. 494 S. https://books.openedition.org/ifea/632 [17.4.2020].

Rivera Andía, Juan Javier 2003, *La fiesta del ganado en el valle de Chancay (1962–2002). Ritual, religión y ganadería en los Andes: etnografía, documentos inéditos e interpretación.* Lima: Pontificia Universidad Católica del Perú. 640 S.

—2016, *La vaquerita y su canto: una antropología de las emociones. Canciones rituales ganaderas en los Andes peruanos contemporáneos.* Buenos Aires: Rumbo Sur/Ethnographica. 192 S.

Rivera Andía, Juan Javier (Hrsg.) 2014, *Comprender los rituales ganaderos en los Andes y más allá. Etnografías de lidias, herranzas y arrierías.* (Bonner Amerikanistische Studien, 51) Aachen: Shaker. 500 S.

Rivière, Gilles 1982, Sabaya: structures socio-économiques et représentatives symboliques dans le Carangas, Bolivie. (Unveröff. Diss. París, École des hautes études en sciences sociales EHESS). 820 S.

—1986, Cambios sociales y pentecostalismo en una comunidad aymara. In: *Fe y Pueblo* (La Paz), 14:24–30.

—2004, [1997] Bolivia: el pentecostalismo en la sociedad aimara del Altiplano. In: Alison Spedding (Hrsg.): *Gracias a Dios y a los Achachilas. Ensayos la sociología de la religión en los Andes*: 259–294. La Paz: Instituto Superior Ecuménico Andino de Teología/PLURAL [1997, Bolivie: le pentecôtisme dans la société aymara des hauts-plateaux, in: *Problèmes d'Amérique Latine*, 24 (Paris): 81–102. Span. auch 2007 in Nuevo Mundo, Mundos Nuevos (Paris), 7. https://journals.openedition.org/nuevomundo/6661 (22.5.2019)].

Robin Azevedo, Valérie 2005, Caminos a la otra vida. Ritos funerarios en los Andes peruanos meridionales. In: Antoinette Molinié (Hrsg.): *Etnografías de Cuzco*: 31–46. Cuzco/Nanterre: Centro de Estudios Regionales Andinos »Bartolomé de Las Casas«/Instituto Francés de Estudios Andinos/Laboratoire d'ethnologie et de sociologie comparative.

—2008, *Miroirs de l'autre vie. Pratiques rituelles et discours sur les morts dans les Andes de Cuzco (Pérou).* Nanterre: Société d'Ethnologie. 328 S.

Rocha, José Antonio 1990, *Sociedad agraria y religión. Cambio social e identidad en los valles de Cochabamba.* (Biblioteca Andina, 8/Yachay Temas Monográficos, 6) La Paz: Hisbol/UCB/ISET. 127 S.

Rösing, Ina 1987, *Die Verbannung der Trauer (Llaki Wij'chuna): Nächtliche Heilungsrituale in den Hochanden Boliviens.* (Mundo Ankari, 1) Nördlingen: F. Greno. 511 S. [span. 1991, *Las almas nuevas en el Mundo Callawaya. Análisis de la curación ritual para vencer penas y tristezas.* (Estudios Callawayas, I). La Paz/Cochabamba: Los amigos del Libro].

—1988, *Nächtliche Heilungsrituale in den Hochanden Boliviens. Dreifaltigkeit und Orte der Kraft: die weisse Heilung*, 1/2. (Ankari-Zyklus, 1/2) Kröning: Asanger. 2 Bde, 373/381 S. [span. 1992–1996, *La Mesa Blanca kallawaya.* (Mundo Ankari, 2: 3 Bde.1992, 1993, 1995/96). La Paz/Cochabamba: Los Amigos del Libro].

—1990 a, *Abwehr und Verderben: Die Schwarze Heilung. Nächtliche Heilungsrituale in den Hochanden Boliviens.* (Mundo Ankari, 3) Kröning: Asanger. 476 S. [3. unv. Aufl. 2016, (Ulmer Kulturanthropologische Schriften, 13) Ulm: Abt. Anthropologie. Span. 2008, *Defensa y perdición: la curación negra. Rituales nocturnos de curación en los Andes bolvianos.* (Mundo Ankari, 3) Iberoamericana-Vervuert. Madrid/Frankfurt am Main. XXII,435 S.]

—1990 b, *Der Blitz: Drohung und Berufung ; Glaube und Ritual in den Anden Boliviens.* (Uroboros, 2, Trickster-Wissenschaft) München: Trickster. 233 S. [span. 1996, *El rayo. Amenaza y vocación.*

Creencia y ritual en los Andes bolivianos. (Ulmer kulturanthropologische Schriften UKAS, Bd. 8). Ulm: Universität Ulm, Abt. Anthropologie. 251 S.].

—1991, *Nächtliche Heilungsrituale in den Hochanden Boliviens. Die Schliessung des Kreises: von der schwarzen Heilung über Grau zum Weiss.* (Mundo Ankari, 4; Ankari-Zyklus, 1) Kröning: Asanger. 481 S. [span. 2008, *Cerrar el círculo: la curación gris como tránsito entre la negra y la blanca. Rituales nocturnos de curación en los Andes bolvianos.* (Mundo Ankari 4) Madrid/Frankfurt am Main: Iberoamericana-Vervuert. XL,464 S.]

—1996, *Rituales para llamar la lluvia. Segundo ciclo Ankari: Rituales colectivos en la región Kallawaya en los Andes Bolivianos.* (Mundo Ankari, 5) La Paz/Cochabamba: Los Amigos del Libro. 580 S. [dtsch. 1993, *Rituale zur Rufung des Regens. Kollektivrituale der Kallawaya-Region in den Anden Boliviens.* (Zweiter Ankari-Zyklus, Mundo Ankari, 5) Frankfurt am Main: Zweitausendeins. 621 S. = desgl. 2006, (Ulmer Kulturanthropologische Schriften UKAS, Bd. 15) Ulm: Universität Ulm, Abt. Anthropologie].

—2001, *Religion, Ritual und Alltag in den Anden : die zehn Geschlechter von Amarete, Bolivien.* (Ankari-Zyklus, 2: Kollektivrituale der Kallawaya-Region in den Anden, 6. Mundo Ankari, 6) Berlin: Reimer. 834 S. [span. 2003, *Religión, ritual y vida cotidiana en los Andes. Los diez géneros de Amarete. Rituales colectivos en la región Kallawaya, Bolivia.* (Segundo ciclo Ankari, Mundo Ankari 6) Iberoamericana-Vervuert: Madrid – Frankfurt am Main. 880 S.

2006, [2001] *Los católicos paganos y el Padre Nuestro al revés. Sobre la relación del cristianismo y la religión andina.* (Iglesias, Pueblos y Culturas, 62) Quito: Abya-Yala. 104 S. [dtsch. 2001, *Die »heidnischen« Katholiken und das Vaterunser im Rückwärtsgang : zum Verhältnis von Christentum und Andenreligion.* (Schriften der Philosophisch-historischen Klasse der Heidelberger Akademie der Wissenschaften, Band 21) Heidelberg: Universitätsverlag C. Winter.. 95 S.].

Rohr, Elisabeth 1991, *Die Zerstörung kultureller Symbolgefüge : über den Einfluß protestantisch-fundamentalistischer Sekten in Lateinamerika und die Zukunft des indianischen Lebensentwurfs.* München: Eberhard. 247 S.

Romero, Raúl. (Hrsg.) 1993, [1988] *Música, danza y máscaras en los Andes.* Lima: Pontificia Universidad Católica del Perú/Instituto Riva-Agüero. 411 S.

Rozas Álvarez, Washington 2005, Los Paqo en Q'ero. In: Jorge FloresOchoa/Juan Núñez del Prado Béjar/Manuel Castillo Farfán (Hrsg.): *Q'ero, el último ayllu inka: homenaje a Oscar Núñez del Prado y a la expedición científica de la UNSAAC a la nación Q'ero en 1955.* Cuzco/Lima: Instituto Nacional de Cultura/Universidad Nacional Mayor de San Marcos: 265–276.

Rueda, Marco Vinicio 1982, *La fiesta religiosa campesina: Andes ecuatorianos.* Quito: Ediciones de la Universidad Católica. 395 S.

Salazar-Soler, Carmen 2006, *Supay Muqui, dios del socavón. Vida y mentalidades mineras.* Lima: Fondo editorial del Congreso del Perú. 256 S.

Sallnow, Michael J. 1987, *Pilgrims of the Andes: regional cults in Cusco.* Washington: Smithsonian Institution Press. XIII,351 S.

Salomon, Frank, 2018, *At the Mountains' Altar. Anthropology of religion in an Andean community.* London/New York: Routledge. XVI,235 S.

Sánchez Garrafa, Rodolfo 1999, *Wakas y Apus de Pamparaquay. Estructuras simbólicas en la tradición oral de Grau – Apurímac.* Lima: Optimice Editores. 299 S.

Schmelz, Bernd * 1992, *Kontinuität und Wandel religiöser Feste im Departamento Lambayeque (Peru): Eine historisch-ethnographische Analyse anhand dreier Fallbeispiele.* (Mundus Reihe Ethnologie, 57) Bonn: Holos. 358 S.

Schmidt, Bettina * 2000, Weihnacht und die Wallfahrt zur Jungfrau Maria: Kulturelle Inszenierung urbaner Feste in Ecuador und die Grenzen der Theaterethnologie. In: Sol Montoya Bonilla/Bettina E. Schmidt: *Teufel und Heilige auf der Bühne.* (Curupira, Bd. 8) Marburg: Curupira/Philipps Universität Marburg: 81–161.

—* 2003, Teorías culturales posmodernas de Latinoamérica (y su importancia para la etnología), in *Indiana*, 19/20:13–35.

Schramm, Raimund * 1988, *Symbolische Logik in der mündlichen Tradition der Aymaras.* (Collectanea Instituti Anthropos, 38) Berlin: Dietrich Reimer. 280 S.

Schumm, Petra * 1994, »Mestizaje« und »culturas híbridas« – kulturtheoretische Konzepte im Vergleich. In: Birgit Scharlau (Hrsg.) *Lateinamerika denken: Kulturtheoretische Grenzgänge zwischen Moderne und Postmoderne,* (Frankfurter Beiträge zur Lateinamerikanistik, 5) Tübingen: Gunter Narr: 59–80.

Sepúlveda, Juan 1996, Theological characteristics of an indigenous Pentecostalism: the case of Chile. In: Benjamin F. Gutiérrez/Dennis A. Smith (Hrsg.): *In the power of the spirit: Pentecostal challenge to historic churches in Latin America.* Arkansas City, KS: Gilliland Printing: 51–61.

Sharon, Douglas 1980, [1978] *El chamán de los cuatro vientos.* México: Siglo XXI. 256 S. [engl. 1978, *Wizard of the Four Winds: a shaman's story.* New York: Free Press. XVI,222 S.].

—1994, Tuno y sus colegas. Notas comparativas. In: *En el nombre del Señor. Shamanes, demonios y curanderos del norte del Perú* (Luis. Millones/Moisés Lemlij Hg.): 128–147. Lima: BPP/SIDEA.

—2006, Shamanism, mesas and cosmologies in the central Andes. In: Dies. (Hrsg.): *Mesas and cosmologies in the central Andes.* (San Diego Museum Papers, 44) San Diego: Museum of Man: 1–30.

Spedding, Alison 1993, Almas, anchanchus y alaridos en la noche: el *paisaje* vivificado en un valle yungueño. In: Silvia Arze/Rossana Barragán/Laura Escobari/Ximena Medinaceli (Hrsg.): *Etnicidad, economía y embolismo en los Andes*: 259–330. La Paz: Hisbol-IFEA-SBH-ASUR.

Stein, William W. 1961, *Hualcán: life in the highlands of Peru.* Cornell University Press. Ithaca. XXI,383 S.

Ströbele-Gregor, Juliana 1988, *Dialektik der Gegenaufklärung: - Zur Problematik fundamentalistischer und evangelikaler Missionierung bei den urbanen Aymara in La Paz (Bolivien).* (Mundus Reihe Ethnologie, 24) Bonn: Holos. xi, 369 S. [span. 1989, *Indios de piel blanca. Evangelistas fundamentalistas en Chuquiyawu.* La Paz: Hisbol. 352 S.]

Tancara, Julio Jacobo 2002, Pentecostales alteños: entre el sufrimiento y la resistencia. In: *Fe y Pueblo* (La Paz), 1:50–60.

Tassi, Nico 2012, Dancing the image: materiality and spirituality in Andean religious images. In: *Journal of the Royal Anthropological Institute*, n.s. 18:285–310. London.

Ticona Alejo, Esteban/Xavier Albó 1997, *Jesús de Machaqa: la marka rebelde, Nº 3: La Lucha por el Poder Comunal.* La Paz: CIPCA. 409 S.

Tomoeda, Hirosayu/Tatsushiko Fuyi/Luis Millones (Hrsg.) 2004, *Entre Dios y el Diablo. Magia y poder en la costa norte del Perú.* Lima: Instituto Francés de Estudios Andinos IFEA/Pontificia Universidad Católica del Perú. 209 S.

Tschopik, Harry 1951, The Aymara of Chucuito, Peru, I, Magic. In: *Anthropological Papers of the American Museum of Natural History,* 44(2):137–308 [span. 1968, *Magia en Chucuito: Los Aymara del Perú.* México: Instituto Indigenista Interamericano. X,382 S.].

Tudela Poblete, Patricio Hernán 1992, *Transformación religiosa y desintegración de la comunidad aymara tradicional en el Norte de Chile.* Bonn: Holos. XXXIII,316 S.

Urton, Gary D. 1981, *At the crossroads of the Earth and the Sky: An Andean cosmology.* (Latin American Monographs: No. 55) Austin: University of Texas Press. 268 S.

Valderrama, Ricardo/Carmen Escalante 1988, *Del Tata Mallku a la Mama Pacha. Riego, sociedad y ritos en los Andes peruanos.* Lima: Centro de Estudios y promoción del desarrollo DESCO. 233 S.

van den Berg, Hans 1985, *Diccionario religioso aymara.* Iquitos/Puno: Centro de Estudios Teológicos de la Amazonia CETA/Instituto de Estudios Aymaras IDEA. 280 S.

—1989a, *La tierra no da así no más: Los ritos agrícolas en la religión de los aymara-cristianos.* Amsterdam: Centro de Estudios y Documentación Latinoamericanos. 291 S.

—1989b, La celebración de los difuntos entre los campesinos aymaras del altiplano. Anthropos. In: *Anthropos* (Sankt Augustin), 84:155–175.

—1992, Religión aymara. In: Hans van den Berg/Norbert Schiffers Hg.: *La cosmovisión aymara.* La Paz: Universidad Católica Boliviana/Hisbol: 291–308.

van Kessel, Jan 1992, *Cuando arde el tiempo sagrado.* La Paz: Hisbol 189 S.
—1993 Fiesta patronal y huilancha al Señor. In: *Boletín del Instituto de Estudios Aymaras* (Puno), 2(43–45):44–81.
van Kessel, Jan/Guillermo Cutipa Añamuro 1998, *El Marani de Chipukuni.* Iquique: IECTA/CIDSA. 228 S.
van Kessel, Jan/Bernardo Guerrero 1987, *Sanidad y salvación en el altiplano chileno: del yatiri al pastor.* Iquique: Centro de Investigación de la Realidad del Norte. iii,63 S.
Varón, Rafael 1982, Cofradías de indios y poder local en el Perú colonial: Huaraz, siglo XVII. In: *Allpanchis* (Cusco), 20:127–146.
Vellard, Jehan Albert 1949–1951, Contribution à l'étude des indiens Urus ou Kot'suns. In: Travaux de l'Institut français d'études andines IFEA (Paris-Lima), I, 1949:145–209; II, 1950:51–88; III, 1951:3–39. * 1953 [Vorname hier »Jean«] Die Urus, Fischer vom Titicacasee (Diejenigen, die keine Menschen sein wollen). In: *Zeitschrift für Ethnologie*, 78(1):15–123.
—1954, *Dieux et parias des Andes. Les Ourous, ceux qui ne veulent pas être des hommes.* Paris: Éditions Émile-Paul. 254 S.
Vicente Martín, Patricia 2016 a, »Sangres« para propiciar la vida: metáforas y creencias sobre la concepción »humana« en el altiplano andino. In: *Revista de Dialectología y Tradiciones Populares* (Madrid), LXXI(1):249–267.
—2016 b, La muerte de seres inmaduros en el altiplano andino. Prácticas y espacios funerarios de infantes y mortinatos. In: *Anales del Museo Nacional de Antropología* (Madrid), XVIII:80–95.
Wachtel, Nathan 1985, La cuadratura de los dioses. Ritos y trabajos entre los chipayas. In: *Revista Runa*, XV:11–42. Buenos Aires.
—1992, *Dieux et vampires. Retour à Chipaya.* (La Librairie du XXIe siècle) Paris: Seuil. 192 S. [span. 1997, *Dioses y vampiros. Regreso a Chipaya.* México: Fondo de Cultura Económica. 136 S.].
—2001, [1990] *El regreso de los antepasados: Los indios urus de Bolivia, del siglo XX al XVI. Ensayo de historia regresiva.* México: Fondo de Cultura Económica/El Colegio de México/Fideicomiso Historia de las Américas. 648 S. [franz. 1990, *Le retour des ancêtres: Les indiens Urus de Bolivie XXe-XVIe siècle. Essai d'histoire régressive.* (Bibliothèque des sciences humaines) Paris: Gallimard. 689 S.]
Weig, Berthold * 1991, *Indianische Weisheit des Volkes in den Hochanden Lateinamerikas* (Theorie und Forschung, Bd. 129, Religionswissenschaften, Bd. 1) Regensburg: S. Roderer Verlag. 266 S.
Zerda Ghetti, Jorge de la 1993, *Los chipayas, moldeadores del espacio. Chipay, zoynaca kamaña naazni tuakajña.* La Paz: Instituto de Investigaciones de la Facultad de Arquitectura y Artes, Universidad Mayor de San Andrés. 147 S.

Die Religion der Mapuche

Ulrike Bieker

1 Vorbemerkung

In Chile, wo der größte Teil der Mapuche[1] lebt, erkennt der Staat neun verschiedene indigene Gruppen an[2]. Gemäß einem Zensus im Jahr 2017, bei dem neben diesen neun Gruppen auch die Angabe »andere« und »unbekannt« gewählt werden konnte, fühlen sich insgesamt 12,8 Prozent der Bevölkerung Chiles einer indigenen Gruppe zugehörig. 79,8 Prozent davon sind Mapuche, also 1.745.147 Personen.[3] In Argentinien stellt sich diese Situation zahlenmäßig etwas anders dar, da hier an die 30 verschiedene autochthone Gruppen gezählt werden, von denen die Mapuche mit ca. 200.000 Personen die größte Gruppe sind. Der Anteil der Indigenen an der Gesamtbevölkerung Argentiniens beträgt 2,4 % und es werden 15 indigene Sprachen gesprochen.[4] Die Mapuche stehen hier an erster Stelle vor den Toba, Guaraní und Diaguita, wobei ihr Anteil nur in einigen Regionen nennenswert ist.[5] In beiden Ländern lebt eine große Anzahl von ihnen in Städten.

Gut die Hälfte der chilenischen Bevölkerung bekennt sich zum Katholizismus: Für den Zensus von 2014 bezeichneten sich 64% als Katholiken, 17% als Protestanten, 16% ohne Bekenntnis, 3% gaben andere Religionen an.[6] Im lateinamerikanischen Vergleich liegt Chile an dritter Stelle in Bezug auf diejenigen, die sich zu keiner Religion bekennen, Argentinien liegt hier an fünfter Stelle (11%).[7] Die nächst größeren Bekenntnisgemeinschaften sind die Protestanten und die Atheisten (je

---

1 Dies ist die Selbstbezeichnung, die sich aus den Silben *mapu* = Erde, Land, *che* = Menschen, Leute zusammensetzt. Die früher übliche Bezeichnung »Araukaner« geht auf den Namen eines spanischen Forts südlich des Bio-Bio-Flusses zurück, das Pedro de Valdivia nach einer Bezeichnung für die Gegend Arauco im Mapudungun, der Sprache der Mapuche (*raq* = lehmig, *ko* = Wasser, »lehmiges Wasser«) genannt haben könnte. (Lenz 1904–1905:138, Moesbach 1998 [1944]:27–28, Noggler 1973:6, Soffia 2001:209).

2 Ley Indígena 1993, Nr. 19253, Version vom 3.11.2017, Art. 1.

3 Dem nationalen Statistikinstitut zufolge haben 12,8 Prozent aller Befragten die Frage »Betrachten Sie sich als einer indigenen oder ursprünglichen Volksgruppe zugehörig?« (*¿Se considera perteneciente a algún pueblo indígena u originario?*) bejaht (INE 2018:16). Schätzungen gehen teilweise von einer viel geringeren Zahl von Mapuche in Chile aus, s. Guarda *et al.* 2017:32.

4 http://www.aborigenargentino.com.ar/lenguas-indigenas/ (gesehen 20.9.2019).

5 INDEC 2012:280.

6 Pew Research Center 2014:14.

7 Pew Research Center 2014:17.

etwa ein Fünftel der Bevölkerung). Wie in anderen Teilen der beiden Amerikas, erhalten freikirchliche protestantische Religionsgemeinschaften sowie die Kirche Jesu Christi der Heiligen der Letzten Tage und die Zeugen Jehovas auch in Chile kontinuierlichen Zulauf. Zwar missionierten Presbyterianer und Methodisten bereits seit der zweiten Hälfte des 19.Jh. in Chile, aber sie erhielten vor allem von europäischen Einwanderern und vor allem in der Region zwischen Santiago de Chile und Concepción Zulauf. Zunehmend lässt sich auch bei Mapuche seit der zweiten Hälfte des 20. Jh. Jahren ein Bekenntnis zu Pfingstgemeinden ausmachen.[8] Der chilenische Anthropologe Rolf Foerster sieht darin eher eine Kontinuität als einen Umbruch: »Die Pfingstbewegung bei den Mapuche hat nichtsdestotrotz auf der Ebene des Ritus, im Verständnis der Göttlichkeit und in der Legitimierung der Arbeit eine ›Kontinuität‹ mit der traditionellen Gesellschaft.«[9]

In der Vergangenheit haben sich der Papst, Regierungsangehörige und auch Mapuche-Organisationen nicht selten mit Schamaninnen (*machi*) und anderen Autoritätspersonen der Mapuche bei medienwirksamen Auftritten gezeigt, um Traditionsbewusstsein zu signalisieren. So pflanzte bspw. Chiles Präsident Sebastián Piñera gemeinsam mit einer *machi* und einem *longko* (traditionelles Oberhaupt) einen *foye*-Baum (Magellansche Winterrinde, Drimys winteri), der den Mapuche als heilig gilt.[10] Auch der Papst lud während seines Besuchs in Chile Mapuche-Vertreter zu einem Mittagessen ein und sprach in seiner Predigt seine Zuhörer auf Mapudungun, der Sprache der Mapuche, an.[11] Und auch Mapuche-Organisationen oder Einzelpersonen, die bisweilen auch ein kommerzielles Interesse vertreten, suchen die Verbindung mit *machi*, wie z. B. die Betreiber von *Farmacias Indígenas* oder Mapuche-Restaurants.[12] Vor allem sind es jedoch Protestaktionen von Mapuche-Organisationen,

8 Gemäß einer Vergleichsstudie aus dem Jahr 2006 ist in Chile (neben Südafrika und USA) der Anteil derjenigen, die sich zu einer der Pfingstkirchen bekennen, bei Mapuche relativ höher als in der chilenischen Gesamtbevölkerung, Pew Research Center 2006:39.

9 »*El pentecostalismo mapuche tiene, sin embargo, una »continuidad« con la comunidad tradicional en el plano del rito, en la comprensión de la divinidad y en la legitimación del trabajo*« (Foerster/Gundermann 1996:224). Diese und die folgenden Übersetzungen aus dem Spanischen sind, sofern nicht anders angegeben, von mir. Ausführlicher in Foerster 1986. Siehe auch Durán 2012.

10 https://prensa.presidencia.cl/discurso.aspx?id=77606 (gesehen 3.1.2019). Siehe dazu auch die Beteiligung von *machi* an säkularen Festen, wie z. B. dem chilenischen Nationalfeiertag, die Stuchlik 1976:142–143 erwähnte.

11 https://www.latercera.com/nacional/noticia/revisa-texto-completo-la-homilia-del-papa-francisco-temuco/45950/ (gesehen 2.1.2019).

12 Siehe dazu Bieker 2010, Bacigalupo 2007:168. Bei den *Farmacias Indígenas* handelt es sich um Drogerien, die auf indigene Heilmittel spezialisiert sind und diese gemeinsam mit weiteren Produkten wie z. B. Naturkosmetik, homöopathischen Mitteln u. a. m. anbieten. Die erste dieser *Farmacias* entstand 2000 in Temuco und wurde als Teilunternehmen des Krankenhauses Makewe gegründet. Inzwischen haben weitere *Farmacias* vor allem in der Hauptstadt Santiago de Chile eröffnet und das Konzept wurde 2017 vom chilenischen Sozialministerium bei der Initiierung eines Bürgerbeteiligungsprogramms aufgegriffen. https://www.icso.cl/wp-content/uploads/2017/05/Sistematizacion_Proceso_PCI.pdf (gesehen 6.10.2019).

bei denen die Schamaninnen als indigene Autoritäten auftreten. Diese gegenseitigen Annäherungen, von denen offenbar beide Seiten profitieren, wurden auch als eine Schamanisierung der politischen Agenda der Mapuche-Organisationen und eine Politisierung der schamanischen Praxis beschrieben.[13]

Zugleich haben Mapuche synkretistische Traditionen herausgebildet, und Individualisierung und Privatisierung schreiten fort. Auch wenn keine separaten Zahlen zum religiösen Bekenntnis von Mapuche vorliegen, ist doch sicher, dass sich eine große Zahl zu einer der christlichen Konfessionen bekennt. Der chilenische Missionar und Theologe Fernando Díaz kritisierte die fehlende Abfrage solcher Daten in den Volkszählungen und forderte, man müsse bei der Frage nach der Religionszugehörigkeit auch die autochthonen Religionen nennen.[14] Eine klare Trennung zweier Religionen ist hier allerdings schwierig, da, wie in vielen Fällen, eine Re-Interpretation christlicher Symbole im Kontext indigener Religion stattfindet, die als eine Antwort auf die weitgehend fremdbestimmten Lebensumstände, die durch wirtschaftliche und soziale Marginalisierung, Schwächung der traditionellen Sozialstrukturen und bestimmter ritueller Ämter verursacht wurden, verstanden werden kann.[15]

Die Religion der Mapuche möchte ich als Schamanismus bezeichnen. Ihre Kosmologie (etwa die Vorstellung von einem geschichteten Weltbild), religiöses Spezialistentum und rituelle Praxis (z.B. Paraphernalia wie die Trommel oder der Kultpfahl, Beziehung zu den Hilfs- und Schutzgeistern) haben große Ähnlichkeit mit dem sibirischen Schamanismus,[16] der für die Herausbildung des ethnologischen Konzepts maßgeblich war. In den Debatten um den Schamanismusbegriff wurde zu Recht darauf hingewiesen, dass die Übertragung dieses Konzepts auf andere Regionen nur in den seltensten Fällen gerechtfertigt war, da damit sehr unterschiedliche religiöse Systeme und Praktiken über einen Kamm geschoren wurden. Graham Harvey plädiert dafür, den Schamanismusbegriff ad acta zu legen und stattdessen von Animismus zu sprechen.[17] Der Wiederbelebung dieses ebenfalls heftig umstrittenen Begriffs aus dem 19. Jh. haben sich auch Sibirienforscher angeschlossen, wie z.B. der dänische Anthropologe Rane Willerslev, der zwar auf den neueren Animismusbegriff aufbaut, aber von einem sehr kulturspezifischen Verständnis von Schamanismus ausgeht. Dieser ist bei den Yukagiren stark von der jägerischen Mensch-Tier-Beziehung geprägt.[18] Bei den Mapuche, als einer heute bäuerlich wirtschaftenden Gesellschaft, kann von einer solchen Beziehung zwischen Mensch und Tier nicht gesprochen werden. Dennoch weisen zum einen Auffassungen vom Menschen und ihm ähnlichen Wesen Charakterzüge auf, die in den Kontext der neueren Ani-

---

13 Bacigalupo 2010:9.

14 Diaz 2009:23.

15 Foerster/Gundermann 1996:223.

16 Darauf verweisen Eliade 1975 [1956]:311ff, Hultkrantz 1993:11, Métraux 2001 [1942]:290.

17 Harvey 2010.

18 Willerslev 2007:119–125. Beachte auch Willerslevs Beitrag zur Einordnung vor dem Hintergrund der *Writing Culture*-Debatte aus der zweiten Hälfte des 20.Jh. (Willerslev 2018).

mismusdebatte gestellt werden[19], und zum anderen zeigt das religiöse Leben der Schamaninnen Elemente, die aus dem sibirischen Kontext bekannt sind (z. B. Berufungserlebnis, Schutz- und Hilfsgeister).

Bei den Mapuche ist die Vorstellung vorherrschend, dass die natürliche Umwelt mit spirituellen Qualitäten ausgestattet ist und der Mensch mit ihnen interagiert. Dabei lassen sich materielle und spirituelle Qualitäten nicht nach westlich-europäischem Modell getrennt voneinander betrachten, sondern die materielle Erscheinung eines Geistes oder Gottes oder sonstigen spirituellen Wesens wird als eine temporäre, individuelle und wandelbare Größe des religiösen Weltbildes erlebt. Die religiösen Spezialistinnen fungieren durch die Trance (*küymi*) als Vermittler zwischen den Menschen und der Geisterwelt. Sie werden hier als Schamaninnen[20] oder mit dem indigenen Wort *machi* bezeichnet.

2 Soziale Verhältnisse: Parlamente, Poesie und Urbanität

Die früheren lokalen Gruppen, von denen heute nur noch Pewenche[21], Lafkenche[22], Williche[23] und die Mapuche des südlichen Zentraltals existieren, haben sich zu einer Pan-Mapuche-Gesellschaft entwickelt. Sie leben heute in sog. *Comunidades Indígenas*[24], deren geografische Lage zu großen Teilen identisch mit den früheren *Títulos de Merced* ist, welche den Beginn der Landaufteilung in Privateigentum markieren.[25] Dennoch spielt die lokale Herkunft (*tuwün*) sowohl bei ruralen als auch

19 Siehe z. B. Course 2011, Noggler 1973:102–104.

20 Ich verwende im Folgenden die weibliche Form wenn ich mich auf die religiösen Spezialistinnen beziehe, da es sich überwiegend um weibliche Schamaninnen handelt. Männliche Schamanen (oder Helfer) sind, wenn ihr Geschlecht nicht explizit genannt wird, mitgemeint. Im Schamanismus der Mapuche wird allerdings die Grenze zwischen den Geschlechtern sehr stark verwischt, wie sich dies auch allgemein im Schamanismus beobachten lässt. Verschiedene Autorinnen vertreten die Meinung, dass die Herausbildung des weiblichen Schamanismus bei den Mapuche ein vergleichsweise neues, erst nach der Niederschlagung der Mapuche (1883) aufgetretenes Phänomen sei. Sie vertreten die Auffassung, dass die Schamanen vor diesem Datum vorwiegend Männer gewesen seien und auch das zentrale Fest der Mapuche sich erst danach in dieser Form herausgebildet habe. Nakashima 1998, Bacigalupo 1994.

21 »pewen (N) pine tree, pine cone; Araucaria imbricata (Augusta)«. Smeets 2008:546.

22 »lafken (N) sea, lake, fontanelle«, Smeets 2008:524.

23 »willi (N) South«, Smeets 2008:576.

24 Juristische Bezeichnung für Verwaltungseinheiten mit gewissem Anteil an indigener Bevölkerung. Mit dem Status sind bestimmte finanzielle Fördermöglichkeiten verbunden. Die Einheiten entsprechen in den meisten Fällen nicht den traditionellen Sozialstrukturen (*lof*) und werden deshalb von vielen politisch engagierten Mapuche nicht anerkannt (Kaltmeier 2004:303–306). Zur nicht-indigenen Bevölkerung in den *Comunidades Indígenas* siehe Bengoa/Sabag 1997:16–17.

25 Bengoa 2000:354–357, Catrileo 2006a:95.

und gerade bei urbanen Mapuche noch immer eine große Rolle für die ethnische Identität:

In particular, this notion plays a central role in the articulation of sameness and otherness within two different contexts of alterity, one external, pertaining to relations with canonical others, winkas, and one internal, involving interactions among Mapuche from different areas.[26]

Die Mapuche wurden in der Literatur bisweilen als die einzigen Autochthonen Südamerikas bezeichnet, die sowohl der Invasion der Inka als auch der Europäer erfolgreich widerstanden. Obwohl im chilenischen Diskurs durchaus auch andere Bilder konstruiert wurden[27], hat sich in der westlichen Welt das romantisierende Bild der Mapuche als Freiheitskämpfer gehalten. Damit verbunden ist auch die Vorstellung von unveränderten kulturellen Traditionen – insbesondere im religiösen Bereich –, da Anpassung und gegenseitiger kultureller Austausch nicht zu diesem Bild des Widerstands passen. Allerdings kann selbstverständlich auch Mapuche-Identität aus mehreren Perspektiven betrachtet werden und die Mapuche schaffen Anknüpfungspunkte zur sie umgebenden Gesellschaft, indem sie z. B. als Kleinstunternehmer ihre Waren wie Webereien, Keramiken, Lebensmittel (wie z. B. eine Gewürzmischung namens *merken*) oder frische Gartenbauprodukte verkaufen.[28]

Das Christentum wurde auch im südlichen Südamerika zuerst von Jesuiten und Franziskanern eingeführt. Die Jesuiten zogen zwischen 1593 und 1767 häufig als Wanderprediger umher[29], während die Franziskaner bereits im 16. Jh. mehrere sog. Reduktionen errichteten, in denen sie Internate für Kinder betrieben. Eine besondere Rolle spielte der Jesuitenpater Luis de Valdivia, der eine Predigt in Mapudungun verfasste und verschriftlichte, um seinen Missionsbrüdern den Zugang zu den Mapuche zu erleichtern[30], und der weitere frühe Dokumente zur Sprache der Mapuche publizierte. Ab 1848 kamen auch Kapuzinermönche nach Südchile. Sie übernahmen zunächst die vorhandenen Missionsstationen der Franziskaner, dehnten ihr Missionsgebiet jedoch bis in das Seengebiet am Fuß der Anden aus.

Die Mapuche, deren Siedlungsgebiet in der vorspanischen Zeit weiter nach Norden reichte, bekämpften die spanische Invasion von Anfang an. Der spanische Soldat Pedro de Valdivia gründete 1541 die Stadt Santiago. Es folgten weitere Städte südlich davon. Jedoch zerstörten die Mapuche 1598 in einem großen Aufstand alle Siedlungen südlich des Flusses Bío-Bío.[31] Eine Besonderheit, die die langewährenden Kriegsphasen durch friedliche Verhandlungen mehrfach unterbrach, waren die sog. Parlamente. Dies waren mehrtägige, von Anführern der Mapuche und Missionaren oder Kolonialbeamten angeregte Treffen von Mapuche und Spaniern bzw. Chilenen.[32] Das erste

26 Di Giminiani 2016:895.

27 Zu Repräsentationen der Mapuche in den Geschichtsdiskursen siehe neben Riedemann 2012 auch Bieker 2017.

28 Saavedra 2002:43–46, Davinson/Ketterer 2006, Guarda/Le Bonniec/Martínez 2017.

29 Schindler 1990:22.

30 Valdivia 1621.

31 Bengoa 2000.

32 Schindler 1990:24, Aldunate del Solar 2006:41.

Parlament fand am 6.1.1641 in Quilín statt und wurde mit dem Abschluss eines Friedensvertrags beendet, der eine Grenze entlang des Bío-Bío und die Unabhängigkeit des Territoriums südlich davon festlegte. Die Spanier verpflichteten sich, die Siedlung Angol zu räumen und die Mapuche tolerierten das Fort Arauco und die Missionare und willigten ein, Kriegsgefangene frei zu lassen. Der Vertrag von Quilín war von großer Bedeutung, weil er eine grundsätzliche Anerkennung des Mapuche-Gebiets südlich des Bío-Bío darstellte.[33] Die nördlichen Mapuche (Pikunche) zogen sich hinter diese Grenze zurück oder wurden auf spanischem Gebiet durch Krankheiten oder Zwangsarbeit dezimiert. Die Grenze war bis ins 19.Jh. hinein grundsätzlich gültig, wurde jedoch von den Weißen immer weniger respektiert. Am 13.2.1726 wurde ein Parlament in Negrete abgehalten, in dem ein 12-Punkte-Katalog beschlossen wurde, der u. a. vorsah, dass die Mapuche die Waffen niederlegen sollten, und ihnen im Gegenzug ein Verbot von spanischen Menschenjagden und dem spanischen Handel auf Mapuche-Territorium zugestanden wurde.[34] Im Jahr 1848 wurde ein Gesetz zur Steuerung von Einwanderung beschlossen und am 14.8.1868 wurde im chilenischen Parlament mit 48 zu 3 Stimmen die Besetzung der südlichen Gebiete (Araucanía) beschlossen.[35] Es wurden gezielt europäische Einwanderer zur Besiedelung der südlichen Gebiete eingeladen und Landstücke, die den Mapuche gehörten, an weiße Siedler verkauft. Das Jahr 1883, in dem die Chilenen die Schlacht um das kurz zuvor gegründete Fort Ñielol gewannen und die einst verlorene Stadt Villarrica wieder aufbauten, gilt als das Jahr der »Pazifizierung« der Araucanía.

Besonders gut dokumentiert und beschrieben ist ein spätes Parlament, das noch 1907 in Koz Koz stattfand, also zu einem Zeitpunkt, als die militärische Schlagkraft der Mapuche längst gebrochen war.[36] Das Thema dieser Zusammenkunft, die von zwei Journalisten aus Temuco bzw. Valdivia begleitet wurde, war die Landverteilung in den südlichen Regionen, die damals – wie auch heute noch – zum Nachteil der Mapuche vorgenommen worden war. Im Ablauf der Treffen spielten religiös-rituelle Bestandteile eine Rolle, wodurch der Anschluss an die institutionalisierten Autoritätsstrukturen und sozialen Regeln der Mapuche gewährleistet war.[37] In Koz Koz fand am Ende des Treffens ein Fest namens *kamarikun* statt. Weiter unten gehe ich auf den Ablauf dieser Art von Festen ausführlich ein. Seit dem Jahr 2001 wurden weitere Parlamente in Koz Koz durchgeführt, die allerdings nicht mehr annähernd so viel Aufmerksamkeit erregten.[38]

Die Gesellschaft der Mapuche war im Vergleich zur spanischen Kolonialgesellschaft egalitär aufgebaut. Ihre Sozialstruktur kennt zwar säkulare politische Autoritäten, deren Machtposition aber heute wie früher auf den persönlichen Fähigkeiten der Person aufbaut. Von einem Oberhaupt (*longko*) werden Eloquenz und Ehrlichkeit erwartet. Dazu kommt idealerweise Lebenserfahrung und ein gewisses Alter. Zu

33 Bengoa 2000 [1985]:37f.
34 Bengoa 2000 [1985]:39.
35 Riedemann Fuentes Ms. [2012]:45.
36 Arellano Hoffmann *et al.* (Hrsg.) 2006.
37 Dillehay 2006:61.
38 Paredes 2018:o.S.

den Aufgaben des *longko* gehört vor allem die Organisation von gemeinschaftlichen Zusammenkünften, bei denen es darauf ankommt, dass er überzeugende und kraftvolle Worte findet.[39] Die heutige Organisation in *Comunidades Indígenas* entspricht nur ungefähr der früheren Organisation in *lof*. Dabei handelt es sich um ein autochthones soziopolitisches Konzept, das zum einen auf Begrenzungen des natürlichen Raums (Bachläufe etc.) beruht und zum anderen aus Verwandtschaftsregeln abgeleitet wird.[40] Diese dezentralisierte Sozialstruktur stellte während der Jahrhunderte des Widerstands gegen die Inka und gegen die Spanier einen strategischen Vorteil dar. Aufgrund der großen Distanzen zwischen den Streusiedlungen ist in der Sozialstruktur der Mapuche auch die Rolle eines Boten (*werken*) verankert. Dieser Aufgabe kommt auch in der heutigen medienorientierten Zeit eine große Bedeutung zu. Sehr bekannt wurde beispielweise der Mapuche-Aktivist Aukan Wilkaman von der Organisation *Consejo de Todas las Tierras*.

Die Situation der Mapuche in Chile ist heute nach wie vor weitgehend von Armut, Marginalisierung und vergleichsweise schlechteren Bildungschancen geprägt.[41] In den Konflikten, die um die Wende zum 21. Jh. u. a. im Zusammenhang mit einem Staudammprojekt neu aufflammten, wurden immer wieder Mapuche getötet. Der 16-jährige Alex Lemún, der 21-jährige Matías Catrileo und der 24-jährige Camilo Catrillanca Marín wurden 2002, 2008 und 2018 von Sonderkommandos der chilenischen Sicherheitskräfte erschossen, was zu Protesten innerhalb und außerhalb von Chile führte. Von den Mapuche wurden sie in der Folge als Kriegshelden (*weichafe*) in eine Reihe mit den Helden der Kolonialzeit, wie Lautaro, Caupolicán oder Calfucurá gestellt.[42]

Der Jahrzehnte andauernde Konflikt zwischen den Mapuche und dem chilenischen Staat hat zudem viele *machi* dazu gebracht, sich politisch zu engagieren.

> Die *machi* und die *longko*, Ikonen der Mapuche, haben sich in Schlüsselfiguren bei den Konfrontationen zwischen den Mapuche und dem Staat verwandelt. Bei allen Mapuche-Demonstrationen treten *machi* und *longko* vorneweg auf, die *kultrung* [Trommel] schlagend und das *kul-kul* [Horn] blasend, als Repräsentanten des »uralten Wissens der Mapuche«. Die *longko* und die *machi* übernehmen verschiedene aber sich ergänzende Führungsrollen.[43]

Zugleich wurden *machi* in diesen Konflikt hinein gezogen, etwa indem sie persönlich angegriffen oder ihre Kultpfähle mutwillig zerstört wurden.[44] Um der Realität in der Araucanía nahe zu kommen, muss allerdings gesagt werden, dass bei Weitem nicht alle *Comunidades Indígenas* in die gewaltsamen Konflikte verwickelt sind.[45]

---

39 Aldunate del Solar 1996:130.Course 2012:13.

40 Kaltmeier 2004:305.

41 Saavedra 1971:163, Bengoa/Valenzuela 1984:133–150, PNUD Chile 2003.

42 Siehe z. B. Huirimilla 2012:105.

43 *Los machi y los longko, como íconos mapuche, se han convertido en símbolos clave en las confrontaciones entre los Mapuche y el estado. En todas las manifestaciones mapuches figuran machi y longko en primera fila tocando kultrung y kul-kul como representantes del »conocimiento ancestral mapuche«. Los longko y los machi desempeñan roles de liderazgo diferentes aunque complementario«* (Bacigalupo 2010:9, Einfügungen in der deutschen Übersetzung Ulrike Bieker).

44 Richards 2013:96.

45 Siehe Bengoa/Caniguan 2012:41–42 und Caniguan 2012:70.

Die Aufgaben der *machi* sind denselben Transformationsprozessen unterworfen, wie die Gesellschaft der Mapuche allgemein. Die räumlichen Möglichkeiten für die Ausübung traditioneller Rituale sind nur allzu häufig den Interessen von Großunternehmern oder Großgrundbesitzern nachgeordnet. Die Verfügbarkeit von Heilkräutern lässt nach mit der Verdrängung des temperierten Regenwalds durch Eukalyptus- und Pinienplantagen.[46] Die medizinische Versorgung mit Krankenhäusern, Apotheken und Allgemeinmedizinern stellt die Heilerinnen vor neue Herausforderungen, die mit der zunehmenden Urbanisierung ihres angestammten Siedlungsgebiets einhergehen. Die allgemeine Schulpflicht erschwert die Weitergabe des schamanischen Wissens an die nachfolgende Generation. Aus all diesen genannten Gründen steht nicht nur jede einzelne *machi* vor einem Anpassungsdruck, sondern die Gesellschaft als Ganze sieht sich mit der Frage konfrontiert, inwieweit gerade religiöse Bestandteile ihrer Kultur für Außenstehende (*wingka*) geöffnet werden sollten. Dabei spielt insbesondere auch die Haltung gegenüber dem Tourismus in der Region, die auch gern als die chilenische Schweiz bezeichnet wird, eine große Rolle. Die Spannbreite der Meinungen reicht dabei von kompletter Ablehnung bis hin zu einer Legitimierung des Tourismus wegen seines kulturerhaltenden Potentials. Manche Mapuche entscheiden sich für eine teilweise Öffnung, indem sie bestimmte traditionelle Techniken (wie z. B. Weberei, Nahrungszubereitung, Hausbau) für touristische Angebote auswählen, andere jedoch von vornherein ausklammern (wie z. B. Rituale). Eine weitere Frage, vor die sich die Mapuche gestellt sehen, ist die Frage nach der Präsentationsweise ihrer kulturellen Traditionen: Sollen sie sie so zeigen, wie sie früher einmal vollzogen wurden und wie sie heute in Museen zu sehen sind, oder sollen sie sich als moderne Menschen mit Smartphone und zuckerhaltiger Limonade aus Plastikflaschen präsentieren?[47]

Die Herausforderungen, mit denen sich die große Zahl von urbanen Mapuche konfrontiert sieht, haben auch im religiösen Bereich zu kreativen Umgangsweisen geführt. Junge, vor allem urbane Mapuche mit akademischer Ausbildung haben neue künstlerisch-spirituelle Formen des Umgangs mit Traditionen entwickelt. Besondere Beachtung fanden seit der Jahrtausendwende einige junge Dichter, die in ihren Werken ihre kulturelle Zugehörigkeit thematisierten und das neue Ethnonym Wariache[48] schufen. Dabei griffen sie von Beginn an religiöse Symbole und Konzepte auf, wie z. B. die Farbe Blau oder die Vorfahren in der jenseitigen Welt. Ihre

46 Richards 2013:161.

47 Mit diesen Aushandlungsstrategien im Tourismusbereich hat sich Oliver Hauswald 2014:131 befasst.

48 Neben der philologisch korrekten Schreibweise wariache (*waria* = Stadt, *che* = Menschen) ist auch die leicht abweichende Bezeichnung warriache in der Literatur eingeführt. Beide Schreibweisen werden von den Mapuche auch selbst verwendet. Ich verwende den Begriff im Folgenden parallel zu den übrigen Ethnonymen großgeschrieben und in der philologisch korrekten Schreibweise Wariache. Während dieser Begriff analog zu den bisherigen Ethnonymen (Lafkenche, Pewenche etc.) gebildet wird, ist der ebenfalls seit den 2000er Jahren eingeführte Begriff *Mapurbe* eine Zusammenziehung des spanischen *Mapuche urbano* und geht auf den Dichter David Añiñir zurück.

Poesie ist deshalb nicht nur als ein Instrument der Geschichtsschreibung, sondern auch als eine Verlagerung der gesellschaftlichen Aufgaben einer *machi* wahrgenommen worden.[49] Dies ist möglich, weil die Poesie schon immer eine bedeutende Rolle in der Kultur der Mapuche eingenommen hatte und weil auch die rituelle Praxis der *machi* traditionell sehr viel mit Sprache zu tun hat. Sowohl bei Gemeinschaftsritualen als auch bei Krankenheilungen als auch bei den individuellen Ritualen spielen Sprechgesänge mit oder ohne Trommel eine zentrale Rolle.[50] Auch im Anschluss an ihre Seelenreise muss die *machi* in der Lage sein, das Erlebte in Worte zu fassen und zu kommunizieren. Zur Unterstützung bei dieser Aufgabe sehen die Mapuche das Amt eines Übersetzers (*dungumachife*) vor.

Viele dieser Dichter schreiben auf Spanisch und lassen ihre Texte gegebenenfalls für Anthologien ins Mapudungun übersetzen. Zwar wurde bereits zu Beginn des 17. Jh. von Missionaren ein Alphabet für das Mapudungun eingeführt, jedoch beherrschen viele Mapuche heute diese Sprache nicht mehr.[51] Dennoch wird dieser neuen Form der Poesie eine wichtige Rolle für eine autonome Geschichtsschreibung im Sinne einer *Oral History* und der quasi-mündlichen Tradierung kulturellen Wissens gegeben.[52] »So erlaubt die Poesie auf eine treffendere Art und Weise als der historische und anthropologische Diskurs, die Vergangenheit mit der Gegenwart zu verbinden und auch das Gefühl mit der Vernunft zu vereinen«, schreibt Rolf Foerster[53] und verweist damit auf die Möglichkeiten der autonomen Selbstrepräsentation im Sinne der Postcolonial Studies. Zudem kann im späten Spracherwerb zum Zweck der Dichtung eine Parallele zur schamanischen Praxis gesehen werden, für die heute ebenfalls häufig die Sprache erst erlernt werden muss.[54] In Bezug auf die Inhalte nehmen dabei die Träume eine besondere Rolle ein, die schon in den religiösen Traditionen der ländlichen Mapuche wichtig sind und die als Methode und als Thema von den urbanen Dichtern aufgegriffen werden.[55] Auch Carlos Levi Reñinao (1968 – 2013) aus einer *Comunidad Indígena* nordöstlich von Temuco hat Träume als Teilaspekt dieser religiösen Konnotierung aufgenommen, etwa in einem Gedicht mit dem Titel »*Sueño espiritual*«. Darin werden nicht nur Naturerscheinungen wie der Wind, die Dämmerung und der Regen, sondern auch ein Vulkan und das Meer angerufen und es wird auf eine damit verbundene (Wieder-)Geburt und die Muttersprache verwiesen.[56] Sowohl die (indige-

---

49 Siehe dazu Huenún 2003, Foerster 2000, Park 1999, Bieker 2010.

50 Auf den poetischen Charakter insbesondere der Gesänge haben z.B. Villarroel 2012:223–228 und Course 2009 deutlich hingewiesen. Im Fall der Gesänge im religiös-rituellen Kontext wird auch von *machi ül* oder *tayül* gesprochen. Diese werden seltener improvisiert und sind weniger situativ bestimmt. Müller 2008:39, Carrasco 1991. Nach Grebe vermögen *tayül*-Gesänge, den Hilfsgeist des Adlers anzuziehen. Grebe 2004:156.

51 Catrileo 2006a:96.

52 Foerster 2000:58.

53 Foerster 2000:62. »*Así la poesía permite de forma más certera que el discurso histórico y/o antropológico, conjuntar el pasado con el presente y también unir el sentimiento con la razón.*«

54 Schindler 2003:87, Bacigalupo 2007:89.

55 Park 1999:27f.

56 Huenún 2003:171.

ne) Sprache als auch die natürliche Umgebung sind hier Merkmale von Spiritualität. Die Biografien vieler Dichter, wie z. B. die von Carlos Levi Reñinao, der in Temuco *Pedagogía Intercultural Bilingüe* studiert hat, verdeutlichen auch die zunehmende Wichtigkeit der zahlreichen indigenen Schulen und Bildungseinrichtungen, die nach der Verabschiedung des *Ley Indígena* (1993) eingerichtet wurden, für die Revitalisierung teils neu gedeuteter oder veränderter Rituale und Gemeinschaftsfeste. Dabei werden auf der Grundlage von persönlichen Erfahrungen, ethnologischer Literatur und historischen Dokumenten dort beschriebene kulturelle Traditionen wiederbelebt und neu interpretiert. Ein Beispiel dafür ist das *lakutun*, bei dem es sich um ein Ritual der Weitergabe des Namens vom Großvater auf den Enkel handelt, mit dem zugleich eine starke Beziehung zwischen beiden errichtet wird.[57] In einem Gedicht von Marcial Colín, das den Titel »*Laku*. Großvater« trägt, wird die Beziehung zwischen dem Großvater und den Enkelkindern durch das abendliche Beisammensein in der *ruka* (traditionelles Haus) charakterisiert:

> Er spricht
> spricht.
> Und spricht.
> Sie sagen,
> sagten sie,
> sagt er.
> Dann seine Augen
> die tränen
> vom Rauch der Feuerstelle,
> sie erheben sich
> und
> einen
> nach dem anderen
> fragt er nach unserem Blick
> und schenkt uns den seinen.[58]

Währenddessen, so weiter im Gedicht, hört man von ferne den Gesang des mythischen Vogels *chon chon*[59], der sich mit dem Freiheitsschrei des Donners (*tralkan*)[60] vermischt und der starke Wind erschüttert die *ruka*. Die Hunde stellen das Heulen ein, das Feuer hört zu knistern auf und die Kinder weinen. Hunderte von Kriegern (*weichafe*) entstehen aus den tränenden Augen des Großvaters und das Gedicht endet mit einer Botschaft an die Enkel:

---

57 Faron 1961:137, Latorre 2004. Die Verwandtschaftsbezeichnung *laku* wird genau genommen nur zwischen den Enkeln und dem Großvater väterlicherseits gebraucht. Coña 2002:213.

58 »*Él habla habla Y habla. Dicen, dijeron dice. Luego sus ojos llorosos por el humo del fogón se levantan y uno a uno pregunta a nuestra mirada y nos regala la suya*« (Colín in Huirimilla 2012:139).

59 Der chon chon ist eine mythische Figur in Vogelgestalt mit einem menschlichen Kopf, die mit der Hexerei in Verbindung gebracht wird, Kössler-Ilg 1982:154, Titiev 1951:110, Montecino 2003:169–172.

60 Mit dem Wort *tralka* bezeichnen die Mapuche den Donnerknall, Augusta 1910:224.

Du wirst sein
alsdann,
sagt er,
der Großvater.[61]

Manuel Gutiérrez[62] hat in einem Vergleich indigener (»amerindischer«) Poesie von Mapuche, Quiché-Sprechern, Mazateken (Ha shuta Enima) und anderen darauf hingewiesen, dass der Topos der Großeltern – ganz ähnlich der westlichen Poesie – sehr häufig stellvertretend für vergangene Zeiten, für vergangene Epochen steht. Das Gedicht mit dem Titel »*Laku*. Großvater« kann deshalb auch als eine Beschwörung längst vergangener Zeiten und fast vergessener Traditionen gelesen werden.

3 Von Vulkanen, dem Meer und den Alten: Mythen des Ursprungs und der Transformation

Die Weitergabe der Traditionen und der Mythen erfolgte bei den Mapuche lange Zeit in drei Formen mündlicher Kommunikation, die sich selbstverständlich nur ungefähr voneinander abgrenzen lassen: Gesänge (*ül* oder *ülkantun*), Unterweisungen (*nütram*) und Erzählungen (*epew*).[63] Auch diese drei, in hohem Maße situativen Erzählformen sind starken Veränderungen unterworfen, da die gemeinsamen Abende am Feuer entweder seltener werden oder von anderen Themen bestimmt sind. Außerdem liegen viele Legenden und Mythen inzwischen auch in gedruckter Form vor, sind grafisch aufbereitet und werden in Schulen unterrichtet.[64]

Die bekannteste und wichtigste Mythe beschreibt den Kampf zweier Riesenschlangen, Treng Treng und Kai Kai. Ungeachtet regionaler Unterschiede ist diese Mythe bei allen Mapuche und vermutlich auch bei den meisten Chilenen bekannt. Die Mythe beschreibt die Wiedererschaffung der Menschen nach einer Flut. Es kann kaum noch rekonstruiert werden, inwiefern sich hier bereits frühe missionarische

61 »Tú serás entonces, dice, el abuelo.« Colín in Huirimilla 2012:140.

62 Gutiérrez 2015:317.

63 Carrasco 1985:84, Pino Saavedra 2000 [1987]:15, Painequeo 2004:65, Villarroel 2012:223.

64 Siehe z. B. einen kleinen Sprachführer Mapuche Dugunmen. Diccionario Mapuche Traducido al Castellano, der von dem *werken* (dt. Bote) Antonio Cadin Heuntelao der *Comunidad Mapuche* Juan Paillalef herausgegeben wurde. Bei der Verbreitung indigenen geistigen Eigentums spielen aber auch multinationale Konzerne eine Rolle. Der spanisch-chilenische Energiekonzern ENDESA, der in Chile und in anderen Ländern Lateinamerikas mehrere große Staudämme gebaut hat, hat – sicher auch zur Verbesserung seines Images bei Chilenen und der indigenen Bevölkerung (hier Pewenche) – eine Stiftung gegründet, die sich u. a. im Bereich der Bildungsförderung engagiert und die Reihe »*Epeu Ngutram …*« herausgegeben hat, in der Erzählungen und Geschichten zweisprachig und farbig illustriert auf Hochglanzpapier für den Grundstufenbereich aufbereitet wurden, Fundación Pehuén o. J.. Als Beispiel für diesbezügliches Lehrmaterial im Mittelstufenbereich siehe auch Calvo 1980 [1968]. Zu Unterschieden der Sprachpolitik Chiles und Argentiniens und Diskussionen um die *Educación Intercultural Bilingüe* siehe Born 2008.

Einflüsse der Jesuiten niedergeschlagen haben.[65] Die erste schriftliche Dokumentation der Mythe stammt von Diego de Rosales, der im 17. Jh. von den Jesuitenmissionen aus in Kontakt zu Mapuche kam.[66] Dabei handelt es sich vermutlich bereits um eine Synthese aus mehreren Versionen, die Rosales gesammelt hatte.[67] Bezieht man jedoch nicht ausschließlich die mythischen Inhalte mit ein, sondern auch die gesellschaftlichen Dynamiken, in denen der Mythos wiederholt und weiter entwickelt wird, so kommt dem Mythos von den beiden Riesenschlangen eine wichtige Rolle zu.[68] An vielen Orten in der Araucanía werden Berge als Treng Treng bezeichnet und mit dieser Mythe in Verbindung gebracht.

Die Schlange des Wassers (Kai Kai) und die Schlange des Berges (Treng Treng) waren Feinde. Als Kai Kai das Wasser des Meeres ansteigen ließ, um die Menschen zu vernichten, flohen diese auf den Berg Treng Treng. Auch die Tiere liefen hinauf. Dies erzürnte die Schlange Kai Kai und sie ließ das Wasser noch weiter ansteigen. Daraufhin ließ die Schlange Treng Treng, die eine gute, bewahrende Kraft hatte, den Berg ansteigen, so dass die Menschen und Tiere immer weiter gen Himmel gehoben wurden. Dabei kamen sie jedoch der Sonne so nah, dass viele von ihnen verbrannten. Je nach Version benutzten die Menschen die tönernen Töpfe, in denen sie ihre Lebensmittel aufbewahrt hatten, und bedeckten etwa ihre Köpfe damit, so dass sie überlebten, wenngleich sie auch fortan kahl waren. So ging der Kampf der beiden Schlangen über lange Zeit. Viele Menschen ertranken im Wasser und wurden zu steinernen Klippen und Felsen oder verwandelten sich in Wale, Thunfische oder andere Meerestiere. Schließlich gewann die Schlange des Berges den Kampf und das Wasser zog sich ins Meer zurück. In einigen Versionen geschah dies etwa so, dass Treng Treng den Wind des Ostens zur Hilfe rief, der die Regenwolken verschob und den Wassermassen Einhalt gebot. In anderen Versionen wurde Kai Kai durch ein Opferritual, für das eine *machi* genaue Anweisungen gegeben hatte, bezwungen und musste sich ins Meer zurückziehen. Einige der in Fische verwandelten Menschen kamen an Land zurück und verführten die Frauen, die zum Ufer kamen, um Meeresfrüchte zu sammeln oder zu fischen. Am Ende überlebten nur sehr wenige Menschen (je nach Version zwei oder vier), von denen bis zum heutigen Tag alle Mapuche abstammen.[69]

---

65 Foerster/Gundermann 1996:200, Fn. 22.

66 Siehe Rosales 1877:5–7. Weitere Versionen der Mythe wurden 1910 von Robles Rodríguez und 1929 von Guevara veröffentlicht. Robles Rodríguez 1910:167–168 und Guevara 1929:18–20. Versionen in deutscher Sprache von Lévi-Strauss 1973:193 und Kössler-Ilg 1982 [1956]:125–127 veröffentlicht, und eine spanische Version aus dem Jahr 1968 in Fernández 1999:46–48. Eine knappe Zusammenfassung der Version von Rosales findet sich bei Díaz 2009:50–51. Bearbeitungen, Analysen und Re-Interpretationen siehe Montecino 2003, Foerster/Gundermann 1996:200f., Carrasco 1986, Bacigalupo 2007:46–47, Faron 1963. Für eine freie Nacherzählung und lokale Versionen von Williche siehe Trivero 2014.

67 Carrasco 1986:26.

68 S. Carrasco 1985 und 1986.

69 Meine Zusammenfassung, insbesondere nach Rosales 1877:4–7, Carrasco 1986, Lévi-Strauss 1973:193.

In den vielen verschiedenen Versionen dieser Mythe tauchen zahlreiche Verweise auf lokale Besonderheiten auf. In der Gegend um den Lago Calafquen erzählt man beispielsweise, dass der See über die Ufer trat und Wasser von den Bergen herab stürzte. In anderen Versionen wird erzählt, dass die Schlange Kai Kai das Wasser habe ansteigen lassen, um die Fremden (*wingka*) zu töten.[70]

Von manchen Autoren wird der Kampf zwischen den beiden Schlangen als ein Kampf zwischen Gut und Böse dargestellt, wobei die Schlange des Wassers das Böse repräsentiert.[71] Andernorts wird erzählt, dass Wasser sei erst in dem Moment gesunken, als die Menschen (mithilfe einer *machi*) erkannten, dass die Ursache des ansteigenden Wassers in einer Vernachlässigung der rituellen Praxis zu suchen sei, und als sie in ihrer Not ein *ngillatun* durchführten und – je nach Version – ein Menschenopfer brachten.[72]

Louis C. Faron hat im Zentraltal der Araucanía eine Version aufgezeichnet, nach der die Schlange Kai Kai über alle anderen Tiere herrschte. Sie hatte ihre Wohnung hoch oben in einem See auf dem Gipfel eines Berges namens Treng Treng und schlief für gewöhnlich mit offenen Augen. Die Menschen machten sich einen Spaß daraus, ihren Schwanz mit Stöcken zu schlagen. Eines Tages ärgerten die Menschen die Schlange so sehr, dass sie zur Strafe alle Tiere in die Lüfte führte. Dort verwandelten diese sich in die Schutzgeister aller lebenden Tiere.[73]

Neben dieser zentralen Mythe erzählen die Mapuche zahlreiche weitere Mythen und Legenden, die häufig von Tieren und Pflanzen handeln, aber auch von Felsformationen, Bergen und Vulkanen, von Flüssen und dem Meer oder auch vom Wind und dem Regen. Andere Erzählungen handeln von der Arbeitswelt, Armut und Reichtum oder dem Ehe- und Familienleben.[74]

Viele Mythen und Legenden der Mapuche zeugen indirekt von jahrhundertelanger Ab- und Ausgrenzung zwischen Mapuche und europäischen Einwanderern. Sie verdeutlichen die indigene Perspektive auf kulturelle Überfremdung und Mestizaje. In vielen Fällen spielen auch hier das Wasser oder darin befindliche Felsen eine gewisse Rolle. Sie handeln von mythischen Figuren wie Shene Huinca, *sumpall* und Mankian.[75] Der Shene Huinca[76] lebt in einem goldenen Reich unter der Erde. Mit seinem blonden Haar, blauen Augen und seiner weißen Haut verführt er die jungen Frauen der Mapuche. Die Kinder, die sie gebären, sind missgebildet und sterben im selben Moment, in dem die Großeltern sie anschauen.[77] Die chilenische Anthropologin Sonia Montecino sieht in dieser Figur eine zweifache Auseinandersetzung mit kultureller Überfremdung:

---

70 Montecino 2003:257.

71 Rodríguez 1983:284.

72 Rosales 1877:6, Robles Rodríguez 1910:168, Kössler-Ilg 1982:126.

73 Faron 1963:246.

74 Pino Saavedra 2000 [1987], Kössler-Ilg 1982.

75 Montecino 1991:144f., 2003:303f., 394f., 401f.

76 Sein Name kann als »Schöner Fremder« oder »Schöner Nicht-Mapuche« übersetzt werden.

77 Montecino 1991:145. Auf die Verknüpfung von Großeltern und Traditionen habe ich schon vorne am Beispiel des Gedichts »*Laku*–Großvater« hingewiesen.

> Diese Erzählung von Shene Huinca knüpft die Fäden eines einzigartigen Handlungsstrangs, der aufgrund einer Erinnerung und einer Assoziation ein kollektives Werden mit sich bringt. Wir können darin – aus der Perspektive der Indigenen – eine Interpretation des Mestizentums sehen, zu dem es in unserem Territorium gekommen ist. Die Liebesbeziehung zwischen einer Indigenen und einem Weißen produziert »Monster«, sobald die Tradition (die Großmutter) die Neugeborenen anschaut. Andererseits handelt es sich um eine unerlaubte sexuelle Beziehung, die die Frau und Mutter in die Lage einer Alleinstehenden und in die Einsamkeit versetzt: der Vater der Kinder ist ein Abwesender, ein Unsichtbarer – in den Worten der Erzählung –, er lebt in seinem städtischen und mächtigen Königreich, er ist ein Fremder (huinca).[78]

Die *sumpall* leben als Wassergeister (*ngenko*) in den Lagunen. Ihre Entstehung geht auf die »mythische« Flut zurück, die durch den Kampf von Kai Kai und Treng Treng ausgelöst worden war. Diejenigen Menschen, die damals im Wasser starben, verwandelten sich in *sumpall* und leben nun unter Wasser in goldenen Häusern, umgeben von wunderschönen Frauen.[79] Eine ähnliche mythische Figur, die von der Beziehung von Mapuche und Weißen handelt, ist Mankian. Von dieser Figur existieren (mindestens) zwei Versionen. Nach der einen Version verliebt sich ein kleiner Junge so sehr in das Wasser des Meeres, dass er es heiraten möchte. Als er dies ausspricht, verwandelt er sich in Stein. In der anderen Version ist es ein erwachsener Mann, der den Geist einer Quelle verspottete und sich ebenfalls in Stein verwandelte. Ihm kommt eine besondere Bedeutung im Zusammenhang mit urbanen Mapuche zu, denn während der Shene Huinca ein Weißer ist, ist Mankian ein Mapuche, jedoch einer, der die Traditionen nicht einhält, sich mit den Weißen verbündet oder das Leben eines Weißen führt. Davon sind nicht nur Mapuche in der Hauptstadt Santiago de Chile betroffen, sondern auch und vielleicht noch mehr die Mapuche in den kleinen und mittleren Städten des Südens.[80] Die neuen Formen und Versuche, ihre kulturelle Identität in den Städten zu leben, wie z. B. die Bildung von Organisationen, kulturelle Veranstaltungen in Schulen oder Kooperationen mit anderen Indigenen, werden von den ländlichen Mapuche häufig belächelt. Seit der Jahrtausendwende lässt sich allerdings eine Veränderung der Situation beobachten, da die Mapuche inzwischen mit Gesundheitszentren, Kunsthandwerk- und Brauchtumsmärkten, *rukas* und Zeremonialplätzen sowie Werkstätten zum Korbflechten und Silberschmieden deutlich sichtbar städtische Räume einnehmen. Politischer Hintergrund dessen sind u. a. Förderprogramme der *Corporación Nacional de Desarrollo Indígena* (CONADI) zur Gründung von Kleinstunternehmen für arbeitslose Indigene.[81]

---

78 *Esta historia del Shene Huinca tiende los hilos de una trama singular, que por evocación y asociación va bordando un devenir colectivo. Podemos oir en ella una interpretación- desde el punto de vista indígena- del mestizaje acaecido en nuestro territorio. La relación amorosa entre una indígena y un blanco produce ›monstruos‹ toda vez que la tradición (la abuela) mira a los recién nacidos. Por otro lado, se trata de un vínculo sexual no sancionado por el matrimonio, que coloca a la mujer-madre en una situación de soltería y soledad: el padre de los niños es un ausente, un invisible- en palabras de la leyenda -, vive en su reino ciudadano y poderoso, es un extranjero (huinca)* (Montecino 1991:145–146).

79 Montecino 2003:401.

80 Dazu auch Bieker 2010:274.

81 *Micro-emprendimiento Indígena Urbano.* Zur Ethnizität urbaner Mapuche z. B. Aravena 2003, Kropff 2004, Campos 2019, Imilan 2010, sowie auch Bieker 2009:127–163 und 2010.

Die Mapuche kennen daneben auch Mythen zur Herkunft bestimmter Gegenstände. Die aus Holz, Ton oder Bambus hergestellte Flöte (*pifüllka*) hat Augusta zufolge einen mythischen Ursprung:

Zu einer Zeit als die Mapuche sehr arm waren und immerzu arbeiteten, jedoch keinen Lohn von den weißen Herren bekamen, von denen sie abhängig waren, da wurde ein Mapuche von einem Weißen beauftragt einen Baum zu fällen. Da er nicht sofort mit der Arbeit begann, wurde er von diesem geschlagen. Der Mapuche weinte und flehte zu Gott um Hilfe. Da kam ein fremder alter Mann des Wegs, der ihn fragte, warum er weine. Er antwortete: »Weil ich so sehr unter der Arbeit leiden muss und man mir nicht einmal genügend Essen gibt«. Der fremde alte Mann sagte, am nächsten Tag werde er ihm eine Flöte schicken, mit der er die Weißen aufspüren und mit ihnen endgültig Schluss machen könne. Am nächsten Tag brachte man ihm die Flöte, mit der die Nachricht von einem Landstück zum nächsten überbracht werden konnte. Man stellte mit ihrer Hilfe Bälle her, um damit das *palin* (traditionelles Hockey) zu spielen und man stellte Messer und Lanzen aus Myrtenholz her. Mit dieser Flöte baten sie um alles, was sie wollten. Eines Tages ging der Besitzer der Flöte mit ihr in eine andere Gegend. Dort legten sie fest, wann sie mit den Weißen Schluss machen würden. Sie begannen ein *palin* zu spielen und sie spielten unaufhörlich. Die weißen Herren schauten ihnen dabei zu, aber die Mapuche erlaubten ihnen nicht, mitzuspielen. Nach einer Weile legten die Mapuche einen Tag für den großen Aufstand fest. Sie versammelten sich im Wald und dann überfielen sie die Weißen und machten mit ihnen Schluss. Seitdem ging es den Mapuche wieder besser und sie lebten als angesehene Leute unter guten Bedingungen. Danach benutzten sie die Flöte, um Gott zu fragen, auf welche Weise sie zu ihm beten sollten, um glücklich zu sein. Die Flöte erklärte ihnen, wie sie ein (Getreide-)Sieb herstellen, vier Holzpfähle einpflanzen und in einem Trog das Blut eines Tieres sammeln sollten. Auf diese Art sollten sie danken. So führen die Mapuche noch heute die Gebete aus und seitdem leben sie wieder wie angesehene Leute, mit allen Arten von Tieren und Saatgut zum Leben.[82]

In dieser mythischen Erzählung sind vielfältige Hinweise auf kulturelle und religiöse Praktiken der Mapuche enthalten. Die Flöte *pifüllka* wird als mächtiges Instrument dargestellt, das nicht nur Weiße aufspüren sondern auch Dinge herstellen kann, wie z. B. den Ball für das traditionelle Hockeyspiel *palin*, auf das ich weiter unten genauer eingehe. Die Mapuche im Mythos nutzten die Flöte als Mittel zur Kommunikation untereinander und mit den Gottheiten. Auch heute noch wird die Flöte bei vielen Anlässen ausschließlich von Männern gespielt, ist allerdings auch als Souvenir bei Touristen beliebt. Die Musik spielt auch bei den Mapuche eine wichtige Rolle für die Aufrechterhaltung der Traditionen und insbesondere auch der religiösen Glaubensinhalte, da sie die *machi* bei ihrer Vermittlerrolle zwischen den Welten unterstützt. Während der Rituale spielt daher auch die räumliche Anordnung der Musiker wie der anderen Teilnehmer eine wichtige Rolle.[83]

---

82 Meine Zusammenfassung nach Augusta 1910:16–19. Siehe auch Montecino 2003:327.

83 Grebe 2004:155. Zur Anordnung der Musiker beim *ngillatun* siehe auch Schindler 2013/I:193–194.

4 Ordnungsprinzip *wallmapu* und belebte Welten

Im Weltbild der Mapuche sind zwei Götterpaare von zentraler Bedeutung. Das eine wird als altes Paar gedacht, das andere als junges. An vielen Orten der Araucanía, vor allem auf Friedhöfen und Ritualplätzen, aber zunehmend auch an touristisch erschlossenen Orten ist dieses Götterpaar in Gestalt von Holzpfählen (*che mamüll, ngillatue*) anwesend.[84] Die Götterpaare werden in Gebeten angerufen und als junge Frau, junger Mann bzw. alte Frau, alter Mann bezeichnet.

Zugleich existiert die Vorstellung von Gottheiten, die Schindler als Himmelsgötter bezeichnet, da sie der oben liegenden Welt (*wenumapu*) zugeordnet werden. Sie können personell gedacht werden, sind jedoch generell vielschichtig. Die Himmelsgötter tragen unterschiedliche Namen. Am häufigsten werden sie jedoch *ngünechen* genannt. Die zahlreichen anderen Namen wie *chau, elchen, wenu rey, dio, ngünemapun* beruhen auf lokalen Abweichungen und sind vermutlich in vielen Fällen – aber nicht zwingend – verschiedene Repräsentationen oder auch Manifestationen von *ngünechen*.[85] Helmut Schindler hat auf die starken christlichen Einflüsse hingewiesen, die aufgrund der umfangreichen Missionierung der Mapuche eine klare Abgrenzung vom christlichen Hochgottglauben heute unmöglich machen. Auch die am weitesten verbreitete Bezeichnung *ngünechen* könnte seiner Auffassung nach nicht originär sein.[86] Grundsätzlich muss man wohl davon ausgehen, dass eine allgemein gültige Vorstellung von einer einzigen obersten Gottheit ebensowenig existiert wie ein Weltbild, das von allen Mapuche akzeptiert würde, vielmehr existieren zahlreiche stark individualisierte Perspektiven.[87] Aus diesen Gründen können auch Beschreibungen des Weltbildes nur als eine ungefähre Annäherung an Vorstellungen, wie sie bei den Mapuche existieren, gemacht werden.

Unzweifelhaft scheint zu sein, dass die vier Himmelsrichtungen eine Rolle spielen (*wallmapu*). Eine grafische Darstellung des viergeteilten Kosmos ist auf vielen Trommeln von Schamaninnen abgebildet. Die Bemalung der Trommeln ist ihrerseits inzwischen zu einem Symbol für den Anspruch auf Selbstbestimmungs- und Landrechte der Mapuche geworden. Eine räumliche Ordnung ist sowohl im alltäglichen individuellen

84 Abbildungen solcher Kultpfähle finden sich z. B. bei Augusta 1910, Cooper 1946: Abb. 153, Schindler 1990:104–105, Citarella (Hrsg.) 2000:617, Bacigalupo 2007:59, Grebe 1998:60.

85 Marileo 2000:95, Marileo nach Foester/Gundermann 1996:194, Hilger 1957:140, Noggler 1973:93. Die Bezeichnungen können ungefähr übersetzt werden mit *ngünechen* = Gebieter der Menschen, *chau* = Vater, *elchen* = Schöpfer der Menschen, *ngünemapun* = Schöpfer der Erde, *wenu rey* = Himmelskönig, *dio* = Gott.

86 Schindler 2013/II:215–219. Wie Stefan Eim betont hat, ist der Bereich der »übernatürlichen Wesen« am stärksten von Interpretation und Re-Interpretation durch Chronisten beeinflusst worden, etwa im Vergleich zum religiösen Spezialistentum oder der Mythologie. Eim 2010:205. Auch darauf hat Helmut Schindler bereits zuvor hingewiesen. Schindler 2003:93. Für eine Beschreibung der großen Flexibilität im Umgang mit Konversion siehe Course 2011:19.

87 Siehe z. B. auch die Forschungsergebnisse von Helmut Schindler zu individualisierten Ausprägungen von Weltbild und Himmelsgottheit in Schindler 2003, 2006a und 2006b.

Leben von Bedeutung als auch im zeremoniellen Leben der Gemeinschaft. So werden z. B. Hauseingänge, der Kultpfahl der *machi* oder auch Gebete und Ritualplätze nach Osten ausgerichtet. Diese räumliche Ordnung wird bei den Mapuche mit geografisch-klimatischen Phänomenen und mit Farben assoziiert.[88] Daneben wird der Kosmos in verschiedene Welten eingeteilt, die in Studien zu schamanischen Kosmologien häufig als Schichtenmodell gedacht wurden.[89] Auch wenn die meisten Veröffentlichungen zum Weltbild der Mapuche von einer vertikalen Anordnung mehrerer Schichten übereinander ausgehen, steht dennoch die Frage im Raum, ob Mapuche sich diese Bereiche übereinander gelagert vorstellen und ob diese Bereiche überhaupt räumlich klar abzugrenzen sind.[90] Die am häufigsten genannten Welten sind *wenumapu*, *minchemapu* und *mapu*. *Wenumapu* ist der Wohnort der wohlwollenden Geister, während *minchemapu* mit negativen Kräften assoziiert wird und in *mapu*, der Welt der Menschen, gute und böse Kräfte koexistieren.[91] María Ester Grebe nennt darüber hinaus weitere Welten, wie z. B. *nagmapu, ankawenu* und *meli ñom wenu* und ordnet diese in einem hierarchischen System übereinander an.[92]

Im Mapudungun beschreibt das Wort *admapu* ungefähr das, was die deutschen Worte Weltbild oder Weltanschauung meinen, allerdings ohne dabei die Welten *wenumapu* und *minchemapu* mit einzubeziehen. Es lässt sich wörtlich mit Angesicht oder Anblick der Erde übersetzen und wurde im Englischen auch mit »*face/aspect/way of the earth*«[93] und im Spanischen mit »*el orden prescrito*«[94] umschrieben. Mit diesem Begriff fassen die Mapuche alle Eigenschaften, aber auch alle Regeln und Vorschriften zusammen, die die Menschen in ihrer Welt befolgen sollen.

Das Prinzip einer Vierteilung spielt wie in zahlreichen Religionen auch im System der Mapuche eine große Rolle. Neben den oben erwähnten göttlichen Paaren und den damit verbundenen vier Prinzipien (alt, jung, männlich, weiblich) werden auch weitere Gottheiten vierfach gedacht, z. B. die vier Mondgottheiten (*meli küyen*), vier Farben des Himmels (weiß und drei Schattierungen von blau), vier Winde, vier Jahreszeiten etc. und in der religiösen Praxis sind die vier Elemente Erde, Wasser, Luft und Feuer gegenwärtig.[95] Im alltäglichen Leben, besonders im Rahmen eines formalisierten, *pentukun* genannten Begrüßungszeremoniells, erkundigt man sich nach den vier Großeltern, die als *meli folil* (»*four roots of a person*«) bezeichnet werden.[96]

---

88 Grebe nach Carrasco 1985:87, Bacigalupo 2007:24.

89 Siehe z. B. Eliade 1975:249–267. In derartigen Schichtenmodellen spielen auch ein Weltenbaum, der diese übereinander liegenden Schichten trägt, sowie Öffnungen oder Durchgänge zwischen den Schichten, die es den Schamanen ermöglichen, durch die Schichten der Welt zu reisen (z. B. Eislöcher auf Seen), eine Rolle. Bei den Mapuche werden diese Elemente eher selten genannt.

90 Montecino 2003:447.

91 Grebe nach Carrasco 1985:88. Grebe 1998:61, Bacigalupo 2007:24.

92 Grebe 1998:61.

93 Course 2012:13.

94 Marileo 2000:112.

95 Grebe *et al.* 1972, Marileo 2000, Bacigalupo 2007:47–50, 68.

96 Course 2011:28, 104.

Abgesehen von dieser allgemeinen Grundorientierung der verschiedenen Welten und einer räumlichen Orientierung entlang den vier Himmelsrichtungen, differieren die Vorstellungen vom Aufbau der Welt je nach Region. In der Küstenregion der Lafkenche spielt naturgemäß das Meer eine große Rolle, während für die Pewenche in der Kordillere die Vulkane und Berge mehr Bedeutung bekommen. Wesentliche Unterschiede lassen sich auch bei den Williche auf der Insel Chiloé ausmachen sowie auch bei argentinischen Mapuche jenseits der Kordillere. Hier gehen die Unterschiede auch auf die sog. Araukanisierung der östlichen und südlichen Gebiete zurück, wo eine Transformation der autochthonen Kulturen durch die Ausdehnung der Mapuche auf diese Gebiete durch Handel und Jagd stattfand.[97] Ohnehin ist eine starke Individualisierung der religiösen Traditionen auch im sibirischen Kontext ein Merkmal des Schamanismus. Es entwirft daher u. U. jede *machi* ein eigenes, individuelles Weltbild und es können sich immer neue Schulen heraus bilden.[98]

Gleichzeitig kann eine zunehmende Angleichung der verschiedenen regionalen Unterschiede vermerkt werden, die mit der Herausbildung einer Pan-Mapuche-Identität zu tun hat. Diese ist stärker als früher von intellektuellen Ausprägungen und politischen Forderungen bestimmt und weniger von althergebrachten Traditionen. Aufgrund von Zusammenarbeit und Zusammenschlüssen mit Angehörigen anderer Ethnien der Amerikas und der Welt und deren Suche nach Gemeinsamkeiten, finden auch über diese internen Transformationsprozesse hinaus kulturelle Anpassungen statt. Besonders urbane Mapuche in der Hauptstadt Santiago de Chile feiern bspw. das *we tripantü* gemeinsam mit Aymara, Quechua u. a., die ebenfalls ein Wintersonnenwendfest (Inti Raymi, Willka Kuti) begehen, und schaffen so die Voraussetzungen für die Herausbildung synkretistischer Traditionen.

Ein zentrales Konzept im Weltbild der Mapuche ist das *newen*.

In diesem Konzept kommt der überaus starke Bezug zur belebten Umwelt zum Ausdruck. Der Begriff kann als »Kraft«, »Energie«, »Wirkungsvermögen«, »Ausstrahlung«, »Dynamik« übersetzt werden, ist jedoch immer multidimensional gemeint. Er kann sowohl im Plural als auch im Singular gedacht werden, sowohl Gegenstände (Steine, Pflanzen etc.) und Orte (Vulkane, Flüsse) der natürlichen Umwelt bezeichnen als auch unsichtbare, nicht materialisierte, spirituelle Wesen bis hin zu den Gottheiten. Im Begriff *newen* kommt die Auffassung der Mapuche von der konstitutiven Lebenskraft zum Ausdruck.[99] Die Bezugnahme auf dieses Konzept ragt auch in den politischen Bereich hinein, indem politische Aktivisten und indigene Intellektuelle den Begriff neu interpretieren, wie man u. a. am Beispiel von urbanen Graffitis im Zusammenhang mit politischen Helden der Mapuche erkennen kann.[100]

---

97 Bengoa 2000:54–60, Münzel 1985:127.

98 Siehe Bacigalupo 2007, Schindler 2003.

99 Course 2012:2, Schindler 2013/II:212–214.

100 Auch auf diese zunehmende Ausweitung des Konzepts *newen* hat Schindler 2013/II.212–213 hingewiesen.

Abb. 7: Graffito an einer Ziegelmauer in Temuco, Südchile: Der zum Kriegshelden (*weichafe*) gewordene, von Sicherheiskräften erschossene Alex Lemún, neben ihm der Schriftzug *newen*.[101]

Ein weiteres Konzept, das ebenfalls auf Eigenschaften von Gegenständen verweist, ist *pillan*. Der Begriff wird sehr häufig im Zusammenhang mit rituellen Gegenständen oder Objekten mit ritueller Funktion oder Aufgabe verwendet. Er bezeichnet beispielsweise ein rituelles Messer, den Ritualplatz oder auch Vulkane, die von Geistwesen bewohnt werden, die schon erwähnten jungen und alten Götterpaare oder natürliche Elemente wie Feuer oder Blitze.[102] Der Begriff *pillan* scheint auf die jenseitige Welt (*wenumapu*) bzw. genauer auf die jenseitigen Anteile oder Eigenschaften der Gegenstände und Wesen der diesseitigen Welt zu verweisen. Der Begriff versieht diese Gegenstände und Wesen mit einer zusätzlichen Qualität. Dass

---

101 Foto Bieker 2005. Die übrige Beschriftung lautet übersetzt: »Die Union brüderlicher Fäuste stärkt den Widerstand. Die gegenseitige Unterstützung der Unterdrückten gibt der Solidarität einen Inhalt.«

102 Catrileo 2006b:444, Montecino 2003:366–367, Schindler 2006b:84–86, Moesbach 1998 [1944]:208–210.

pillan neben dieser sehr abstrakten Begrifflichkeit auch in sehr personalen und dinglichen Aspekten gedacht wird, verdeutlicht der folgende Eintrag in einem Glossar:

> pillan/pillañ: Als Adjektiv in der Bedeutung »heilig«, als Substantiv in der Bedeutung »Vulkan«. Name für eine Gottheit, die die Fruchtbarkeit der Felder und Tiere überwacht. Der → *Pillan* kann auch ein toter Krieger sein, der seinen Kampf in der Luft fortführt. Wenn der → *pillan* über das Benehmen der Menschen erzürnt ist, kann er Überschwemmungen, Meerbeben und auch andere Katastrophen hervorrufen. – Je nach Sprecher schwankt die Orthographie. Die jüngeren Mapuche sprechen das Wort nicht mehr mit einem ñ am Ende aus.[103]

Ähnlich komplex ist auch ein drittes Konzept, das als Gegenstück dazu betrachtet werden kann: *wekufü*, die eher mit negativen Geschehnissen assoziierte Kraft. Sie ist Ursache für Krankheiten und Tod. Um physisch in Erscheinung zu treten verbindet sie sich etwa mit Wasser oder Luft und tritt dann z. B. als atemraubender Wind in Erscheinung.[104] Möglich ist aber auch, dass *wekufü*-Geister in Gestalt von nackten Frauen auftreten, die in der Nacht umherspazieren oder sie dringen als unsichtbare Pfeile in die menschlichen Körper ein und lösen dort ein Übel aus.[105] Diese Krankheiten können gemäß dem Weltbild der Mapuche ausschließlich von *machi* geheilt werden, da die westliche Medizin die Ursachen nicht erkennt. Wie stark auch das soziale Zusammenleben bei den Mapuche von Vorstellungen um die Existenz von *wekufü* geprägt ist, mag die folgende Erzählung verdeutlichen:

> An Orten, wo unterirdische Reichtümer begraben sind, lässt der Huecuve Tiere zurück, die diese hüten, so dass sich dort Stiere, Schlangen oder Pferde finden können. Es geschah, zum Beispiel, dass in Roble Huacho – nahe bei Temuco – an dem Ort wo die Riten und Feste der Mapuche stattfinden, ein Mann in der Nacht vor einer Eiche verweilte. In diesem Moment erschien ein wütender Stier, der Mann versuchte, ihn mit dem Lasso zu fangen, aber das Tier versank im Baum und der Mann entdeckte an der Spitze des Lassos das Vergrabene, das der Stier behütet hatte: es handelte sich um ein Gefäß voller Silber. Der Mann verschwand aus Roble Huacho, denn niemand kann an dem Ort bleiben, an dem der Schatz gefunden wurde, weil alle wissen, dass der Reichtum, den man nicht durch Arbeit erlangt, vom Huecuve gegeben wurde.[106]

---

103 Catrileo 2006b:444. Mit der Forschungsgeschichte zum Begriff beschäftigte sich auch Böning 1995 [1974]:13–108. Vgl. dazu Schindler 2006b.

104 Münzel 1985:123, Marileo 2000:99.

105 Montecino 2003:239.

106 »*En lugares donde hay riquezas enterradas, el Huecuve deja animales que las cuidan, de ese modo allí se pueden encontrar toros, culebras o caballos. Ocurrió, por ejemplo, que en Roble Huacho-en las cercanías de Temuco-en el sitio donde se realizan los ritos y celebraciones mapuches, un hombre se detuvo por la noche frente a un roble. En ese instante apareció un toro rabioso, el hombre intentó lacearlo, pero el animal se hundió dentro del árbol y el hombre descubrió en la punta del lazo el entierro que cuidaba el toro: se trataba de una vasija llena de plata. El hombre desapareció de Roble Huacho, pues nadie puede permanecer en el sitio donde encontró el tesoro, porque todos saben que la riqueza que no llega por trabajo es entregada por el Huecuve*« (Montecino 2003:239–240).

Neben solchen eher personifizierenden Beschreibungen wird der Begriff *wekufü* jedoch auch als Adjektiv gebraucht, ist dann also eine Eigenschaft, die verschiedene Wesen haben können. Zum Verständnis dieser komplexen Konzepte kann hilfreich sein, sich zu vergegenwärtigen, dass der Gegensatz zwischen Gut und Böse für die Mapuche vermutlich erst von christlichen Missionaren übernommen wurde, und zunächst keine tragende Rolle für das Weltbild spielte. So können *newen, pillan* oder *wekufü* sowohl schädliche als auch wohltuende Wirkung haben.[107]

In der Welt der Menschen leben auch kleine Wesen aus Licht, die sog. *anchimallen.* Sie führen Böses im Schilde und werden deshalb bisweilen auch als *wekufü* bezeichnet. Sie stehen in einer engen Beziehung zu den bösen Hexen (*kalku*), ja, sie werden sogar von ihnen erschaffen, damit sie ihnen als Helfer zur Verfügung stehen. Die kleinen Wesen ernähren sich vom Blut der Menschen und wenn sie hungrig sind, weinen sie wie Kinder.[108] Sie entstehen aus den Knochen von Verstorbenen, deren Seelen von Hexen abgetrennt wurden. Das kann besonders leicht bei verstorbenen Kindern passieren, die auf dem Friedhof beerdigt wurden. Deshalb wurden Kinder früher lieber in der Nähe des Hauses beerdigt.[109] Die *kalku* genannten Hexen (span. brujos) verfügen grundsätzlich über dieselben Fähigkeiten und Kräfte, wie die *machi* auch, verbünden sich aber mit den *wekufü* und setzen dies zum Schaden der Menschen ein. Ähnlich wie die *anchimallen* zielen auch die *witranalwe* auf das Verderben der Menschen. Sie erscheinen als ein Mann, der auf einem weißen Pferd reitet und überreich mit Silberschmuck bedeckt ist. Er trägt nichts zum Überleben der Menschen bei, sondern ernährt sich im Gegenteil auf ihre Kosten.[110] Auch die *witranalwe* (bei Course »cowboy demons« genannt), werden von Hexen aus Knochen erschaffen und an reiche Landbesitzer, die sie zum Hüten ihrer Tierherden in der Nacht einsetzen, verkauft. Die *witranalwe* haben einen unstillbaren, zunehmenden Hunger nach Blut, der so groß wird, dass sie am Ende auch ihre Besitzer und seine Familie töten.[111] Course kategorisiert diese Geistwesen in Anlehnung an den Begriff *nonhuman persons* aus der Nordamerikanistik der 1960er Jahre und der neueren Animismusdebatte als *nonperson humans*,[112] da für ihn das entscheidende Merkmal die fehlende Soziabilität dieser menschenartigen Wesen ist.

Als ein weiteres Konzept im Weltbild der Mapuche können die *ngen* angesehen werden, die zwar bereits 1915 erstmals erwähnt wurden,[113] aber lange in der wissenschaftlichen Diskussion nicht beachtet wurden. Erst seit den 1990er Jahren erfolgte eine wissenschaftliche Kategorisierung.[114] Es handelt sich dabei um die Vorstellung von Gebietern oder Gebieterinnen einzelner Teile der natürlichen Umwelt.

---

107 Schindler 2013/II:213 und 2003:93, Foerster/Gundermann 1996:198, Bacigalupo 2007:24.

108 Montecino 2003:45, Titiev 1951:112.

109 Faron 1967:233, 238.

110 Foerster/Gundermann 1996:198.

111 Course 2011:34f.

112 Course 2011:32–35.

113 Augusta 1916:59.

114 Grebe 1993–94:63, Schindler 2013/II:232. Siehe auch Course 2012:10, wo die *ngen* mit *püllü*, einem spirituellen Bestandteil des Menschen, gleich gesetzt werden.

Das Mapudungun-Wort *ngen* bezeichnet zunächst nur den Status als Eigentümer, drückt jedoch auch Fürsorge aus.[115] María Esther Grebe spricht sogar von einem Subsystem in der Religion der Mapuche und beschreibt die Herrengeister der Natur folgendermaßen:

> In den *ngen* wohnen die Kräfte der wilden Natur, die mit dem Jagen und Sammeln, ihren Pflanzen und Tieren, die ihre ungezähmte Welt bevölkern, assoziiert sind. Die Aufgabe dieser Geister ist es, das Leben, Wohlergehen und die Fortdauer der natürlichen Phänomene in ihren spezifischen ökologischen Nischen, für die sie zuständig sind, zu beschützen und zu bewahren. Daher erzeugt das Subsystem der *ngen* die Prinzipien einer ursprünglichen Ethnoökologie, mit der es zum Gleichgewicht der Umwelt beiträgt, indem es die übermäßige Ausbeutung oder Raubbau der natürlichen Ressourcen wie auch ihre Verschmutzung vermeidet.[116]

Wie Grebe selbst indirekt andeutet, könnte es sich hierbei um eine Anpassungserscheinung handeln, die nicht nur an die zeitgenössischen Debatten um Umweltschutz anschließt, sondern darüber hinaus auch dem Schulterschluss mit anderen Indigenen der Amerikas (etwa im Amazonasgebiet) dienen soll. In den späten 1980er und frühen 1990er Jahren wurden durch die politischen Umbrüche in Chile auch Mapuche erneut mobilisiert, was auch besonders im Zusammenhang mit dem 1993 verabschiedeten Indigenengesetz zu sehen ist.[117] Die ethnografischen Daten aus dieser Zeit, die der Studie von Grebe zugrunde liegen, sind vermutlich nicht als allgemeingültig für die Mapuche anzusehen, sondern eher auf ein spezifisches Interesse bei der Forscherin wie auch bei Ihren Gesprächspartnern zurückzuführen. Dennoch kann vermutlich davon ausgegangen werden, dass die Vorstellungen von den betreffenden lokalen Herren- oder Schutzgeistern auch schon zuvor existierten, aber eben nicht als Kategorie im Weltbild der Mapuche zusammengefasst wurden. Vielmehr wurde wohl auf mehr oder weniger beiläufige Art und Weise der Herr des Flusses beim Überqueren desselben angerufen oder der Herr des Viehs bei der Suche nach verirrtem Vieh um Hilfe gebeten.[118]

Der Bezug auf die Welt (*mapu*, wo der die Menschen gemeinsam mit anderen Wesen leben) kommt in der Selbstbezeichnung der Mapuche, die häufig als »Menschen der Erde« übersetzt wird, zum Ausdruck. Im folgenden Abschnitt möchte ich der Frage nachgehen, was bei den Mapuche konkret mit der Vorstellung von *che*, dem Menschen, verbunden ist.

---

115 Grebe 1993–94:50, Bacigalupo 2007:23, 156, Schindler 2013/II:232, Course 2011:31.

116 »*En los ngen residen las potencias de la naturaleza silvestre, asociadas a la caza-recolección, a sus plantas y animales que pueblan su mundo indómito. La misión de estos espíritus es cuidar y preservar la vida, bienestar y continuidad de los fenómenos naturales en nichos ecológicos específicos a su cargo. Por tanto, el subsistema de los ngen genera los principios de una etnoecología nativa, contribuyendo al equilibrio del medio ambiente, evitando tanto la explotación excesiva o depredación de los recursos naturales como también su contaminación*« (Grebe 1993–94:47–48).

117 *Ley Indígena*, Nr. 19.253. Siehe auch Mallon 2005:180–183 und Höhl 2015:201–205. Für eine kritische Einordnung des Indigenengesetzes und seiner Auswirkungen auf lokaler Ebene siehe z. B. CEPAL 2012.

118 Siehe Beschreibungen davon bei Schindler 2013/II:233–235.

5 Individualität und Verwandtschaft

In der Vorstellung der Mapuche hat der menschliche Körper eine geistige Dimension, die als *püllü* bezeichnet wird. Dieses bleibt im Körper, solange er am Leben ist, und es bestimmt den Charakter des Menschen, sein Denken und all seine geistigen Fähigkeiten. Beim Tod des Menschen löst sich sein *püllü* vom Körper und tritt die Reise in die jenseitige Welt (*wenumapu*) an.[119] Für die *machi* spielt dieser geistige Teil des Menschen eine besondere Rolle, weil er für sie die Verbindung zu den Geistern der Tiere (und damit den Hilfsgeistern) und zu ihren materialen Hilfsmitteln darstellt, wie Bacigalupo mit Bezug auf die *machi* María Cecilia schreibt: »*María Cecilia's* machi *spirit – her* machi püllü, *or* filew *(litterally, ›the knowledgeable one‹) – lived simultaneously in the wenu mapu; in María Cecilia's head, kultrun, and rewe; and in the spirit horse and sheep with whom she exchanged breath and blood.*«[120]

Stirbt die *machi*, kann ihr Geist sich dazu entscheiden, auf die Erde zurück zu kehren und sich einen neuen Körper zu suchen. In diesem Fall wird die auserwählte Person zunächst alle Symptome einer Berufung (siehe weiter unten) verspüren, sich krank fühlen usw., bis sie sich entscheidet, die Berufung anzunehmen.

Dem Menschen gehört noch ein weiteres geistiges Element an, das die Mapuche *am* (auch *loliñ* oder *alwe*) nennen. Es tritt beim Tode zutage und wird durch die Trauer und die Erinnerung der Hinterbliebenen in der Nähe des Grabes gehalten. Nach der Überzeugung einiger Mapuche kann es sich, wenn die Hinterbliebenen aufhören, sich zu erinnern, in *püllü* verwandeln und sich wie dieses auf den Weg ins Jenseits machen. Dabei kann es von einer *kalku* entführt werden und dann dazu gezwungen sein, in der Nähe der Menschen Unheil anzurichten.[121]

Forschungen zur Sozialstruktur bei den Mapuche betonen die Bedeutung der Verwandtschaft für das Verständnis vom Menschen (*che*). Demnach sind Merkmale der individuellen Abstammung (*küpal*), wie z. B. Aussehen, Beziehungen zu Geistern, soziale Fähigkeiten und moralisches Verhalten, für die Konstituierung der Person wesentlich und zwar vor allem in einer patrilinearen Abstammungslinie. Neben der Blutsverwandtschaft werden soziale Beziehungen durch reziproken Gabentausch errichtet und sind für die Herausbildung einer sozialen Identität eines Mapuche von grundlegender Bedeutung.[122]

Diese Beziehungsebene spiegelt sich in allen Bereichen der Gesellschaft wider. Auf ihr beruht bspw. auch das Wirtschaftsmodell, das in Form der sog. Halbpacht[123] ökonomische Beziehungen etabliert, die stets als langfristige Beziehungen von hoher gegenseitiger Verbindlichkeit gedacht werden. Magnus Course knüpft mit seiner Betonung eines Identitätskonzepts, das auf Abstammung, sozialer Ähnlichkeit

---

119 Montecino 2003:372.
120 Bacigalupo 2007:82.
121 Montecino 2003:43, Bonelli 2019:73.
122 Course 2007:80–81.
123 Siehe dazu z. B. Stuchlik 1976.

und Austausch beruht, an Konzepte aus dem Amazonasgebiet an und beschreibt das Konzept von der Person folgendermaßen:

> *Mapuche personhood could accurately be described as centrifugal, a constant movement outward, both in metaphorical terms of genealogical proximity and in the literal meaning of geographical space.*[124]

Dabei ist dieses Menschenbild der ständigen Erweiterung trotz – oder vielleicht gerade wegen – seiner starken Ausrichtung auf soziale Beziehungen, nicht allein an der Gemeinschaft orientiert, sondern durchaus auf Individualität ausgerichtet:

> *[...] it seems to me that for the Mapuche at least, the notion of an autonomous individual who enters social relations through his or her own volition is just as applicable as it is anywhere in the Western world. [...] I suggest, that this is not the result of contact with colonialism, Christianity, or capitalism but a genuinely indigenous aspect of the Mapuche concept of the person.*[125]

Dieser hohe Wert der Individualität zeigt sich in vielen verschiedenen Facetten und reicht auch in die religiöse Sphäre hinein. Die Tendenz zu sehr stark individualisierten Weltbildern und Vorstellungen von Gottheiten wurde oben bereits angesprochen. Im Zusammenhang mit den gemeinschaftlichen Ritualen lässt sich dies ebenfalls feststellen, wie weiter unten noch ausgeführt wird. Zuvor komme ich hier jedoch auf das Ende einer Person zu sprechen und die rituellen Umgangsweisen mit dem Tod, da sich in ihnen sehr deutlich das Menschenbild der Mapuche zeigt.

In früheren Zeiten führten die Mapuche offenbar sofort nach dem Tod eine Autopsie des Leichnams durch, um festzustellen, ob es Verletzungen der inneren Organe und Anzeichen für die Einwirkung eines bösen Geistes gab.[126] War dies der Fall, konnte die *machi* mithilfe eines Pulvers, das aus der Galle des Toten durch Verbrennung derselben gewonnen wurde, herausfinden, was und wer die genaue Ursache für den Tod gewesen war. Heute werden die Toten nur gewaschen und mit dem Kopf Richtung Osten innerhalb des Hauses aufgebahrt, einige Kerzen werden aufgestellt. Die Angehörigen und wichtige Autoritäten des *lof* kommen im Haus des Verstorbenen zusammen und besprechen die Art und Weise der Bestattung. Dabei wird es vermieden, den Namen des Toten auszusprechen, da man davon ausgeht, dass dies sein *am/püllü* in der Welt der Menschen zurück halten könne. Will man ihn im Gespräch erwähnen, so benutzt man die jeweilige Verwandtschaftsbezeichnung. Es folgt eine Totenwache, das Einsargen des Leichnams, in vielen Fällen auch ein katholisches Ritual durch den Priester und, nachdem auch von weiter her angereiste Bekannte und Verwandte eingetroffen sind, ein sog. *eluwün*, bei dem das gegenseitige Versorgen mit Speisen und Getränken, das nach bestimmten sozialen Regeln verläuft und das dem Verlauf beim *ngillatun* sehr ähnlich ist, im Vordergrund steht. Die eigentliche Verabschiedung des Verstorbenen (»das Wegschicken

---

124 Course 2014:149. Siehe auch Course 2011:64–67.
125 Course 2011:111.
126 Course 2011:92–93.

seines Geistes«) erfolgt im sog. *amulpüllün.*[127] Dies beinhaltet, dass am Sarg des Toten Ansprachen gehalten werden, die den sozialen Status des Verstorbenen in seiner Verwandtschaftsgruppe betonen und die dafür sorgen sollen, dass der Geist des Toten sich auf seinen Weg ins Jenseits begibt. Schließlich wird der Sarg auf einem Friedhof beerdigt und ohne weiteres Aufhebens zurück gelassen. Nach Ansicht von Magnus Course sind das Bankett und die Trauerreden die beiden wesentlichen Bestandteile des gesamten Ablaufs, denn sie beenden den sozialen Status des Verstorbenen. Er hört auf, Teil der (Verwandtschafts-)Gruppe zu sein, was Course das »*finishing of a person*« nennt, das rituelle Beenden der Individualität.[128]

6 Gemeinschaftliche und individuelle Rituale

Man kann zwischen dem Schamanenamt als religiösem Spezialistentum einerseits und dem gemeinschaftlich geteilten religiösen Leben, in dem auch weitere Personen ihre spirituellen Aufgaben erfüllen, unterscheiden. Sehr häufig stehen sie – ähnlich der Schamanin – in einer direkten Beziehung zur geistigen Welt. Zwischen dem Bereich der individuellen Rituale der *machi* und demjenigen der gemeinschaftlichen Feste und Rituale existieren zwar zahlreiche Berührungspunkte und Gemeinsamkeiten, wie z. B. eine grundsätzliche Ausrichtung der rituellen Aktivitäten nach Osten, aber sie können sehr gut getrennt voneinander beschrieben werden, was im Folgenden geschehen soll.

6.1 Die *machi* und ihre Rituale

Am Beginn des religiösen Spezialistentums der *machi* steht ihr Berufungserlebnis, das in jedem Lebensalter und sowohl als einzelnes Geschehnis als auch als ein sich über einen längeren Zeitraum hinziehender Verlauf von statten gehen kann. In vielen Fällen geht das Amt von der (verstorbenen) Großmutter auf ihre Enkelin über oder wird innerhalb der Familie weiter gegeben. Die Eltern bemerken oft ein gesteigertes Interesse ihres Kindes für die Handlungen der *machi* und eine spontane Nachahmung ihrer Rituale. In der Regel bemerkt das junge Mädchen als erstes ein Krankheitsgefühl, das andauert oder häufig wiederkehrt. Sie kann Fieber haben, Lähmungserscheinungen, vorübergehend das Augenlicht oder das Gehör verlieren, an Schlaflosigkeit leiden oder Schaum vor dem Mund haben.[129] Sodann hat sie Träume, in denen ihr die Ursache ihres Zustandes zu erkennen gegeben wird. Meist

---

127 Siehe dazu auch sehr ausführlich und mit Auszügen aus den Ansprachen Schindler 2013/II:344–351, Course 2007 sowie Stuchlik 1976:144–150. Dieses »Wegschicken des Geistes« kann auch in Heilungsritualen der machi eine Rolle spielen und wird dann nicht in Form von Ansprachen ausgeführt, sondern mithilfe von Reitern, die bspw. das Haus des Kranken umrunden (Faron 1964:59).

128 Course 2011:92–109.

129 Alonqueo 1979:158, Bacigalupo 2007:31.

erhält sie weitere Anweisungen in ihren Träumen, etwa bzgl. der Ausbildung, des Lebensstils oder der rituellen Gegenstände. Sobald sie diese Anweisungen befolgt, wird ihr Gesundheitszustand sich sofort bessern. Möglich sind im weiteren Verlauf zwei Ausbildungswege:

Die junge Aspirantin wird zur Assistentin einer älteren, erfahrenen *machi* und erlernt von ihr den Umgang mit der Trommel, die Heilmethoden, das Beherrschen der Trance etc. bis sie sich eines Tages im Rahmen einer Initiationsfeier (*machiluwün*) ihrer Ritualgemeinschaft oder ihrer *Comunidad Indígena* »vorstellt«. Bei dieser Feier verbindet sie sich mit den Tieren (häufig ein Pferd), deren Geister ihr zukünftig bei ihren Seelenreisen und dem Kampf gegen böse Mächte helfen werden. Diese Verbindung wird durch den Austausch von Körpersubstanzen wie Speichel, Atem oder Blut hergestellt. Die mehrtägige Initiationsfeier ist zugleich eine Art Prüfung, denn die junge *machi* muss ihre Fähigkeit, willentlich in eine Trance einzutreten und sie wieder zu verlassen, sowie auch ihre Tanz-, Trommel- und Gesangskünste beweisen. Erst wenn die Geister, die Ausbilderinnen und die Bewohner der *Comunidad Indígena* von ihren Fähigkeiten überzeugt sind, kann sie ihr Amt als *machi* ausüben.[130] Zwischen der Initiandin und ihrer Ausbilderin wird eine körperliche Verbindung durch den Austausch von Blut geschaffen und die neue *machi* gehört fortan der Schule ihrer Ausbilderin an.[131]

Die Ausbildung kann jedoch auch in direkter Kommunikation mit den Gottheiten erfolgen, die der neuen *machi* alle nötigen Informationen eingeben. Dies ist häufig der Fall, wenn die Berufung zu einem fortgeschrittenen Zeitpunkt im Lebenslauf erfolgt. Direkt initiierte *machi* gelten als mächtiger, stehen aber auch bisweilen im Verdacht, Hexer zu sein.[132] Auf welche Weise diese direkte Unterweisung geschehen kann, hat Helmut Schindler sehr eindrücklich am Beispiel des männlichen *machi* Elias Troncoso beschrieben.[133] Seine körperlichen Fähigkeiten veränderten sich plötzlich, die ganze Welt erschien ihm in Blau. Die Gottheiten schickten ihm Reittiere (Kondor und Pferd), die ihn auf seine Jenseitsreise forttrugen, so dass er vertieftes Wissen über die Welt erlangte, das den übrigen Menschen verborgen ist. Den Verlauf einer solchen Jenseitsreise hat auch Inez Hilger dokumentiert: Zwei geistige Wesen in Menschengestalt forderten den Novizen auf, die alten Riten auszuführen, für die Durchführung des *ngillatun* zu sorgen und die Kranken zu heilen. Sie zeigten ihm die vier Enden der Welt, gaben ihm die Blüten der *copihue* (Lapageria rosea) zu essen und lehrten ihn die Verwendung der Heilkräuter.[134]

Die Jenseitsreise ist ein zentrales Merkmal der schamanischen Ausbildung und Praxis, denn hier erlangen die Schamaninnen ihr Wissen, knüpfen ihre Netzwerke zu den Schutz- und Hilfsgeistern und erlernen die spirituellen Fähigkeiten, die für ihre Rolle als Vermittler zwischen den Welten notwendig sind. Gleichzeitig ist die

---

130 Bacigalupo 2007:82–87, Métraux 2001 [1942]:233–246.
131 Métraux 2001 [1942]:238, 241.
132 Bacigalupo 2007:28.
133 Schindler 2003:83–96, 2006a:73–91.
134 Hilger 1957:112–113.

Jenseitsreise auch eine Quelle für religiöse Innovation auf lokaler Ebene, wie am Beispiel des eben erwähnten Elias Troncoso ersichtlich ist, denn seine Gottheit trägt einen Namen, der sonst nirgends bekannt ist, aber namentlich an ein Wort aus dem Quechua angelehnt ist, und hat Eigenschaften, die sehr stark an religiöse Traditionen des Christentums erinnern.[135]

Im Fall einer *machi*, die den Weg der Ausbildung durch eine ältere Schamanin gehen will, müssen beträchtliche Mittel für die Ausbildung aufgebracht werden, denn die Lehrmeisterin muss bezahlt werden und die Ausbildung erstreckt sich über mindestens ein Jahr. Zudem muss sie bereits während der Ausbildung als Heilerin aktiv sein, was sehr zeitaufwändig ist und bei schulpflichtigen Mädchen zum Problem werden kann. Zudem fällt der Kauf (oder Tausch) eines Tieres (meist ein Pferd) an, mit dem die *machi* sich durch den Austausch von Atemluft, Speichel und Blut verbindet[136] und das zu ihrem Schutzgeist (*filew*) wird. Schließlich müssen auch die rituellen Gegenstände, die die *machi* benötigt, gekauft werden.

Zu den wichtigen Paraphernalia gehören vor allem die Trommel (*kultrung*) und der Kultpfahl/axis mundi (*rewe*). Dabei handelt es sich um einen aufrecht stehenden Holzstamm mit Einkerbungen, die es der Schamanin ermöglichen, hinauf zu klettern. Auf dem Pfahl stehend versetzt sie sich mithilfe der Trommel in Trance. Möglicherweise ist er ein Sinnbild für die spirituelle Reise zur oberen Himmelswelt. Die Kontaktaufnahme mit dem Schutzgeist wird häufig als ein Akt des gegenseitigen Verführens und Verführtwerdens beschrieben und die Beziehung zwischen *machi* und den Geistern als erotisch oder sexualisiert eingeordnet.[137] Trommel und Kultpfahl werden nach den individuellen Vorgaben der *machi* eigens für sie angefertigt und gehören zu ihr bis eine rituelle Erneuerung (*ngeykurewen*) notwendig wird. Im Fall des *rewe* ist dies im Abstand von wenigen Jahren der Fall, da das Holz verwittert. Ersetzte Kultpfähle und diejenigen verstorbener *machi* werden entweder verbrannt, mit der *machi* begraben[138] oder an einem geeigneten Ort dem Verrottungsprozess ausgesetzt.[139]

Die *kultrung* ist eine hölzerne Kesseltrommel von verschiedener Größe (häufig mit einem Durchmesser von ca. 40 cm), die in einem Stück aus dem Holz von Lorbeerbäumen oder Eichen geschnitzt wird. Sie wird mit einer beliebigen Tierhaut bespannt, die häufig – aber nicht immer – auf der Vorderseite bemalt ist und auf der Rückseite mit Riemen oder (Rosshaar-)Schnüren netzartig verknotet wird. Auf der Außenseite des Kesselbodens wird ein Lederriemen als Griff angebracht, mit dessen Hilfe die Trommel mit einer Hand gehalten werden kann, während die andere Hand mit einem Schlegel aus Holz oder Bambus die Trommel schlägt. Der Schlegel ist am Kopf mit einer Wollpolsterung versehen, so dass die Töne eher tief und dumpf klingen.[140]

---

135 Schindler 2006a:105.

136 Bacigalupo 2007:82–87

137 Bacigalupo 2007:87, Augusta 1910:310–311, Métraux 2001:255. Zu Genderaspekten des Schamanismus bei Mapuche siehe Bacigalupo 1994, 2007.

138 Böning 1978:827.

139 Bacigalupo 2007:55.

140 Böning 1978:824.

Die Bemalungen der Trommelmembran sind in verschiedenen Farben und Mustern gehalten, von denen viele bei Mapuche in Chile und in Argentinien immer wieder auftreten und Symbolcharakter haben.[141] Für die Mapuche sind die Farben Rot, Blau, Gelb, Schwarz und Weiß von großer Bedeutung. Sie finden sich nicht nur auf der Trommelmembran, sondern auch in Kleidungsstücken, Flaggen, Graffiti und so weiter. Aufgrund dieser Farbsymbolik, den grafischen Darstellungen (die nach Ansicht mancher Autoren Sonnen und Monde repräsentieren[142]) und anhand ihrer Form als Halbkugel kann die Trommel als Repräsentation des Weltbildes der Mapuche wie oben beschrieben verstanden werden.[143] Böning hat mit Nachdruck darauf hingewiesen, dass die sich kreuzenden Linien, von denen in der Literatur häufig gesagt wird, sie repräsentierten die vier Himmelsrichtungen, diese Bedeutung nur in der horizontalen Lage der Trommel nahelegen. Die *machi* hält die Trommel jedoch häufig mit einer Hand in die Höhe, so dass die Membran in eine senkrechte Position kommt.[144] Auf einer abstrakteren Ebene stellt die Bemalung und die Trommel als Ganze aber nicht primär eine räumliche Aufteilung dar, sondern kann als ein genereller Verweis auf die Bedeutung der Zahl vier in der Kosmologie der Mapuche gelesen werden.

Erste Hinweise für die Ausgestaltung von Trommel und Kultpfahl erhält die *machi* bereits während ihrer Ausbildung in einem Traum oder sie werden von der sie ausbildenden *machi* festgelegt. Es wird ihr beispielsweise mitgeteilt, wie viele Stufen ihr *rewe* haben soll. Teilweise wird die Ansicht vertreten, dass die Anzahl der Stufen ein Hinweis darauf ist, wie mächtig die Schamanin sein wird und wie mächtig und zahlreich ihre Hilfsgeister sein werden.[145] Nach Bacigalupo ist die Anzahl der Stufen jedoch nur von der Agilität der *machi* abhängig, denn sie muss die Stufen hinauf steigen und ggf. wieder herab springen.[146] Der *rewe* wird vor dem Haus der *machi* errichtet und zwar vor der Eingangstür, die immer nach Osten ausgerichtet ist. Die Vorderseite mit den Stufen ist der Tür zugewandt und leicht nach hinten geneigt, so dass die *machi* hinaufsteigen kann. Böning erwähnt, dass beim Errichten des *rewe* einige Silbermünzen unterhalb des Stammes in die Erde gelegt werden.[147]

Noch ausgeprägter tritt der individuelle, persönliche Charakter bei den Trommeln hervor. Sie sind nicht nur in der Größe verschieden, sondern auch in der Bemalung der Bespannung sowie in den Gegenständen, die sie als Rasseln in ihrem Inneren enthalten. Dabei kann es sich um Steinchen, Heilkräuter, Stücke von Tierhaut, Glaskugeln, Münzen, Kohlestücke, Getreidekörner, Knöpfe oder andere Gegenstände handeln.[148] Die individuelle Zuordnung einer Trommel zur Schamanin geht

141 Abweichende Muster und Bemalungen siehe z. B. bei Schindler 1990:Abb. 99, 102, 291 (ganz ohne Bemalung), 293, 294.

142 Alonqueo 1979:224, Marileo 2000:96.

143 Grebe 2004:155.

144 Böning 1978:835–840.

145 Grebe *et al.* 1972:51, Böning 1977:934.

146 Bacigalupo 2007:55.

147 Böning 1977:934.

148 Siehe auch das Röntgenbild einer *kultrung* bei Schindler 1990:175.

so weit, dass von einer Einheit zwischen der *machi* und ihrer Trommel gesprochen werden kann:

> Ferner besteht zwischen der *machi* und ihrem *kultrún* eine Lebenseinheit. Kurz bevor die Membran der neuen Trommel über der Holzschüssel geschlossen wird, ruft der *kultrún*-Macher den Namen der *machi* in die Trommel hinein und die *machi* selber herbei. Diese beugt sich dann über das *kultrún* und ruft hinein: ›Hier bin ich! Hier bin ich! Mein Herz ist zufrieden‹. Wird das *kultrún* beschädigt, dann bangt die *machi* solange um ihre Gesundheit und ihr Leben, bis der Schaden behoben oder ein neues *kultrún* hergestellt ist.[149]

Heute werden die Trommeln in sehr großer Zahl hergestellt und auch für Touristen zum Verkauf angeboten. Die Trommel ist zu einem weitverbreiteten Symbol geworden, das zu kommerziellen, politischen und künstlerischen Zwecken verwendet wird.

Weitere Gegenstände, die in Ritualen verwendet werden, sind ein Tuch, mit dem die *machi* sich während der Trance das Gesicht bedeckt, und ein Ritualmesser (*pillan, kuchillo*[150]). Einige *machi* legen während der Rituale einen besonderen Kopfschmuck (Federschmuck) an. Die bronzenen Glöckchen (*kaskawilla*), die häufig von den Helferinnen oder von der *machi* selbst benutzt werden, werden mit dem Klang von Wasserfällen und Regen und mit jungen Frauen assoziiert, so wie die Rasseln (*wada*) und tönernen Krüge (*metawe*), in denen Opfergaben wie selbstgebrautes Weizen- oder Maisbier (*muday*) dargebracht werden. Mit jungen Männern sind dagegen Horn (*trutruka)* und Flöte (*pifüllka)* assoziiert[151], weshalb diese Instrumente nicht von Frauen gespielt werden.

Für die Mapuche allgemein aber im Besonderen für die *machi* spielen Träume (*pewma*) eine wichtige Rolle im alltäglichen Leben, denn sie geben Richtlinien für richtiges und falsches Verhalten. Sie sind unmittelbare Botschaften der Geister und offenbaren den Menschen Einblicke in Zusammenhänge, die sonst verborgen sind.[152] Auch die Vorfahren können über die Träume Kontakt aufnehmen. Es ist besonders wichtig, Träume, die man während der Nacht hatte, sofort am nächsten Tag mitzuteilen. Während das *püllü* aller Menschen sich im Traum in andere Welten begeben kann, kann nur die *machi* ihre Reisen bewusst lenken und sich auf die Suche nach verlorenen Geistwesen begeben. Visionen (*perimontun*), die auch am Tag auftreten können, werden häufig einem bösen Geist zugeordnet und sind in etwa dem »susto*susto*« vergleichbar, den man in anderen süd- und mittelamerikanischen Gesellschaften kennt. Früh am Morgen, noch bevor die Sonne aufgeht, führt die *machi* vor ihrem Haus ihre Gebete (*pillantun*) aus und ruft mit ihrer Trommel die Geister herbei. In ihren Gebeten lobt sie die Gottheiten und bittet um Nachsicht für die Unzulänglichkeit der Menschen.[153]

---

149 Böning 1978:826.

150 Das Messer wird mit demselben Begriff bezeichnet, der auch im Weltbild eine wichtige Rolle spielt (siehe oben), was in der Vergangenheit zu Verwirrung geführt hat. Daneben ist auch das aus dem Spanischen übernommene Wort für Messer (*cuchillo*) üblich.

151 Bacigalupo 2007:58.

152 Foerster 2000:60, Schindler 2013/II:316–317, Pozo/Canio 2014:144–149.

153 Coña 2002 [1930]:368–370.

Schindler weist darauf hin, dass Visionen bei den Mapuche nicht durchgängig als positives Erlebnis gewertet werden, sondern durchaus als ein »Zeichen der Schwäche der Betroffenen« wahrgenommen werden können.[154] Vielleicht ist hierin der Grund dafür zu suchen, dass Berichte über die Verwendung von Drogen, wie sie z. B. im Amazonasgebiet üblich ist, für die Mapuche eher selten sind. Rosenbohm schreibt: »Bei den Mapuche (Chile) rufen vermutlich eine große Lobelienart (›Tupa‹ oder ›Tabaco del Diablo‹) und die Früchte eines riesigen Baumes, genannt Keule, Halluzinationen hervor«[155] und auch Bacigalupo erwähnt, dass halluzinogene Pflanzen wie Latúe (*Latua pubiflora*) oder der Gemeine Stechapfel (*Datura stamonium*) eingenommen werden. Allerdings dürfte die Haltung der Schamaninnen zur Einnahme von Drogen nicht einheitlich sein. Einige Schamaninnen vermuten, dass nur Hexen (*kalku*) diese benutzen würden, um mit ihrer Hilfe andere Menschen zu vergiften und Krankheiten zu verursachen.[156]

Mapuche unterscheiden bei den diversen Krankheiten (*kutran*) zwischen solchen, die körperlichen Ursprungs sind und solchen, die durch Einwirkung von spirituellen Wesen hervorgerufen werden. Außerdem können Krankheiten auch durch Gedanken hervorgerufen werden, also mentalen Ursprungs sein.[157] In solchen Krankheitsfällen wird manchmal auch von Hexerei (*kalkutun* oder *wekufütun*) gesprochen und zur Heilung werden in der Regel *machi* aufgesucht, da sie die einzigen sind, die die Hexerei bekämpfen können. Alle Krankheiten sind jedoch Ausdruck einer Störung, die das soziale Gefüge oder Gleichgewicht wie auch die individuelle Ausgeglichenheit betreffen kann. Nur bei der Einwirkung eines spirituellen Wesens oder Hexerei ist die Behandlung durch eine *machi* unbedingt notwendig, kann aber auch bei allen anderen Krankheiten in Anspruch genommen werden.[158] Sie kann in Form von einfachen Konsultationen erfolgen, bei der beispielsweise eine Urinschau vorgenommen wird, oder eine bestimmte Medizin (Heilkräuter) verabreicht wird. In schwierigen Fällen kann allerdings auch die Durchführung eines komplexen und aufwändigen Heilungsrituals (*machitun*) notwendig sein.

Die Bezahlung der *machi* erfolgt meist im Voraus, so dass sie in ihren Gebeten an die Gottheiten auf die Großzügigkeit des Kranken und seiner Familie hinweisen kann.[159] Tatsächlich sind die Kosten für ein solches Ritual sehr hoch. Beim *machitun* sind neben den Helferinnen der *machi* meist auch Familienmitglieder anwesend, um bei Gebeten und Gesängen zu unterstützen und mit Stöcken oder Hockeyschlägern den Raum über dem Kranken und der *machi* zu schützen.[160] Am offenen Feuer

---

154 Schindler 2013/II:236.

155 Rosenbohm 1991:115. Siehe auch Métraux 2001:258.

156 Bacigalupo 2007:55.

157 Zur besonderen Form der Hexerei durch Weiße, dem *Awingkamiento*, siehe Bacigalupo 2007:36–43.

158 Citarella (Hrsg.) 2000:133. Neben den *machi* sind auch weitere Heilkundige für die Heilung von natürlichen Krankheiten zuständig, wie z. B. *meicas*, *yerbateras*, *suerteros*, Parker 1992:62–79.

159 Métraux 2001:287–288, Coña 2002 [1930]:377, Bacigalupo 2007:33.

160 Siehe die Fotografie einer solchen (vermutlich gestellten) Szene in Housse 1939:216.

wird die Trommel vor Beginn des Rituals und auch zwischendurch immer wieder angewärmt, damit sich die Membran neu spannt. Für den Kranken bereitet man ein Lager aus Kräutern, Schaffellen und Wolldecken, so dass sein Kopf zur Tür des Hauses weist, die immer Richtung Osten liegt. *Foye*-Zweige, gebrauchte Kleidungsstücke und bei weiblichen Kranken auch der persönliche Silberschmuck werden für das Ritual im Raum platziert. Das Ritual kann mehrere Stunden oder sogar Tage andauern und beinhaltet meist Gesänge, Gebete, Rauch bzw. Räuchern, Trommeln, Aussaugen oder Abreiben mit Kräutern. Die *machi* ruft ihre Hilfsgeister herbei, damit sie ihr helfen mögen, die Ursache der Krankheit zu beseitigen. Ihre Gesänge und Gebete, der Rauch des Feuers, der Duft der Kräuter, ihr Kampf mit den Geistern, der einer theatralischen Performance gleicht, der dumpfe Klang ihrer Trommel und die Rasseln ihrer Helferinnen, all das zusammen mag auf die Dabeistehenden eine eindringliche Wirkung haben. Schließlich fällt die *machi* in Trance und während ihre Augen mit einem Tuch bedeckt sind und die Helferinnen kühles Wasser aus ihren Mündern über den Kopf der *machi* versprühen, sprechen aus ihrem Mund die Geister verstorbener *machi*. Anhand des Zustandes von Knochen, Blut und Schweiß können nun die sozialen Beziehungen des Patienten zu seiner Familie, aber auch zur spirituellen Welt und dem Kosmos betrachtet werden, um so die Ursache für die Krankheit zu finden. Dabei spielen die oben erwähnten Übersetzer (*dungumachife)* eine große Rolle, da sie die richtigen Fragen zu stellen wissen.[161]

Die Diagnosemethoden bei den *machi* variieren sehr stark und sind von Schule zu Schule verschieden. Nach Angaben von Helmut Schindler existierte in Arauco (*Región del Bío Bío*) eine Schule, in der die *machi* sich einen kleinen Stein in den Zeigefinger einwachsen ließen, um beim Abtasten der Kranken eine bessere Diagnose stellen zu können.[162] Wie Métraux mit Bezug auf Berichte von Robles Rodriguez, Guevara u. a. erwähnt, erbitten die *machi* (hier allerdings in der Gegend um Temuco) bei der Initiation einer Neophytin für diese von den Geistern besondere, marmorierte Steine (*likan*), die sie als persönliches Werkzeug bei der Suche nach verschwundenen Gegenständen sowie bei der Behandlung von Kranken einsetzen kann.[163] Auch Tieropfer oder das Zu-sich-nehmen von Tierblut kann je nach Schwere der Krankheit während der Heilungszeremonie eine Rolle spielen. Sobald die *machi* aus der Trance zurückkehrt, kommt es darauf an, dass die Dabeistehenden ihren ermüdeten Körper auffangen und sie mit dem Ritualmesser vor ihrer Stirn vor üblen Einflüssen schützen. Nach einem gemeinsamen Essen und einer Ruhepause können noch weitere Wiederholungen dieses Vorgangs folgen, falls der Zustand des Kranken das erforderlich macht.[164]

---

161 Bacigalupo 2007:62–63.

162 Persönliche Mitteilung von Helmut Schindler am 2.9.2019.

163 Métraux 2001 [1942]:243 und Guevara 1920:689–690, wo erwähnt wird, dass diejenigen *machi*, die einen solchen marmorierten Stein im Wald finden, über besondere Fähigkeiten im Aufspüren von Hexerei verfügen.

164 Diese Beschreibung des *machitun* folgt im Wesentlichen den Angaben von Bacigalupo 2007:60–62, 71–76, Citarella (Hrsg.) 2000:81–87 und 187–190, Schindler 1990:69, Noggler 1973:117–119, Titiev 1951:115–117.

Bestandteil eines *machitun* kann auch ein Ritt um das Haus des Kranken herum sein, dessen Bedeutung Faron folgendermaßen beschrieben hat:

> *One method, already mentioned, is the staging of amulpellun, an encirclement of the house by riders who try to drive away the spirit. If the spirit shows no signs of having departed, it is felt that it might have been captured by a kalku. Resort is then made to the services of a machi, who grapples with the forces of evil in order to rescue the spirit before it is itself converted into a malevolent being, a ghost. If the case is considered hopeless, if it is felt that the spirit is irrevocably in the clutches of a kalku, the members of the household again consult a machi who advises them about the performance of certain magical acts which will protect them. There ensues a period of uneasiness, until one of the members of the household actually sickens and dies or until dreams and other omens indicate that the danger has passed. An infallible omen is the flight of birds – hawks of the sun – at the propitious moment, and in one or another special direction.*[165]

Seit der Niederwerfung der südlichen Mapuche und der Gründung der Stadt Temuco (1883) lässt sich eine zunehmende Institutionalisierung der medizinischen Aufgaben der *machi* beobachten. In Padre Las Casas wurde bereits sehr früh – nur ca. 40 Jahre nach der sogenannten Pazifizierung der Araucanía und noch während die Vertreibungen der Mapuche von ihrem Grund und Boden anhielten, da man dort u. a. einen Flughafen baute – auch ein Krankenhaus »für die indigene Bevölkerung«[166] errichtet. Es wurde 1927 von der *Alianza Anglicana* (*Anglican Alliance*) gegründet und im Jahr 1999 an eine Stiftung namens »*Asociación Indígena para la salud Makewe-Pelale*« übergeben. In diesem Krankenhaus, das in einem ländlichen Sektor nahe Temuco liegt, in dem 90 % der Bevölkerung Mapuche sind, kooperieren *machi* und nach westlicher Schulmedizin ausgebildete Ärzte.[167] Heute existieren in der Hauptstadt Santiago de Chile wie auch in den Regionalhauptstädten der südlichen Regionen Apotheken und Krankenhäuser, in denen traditionelle Heilmittel und -methoden angewandt werden. Einige *machi* haben sich in kleineren Städten im Stil eines westlichen Mediziners niedergelassen.[168]

6.2 Gemeinschaftliche Feste und Riten

Bei den Mapuche sind die verschiedensten Anlässe für gemeinschaftliche Feste und Rituale üblich. Es kann sich z. B. um einen gemeinschaftlichen Hausbau (*rukatun*) handeln, die Einweihung eines Restaurants in der Stadt oder die Erneuerung eines

---

165 Faron 1964:59.

166 Citarella (Hrsg.) 2000:446.

167 https://hospitalmakeweblog.files.wordpress.com/2016/03/presentacion-norte.pdf (gesehen 15.6.2019), Ibacache 2009.

168 Einmal begleitete ich einen befreundeten Mapuche zu einem (männlichen) *machi* in der Kleinstadt Quepe. Mein Freund brachte dazu etwas Urin in einer Flasche mit in das Behandlungszimmer und bekam nach der Diagnose ein Beutelchen mit Kräutern, die er in Form von Tee zu sich nehmen sollte. Ana Mariella Bacigalupo (2007:193–196) erwähnt vergleichbare Vorgehensweisen, allerdings empfing der *machi* in diesem Fall die Patienten in seinem Haus, direkt am Kultpfahl (*rewe*).

Kultpfahls. Hier sollen drei wiederkehrende Feste genauer betrachtet werden: *ngillatun*, *we tripantü* und *palin*.

6.2.1 *ngillatun*

Das mit Abstand wichtigste und größte Fest bei den Mapuche ist das *ngillatun* (übersetzt: »bitten«, »beten«). Nicht nur die aus diesem Umstand resultierenden zahlreichen Studien und Beschreibungen des Festes sondern auch die Tatsache, dass die Durchführung des Festes und seiner Bestandteile auf lokaler Ebene sehr große Unterschiede aufweist, führen dazu, dass eine einheitliche Beschreibung kaum möglich ist. Hinzu kommen sprachliche Abweichungen, die den direkten Vergleich erschweren können. Im Bergland wird das Fest auch *kamarikun* genannt, was vermutlich von einem Quechua-Wort abgeleitet ist.[169] Die Mapuche feiern es nicht an einem festen Datum, sondern z. B. aufgrund eines Traumes oder einer Vision, der oder die die Notwendigkeit der Durchführung anzeigt. Früher war das Brüllen eines mythischen Bullen (*kürü toro*) ausschlaggebend, das manchmal so kraftvoll war, dass es eine Naturkatastrophe auslösen konnte.[170] Heute wird dieses Brüllen wohl kaum noch vernommen. Stattdessen wird das Fest entweder im Frühjahr oder im Herbst gefeiert, zur Zeit der Aussaat oder der Ernte. Womöglich findet in Chile zudem in den letzten Jahren eine Anpassung an die allgemeinen Ferien- und Urlaubszeiten statt, denn das Fest wird verschiedentlich auch im Hochsommer, also Dezember, Januar, Februar gefeiert. Es wird jedoch nur alle paar Jahre an demselben Ort durchgeführt, da es mit hohem Aufwand verbunden ist, sowohl in finanzieller als auch in organisatorischer Hinsicht.

Das Fest wird unter freiem Himmel gefeiert, auf einem dauerhaft dafür vorgesehenen Ritualplatz (*pillan lelfün* oder *trawüwe*), der über Generationen bestehen bleibt, und auf dem eine räumliche Anordnung der Riten, Tänze, Opfergaben usw. nach festen Regeln möglich ist.[171] Allerdings wurden seit den 1990er Jahren in einigen *Comunidades Indígenas* bestehende oder neu ausgewiesene Ritualplätze auf der Grundlage des *Ley Indígena* als solche geschützt und in den Rang eines »*sitio sagrado*« (»heiliger Platz«) erhoben.[172]

Möglicherweise wurde das Fest vor der Reduktionsphase[173] im familiären Rahmen gefeiert und hat sich erst danach zu einem Gemeinschaftsfest entwickelt, bei dem die landwirtschaftlichen Aspekte wie z. B. eine gute Ernte im Vordergrund

---

169 Schindler 1990:98, 2006b. Weitere Bezeichnungen für das Fest sind *rewetun, kawin* und *llellipun*. Course 2012:4.

170 Course 2011:144, Coña 2002:392.

171 Hilger 1957:148–149, Dillehay 1990:226.

172 Course 2011:119.

173 In Chile wurde bei der erzwungenen Ansiedlung der Mapuche in begrenzten Gebieten und der Zuteilung von sog. *titulos de merced* nicht von Reservationen sondern von Reduktionen gesprochen. Gemeint ist hier die Phase 1884–1919. Bengoa 2000 [1985]:355.

stehen.[174] Zwar existieren Beschreibungen eines großen Festes aus dem 16. Jahrhundert, allerdings ist unbekannt, ob es sich dabei bereits um einen Fruchtbarkeitsritus wie das heute als *ngillatun* bekannte Fest gehandelt hat. Das Fest, das bis zu vier Tage andauern kann, ist neben seiner religiösen Funktion als Jahresfest, auch für das Sozialgefüge von großer Bedeutung, da sein Ablauf auf existierenden oder neu zu errichtenden sozialen Beziehungen beruht.

Wo mehrere *Comunidades Indígenas* nebeneinander liegen werden Ritualkongregationen gebildet, die auf langfristigen reziproken Austausch angelegt sind. Es besteht kaum Klarheit darüber, wie sich diese Ritualkongregationen zusammensetzen, da sie auf dem Zusammenschluss mehrerer soziopolitischer Einheiten (*lof*) beruhen, die einerseits aus Verwandtschaftsregeln abgeleitet werden und zum anderen von räumlichen Gegebenheiten bestimmt werden. Bacigalupo zufolge sind immer vier solcher Einheiten in einer Ritualkongregation zusammen geschlossen, Dillehay und Course zufolge sind es verschieden viele bzw. kann die Zusammensetzung auch völlig unabhängig von dieser Einheit sein. Es ist daher möglich, dass Mitglieder eines *lof* an verschiedenen Orten Gastgeber eines *ngillatun* sein können.

Bei jedem Fest gibt es einladende Teilnehmer und Gäste in zwei Kategorien (*mütrüm*, d. h. obligatorische Gäste, und sonstige) aus anderen *lof*, die daran teilnehmen, aber beim nächsten Mal die einladende Rolle übernehmen. Mapuche, die in den Städten leben und noch Kontakte zu ihren Heimatorten haben, kehren zu diesem Anlass dorthin zurück und/oder unterstützen ihre Angehörigen bei der Durchführung ggf. auch in finanzieller Hinsicht. Darüber hinaus laden alle, die teilnehmen, weitere Gäste ein, z. B. Freunde oder auch Weiße (*wingka*). Je nachdem nehmen an einem *ngillatun* mehrere Hundert Personen teil.[175] Es dient dazu, soziale Beziehungen der Mapuche untereinander zu etablieren und zu festigen. Diese Funktion kommt besonders im Zusammenhang mit Konfliktsituationen, seien es Krankheiten oder politische Konflikte, zum Tragen.

> *The purpose of the* ngillatun *is to integrate the ritual community through sacrifice and to reinforce the reciprocal relationship with ancestral spirits and the deity Ngünechen.* Ngillatun *also help Mapuche ward off deseases, natural desasters, sorcery, and conflicts with forestry companies and the government.*[176]

Wenn auch die Ausgestaltung und der Ablauf der Feste und Rituale verschieden sein können, so sind doch bestimmte religiöse Praktiken regelmäßig vorhanden. Wichtig ist z. B. die Bewirtung von Gästen mit reichlichem Essen und Trinken, häufig über den Bedarf hinaus. Hoch angesehene Personen verlassen das Fest in der Regel mit überreichlichem Reiseproviant. Außerdem sind Kultpfähle (*ngillatuwe*) nötig, an denen rituelle Handlungen und Gebete verrichtet werden. Darüber hinaus sind auch bestimmte rituelle Rollen während des Festes vorgesehen, deren Übernahme durch einzelne Personen zuvor ausgehandelt wird.

---

174 Faron 1967:240.

175 Bacigalupo 2016:59, Course 2011:141, Dillehay zufolge können *ngillatun*-Feiern bis zu 8000 Teilnehmende haben. Dillehay 1990:227.

176 Bacigalupo 2016:82.

Der *sarkento* (von span. *sargento*) ist für die ordnungsgemäße Durchführung des Festes verantwortlich. Er sorgt dafür, dass während der Tänze die richtigen Formationen eingehalten werden und dass keine Störungen des Ablaufs eintreten können. Carol E. Robertson, die zu Beginn der 1970er Jahre an einem *ngillatun* im argentinischen Neuquén teilgenommen hat, sieht in der räumlichen Ordnung der Tänze (die Frauen im Uhrzeigersinn, die Männer dem entgegen) in Kombination mit den Gesängen und dem Flötenspiel eine Wiedererweckung der schöpferischen Ur-Kräfte.[177] Eine wichtige Rolle bei den Gemeinschaftsritualen hat auch der Herr der Worte (*ngenpin*). Er erhält diese Rolle in einem Traum[178], kann sie allerdings nur ausführen, sofern er über ausreichende Mapudungun-Kenntnisse verfügt. Zugleich repräsentiert der *ngenpin* die dominante Patrilineage beim *ngillatun*.[179] Ob alle Rollen verteilt werden können und somit alle rituellen Aufgaben erfüllt werden, hängt sehr stark von der Größe und Situation der Ritualkongregation ab.

In die Gebete werden neben den Anrufungen der verschiedenen Gottheiten auch persönliche Fürbitten, z. B. für Familienangehörige, erkrankte Personen oder auch für den Anführer (*longko*) der *Comunidad*, er möge vorteilhafte Entscheidungen treffen, integriert. Auch nimmt der oder die Betende häufig Bezug darauf, ob die anwesenden Menschen sich an alle rituellen Regeln gehalten haben, regelmäßig die Feste feiern, bei denen die reziproken Beziehungen (auch zu den Gottheiten) aufrecht erhalten werden, etc. Im Folgenden zitiere ich aus einem Gebet, das Helmut Schindler 1994 aufgezeichnet hat und in dessen Verlauf eine große Bandbreite von Gottheiten angerufen wird. Das Gebet wurde nicht von einer *machi* gesprochen, sondern von Eusebio Trecaman, den Helmut Schindler an anderer Stelle als »kenntnisreichen Alten« bezeichnet.[180] Ich zitiere hier nur einen kurzen Abschnitt aus der Mitte des bisher unveröffentlichten Gebets:

> *Machi Kushe, Machi Fücha, Machi Weche Wentru, Machi Ülcha Domo*
> Alte *machi*, alter *machi*, junge *machi*, jungfräuliche *machi*
> *Doctor Kushe Doctor Fücha, Naturista Fücha, Naturista Fücha, Medica Kushe, Medica Fücha*
> Alte Doktorin, alter Doktor, alter Naturheilkundiger, alter Naturheilkundiger, alte Medizinerin, alter Mediziner
> *Kom müleymun tamün pu ülmengen*
> Ihr alle seid es, die anführen.
> *Eymi ta ngellipunnimi*
> Du, der du flehst
> *Ka femechi trawülfimi ta suerte*
> Der du auch erfolgreich bist
> *Welu ka femechi ta eluyean may suerte*
> Gib auch mir Erfolg
> *Kom tañi pu püñen mu*
> Und allen deinen kleinen Kindern
> *Kom tami choyün mu*
> allen deinen Kindern

177 Robertson 2004:184.
178 Augusta 1910:20.
179 Bacigalupo 1994:246–248, Bengoa 2012:200.
180 Schindler 2013/I:144.

Kechu nien tañi choyüm Choyichen Kushe, Choyichem Fücha, Aliwen Kushe Aliwen Fücha,
Ich habe fünf von Deinen Kindern, »Ich habe fünf von deinen Kindern, Alte der Fruchtbarkeit, Alter der Fruchtbarkeit, Alte des Kultpfahls, Alter des Kultpfahls[181]
Kom müleymün tamün pu ülmengen ta ti
Ihr höheren Wesen seid alle gegenwärtig
Azul Wenu Kushe Azul Wenu Fücha
Alte des blauen Himmels, Alter des blauen Himmels
Wirilil Kushe, Wirilil Fücha
Alte vom Wirilil, Alter vom Wirilil[182]
Kom mülimün tati, Aguawenu Kushe Aguawenu Fücha
Ihr alle seid gegenwärtig, Alte des Himmelswassers, Alter des Himmelswassers
Kom may ta metu ta tukulpawiyin
An Euch alle erinnern wir uns
Kom mayta mekita ngellipuwiyin
Euch alle flehen wir an
Fachiantü ta Añu Nuewngen mu
Heute am Neujahrstag[183]

Neben Ehrerbietung für die Gottheiten und Anerkennung ihrer Autorität kommt in diesem Abschnitt auch das Thema der Fruchtbarkeit und der eigenen großen Familie zur Sprache, was selbstverständlich zum Neujahrstag als einem Datum des Neubeginns passt. Es ist außerdem erkennbar, dass in diesem Gebet, sowohl lokale Gottheiten und die übergeordneten Götterpaare angerufen werden, als auch jenseitige Autoritäten (»alte *machi*«). Das Gebet trägt also sowohl individuelle Züge als auch Anrufungen von allgemeinen Gottheiten, die allerdings immer als Paar (jung und alt) angesprochen werden.

Ob derlei Gebete während eines *ngillatun* von Schamaninnen oder anderen Autoritäten gesprochen werden, ist sicherlich von den lokalen Gegebenheiten abhängig. Allerdings hat die Frage, ob die *machi* traditionell an der Durchführung des *ngillatun* beteiligt waren und wenn ja, welche Rolle sie dabei spielten, in der wissenschaftlichen Literatur für Kontroversen gesorgt. Den Hintergrund für diese Debatten stellte die Frage dar, ob die *machi* auch als Priesterinnen bezeichnet werden könnten bzw. ein Priesteramt innehätten.[184] Bacigalupo betont, dass die rituelle Beteiligung der Schamaninnen an dem Jahresfest erst in jüngerer Zeit (der postreduktionalen Phase) und nur in den stadtnahen Gebieten auftritt.[185] Sie beruft sich auf die Vermutung von Louis C. Faron, dass das *ngillatun* ohnehin erst mit der Einführung der bäuerlichen Wirtschaftsweise bei den Mapuche an Bedeutung gewonnen habe.[186] Dessen ungeachtet berichtet José Bengoa von großen *ngillatun*-Feiern bei Lafkenche

---

181 In Sahuelhue wird der Kultpfahl mit dem Wort *aliwen* (dt. Baum) bezeichnet, weshalb die Übersetzung hier an die Übersetzung in Schindler 2013/I:132–155 angepasst wurde.

182 Wirilil ist der Name einer marmorierten Felswand in Sahuelhue. Siehe Schindler 2013/I:71.

183 Schindler/Trecaman [MS 1994]. Ähnliche Gebete siehe auch bei Schindler 2013/I:58–88, 132–155.

184 Siehe Métraux 2001:273–282.

185 Bacigalupo 1994:242.

186 Faron 1967:239. Siehe auch Nakashima 1998:339, Bacigalupo 2007:64–71.

am Lago Budi, an denen bis zu zwölf *machi* mit ihren Helferinnen und Übersetzern (*dungumachife*) teilgenommen hätten.[187] Sofern *machi* Aufgaben im *ngillatun* übernehmen, kann es passieren, dass sie in Trance fallen und Botschaften erhalten, die für die Mapuche wichtig sein können, wie z. B. Aussichten auf das Erntejahr, Anweisungen für das soziale Gefüge oder Voraussagungen in Bezug auf den lange währenden Konflikt mit dem chilenischen Staat. Im südlichen Zentraltal um Temuco ist es zudem nicht unüblich, dass *machi* beim *ngillatun* die Rolle eines *ngenpin* übernehmen, was vermutlich mit der stärkeren Fragmentierung der Landschaft und damit einhergehenden kleinteiligen politischen Einheiten (*lof*) sowie dem stärker urban geprägten Umfeld zu tun hat, wo die Sprachkenntnisse vieler Mapuche für dieses Amt nicht mehr ausreichend sind.[188]

In der Vorbereitungsphase zum Fest[189] werden die Teilnehmenden auf rituelle Weise eingeladen bzw. aufgefordert teilzunehmen. Es finden mehrere Treffen statt, bei denen die zu erwartende Zahl der Gäste besprochen wird. Zur Opferung und für das leibliche Wohl müssen mehrere Tiere geschlachtet werden. In Vorbereitung eines *ngillatun*, an dem ich vom 9. bis zum 11. April 2005 in einer *Comunidad Indígena* auf dem Fundo La Serena nordwestlich von Temuco teilnehmen konnte, wurde im Haus meiner Gastgeber außer einem Schwein auch ein Pferd geschlachtet und während des Festes, an dem etwa 100 Personen teilnahmen, zubereitet sowie reichlich Weizenbier (*muday*) gebraut. In dieser *Comunidad Indígena* wird das *ngillatun* alle zwei Jahre gefeiert, allerdings nicht immer zu dieser Jahreszeit, sondern häufig auch im Hochsommer (Januar/Februar). Rechtzeitig vor dem Fest waren die Laubhütten auf dem Festplatz errichtet worden. Sie werden – je nach Anzahl – an einer, zwei oder drei Seiten des Platzes aufgebaut. Die nach Osten gerichtete Seite bleibt stets offen. Jede (Groß-)Familie baut ihre Hütte mit eigenen Mitteln. Dabei ist eine bestimmte Ordnung einzuhalten, die u. a. auch mit dem Wohnort und der Verwandtschaftslinie der Familien zu tun hat.[190] In der Mitte des Ritualplatzes befand sich ein Kultpfahl in Gestalt eines großen, weiß gestrichenen Holzkreuzes, der mit Ästen geschmückt war. Daneben befanden sich in einer Nord-Süd-Linie elf verschieden große Holzkreuze, die je einer Familie bzw. einer Parzelle zugeordnet waren.[191] Zu ihren Füßen befanden sich zahlreiche Gefäße aller Art (sowohl Tongefäße als auch Plastikflaschen oder Metalltöpfe) mit Opfergaben darin. Außerdem wartete geduldig ein östlich vom Kreuz angebundenes braunes Schaf, von dem ich nicht sagen kann, ob es später in der Nacht oder am darauf folgenden Tag möglicherweise geopfert wurde. In der Literatur finden sich allerdings sehr häufig Hinweise auf Tieropferungen auf dem Ritualplatz, bei denen vor allem das Herz des Tieres geopfert wird.[192]

187 Bengoa 2012:201.

188 Bacigalupo 1994:242.

189 Dazu am ausführlichsten Schindler 2013/I:13–94.

190 Course 2011:140–142, Dillehay 1990:227–230.

191 Siehe dazu auch Bacigalupo 2007:59, wo ebenfalls Kreuze erwähnt werden.

192 Siehe auch Schindler 1990:98, 2006b:81.

Bei diesem Fest wurde die Rolle des *ngenpin* vom *longko* eingenommen. Er begann die Gebete und Bittansprachen, während er den Kultpfahl mithilfe eines Zweiges mit Bier bespritzte. Die Männer, die vor den anderen Kreuzen standen, taten es ihm gleich. Kurz darauf traten die Frauen an ihre Stelle und sprachen ebenfalls ihre Gebete. In manchen Gegenden werden (oder wurden) diese Gebete und Ansprachen offenbar durch einen Brauch namens *yape-pülli-n* ergänzt, der in viermaligem Hochspringen der Männer bestand und mit dem den Worten des Vorbeters mehr Nachdruck verliehen oder die Geister auf das soeben Gesprochene aufmerksam gemacht werden.[193]

Kurz darauf begannen die Tänze, bei denen der *sarkento* in Erscheinung trat. Mit einer langen Bambusstange und energischen Anweisungen richtete er die Reihen der Tänzer und Tänzerinnen gleichmäßig aus. Währenddessen ging ein Mann mit einer weißen, erdigen Paste durch die Reihen und bestrich die Gesichter der Anwesenden damit. In Schindlers Beschreibung des *kamarikun* in Sahuelhue werden nicht nur die Gesichter der Teilnehmer sondern auch Tiere und Gegenstände mit rituellen Farben bemalt, wodurch offenbar eine Einheit hergestellt werden soll.[194] Der Tanz, der insgesamt knapp 2 Stunden andauerte, bestand in mehrmaligem Vorwärtsschreiten in Richtung Osten, dann nach Süden und Norden und anschließendem viermaligem und weiträumigem Umrunden des Kultpfahls. Während des Tanzens versammelten sich nach und nach immer mehr Zaungäste außerhalb des Ritualplatzes. Der *sarkentu* versuchte, den Weg am äußeren Zaunrand für die *awün*-Reiter frei zu machen, die nun gleich ihren Ritt beginnen sollten. Die Reiter wurden von zwei Männern mit einer weißen und einer chilenischen Flagge angeführt. Dabei handelt es sich um eine weitere rituelle Rolle beim *ngillatun*, für die vom Kultleiter jemand bestimmt werden muss. In südöstlichen Gegenden der Araucanía nehmen die Reiter ein junges Mädchen auf einem Pferd in ihre Mitte, die *kallfü malen*. Schindler vermutet, dass es sich um die Abwandlung eines Initiationsritus für Mädchen handelt, der von den Puelche oder Tehuelche östlich der Anden übernommen wurde[195] (mit denen die Mapuche in der Zeit vor ihrer Niederschlagung regen Handel trieben). Der Ritt fiel während dieses *ngillatun* eher ruhig aus, was wohl vor allem mit dem unwegsamen Gelände zu tun hatte. Zum einen war der Ritualplatz rechteckig eingezäunt und zum anderen von hügeligem Gelände umgeben, so dass die Verletzungsgefahr für die Pferde und die Reiter bei einem wilden Galopp zu groß gewesen wäre. Die Tänzer und Tänzerinnen wurden schließlich mit selbstzubereiteten Getränken erfrischt, bevor es an die Zubereitung des Mittagessens (*mizawun*) ging. Jede Familie hatte eine Feuerstelle in Form eines Erdlochs oder eines improvisierten Grills hergerichtet, auf der nun Töpfe mit Kartoffeln, große Fleischstücke und *cazuela* (chilenischer Eintopf) zubereitet wurden. Der anschließende Tausch von Tellern und Schüsseln mit Essen folgt den Regeln des reziproken Gaben-

193 Schindler 2006b:80.

194 Schindler 2013/I:103.

195 Schindler 2006b:83. Diese Annahme wird auch durch die Aussage von Hilger (1957:244) gestützt, der zufolge die Mapuche keine Initiationsrituale kannten.

tauschs und dient der Erneuerung bestehender sozialer Beziehungen.[196] Vom reichlichen Essen bekommt auch mancher Zaungast etwas gebracht, der Zutritt zum Ritualplatz wird ihnen jedoch nicht erlaubt. Am Tor steht der *sarkentu* und lässt nur diejenigen durch, die von einer der Familien eingeladen wurden.

Gegen den einsetzenden Regen und die Kälte werden außerhalb des Zauns nun große Mengen Alkohol zu sich genommen, wobei innerhalb des Zauns betont wird, dass während des *ngillatun* kein Alkohol getrunken werden dürfe. Nach dem Mittagessen ruft der *longko/ngenpin* alle Teilnehmenden zum »Begrüßen« (*chalin*) auf.[197] Zwei Reiter treten mit ihm gemeinsam vor den Kultpfahl, es folgen die übrigen Männer. Sie tragen zwei chilenische Nationalflaggen vor sich her, eine weitere schwarze Flagge mit blauem Stern sowie eine weiße Flagge mit rotem Stern. Bei den schwarzen und weißen Flaggen könnte es sich um Flaggen handeln, die einer bestimmten Familie oder Abstammungslinie zugeordnet sind. Schließlich folgte ein letzter Tanz um den Kultpfahl, an dem sich aber bereits merklich weniger Personen als zuvor beteiligten. Während noch ein letzter Krug *muday* herum gereicht wurde, begannen bereits einige mit dem Beladen ihrer Ochsenkarren um den Nachhauseweg anzutreten.[198]

Das Fest *ngillatun* ist ein Ritual, mit dem die kosmische und soziale Ordnung der Mapuche erneuert wird. Mit der Einhaltung der verschiedenen Merkmale wie der Verteilung der Rollen (*ngenpin, sarkentu, machi*), der Reproduktion räumlicher Ordnung auf dem Ritualplatz (Reihenfolge der Laubhütten, Öffnung nach Osten, Anordnung des Kultpfahls), der Beschränkung der Teilnahme nach Familienzugehörigkeit oder Einladung und der gegenseitigen Gaben (Essen und Trinken) wird die Einheit als Verwandtschaftsgruppe und als Mapuche betont und erneuert. Die Opfergaben und Gebete, die sich an die Gottheiten richten, stellen zudem auch das Gleichgewicht zwischen der Welt der Menschen und derjenigen der spirituellen Wesen wieder her. Gleichzeitig treten die Mapuche über das Ritual in Kontakt mit der sie umgebenden chilenischen Kultur und in einen globalen Austausch. Indem sie bspw. christliche Symbole (Kreuze) in ihr Ritualkonzept einbauen oder die althergebrachten Traditionen des Festes im Austausch mit christlichen Geistlichen oder etwa mit interessierten Wissenschaftlern auf autonome Weise transformieren, aktualisieren sie das Fest immer wieder aufs Neue.

6.2.2 *we tripantü*

Neben dem *ngillatun* ist um die letzte Jahrtausendwende ein weiteres Fest immer bekannter geworden, das in der Literatur seit der Wende vom 18. zum 19. Jahrhundert zunächst als San Juan-Fest erwähnt wurde. Einige Autoren vermuten deshalb, dass es

---

196 Beschreibungen dieser Regeln bei Course 2011:96, 152 und Schindler 2013/I:110–112.

197 Beschreibungen dieses Teils des *ngillatun* auch bei Alonqueo 1979:57, 206.

198 Zum Ablauf eines *ngillatun* siehe neben den bereits erwähnten Autoren auch Hilger 1957:152–154, Schindler 1990:98–105, Bacigalupo 2007:64–71, Course 2011:147–153, Robertson 2004.

sich überhaupt um eine *reinvented tradition* handelt, die maßgeblich durch Studierende an einer Universität in Temuco ausgelöst worden ist.[199] Es wird zur Wintersonnenwende gefeiert und wird sowohl im ländlichen wie auch im städtischen Raum praktiziert. Die Bezeichnung setzt sich aus den Bestandteilen *we* = neu, *tripan* = hervorkommen, *antü* = Sonne (d. h. Neuer Sonnenaufgang). Dieses Fest hat heute Bedeutung bezüglich der Integration der Mapuche in die chilenische Gesellschaft. Im Vergleich zum *ngillatun* ist es für die *Comunidades Indígenas* mit viel weniger Aufwand durchführbar. In vielen Schulen wird das Fest gefeiert und der folkloristische Charakter, den man ihm dort mitunter verleiht, soll wohl zur interkulturellen Verständigung zwischen Mapuche und Chilenen beitragen.[200] Da einige andere autochthone Ethnien ungefähr zur selben Zeit, nämlich dem Erscheinen des Sternbildes der Plejaden, ein Fest mit ähnlicher Ausprägung feiern, kommt es nicht selten zu gemeinschaftlichen Festen mit Aymara und anderen. Dieser integrative Aspekt des Festes zeigt sich auch daran, dass die chilenische Polizei zu Festen eingeladen wird oder ihre Teilnahme anbietet. Natürlich sind diese Versuche vor dem Hintergrund der seit Jahren immer wieder eskalierenden gewaltsamen Konflikte zwischen Mapuche und der chilenischen Regierung zu sehen.

Die oben erwähnte Tatsache, dass zunehmend auch *machi* in die Konflikte involviert sind, zeigte sich besonders deutlich im Jahr 2018, als eine *Comunidad Indígena* ihr *we tripantü* feiern wollte, deren *machi* jedoch in Temuco inhaftiert war. Für den gewaltsamen Tod der Eheleute Werner Luchsinger und Viviana Mackay, die im Januar 2013 in ihrem Haus verbrannten, nachdem es zu Auseinandersetzungen bei Protesten auf dem Grundstück gekommen war, wurde der *machi* Celestino Córdova verantwortlich gemacht und zu 18 Jahren Gefängnis verurteilt.[201] Er versucht seitdem, seiner Rolle als *machi* aus dem Gefängnis in Temuco heraus gerecht zu werden. Sein Gesuch vom Januar 2018, für 48 Stunden Freigang zu bekommen, um das *we tripantü* zu feiern und an seinem Kultpfahl seine spirituellen Kräfte zu erneuern, wurde zunächst abgelehnt. In anthropologischen Gutachten wurde auf die eindeutigen Anzeichen der Schwächung hingewiesen. Nicht nur träumte der *machi* sehr häufig von seinem *rewe*, fiel in Trance, war ständig erschöpft und hatte Wunden an Händen und Füßen, sondern auch die Zweige an seinem *rewe* vertrockneten schneller als sonst und seine Hunde verhielten sich merkwürdig, töteten bspw. Tiere ohne sie aufzufressen.[202] Es wurde ihm schließlich erlaubt, innerhalb des Gefängnisgeländes gemeinsam mit 150 Personen aus seiner *Comunidad Indígena* das

---

199 Bengoa 2012:196 und 208–211.

200 Ich habe im Juni 2004 an einer Feier in der ländlichen Grundschule (Escuela Trañi Trañi mit *Educación Intercultural Bilingüe*) teilgenommen und den Ablauf verfolgt, der sehr stark von der Teilnahme lokaler und kommunalpolitischer Autoritäten (indigenen wie nicht-indigenen) geprägt war und bei dem auch pädagogische Instruktionen eine Rolle spielten (siehe Bieker 2006 und 2009:133–138), während mein damals 14jähriger Sohn an einer katholischen Schule (Colegio Pumahue Temuco) ebenfalls an einer *we tripantü*-Feier seiner Schulklasse teilnahm, wo – den Berichten zufolge – auf soziales Miteinander ausgerichtete Aktivitäten (Essen, Tänze) im Vordergrund standen.

201 Höhl 2015:1–2, Richards 2013:221.

202 Castro Ms. [2018].

we tripantü zu feiern. Das Fest musste allerdings abgebrochen wurde, da es zu gewaltsamen Auseinandersetzungen zwischen Vollzugsbeamten und Mapuche kam, woraufhin Celestino Córdova mit einem Besuchsverbot belegt wurde. Der *machi* trat am 31.5.2018 in einen Hungerstreik und beendete diesen erst, als er die Erlaubnis bekam, seinen *rewe* am 27.7.2018 aufzusuchen.[203]

Im Verlauf des *we tripantü* spielen ähnliche Elemente eine Rolle wie auch beim *ngillatun*. Es wird Essen bereitet, wenn auch ohne den aufwändigen Aufbau von Laubhütten, und es werden Gebete und rituelle Opfergaben dargebracht. Auch Tänze werden durchgeführt, die häufig in Beziehung zu bestimmten Vogeltypen stehen, wie z. B. der *choike purrun* (auch *longkomeo*), bei dem die Bewegungen eines schnellen Laufvogels imitiert werden. Die Kinder werden aufgefordert, mit Zweigenhieben die jungen Bäume zum Wachstum anzuregen. Eine ganze Reihe von verschiedenen Ritualen kann je nachdem Bestandteil des *we tripantü* sein, z. B. die Weitergabe des Namens vom Großvater auf den Enkelsohn (*lakutun*) oder bei den Mädchen das Durchstechen der Ohrläppchen (*katan pilun*) für die traditionellen silbernen Ohrringe (*chaway oder upul*)[204]. Besonders bei letzterem handelt es sich um ein Ritual, das während mehrerer Generationen nicht mehr durchgeführt wurde und das die Mapuche nun zu revitalisieren suchen. In Argentinien wurde dieser Prozess an einer indigenen Schule im Jahr 2000 angestoßen. Das Ritual soll den Übergang des Mädchens zum Erwachsenenstatus einleiten. Wegen dieses Charakters der Erneuerung, den die Mapuche dem Ritual geben, passt es offenbar gut zum *we tripantü*, bei dem es ja ebenfalls um den Beginn des neuen Jahreszyklus geht.[205] Auch das *lakutun* wurde kaum noch durchgeführt, zumal die Mapuche im 20.Jh. europäische Namen für ihre Kinder bevorzugten und kaum noch Namen vorkamen, die bei den Mapuche früher üblich waren[206]. In früheren Zeiten hat offenbar zum *we tripantü* auch ein nächtliches Bad in einem Fluss gehört, was sicherlich auch als ein Reinigungsritual verstanden werden kann. Die Tatsache, dass im *we tripantü* die Einbeziehung von Kindern offenbar möglich und sinnvoll erscheint, hat vielleicht dazu beigetragen, dass gerade Schulen bereitwillig die Ausrichtung des Festes übernehmen. Im Zusammenhang mit dieser integrativen Funktion des Festes müssen vermutlich auch Bemühungen gesehen werden, die die Erklärung eines nationalen Feiertags (Tag der indigenen Völker) am 24. Juni in Chile zum Ziel haben.[207]

---

203 https://www.amnesty.at/über-amnesty/erfolge/machi-celestino-córdova-beendet-seinen-hungerstreik/ (gesehen 6.7.2019). Über die besondere Situation der Angehörigen inhaftierter Mapuche und die langwierigen Anstrengungen, die erforderlich sind, um kleine Verbesserungen für *machi* zu erreichen, berichteten die Gesprächspartnerinnen von Katrin Metzger (Ms [2016]:41) in der Gegend von Tirúa und Cañete.

204 Abbildungen dieses Ohrschmucks u. a. in Foerster/Montecino/Wilson 1993, Hartmann 1974 und Schindler 1990. Hilger zufolge wurde das Durchstechen der Ohrläppchen einst sofort nach der Geburt des Kindes vollzogen, Hilger 1957:240.

205 Szulc 2015:169–170, Pozo/Menares 2014:111.

206 Oyarce 1989:25. Hilger 1957:40, Course 2011:54–55.

207 https://m.elmostrador.cl/noticias/pais/2019/06/25/presidente-del-ppd-envia-carta-a-celestino-aos-para-proponer-que-el-we-tripantu-sea-feriado-nacional/ (gesehen 8.12.2019).

6.2.3 *palin*

Schließlich soll hier noch das rituelle Hockeyspiel erwähnt werden, das bereits im Abschnitt über Mythologie im Zusammenhang mit der Herkunft der Flöte *pifüllka* erwähnt wurde. Dort spielten es die Mapuche, um sich aus der Vorherrschaft der Weißen zu befreien, indem sie alle Weißen vernichteten. Die Mapuche heute bieten es auch als folkloristisches Event für Urlaubsreisende an, und in diesem Kontext wird es meist als traditioneller Mannschaftssport bezeichnet. Das Spiel wird auf einer Wiese mit Mannschaftsgrößen von neun, elf oder dreizehn Personen gespielt.[208] Das Spielfeld, das lang und schmal ist, wird mit Zweigen vom Busch der Chilenischen Weinbeere (*maki, Aristotelia chilensis*) markiert. Die Spieler versuchen, mit einem hölzernen Schläger (*wüño*), der einem Hockeyschläger ähnelt, einen kleinen, schwarzen Ball (*pali*) von ca. 6 cm Durchmesser, der aus Holz oder Leder und Wolle hergestellt und in Wasser ausgekocht und geräuchert wird, durch die Spielfeldbegrenzung der gegnerischen Seite zu befördern. Das Spiel wird barfuß und ausschließlich von Männern, äußerst dynamisch mit hohem Körpereinsatz und – wie Magnus Course betont – einem hohen Maß an Aggressivität gespielt.

Ähnlich wie bei den oben beschriebenen Gemeinschaftsfesten werden auch beim *palin* bestimmte Rollen und Spielpositionen vorab festgelegt, während das Spielfeld in einigen Gegenden unbedingt ein improvisiertes Feld sein muss.[209] Historisch gesehen hat das Spiel eine sehr enge Beziehung zur konfliktreichen Entwicklung der Araucanía. Es stellte ein körperliches Training dar, diente der Bildung militärischer Allianzen, zur Klärung von Meinungsverschiedenheiten oder auch zur Aufteilung von Kriegsbeute.[210] Es wird daher als eine symbolische Kriegsführung beschrieben, die die tiefgreifende Militarisierung der damaligen Gesellschaften der Mapuche verdeutlicht.[211] Nach Course kann zwischen einem »normalen« und einem rituellen *palin* unterschieden werden. Letzteres wird in der Region um den Lago Budi gespielt und *purrun palin* (Tanz-Hockey) genannt und auch als »wahres *palin*« oder als »kleines Ngillatun« bezeichnet.[212] Dieses rituelle Spiel wird von religiösen Zeremonien in der Nacht zuvor, von ausgiebigem Essen und Trinken und von Tänzen unmittelbar vor Beginn begleitet. Außerdem treten dort besondere Figuren auf, die Träger der Masken namens *kollong*. Magnus Course bezeichnet sie als »rituelle

---

208 Course 2011:119.

209 Course 2011:119, Rojas 2012:234–236.

210 Schindler 1990:107, Montecino 2003:173. Bei Manquilef (1914:285–301) werden neben dem *palin* eine Reihe weiterer Spiele und Sportarten genannt, die der militärischen Ausbildung dienten. Bacigalupo weist darauf hin, dass die Hockeystöcke (*wiño*) wegen ihrer Assoziation mit der Kriegsführung auch im rituellen Kontext zur Vertreibung von bösen Geistern eingesetzt werden. Sie erwähnt außerdem, das *palin* werde heutzutage auch im Rahmen von *ngillatun*-Feiern gespielt. Bacigalupo 2007:58. Im Dezember 2004 beobachtete ich ein *palin* bei Lafkenche in Llaguepulli am Lago Budi im Rahmen einer ethnotouristischen Veranstaltung und nochmals im Juni des folgenden Jahres im Kontext einer *we tripantü*-Feier (Bieker 2006:74).

211 Course 2011:123.

212 »*palin de verdad*« Rojas 2012:243, Schindler 1990:108.

Clowns«, deren Charakter durch vier Aspekte bestimmt ist: grundsätzliche Zwiespältigkeit, Assoziation mit Weißen, unkontrollierbare körperliche Bedürfnisse und bittere Armut.[213] Ihre Aufgaben beim *palin* bestehen nach seiner Ansicht darin, die Zuschauer zu unterhalten, den Anführer des eigenen Teams zu beschützen und das Spielfeld frei von Zauberei zu halten.[214] Im Rahmen der Arbeit eines Forschungs- und Dokumentationsprojektes am Lago Budi sind außerdem weitere Formen des *palin* beschrieben worden, wie z. B. das *rüf palin* und das *kaiñetu palin*.[215]

Die aus dem Holz von Eichen, Lorbeer, Lingue oder Rauli-Buche[216] gefertigten, anthropomorphen Masken sind häufig mit Applikationen aus Tierhaar versehen und haben Öffnungen für Augen und Mund. Sie wurden mit Wollschnüren, Lederriemen oder gewebten Bändern am Kopf befestigt. Einige Masken aus der Region des Lago Budi tragen einen Ziegenbart oder einen langen Schnurrbart, der darauf hindeutet, dass hier ein Europäer repräsentiert wird.[217] Ob die Mapuche tatsächlich diese Masken früher oder zeitweise aus der Gesichtshaut von Kriegsfeinden hergestellt haben, wie in einer Quelle erwähnt wird, ist unsicher.[218] Typisch für diese Masken scheint jedenfalls ein eher rundes Gesicht mit einer langen graden Nase und Öffnungen für Augen, Nase und Mund zu sein.

Magnus Course sieht das *palin* als komplementäres Gegenstück zum *ngillatun*. Das eine konstruiert ihm zufolge Differenz, das andere Gemeinschaft. Er hält es daher für naheliegend, dass beides ursprünglich zusammen gehörte und in einem großen Fest praktiziert worden sein könnte.[219] Vor diesem Hintergrund hat die Aufteilung der Mapuche-Ländereien in Privateigentum durch die Vergabe von Títulos de Merced und damit die Zerstörung oder zumindest Transformation der traditionellen Sozialstruktur der Mapuche in *lof*, dazu beigetragen, dass Traditionen wie die verschiedenen Arten des *palin* in Vergessenheit geraten sind.

7 Schlusswort

Das religiöse System der Mapuche beinhaltet althergebrachte Rituale und Glaubensinhalte. Dabei wird bei genauerer Betrachtung sehr deutlich, dass diese im Laufe der Jahr-

---

213 Course 2013:781. Siehe auch Bengoa 2012:199 und Rojas 2012:245. Auch schon bei Titiev 1951 wurden die Maskenträger als »*clowns*« bezeichnet und ihre Funktion wurde ihm zufolge neben dem rituellen Kontext auch darin gesehen, ungezogene Kinder zu erschrecken. Titiev 1951:89–90.

214 Course 2013:777f.

215 Rojas 2012. Proyecto 1095024 FONDECYT, Conmemoraciones y Memorias Subalternas.

216 Cooper 1946:738, Aldunate 1996:127.

217 Course 2011:129, 2013:777. Abbildungen siehe z. B. Cooper 1946: Abb. 155, Fernández 1999:III, sowie *Museo Chileno de Arte Precolombino*, http://chileprecolombino.cl/archivo/coleccion/area/centro-sur/mapuche/ (gesehen 1.9.2019)

218 Cooper 1946:731, der sich vermutlich auf eine Quelle aus dem Jahr 1614 stützt, siehe Course 2013:776, Fn. 6.

219 Course 2011:127.

hunderte vielfachem Wandel unterworfen waren, und zwar vor allem von den Mapuche selbst durch Anpassungsprozesse und interne Aushandlungen weiter entwickelt werden. Zudem macht die relative Größe dieser ethnischen Gruppe und die traditionelle Dispersität, die in ihrer patrilinearen/patrilokalen Siedlungsweise und ihrer Sozialstruktur zum Ausdruck kommt, die Herausbildung eines einheitlichen religiösen Systems nicht nur schwer, sondern vermutlich auch wenig erstrebenswert.

Zugleich ist im heutigen Chile sowie auch in Argentinien eine enge Verwobenheit von ruralen und urbanen Lebensweisen gegeben, die auch für die Mapuche Teil ihrer Lebensrealität ist und Rückwirkungen in den religiösen Bereich bei den ländlichen Mapuche auslöst. Die urbanen Mapuche, die auf vielfältige Weise um ihre ethnische Identität ringen und dabei besonderen Herausforderungen gegenüber stehen, können mit gutem Grund anhand einer räumlich-territorialen Einteilung als Wariache in der Hauptstadt und den Städten der südlichen Regionen verortet werden[220]. Wie Luis Campos gezeigt hat, findet in den letzten Jahren ein forcierter Prozess der Territorialisierung bei urbanen Mapuche statt, indem sie explizit Raum für ihre kulturellen Aktivitäten einfordern.[221]

Ergänzend dazu habe ich hier versucht, die Transformationsprozesse der Gesellschaft der Mapuche insgesamt zu beschreiben, die sich aus dieser Verwobenheit von urbanen und ruralen Lebensweisen ergeben haben. Urbane Mapuche leben nicht nur in der Hauptstadt Santiago de Chile sondern auch in den (vor allem südlichen) Regionalhauptstädten sowie in Kleinstädten. Viele Mapuche pendeln zwischen Land und Stadt, so dass von einer gegenseitigen Beeinflussung ausgegangen werden muss. Im Süden ist zwar die räumliche Distanz zu den Familien auf dem Land geringer, jedoch entsteht auch hier eine soziale Distanz aufgrund der unterschiedlichen Lebensweisen. Die Existenz von mythischen Figuren wie *mankian* oder den *shumpall* zeigt, dass diese soziale Distanz schon seit langer Zeit empfunden und kulturell verarbeitet wurde. Gleichzeitig ermöglicht diese enge Verwobenheit von Stadt und Land, dass neue Formen wirtschaftlicher, sozialer und auch religiöser Interaktion entstehen können.

Diese kulturelle Kreativität zeigt sich in so konfliktgeladenen Fällen wie der *we tripantü*-Feier im Gefängnishof in Temuco, aber auch in der Existenz von übergreifenden Kunstformen wie der Poesie oder nicht zuletzt auch in (ethno-)touristischen Veranstaltungen, die auf dem Land stattfinden. Dass das rituelle Hockeyspiel *palin* dabei von Mapuche und Touristen jeweils anders wahrgenommen wird, indem die einen sich an die mythische Vernichtung der Weißen erinnert fühlen, während die anderen sich als Zuschauer einer Sportveranstaltung wähnen, tut dieser Kreativität keinen Abbruch.[222]

---

220 Siehe dazu z. B. Arellano Hoffmann *et al.* (Hrsg.) 2006, Bieker 2010, Imilan 2010, Campos 2019.

221 Campos 2019:148.

222 Ich danke allen, die mir Einblicke in die Religion der Mapuche gewährt haben und meine Anwesenheit bei Ritualen und Festen duldeten. *Chaltumay!* Mein besonderer Dank geht an Helmut Schindler, dessen Meinung und Urteil nicht nur für mich sondern für die Mapuche-Forschung insgesamt größtes Gewicht hat. Lieber Helmut, vielen Dank für die Großzügigkeit beim Teilen deines Wissensschatzes, die Ermunterung, weiter damit zu arbeiten, und die kritischen Anmerkungen..

Literatur

Aldunate del Solar, Carlos 1996, Mapuche: Gente de la Tierra. In: Jorge Hidalgo L./Virgilio Schiappacasse F./Hans Niemeyer F./Carlos Aldunate del Solar/Pedro Mege R. (Hrsg.): *Etnografía. Sociedades indígenas contemporáneas y su ideología.* (Culturas de Chile, 2) Santiago de Chile: Editorial Andrés Bello: 111–134.

—2006, Indianer, Helden, Journalisten. Helden eines Epos im Süden des Tolten (1848 - 1922). In: Carmen Arellano Hoffmann/Hermann Holzbauer/Roswitha Kramer (Hrsg.): *Die Mapuche und die Republik Chile. Pater Siegfried von Frauenhäusl und das Parlament der Mapuche von 1907 in Coz Coz.* Wiesbaden: Harrassowitz: 27–51.

Alliende, María de los Ángeles/Isabel Araos/José Bengoa (Hrsg.) 2012, *Mapuche: procesos, políticas y culturas en el Chile del Bicentenario.* (Colección Identidades) Santiago de Chile: Catalonia. 291 S.

Alonqueo Piutrín, Martín 1979, *Instituciones religiosas del pueblo Mapuche: Ngillathún, Ul.uthún, Machithún y Ngeikurrehwen.* (La Fe de un Pueblo, vol. 7) Santiago de Chile: Nueva Universidad. 240 S.

Aravena, Andrea 2003, Los mapuche-warriache: procesos migratorios contemporáneos e identidad mapuche urbana. In: *América Indígena*, LIX(4):162–188.

Arellano Hoffmann, Carmen/Hermann Holzbauer/Roswitha Kramer (Hrsg.) 2006, *Die Mapuche und die Republik Chile. Pater Siegfried von Frauenhäusl und das Parlament der Mapuche von 1907 in Coz Coz.* (Schriften der Universitätsbibliothek Eichstätt, 56) Wiesbaden: Harrassowitz. XXXI, 510 S.

Augusta, Fray Felix José de, 1916, *Diccionario araucano.* Santiago de Chile: Imprenta Universitaria. 291 S. https://archive.org/details/diccionarioarauc01fluoft/page/n6 (gesehen 29.8.2019).

Augusta, Fray Felix José de (con la cooperación de Fray Sigifredo de Fraunhaeusl) 1910, *Lecturas Araucanas (narraciones, costumbres, cuentos, canciones, etc.).* Valdivia: Imprenta de la Prefectura Apostólica. XVII, 406 S. https://de.scribd.com/document/358286359/Lecturas-Araucanas-Narraciones-Costumbres-Cuentos-Canciones-Etc. (gesehen 29.8.2019).

Bacigalupo, Ana Mariella, 1994, *The power of the machis. The rise of female shaman healers and priestesses in Mapuche society.* Diss. 1994. Ann Arbor: University Microfilms Int.

—2007, *Shamans of the foye tree. Gender, Power, and Healing among Chilean Mapuche.* Austin: University of Texas Press. 335 S.

—2010, Las Prácticas Espirituales de Poder de los Machi y su Relación con la Resistencia Mapuche y el Estado Chileno. In: *Revista Chilena de Antropología*, 21:6–22. https://revistas.uchile.cl/index.php/RCA/article/view/14085/14410 (gesehen 25.9.2019).

—2016, *Thunder Shaman. Making History with Mapuche Spirits in Chile and Patagonia.* Austin: University of Texas Press. 304 S.

Bengoa, José 2000, [1985] *Historia del pueblo mapuche. Siglo XIX y XX.* Santiago de Chile: LOM Ediciones. 423 S.

—2012, Memoria y rito. In: Alliende *et al.* (Hrsg) [s. dort]: 195–214.

Bengoa, José/Natalia Caniguan 2012, Los Mapuche y el bicentenario. In: Alliende *et al.* (Hrsg.) [s. dort]: 27–51.

Bengoa, José; Alejandro Sabag 1997, *Los Mapuches: Comunidades y localidades en Chile.* (Colección Estudios Sociales) Santiago de Chile: Ediciones Sur/Instituto Nacional de Estadísticas (INE). 198 S.

Bengoa, José; Eduardo Valenzuela 1984, *Economía mapuche. Pobreza y subsistencia en la sociedad mapuche contemporánea.* Santiago de Chile: PAS. 221 S.

Bieker, Ulrike 2006, »Jetzt kommt der kalte Mond«. Das Fest der Winter-Sonnenwende *we tripantu* bei ländlichen und städtischen Mapuche. In: *Münchner Beiträge zur Völkerkunde*, 10:61–80.

—2009, *Arbeit und Identität. Eine ethnologische Perspektive auf Kinder in Temuco (Chile) und ihre Lebensplanung.* (MV-Wissenschaft) Münster: Verlagshaus Monsenstein und Vannerdat OHG. 298 S.

—2010, Warriache in Temuco? Kommunikation von Ethnizität bei Mapuche in einer südchilenischen Stadt. In: *Indiana*, 27:269–295.

—2017, (Re-)Constructing History. A Review Essay on Three Mapuche Examples. In: *Anthropos*, 112,2:568–574.

Bonelli, Cristóbal 2019, On people, sensorial perception, and potential affinity in southern Chile. In: *Social Analysis* 63, 2:66–80. https://doi.org/10.3167/sa.2019.630204 (gesehen 7.9.2019).

Böning S. V. D., Ewald 1977, Der Gebetsbaum der Medizinmänner und -frauen der Mapuche. In: *Anthropos*, 72:934–937.

—1978, Das kultrún, die machi-Trommel der Mapuche. In: *Anthropos*, 73:817–844.

—1995, [1974] *El concepto de pillán entre los mapuches.* (Übersetzung von Ana Irma Distel Fernández) (Colección Mankacén) Buenos Aires: Centro Argentino de Etnologia Americana. 216 S.

Born, Joachim 2008, Drei Schritte vor und zwei zurück? Ein Vergleich der argentinischen und chilenischen Sprachpolitik gegenüber den Mapuche. In: Merle Amelung/Claudia Uzcátegui/Niels Oliver Walkowski/Markus Zander (Hrsg.): *INDIEGEGENWART. Indigene Realitäten im südamerikanischen Tiefland.* (Estudios Indiana, 1) Berlin: Gebr. Mann: 157–171.

Calvo, Mayo 1980, [1968] *Secretos y tradiciones mapuches.* Santiago de Chile: Editorial Andres Bello. 235 S.

Campos, Luis 2019, Mapuche en la ciudad de Santiago. Etnogénesis, reconfiguración identitaria y la patrimonialización de la cultura. In: *Revista Antropologías del Sur,* (Providencia, Chile) 6(11):135–153.

Caniguan, Natalia 2012, El Budi. In: Alliende *et al.* (Hrsg) [s. dort]: 53–74.

Carrasco M., Hugo 1985, Sistema mítico y relato oral mapuche. In: *Estudios Filológicos*, 20:83–95.

—1986, Trentren y Kaikai: segundo nacimiento en la cultura mapuche. In: *Estudios Filológicos*, 21:23–44.

—1991, En torno a los relatos de machi (I). In: *Estudios Filológicos*, 26:99–108.

Castro Garrido, Marcela Ms., [18 de mayo 2018] *Análisis antropomédico de la solicitud del machi Celestino Córdova, privado de su libertad y recluido en el Centro de Cumplimiento Penitenciario, Temuco.* Temuco. https://archive.org/details/MachiCelestinoCordovaYSuRolCurativoReligioso [gesehen 9.9.2019).

Catrileo, María 2006a, Zur Sprache der Mapuche. In: Arellano *et al.* (Hrsg.) [s. dort]: 95–108.

—2006b, Glossar der Wörter in der Sprache der Mapuche (mapudungun). In: Arellano *et al.* (Hrsg.) [s. dort]: 433–472.

CEPAL 2012, *Desigualdades territoriales y exclusión social del pueblo mapuche en Chile. Situación en la comuna de Ercilla desde un enfoque de derechos.* Santiago de Chile: Comisión Económica para América Latina y el Caribe (CEPAL). 159 S.

Citarella, Luca (Hrsg.) 2000, [1995] *Medicinas y culturas en la Araucanía.* (Sociedad Trafkin. Programa de Atención Primaria en Salud, Cooperación Italiana) Santiago de Chile: Editorial Sudamericana.

Comunidad Mapuche Juan Paillalef/Antonio Cadin Huentelao o. J., *Mapuche Dugunmen. Diccionario Mapuche Traducido al Castellano.* 16 S.

Coña, Pascual 2002, [1930] *Lonco Pascual Coña ñi tuculpazugun/Testimonio de un cacique mapuche. Texto dictado al Padre Ernesto Wilhem de Moesbach).* Santiago de Chile: Pehuén. 464 S.

Cooper, John M. 1946, The Araucanians. In: Julian H. Steward (Hrsg.): *Handbook of South American Indians*, Vol. 2: *The Andean Civilizations.* (Smithsonian Institution Bureau of American Ethnology Bulletin 143) Washington: Government Printing Office: 687–760.

Course, Magnus 2009, Why Mapuche sing. In: *Journal of the Royal Anthropological Institute*, 15:295–313.

—2011, *Becoming Mapuche: Person and ritual in indigenous Chile*. Urbana: University of Illinois Press. 224 S.
—2012, The birth of the word. Language, force, and Mapuche ritual authority. In: *HAU Journal of Ethnographic Theory*, 2(1):1–26.
—2013, The Clown Within. Becoming White and Mapuche Ritual Clowns. In: *Comparative Studies in Society and History*, 55(4):771–799.
—2014, The End of Me. The Role of Destiny in Mapuche Narratives of the Person. In: Suzanne Oakdale/Magnus Course (Hrsg.): *Fluent selves. Autobiography, person, and history in lowland South America*. Lincoln: University of Nebraska Press: 144–163.
Davinson Pacheco, Luis Guillermo/Lucy Mirtha Ketterer Romero 2006, *Culturas de mercado, rutinas de vida*. Temuco: Ediciones UFRO. 118 S.
Di Giminiani, Piergorgio 2016, Being from the Land: Memory, Self and the Power of Place in Indigenous Chile. In: *Ethnos*, 81(5):888–912.
Diaz, Fernando 2009, *Utopie braucht Tradition. Das Volk der Mapuche in Chile vor den Herausforderungen der Globalisierung*. (Theologie interkulturell, Bd. 17) Ostfildern: Matthias Grünewald. 144 S.
Dillehay, Tom D. 1990, Mapuche Ceremonial Landscape, Social Recruitment and Resource Rights. In: *World Archaeology*, 22(2):223–241.
—2006, In der Araukanie, von Aurelio Díaz Meza. Das Parlament von Coz Coz aus anthropologischer Sicht. In: Arellano *et al.* (Hrsg.) [s. dort]: 53–67.
Durán, Daniela 2012, Pentecostalismo mapuche. In: Alliende *et al.* (Hrsg.) [s. dort]: 113–134.
Eim, Stefan 2010, *The conceptualisation of Mapuche Religion in Colonial Chile (1545–1787)*. Heidelberg (Dissertation Philosophische Fakultät). http: //archiv.ub.uni-heidelberg.de/volltextserver/10717/1/Eim_Conceptualisation_of_Mapuche_Religion.pdf (gesehen 9.9.2019).
Eliade, Mircea 1975, [1956] *Schamanismus und archaische Ekstasetechnik*. (Suhrkamp-Taschenbuch Wissenschaft, 126) Frankfurt, Main: Suhrkamp. 472 S. [franz. 1951, *Le chamanisme et les techniques archaïques de l'extase*. (Coll. Bibliothèque scientifique) Paris: Payot. 444 S.]
Faron, Louis C. 1961, *Mapuche Social Structure: Institutional reintegration in a patrilineal society of central chile*. Urbana: The University of Illinois Press. XVI, 247 S.
—1963, The Magic Mountain and Other Myths of the Mapuche Indians of Central Chile. In: *The Journal of American Folklore*, 76, 301:245–248.
—1964, *Hawks of the sun. Mapuche morality and its ritual attributes*. (Pitt Latin American Series) Pittsburgh: University of Pittsburgh Press. 220 S.
—1967, [1963] Death and Fertility Rites of the Mapuche (Araucanian) Indians of Central Chile. In: John Middleton (Hrsg.): *Gods and Rituals. Readings in Religious Beliefs and Practices*. Austin and London: University of Texas Press: 227–254.
Fernández, César Aníbal 1999, [1995] *Cuentan los mapuches*. Argentina: Ediciones Nuevo Siglo. 265 S.
Foerster González, Rolf 1986, Pentecostalismo mapuche ¿Fin o reformulación de la identidad étnica? In: *Cultura - Hombre - Sociedad CUHSO*, 3(2):129–142.
—2000, La poética mapuche huilliche como procedimiento de rememorización. In: *Pentukun (Temuco)*, 10/11:55–70.
Foerster González, Rolf/Hans Gundermann 1996, Religiosidad mapuche contemporánea: Elementos introductorios. In: Jorge Hidalgo L./Virgilio Schiappacasse F./Hans Niemeyer F./Carlos Aldunate del Solar/Pedro Mege R. (Hrsg.): *Etnografía. Sociedades indígenas contemporáneas y su ideología*. (Culturas de Chile, 2) Santiago de Chile: Editorial Andrés Bello: 189–240.
Foerster González, Rolf/Sonia Montecino/Angélica Wilson 1993, *Reflejos de luna vieja*. Santiago: Fondo para el Desarrollo de la Cultura y las Artes. 121 S.
Fundación Pehuen o.J., *Epeu ngutram-che ka taiñ mapu-meo. Relatos del Hombre y la Naturaleza*, 1. Leaders S.A. 23 S.
Grebe Vicuña, M. Ester 1986, Algunos paralelismos en los sistemas de creencias mapuches. Los espiritus del agua y de la montaña. In: *Cultura - Hombre - Sociedad CUHSO* (Temuco), 3(2):143–154.

—1993–94, El subsistema de los *ngen* en la religiosidad mapuche. In: *Revista Chilena de Antropologia* (Santiago), 12:45–64. https://revistas.uchile.cl/index.php/RCA/article/view/17587/18352 (gesehen 26.8.2018).

—1998, *Culturas indígenas de Chile: un estudio preliminar.* Santiago de Chile: Pehuén. 112 S.

—2004, Amerindian music of Chile. In: Malena Kuss (Hrsg.): *Music in Latin America and the Caribbean. An Encyclopedic History.* 1: *Performing beliefs: Indigenous peoples of South America, Central America, and Mexico.* Austin: University of Texas Press: 145–161.

Grebe Vicuña, M. Ester/Sergio Pacheco/José Segura 1972, Cosmovisión mapuche. In: *Cuadernos de la Realidad Nacional* (Santiago de Chile), 14:46–73. http://www.artificios.uchile.cl/content/docs/Cosmovision_mapuche.pdf (gesehen 9.2.2020).

Guarda, Dina/Fabien Le Bonniec/Mónica Martínez Mauri

—2017, Artesanías, mujeres tejedoras y emprendimentos mapuche en la Araucanía (Chile). In: Anne-Gael Bilhaut/Silvia Macedo (Hrsg.): *Iniciativas empresariales culturales. Estudios de casos en América indígena.* Quito: Ediciones Abya-Yala: 25–53. https: //www.researchgate.net/publication/323808346_Artesanias_mujeres_tejedoras_y_empredimientos_mapuche_en_la_Araucania_Chile/download (gesehen 9.9.2019).

Guevara, Tomás 1919, La etnología araucana en el Poema de Ercilla. Capitulo IX. In: *Anales de la Universidad de Chile* 143:623 – 640.

—1929, *Historia de Chile: Chile prehispano*, Tomo 2. Santiago de Chile: Balcells & Co. 447 S.

Gutiérrez Estévez, Manuel 2015, Expresiones de la sentimentalidad en la nueva poesía amerindia. In: Ders./Alexandre Surrallés (Hrsg.): *Retórica de los sentimientos: Etnografías amerindias.* Madrid/Frankfurt am Main: Iberoamericana/Vervuert: 313–366.

Hartmann, Günther 1974, *Silberschmuck der Araukaner, Chile.* (Veröffentlichungen des Museums für Völkerkunde Berlin, N. F., 30) Berlin: Staatliche Museen Preußischer Kulturbesitz, Museum für Völkerkunde. 115 S.

Harvey, Graham 2010, Animism rather than Shamanism. New Approaches to what Shamans do (for other animists). In: Bettina E. Schmidt/Lucy Huskinson (Hrsg.): *Spirit Possession and Trance. New Interdisciplinary Perspectives.* London/New York: Continuum: 16–34.

Hauswald, Oliver 2014, *Indigener Tourismus in Chile: Strategien der kulturellen und touristischen Inwertsetzung.* (Eichstätter tourismuswissenschaftliche Beiträge, 14) München/Wien: Profil-Verlag. 221 S.

Hilger, M. Inez 1957, *Araucanian Child Life and its Cultural Background.* Washington: Smithsonian Institution. 439 S.

Höhl, Johanna 2015, *»Wir sind keine Chilenen, wir sind Mapuche«. Die Mapuche im Spannungsfeld zwischen Staat, Wirtschaft und Gesellschaft, 1973–1997.* (Historamericana, Bd. 36) Stuttgart: Hans-Dieter Heinz Akademischer Verlag. VI, 281 S.

Housse, Émile 1939, *Une épopée indienne. Les Araucans du Chili.* Paris: Plon. 310 S.

Huenún, Jaime L. (Hrsg.) 2003, *Epu mari ülkatufe ta fachantü/20 poemas mapuche contemporáneos.* (Colección Entre mares) Santiago de Chile: LOM Ediciones. 299 S.

Huirimilla Oyarzo, Juan Paulo 2012, *Weichapeyuchi ül. Cantos de guerrero: antología de poesía política mapuche.* (Colección Entre mares) Santiago de Chile: LOM Ediciones. 148 S,

Hultkrantz, Åke 1993, Introductory remarks on the study of shamanism. In: *Shaman*, 1(1):3–14.

Ibacache Burgos, Jaime 2009, *Historia Hospital Makewe.* (Biblioteca Ministerio de Salud »Dr. Bogoslav Juricic Turina«). http://www.bibliotecaminsal.cl/wp/wp-content/uploads/2011/09/Historia-Hospital-Makewe.pdf (gesehen 15.6.2019).

Imilan Ojeda, Walter Alejandro 2010, *Warriache – Urban Indigenous. Mapuche Migration and Ethnicity in Santiago de Chile.* (Habitat – Internationale Schriften zur internationalen Stadtentwicklung, Bd. 15) Berlin/London: Lit Verlag. IX,267 S.

INDEC Instituto Nacional de Estadísticas y Censos (Argentina) 2012, *Censo Nacional de Poblaciòn, Hogares y Viviendas 2010. Censo del Bicentenario. Resultados definitivos*, Serie B, No. 2. Buenos Aires. 378 S. https://www.indec.gob.ar/ftp/cuadros/poblacion/censo2010_tomo1.pdf (gesehen 25.9.2019).

INE Instituto Nacional de Estadísticas (Chile) 2018 *Síntesis de Resultados Censo 2017.* 26 S. https://www.censo2017.cl/descargas/home/sintesis-de-resultados-censo2017.pdf (gesehen 24.9.2019).

Kaltmeier, Olaf 2004, *Marichiweu! - Zehnmal werden wir siegen! Eine Rekonstruktion der aktuellen Mapuche-Bewegung in Chile aus der Dialektik von Herrschaft und Widerstand seit der Conquista.* Münster: Edition ITP-Kompass. 419 S.

Kössler-Ilg, Bertha 1982, [1956] *Indianermärchen aus den Kordilleren (Märchen der Araukaner).* (Die Märchen der Weltliteratur) Düsseldorf/Köln: Eugen Diederichs Verlag. 319 S.

Kropff, Laura 2004, »Mapurbe«: jóvenes mapuche urbanos. In: *Kairos, Revista de Temas Sociales,* 14:1–12.

Latorre, Yolanda 2004, El lakutún de Labranza: Al rescate de nuestras profundas raíces. In: *El Diario Austral* (Temuco), 5.12.2004.http://www.australtemuco.cl/prontus4_noticias/site/artic/20041205/pags/20041205050850.html (gesehen 22.6.2019).

Lenz, Rodolfo 1904–05, *Diccionario etimolójico de las voces chilenas derivadas de lenguas indígenas americanas.* Santiago: Impresa Cervantes. 962 S.

Lévi-Strauss, Claude 1973, [1968] *Mythologica,* III: *Der Ursprung der Tischsitten.* Frankfurt am Main: Suhrkamp. 601 S. [Franz.: 1968, *Mythologiques,* III, L'origine *des manières de table.* Paris: Plon. 478 S.].

Ley Indígena 1993, Nr. 19253, Version vom 3.11.2017. https://www.leychile.cl/N?i=30620&f=2017-11-03&p= (gesehen 25.9.2019).

Mallon, Florencia E. 2005, *Courage tastes of blood. The Mapuche Community of Nicolás Ailío and the Chilean State, 1906 - 2001.* Durham/London: Duke University Press. 319 S.

Manquilef, Manuel 1914, Comentarios del Pueblo Araucano II: La jimnasia nacional (juegos, ejercicios i bailes). In: *Anales de la Universidad de Chile,* CXXXIV:239–301.

Marileo Lefío, Armando 2000, [1995] Mundo Mapuche. In: Luca Citarella (Hrsg.): *Medicinas y culturas en la Araucanía.* Santiago de Chile: Editorial Sudamericana: 91–107.

Métraux, Alfred 2001, [1942] Der Araukanische Schamanismus. In: Ders.: *Kult und Magie der Indianer Südamerikas: Magier und Missionare am Amazonas.* (Merlin's Bibliothek der geheimen Wissenschaften und magischen Künste) Gifkendorf: Merlin Verlag: 219–298 [franz.: 1967 (2. Ausg.), *Le chamanisme araucan. In: Ders.: Religions et magies indiennes d'Amérique du Sud.* Paris: Gallimard: 177–235].

Metzger, Katrin Ms., [2016] *Mapuche Frauen in politischen Auseinandersetzungen in Chile.* Bachelorthesis, Rheinische Friedrich-Wilhelms-Universität Bonn, Bonn. 105 S.

Moesbach, Ernesto Wilhelm de 1998, [1944]: *Voz de Arauco. Explicación de los nombres indígenas de Chile.* Santiago de Chile: Ediciones Seneca. 288 S.

Montecino Aguirre, Sonia 1991, [1990] *Madres y huachos: alegorías del mestizaje chileno.* (Serie Ensayo) Editorial Cuarto Propio – /Ediciones Cedem. 162 S.

—2003, *Mitos de Chile. Diccionario de seres, magias y encantos.* (Biblioteca del Bicentenario) Santiago de Chile: Random House Mondadori. 561 S.

Müller, Philipp Emanuel 2008, *Die melodischen Strukturen des Ülkantun. Zum Einfluss universeller Klangprinzipien auf das mündlich tradierte Tonsystem der Mapuche-Indianer.* München: Herbert Utz. 288 S.

Münzel, Mark 1985, [1978] *Mittel- und Südamerika: Von Yucatán bis Feuerland.* (Wolfgang Lindig/ Mark Münzel: Die Indianer, Band 2; dtv wissenschaft, 4435). Frankfurt am Main: Deutscher Taschenbuch Verlag. 331 S.

Nakashima Degarrod, Lydia 1998, Female Shamanism and the Mapuche Transformation into Christian Chilean Farmers. In: *Religion,* 28(4):339–350. https://www.researchgate.net/publication/248594575_Female_Shamanism_and_the_Mapuche_Transformation_into_Christian_Chilean_Farmers (gesehen 9.9.2019).

Noggler OFMCap., Othmar 1973, *Vierhundert Jahre Araukanermission: 75 Jahre Missionsarbeit der bayerischen Kapuziner.* (Neue Zeitschrift für Missionswissenschaft – Nouvelle Revue de science missionnaire, Supplementa, 20) Schöneck-Beckenried: Administration der Neuen Zeitschrift für Missionswissenschaft. 505 S.

Oyarce Pisani, Ana María 1989, *Conocimientos, creencias y practicas en torno al ciclo vital en una comunidad mapuche de la IX región de Chile.* (Serie Documentos de Trabajo Nr. 2, Mayo) PUC Temuco: PUC/Santiago de Chile: PAESMI. 82 S.

Painequeo, Héctor 2004, ¿Qué es ser mapuche hoy en Chile? In: Manuel Dannemann (Hrsg.): *Qué es ser mapuche hoy en Chile?* Santiago de Chile: Editorial Universitaria: 63–72.

Paredes, Sergio 2018, En Panguipulli se realizó XI Parlamento de Koz Koz con comunidades de Argentina y Chile. In: *Panguipulli Noticias* (Panguipulli), 28.1.2018. http://panguipullinoticias.cl/web/?p=7086 (gesehen 23.6.2019).

Park, James 1999, Recuperation through renovation: Mapuche poets as machis. In: *Latin American Indian Literatures Journal,* 15:22–44.

Parker Gumucio, Cristián 1992, *Animitas, machis y santiguadoras. Creencias religiosas y cultura popular en el Bio Bio.* Santiago de Chile: Ediciones Rehue. 233 S.

Pew Research Center 2006, *Spirit and Power. A 10-Country Survey of Pentecoastals.* http://www.pewresearch.org/wp-content/uploads/sites/7/2006/10/pentecostals-08.pdf (gesehen 8.1.2019).

—2014, *Religion in Latin America. Widespread change in a Historically Catholic Region.* http://www.pewresearch.org/wp-content/uploads/sites/7/2014/11/Religion-in-Latin-America-11-12-PM-full-PDF.pdf (gesehen 8.1.2019).

Pino Saavedra, Yolando 2000, [1987] *Cuentos mapuches de Chile.* Santiago de Chile: Editorial Universitaria. 295 S.

PNUD Chile 2003, *El índice de desarrollo humano en la población Mapuche de la Región de la Araucanía (Una aproximación a la equidad interétnica e intraétnica).* (Temas de Desarrollo humano sustentable, Número 8) Santiago de Chile. 49 S.

Pozo Menares, Gabriel/Margarita Canio Llanquinao 2014, *Wenumapu. Astronomía y cosmología mapuche.* Santiago de Chile: Ocho Libros Editores. 157 S.

Richards, Patricia 2013, *Race and the Chilean miracle: neoliberalism, democracy, and indigenous rights.* Pittsburgh, Pa: University of Pittsburgh Press. XI, 261 S.

Riedemann Fuentes, Andrea Ms., [2012] *Representaciones cambiantes e historia fragmentada: los mapuche en los textos escolares de Historia de Chile, 1846-2000.* Dissertation, Fachbereich Geschichts- und Kulturwissenschaften, Freie Universität Berlin. 224 S.

Robertson, Carol E. 2004, Fertility ritual. In: Malena Kuss (Hrsg.): *Music in Latin America and the Caribbean. An Encyclopedic History,* 1: *Performing beliefs: Indigenous peoples of South America, Central America, and Mexico.* Austin: University of Texas Press: 181–186.

Robles Rodríguez, Eulojio 1910, Guillatunes. Costumbres i creencias araucanas. In: *Anales de la Universidad de Chile,* 127:151–177. doi: 10.5354/0717–8883.2012.25056 (gesehen 20.11.2019).

Rodríguez Guajardo, René 1983, *Los Mapuches: En el largo sendero de la Historia de Chile.* Stockholm: Konax Tryckeri. 625 S.

Rojas, Luis Emilio 2012, El palin. In: Alliende *et al.* (Hrsg.) [s. dort]: 233–252.

Rosales, R. P. Diego de 1877, *Historia General de el Reyno de Chile, Flandes indiano,* Bd. 1 Valparaíso: Imprenta del Mercurio. LXIX, 506 S.

Rosenbohm, Alexandra 1991, *Halluzinogene Drogen im Schamanismus. Mythos und Ritual im kulturellen Vergleich.* (Marburger Studien zur Völkerkunde, 8) Berlin: Reimer. 178 S.

Saavedra Peláez, Alejandro 1971, *La cuestión mapuche.* Santiago de Chile: Institución de Capacitación e Investigación en Reforma Agraria. 214 S.

—2002, *La cuestión mapuche hoy.* Santiago de Chile: LOM Ediciones; Universidad Austral. 292 S.

Schindler, Helmut 1990, *Bauern und Reiterkrieger: Die Mapuche-Indianer im Süden Amerikas.* München: Hirmer. 193 S.

—1997, Una canción mapuche de Carlos Painenao para el Año Nuevo. In: *Anthropos,* 92:129–138.

—2003, »Dazu gehören auch Themen wie z. B. das Kreative einer fremden Kultur, und eben ihre Phantasie ...«. In: Bettina E. Schmidt (Hrsg.): *Wilde Denker: Unordnung und Phantasie auf dem Tellerrand der Ethnologie.* (Curupira, Bd. 14) Marburg: Förderverein Völkerkunde in Marburg: 83–98.

—2006 a, *Acerca de la espiritualidad Mapuche.* München: Martin Meidenbauer Verlag. 160 S.

—2006 b Tradition und Wandel in der Liturgie der Mapuche. Der *kamarikun* in der Umgebung von Coz Coz. In: Arellano *et al.* (Hrsg.) [s. dort]: 69–94.

—2013, *Sakrale Rituale und Verwandtschaft. Ethnografische Texte zur transkulturellen Lebenswelt der Mapuche in Sahuelhue.* München: Herbert Utz Verlag. 2 Bde., 828 S.

Schindler, Helmut/Eusebio Trecaman Ms., [1994] Añunueu ellipu. Ngellipun.

Smeets, Ineke 2008, *A Grammar of Mapuche.* Berlin: Mouton de Gruyter. XX, 587 S.

Soffia Vial, Alejandro 2001, *¿Por qué se llama como se llama? Cada ciudad, pueblo y aldea de Chile. Guía de Toponimia Chilena.* Santiago de Chile: Grijalbo. 346 S.

Stuchlik, Milan 1976, *Life on a half share: Mechanisms of social recruitment among the Mapuche of Southern Chile.* New York: St. Martin's Press. 222 S.

Szulc, Andrea 2015, *La niñez mapuche: - sentidos de pertenencia en tensión.* (Culturalia) Buenos Aires: Editorial Biblos. 209 S.

Titiev, Mischa 1951, *Araucanian culture in transition.* (Occasional Contributions from the Museum of Anthropology of the University of Michigan; Nr. 15) Ann Arbor: University of Michigan Press. XII,164,XVI S.

Trivero, Alberto 2014, [2004] *Trentrenfilu.* 2. Aufl. Santiago de Chile: Ediciones Tácitas. 139 S.

Valdivia, Luis de 1621, *Sermón en lengua de Chile, de los mysterios de nuestra santa fe catolica, para predicarla a los indios infieles del reyno de Chile, dividido en nueve partes pequeñas, acomodadas a su capacidad.* Biblioteca Nacional de Chile. Valladolid. 76 S. http://www.memoriachilena.gob.cl/602/w3-article-8484.html (gesehen 24.9.2019).

Villarroel, Francisca 2012, El *ül. Canto mapuche en comunidades del lago Budi.* In: Alliende *et al.* (Hrsg.) [s. dort]: 215–233.

Willerslev, Rane 2007, *Soul Hunters. Hunting, Animism, and Personhood among the Siberian Yukaghirs.* Berkeley: University of California Press. 246 S.

—2018, The Anthropology of Ontology Meets the Writing Culture Debate: – Is Reconciliation Possible? In: Katherine Swancutt/Mireille Mazard (Hrsg.): *Animism beyond the soul. Ontology, Reflexivity, and the Making of Anthropological Knowledge.* New York, Oxford: Berghahn Books: V-XII.

Autorinnen und Autoren

Bieker, Ulrike: Geb. in Marburg. Feldforschungen in der Araucanía, Südchile. Magistra 1997 in Völkerkunde an der Philipps-Universität Marburg mit einer Arbeit über Kinder als Ethnie. Promotion Dr. phil. in Ethnologie 2007 mit einer Dissertation über Konzepte von Kindheit und Arbeit. Mitglied des Zentrums für interdisziplinäre Religionswissenschaft an der Philipps-Universität Marburg, Dekanatsreferentin für Internationales am Fachbereich Gesellschaftswissenschaften und Philosophie ebendort.

Braunstein, José: Geb. in Buenos Aires. Feldforschungen im argentinischen Chaco, vor allem bei den Wičí, daneben u. a. bei Maká und Chamacoco. Promotion in Anthropologie an der Fakultät für Philosophie und Literatur der Universität Buenos Aires 1975 mit einer Arbeit über Bedeutungen in der materiellen Kultur der Maká. Lehrstuhl für Ethnologie und Technik ethnologischer Forschung im Dpt. für Anthropologische Wissenschaften der Universität Buenos Aires 1979–1984. Seit 1999 *Investigador Principal* (festangestellter Leiter einer Forschungsabteilung) des Nationalen Rates für Wissenschaftliche und Technische Forschungen (CONICET). Seit 2006 Forscher am Zentrum für Forschung und Entwicklung der Nationalen Akademie der Wissenschaften.

Chamorro Arguello, Cândida Graciela: Geb. in Concepción (Paraguay). Feldforschungen bei Guaraní-Völkern Brasiliens. Master in Theologie am (baptistischen) *Seminário Teológico Batista do Sul do Brasil* in Rio de Janeiro 1987. Master in Geschichte an der (jesuitischen) *Universidade do Vale dos Sinos* in São Leopoldo (Rio Grande do Sul, Brasilien). Promotion in Systematischer Theologie 1996 an der (lutherischen) *Escola Superior de Teologia*, São Leopoldo mit einer Dissertation über Theologie des Wortes bei den Guaraní. Dr. phil. in Völkerkunde an der Philipps-Universität Marburg 2008 mit einer kritischen Lektüre der kolonialmissionarischen Darstellungen der Körperauffassungen von Guaraní. Professorin i. R. für Indigene Geschichte an der Bundesuniversität in Dourados (Mato Grosso do Sul, Brasilien). Leiterin des Kulturzentrums Casulo in Dourados.

Combès, Isabelle: Geb. in Saint Cyr l'École (Frankreich). Ethnohistorische Forschungen und Feldforschungen vor allem in Ostbolivien. Promotion in Sozialanthropologie und Ethnologie an der *École des Hautes Études en Sciences Sociales*, Paris 1992 (Dissertation über die mythisch-religiöse Betonung sozialer Gleichheit bei indigenen Landarbeitern in Südostbolivien). Forscherin am Institut français d'études andines, Abteilung Anthropologie, Zweigstelle Santa Cruz (Bolivien). Mitglied des *Centro de Investigaciones Históricas y Antropológicas* des Geschichtsmuseums der *Universidad Autónoma Gabriel René Moreno* in Santa Cruz, Bolivien und der Forschungsgruppe Taller *d'Estudis i Investigacions Andino-Amazònics, Universitat de Barcelona.*

Gil García, Francisco Miguel: Geb. in Madrid. Ethnographische Feldforschungen in Quechua-Gemeinden in Südost-Bolivien (Potosí) und in indigenen und nicht-indigenen Gemeinden in Argentinien (Quebrada de Humahuaca und Puna de Jujuy). Forscher am *Centre de Recherches sur le Monde Américain* (CNRS-EHESS, Paris) 2005–2009; im *Equipo Internacional Interdisciplinario* (ANDES, Universität Córdoba, Argentinien) 2012–2015. Promotion in Geschichte an der *Universidad Complutense* (Madrid) 2008. Professor für Geschichte und Anthropologie, ebd., Direktor des Museums für Archäologie und Ethnologie Amerikas der *Universidad Complutense* (Madrid) seit 2018.

Münzel, Mark: Geb. in Potsdam. Feldforschungen in Brasilien, Paraguay, Ecuador, Peru und bei Roma in Deutschland. Promotion in Ethnologie an der Goethe-Universität Frankfurt/Main 1970 über den Schamanismus in einem amazonasindianischen Dorf. Kustos am Museum für Völkerkunde in Frankfurt/Main 1973–1989. Prof. der Völkerkunde (jetzt i. R.) der Philipps-Universität Marburg seit 1989.

Vutova, María: Geb. in Sofia (Bulgarien). Master in Sprachinterpretation und Übersetzung, *Sofiski Universitet Sv. Kliment Ohridski* (Bulgarien) 2005. Diplom in Anthropologie, *Universidad Complutense*, Madrid 2007. Promotion ebd. 2018 in Anthropologie Amerikas, Schwerpunkt Amazonensische Kulturen, mit einer Dissertation über soziale Beziehungen von Menschen zu täuschend menschenähnlichen Nicht-Menschen in einer neu aus verschiedenen indigenen Ethnien in Venezuela zusammengewachsenen Gemeinschaft. Arbeitet als freie Übersetzerin (Spanisch-Englisch-Bulgarisch) in Madrid.

Verzeichnis der Karten und Abbildungen

1 Der spanische Titel entspricht nicht dem Schulspanisch, in dem es *camino absoluto* heißen müsste.

Index

Verweise auf Seiten, in denen Kapitel beginnen, beziehen sich auf jeweils das ganze Kapitel. Begriffe, die quer durch den Band auf vielen Seiten vorkommen, wie »Mythe«, »Schamanismus« sind hier nicht mehr eigens genannt.

1 Personen

2 Völker und Ethnien

3 Glaubenswesen

4 Orte

5 Stichworte

Reihenübersicht

Die Religionen der Menschheit

Band 1
Friedrich Heiler
Erscheinungsformen und Wesen der Religion
ISBN 978-3-17-004967-3

Band 2
Ina Wunn
Die Religionen in vorgeschichtlicher Zeit
ISBN 978-3-17-016726-1

Band 4,3
Karl Jettmar
Ellen Kattner (Hrsg.)
Die vorislamischen Religionen Mittelasiens
ISBN 978-3-17-011312-1

Band 5,1
W. Stöhr/P. Zoetmulder
Die Religionen Indonesiens
ISBN 978-3-17-071112-9

Band 5,2
H. Nevermann
E. A. Worms/H. Petri
Die Religionen der Südsee und Australiens
ISBN 978-3-17-071097-9

Band 6,1
Hans Gerald Hödl
Religionen Afrikas I
Indigene Religionen des südlichen Afrikas

Band 7,1
Mark Münzel (Hrsg.)
Indigene Religionen Südamerikas
ISBN 978-3-17-034948-3

Band 7,2
Christian Feest (Hrsg.)
Religionen des indigenen Nord- und Mittelamerikas

Band 8
Christiane Zivie-Coche
Françoise Dunand
Die Religionen des Alten Ägypten
ISBN 978-3-17-019942-2

Band 10,1
Manfred Hutter
Religionsgeschichte Anatoliens
ISBN 978-3-17-026974-3

Band 11
Konrad Klaus
Religionen Südasiens I
Vedische Religion

Band 12,1
Annemarie Mertens
Religionen Südasiens II
Hinduismus von den Anfängen bis zur Mitte des 18. Jahrhunderts

Band 12,2
Johanna Buß u. a.
Religionen Südasiens III
Hinduismus vom 19. Jh. bis zur Gegenwart. Kontinuität, Revitalisierung und Reform

Band 15
Walter Burkert
Griechische Religionen der archaischen und klassischen Epoche
ISBN 978-3-17-021312-8

Band 16,2
Jörg Rüpke
Greg Woolf (Hrsg.)
Religion in the Roman Empire
ISBN 978-3-17-029224-6

Band 21
Werner Eichhorn
Die Religionen Chinas
ISBN 978-3-17-021603-7

Leseproben und weitere Informationen: **www.kohlhammer.de**

Band 22,2
Michael Pye
Die Religionen Japans
ISBN 978-3-17-002834-0

Band 24,2
Manfred Hutter (Hrsg.)
Der Buddhismus II
Theravada-Buddhismus und Tibetischer Buddhismus
ISBN 978-3-17-028497-5

Band 24,3
Manfred Hutter (Hrsg.)
Der Buddhismus III
Ostasiatischer Buddhismus und Buddhismus im Westen
ISBN 978-3-17-028364-0

Band 25,1
Georges Tamer (Hrsg.)
Der Islam I
ISBN 978-3-17-034018-3

Band 25,2
Georges Tamer (Hrsg.)
Der Islam II
ISBN 978-3-17-034022-0

Band 25,3
Peter Antes (Hrsg.)
Der Islam III
ISBN 978-3-17-034026-8

Band 26
Helmer Ringgren
Israelitische Religion
ISBN 978-3-17-004966-6

Band 27,1
Michael Tilly
Burton L. Visotzky (Hrsg.)
Das Judentum I
ISBN 978-3-17-032579-1

Band 27,2
Michael Tilly
Burton L. Visotzky (Hrsg.)
Das Judentum II
ISBN 978-3-17-032583-8

Band 27,3
Michael Tilly
Burton L. Visotzky (Hrsg.)
Das Judentum III
ISBN 978-3-17-032587-6

Band 29,1
Jörg Bölling/Horst Callies
Beatrix Günnewig
Christentum II,1
4.–14. Jahrhundert
ISBN 978-3-17-030346-1

Band 30
Vasilios N. Makrides
Christentum III
Das orthodoxe Christentum

Band 31
Francis Rapp
Christentum IV
Zwischen Mittelalter und Neuzeit (1378–1552)
ISBN 978-3-17-015278-6

Band 32
Jens Holger Schjørring
Norman A. Hjelm (Hrsg.)
Geschichte des globalen Christentums
Teil 1: Frühe Neuzeit
ISBN 978-3-17-021931-1

Band 33
Jens H. Schjørring
Norman Hjelm (Hrsg.)
Geschichte des globalen Christentums
Teil 2: 19. Jahrhundert
ISBN 978-3-17-021932-8

Band 34
Jens H. Schjørring
Norman Hjelm
Kevin Ward (Hrsg.)
Geschichte des globalen Christentums
Teil 3: 20. Jahrhundert
ISBN 978-3-17-021933-5

Ausführliche Informationen zu den lieferbaren Bänden in unserem Webshop!

Leseproben und weitere Informationen: **www.kohlhammer.de**